完全 MASTER

政経 ＋公共

問題集

◆ 大学入学 共通テスト ◆

改訂版

政治・経済教材研究協議会

清水書院

●はしがき

　学習指導要領の「政治・経済」は，「社会の在り方についての見方・考え方を働かせ，現代の諸課題を追究したり解決に向けて構想したりする活動を通して，広い視野に立ち，グローバル化する国際社会に主体的に生きる平和で民主的な国家及び社会の有為な形成者に必要な公民としての資質・能力を育成することを目指す」ことを目標に掲げています。「政治・経済」に限らず公民科の特徴は，まさに時々刻々と変化する「いま」と生きている場としての「ここ」に関わる問題，そしてアプローチこそ異なりますが，在り方・生き方に関わってくる問題だということです。時々刻々と変化する現代を生き抜いていくためには，社会的事象を多角的・多面的にとらえ，広い視野を獲得することが不可欠です。したがってそこで要求されるのは，"死んだ"知識ではなく，"生きた"知識であり，また未来に向かって判断する能力の問題になるのです。一人ひとりの行動選択につながる点で，「政治・経済」はとても大切な科目だといえます。

　しかし，受験を前にすると，高得点が自己目的化してしまいがちです。機械的な知識で空欄に適する語句を選ぶ類いの問題を欲してしまいます。「一般常識と新聞の知識でなんとかならないか」とか，「暗記力で勝負できないか」などと考えてみたりする人もいます。機械的な暗記の不毛さは誰もが感じながら，「得点」を考えるとまったく逆の方向に走ったりするのもまた事実です。

　それでも，共通テストの問題に接すれば，その間違いに気づくのではないでしょうか。空欄補充問題にしても，複数の用語の組合せから判断させます。多くは長文の選択肢を判別させる問題であり，加えて原理から判断したり，資料の読解を要求する問題なのです。明らかに出題者は意図しています。工夫しているのです。

　さらには，政治や経済などに関する基本的な理解を踏まえ，持続可能な社会の形成が求められる現代社会の諸課題を探究する活動を通して，望ましい解決の在り方について考察を深めさせようとする問題が織り込まれています。学習指導要領の「公民科」の「国家・社会の有為な形成者として必要な公民としての資質を養う」という目標に即しています。

　ですから，この科目は大学入試のためだけではなく，みずからの生き方にかかわり，未来につながる学習になるものと信じています。将来において，選択してよかったと思える科目です。しかも共通テストで高得点を取るという目標とも一致してくるのです。

　さあ，今すぐはじめましょう！

編著者一同

本書の利用法

　本書は，共通テスト「公共，政治・経済」の受験生が高得点を獲得できるように編集された，直前対策用の演習問題集です。どのような問題が出題され，合格するために必要な知識がどれだけあればよいのかを具体的に示し，短時間で効果があがるよう編集してあります。

　本書は，「第Ⅰ編」～「第Ⅲ編」で構成されています。

　「第Ⅰ編」は，テーマを教科書の目次項目にあわせて配列し，教科書の内容を体系的にもれなく復習することができるように工夫してあります。共通テストはその多くが教科書の範囲から出題されます。一つのテーマごとに，STEP1「基礎問題演習」（基礎・基本事項をまとめた用語問題），STEP2「正誤問題演習」（文章の正誤を判別する問題），STEP3「実践問題演習」（共通テスト・センター試験の過去問演習）の三つをワンセットにして構成しました。

　「第Ⅱ編」は，統計・資料・図表問題や時事問題など，分野をまたいだ設問を精選して掲載し，総合的・複合的・時事的な問題への解答力を養えるように編成しました。

　「第Ⅲ編」は科目「公共」の「公共の扉」の内容で構成されています。2025年度より，「公共，政治・経済」に「公共」の内容が25％まで含まれます。その対策として，倫理的な内容を入れ，コンパクトにまとめてあります。

　STEP1「**基礎問題演習**」は，『用語集 政治・経済 新版』に準じて，教科書掲載頻度や過去の共通テスト・センター試験の出題頻度を参考に作成しています。さらに，現代社会の動きを読み解く時事的なキーワードも入れてあります。解答（用語）を入れて読めば，暗唱例文のように活用することができます。短くまとまった文章なので，単に答えの用語だけを覚えるのではなく，文章として覚えることを心がけてください。コンパクトな「事典」代わりに活用することもできます。

　STEP2「**正誤問題演習**」は，STEP1「基礎問題演習」の定着・確認を一つの目的としています。とくに過去の共通テスト・センター試験の典型的な問題の選択肢を素材として，文章の正誤を判断する問題に改作しています。文章の正誤を判断する問題は，知識の定着にとって有効な方法です。まぎらわしい選択肢で正誤判断が難しい問題を選んでいます。知識が曖昧なままだと，自信をもって正誤を判断することができません。自分の学習の度合いをみる上でも最適な問題です。

　STEP3「**実践問題演習**」では，過去の共通テスト・センター試験の問題を分析し，そのテーマを代表する問題を選択して掲載しました。「政治・経済」は，現代の諸課題を学ぶ科目ですから，時事的な内容も多く出題されます。高得点をマークするには時事問題に慣れることが必要です。「第Ⅱ編」で独立して学習できるように構成してありますが，このSTEP3でも，時事的な要素を取り入れ，原則として2000年度以降の過去問を厳選しました。基本用語を理解し，正誤問題で定着させ，この実践問題に立ち向かって，実力をつけます。複数の資料を組合せた判断問題や読解力をみる問題に対処するため，分量を増やしました。また，重要で頻度の高い問題や計算問題は類題を掲載しています。自分の理解度によって，選択して解答することができます。

　別冊の「**解答と解説**」では，「実践問題演習」と「総合・資料，時事問題演習」についての詳しい解説と正誤の根拠を示してあります。単に正解を知るだけではなく，正誤の根拠を確かめることで獲得した知識の理解度と定着度を高めます。と同時に，効率的な解法と新たな知識の獲得も期待できると思います。今年度版より，必要に応じて別解（別な視点等）を掲載していきます。読解の量や解答に時間のかかる出題が増えているのが理由です。解答への時間配分も重要な要素です。

大学入学共通テスト攻略法

《全体の状況》

　学習指導要領の「政治・経済」には，内容として⑷現代日本における政治・経済の諸課題，⑻グローバル化する国際社会の諸課題をあげています。⑷現代日本における政治・経済の諸課題ついては，本書の第1編の第1章現代政治のしくみと日本，及び第2章現代経済のしくみと日本の内容となります。⑻グローバル化する国際社会の諸課題ついては，本書の第1編の第3章現代の国際政治・経済の内容となります。大学入学共通テストの出題も，概ねこの規定にそったものとなります。

　学習指導要領では，基礎的な知識と同時に，「諸資料から，……必要な情報を適切かつ効果的に収集し，読み取る技能」や「多面的・多角的に考察，構想し，表現する」力を身につけることを要求しています。これは，出題形式に大きく影響してきます。設問数こそ減ってきていますが，複数の資料を読み取り，比較し，考察させる問題が多くなっています。読解の力と時間配分の工夫が要求されます。繰り返しますが，読み取る分量が極端に増えています。

《出題傾向と対策》

○平均点の推移

　2016年度以降の本試験の平均点（大学入試センター公表値）の推移は次の通りです。

年　度	2024	2023	2022	2021①	2021②	2020	2019	2018	2017	2016
平均点	44.35	50.96	56.77	57.03	52.80	53.75	56.24	56.39	63.01	59.97

　注　2021①は第一日程，2021②は第二日程をさす

　10回分の平均点は55.1点です。センター試験は，各科目とも受験者全体の平均点の目標を60点程度に設定しており，ほぼ60点前後を推移していました。しかし，近年では平均点が55点を下回る年も多く，とくに2024年度の44.35点はセンター試験が始まって以来の最低点でした。決して事前の学習なしで高得点をマークできる科目ではありません。

○出題傾向

　出題範囲は教科書全般に及びます。問題数は30に固定されていました（2025年度から変化する可能性大）から，年度によってバラツキはあります。分野ごとの出題傾向は，各章の冒頭部分に表で示しています。たとえば，＜第Ⅰ編　第1章-2　民主政治の基本原理＞では以下のように示されていて，出題された年次に●を付してあります。

共通テスト／センター試験 出題頻度	年度	2023	2022	2021	2020	2019	2018	2017	2016	2015	2014	2013	2012
	出題		●	●	●		●	●	●	●		●	●

　2012年以降でみると，2014年と2019年と2023年以外は毎年出題されていることがわかります。これは各章（各分野）ごとに示してありますから，問題に取りかかる前に必ずチェックしてください。

○出題形式

　出題形式は，おもに基礎的・基本的な知識や内容，原理について問うものと，思考力・判断力・応用力を問う出題が混在しています。要求される知識レベルは基本的で，一部私立大などでみられるような難解なものは少ないと思って大丈夫です。しかし，正確な知識と理解力が要求されています。基

本的なものほど正確・確実に理解していないと正誤判断はできません。つまり，出題形式としては，選択肢の文章の正誤を判別する出題が8割以上を占め，空欄補充型の出題でも複数の空欄への適語や適する文章を組み合わせて選ばせる形式となっているからです。問題文をしっかり読み取る必要があります。そして，基本的な原理や知識で，確実に判断できるまで学習する必要があります。対策まで踏み込むと，正解を1つ選ぶだけではなく，他の3つの命題の誤りを自分で説明できるようにすることが大切です。理解が曖昧だと，正誤選択に自信が持てず，したがって正解率も下がります。

《全体の状況》の部分で示したように，複数の資料を読み取り，比較し，考察させる問題が増え，政治・経済・国際関係の融合させた問題も，毎年出題されます。時事的なものであったり，現代の諸課題といったテーマにそった出題がなされます。こうした総合問題，融合問題，多面的多角的な考察を必要とする問題は増加傾向にあります。

また高得点の決め手となる時事的な内容を扱った問題と，模式図・グラフ・統計資料の読み取りと考察力を問う問題が出題されます。基礎的な知識・原理の確実な把握の上に，思考力・判断力を身につける必要があります。資料の読解・分析問題は，予備知識がないと解けないものと，予備知識がなくても解けるものの両方が出題されます。予備知識については，教科書・資料集レベルで十分対処できます。とくに複数の資料を読み取らせる形式が多くなり，解答に時間のかかるものがあります。

《大学入学共通テストへの対処》

英語の民間試験の導入や国語と数学における記述式問題の導入など，大学入学共通テストは社会問題になりました。大学入学共通テストの試行テストの問題もSTEP3「実践問題演習」の中に盛り込んであります。その際，作題の意図と試行テストにおける正解率を明示してあります。

これまでのセンター試験と試行テストを比較してみると，大問数4は変わりませんが，設問数が**34問から30問に減っています**。4問の減ですが，実は，資料（文章および図表）の量が増えており，しかも複数の資料を組み合わせる形式が多いので，**正確に読み取る読解のスピード**が要求されます。**資料を比較・検討する能力**も要求されます。

出題内容としては〈思考力・判断力〉を要求する問題が多くなっています。センター試験でも，公民に関してはすでに実施されていることで，従来の延長線上で対処すれば良いでしょう。ただし，〈言語能力や資料読解力〉はかなり重視されるとみて良いと思います。分量の問題は先に述べましたが，出題形式も「ア・イ・ウ」や「A・B・C」の語句の組み合わせや「該当するものすべて選んでその組み合わせを選ばせる」といった問題が増えています。排出権取引の計算や結論にいたる資料の選択など，工夫された出題がなされています。単純な択一式だけではないのです。

では，知識は不要なのか。皮肉なことに結果は逆になっています。作題者が〈思考力を意図した問題〉の正解率はまあまあですが，〈知識を問う問題〉としている設問の正解率が低くなっています。実際に試行テストの問題にチャレンジする際にチェックしてみてください。差がついたのは基礎知識を問う設問で，従来からすれば難問ではありません。高校2年生で実施したということを考慮しても，思考力の前提として基礎力，基礎知識は重要だと言えます。したがって，以下に示す従来からのセンター試験の対処方法は，大学入学共通テストへの対処にも有効に機能します。

○対処方法

　まずは，政治・経済に関する基本的な知識について，教科書や図説などを用いて整理しましょう。その後は，センター試験（共通テスト）型の問題演習を繰り返し行ってください。出題形式は8割以上が正誤文選択問題（及び正誤組合せ問題）なので，その出題形式に慣れておく必要があります。

　要求される知識ですが，これは**具体的で正確な知識を問う出題**が増加しています。したがって教科書レベルの基本的な用語や制度・しくみについては確実に理解し，本書のSTEP 1「基礎問題演習」は最低限マスターしましょう。さらに用語集・資料集を併用して，知識の欠落がないように準備しておきたいものです。その際に頼りになるのが，清水書院『用語集政治・経済』です。本書の基本用語選択の基準にもなっています。詳しく分かりやすい記述とともに教科書の掲載頻度とセンター試験の出題頻度の「ダブル頻度分析」を類書に先駆けて採用しました。座右の書としてお役立てください。

　また，受験生の多くが苦手とし，点を取りこぼしやすいのが経済分野や国際分野です。制度・しくみについての理解とその裏づけとなる歴史的経緯や存在意義をふまえた正確な知識だけでなく，問題点や解決策についても確実におさえておくことが必要とされます。原理をしっかり理解していないと，市場メカニズムや為替の動き，インフレと景気の動向の判断，財政政策や金融政策についての判断を誤ってしまいます。過去の歴史的知識だけが問われるのではありません。「理論的にどうなるか」，「政策的にどうすべきか」まで問われます。そしてこれは，「政治・経済」という科目の醍醐味でもあると思います。最近は複数の分野を融合して出題することもありますので，注意してください。

　グラフ・図表や統計資料については，資料集や教科書の図をよく見て，グラフはその形を把握し，図表や統計資料については細かな数値にとらわれることなく，資料集の「解説」等をよく読み，その特徴や傾向を把握しておくことが大切です。統計資料を使った問題は必ず出題されるので，資料集などに掲載されているものには一通り目を通しておきましょう。資料の読解・分析問題は，予備知識がないと解けない問題も含まれています。また，あまり目にしないような資料が扱われることもあり，資料を読み解く力をつけておくべきです。この部分の出題頻度と分量が増えています，要注意です。

　時事問題については，正確な知識は必須ですが，ただ丸暗記するだけの学習では正解を求めることはできません。教科書や資料集の「テーマ学習」を活用して知識を豊富にし，最近の動向を確認しておきましょう。時事問題対策として，日頃から新聞などに目を通し，社会でどのようなことが起こっているのか，社会の動向に注目するとともに，さまざまな角度から考察する姿勢が必要不可欠です。興味対象を広く持っている受験生が有利となってきます。一見煩わしく思われるかもしれませんが，それが将来，みなさんが大学に進んだあとも，さらに社会人となったのちにも貴重な「財産」として蓄積されていくことでしょう。

　論理的思考力が問われる問題については，慣れがものをいいますので，過去問を使って演習を積む必要があります。本書のSTEP2［正誤問題演習］とSTEP3「実践問題演習」は，そのための格好の“材料”を提供しています。とくに時事問題と総合問題（資料読解や判断問題）はⅡ編にまとめて掲載しています（Ⅰ編の分野別問題の中にも一部含まれています）ので，より学習の効率が上がるはずです。なお，本書8頁に2024年度共通テスト「政治・経済」のおもな出題語を載せています。チェックリストとしてご活用ください。

もくじ 完全MASTER 政経＋公共 問題集 大学入学共通テスト 改訂版

あ行

- IMF
- ILO
- アウトソーシング
- アカウンタビリティ
- 赤字国債
- アジア通貨危機
- アジェンダ21
- アメリカ独立宣言
- 安全保障
- 安全保障理事会
- ESM
- EU
- EU憲法
- 育児休業
- 違憲審査権
- イスラエル
- 一般会計
- 一般財源
- 委任の連鎖
- インターネット
- インターンシップ
- ウルグアイ-ラウンド
- 『永遠平和のために』
- エジプト・イスラエル平和条約
- SNS
- SDGs
- NGO
- NPO
- NPO法
- NPT
- MDGs
- 円高
- 欧州安定メカニズム
- 欧州連合
- OECD
- ODA
- オスロ合意
- 温室効果ガス

か行

- 改革・開放政策
- 外貨準備
- 外交
- 外国為替
- 解職請求
- 価格
- 核拡散防止条約
- 閣議
- 核兵器
- 家計
- 加工貿易
- ガザ地区
- 可処分所得
- 寡占企業
- 過疎問題
- 家庭裁判所
- 過密問題
- 過労死・過労自殺
- 為替介入
- 為替レート
- 環境開発サミット
- 関税
- カント
- 官ума
- 議院内閣制〔日〕
- 議員立法
- 企業
- 議決
- 起訴
- 基礎的財政収支
- 基本的人権
- 義務
- 供給曲線
- 恐慌
- 行政
- 行政委員会
- 行政権
- 京都議定書
- 緊急特別総会
- 金融緩和政策
- 金融機関
- 金融政策
- 金融引き締め政策
- グロティウス
- 景気循環
- 景気変動
- 経済
- 『経済学の国民的体系』
- 経済協力開発機構
- 経済成長
- 経済特区
- 形式的平等
- 刑事裁判

さ行

- 経常収支
- 契約
- ケインズ
- ケネディ・ラウンド
- 限界集落
- 検察官
- 原子力発電
- 憲法
- 憲法改正
- 憲法改正の国民投票
- 憲法改正の発議
- 憲法尊重擁護義務
- 権利
- 工業化社会
- 公共財
- 公共事業
- 公債
- 工場制機械工業
- 工場制手工業
- 公職選挙法
- 公正取引委員会
- 公的年金制度
- 公的扶助
- 高等裁判所
- 高度経済成長
- 高度プロフェッショナル制度
- 購買力平価
- 公明党
- 高齢化社会
- 国債
- 国際社会
- 国際収支
- 国際通貨基金
- 国際連合
- 国際連合憲章
- 国際連盟
- 国際連盟規約
- 国際労働機関
- 国税
- 国内総生産
- 国民経済
- 国民審査
- 国民新党
- 国民総所得
- 国民投票
- 国連
- 国連環境開発会議
- 国連人権理事会
- 国連人間環境会議
- 国連平和維持活動
- 国連平和維持活動協力法
- 国連分担金
- 国連ミレニアム宣言
- 国家
- 国家安全保障会議
- 国会〔日〕
- 国会議員
- 国家公務員
- 国庫支出金
- 固定価格買い取り制度
- 固定資本
- 子どもの権利条約
- 個別的自衛権
- ゴラン高原
- コンパクトシティ

さ行

- サービス
- サービス収支
- 財
- 最高経営責任者
- 最高裁判所
- 歳出
- 再審
- 財政
- 財政赤字
- 再生可能エネルギー
- 財政再建団体
- 財政政策
- 歳入
- 裁判員制度
- 裁判官
- 裁判所
- 債務
- 財務省
- 在留外国人
- サプライ・チェーン
- 差別
- 参議院
- 残虐な刑罰
- 産業革命
- 産業構造
- 三公社の民営化
- CEO
- GNI

た行

- GDP
- CTBT
- 自衛隊
- 死刑
- 死刑制度
- 死刑廃止問題
- 資産
- 市場
- 持続可能な開発
- 持続可能な開発目標
- 実質国内総生産
- 実質的平等
- 児童の権利に関する条約
- ジニ係数
- 地場産業
- 司法
- 私法
- 司法制度改革
- 資本
- 資本家
- 資本主義経済
- 市民
- 社会規範
- 社会保険
- 社会保障
- 社会民主党
- 自由
- 衆議院〔現在〕
- 衆議院の解散
- 自由競争
- 私有財産制
- 集団安全保障〔国際政治〕
- 集団安全保障〔国際連合〕
- 18歳選挙権
- 自由民主党〔日〕
- 住民投票
- 重要影響事態法
- 主権
- 主権国家
- 主権者
- 首長
- 需要曲線
- 需要の価格弾力性
- シュンペーター
- 常会
- 障害者
- 障害者基本法
- 少子・高齢化
- 小選挙区比例代表並立制
- 常任理事国
- 少年法
- 消費
- 消費支出
- 消費者物価指数
- 消費税
- 消費性向
- 商品
- 食料安全保障
- 食糧管理制度
- 食料自給率
- 所得
- 所得税
- 所得の再分配
- 知る権利
- 人権
- 人口減少社会
- ストライキ
- 税金
- 生産
- 生産手段
- 生産手段の私有
- 政治
- 政党
- 政府
- 政府開発援助
- 政府関係機関予算
- 生命・自由・幸福追求の権利
- 勢力均衡
- セーフティ・ネット
- 世界貿易機関
- 責任の連鎖
- 設備投資
- 世論
- 選挙
- 選挙運動
- 選挙権
- 選挙制度
- 先進国
- 戦争
- 総会〔国際連合〕
- 相続税
- 総務省
- ソーシャルネットワーキングサービス
- 租税

た行

- SALTI
- 第一次所得収支
- 第一次石油危機
- 第一次戦略兵器削減条約
- 大気汚染防止法
- 第三次産業
- 第二次所得収支
- 第二次世界大戦
- 太陽光発電
- 第四次中東戦争
- 多角的貿易交渉
- 多国籍企業
- タックス-ヘイブン
- WTO〔貿易〕
- 弾劾裁判所
- 地域再生計画
- 地域の経済統合
- 地球温暖化
- 知的財産権
- 知的財産高等裁判所
- 知的所有権
- 地熱発電
- 地方公共団体
- 地方交付税
- 地方債
- 地方自治
- 地方財政
- 地方裁判所
- 地方自治体
- 地方讓与税
- 地方税
- 中小企業
- 中所得国
- 超過供給
- 超過需要
- 朝鮮戦争
- 直接税
- 直接請求権
- 貯蓄率
- 賃金
- 通常国会
- ディーセント-ワーク
- 低所得国
- 手続き事項
- テレワーク
- 電電公社
- 天然資源
- 党議拘束
- 東京ラウンド
- 党首討論
- 統治機構
- 投票率
- ドーハ・ラウンド
- 独占禁止法
- 特定非営利活動促進法
- 特別会計
- 特別区
- 特別地方公共団体
- 特別法
- 特別法の住民投票
- 独立行政法人
- 土地収用法

な行

- 内閣
- 内閣総理大臣
- 難民
- NIEs（ニーズ）
- ニース条約
- 二院制
- 二酸化炭素
- 日本共産党
- 日本銀行
- 日本国憲法
- 日本国有鉄道
- 日本司法支援センター
- 日本の産業構造の変化〔図〕
- 人間環境宣言
- 年金保険
- 年次有給休暇

は行

- パートタイム労働者
- バイオマス
- 発展途上国
- バブル経済
- パリ協定
- パレスチナ解放機構
- B規約
- PKO協力法
- PTBT
- 非営利組織

ま行 (right column は行 continued)

- 被害者参加制度
- 被疑者
- 非競合性
- 非常任理事国
- 非政府組織
- 人及び市民の権利宣言
- 非排除性
- 表現の自由
- 平等
- 風力発電
- フェアトレード
- 付加価値
- 武器輸出三原則
- 不況
- 不戦条約
- 普通地方公共団体
- 物価
- 部分的核実験禁止条約
- プライマリー-バランス
- プラザ合意
- フランス人権宣言
- ふるさと納税
- フレックス-タイム制
- 分配
- 平成不況
- 平和のための結集決議
- ヘッジファンド
- 弁護士
- 法
- 防衛
- 防衛装備移転三原則
- 貿易
- 貿易・サービス収支
- 貿易収支
- 包括的核実験禁止条約
- 法人税
- 法テラス
- 報道の自由
- 法の下の平等
- 法律
- 細川護熙

ま行

- マス・メディア
- マルクス
- ミレニアム開発目標
- 民営化
- 民事裁判
- 民事訴訟
- 民主主義
- 民主制
- 民主党〔日〕
- みんなの党
- 民法
- メセナ
- モノカルチャー
- モノカルチュア経済

や行

- 有権者
- 郵政民営化問題
- ユーロ
- 幼稚産業保護論
- 預金
- 与党
- ヨハネスブルク宣言
- ヨルダン川西岸地区
- 世論

ら行

- ラウンド
- リーマン・ショック
- 利害
- リサイクル
- 利潤
- リスト
- リストラクチャリング
- リスボン条約
- 立憲主義
- 立法過程
- 連合
- 連立政権
- 労働
- 労働基準法
- 労働組合
- 労働契約
- 労働時間
- 労働者
- 労働条件
- 労働審判制
- 労働生産性
- 労働争議
- 労働分配率

わ行

- ワイマール憲法

Ⅰ 基礎・正誤・実践 問題演習 編

① 政治と法

共通テスト／センター試験出題頻度	年度	2023	2022	2021	2020	2019	2018	2017	2016	2015	2014	2013	2012
	出題		●	●	●	●	●	●				●	●

STEP ❶【基礎問題演習】

次の各文中の空欄に適語を入れよ。

正　解

1 【国家と主権】

1 古代ギリシャの哲学者アリストテレスは，人間は社会の一員として活動することによって初めて，立派な市民として人間形成を実現するとして「人間は（①）的動物である」と表現した。

①ポリス（社会）

2 フランスの思想家（②）は，著書『国家論』において，主権とは国家権力の最高性・独立性を示すことを体系的に論じた。

②ボーダン（ボダン）

3 ドイツの社会学者マックス＝ウェーバーは，政治権力の正当性（正統性）として伝統的支配，カリスマ的支配，（③）の3類型に分類した。

③合法的支配

4 ドイツの法学者イェリネックにより提示された国家が成立するための国家の3要素は，領域・（④）・主権である。

④国民

5 国家の主権が及ぶ範囲である領域は，領土・領海・領空で構成されており，領海は領土から（⑤）までと国連海洋法条約で定められている。また，領土から200海里は沿岸国が独占的に資源採取や漁業を行うことができる（⑥）として認められている。

⑤ 12海里

6 国家は自由放任政策の下で成立し，国内の治安維持や防衛など必要最小限の任務を行う国家観を（⑦）という。

⑥排他的経済水域（EEZ）

7 国家は資本主義経済のもとで発生した社会問題を積極的に解決するために，社会保障政策や経済政策を実施する国家観を（⑧）という。

⑦夜警国家

⑧福祉国家

2 【法の体系】

1 法の体系は国家が制定する実定法と国家成立以前に存在する（①）に分かれる。実定法は不文法と成文法に分類され，成文法は国際法と国内法に分類される。

①自然法

2 国内法は，日本国憲法や刑法，行政法など国家権力の発動に関わる（②）と，私人同士の関係を規律する私法，労働法や社会保障法などの社会法に分類される。

②公法

3 私法においては，国家は市民生活に介入しないという（③）の原則が機能する。

③私的自治

4 私法では，権利や義務を負うための資格は平等に与えられる（④）の原則が適用される。

④権利能力平等

5 私法では，物の持ち主がそれを自由に扱うことができる（⑤）の原則がはたらく。

⑤所有権絶対

6 他人の（故意）や（過失）により損害を得た時，損害賠償を請求できる。損害があっても（故意）や（過失）がなければ賠償責任を負わない。これを（⑥）の原則という。

⑥過失責任

7 ＰＬ法のように，加害者の過失の立証なしに責任を問える（⑦）を定める特別法もある。

⑦無過失責任

8 （⑧（公共の秩序と善良な風俗））に反する契約や，公共の福祉に反する所有権の主張は，無効となったり制限を受けたりする。

⑧公序良俗

9 市民生活の基本法である民法は，私人同士の契約内容は原則として自由である（⑨）の原則を定めており，国家は介入しない。

⑨契約自由

10 未成年者が一人で契約した場合に，その契約を取り消すことができる（⑩）権がある。

⑩未成年者取消

11 人間以外で，法律上の権利・義務の主体とされるものを（⑪）という。

⑪法人

12 条約にみられるように。国際法上の主体は（⑫）とされてきたが，近年ではＮＧＯや場合によっては個人も主体とみなされるケースが出てきた。

⑫国家（主権国家）

13 非政府・非営利の立場で，人権・環境・貧困・教育などの国際的問題に取り組む国境を越えて活動する市民の自発的団体は（⑬）である。

⑬ NGO（非政府組織）

⑭ 思想・信条・宗教などを理由に国家から拘束されている人々（良心の囚人）の釈放を求めるなど人権の擁護のための運動を推進している NGO は（⑭）である。

⑮ 紛争地や難民キャンプなど医療施設がない地域で，医療援助活動を行っている NGO は（⑮）である。

⑯ 核兵器の廃絶に向けて，政府に対して取組を行う全世界的な NGO の連合体は（⑯）である。2017 年にはノーベル平和賞を受賞した。

⑭アムネスティ-インターナショナル

⑮国境なき医師団
⑯ICAN（核兵器廃絶国際キャンペーン）

▍STEP ❷【正誤問題演習】

次の各文の**正誤**を判別し，誤りについては正しく訂正しなさい。

1【国家と主権】

① マックス・ウェーバーは支配の正当性（正統性）をポリス的支配，カリスマ的支配，合法的支配の三つに分類した。 (20 本改)

② 主権国家の概念を基礎とする国際社会においては，各国は対等・平等であることが原則とされている。 (06 追)

③ 著書『国家論』において，主権の概念を提唱したフランスの思想家はグロティウスである。 (16 本改)

④ 主権には複数の意味があるが，「主権の存する日本国民の総意」（日本国憲法第 1 条）では，国家の政治のあり方を最終的に決定する最高の権力という意味で使われている。 (08 本)

⑤ 領海および排他的経済水域とそれらの上空は，沿岸国の領域とみなされ，その主権が及ぶ。 (10 追)

⑥ 主権国家の領空には，排他的経済水域の上空が含まれる。 (12 本)

⑦ 「夜警国家」の名付け親であるラッサールは，自由放任主義の考え方に立つ「小さな政府」を，肯定的に評価した。 (07 追)

⑧ スペンサーは，国家を一つの生命体と考え，個人は国家の部分で，国家のために機能を分担し全体に奉仕するという国家有機体説を唱えた。

2【法の体系】

① 国内法は，公法，私法，社会法に分かれるが，労働組合法・労働関係調整法・労働基準法や生活保護法は，社会法に分類される。

② 公法の実体法である日本国憲法・刑法，公法の手続法である民事訴訟法・刑事訴訟法，私法の実体法である民法・独占禁止法が六法と呼ばれる。

③ 未成年者が単独で結んだ契約については，親権者がその契約を取り消すことができる

④ 日本の法律では，他人の故意や過失がなければ賠償責任を問われない過失責任の原則が例外なく適用されている。

⑤ 日本の法制度上，私法においては，国家は市民生活に介入しないという私的自治の原則が機能している。

⑥ 国際法には，条約などの成文国際法と，慣習国際法（国際慣習法）とがある。 (12 本)

⑦ ＮＧＯの中には，国際連合の経済社会理事会との協議資格をもつものがある。 (18 追)

⑧ ＮＧＯの中には，対人地雷全面禁止条約の締結を促進する活動を行ったものがある。 (18 追)

⑨ 国際連合の総会では，ＮＧＯ（非政府組織）も投票権をもっている。 (08 追)

⑩ ＮＧＯの役割として，環境の分野で，条約で合意された有害物質の排出基準が遵守されない場合，その国の政府に対し条約による制裁を行うことがある。 (07 追)

1 正解とヒント

①✕ ポリス的支配ではなく伝統的支配。「ポリス的動物である」とはアリストテレスのことば。

②○

③✕ 主権の概念を提唱したのはボーダンである。グロティウスは国際法の父として知られる。

④○

⑤✕ 領域は領土・領海・領空で構成される。排他的経済水域は領域に属さず，主権は及ばない。

⑥✕ 領空は，領土・領海上の大気圏までである。

⑦✕ ラッサールは社会主義者の立場から批判的に名付けた。

⑧○

2 正解とヒント

①○

②✕ 独占禁止法は社会法の一つで六法に入らない。商法が入る。

③○

④✕ PL 法のような無過失責任が適用される例外がある。

⑤○

⑥○

⑦○ アムネスティ-インターナショナルや国境なき医師団，グリーンピースなど該当する。

⑧○ 地雷禁止国際キャンペーンが条約締結に関与した。

⑨✕ 国連の会合に出席はできるが，投票権は持たない。

⑩✕ 条約は当事国に対して公的機関が制裁を行う。NGO は制裁を行うことはできない。

センター試験過去問　次の各設問に答えよ。

1 【人間はポリス的動物である】 古代ギリシャのポリスで活躍した哲学者アリストテレスに，「人間はポリス的（政治的，社会的）動物である」という言葉がある。この言葉に表現される，ポリスにおける人間と政治のあり方についての記述として最も適当なものを，次の①～④のうちから一つ選べ。　　(04 追)

① 人間はだれも他者に優越し，他者を支配したいという願望をもっているため，利益をめぐる闘争は避けられない。

② 人間は共同体の中で協力し合い平和に生きるべき存在であるから，人間性が向上すれば政治権力は必要とされなくなる。

③ 人間は政治社会の一員として活動することによって初めて，立派な市民として人間形成を実現する。

④ 人間は自由に他者と契約し，自発的に社会関係を形成する存在であるから，国家の役割は警察活動に限定される。

2 【主権】 主権には複数の意味があるが，その説明A～Cとその具体例ア～ウとの組合せとして正しいものを，下の①～⑥のうちから一つ選べ。　　(08 本)

A 国家の統治権

B 国家権力の最高・独立性

C 国家の政治のあり方を最終的に決定する最高の権力

ア 「主権の存する日本国民の総意」（日本国憲法第1条）

イ 「すべての加盟国の主権平等の原則」（国連憲章第2条）

ウ 「日本国ノ主権ハ本州，北海道，九州及四国…（中略）…ニ局限セラルヘシ」（ポツダム宣言第8項）

① A－ア B－イ C－ウ　　② A－ア B－ウ C－イ

③ A－イ B－ア C－ウ　　④ A－イ B－ウ C－ア

⑤ A－ウ B－ア C－イ　　⑥ A－ウ B－イ C－ア

3 【近代国家①】 近代国家や，近代国家における法についての記述として誤っているものを，次の①～④のうちから一つ選べ。　　(02 追)

① 近代国家の三要素とは，国民と主権と領域（領土・領空・領海）である。

② 近代国家において，効力を有する法規範は制定法に限られる。

③ 近代国家においては，国家が武力組織を独占・使用することが認められている。

④ 近代国家において，法は国家の強制力に裏付けられた規範として，道徳や慣習などの他の社会規範とは区別される。

4 【近代国家②】 文中の空欄 ア ・ イ に当てはまる語句の組合せとして最も適当なものを，下の①～④のうちから一つ選べ。　　(18 本)

18，19世紀の国家は財産権の保護や治安の維持などを主に担っており，その支出は小規模であった。このように国家の役割を，国防，司法，治安の維持に限定する考え方は ア 観という。しかし，国家の役割を消極的にとらえる考えは，その後批判されるようになった。なぜならば，人々の市場における自発的な取引だけでは，社会的に望ましい結果がもたらされるとは限らないからである。

〈中略〉

今日の国際情勢の変化は，国家の役割のあり方を改めて問い直すものとなっている。たとえば，冷戦の終結やテロの頻発などを受けて，国家の安全保障をめぐるさまざまな問題に対処するためには，政府の権限拡大が必要になることもあるだろう。しかし，これまで見てきたように近代国家の歴史が示すのは， イ が欠かせないということである。政府を私たちがいかにコントロールするのかという問題を，今後も私たちは考え続けなければならない。

① ア 福祉国家
　 イ 国家の権力に対する憲法上の制約をなくす仕組み

② ア 福祉国家
　 イ 人々に対する国家の介入を制約する仕組み

③ ア 夜警国家
　 イ 国家の権力に対する憲法上の制約をなくす仕組み

④ ア 夜警国家
　 イ 人々に対する国家の介入を制約する仕組み

5 【国連海洋法条約】 国連海洋法条約が定める内容についての記述として正しいものを，次の①～④のうちから一つ選べ。
　　(19 本)

① 公海では，すべての国に航行の自由が認められるわけではない。

② 大陸棚の幅は，沿岸国の基線から測定して200海里を超えることはない。

③ 領海の幅は，沿岸国の基線から測定して最大3海里までである。

④ 排他的経済水域では，沿岸国に天然資源を開発する権利が認められる。

6 【支配の正当性（正統性）】「主権は，政治権力の一部であり，国家は政治的支配の一つといえますね。」という講師の話を聴きながら，生徒Xは，「政治・経済」の授業で学習したマックス・ウェーバーの話を思い出していた。それをまとめたのが，次のノートである。ノート中の空欄 ア ～ ウ には支配の正当性（正統性）に関する類型が，空欄 エ ～ カ には各類型についての説明の一部が，それぞれ入る。空欄 ア ・ オ に入る語句の組合せとして正しいものを，後の①～⑥のうちから一つ選べ。　　(22 追)

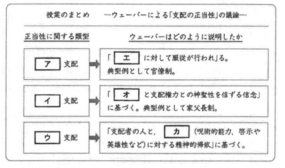

① ア 伝統的　オ 制定された規則

② ア 伝統的　オ この人のもつ天与の資質

③ ア 伝統的　オ 昔から存在する秩序

④ ア 合法的　オ 制定された規則

⑤ ア 合法的　オ この人のもつ天与の資質

⑥ ア 合法的　オ 昔から存在する秩序

7 【法の役割】　法の役割に関連して，生徒X，生徒Y，生徒Zは，発表の準備として，日本の社会において，さまざまな規範が働いている事例をもち寄って，法の役割を考えることにした。次の①〜④の事例における人物J，人物K，人物L，人物Mが行った行為とその結果に着目したとき，「社会秩序を維持するために国家が設定した社会規範」としての法を，国家が直接に強制しているといえる事例はどれか。最も適当なものを，①〜④のうちから一つ選べ。　　　　　　　　　　　　　　（23追）

① ある法律の規定によれば，消費者は，事業者から提供された情報を活用して，事業者と結ぶ契約内容を理解するよう努める義務がある。ある会社と契約を結んだJは，契約締結時に契約の条件を十分確認しなかった。Jは，家族からこのことを注意された。

② ある法律の規定によれば，他人の財産を盗んだ者に対しては，懲役や罰金の刑罰が科される。傘を持たずに外出したKは，にわか雨が降ってきたため，たまたま通りかかった店舗の商品である傘を持ち去った。Kは，後に，傘を盗んだとして起訴され罰金刑を科された。

③ あるSNS（ソーシャル・ネットワーク・サービス）を運営する事業者の会員規約によれば，他人の名誉を傷つけ，差別発言をした会員のアカウントは削除される。このSNSの会員のLは，友人を誹謗中傷する書き込みを行った。Lは，後に，会員規約に従って事業者にアカウントを削除された。

④ ある学校の部活動の決まりによれば，部員は指定された集合時刻の10分前には集合場所に集まらなければならない。この部活動の部員のMは，指定された集合時刻の5分前に集合場所に到着した。Mは，ほかの部員からこのことを注意された。

8 【法の分類】　生徒Xと生徒Yは，民泊に関連する法律の内容を調べた上で，次のような会話をしている。次の会話文中の空欄　ア 〜 ウ に当てはまる語句の組合せとして正しいものを，後の①〜⑧のうちから一つ選べ。　　　（22本）

X：調べてみたら民泊を営むにも利用するにもいろんな法律がかかわるんだね。

Y：そうだね。まず民泊の解禁を定めた住宅宿泊事業法があるけど，ほかにも，利用料金を支払って民泊を利用する契約には　ア が適用されるね。ちなみに，私人間の関係を規律する　ア は，公法か私法かという分類からすれば　イ に該当するね。

X：また，民泊を営業する人は事業者だから，不当な勧誘による契約の取消しを可能にしたり，消費者に一方的に不利な条項の無効を定めたりする　ウ も関連するよ。

Y：一つの事項についてもさまざまな法律が重層的にかかわることが確認できたね。

① ア 民 法　イ 私 法　ウ 消費者契約法
② ア 民 法　イ 私 法　ウ 独占禁止法
③ ア 民 法　イ 公 法　ウ 消費者契約法
④ ア 民 法　イ 公 法　ウ 独占禁止法
⑤ ア 刑 法　イ 私 法　ウ 消費者契約法
⑥ ア 刑 法　イ 私 法　ウ 独占禁止法
⑦ ア 刑 法　イ 公 法　ウ 消費者契約法
⑧ ア 刑 法　イ 公 法　ウ 独占禁止法

9 【社会法】　社会法に分類される内容をもつ法律として正しいものを，次の①〜④のうちから一つ選べ。　　　　（16追）
① 刑事裁判における手続について定めた法律
② 予算と財政の基本について定めた法律
③ 最低賃金について定めた法律
④ 婚姻の条件について定めた法律

10 【NGO①】　非政府組織（NGO）の例であるA〜Cと，それらの主な活動の記述ア〜ウとの組合せとして最も適当なものを，下の①〜⑥のうちから一つ選べ。　　　　（16本）
A　アムネスティ・インターナショナル
B　パグウォッシュ会議
C　赤十字国際委員会
ア　不当に投獄されている「良心の囚人」の救援活動をはじめ，人権擁護活動を行う。
イ　主に科学者で構成されており，核兵器の廃絶を目的としたさまざまな活動を行う。
ウ　主に武力紛争の被害者を救護するため，医療活動をはじめとする人道援助活動を行う。
① A－ア　B－イ　C－ウ
② A－ア　B－ウ　C－イ
③ A－イ　B－ア　C－ウ
④ A－イ　B－ウ　C－ア
⑤ A－ウ　B－ア　C－イ
⑥ A－ウ　B－イ　C－ア

11 【NGO②】　国境なき医師団（MSF）とともに，2014年に西アフリカを中心に流行したエボラ出血熱の感染拡大を防ぐための活動において，中心的な役割を果たした国際連合の専門機関として最も適当なものを，次の①〜④のうちから一つ選べ。　　（16追）

① ILO　　　　　② FAO
③ WHO　　　　④ UNESCO

12 【現行の民法の規定】　生徒Xと生徒Yは日本における民法の変遷について調べてまとめた。このうち，現行の民法の内容に関する記述として正しいものを次のア〜ウからすべて選んだとき，その組合せとして最も適当なものを，後の①〜⑧のうちから一つ選べ。　　　　　　　　　　　（22公政試）
ア　現行の民法では，成年年齢に達するということには，親権に服さなくなるという意味がある。
イ　現行の民法では，当事者の一方が未成年である場合に，未成年が単独で相手方とした契約は，原則として後になって取り消すことができることが定められている。
ウ　現行の民法では，当事者の一方が公序良俗に反する内容の契約を申し出た場合に，相手方がそれに合意する限りにおいて，その契約は有効となり，後になって取り消すことができないことが定められている。
① アとイとウ　　② アとイ　　③ アとウ
④ イとウ　　　　⑤ ア　　　　⑥ イ　　　　⑦ ウ
⑧ 正しいものはない

❷ 民主政治の基本原理

共通テスト／ センター試験 出題頻度	年度	2023	2022	2021	2020	2019	2018	2017	2016	2015	2014	2013	2012
	出題		●	●	●		●	●	●	●		●	●

■STEP❶【基礎問題演習】

次の各文中の空欄に適語を入れよ。

正　解

1 【政治思想】

1 16〜18 世紀のヨーロッパでは（①）が支配し，人々は国王による重税や人権抑圧に苦しんだ。

①絶対王政

2 国王の権力は神によって与えられたのもとする（②）説が，フィルマーやボシュエなどによって主張された。

②王権神授

3 市民革命を理論的に支え，各個人の自由意思で国家と契約を結ぶ（③）説は民主政治の原理を理論化した思想である。

③社会契約

4 憲法の存在に先だって，人間が生まれながらにもっている権利を（④）といい，自然法に基づく。

④自然権

5 （⑤）は，『リヴァイアサン』で自然状態における人間は自己保存の権利を有するため「万人の万人に対する闘い」にいたると説いた。

⑤ホッブズ

6 （⑥）は，『統治二論』（『市民政府二論』）で人民は社会契約により成立した国家に自然権を信託すると説いた。

⑥ロック

7 ロックは，政府がその信託に反すれば，人民は（⑦）をもつと主張した。

⑦革命権（抵抗権）

8 ルソーは，『社会契約論』で，国家は社会全体の利益をめざす全人民の（⑧）に基づき，成立すると説いた。

⑧一般意思（一般意志）

9 『法の精神』を著した（⑨）は，国家権力を立法・執行・司法の三権に分ける必要性を説いた。

⑨モンテスキュー

10 モンテスキューの権力分立の理論は権力のあいだの抑制と均衡＝（⑩）によって，権力の濫用と腐敗を防ごうとした。

⑩チェック−アンド−バランス

2 【国民主権と法の支配】

1 国家を構成する要件とされる三要素とは，領域・国民・（①）である。

①主権

2 国民自らが国家権力を握り，政治を行うということが（②）の原理である。

②国民主権

3 権力者といえども自然法および国法の支配に服させることによって権力を規制しようとする原理を（③）という。

③法の支配

4 近代国家では憲法を定め，それに従って政治を行わなければならないとする原則を（④）という。

④立憲主義

5 17 世紀前半，イギリスの裁判官（⑤）は国王に対して法の優位を説き，法の支配の確立に努めた。

⑤エドワード＝コーク（クック）

6 13 世紀の裁判官（⑥）に「国王といえども神と法の下にある」という言葉がある。コークによって，引用された。

⑥ブラクトン

7 19 世紀のドイツで発達した「法律による行政」という形式面のみが重視される考え方を，法の支配に対して（⑦）という。

⑦法治主義

8 イギリスにおいて，16・17 世紀までに集大成された一般的判例法で，不文法の一種を（⑧）という。

⑧コモン−ロー

9 国民がその代表者を選出する（⑨）のもとでは，選出された代表者が立法・行政などの政治を行う。

⑨間接民主制

10 国民の代表者が議会を構成する（⑩）は，議会を通して国民の意思の実現をめざす理念で

⑩議会制民主主義

ある。

3 【人権思想の歴史】

① イギリスでは，1628 年にはチャールズ 1 世に対して，国民の自由と権利の尊重などを要求した（①）を認めさせた。

② ピューリタン革命，名誉革命を経て，1689 年には（②）のなかで大幅に市民階級の権限を拡大させた。

③ アメリカでは 1776 年 7 月 4 日に発布された独立宣言において，すべての人に（③）の人権があることを明記した。

④ フランス革命中の 1789 年，基本的人権は人間固有の権利であることを明確にした（④）が国民議会で採択された。

⑤ （④）には，国民主権・人権の不可侵・（⑤）の不可侵・権力分立などが規定されている。

⑥ 17～18 世紀の欧米の市民革命期に確立された基本的人権は，「（⑥）からの自由」を内容としたため，自由権的基本権とよばれる。

⑦ 19 世紀前半にイギリスで行われた都市労働者を中心にした（⑦）運動は，労働者階級が普通選挙などを要求した大衆的政治運動となった。

⑧ 資本主義経済の発達に伴い，失業や貧困などの社会問題が発生し，社会的弱者に対して（⑧）を認め，人たるに値する生活を保障すべきであるとする基本的人権が 20 世紀になって確立した。

⑨ 1919 年に制定された（⑨）憲法で，はじめて生存権など社会権の保障を規定し，20 歳以上の男女普通選挙制などが定められた。

⑩ 社会政策や経済政策を実施することを，民主政治の任務とする国家を（⑩）といい，国民の人たるに値する生活を積極的に守っていく責任を負う。

⑪ 1941 年に F・ローズベルトは一般教書演説で，ファシズムとの闘いの勝利のために「言論・表現の自由」「神を敬う自由」「欠乏からの自由」「恐怖からの自由」の（⑪）を説いた。

①権利の請願

②権利章典

③天賦不可侵

④フランス人権宣言

⑤財産（所有）
⑥国家

⑦チャーティスト

⑧社会権（社会権的基本権）

⑨ワイマール（ドイツ共和国）

⑩福祉国家（社会国家）

⑪4 つの自由

■STEP ❷【正誤問題演習】■

次の各文の正誤を判別し，誤りについては正しく訂正しなさい。

1 【民主主義のあゆみ】

① 王権神授説は，国王の支配権の正統性を神に求め，国王は神に対してのみ責任を負う，と主張する。

② バージニア権利宣言は，「権利の保障が確保されず，権力の分立が規定されないすべての社会は，憲法をもつものではない」と規定している。

③ アメリカ独立宣言は，政府は人々の天賦人権を確保するために組織されたものであるから，政府がこの目的を害すものとなった場合，人民はこれを廃止して，新しい政府をつくる権利を有することを認めている。

④ アメリカ独立宣言（1776 年）には，社会権の保障がうたわれていた。

⑤ 第一次世界大戦後のワイマール憲法にはじめて登場した社会権の規定は，国家の役割の変化を端的に物語るものである。

⑥ ワイマール憲法には，「所有権は義務を伴う」と規定されていた。

⑦ イギリスの権利章典は「すべての人は生来ひとしく自由かつ独立しており，一定の生来の権利を有するものである」と宣言している。

⑧ 国際連合に加盟した国は，国際人権規約（B 規約）に規定された，「市民的及び政治的権利」を保障する義務を負う。 (97 本)

2 【社会契約説】

① 「王権神授説」を主張した代表的な思想家は，支配者の絶対権を主張したホッブズである。

② 人間の利己心を考察の出発点としたホッブズは，自然権を「リバイアサン」に委譲すべきであると説いた。

③ ホッブズは，人間は，自然状態における「万人の万人に対する闘争」を避けるために契約

■ 正解とヒント

①○

②✕　フランス人権宣言第16 条の規定。

③○

④✕　社会権は 1919 年のワイマール憲法が最初。ちなみに，合衆国憲法には今日でも社会権の明文規定がない。

⑤○

⑥○

⑦✕　イギリスの権利の章典ではなく，ヴァージニア権利章典。

⑧✕　規約（国際法）は批准しなければ拘束されない。

■ 正解とヒント

①✕　フィルマーやボシュエ。ホッブズは「社会契約説」。

②○　リバイアサンとは，旧

を結んで国家をつくる，とした。

④ ロックは，人間は，生命・自由・財産に対する権利を国家から与えられている，とした。

⑤ ロックは社会契約説を唱えて，政治社会が人民の「信託」を裏切ることがあっても人民は自然権を全面的に政治社会に委譲すべきであると説いた。

⑥ ルソーは，政府は人民の契約によって創設されるという考えに立ち，主権者である人民の「一般意思」を強調した。

⑦ 「イギリスの人民が自由であるのは議員を選挙する間だけのことで，議員が選ばれるやいなや，彼らは奴隷となり無に帰してしまう」と述べたのはルソーである。

⑧ ルソーは，一般意思は代表されないと主張して，代表民主制には批判的であった。

⑨ ルソーは，君主権に結び付けられることの多かった主権を人民主権に組み替え，為政者は主権者である人民の意思に従うべきことを説いた。　　　　　　　　　　　　　　　(04 追)

⑩ 自然状態という概念は社会が成立する前の状態を意味し，社会契約の論理的前提として設定された。

⑪ ホッブズによれば，各人は自らの生命と安全を確保するために，主権者に自然権を譲渡することなく国家の運営に参加する必要がある。　　　　　　　　　　　　　　　　　　(12)

⑫ ロックによれば，政府が国民の生命や財産を侵害した場合，国民は政府に抵抗する権利を持っている。

3 【人民主権，法の支配，権力分立】

① 「主権」概念を初めて体系的に論じたのはマキャヴェリであった。

② 「夜警国家」の名付け親であるラッサールは，自由放任主義の考え方に立つ「小さな政府」を，肯定的に評価した。　　　　　　　　　　　　　　　　　　　　　　　　　(07 追)

③ 日本国憲法は，公共の福祉のために必要な場合には国民主権の原理に制約を加えることができる，と規定している。

④ 王権神授説は，「国王は君臨すれども統治せず」という考え方の基礎になった。

⑤ 法の支配は，すでにマグナ＝カルタにもその萌芽がみられたが，17世紀のイギリスにおいて，王権神授説に対抗する政治原理として確立されていった。

⑥ イギリスにおける法の支配の確立は，ドイツなどにおける法治主義が形式主義に陥りやすかったという弊害を是正することをめざして，徐々に推進されていった。

⑦ フランス人権宣言は，人民主権及び人民民主主義を採用することを宣言し，権力分立制を否定した宣言として有名である。

⑧ モンテスキューは，立法権，執行権，司法権の三権分立と，それら相互の間の抑制と均衡を主張した。

⑨ 古代ギリシャの哲学者アリストテレスは「人間はポリス的動物である」という言葉を残した。

⑩ 国家法人説を説いたイェリネックは，国家の三要素として領域・人民・主権をあげた。

⑪ 法治主義が，法に基づく行政の執行を要請するという，行政の形式に関する原理であるのに対して，法の支配は，国民の権利や自由といった法の内容そのものに関する原理である。

⑫ 日本国憲法は，そもそも国政は，国民の厳粛な信託によるものであって，その権威は国民に由来し，その権力は国民が直接行使し，その福祉は国民がこれを享受すると宣言している。

⑬ 国民に国民主権の原理を実現する意思が欠けているならば，民主主義的議会制度も，ファシズムのような独裁体制を成立させる道具となりうる。　　　　　　　　　　　　　(95 年)

⑭ イギリスのジョン・ロックは，議会の専制から国民の権利を守るために，立法，行政，司法の三権分立を提唱した。　　　　　　　　　　　　　　　　　　　　　　　　(03 追)

⑮ 「人民の人民による人民のための政治」というリンカーンの言葉は，ルソーの説く一般意志と同じように，間接民主制を否定している。　　　　　　　　　　　　　　　(01 追)

約聖書に出てくる巨大な海獣のことで，ここでは教会権力から解き放たれた国家をさす。

③○

④× 生命・自由・財産権は自然権だから，生まれながらにして持つものであり，国家から与えられるものではない。

⑤× 信託を裏切ったら，人民は「革命権（抵抗権）」を行使できるとした。

⑥○

⑦○ 著書『社会契約論』のなかで述べた。

⑧○

⑨○

⑩○

⑪× 主権者（君主）に自然権を譲渡することで平和が実現される。

⑫○

3 正解とヒント

①× ジャン＝ボーダン。

②× 「夜警国家」は，自由放任主義に基づく「小さな政府」を揶揄した表現である。

③× 公共の福祉による制約があるのは基本的人権である。

④× 「君臨すれども…」は，立憲主義をさす言葉。

⑤○

⑥× イギリスの法の支配が先。

⑦× 第16条に「権利の保障が確保されず，権力の分立が定められていないすべての社会は，憲法をもたない」とある。

⑧○

⑨○

⑩○

⑪○

⑫× その権力は国民の代表者がこれを行使し

⑬○

⑭× 立法・執行・連合（外交）に分けた。議会と国王が分担した。

⑮× 国民主権の表明であり，間接民主制を否定しいていない。

共通テスト・センター試験過去問　次の各設問に答えよ。

1【主権の概念】著書『国家論』において，主権の概念を提唱したフランスの思想家は誰か。正しいものを，次の①〜④のうちから一つ選べ。　　　　　　　　　　　　　　　　（16 本）

① ボーダン　　　　　② モンテスキュー
③ ルソー　　　　　　④ ケネー

2【民主政治の思想】近代民主政治の理論的な基礎に関連する記述として最も適当なものを，次の①〜④のうちから一つ選べ。　　　　　　　　　　　　　　　　　　　　（01 追）

① ホッブズは，君主は外交権を握るべきであるが，国内においては，国民の信託を得た代表が国政を担当すべきであると説いた。

② ロックによれば，政府が国民の生命や財産を侵害した場合，国民は政府に抵抗する権利をもっている。

③ アメリカ独立革命を目撃したモンテスキューは，一般人民を主権者とする社会契約論を唱えて，フランス革命に影響を与えた。

④ 「人民の人民による人民のための政治」というリンカーンの言葉は，ルソーの説く一般意思と同じように，間接民主制を否定している。

3【ロックの自然権思想】ジョン・ロックの自然権思想についての記述として最も適当なものを，次の①〜④のうちから一つ選べ。　　　　　　　　　　　　　　　　　　　（03 本）

① 自然状態においては，各人の有する自然権は相互に衝突し，「万人の万人に対する闘争」が生じる。

② 自然界において，強者が弱者を支配することが神の摂理にかなうように，君主は人民を絶対的に支配する自然権を有する。

③ 人間はその本性からして，孤立して生きることができないため，政治的共同体に所属し，政治に参加する権利をもつ。

④ 自然状態において，各人は自らの生命・自由・財産に対して自然権を有しており，この権利を保全するために政府が設立される。

4【近代国家観】近代国家のあり方を支えるさまざまな考え方を唱えた書物A〜Cと，その主張内容ア〜ウとの組合せとして正しいものを，下の①〜⑥のうちから一つ選べ。　　　　（01 本）

A 『社会契約論』
B 『国富論』（『諸国民の富』）
C 『リバイアサン』

ア 利己心に基づいて私的利益を追求する各個人の行動が，「見えざる手」の作用によって，社会全体の利益の調和をもたらす。

イ 自然状態は万人の万人に対する闘争状態であり，平和を確立するには，契約を結び，絶対的支配権をもつ国家を形成する必要がある。

ウ 人間は社会では鎖でつながれており，それを克服するには，自由で平和な自然状態から契約を結び，人民主権の国家を形成する必要がある。

① A−ア　B−イ　C−ウ　　② A−ア　B−ウ　C−イ
③ A−イ　B−ア　C−ウ　　④ A−イ　B−ウ　C−ア
⑤ A−ウ　B−ア　C−イ　　⑥ A−ウ　B−イ　C−ア

5【法の支配①】法の支配の説明として正しいものを，次の①〜④のうちから一つ選べ。　　　　　（18 本）

① 法は，それに違反した場合に，刑罰など国家権力による制裁を伴う点に特徴があるとする考え方である。

② 法は，主権者である国王や権力者が出す命令であって，国民はこれに従わなければならないとする考え方である。

③ 議会の制定した法に基づいて行政が行われなければならないという，形式面を重視する考え方である。

④ 個人の権利を守るため，国王や権力者といえども法に従わなければならないとする考え方である。

6【法の支配②】法の支配に関連する記述として最も適当なものを，次の①〜④のうちから一つ選べ。　　（07 本）

① コーク（クック）は，コモン・ローの伝統を重視し，国王といえども法に従わなくてはならないと主張した。

② ボーダンは，国王の絶対的支配を否定し，権力分立に基づく国家権力の抑制の必要を説いた。

③ マグナ・カルタは，国民の平等な権利を認め，統治者が法に拘束される法の支配の思想を示した。

④ 英米における法の支配は，ドイツで発達した法治主義と比べ，成文法重視の思想であった。

7【各国の権力分立】各国の権力分立のあり方の記述として誤っているものを，次の①〜④のうちから一つ選べ。　　　　　　　　　　　　　　　　　　　（06 本・改）

① 第二次世界大戦前の日本では，外見上は権力分立制がとられていたが，究極的には，天皇が統治権を総攬するものとされていた。

② イギリスでは，かつて議会の上院が最高裁判所の役割を兼ねていたが，現在では議会から独立した最高裁判所が設置されている。

③ アメリカでは，権力分立が厳格に貫かれており，大統領は議会に法律案を提出することも，議会の可決した法律案を拒否することもできない。

④ 旧ソ連では，権力分立とは異なる考え方に基づいて，全人民を代表する合議体にすべての権力を集中させる仕組みをとっていた。

8【政府組織の基本原理】政府組織の基本原理に関連して，17 世紀から 18 世紀にかけての権利章典や憲法に示された基本原理についての記述として適当でないものを，次の①〜④のうちから一つ選べ。　　　　　　　　　　　　　　（05 追）

① すべての権力は国民に存し，国民にその淵源を有するとしている。

② 国民に幸福と安寧をもたらさない政府は，国民が改良し，改変し，あるいは廃止することができるとして，革命を正当化している。

③ 国家の立法権，行政権および司法権は，相互に分離され，区別されなければならないとしている。

④ 資本家と地主の階級を打倒し，プロレタリアートの独裁を宣言している。

9 【憲法典原理】 憲法という概念は，「まとまった法典」という意味をはじめ，いくつかの意味で用いられる。次の記述A～Cに含まれる「憲法」は，それぞれア～ウのいずれの意味で用いられているか。その組合せとして正しいものを，下の①～⑥のうちから一つ選べ。 (05 本)

A 権利の保障が確保されず，権力の分立が規定されないすべての社会は，憲法をもつものでない。

B イギリスは，憲法をもっていない。

C 日本の国会法，内閣法，裁判所法は，憲法の一部を構成する。

ア 国家の統治機構の基本を定めた法

イ 立憲主義理念に基づいて定められた国家の基礎法

ウ 「憲法」という名前をもつ成文の法典

① A－ア B－イ C－ウ ② A－ア B－ウ C－イ
③ A－イ B－ア C－ウ ④ A－イ B－ウ C－ア
⑤ A－ウ B－ア C－イ ⑥ A－ウ B－イ C－ア

10 【直接民主制】 直接民主制に関連する記述として正しいものを，次の①～④のうちから一つ選べ。 (02 本)

① ロックは『近代民主政治』の中で，直接民主制を行うための小共同体を社会契約によって設立することを説いた。

② モンテスキューは，イギリスでは市民は選挙のときに自由であるにすぎず，それ以外のときは代表に隷属していると主張し，代表制を批判した。

③ アメリカの一部で植民地時代から実施されてきたタウン・ミーティングは，直接民主制の一つの形態である。

④ 「草の根の民主主義」という言葉は，古代ギリシャのアテネにおける自由民による直接民主制についていわれたものである。

11 【権力分立】 「権力を複数の機関に分散させる」という考え方に関連する記述として最も適当なものを，次の①～④のうちから一つ選べ。 (10 追)

① ロックは，権力を立法権，執行権（行政権），裁判権（司法権）に分けた上で異なる機関に担当させるべきだと主張した。

② ロックは，立法権を執行権よりも優位に位置づけるべきだと主張した。

③ モンテスキューは，権力を君主の立法権，貴族の執行権，地方政府の自治権に分けるべきだと主張した。

④ モンテスキューは，裁判所が違憲立法審査権をもつべきだと主張した。

12 【憲法・宣言】 民主主義の歴史の上で重要な憲法・宣言A～Cと，その文言ア～ウとの組合せとして正しいものを，下の①～⑥のうちから一つ選べ。 (10 本)

A アメリカ独立宣言 B フランス人権宣言
C ワイマール憲法

ア 「経済生活の秩序は，すべての人に，人たるに値する生存を保障することを目ざす，正義の諸原則に適合するものでなければならない。」

イ 「すべての人は平等に造られ，造物主によって一定の奪うことのできない権利を与えられ，その中には生命，自由および幸福の追求が含まれる。」

ウ 「権利の保障が確保されず，権力の分立が定められていないすべての社会は，憲法をもたない。」

（資料） 樋口陽一・吉田善明編『解説世界憲法集第4版』

① A－ア B－イ C－ウ ② A－ア B－ウ C－イ
③ A－イ B－ア C－ウ ④ A－イ B－ウ C－ア
⑤ A－ウ B－ア C－イ ⑥ A－ウ B－イ C－ア

13 【議会制の思想】 西ヨーロッパにおける議会制の思想をめぐる記述として正しいものを，次の①～④のうちから一つ選べ。 (03 追)

① 国王も神と法の下にあり，法に従わねばならないとするエドワード・コーク（クック）の思想は，イギリスの議会制を支える伝統の一つとなった。

② イギリスのジョン・ロックは，議会の専制から国民の権利を守るために，立法，行政，司法の三権分立を提唱した。

③ 16世紀にフランスのボーダンが展開した主権の概念は，国王に対する議会の力を強化する上で有利に働いた。

④ 18世紀にルソーは，国民は代表者を通じて一般意思を表明するゆえに，国家の主権は議会にあると主張した。

14 【社会契約説】 近代の社会契約説についての記述として最も適当なものを，次の①～④のうちから一つ選べ。 (12 本)

① 政府と人民の関係は，神と人間，親と子，夫と妻の間にみられるような愛情と信頼に由来する。

② ホッブズによれば，各人は自らの生命と安全を確保するために，主権者に自然権を譲渡することなく国家の運営に参加する必要がある。

③ 国家は人為的な産物ではなく，歴史の中で長く受け継がれてきた伝統を通じて形成される。

④ ロックによれば，人民の信託を受けた政府が人民の生命・自由・財産の権利を侵害した場合，人民には政府に抵抗する権利がある。

15 【フランス人権宣言】 1789年のフランス人権宣言で自然権と位置づけられた権利として正しいものを，次の①～④のうちから一つ選べ。 (15 追)

① 団結権 ② 生存権
③ 圧政に抵抗する権利 ④ 選挙で投票する権利

16 【人民主権】 人民主権について，次のA～Cと，その抜粋ア～ウとの組合せとして正しいものを，下の①～⑥のうちから一つ選べ。 (17 追)

A 日本国憲法 B アメリカ独立宣言 C フランス人権宣言

ア 第3条 あらゆる主権の淵源は，本来的に国民にある。
第16条 権利の保障が確保されず，権力の分立が定められていないすべての社会は，憲法をもたない。

イ そもそも国政は，国民の厳粛な信託によるものであって，その権威は国民に由来し，その権力は国民の代表者がこれを行使し，その福利は国民がこれを享受する。

ウ われらは，次の事柄を自明の真理であると信ずる。すべての人は平等に造られ，造物主によって一定の奪うことのできない権利を与えられ，その中には生命，自由および幸福の追求が含まれる。これらの権利を確保するために人びとの間に政府が組織され，その権力の正当性は被治者の同意に由来する。

（資料） 初宿正典・辻村みよ子編『新解説世界憲法集 第3版』（2014年）による。なお，読みやすくするため，表記を一部改めた。

① A－ア B－イ C－ウ ② A－ア B－ウ C－イ
③ A－イ B－ア C－ウ ④ A－イ B－ウ C－ア

⑤　A—ウ　B—ア　C—イ　　⑥　A—ウ　B—イ　C—ア

17 【民主主義】 次のa〜dは、「政治・経済」の授業で、「民主主義とは何か」について考えた際に、4人の生徒が自分なりにまとめた説明である。これを読んだうえで、**資料**としてある思想家が書いた本の一節を読み、この**資料**から読みとれる考え方は、生徒の説明a〜dのうちのどれに近いか。最も適当なものを、下の①〜④のうちから一つ選べ。　　　　　　　（18試・改）

a　国民は主権者なので、国政上の重要な事項について、慎重に議論をしたうえで投票を行うことによって、国民が国家の意思決定に直接参加するのが民主主義だ。

b　国民は主権者であるが、すべての国民が実際に直接、政治に参加することは困難なことだから、国民が選んだ代表者を通じて国家の意思決定を行うのが民主主義だ。

c　国政の重要な事項は国民全員に関わるものなので、主権者である国民が決めるのであれ、国民の代表者が決めるのであれ、全員またはできるだけ全員に近い人の賛成を得て決めるのが民主主義だ。

d　国政の重要な事項は国民全員に関わるものであるが、主権者である国民が決めるのであれ、国民の代表者が決めるのであれ、全員の意見が一致することはありえないのだから、過半数の賛成によって決めるのが民主主義だ。

資料　「主権は譲渡されえない。同じ理由から、主権は代表されえない。（中略）だから人民の代議士は人民の代表ではないし、人民の代表になることはできない。代議士は人民の代理人にすぎないのである。代議士が最終的な決定を下すことはできないのだ。人民が自ら出席して承認していない法律は、すべて無効であり、それはそもそも法律ではないのである。イギリスの人民は自らを自由だと考えているが、それは大きな思い違いである。自由なのは、議会の議員を選挙するあいだだけであり、議員の選挙が終われば人民はもはや奴隷であり、無にひとしいものになる。人民が自由であるこの短い期間に、自由がどのように行使されているかをみれば、［イギリスの人民が］自由を失うのも当然と思われてくるのである。」

---

①　a　　②　b　　③　c　　④　d

APPROACH 🔍　正解率 55.4%

問題の中で示された民主主義に関するいくつかの「考え方」とルソーが『社会契約論』で述べた「考え方」との関連性を考察する。

18 【権力分立論】 生徒Xは、図書館で資料調査をする中で、国家権力のあり方に関するある思想家の著作に次のような記述があることを発見した。この記述から読みとれる内容として最も適当なものを、後の①〜④のうちから一つ選べ。なお、一部表記を改めた箇所やふりがなを振った箇所がある。　　（22本）

およそ権力を有する人間がそれを濫用しがちなことは万代不易の経験である。彼は制限に出会うまで進む。…（中略）…

権力を濫用しえないようにするためには、事物の配置によって、権力が権力を抑止するようにしなければならない。誰しも法律が義務づけていないことをなすように強制されず、また、法律が許していることをしないように強制されないような国制が存在しうるのである。…（中略）…

同一の人間あるいは同一の役職者団体において立法権力と執行権力とが結合されるとき、自由は全く存在しない。なぜなら、同一の君主または同一の元老院が暴君的な法律を作り、暴君的にそれを執行する恐れがありうるからである。

裁判権力が立法権力や執行権力と分離されていなければ、自由はやはり存在しない。もしこの権力が立法権力と結合されれば、公民の生命と自由に関する権力は恣意的となろう。なぜなら、裁判役が立法者となるからである。もしこの権力が執行権力と結合されれば、裁判役は圧制者の力をもちうるであろう。

もしも同一人間、または、貴族もしくは人民の有力者の同一の団体が、これら三つの権力、すなわち、法律を作る権力、公的な決定を執行する権力、犯罪や個人間の紛争を裁判する権力を行使するならば、すべては失われるであろう。

①　権力を恣意的に行使する統治に対する革命権の重要性を説いている。

②　権力を分立することにより公民の自由が保護されると説いている。

③　権力をもつ者が権力を濫用するのではなく公民の自由を保護する傾向にあることを前提としている。

④　権力をもつ者が人民から自然権を譲渡された絶対的な存在であることを前提としている。

19 【政治文書総合】 次の文章中の空欄　ア　・　イ　に当てはまる言葉を下の記述A〜Cから選び、その組合せとして正しいものを、下の①〜⑥のうちから一つ選べ。　　（20本）

イギリスでは中世のマグナ・カルタ（大憲章）において、すでに法の支配の萌芽がみられた。近世の絶対君主制の下でそれは危機に瀕したが、17世紀初頭にイギリスの裁判官エドワード・コーク（クック）は、13世紀の法律家ブラクトンの言葉をひいて　ア　と述べ、法の支配を主張した。

絶対君主制への批判は、国王の権力を制限しようとする社会契約論や立憲主義思想へとつながっていく。こうした考え方は、17世紀から18世紀にかけて近代市民革命へと結実し、フランス人権宣言に　イ　と謳われた。

A　「あらゆる政治的結合の目的は、人の、時効によって消滅することのない自然的な諸権利の保全にある」

B　「経済生活の秩序は、すべての人に、人たるに値する生存を保障することをめざす正義の諸原則に適合するものでなければならない」

C　「王は何人の下にも立つことはない。しかし、神と法の下には立たなければならない」

①　ア—A　イ—B　　　②　ア—A　イ—C
③　ア—B　イ—A　　　④　ア—B　イ—C
⑤　ア—C　イ—A　　　⑥　ア—C　イ—B

③ 世界の政治体制

共通テスト／センター試験出題頻度	年度	2023	2022	2021	2020	2019	2018	2017	2016	2015	2014	2013	2012
	出題			●	●	●	●	●				●	●

STEP ❶【基礎問題演習】

次の各文中の空欄に適語を入れよ。

1 【世界の政治体制】

	正　解

① イギリスで発達した政治制度である（①）は，議会（下院）の信任に基づいて内閣が存立する。内閣は行政権の行使に対して議会に連帯して責任を負う。

①議院内閣制

② イギリスの憲法にみられるように具体的な成文をもたない（②）は，重要な法律や政治的慣習などを集大成して形成された憲法形態である。

②不文憲法

③ イギリスの政治制度のもとでは，議会（下院）が（③）をもち，内閣を信任しないことを表明する権限がある。

③内閣不信任決議権

④ イギリスの二大政党制のもとで，野党は次の政権担当に備えて（④）を組織する。

④影の内閣（シャドー・キャビネット）

⑤ イギリスで 1911 年と 1949 年に制定された（⑤）により，上院に対して国民の代表からなる下院が優越した地位をもつ。

⑤議会法

⑥ 18 世紀以降，イギリスにおいて王権に対する議会の優位が確立し，国王は存在するけれども政治的実権を行使しないことを「（⑥）」と表現した。

⑥国王は君臨すれども統治せず

⑦ アメリカは，国家元首かつ行政の首長を，国民の間接選挙によって選出する（⑦）を採用し，立法機関である議会から独立して行政権を行使している。

⑦大統領制

⑧ アメリカ大統領は（⑧）を送り，連邦の状況につき情報を与え，法律の制定を要請・勧告する。

⑧教書

⑨ 大統領は（⑨）をもち，連邦議会が可決した法案を拒否できる。

⑨法案拒否権

⑩ アメリカ大統領は，1951 年の憲法改正で（⑩）が禁止され，多選に枠がはめられた。

⑩3 選

⑪ アメリカの裁判所は，議会で制定した法や内閣の行為が憲法に適合しているかどうかを審査できる（⑪）をもつ。

⑪違憲立法審査権（法令審査権）

⑫ アメリカ独特の政治機構のことで，州を単位として多数の分国が統合して一つの国家をつくっている制度を（⑫）という。

⑫連邦制度

⑬ 社会主義国で採用されてきた政治制度である（⑬）は，国家権力を国民の代表機関に集中する中央集権体制である。

⑬権力集中制（民主集中制）

⑭ 中国の立法機関で一院制の（⑭）は，最高の国家権力機関である。

⑭全国人民代表大会（全人代）

⑮ 中国の憲法には，（⑮）が各級国家機関を指導し，社会主義建設に指導的役割を果たすことが明記されている。

⑮中国共産党

⑯ 発展途上国にみられる強権的政治体制である（⑯）では，軍事・官僚中心の政権が国民の政治的自由を制限し，外国資本の導入による開発と経済成長を最優先させた。

⑯開発独裁

STEP ❷【正誤問題演習】

次の各文の正誤を判別し，誤りについては正しく訂正しなさい。

1 【議院内閣制】

1 正解とヒント

① イギリスでは，上院が今日でも重要な役割を担っており，首相の指名は上院が行う。
(04 本)

①✕　イギリスの上院は非民選院であるため，こうした事実はない。1999 年から上院改革により議席数が削減されている。

② イギリスでは，与党が組織する内閣に対し，野党も政権交代を視野に入れて「影の内閣（シャドー・キャビネット）」を組織する。
(04 本)

③ イギリスでは，かつて上院が最高裁判所の役割を兼ねていたが，2009 年に，上院から切

り離された独立の最高裁判所が新設された。

② 【大統領制】

① アメリカでは，各州２名ずつの議員からなる上院が置かれ，条約締結についての同意権など，重要な権限が付与されている。 (04 本)

② アメリカの連邦議会は，不信任決議によって大統領を辞職させることはできないが，大統領の弾劾に関する権限を有している。 (02 本)

③ アメリカ合衆国の二大政党の下でも，大統領選挙に二大政党以外から立候補することができる。

④ アメリカでは，大統領と異なる党派が連邦議会の多数派になることがあるが，大統領による議会の解散を通じ，対立の緩和が図られている。 (04 本)

⑤ フランスには大統領と首相が存在するが，大統領が強大な権力を握る。

⑥ ドイツには大統領と首相が存在するが，大統領が強大な権力を握る。

③ 【世界の政治制度】

① 旧ソ連では，権力分立とは異なる考え方に基づいて，全人民を代表する合議体にすべての権力を集中させるしくみをとっていた。 (06 本)

② マルコス政権下のフィリピンやスハルト政権下のインドネシアの政治体制は，開発独裁と呼ばれた。

③ ヒトラーは，民主的なワイマール憲法の下で選挙によって政権の座につき，さらに「授権法」によって独裁体制をつくりあげた。

④ ソ連ではレーニンの死後，共産党書記長スターリンが，他の幹部の粛清や農業集団化によって，独裁の基盤を確立した。 (03 追)

⑤ ドイツではヒトラーに率いられたナチスが，議会に議席を持つことなく，クーデターによって権力を直接掌握した。 (03 追)

②○
③○　違憲審査権はない。

② 正解とヒント

①○　高級官僚任命承認権も。

②○

③○　立候補は自由である。しかし，実際に当選まで至るのは困難。

④×　厳格な三権分立が特徴であり，大統領には法案提出権も議会解散権もない。

⑤○

⑥×　大統領に実質的権限はない。

③ 正解とヒント

①○

②○

③○　授権法は全権委任法とも呼ばれる。

④○

⑤×　③参照。ヒトラーはナチス（国家社会主義ドイツ労働者党）の党首として合法的に 1933 年に政権を獲得した。

∎ STEP ❸【実践問題演習】∎

共通テスト・センター試験過去問　次の各設問に答えよ。

1 【英米の政治制度】　イギリスとアメリカにおける現在の政治制度についての記述として正しいものを，次の①〜④のうちから一つ選べ。 (02 本)

① イギリスでは，下院（庶民院）は上院（貴族院）に優越しており，下院議員は他の多くの西欧諸国と同様に，比例代表選挙により選ばれている。

② イギリスでは，終審裁判所である最高法院が下院に置かれ，議会と内閣との間で抑制と均衡が図られている。

③ アメリカの大統領は，法案提出権をもっていないが，議会を通過した法案に対して拒否権を行使し，議会に送り返すことができる。

④ アメリカの大統領は，３選が禁止されており，１期６年で２期まで務めることができる。

2 【各国の政治体制】　生徒Ｚは，二院制をとる国の議会のあり方に関心をもち，今日の日本，アメリカ，イギリスの議会について，次の記述ａ〜ｃにそれぞれまとめてみた。これらの記述のうち，正しいものはどれか。当てはまるものをすべて選び，その組合せとして最も適当なものを，下の①〜⑦のうちから一つ選べ。 (21 本)

ａ　日本では，両議院は全国民を代表する選挙された議員で組織するものとされており，衆議院と参議院の議員ともに国民の直接選挙によって選出されている。衆議院で可決し参議院でこれと異なった議決をした法律案は，衆議院で出席議員の３分の２以上の多数で再び可決したときは，法律となる。

ｂ　アメリカでは，連邦議会の上院議員は各州から２名ずつ選出されるのに対し，下院議員は各州から人口に比例して選出されている。連邦議会は立法権や予算の議決権などをもつが，政府高官人事への同意など下院にのみ与えられている権限もある。

ｃ　イギリスでは，上院は非公選の貴族を中心に組織されるのに対し，下院は国民の直接選挙によって選出される議員によって組織される。下院優越の原則が確立しており，下院が国政の中心に位置している。下院には解散もあるが，解散できる条件は限られている。

① ａ　　② ｂ　　③ ｃ　　④ ａとｂ
⑤ ａとｃ　　⑥ ｂとｃ　　⑦ ａとｂとｃ

3 【さまざまな政治】　さまざまな政治のあり方についての記述として最も適当なものを，次の①〜④のうちから一つ選べ。 (18 追)

① 韓国では，冷戦期において開発独裁体制が成立した。

② イギリスでは，第二次世界大戦後に議院内閣制が確立した。

③ フランスでは，大統領は国民議会によって選出される。

④ 中国では，全国人民代表大会が国家の行政を担当する機関である。

4 【世界の議会】　政府と議会の多数派との関係についての記述として正しいものを，次の①〜④のうちから一つ選べ。 (08 追)

① 日本では，衆議院第一党以外から首相が選出されたことがある。

② アメリカでは，大統領を連邦議会第一党から選出する憲法の

規定がある。

③　イギリスでは，労働党を中心とする連立政権が続いている。

④　ドイツでは，二大政党のいずれかによる単独政権が続いている。

5　【米英の二院制】　二院制を採用しているアメリカとイギリスの上院・下院の議員についての説明A〜Cと，両国の各院ア〜エとの組合せとして正しいものを，下の①〜⑧のうちから一つ選べ。　　　　　　　　　　　　　　　　　　　　（11 本）

A　国民による直接選挙で各州2名ずつ選出される。

B　終身任期の者がいる。

C　国民による直接選挙で選出されるが，解散で職を失うことがある。

ア　アメリカ連邦議会の上院　　　イ　アメリカ連邦議会の下院
ウ　イギリス議会の上院　　　　　エ　イギリス議会の下院

①　A−ア　B−ウ　C−イ　　　②　A−ア　B−ウ　C−エ
③　A−ア　B−エ　C−イ　　　④　A−ア　B−エ　C−ウ
⑤　A−イ　B−ウ　C−ア　　　⑥　A−イ　B−ウ　C−エ
⑦　A−イ　B−エ　C−ア　　　⑧　A−イ　B−エ　C−ウ

6　【その他の政治体制】　20世紀には自由民主主義体制のほかに，さまざまな政治体制が出現した。これらについての記述として**適当でないもの**を，次の①〜④のうちから一つ選べ。　（03 追）

①　ソ連ではレーニンの死後，共産党書記長スターリンが，他の幹部の粛清や農業集団化によって，独裁の基盤を確立した。

②　ドイツではヒトラーに率いられたナチスが，議会に議席をもつことなく，クーデターによって権力を直接掌握した。

③　1940年代初めの日本では，新体制運動の下に，各政党が解散して大政翼賛会がつくられ，国民生活への統制が行われた。

④　韓国やフィリピンでは，反対派政治家や市民運動などによって，独裁政権の腐敗が批判され，1980年代以降，民主化が進んだ。

7　【立法府と行政府の関係】　各国の立法府と行政府との関係についての記述として**誤っているもの**を，次の①〜④のうちから一つ選べ。　　　　　　　　　　　　　　　　　（12 本）

①　アメリカでは，大統領は下院の解散権を有する。

②　イギリスでは，原則として下院の多数党の党首が首相となる。

③　フランスでは，大統領制と議院内閣制とをあわせた形態を採用している。

④　ドイツでは，大統領には政治の実権がなく議院内閣制を採用している。

8　【各国の政治体制】　各国の政治体制を次の表中のA〜Fのように分類したとき，それぞれの国の政治体制の記述として最も適当なものを，右の①〜④のうちから一つ選べ。　（19 本・改）

	議院内閣制	半大統領制	大統領制
連邦国家	A	B	C
単一国家	D	E	F

（注）　ここでいう「単一国家」とは，中央政府に統治権が集中する国家を指す。また，「連邦国家」とは，複数の国家（支分国）が結合して成立した国家を指す。「連邦国家」は，国家の一部を構成する支分国が，州などのかたちで広範な統治権をもつ点などにおいて，「単一国家」と異なる。

①　アメリカはFに該当する。　　②　イギリスはCに該当する。

③　フランスはEに該当する。　　④　ロシアはAに該当する。

9　【各国の政治状況】　次の図は，人口千人当たりの公的部門における職員数の国際比較を示したものである。この図から図中の5か国について読みとれる内容として正しいものを，次のa〜cからすべて選べ，その組合せとして正しいものを，下の①〜⑦のうちから一つ選べ。　　　　　（18 試・改）

図　人口千人当たりの公的部門における職員数の国際比較

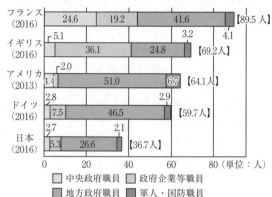

（注）　国名下の（　）内の数値はデータ年度を示す。【　】内は，各国の人口千人当たりの公的部門における職員数の合計を示す。各国の統計データ等をもとに便宜上整理したものであり，各国の公務員制度の差異等については考慮していない。政府企業等職員には公務員以外の身分の者も含んでいる場合があり，非常勤職員の計上方法にも差がある。

（出典）　内閣官房Webページにより作成。

a　ユーロ導入国はすべて，ユーロを導入していないいずれの国よりも，人口千人当たりの政府企業等職員の数が多い。

b　核保有国はすべて，核兵器を保有しないいずれの国よりも，人口千人当たりの軍人・国防職員の数が多い。

c　連邦制をとる国はすべて，連邦制をとらないいずれの国よりも，人口千人当たりの地方政府職員の数が多い。

①　a　　　②　b　　　③　c　　　④　aとb
⑤　aとc　　⑥　bとc　　⑦　aとbとc

10　【政治体制の特徴】　政治体制について二つの次元で類型化を試みる理論に接した生徒Yは，その理論を参考にいくつかの国のある時期の政治体制の特徴を比較し，次の図中に位置づけてみた。図中のa〜cのそれぞれには，下の政治体制ア〜ウのいずれかが当てはまる。その組合せとして最も適当なものを，下の①〜⑥のうちから一つ選べ。　　　　　（21 本）

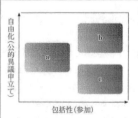

ⅰ．包括性（参加）：選挙権がどれだけの人々に認められているか（右にいくほど，多くの人々に認められている）。

ⅱ．自由化（公的異議申立て）：選挙権を認められている人々が，抑圧なく自由に政府に反対したり対抗したりできるか（上にいくほど，抑圧なく自由にできる）。

ア　日本国憲法下の日本の政治体制
イ　チャーティスト運動の時期のイギリスの政治体制
ウ　ゴルバチョフ政権より前のソ連の政治体制

①　a−ア　b−イ　c−ウ　　　②　a−ア　b−ウ　c−イ
③　a−イ　b−ア　c−ウ　　　④　a−イ　b−ウ　c−ア
⑤　a−ウ　b−ア　c−イ　　　⑥　a−ウ　b−イ　c−ア

④ 憲法と国民主権

共通テスト／センター試験出題頻度	年度	2023	2022	2021	2020	2019	2018	2017	2016	2015	2014	2013	2012
	出題	●			●	●		●	●	●	●		●

STEP ❶【基礎問題演習】

次の各文中の空欄に適語を入れよ。

1 【大日本帝国憲法】

正　解

① 明治政府は，天皇中心の立憲国家をめざし，（①）を模範とした君主権力の強い大日本帝国憲法（明治憲法）を 1889 年に制定した。

①プロイセン憲法

② 明治憲法は，天皇が制定して「臣民」にあたえた（②）である。

②欽定憲法

③ 天皇は神聖不可侵な存在で，主権者として広範で強力な天皇大権をもち，とくに軍隊の指揮・命令権である（③）をもつとされた。

③統帥大権

④ 明治憲法では，臣民の権利には（④）がつくとされ，法律によって制限されること，つまり「法律ノ範囲内」で保障されることが明示されていた。

④法律の留保

⑤ 帝国議会は，国民の選挙で選出される衆議院と，（⑤）で構成された。

⑤貴族院

⑥ 明治憲法下では，帝国議会は天皇の立法権への（⑥）であり限定的だった。

⑥協賛機関

⑦ 明治憲法下では，内閣は天皇の行政権への（⑦）であり，各国務大臣は天皇にのみ責任を負う。内閣総理大臣は同輩中の首席という位置づけだった。

⑦輔弼機関

⑧ 明治憲法下では，裁判所は「（⑧）ノ名ニ於テ」，司法権を行使した。

⑧天皇

⑨ 明治憲法には（⑨）や違憲立法審査権は規定されていなかった。

⑨地方自治

⑩ 1925 年に衆議院の選挙法が改正，25 歳以上の男性による（⑩）が実現した。

⑩普通選挙制

⑪ 1925 年，共産主義者や反政府主義者を取り締まるために制定された（⑪）は，自由主義・反政府思想の弾圧にも濫用された。

⑪治安維持法

⑫ 明治憲法の臣民の権利には，（⑫）の自由，思想・良心の自由，法の下の平等，社会権は規定されていなかった。

⑫学問

2 【日本国憲法の成立】

① 1945 年 7 月，米・英・中の 3 国（後にソ連が参加）が共同で（①）を出し，日本に民主化と非軍国主義化を要求した。日本は翌 8 月にこれを受諾した。

①ポツダム宣言

② 1945 年，国務大臣松本烝治を委員長とする（②）が設置され，憲法改正案をまとめた。同案は GHQ（連合国軍総司令部）に提出されたが，拒否された。

②憲法問題調査委員会

③ マッカーサー三原則は（③）の存続，戦争の放棄，封建制度の廃止を指す。

③天皇制

④ 日本国憲法の三大原理は（④）（⑤）（⑥）を指す。

④国民主権

⑤ 日本国憲法では，天皇の地位は主権者である「国民の総意に基く」ものとされる（⑦）となった。

⑤基本的人権の尊重
⑥平和主義

⑥ 天皇は国政に関する権能をもたず，形式的・儀式的な（⑧）のみを行う。

⑦象徴（天皇制）

⑦ 天皇が国事行為を行うには，内閣の（⑨）を必要とし，内閣が責任を負う。

⑧国事行為

⑧ 日本国憲法のように，一般の法律より厳しい改正手続きを定めている憲法を，軟性憲法に対して（⑩）という。

⑨助言と承認

⑨ 日本国憲法のように，国民がその代表である議会を通じて（または国民投票によって）制定する憲法を（⑪）という。

⑩硬性憲法

⑩ 憲法第 98 条で憲法は（⑫）であると規定され，日本の法体系の頂点にある。

⑪民定憲法

⑪ （⑬）は，2007 年に制定された日本国憲法の改正手続きを定めた法律である。

⑫最高法規
⑬国民投票法

次の各文の正誤を判別し，誤りについては正しく訂正しなさい。

❶【大日本帝国憲法】

① 天皇中心の立憲国家をめざしていた政府は，君主権力の強いワイマール憲法を模範として大日本帝国憲法が制定された。

② 1889年に発布された大日本憲法は，天皇が制定して「臣民」にあたえた欽定憲法であり，富国強兵の天皇制国家をめざした憲法である。

③ 大日本帝国憲法では，地方自治制度が，憲法上の制度として位置づけられていた。

(07追)

④ 大日本帝国憲法（明治憲法）では，言論出版の自由や人身の自由などが天賦人権として保障されていた。

⑤ 明治憲法下では，天皇は陸海軍の最高指揮権である統帥権を有していたが，その行使には議会の承認決議が必要とされた。

(14本)

⑥ 大日本帝国憲法下におかれた最高立法機関の帝国議会は，天皇の職務の実行に際して輔弼する機関であった。

⑦ 大日本帝国憲法では，臣民の生存権など社会権的基本権も認められていた。　(06日本大)

⑧ 大日本帝国憲法では，個人の所有権に関する明文規定は存在しなかった。　(06日本大)

⑨ 大日本帝国憲法では，信教の自由が規定されていた。

⑩ 大日本帝国憲法は，一般の法律改正よりも厳しい硬性憲法である。

❷【日本国憲法の成立】

① 憲法問題調査委員会は，ポツダム宣言の受諾を受けて，憲法改正に関する調査を行うために設置された。

② 政府は，憲法問題調査委員会が作成した草案（松本案）を帝国議会に提出した。

③ 日本国憲法の制定にあたり，勅選の貴族院だけでなく，民選の衆議院も明治憲法の改正案を修正できた。

④ 明治憲法で統治権を総攬するとされた天皇は，日本国憲法では日本国と日本国民統合の象徴とされた。

(02本)

⑤ 日本国憲法第4条1項に「天皇は，この憲法の定める国事に関する行為のみを行ひ，国政に関する権能を有しない」と規定されている。

(02本)

⑥ 天皇は日本国および日本国民統合の象徴で，その地位は国民の総意に基づく。　　(98)

⑦ 日本国憲法は，憲法改正のための国民投票では，投票した国民の過半数の賛成を要求している。

(02追)

⑧ 憲法改正の国民投票制度について，その投票権者の資格や投票の手続きは，憲法に定められている。

⑨ 日本国憲法は，緊急事態において，国会に代わり内閣総理大臣が，憲法改正を発議し，国民に提案しうることを明文で規定している。

(02追)

⑩ 2007年に制定された国民投票法により，憲法改正の原案を審議するための機関として，衆参両院に憲法審査会が発足した。

⑪ 憲法改正の発議は，内閣が各議院の総議員の三分の二以上の賛成にもとづいて行う。

⑫ 日本国憲法では，参議院は，それまでの貴族院とは異なり，議員が普通選挙で選出され，解散も認められるなど，第二院の民主化が図られている。

(04本)

⑬ 日本国憲法は，基本的人権を「侵すことのできない永久の権利」と規定する一方で，この規定は憲法改正の手続きにより廃止できる，とも明記している。

⑭ 明治憲法では臣民の権利が法律の範囲内で与えられたが，日本国憲法では基本的人権が侵すことのできない永久の権利として保障された。

(02本)

⑮ 公務員は全体の奉仕者であり，公務員の選定・罷免は，国民固有の権利である。

⑯ 明治憲法で規定されていた地方自治は，日本国憲法ではいっそう拡充され，地方特別法を制定する場合，事前に住民投票を行う制度が導入された。

(02本)

❶ 正解とヒント

① × プロイセン憲法。

② ○

③ × 地方自治の規定なし。

④ × 臣民の権利（法律の留保）。

⑤ × 天皇大権の一つ。議会の承認は不要。

⑥ × 輔弼機関ではなく，協賛機関。

⑦ × 社会権の規定なし。

⑧ × 第27条に規定。

⑨ ○ 第28条に規定。ただし安寧秩序を妨げず臣民たるの義務に背かざる限りという規定がされていた。

⑩ ○ 硬性憲法は，イギリスの政治学者ブライスが初めて用いた言葉。これに対して，一般の法律改正と同じ手続きにより改正できる成文憲法を軟性憲法という。

❷ 正解とヒント

① ○ 幣原内閣が，松本烝治を委員長として，憲法問題調査委員会を設置した。

② × 松本案はGHQに提出され，拒否された。議会ではない。

③ ○

④ ○

⑤ ○ 内閣の助言と承認により，また内閣が責任をもつ

⑥ ○

⑦ ○

⑧ × 憲法に規定なし。2007年に国民投票法を制定した。

⑨ × 「各議院の総議員の3分の2以上の賛成で，国会が，これを発議」と，憲法第96条に規定。

⑩ ○

⑪ × 内閣ではなく国会

⑫ × 解散はなし。

⑬ × 日本国憲法にはこのような規定はない。

⑭ ○ 明治憲法のこの規定を法律の留保という。

⑮ ○

⑯ × 明治憲法に地方自治の規定はなかった。

共通テスト・センター試験過去問　次の各設問に答えよ。

1 【日本の平等権の歴史】 日本における平等に関する歴史についての記述として**誤っている**ものを，次の①〜④のうちから一つ選べ。 (03 本)

① 明治政府の下で，旧来の士農工商の身分制度は廃止された。

② 大日本帝国憲法（明治憲法）の下では，華族制度が存在していた。

③ 1925 年の普通選挙法で，女性の高額納税者にも選挙権が認められた。

④ 日本国憲法の下で，栄典に伴う特権は廃止された。

2 【憲法の比較】 大日本帝国憲法（明治憲法）から日本国憲法への変化についての記述として**適当でない**ものを，次の①〜④のうちから一つ選べ。 (02 本)

① 明治憲法で統治権を総攬するとされた天皇は，日本国憲法では日本国と日本国民統合の象徴とされた。

② 明治憲法では臣民の権利が法律の範囲内で与えられたが，日本国憲法では基本的人権が侵すことのできない永久の権利として保障された。

③ 明治憲法では皇族・華族・勅任議員からなる貴族院が置かれていたが，日本国憲法では公選の参議院が設けられた。

④ 明治憲法で規定されていた地方自治は，日本国憲法ではいっそう拡充され，地方特別法を制定する場合，事前に住民投票を行う制度が導入された。

3 【憲法改正前の改革】 第二次世界大戦後，日本国憲法制定に先立って行われた改革の例として正しいものを，次の①〜④のうちから一つ選べ。 (00 追)

① 農業基本法の制定

② 男女普通選挙制度の実現

③ 国民皆保険，皆年金制度の導入

④ 労働基準法の制定

4 【日本国憲法の成立過程】 日本国憲法の成立過程をめぐる記述として**誤っている**ものを，次の①〜④のうちから一つ選べ (08 本)

① 憲法問題調査委員会は，ポツダム宣言の受諾に伴って，憲法改正に関する調査を行うために設置された。

② 日本国憲法の政府案は，GHQ（連合国軍総司令部）が提示したマッカーサー草案を基に作成された。

③ 女性の参政権は，日本国憲法の制定に先立って行われた衆議院議員総選挙で初めて認められた。

④ 日本国憲法の政府案は，帝国議会で審議されたが，修正されることなく可決された。

5 【日本国憲法の制定過程】 日本国憲法の制定過程や基本原理に関する記述として正しいものを，次の①〜④のうちから一つ選べ。 (17 本)

① 日本国憲法によって列挙された基本的人権は，法律の範囲内において保障されている。

② 日本国憲法は，君主である天皇が国民に授ける民定憲法という形で制定された。

③ 日本国憲法は，憲法問題調査委員会の起草した憲法改正案（松本案）を，帝国議会が修正して成立した。

④ 日本国憲法における天皇は，国政に関する権能を有しておら

ず，内閣の助言と承認に基づいて国事行為を行う。

6 【天皇】 天皇についての記述として正しいものを，次の①〜④のうちから一つ選べ。 (14 本)

① 明治憲法下では，天皇は陸海軍の最高指揮権である統帥権を有していたが，その行使には議会の承認決議が必要とされた。

② 明治憲法下では，天皇機関説が唱えられていたが，昭和期にその提唱者の著書の発売が禁止された。

③ 日本国憲法は，皇位は世襲のものであって男系男子に継承されることを，明文で定めている。

④ 日本国憲法は，国会の指名に基づいて天皇が行う内閣総理大臣の任命に際して，不適格な人物については天皇が任命を拒否できることを定めている。

7 【国民主権の原理①】 日本国憲法における国民主権の原理を示す内容とは**言えない**ものを，次の①〜④のうちから一つ選べ。 (07 本)

① 憲法改正は，国民の承認を経なければならない。

② 国会は，国権の最高機関である。

③ 内閣総理大臣は，文民でなければならない。

④ 公務員を選定することは，国民固有の権利である。

8 【国民主権の原理②】 国民主権を具体化している日本の制度についての記述として正しいものを，次の①〜④のうちから一つ選べ。 (14 本)

① 日本国憲法は間接民主制を採用しているので，国民が，国民投票によって直接に国政上の決定を行うことはできない。

② 地方自治体において住民投票を実施する際には，個別に法律の制定が必要であり，地方自治体が独自の判断で実施することはできない。

③ 選挙運動の一環として，候補者による有権者の住居への戸別訪問が認められている。

④ 国民審査において，国民は最高裁判所の裁判官を罷免することが認められている。

9 【日本国憲法の統治】 日本国憲法が規定する統治についての記述として**適当でない**ものを，次の①〜④のうちから一つ選べ。 (07 本)

① 天皇は，内閣総理大臣を任命する。

② 内閣は，最高裁判所長官を指名する。

③ 裁判官は，独立して職権を行使することができる。

④ 国会は，国務大臣を弾劾することができる。

10 【憲法の最高法規性】 憲法が国家の法秩序における最高法規であるという考えが，憲法の保障にとって重要な意義を有している。この考え方を表した日本国憲法の仕組みについての記述として最も適当なものを，次の①〜④のうちから一つ選べ。 (05 本)

① 憲法の条規に反する法律は，命令，詔勅および国務に関するその他の行為は，その効力を有しない。

② 地方自治体の組織および運営に関する事項は，地方自治の本旨に基づいて，法律で定める。

③ 法律および政令には，主任の国務大臣が署名し，内閣総理大臣が連署することを必要とする。

④ 天皇の国事に関する行為には，内閣の助言と承認を必要と

25

し，内閣が，その責任を負う。

11 【法律事項】 憲法は，国民の権利・義務に関すること以外にも多くの事項を法律によって規定すべきものとしており，法律によって規定しなければならない事項を法律事項という。法律事項とは言えないものを，次の①〜④のうちから一つ選べ。 （07 本）
① 天皇の国事行為の委任
② 衆参両議院の議員の定数
③ 閣議の定足数
④ 裁判官の定年

12 【憲法改正手続き①】 次のA〜Dは，日本国憲法の改正のために必要な手続を述べたものである。これらを手続の順序に従って並べたとき，3番目にくるものとして正しいものを，下の①〜④のうちから一つ選べ。 （15 追）
A 各議院の総議員の3分の2以上の賛成で，国会が改正を発議する。
B 天皇が国民の名で憲法改正を公布する。
C 国会議員が改正原案を国会に提出する。
D 国民投票での過半数の賛成で，国民が憲法改正を承認する。
① A　　② B　　③ C　　④ D

13 【憲法改正手続き②】 日本国憲法の改正に関する記述として正しいものを，次の①〜④のうちから一つ選べ。 （20 本）
① 衆参各議院は，それぞれの総議員の3分の2以上の賛成が得られた場合，単独で憲法改正を発議し，国民投票にかけることができる。
② 日本国憲法の改正に関する国民投票は，特別の国民投票，または国会の定める選挙の際に行われる国民投票のいずれかによる。
③ 国会法の改正によって，満18歳以上の国民が，日本国憲法の改正に関する国民投票権を有することになった。
④ 日本国憲法の改正は，最終的に，内閣総理大臣によって国民の名で公布される。

14 【憲法の民主制の手続き】 日本国憲法が定める民主制の手続についての記述として正しいものを，次の①〜④のうちから一つ選べ。 （05 追）
① 国民投票における過半数の賛成によって，内閣総理大臣を罷免することができる。
② 全国の有権者の50分の1以上の署名によって，法律の制定または改廃を請求することができる。
③ 国会議員の選挙について，成年者による普通選挙や投票の秘密が保障されている。
④ 選挙権の行使は，国民の権利であると同時に義務であるので，棄権をした者には刑罰が科される場合がある。

15 【基本的人権の保障】 日本における基本的人権の保障についての記述として最も適当なものを，次の①〜④のうちから一つ選べ。 （05 本）
① 未成年者は，国会の制定した法律が基本的人権を不当に侵害していると考えた場合，その法律の改正や廃止を国会に請願することができる。
② 未成年者は，自分が訴訟当事者となった場合，その裁判で適用される法律が自分の基本的人権を不当に侵害していると主張できない。
③ 国会の各議院の議長は，審議中の法案が基本的人権を不当に侵害するおそれがある場合，最高裁判所に判決を求めることができる。

④ 下級裁判所の裁判官は，最高裁判所がある法律について基本的人権を不当に侵害していないと判断している場合，その法律を違憲と判決できない。

16 【新旧憲法の人権保障】 個人の権利や自由についての記述として正しいものを，次の①〜④のうちから一つ選べ。 （10 追）
① 日本国憲法は，学問の自由などの精神の自由を明文で保障している。
② 日本国憲法は，犯罪被害者が公判に参加する権利を明文で保障している。
③ 明治憲法は，法律の留保なしに表現の自由を保障していた。
④ 明治憲法は，教育を受ける権利などの社会権を保障していた。

17 【民主政治にかかわる制度】 民主政治に関連する日本の制度についての記述として最も適当なものを，次の①〜④のうちから一つ選べ。 （09 本）
① 憲法改正のためには，国会の発議した憲法改正案が，国民投票の3分の2以上の賛成で承認されなければならない。
② 国民には，衆参両院の議員，地方自治体の長と議会の議員を，秘密投票で選出することが保障されている。
③ 国民には，最高裁判所の裁判官を，その任命後初めて行われる衆議院議員総選挙または参議院議員通常選挙の際に，審査することが保障されている。
④ 内閣総理大臣を国民が直接選出できるようにするには，憲法の改正は不要だが，法律で定めなければならない。

18 【新旧憲法の比較】 日本国憲法と明治憲法（大日本帝国憲法）との比較についての記述として適当でないものを，次の①〜④のうちから一つ選べ。 （12 本）
① 明治憲法の下では貴族院議員は臣民による制限選挙で選ばれたが，日本国憲法の下では参議院議員は普通選挙で選ばれる。
② 明治憲法は軍隊の保持や天皇が宣戦する権限を認めていたが，日本国憲法は戦力の不保持や戦争の放棄などの平和主義を掲げている。
③ 日本国憲法の下では主権は国民にあるとの考えがとられているが，明治憲法の下では主権は天皇にあるとされた。
④ 日本国憲法は法律によっても侵すことのできない権利として基本的人権を保障しているが，明治憲法は法律の範囲内でのみ臣民の権利を認めた。

19 【統治制度】 次の記述A〜Cのうち，大日本帝国憲法下の制度には当てはまらず，かつ日本国憲法下の制度に当てはまるものとして正しいものはどれか。正しい記述をすべて選び，その組合せとして最も適当なものを，下の①〜⑦のうちから一つ選べ。 （19 本）
A 天皇の地位は主権の存する国民の総意に基づく。
B 衆議院議員が選挙で選出される。
C 内閣の規定が憲法におかれる。
① A　　② B　　③ C　　④ AとB
⑤ AとC　　⑥ BとC　　⑦ AとBとC

⑤ 基本的人権─平等権・自由権

共通テスト／センター試験出題頻度	年度	2023	2022	2021	2020	2019	2018	2017	2016	2015	2014	2013	2012
	出題	●	●	●	●	●	●	●	●	●		●	●

STEP❶【基礎問題演習】

次の各文中の空欄に適語を入れよ。

	正　解

1 【日本国憲法の人権規定】

① 明治憲法は，国民の権利を天皇が与えた（①）として「法律ノ範囲内」で保障した。

②臣民ノ権利

② 日本国憲法は，人が生まれながらにしてもつ（②）として保障した。

②基本的人権

③ 日本国憲法は基本的人権として，精神の自由・経済の自由・人身の自由などの近代的な自由権（自由権的基本権）だけでなく，生存権・労働基本権などの現代的な（③）も保障している。

③社会権（社会権的基本権）

④ 日本国憲法第11・97条は「侵すことのできない（④）」として，現在と将来の国民に対して保障している。

④永久の権利

⑤ 日本国憲法第13条は「すべて国民は，個人として尊重される」とし，「生命，自由及び（⑤）に対する国民の権利」は国政の上で，最大限に尊重されるとしている。これを一般に（⑥）権という。新しい人権の法的根拠ともされる。

⑤幸福追求

2 【法の下の平等】

① 日本国憲法第14条は「すべて国民は，法の下に平等であつて，人種，信条，（①），社会的身分又は門地により，…差別されない」と規定している。

①性別

② 憲法第14条を前提として，憲法第24条では，家族生活における個人の尊厳と（②）の本質的平等を規定している。

②両性

③ 日本社会には，いまだ解決できない多くの差別問題があり，その一つに（③）問題がある。また，在日韓国・朝鮮人差別や女性差別問題などもある。

③同和（被差別部落）

④ 最高裁判所は1973年，栃木県で起きた父親殺人事件の上告審において，刑法第200条の（④）規定が憲法第14条の法の下の平等に違反するとした。

④尊属殺人重罰

⑤ 国会議員の議員定数の不均衡による（⑤）をめぐり，第33回（1972年）・第37回（1983年）の各衆議院議員総選挙について，最高裁は憲法第14条に違反するとした。ただし，事情判決の法理を援用し，選挙は有効と判断した。

⑤一票の格差

⑥ 女性が離婚後6か月たたないと再婚できないと定めた（⑥）の規定のうち，100日を超える部分については違憲とする判決が2015年に最高裁判所によって出された。

⑥民法

3 【自由権的基本権─精神の自由】

① 自由権は，国家による不当な干渉や侵害を排除する権利である「（①）」という性格をもつ。

①国家からの自由

② 精神の自由には，内心の自由（内面的な精神活動の自由）とそれを外部にあらわす（②）（外面的な精神活動の自由）とがある。

②表現の自由

③ 日本国憲法は内心の自由について，第19条で思想および（③）の自由，第20条で信教の自由，第23条で学問の自由をそれぞれ保障している。

③良心

④ 憲法第20条の信教の自由の保障については，戦前に戦争を遂行するにあたって宗教（国家神道）が利用された反省から，国家と宗教を分離する（④）の原則を定めている。

④政教分離

⑤ 憲法第21条は，思想や信条などを外部に表出する集会，結社および言論，出版などの表現の自由を保障し，（⑤）や通信の秘密の侵害を禁止している。

⑤検閲

⑥ 特定の思想・信条を理由とした解雇が裁判となったケースに（⑥）事件がある。最高裁は企業における雇用の自由を認め，思想の自由は，私人間には適用されないと判示した。

⑥三菱樹脂

7 信教の自由や政教分離に関連して，愛媛県が靖国神社に納めた玉串料の公費負担が問題となった（⑦）訴訟（違憲判決），北海道砂川市が神社の敷地として市有地を無償提供した行為が問題になった空知太神社訴訟（違憲判決），神道方式の地鎮祭をめぐる津地鎮祭訴訟（合憲判決）などがある。

⑦愛媛玉串料

8 表現の自由に関しては，刑法のわいせつ罪と性表現の自由の関係，地方公共団体の（⑧）条例による集会やデモ行進の制限の問題などがある。

⑧公安

9 2000 年から（⑨）が施行され，組織的犯罪の捜査・予防のため，電話や電子メールなどを裁判官の令状に基づいて捜査機関が傍受できるようになった。

⑨通信傍受法

4 【自由権的基本権—人身の自由】

1 憲法第 18 条は「何人も，いかなる奴隷的拘束も受けない。又，犯罪に因る処罰の場合を除いては，その意に反する（①）に服させられない」と定めている。

①苦役

2 憲法第 31 条は，刑事手続き・刑事裁判における人権保障について，法の適正な手続きによらなければ刑罰を科せられない（②）の原則を定めている。

②罪刑法定主義

3 逮捕・住居侵入・捜索・押収などを行う場合には，司法官憲（裁判所）が発する（③）が必要となる。

③令状

4 憲法第 39 条には，「行為の実行時に適法であった行為を，事後に定めた法律によって遡って処罰することができない」という（④）の原則や，「無罪の確定判決のあった行為を，同じ罪状で裁判することができない」という（⑤）の原則が規定されている。

④遡及処罰の禁止
⑤一事不再理

5 取り調べの際には被疑者に対する拷問を絶対に禁止しており，被疑者の（⑥）を認めている。また残虐な刑罰も禁止している。

⑥黙秘権

6 人身の自由については，憲法で保障されているが，現在でも無実の罪に泣く（⑦）事件があとを絶たず，大きな問題となっている。

⑦冤罪

7 有罪判決が確定するまでは，被疑者・被告人は有罪ではないとされる刑事訴訟上の原則を（⑧）という。「疑わしきは（被告人）の利益に」が原則とされている。

⑧無罪の推定

8 被告人や被疑者が経済的な理由などで弁護人を選任できない場合，国が選んで弁護人を付けるしくみを（⑨）という。

⑨国選弁護人制度

5 【自由権的基本権—経済の自由】

1 人々が労働などによってえた財産を保障するために，憲法は第 29 条 1 項において（①）を定め，国家権力でもこの権利は侵すことができないとしている。

①私有財産の不可侵

2 憲法第 22 条では，居住・移転の自由および（②）の自由（営業の自由も含む）を規定している。

②職業選択

3 経済の自由の保障には，その他の人権保障と違って「（③）に適合するやうに」（第 29 条 2 項）という条件がついている。

③公共の福祉

4 経済の自由の制限の例としては，（④）による私的独占の禁止，医師・弁護士などの国家資格，風俗営業の場所・時間などがある。

④独占禁止法

5 経済の自由と薬局設置の距離制限をめぐる（⑤）訴訟で最高裁は 1975 年，距離制限には合理性がないとして違憲判決を下している。また森林法の共有林分割制限規定についても違憲判決を下している。

⑤薬事法

STEP❷【正誤問題演習】

次の各文の正誤を判別し，誤りについては正しく訂正しなさい。

1 【法の下の平等】

① 栄典にともなう特権を認めることは，憲法 14 条の法の下の平等に違反する。

② 各地方公共団体が，地域性に応じて，条例で異なった取り扱いや罰則を設けることは，法の下の平等に違反する。

③ 尊属殺人訴訟において，刑法 200 条の尊属殺人重罰規定は，刑の加重が重過ぎるため最高裁判所は違憲の判決を下した。

④ 男女コース別人事差別訴訟では，コース別人事は合理的差別であり，東京地裁は合憲と判

28

断した。

⑤　外国人は，不法労働者であっても，健康保険および雇用保険の適用を受ける。

⑥　外国人登録法の改正で，1999 年に指紋押捺制度が全廃されたが，2006 年の出入国管理及び難民認定法（入管法）の改正により，入国外国人の指紋提供などが義務づけられた。

⑦　アイヌの人々を法的に民族として認めその文化の振興などを図るために，アイヌ文化振興法が制定された。　(17 追)

⑧　2019 年にアイヌ施策推進法が制定され，アイヌ民族の先住権が認められた。

⑨　婚外子の相続分を，嫡出子の相続分の 2 分の 1 とする法制度は，最高裁判所により違憲とされた。　(18 本)

② 【自由権的基本権】

①　バージニア権利章典は，精神的自由権は，国家の積極的な作為によって貧者に保障される社会権の一種であると宣言している。　(04 本)

②　日本国憲法が保障する自由権は，経済的自由権と精神的自由権の二つの種類に分けられる。　(02 本)

③　最高裁判所は，三菱樹脂事件で，学生運動の経歴を隠したことを理由とする本採用拒否は違法であると判断した。　(12 本)

④　最高裁判所は，愛媛玉串料事件で，県が玉串料などの名目で靖国神社に公金を支出したことは政教分離原則に反すると判断した。　(12 本)

⑤　宗教団体が，大学を創設し，運営することは，政教分離の原則に違反する。

⑥　ある高校生が，信仰上の理由から，体育の授業の中で剣道実技に参加することをかたくなに拒んだ場合には，高校が，その者の体育科目の単位修得を認めず，進級を拒否し，その後その高校生を退学処分に処したとしても，違法とされる可能性はない。　(06 学習院大)

⑦　通信を傍受することが「通信の秘密」を侵害しないかどうかが問題となったが，犯罪捜査にいつでも通信を傍受することを認める法律が制定された。　(02 追)

⑧　表現の自由が認められているため，作家が，刑事裁判を取材し，その被告人が服役を終えてから被告人の実名を無断で使ってノンフィクションを書いた。　(03 追)

⑨　マスメディアは世論の形成のために，多様な意見を広く知らせる必要があり，憲法で報道の自由などの表現の自由が保障されている。　(03 本)

⑩　学問の自由の保障は，学問研究の自由の保障のみを意味し，大学の自治の保障を含んでいない。　(12 本)

⑪　日本国憲法では，奴隷的拘束や苦役からの自由は経済的自由権と位置付けられる。　(02 本)

⑫　人身の自由を保障するために，日本は国連総会で採択された死刑制度廃止条約を批准した。　(06 日本大)

⑬　捜査機関は，現行犯逮捕をした場合には，速やかに，法務大臣に対して令状を求めなければならない。　(05 本)

⑭　被告人は，同一犯罪で重ねて刑事責任を問われることはなく，また，事後に制定された法律で処罰されない権利が保障されている。　(05 本)

⑮　憲法上，何人も自己に不利益となる供述を強要されないことが定められている。　(19 本)

⑯　日本国憲法は，犯罪被害者が公判に参加する権利を明文で保障している。　(10 追)

⑰　経済活動の自由に関して，薬事法の薬局開設距離制限を最高裁判所は違憲であると判断した。　(06 日本大)

⑱　日本国憲法では，私有財産は，正当な補償をすることを条件に，公共のために用いられうることが明文で定められている。　(02 本)

⑲　憲法は居住・移転の自由を保障しているので，公共の福祉に反しない限り，外国人に日本に移住する権利が広く認められている

⑳　日本国憲法では，職業選択の自由とともに，選択した職業を自由に営むことを保障する営業の自由が明文で定められている。　(02 本)

⑤×　不法労働は法的に存在しないため，適用はされない。

⑥○　テロ対策などが導入の理由。

⑦○　1997 年に北海道旧土人保護法が廃止され制定された。

⑧×　同法でアイヌ民族は先住民族と法的に位置づけられたが，「先住権」は認められなかった。

⑨○　2013 年判決。1995 年は合憲。

② 正解とヒント

①×　社会権は 20 世紀的人権。精神的自由権は社会権ではない。

②×　身体的自由権も含まれる。

③×　企業に雇用の自由を認め，違法とはしていない。また私人間には適用できないとした。

④○

⑤×　違反しない。

⑥×　憲法第 20 条に違反するとされる。

⑦×　通信傍受法は「いつでも」ではない。傍受令状を要し，組織的殺人など 4 種の重大犯罪が対象。2016 年の法改正で 9 種の犯罪が追加された。

⑧×　プライバシーの権利の侵害となる。

⑨○

⑩×　大学の自治も含まれる（東大ポポロ劇団訴訟判決）。

⑪×　人身の自由。

⑫×　日本は未批准。

⑬×　現行犯の場合は逮捕令状は不要。また令状は，法務大臣ではなく，裁判官が発する。

⑭○　前者を「一事不再理」の原則，後者を「遡及処罰の禁止」の原則という。

⑮○　黙秘権

⑯×　憲法に明記はない。犯罪被害者等基本法（平成 16 年成立）。

⑰○

⑱○

⑲×　出入国管理及び難民認定法で規制されている。

⑳×　営業の自由は含まれると解釈されるが明文規定はない。

センター試験過去問　次の各設問に答えよ。

❶【平等】 平等について，原則として，すべての人々を一律，画一的に取り扱うことを意味するとの考え方がある。また，そのような意味にとどまることなく，現実の状況に着眼した上で，積極的な機会の提供を通じて，社会的な格差を是正しようとする意味もあるとの考え方がある。後者の考え方に沿った事例として最も適当なものを，次の①～④のうちから一つ選べ。　（15 本）

① 法律において，男女同一賃金の原則を定めること。

② 大学入試の合否判定において，受験者の性別を考慮しないこと。

③ 民間企業の定年において，女性の定年を男性よりも低い年齢とする就業規則を定めた企業に対して，法律で罰を科すこと。

④ 女性教員が少ない大学の教員採用において，応募者の能力が同等の場合，女性を優先的に採用するという規定を定めること。

❷【人権と公共の福祉】 基本的人権と公共の福祉についての記述として最も適当なものを，次の①～④のうちから一つ選べ。

（06 追・改）

① 日本では，明治憲法によって，基本的人権は公共の福祉に優先するものとされた。

② 日本国憲法では，経済的自由について，精神的自由よりも広く公共の福祉に基づく制限を受けるものとされた。

③ フランスでは，ワイマール憲法の影響を受けた「人および市民の権利宣言」によって，基本的人権と公共の福祉との相互補完的関係が規定された。

④ ドイツのナチス政権では，基本的人権は公共の福祉に優先すべきとされた。

❸【法の下の平等についての最高裁判所の見解】 「政治的，経済的又は社会的関係において，差別されない」という日本国憲法の規定に関連して，最高裁判所の見解と合致するものを，次の①～④のうちから一つ選べ。　（03 本）

① 選挙権の平等には，投票機会の平等だけではなく，選挙区相互間における議員一人当たりの有権者数の較差の是正を求めることも含まれる。

② 公害規制は全国一律でなければならないので，地方自治体が条例によって他の地域よりも厳しい公害規制を行うことは，法の下の平等に反する。

③ 国民各層の経済的不平等を是正するためとはいえ，高額所得者の所得に対して低額所得者の所得よりも高率の所得税を課すことは許されない。

④ 尊属殺人罪の法定刑を，死刑または無期懲役に限定する刑法の規定は，著しく不合理な差別的取扱いには当たらない。

❹【男女平等】 男女平等に関連して，日本の法制度の説明として誤っているものを，次の①～④のうちから一つ選べ。（07 追）

① 日本国憲法は，個人の尊厳と両性の本質的平等を規定し，それに対応して，民法の親族および相続に関する規定が改正された。

② 民法は，夫婦は婚姻の際に夫または妻の氏を称すると規定していたが，夫婦別姓を認めるために改正された。

③ 男女共同参画社会基本法は，男女が対等な立場で社会参画すると規定し，それに対応して，国の審議会などで女性委員の割合が高められた。

④ 男女雇用機会均等法は，男女の均等な雇用機会と待遇の確保について努力目標を規定していたが，差別的取扱いを禁止する規定に改正された。

❺【国民の責務】 日本国憲法が明文で定めていることとして正しいものを，次の①～④のうちから一つ選べ。　（15 追）

① 国民は，将来の国民のために，自然環境の維持および保全に努めなければならない。

② 国民は，憲法が保障する自由と権利を，不断の努力によって保持しなければならない。

③ 国民は，勤労の権利を有し，勤労者として団結する義務を負う。

④ 国民は，教育を受ける権利を有し，普通教育を受ける義務を負う。

❻【日本における基本的人権】 日本における人権をめぐる状況についての記述として誤っているものを，次の①～④のうちから一つ選べ。　（03 本）

① 永住外国人について，従来は指紋押捺が法的に義務付けられていたが，この制度は廃止された。

② 人権教育の分野において，国，地方自治体および国民の責務を明記する法律が制定された。

③ 政府は，政府関係の審議会委員を男女同数にすることを法的に義務付けられている。

④ 労働者が女性であることを理由として，使用者が賃金について差別的取扱いをすることは法的に禁じられている。

❼【基本的人権の区別】 多様な内容を含んだ基本的人権の保障のあり方を考える場合には，さまざまな視点から区別を行うことが可能である。このような視点の例A～Cと，それぞれの視点に基づいて区別された権利の具体的な例ア～ウとの組合せとして最も適当なものを，下の①～⑥のうちから一つ選べ。　（02 本）

A 国家の不介入により保障される権利と，国家の行為を求める権利

B 内心の自由と，内心を外に表す自由

C 個人の権利と，団体の権利

ア 信者が宗教団体を作る自由と，宗教団体の自治

イ 信仰告白の自由と，信教の自由の侵害を理由とする国家賠償請求権

ウ 信仰をもたない自由と，宗教儀式を行い，宗教を宣伝する自由

① A－ア　B－イ　C－ウ　　② A－ア　B－ウ　C－イ

③ A－イ　B－ア　C－ウ　　④ A－イ　B－ウ　C－ア

⑤ A－ウ　B－ア　C－イ　　⑥ A－ウ　B－イ　C－ア

❽【個人の自由と平等】 「憲法に基づく民主主義において重要なことは，その時々の多数者の意思を忠実に実現することよりもむしろ，個人の尊重を基礎として，個人の自由と平等を保障することにある」という考え方がある。この考え方に沿う主張として最も適当なものを，次の①～④のうちから一つ選べ。　（02 追）

① 人権を尊重するためには国家権力をなるべく強くする必要があるので，国民の義務規定を中心とする憲法を制定すべきである。

② 住民の多数が利用する公共施設の建設を地方議会が決定した場合，建設予定地付近の住民は，その決定に反対してはならない。

③ 憲法の改正はその時々の国民が主権者として行う行為であるから，特定の憲法条文の改正を禁止する規定を憲法の中に設けてはならない。

④ 表現の自由を制約する法律の違憲性を審査する際には，裁判所は国会の判断にとらわれることなく，自らの判断に基づいて判決を下すべきである。

9 【各国憲法の自由権】 精神的自由に関連して，各国憲法はさまざまな自由を保障している。次の文A～Cは，それぞれア～ウのいずれの自由権にかかわるものか。その組合せとして正しいものを，下の①～⑥のうちから一つ選べ。 (06 追)

A 混乱や管理上の支障が生じる可能性がない限り，地方自治体は，市民会館や公会堂などの公共施設の使用を許可しなければならない。

B 自己の信条に基づいて兵役を拒んだ者を，代替措置を講ずることなく処罰することは許されない。

C パントマイムや絵画のような言語や文字によらない芸術活動も，メッセージを伝達しているから，その自由は保護されている。

ア 良心の自由　　　イ 言論の自由　　　ウ 集会の自由

① A－ア　B－イ　C－ウ　　② A－ア　B－ウ　C－イ
③ A－イ　B－ア　C－ウ　　④ A－イ　B－ウ　C－ア
⑤ A－ウ　B－ア　C－イ　　⑥ A－ウ　B－イ　C－ア

10 【精神の自由】 精神的自由権に分類される，具体的な人権の保障内容についての記述として最も適当なものを，次の①～④のうちから一つ選べ。 (04 本)

① 人が清浄な空気や良好な眺望など，よい環境を享受し，人間らしい生活を営むことを保障する。

② 個人が現に有している具体的な財産を保障し，またその財産を個人が自らの考えに従って使用したり共益したりすることを保障する。

③ 刑事被告人に対して，いかなる場合にも，資格を有する弁護人を依頼することを保障する。

④ 多数の人が共通の政治的意見をもって団体を結成し，それに加入し，団体として活動することを保障する。

11 【日本における自由権】 日本における自由権の保障をめぐる記述として正しいものを，次の①～④のうちから一つ選べ。 (17 本)

① 最高裁判所は，三菱樹脂事件で，学生運動にかかわった経歴を隠したことを理由とする本採用の拒否を違憲と判断した。

② 日本国憲法が保障する経済活動の自由は，公共の福祉との関係で制約に服することはない。

③ 最高裁判所は，津地鎮祭訴訟で，公共施設を建設する際に行われた地鎮祭の費用を地方自治体が支出したことについて違憲と判断した。

④ 日本国憲法が保障する表現の自由は，他人の権利との関係で制約に服することがある。

12 【政教分離の原則】 信教の自由に関連して，政教分離原則が日本の最高裁判所で争われた裁判の例として正しいものを，次の①～④のうちから一つ選べ。 (04 本)

① 津地鎮祭訴訟　　　② 免田事件
③ 堀木訴訟　　　④ 三菱樹脂事件

13 【表現の自由①】 表現の自由が争われた事件名A～Cと，事件で表現の自由と対立した利益ア～ウとの組合せとして正しいものを，下の①～⑥のうちから一つ選べ。 (08 本)

A 『宴のあと』事件
B 外務省公電漏洩事件
C 『チャタレイ夫人の恋人』事件

ア 国家機密　　　イ 性道徳　　　ウ プライバシー

① A－ア　B－イ　C－ウ　　② A－ア　B－ウ　C－イ
③ A－イ　B－ア　C－ウ　　④ A－イ　B－ウ　C－ア
⑤ A－ウ　B－ア　C－イ　　⑥ A－ウ　B－イ　C－ア

14 【表現の自由と通信の秘密】 日本国憲法が保障する表現の自由および通信の秘密に関する記述として正しいものを，次の①～④のうちから一つ選べ。 (17 追)

① 『チャタレイ夫人の恋人』という小説の翻訳が問題となった刑事事件で，最高裁判所は，わいせつ文書の頒布を禁止した刑法の規定は表現の自由を侵害するので違憲とした。

② 通信傍受法は，組織犯罪に関して捜査機関が電話を傍受する際に裁判所の発する令状を不要としている。

③ 『石に泳ぐ魚』という小説のモデルとされた女性がプライバシーを侵害されたとして小説の出版差止めを求めた事件で，最高裁判所は，表現の自由を侵害するとして出版差止めを認めなかった。

④ 特定秘密保護法は，日本の安全保障に関する情報で特定秘密に指定された情報の漏洩を禁止している。

15 【検閲の禁止】 憲法によって禁止されている検閲に当たる事例とは言えないものを，次の①～④のうちから一つ選べ。 (06 追)

① 他人のプライバシーを害する不当な内容の新聞記事が発行される前に，特別の行政委員会が審査して削除する。

② 政府の政策を批判する内容のウェブページがインターネット上に公開される前に，行政機関が審査して削除する。

③ 住民生活に影響する内容の地方自治体の計画案がその広報紙に掲載される前に，地方議会が閲覧して内容の変更を求める。

④ 性風俗を害する内容の小説や図画が市販される前に，警察が閲覧して内容の変更を求める。

16 【人身の自由】 日本国憲法の定める被疑者や被告人の権利についての記述として正しいものを，次の①～④のうちから一つ選べ。 (03 追)

① 裁判官の発する，逮捕の理由となっている犯罪を明示した逮捕状がなければ，現行犯として逮捕されることはない。

② 殺人罪などの重大犯罪について起訴されているときでなければ，弁護人を依頼することはできない。

③ 無罪の確定判決を受けたときでも，裁判中の抑留や拘禁についての補償を，国に求めることはできない。

④ 無罪の判決が確定した行為について，再び刑事上の責任が問われることはない。

17 【罪刑法定主義】 罪刑法定主義に関連する日本の法制度についての記述として正しいものを，次の①～④のうちから一つ選べ。 (02 追)

① 政令により罰則を設けることは，法律による具体的な委任がある場合でも許されない。

② 刑事裁判の手続については，法律によって定める必要はなく，政令で独自に定めることができる。

③ 実行のときに適法であった行為を行った者を，後から処罰する法律を定めることは許されない。

④ 条例は，地方自治体の事務を処理するためのものであるから，法律と異なり，条例に違反する行為に対して罰則を定めることはできない。

18 【国家からの自由】 国家からの自由に含まれる権利として正しいものを，次の①～④のうちから一つ選べ。 (08 追)

① 請願権　② 選挙権　③ 平等権　④ 黙秘権

19 【刑事手続】 刑事手続についての記述として正しいものを，次の①～④のうちから一つ選べ。 (14 追)

① 被疑者の取調べは，憲法上，録音・録画が義務づけられている。

② 検察官の強制による被疑者の自白も，裁判上の証拠として認められている。

③ 最高刑が死刑である殺人罪については，時効が廃止されている。

④ 現行犯逮捕の場合にも，憲法上，令状が必要とされる。

20 【経済の自由】 経済的自由権に関連する記述として最も適当なものを，次の①～④のうちから一つ選べ。 (02 本)

① 日本国憲法では，私有財産は，正当な補償をすることを条件に，公共のために用いられうることが明文で定められている。

② 日本国憲法では，奴隷的拘束や苦役からの自由は，経済的自由権と位置付けられている。

③ 日本国憲法では，職業選択の自由とともに，選択した職業を自由に営むことを保障する営業の自由が明文で定められている。

④ 日本国憲法が保障する自由権は，経済的自由権と精神的自由権の二つの種類に分けられる。

21 【経済の自由②】 国民の権利について，日本国憲法が保障する権利の内容や性質に関する記述として正しいものを，次の①～④のうちから一つ選べ。 (16 追)

① 経済の自由については，公共の福祉に基づく制約に服することが憲法の条文に定められている。

② 財産権は侵すことができない権利であるため，正当な補償があっても私有財産を公共のために用いることはできない。

③ プログラム規定説によれば，生存権は国民が国家に対して積極的な施策を請求することができる具体的権利である。

④ 自分の職業を選択する自由が保障されているが，営業の自由はこの保障に含まれない。

22 【基本的人権の相互対立】 多様な権利・自由の相互対立の具体例として適当でないものを，次の①～④のうちから一つ選べ。 (06 追)

① ジャーナリストによる取材活動によって，取材の相手方や第三者の生活の平穏が侵害される。

② 宗教家が暴力行為を伴う宗教儀式を行うと，行為の相手方の生命や身体が侵害される。

③ 国が国家秘密を漏洩した公務員に刑罰を科すと，公務員の表現の自由が侵害される。

④ 不動産業者による誇大広告や誤解を招く商業的宣伝によって，顧客の財産が侵害される。

23 【基本的人権の類型】 基本的人権を，国民が国家に対して何を求めるかに応じて，次のA～Cの三つの類型に分けたとする。これらの類型と日本国憲法が定める基本的人権ア～ウとの組合せとして最も適当なものを，下の①～⑥のうちから一つ選べ。 (16 本)

A　国家に対して，不当に干渉しないことを求める権利

B　国家に対して，一定の積極的な行為を求める権利

C　国家に対して，その意思形成への参画を求める権利

ア　選挙権　　イ　国家賠償請求権　　ウ　信教の自由

① A－ア　B－イ　C－ウ　　② A－ア　B－ウ　C－イ
③ A－イ　B－ア　C－ウ　　④ A－イ　B－ウ　C－ア
⑤ A－ウ　B－ア　C－イ　　⑥ A－ウ　B－イ　C－ア

24 【政教分離の原則】 J市とK寺のかかわり合いに関心がある生徒Yは，「政治・経済」の授業で学習した政教分離原則のことを思い出し，政教分離原則に関する最高裁判所の判例について調べてみた。最高裁判所の判例に関する次の記述ア～ウのうち，正しいものはどれか。当てはまる記述をすべて選び，その組合せとして最も適当なものを，後の①～⑦のうちから一つ選べ。 (22 本)

ア　津地鎮祭訴訟の最高裁判決では，市が体育館の起工に際して神社神道固有の祭式にのっとり地鎮祭を行ったことは，憲法が禁止する宗教的活動にあたるとされた。

イ　愛媛玉ぐし料訴訟の最高裁判決では，県が神社に対して公金から玉ぐし料を支出したことは，憲法が禁止する公金の支出にあたるとされた。

ウ　空知太神社訴訟の最高裁判決では，市が神社に市有地を無償で使用させていたことは，憲法が禁止する宗教団体に対する特権の付与にあたるとされた。

① ア　　② イ　　③ ウ　　④ アとイ
⑤ アとウ　　⑥ イとウ　　⑦ アとイとウ

25 【財産権と公共の福祉】 生徒Xは，国土交通省のWebページで「空家等対策の推進に関する特別措置法」（以下，「空家法」という）の内容を調べ，次のメモを作成した。Xは生徒Yと，メモをみながら後の会話をしている。後の会話文中の空欄　ア　・　イ　に当てはまる語句の組合せとして最も適当なものを，後の①～⑥のうちから一つ選べ。 (22 本)

1．「空家等」（空家法第2条第1項）
　・建築物やそれに附属する工作物で居住等のために使用されていないことが常態であるもの，および，その敷地。

2．「特定空家等」：次の状態にある空家等（空家法第2条第2項）
　(a) 倒壊等著しく保安上危険となるおそれのある状態
　(b) 著しく衛生上有害となるおそれのある状態
　(c) 適切な管理が行われないことにより著しく景観を損なっている状態

(d)　その他周辺の生活環境の保全を図るために放置することが不適切である状態

　3．特定空家等に対する措置（空家法第14条）
　　・特定空家等の所有者等に対しては，市町村長は，特定空家等を取り除いたり，修繕したりするなど，必要な措置をとるよう助言や指導，勧告，命令をすることができる。
　　・上記(a)または(b)の状態にない特定空家等については，建築物を取り除くよう助言や指導，勧告，命令をすることはできない。

X：空家法によると，市町村長は，所有者に対し建築物を取り除くよう命令し，従わない場合は代わりに建築物を取り除くこともできるみたいだよ。

Y：そうなんだ。でも，市町村長が勝手に私人の所有する建築物を取り除いてしまってもよいのかな。

X：所有権といえども，絶対的なものとはいえないよ。日本国憲法第29条でも，財産権の内容は「　ア　」に適合するように法律で定められるものとされているね。空家法は所有権を尊重して，所有者に対し必要な措置をとるよう助言や指導，それから勧告をすることを原則としているし，建築物を取り除くよう命令できる場合を限定もしているよ。でも，空家法が定めているように，　イ　には，所有者は，建築物を取り除かれることになっても仕方ないんじゃないかな。

Y：所有権には所有物を適切に管理する責任が伴うということだね。

① ア　公共の福祉
　　イ　周辺住民の生命や身体に対する危険がある場合
② ア　公共の福祉
　　イ　周辺の景観を著しく損なっている場合
③ ア　公共の福祉
　　イ　土地の有効利用のための必要性がある場合
④ ア　公序良俗
　　イ　周辺住民の生命や身体に対する危険がある場合
⑤ ア　公序良俗
　　イ　周辺の景観を著しく損なっている場合
⑥ ア　公序良俗
　　イ　土地の有効利用のための必要性がある場合

26【私人間における人権保障】 生徒Wは，以前から法学に関心があったため，「公法と私法」という講義に参加した。講義では，法の意義，公法と私法の違い，公法と私法それぞれに属する各法の性格などが扱われた。Wは，日本国憲法における基本的人権の保障について関心をもった。

　次の資料1と資料2は，講義内で配付された，1973年の最高裁判所の判決文の一部である。資料1の理解をもとに，次ページの資料2の空欄に語句を入れた場合，空欄　ア・イ　に当てはまる語句の組合せとして最も適当なものを，次ページの①〜④のうちから一つ選べ。なお，資料には，括弧と括弧内の表現を補うなど，表記を改めた箇所がある。　　　　　（21本）

資料1

（憲法第14条の平等および憲法第19条の思想良心の自由の規定は）その他の自由権的基本権の保障規定と同じく，国または公共団体の統治行動に対して個人の基本的な自由と平等を保障する目的に出たもので，もっぱら国または公共団体と個人との関係を規律するものであり，私人相互の関係を直接規律することを予定するものではない。
（出所）　最高裁判所民事判例集27巻11号

資料2

　　ア　的支配関係においては，個人の基本的な自由や平等に対する具体的な侵害またはそのおそれがあり，その態様，程度が社会的に許容しうる限度を超えるときは，これに対する立法措置によってその是正を図ることが可能であるし，また，場合によっては，　イ　に対する一般的制限規定である民法1条，90条や不法行為に関する諸規定等の適切な運用によって，一面で　イ　の原則を尊重しながら，他面で社会的許容性の限度を超える侵害に対し基本的な自由や平等の利益を保護し，その間の適切な調整を図る方途も存するのである。
（出所）　最高裁判所民事判例集27巻11号

① ア　公　イ　団体自治
② ア　公　イ　私的自治
③ ア　私　イ　団体自治
④ ア　私　イ　私的自治

27【身体の自由】 日本における身体の自由についての記述として誤っているものを，次の①〜④のうちから一つ選べ。
　　　　　　　　　　　　　　　　　　　　　　（15追）

① 何人も，現行犯で逮捕される場合を除き，検察官が発する令状によらなければ逮捕されない。
② 何人も，自己に不利益な唯一の証拠が本人の自白である場合には，有罪とされることも刑罰を科せられることもない。
③ 何人も，法律の定める手続によらなければ，生命や自由を奪われることも刑罰を科せられることもない。
④ 何人も，実行の時に犯罪でなかった行為について，その後に制定された法律によって処罰されない。

28【刑事裁判】 刑事裁判に適用される原則についての記述として誤っているものを，次の①〜④のうちから一つ選べ。　（10本）
① 裁判によって無罪が確定するまで，被告人は無罪であると推定されることはない。
② ある犯罪についてひとたび判決が確定したときは，再びその行為を同じ罪状で処罰することはできない。
③ 犯罪事実の有無が明らかでないときには，裁判官は，被告人に無罪を言い渡さなければならない。
④ これまで犯罪でなかった行為は，後で法律を定めてその行為を犯罪としても，さかのぼって処罰されない。

6 基本的人権―社会権～新しい人権

共通テスト／センター試験 出題頻度	年度	2023	2022	2021	2020	2019	2018	2017	2016	2015	2014	2013	2012
	出題		●	●		●	●		●	●		●	●

STEP❶【基礎問題演習】

次の各文中の空欄に適語を入れよ。

1 【社会権的基本権】

1　1919 年，ドイツのワイマール憲法に初めて規定され，国家に対して人間に値する生活の保障を要求しうる権利を（①）という。

2　1957 年，国の生活保護基準が憲法第 25 条の理念に反するとして提訴され，生存権をめぐって争われた訴訟は（②）である。また，障害福祉年金と児童扶養手当の併給禁止規定の合憲性が争われた訴訟に（堀木訴訟）がある。

3　憲法第 25 条は，国家に対して努力目標・指針を定めたもので具体的な請求の権利を定めたものではないとする考えを，法的権利説に対して（③）という。

4　憲法第 26 条では，すべての国民が，能力に応じて等しく（④）を保障している。子どもの学習権という考え方などが，その背景にある。

5　憲法第 27 条は（⑤）を定め，第 28 条では労働三権が保障されている。

2 【参政権・国務請求権】

1　憲法第 15 条では普通選挙や秘密選挙を，第 44 条では衆参両院の議員・選挙人の資格平等などを定め，（①）を保障している。

2　憲法第 16 条で規定する，政治に関する希望や意見を直接国民が国会や行政庁に文書で表明できる権利を（②）という。

3　公務員による不法行為によって生じた損害について，その賠償を国などに請求できる権利を（③）という。郵便法訴訟では違憲判決が下された。

4　抑留・拘禁された後，無罪の判決がおりた場合にその補償を求める権利を（④）という。

5　憲法に定められた直接民主制にかかわる制度として，憲法改正の（⑤）や特別法の住民投票，最高裁判所裁判官の（⑥）がある。

6　日本が批准していない人権に関する国際条約には，主なものとして死刑廃止条約や（⑦）禁止条約があり，また選択議定書も批准していないものが多くある。

3 【新しい人権】

1　国民が世論を形成し，真の幸福な生活がおくれるようにあらゆる情報を入手することのできる権利・自由を（①）という。

2　国民が言論の自由を保持・発展させていくために，新聞やテレビなどのマスメディアに接近し，それを利用することで情報収集する権利を（②）という。

3　『宴のあと』事件で判例として確立した，私生活の秘密が守られねばならないとする権利を（③）という。現在では，「自己の個人情報をコントロールする権利」という解釈もなされている。

4　国や地方公共団体に対して，憲法第 13 条の幸福追求権，第 25 条の生存権を論拠として健康な環境づくりのための諸施策を求める新しい人権を（④）という。

5　憲法の幸福追求権や生存権の規定に基づく環境権が争点となった訴訟は（⑤）である。最高裁は 1981 年，この権利について判断しなかった。

6　2003 年制定の個人のプライバシー保護を目的とした法律は（⑥）である。

7　自分の生き方や生活について，他者からの干渉を受けることなく自らの事について決定を下すことができる権利を（⑦）という。

正　解
①生存権
②朝日訴訟
③プログラム規定説
④教育を受ける権利
⑤勤労の権利
①参政権
②請願権
③国家賠償請求権（損害賠償請求権）
④刑事補償請求権
⑤国民投票
⑥国民審査
⑦ジェノサイド
①知る権利
②アクセス権
③プライバシーの権利
④環境権
⑤大阪空港公害訴訟
⑥個人情報保護法
⑦自己決定権

次の各文の正誤を判別し，誤りについては正しく訂正しなさい。

1 【社会権的基本権】

① プログラム規定説によれば，憲法第 25 条の生存権は国民が国家に対して積極的な施策を請求することができる具体的権利である。　　　　　　　　　　　　　　　　　　(20 追)

② 厚生（厚生労働）大臣の定める生活保護基準の合憲性が争われた朝日訴訟で，最高裁は原告の訴えを退けたが，この裁判を契機に生活保護行政が改善された。

③ 日本国憲法は，人格が未完成で，生活能力が未熟な子どもに対して教育を受ける義務を課している。　　　　　　　　　　　　　　　　　　　　　　　　　　　　　　　(03 本)

④ 日本国憲法が生存権として保障している「健康で文化的な最低限度の生活」の内容は，時代や社会の変化に応じて変わりうるものと考えられている。

⑤ 明治憲法はワイマール憲法を模範として，生存権を規定した。

⑥ 憲法が，全ての国民は勤労の権利を有し義務を負うと定めているため，働かない人を強制的に働かせる立法も可能である。

⑦ 日本国憲法は，生存権の保障に対応して，国は社会福祉・社会保障・公衆衛生の向上と増進に努めなければならない，と規定している。

⑧ 最高裁判所は，朝日訴訟で生存権をプログラム規定と解釈したが，堀木訴訟では具体的権利を保障する規定だと見解を変更した。

⑨ 憲法第 26 条は，等しく教育を受ける権利を保障する教育の機会均等を定めている。

　　　　　　　　　　　　　　　　　　　　　　　　　　　　　　　　　　　　　　(20 追)

2 【参政権・請願権】

① 日本で，男子の普通選挙権が認められたのは，第二次世界大戦後であった。

② 参政権拡大の歴史を見ると，世界初の普通選挙運動は，19 世紀前半のイギリスのチャーティスト運動である。

③ 国民がその権利・自由を確保するため，国や地方自治体に自分の希望を表明する請願権が主張され，憲法上の権利となっている。

④ 請願権は，参政権を補完する機能もあるが，未成年者や外国人には保障されていない。

⑤ 公務員の違法な権限行使により損害を受けた者は，国または地方公共団体に対して損害賠償を請求することができる。

3 【新しい人権】

① 「新しい人権」の多くは，日本国憲法の制定時には，人権としての重要性に乏しいとの理由で，明文化が見送られたものである。

② 「新しい人権」の一つとされるプライバシー権は，国や自治体に対してだけでなく，私人の間でも主張しうる権利として，唱えられている。

③ 知る権利は，表現の自由を情報の受け手である国民の側から捉え直したものであり，憲法 21 条に基づいて主張される。

④ 尊厳死の権利，安楽死の権利も人格権の一つであるが，わが国では，現在は合法化されていない。

⑤ 生活環境の悪化に対処するため，生存権や幸福追求権を根拠に環境権が主張されているが，最高裁判所によっては認められていない。

⑥ 個人情報保護のため，プライバシーの権利が提唱されているが，自己情報の開示を求める権利を保障した条例や法律は制定されていない。

⑦ 大阪空港公害訴訟の最高裁判決では，環境権に基づいて飛行差止めと損害賠償が認められた。　　　　　　　　　　　　　　　　　　　　　　　　　　　　　　　　　　(19 追)

⑧ 最高裁判所は，プライバシー侵害を理由とする出版差止めを認める判決を下したことがない。　　　　　　　　　　　　　　　　　　　　　　　　　　　　　　　　　　　(11 追)

⑨ 情報公開法は，プライバシーの権利を積極的に実現することを目的として制定されている。

---

1 正解とヒント

①✕ 国の努力義務であり，具体的権利保障ではない。

②○

③✕ 保護する子女に教育を受けさせる義務。子どもの学習権を保障。

④○

⑤✕ ワイマール憲法は 1919 年，明治憲法は 1889 年にそれぞれ制定。

⑥✕ 強制的に働かせることはできない。憲法第 18 条には「その意に反する苦役に服させられない」とある。

⑦○

⑧✕ 堀木訴訟でもプログラム規定説をとった。

⑨○

2 正解とヒント

①✕ 戦前の 1925 年。

②○

③○ 請願権は，憲法第 16 条に明文規定されている。

④✕ 請願権は，未成年者や外国人にも認められている。

⑤○

3 正解とヒント

①✕ 「人権としての重要性に乏しい」からではなく，制定時には想定されなかったものである。

②○ 「自己の個人情報をコントロールする権利」という考え方も加わっている。

③○

④○

⑤○

⑥✕ 国が個人情報保護法を制定しているほか，多くの地方公共団体でも個人情報保護条例を制定している。

⑦✕ 損害賠償を認めたが，差し止め請求は認めていない。環境権も認めていない。

⑧✕ 『石に泳ぐ魚』訴訟（2002 年）で出版差止めを認める判決。

⑨✕ 個人情報保護法のこと。情報公開法はむしろ対立する。

共通テスト・センター試験過去問　次の各設問に答えよ。

1 【福祉国家と人権】 福祉国家としての日本の現状の記述として最も適当なものを，次の①～④のうちから一つ選べ。

(06 本)

① 健康で文化的な最低限度の生活を営むことのできない者は，法律の根拠がなくても，直接憲法に基づいて国に生活保護を請求することができる。

② 義務教育においては，国民に，授業料を徴収しない教育の機会が保障されているだけでなく，教科書もまた無償で配布される。

③ 勤労は，権利であるとともに義務でもあるので，国が必要と認める場合には，国民を強制的に徴用することができる。

④ 公務員も勤労者であるから，労働基本権の保障を受け，その一つである争議権もしばしば合法的に行使される。

2 【生存権訴訟】 日本における生存権訴訟についての記述として最も適当なものを，次の①～④のうちから一つ選べ。 (01 本)

① 堀木訴訟とは，国の定める生活保護基準が低額にすぎることが，生存権保障に反するとして争われた事件である。

② 最高裁判所は，朝日訴訟において生存権をプログラム規定と解釈したが，堀木訴訟ではそれは具体的な権利を保障するものであると見解を変更した。

③ 最高裁判所は，憲法の生存権保障にこたえて具体的にどのような立法措置をとるかについて，立法府の裁量の余地は小さいと判断している。

④ 朝日訴訟において原告の主張は認められなかったが，この訴訟は社会保障制度を改善する一つの契機となった。

3 【社会権の保障】 社会権A～Cとそれを実現するために日本で行われている具体的な施策ア～ウとの組合せとして最も適当なものを，下の①～⑥のうちから一つ選べ。 (12 本)

A　勤労権　　　　B　生存権　　　　C　団結権

ア　労働組合員であることを理由に労働者を解雇することを，不当労働行為として法律で禁止する。

イ　公共職業安定所（ハローワーク）を設置し，求職者に職業を紹介することを法律で定める。

ウ　生活に困窮する者に対して，公費を財源に厚生労働大臣が定める基準に基づき扶助を行うことを法律で定める。

① A－ア　B－イ　C－ウ　　　② A－ア　B－ウ　C－イ
③ A－イ　B－ア　C－ウ　　　④ A－イ　B－ウ　C－ア
⑤ A－ウ　B－ア　C－イ　　　⑥ A－ウ　B－イ　C－ア

4 【参政権】 日本における参政権についての記述として最も適当なものを，次の①～④のうちから一つ選べ。 (09 本)

① 地方自治体の長については，憲法上，その地方自治体の住民による直接選挙が保障されている。

② 衆議院議員選挙では，永住資格を有する在日外国人も選挙権をもつ。

③ 参議院議員選挙では，成年の国民が被選挙権をもつ。

④ 条約の批准は，憲法上，成年の国民による国民投票が保障されている。

5 【プライバシーの権利】 日本におけるプライバシーの保護の状況についての記述として適当でないものを，次の①～④のうちから一つ選べ。 (05 本)

① 『宴のあと』事件において，裁判所は，プライバシーがその侵害に対して法的救済の与えられる権利であることを認めた。

② プライバシー権は，当初，自己情報コントロール権とされたが，近年では，私生活をみだりに公開されない権利として理解されている。

③ 電信・電話の秘密は，日本国憲法の定める通信の秘密に含まれると理解されている。

④ 事業者などの保有する個人情報について，本人による開示，訂正などの請求を認める法律が制定された。

6 【新しい人権①】 日本国憲法第14条以下の基本的人権の規定に含まれていない事項について，第13条の幸福追求権などを根拠に新しい人権が主張されるようになっている。そのような新しい人権の例として最も適当なものを，次の①～④のうちから一つ選べ。 (04 本)

① インターネットを利用して内閣総理大臣に直接に請願する権利

② ゲームソフトを開発するためのベンチャー企業を経営する権利

③ データベース上の個人情報の保護を国に対し請求する権利

④ ホームページを開設して世界に向けて意見を発信する権利

7 【新しい人権②】 新しい人権として日本で主張されている次の権利の名称A，Bと，それらに対応する記述ア～ウとの組合せとして最も適当なものを，下の①～⑥のうちから一つ選べ。

(19 本)

A　知る権利　　　　B　プライバシーの権利

ア　自らの情報が勝手に利用されないように，その情報をコントロールする。

イ　患者が自己の宗教的信念に基づいて，輸血を拒否する。

ウ　税金の使途が適切かどうかを確認するため，国に対して情報の公開を求める。

① A－ア　B－イ　　　　② A－ア　B－ウ
③ A－イ　B－ア　　　　④ A－イ　B－ウ
⑤ A－ウ　B－ア　　　　⑥ A－ウ　B－イ

8 【個人情報保護】 個人情報保護のための，日本の法制度についての記述として最も適当なものを，次の①～④のうちから一つ選べ。 (08 本)

① 個人は，企業に対して，自分の個人情報の開示・訂正・削除を請求することができる。

② 企業は，業務上の必要性の有無を問わず，従業員の個人情報を第三者に渡すことができる。

③ 企業は，顧客の同意があっても，その個人情報を事業のために利用することはできない。

④ 個人は，国のすべての行政機関に対して，自分の個人情報の開示・訂正・削除を請求することはできない。

9 【自己決定権】 日本における個人の国家に対する自己決定権についての記述として最も適当なものを，次の①～④のうちから一つ選べ。　(08 本)

① 国家に干渉されない権利

② 憲法に明文の規定を持つ権利

③ 福祉国家の理念に基づく権利

④ 国民固有の権利

10 【日本の権利保障】 「基本的人権などさまざまな権利の保障」をめぐる日本の現状についての記述として最も適当なものを，次の①～④のうちから一つ選べ。　(11 本)

① 経済および産業の発展を図るために特許権などの知的財産権の付与を行う行政機関は，設置されていない。

② 最高裁判所が環境権を認めていないため，公害被害を受けた市民の損害賠償請求は認められていない。

③ 情報公開法は，プライバシーの権利を積極的に実現することを目的として制定されている。

④ 公務員の違法な権限行使により損害を受けた者は，国または地方公共団体に対して損害賠償を請求することができる。

11 【外国人の権利保障】 外国人の権利に関連する記述として正しいものを，次の①～④のうちから一つ選べ。　(18 追)

① 最高裁は，国政選挙権を一定の要件を満たす外国人に対して法律で付与することを，憲法は禁じていないとしている。

② 指紋押捺を義務づける外国人登録制度が，実施されている。

③ 最高裁は，憲法上の人権保障は，性質上日本国民のみを対象とするものを除いて外国人にも及ぶとしている。

④ 外国人が給付を受けることのできる社会保障制度は，実施されていない。

12 【人権に関する条約】 人権に関する主要な国際条約や宣言についての記述として正しいものを，次の①～④のうちから一つ選べ。　(13 追)

① 世界人権宣言は，基本的人権の尊重を目的として，すべての国が達成すべき目標を定めたものである。

② 国際人権規約は，社会権規約（A規約）と自由権規約（B規約）からなり，締約国はそれぞれの規約に定める個々の権利について留保できない。

③ 日本は，女性差別撤廃条約（女子差別撤廃条約）を批准したが，国籍法の父系主義を父母両系主義に改正することは留保した。

④ 子どもの権利条約（児童の権利条約）は，就学前の児童の保護を目的とした条約であり，就学している児童は対象としていない。

13 【日本が批准した人権条約】 国際的な人権保障に関連する以下の条約のうち，2024年1月1日時点において，日本が批准していないものをすべて選べ。　(10 学習院大・改)

① ジェノサイド禁止条約

② 難民の地位に関する条約

③ 子どもの権利条約（児童の権利条約）

④ 死刑廃止議定書（死刑廃止条約）

⑤ 人種差別撤廃条約

14 【マイノリティの権利】 マイノリティの人々が受けることのある差別や不利益を解消するための法律・条約に関する記述として誤っているものを，次の①～④のうちから一つ選べ。

(12 本)

① アイヌ民族を差別的に取り扱ってきた法律を廃止してアイヌ文化振興法が制定されたが，アイヌ民族の先住民族としての権利は明記されなかった。

② 障害者雇用促進法は国・地方公共団体が障害者を雇用する義務を定めているが，企業の雇用義務については明記されなかった。

③ 部落差別問題に関して，同和地区住民への市民的権利と自由の完全な保障を求めた審議会答申に基づき，同和対策事業特別措置法が制定された。

④ 人種差別問題に関して，国際的な人権保障の一環として，国際連合で人種差別撤廃条約が採択された。

15 【自由と平等】 次の文章は，自由と平等とについての考え方をある生徒がまとめたものである。この文章の（X）・（Y）のそれぞれには考え方ア・イのどちらかが入る。（Y）に入る考え方と，その考え方に対応する具体的な政策や取組みの例a～dの組合せとして最も適当なものを，下の①～⑧のうちから一つ選べ。

(18 試・改)

　近代の市民革命では，人間が生まれながらにさまざまな権利をもつ存在であるという考え方から導かれた自由と平等という二つの理念が，封建社会を打ち破る原動力となった。市民革命の後に各国で定められた多くの人権宣言は，自由と平等とを保障している。ここでは，（X）との考え方がとられていた。

　しかし，その後の歴史の経過をみると，自由と平等とは相反する側面ももっていることがわかる。19世紀から20世紀にかけて，（X）との考え方は，現実の社会における個人の不平等をもたらした。資本主義の進展によって，財産を持てる者はますます富み，それを持たざる者はますます貧困に陥ったからである。そこで，平等について新しい考え方が現れることになった。すなわち，（Y）との考え方である。

　もっとも，平等についてこのような考え方をとると，今度は平等が自由を制約する方向で働くことになる。国家は，持たざる者に対する保護の財源を，持てる者からの租税により調達する。持てる者にとって，その能力を自由に発揮して得た財産に多くの税を課されることは，自らの自由な活動を制限されているに等しい。また，国家は，持たざる者に保護を与えるにあたり，その資産や収入を把握する。持たざる者は，これを自由に対する制約であると感じるだろう。

　このようにみると，自由と平等との関係は一筋縄ではいかないことがわかる。

考え方

ア　すべての個人を国家が法的に等しく取り扱い，その自由な活動を保障することが平等である

イ　社会的・経済的弱者に対して国家が手厚い保護を与えることで，ほかの個人と同等の生活を保障することが平等である

政策や取組みの例

a　大学進学にあたり，高等学校卒業予定またはそれと同等の資格をもつ者の全員に大学受験資格を認定する。

b　大学進学にあたり，世帯の年収が一定の金額に満たない者の全員に奨学金を支給する。

c　大学入試において，国際性を有する学生を確保するため，帰国子女の特別枠を設定する。

d　大学入試において，学力試験のみでは評価しにくい優れた能力をもつ学生を獲得するため，アドミッション・オフィス入試（AO入試）を実施する。

① ア－a　② ア－b　③ ア－c　④ ア－d
⑤ イ－a　⑥ イ－b　⑦ イ－c　⑧ イ－d

APPROACH 🔍 新テスト（正解率79.0％）

自由と平等の考え方について書かれた文章を読み，両者の関係を理解し，それを基に具体的な政策や取組みについて考察する。

16 【国民の自由や権利】 国民の自由や権利をめぐる日本の状況についての記述として最も適当なものを，次の①～④のうちから一つ選べ。　　　　　　　　　　　　　（20本）

① 政党を結成することは，政党助成法により認められている。
② インターネット上で友人と自由に政治的な意見を交わし合うことは，アクセス権として保障されている。
③ 被選挙権は，国民が政治に参加するための権利の一つとされている。
④ 報道については，デマやフェイクニュースへの対策として行政機関による検閲が認められている。

17 【憲法25条判例】 「国民が受給している社会保障給付を削減する法律の合憲性について，裁判所はどのような審査をすべきか」という問題が提起された。生徒Xと生徒Yは，ある判決文の一部を抜き出して作成した次の資料を読んだ上で，後の会話文のように話し合った。会話文中の空欄　ア　にはaかb，空欄　イ　にはcかdのいずれかが当てはまる。会話文中の　ア　・　イ　に当てはまるものの組合せとして最も適当なものを，後の①～④のうちから一つ選べ。　　　　　　　　　（22追）

憲法25条にいう「『健康で文化的な最低限度の生活』なるものは，きわめて抽象的・相対的な概念であって，その具体的内容は，その時々における文化の発達の程度，経済的・社会的条件，一般的な国民生活の状況等との相関関係において判断決定されるべきものであるとともに」，同規定を「現実の立法として具体化するに当たっては，国の財政事情を無視することができず，また，多方面にわたる複雑多様な，しかも高度の専門技術的な考察とそれに基づいた政策的判断を必要とするものである。したがって，憲法25条の規定の趣旨にこたえて具体的にどのような立法措置を講ずるかの選択決定は，…（中略）…それが著しく合理性を欠き明らかに裁量の逸脱・濫用と見ざるをえないような場合を除き，裁判所が審査判断するのに適しない事柄である」。

（出所）　最高裁判所民事判例集36巻7号により作成。

X：この判決では，どのように制度を作るかについて，立法府の　ア　と判断しているね。すでに国民が受給していた社会保障給付を従来よりも削減する立法についても，同じように審査されるのかな。

Y：違う考え方もあると思うよ。たとえば，　イ　と考えられるよね。

X：なるほど。たしかに，そういう考え方もできそうだね。だけど，Yさんの意見には，最新の社会情勢や財政事情をもとに行われる立法府の判断が，過去の立法府の判断に拘束されてしま

うという問題もありそうだね。

　ア　に当てはまる内容の記述
a　広い裁量に委ねられる
b　裁量は否定される

　イ　に当てはまる内容の記述
c　社会保障制度を作り直す時の「健康で文化的な最低限度の生活」の内容は，立法府が改めて国の財政事情を踏まえ専門技術的な考察をして政策的に判断することになるよね。そうだとすると，最高裁判所は，最初に作られた時と同じように立法府の裁量を尊重すべきだ
d　法律で一度は「健康で文化的な最低限度の生活」の内容が具体化されているし，社会保障給付を受給していた国民は将来も受給できると期待するよね。そうだとすると，最高裁判所は，立法府が判断を変更して社会保障給付を削減する場合は，合理的な理由があるかを踏み込んで審査すべきだ

① ア－a　イ－c　　② ア－a　イ－d
③ ア－b　イ－c　　④ ア－b　イ－d

18 【日本国憲法が保障する基本的人権】 日本国憲法が保障する基本的人権は，さまざまな観点から分類することができる。一つの分類のあり方について述べた次の文章中の空欄　ア　～　ウ　に当てはまる語句の組合せとして最も適当なものを，下の①～⑥のうちから一つ選べ。　　　　　　　　　　　（18本）

日本国憲法が保障する基本的人権には，さまざまなものがある。その中には，表現の自由や　ア　のように，人の活動に対する国家の干渉を排除する権利である自由権がある。また，　イ　や教育を受ける権利のように，人間に値する生活をすべての人に保障するための積極的な施策を国家に対して要求する権利である社会権がある。さらに，これらの基本的人権を現実のものとして確保するための権利として，裁判を受ける権利や　ウ　をあげることができる。

① ア　生存権　　イ　財産権　　ウ　国家賠償請求権
② ア　生存権　　イ　国家賠償請求権　　ウ　財産権
③ ア　財産権　　イ　生存権　　ウ　国家賠償請求権
④ ア　財産権　　イ　国家賠償請求権　　ウ　生存権
⑤ ア　国家賠償請求権　　イ　生存権　　ウ　財産権
⑥ ア　国家賠償請求権　　イ　財産権　　ウ　生存権

19 【アクセス権】 次の文章中の　ア　・　イ　に当てはまる語句の組合せとして最も適当なものを，下の①～④のうちから一つ選べ。　　　　　　　　　　　　　　　　　（16本）

マスメディアは，報道を通じて人権侵害の被害者への支援を行うことがある。しかし，マスメディア同士の競争を背景に，　ア　と呼ばれる集団的かつ過剰な取材活動によって人々のプライバシーが侵害される場合や，事象の一面しか伝えない報道が行われる場合もある。そのため，人々が意見広告や反論記事といった形で自己の見解を掲載するようマスメディアに求める　イ　が主張されるようになっている。

① ア　メディア・リテラシー　　イ　アクセス権
② ア　メディア・リテラシー　　イ　リコール権
③ ア　メディア・スクラム　　イ　アクセス権
④ ア　メディア・スクラム　　イ　リコール権

⑦ 平和主義と安全保障

共通テスト／ センター試験 出題頻度	年度	2023	2022	2021	2020	2019	2018	2017	2016	2015	2014	2013	2012
	出題	●				●	●				●		●

■STEP❶【基礎問題演習】■

次の各文中の空欄に適語を入れよ。

1 【日本国憲法と平和主義】

	正　解

1 憲法第9条に具体化されている平和主義の三つの要素とは戦争放棄，（①），交戦権の否認である。　①戦力の不保持

2 1950年の朝鮮戦争の勃発後，GHQ の指令により設置された（②）が，その後，保安隊に改編され，現在の自衛隊へと発展していった。　②警察予備隊

3 1951年，サンフランシスコ平和条約の調印と同じ日に，日本とアメリカの間で結ばれた日本の安全維持のための条約を（③）という。　③日米安全保障条約

4 駐留米軍が，憲法第9条の「戦力」に当たるか否かについて裁判で争われたのは（④）である。　④砂川事件

5 砂川事件などにおいて最高裁は，高度に政治的な問題について裁判所の司法審査の対象外であるとする（⑤）をとった。　⑤統治行為論

6 1960年に調印された新日米安保条約の交換公文で，米軍の配置や装備の重要な変更などについて，日米両政府間で（⑥）を行うことが定められている。　⑥事前協議

7 ミサイル基地建設のために行われた北海道の保安林の一部指定解除をめぐり，自衛隊が違憲か否かについて争われた訴訟を（⑦）という。　⑦長沼ナイキ基地訴訟

8 文民（職業軍人の経歴がない者，現職自衛官以外の者）が自衛隊の最高指揮監督権をもつことを（⑧）という。　⑧文民統制（シビリアン－コントロール）

9 文民である（⑨）は，自衛隊の最高指揮監督権をもち，国家安全保障会議（日本版 NSC）の議長をつとめる。　⑨内閣総理大臣

10 1976年に三木武夫内閣は防衛費の（⑩）と武器輸出の禁止を閣議決定したが，1987年には中曽根康弘内閣の下でその枠が破られた。　⑩ GNP 1％（枠）

11 2014年に安倍内閣による憲法解釈変更の閣議決定が行われるまで，日本の防衛は個別的自衛権は認められるが，（⑪）は行使することができないとされていた。　⑪集団的自衛権

12 1992年に成立した（⑫）により，カンボジアへ自衛隊が派遣された。　⑫国連平和維持活動（PKO）等協力法

13 1999年に（⑬）など新ガイドライン関連3法が成立し，「前線」で展開する米軍に対して，自衛隊による「後方」支援が可能となった。（⑬）は2015年に重要影響事態法に改正された。　⑬周辺事態法

14 2004年，在外日本人の保護などに関する（⑭）が成立した。　⑭国民保護法

15 2003年には（⑮）が成立し，治安が不安定なイラクに自衛隊が派遣された。さらに2015年には国際平和支援法が成立し，戦時の後方支援が可能になった。　⑮イラク復興支援特別措置法

16 米軍基地をめぐる問題として，沖縄の（⑯）返還が焦点となっている。　⑯普天間基地

17 ソマリア沖のアデン湾などに出没する海賊対策として，2009年に（⑰）が制定され，海上自衛隊が派遣されるようになった。　⑰海賊対処法

18 2014年に武器輸出三原則を改め，（⑱）が安倍内閣の下で閣議決定され，武器の輸出が，禁輸原則から輸出原則へ転換された。　⑱防衛装備移転三原則

次の各文の正誤を判別し，誤りについては正しく訂正しなさい。

❶【平和主義と日米安保条約】

① 日本国憲法は，第二次世界大戦の反省から，戦争を放棄し，交戦権を否認すると規定しているが，戦力の不保持については規定していない。 (02 追)

② 憲法第 9 条では，自衛隊についての規定が明記されている。

③ 憲法第 9 条の政府解釈では，集団的自衛権の行使は認められていない。

④ 安保条約に従って日本政府はアメリカ軍へ基地を提供しているが，その米軍基地のうち，面積にして約 4 分の 3 が沖縄県に集中している。 (01 本)

⑤ 新日米安全保障条約の締結に関して日本の世論は分裂し，安保闘争といわれる激しい反対運動が展開された。

⑥ 1960 年に改定された日米安保条約は，日本の防衛力増強義務を規定した。

⑦ 唯一の核被爆国としての日本の立場に配慮して，新日米安全保障条約には，日本の「非核三原則」が明記された。

⑧ 非核三原則とは，「核兵器を持たず，作らず，使用せず」をさす。 (01 本)

⑨ アメリカ軍が日本に駐留する代わりに，日本の自衛隊をこれ以上増強しないことが求められた。 (01 本)

⑩ 1960 年に改定された日米安保条約は，日米双方が共通の危険に対処するため共同行動をとることを規定した。

⑪ 新日米安全保障条約の締結にともない，日本におけるアメリカ軍の配置や装備の重要な変更などについて，事前協議制が定められた。

⑫ 日米安全保障条約に基づいて米軍が駐留しているが，その駐留経費の一部を「思いやり予算」として日本政府が負担している。 (08 現本)

❷【今日の防衛問題】

① PKO 協力法（1992 年）で定められた PKO 参加 5 原則に「受け入れ国の同意」という条件がある。

② PKO 協力法（1992 年）で定められた PKO 参加 5 原則に「受け入れ国が友好国であること」という条件がある。

③ 自衛隊や安保条約は，高度の政治性をもった国家行為なので，違憲立法審査権による司法審査の対象にしないとした裁判所の考え方を司法限界説という。

④ 防衛予算の歯止めに関して，1976 年に三木内閣が対 GNP 比 1 ％枠を決めた。

⑤ 1987 年に中曽根内閣は GNP 1 ％枠をはずし，その後防衛費は GNP 比では大幅に増えた。

⑥ 日本が実際に米軍の行動の後方支援を行えるように，1997 年に日米安保条約の改定が行われた。

⑦ ガイドライン関連法によると，自衛隊は，いわゆる周辺事態の際にアメリカ軍の後方支援を行うこととされている。 (14 本)

⑧ 1978 年の日米防衛協力のための指針，いわゆるガイドラインの策定により，米軍駐留費の一部を日本が負担する「思いやり予算」がとられた。

⑨ 1992 年の国連平和維持活動等協力法の成立により，自衛隊はペルシャ湾の機雷除去のために派遣されている。

⑩ PKO への参加条件として，「受け入れ国の同意」や「停戦合意の成立」や「中立的立場の厳守」などがある。

⑪ 2015 年に国際平和共同対処事態に対応して，諸外国の軍隊等に協力支援活動をする重要影響事態法が制定された。

⑫ 日本政府は，ソマリア沖・アデン湾における海賊行為への対処のために，自衛隊の部隊を海外に派遣したことがある。 (10 現追)

⑬ イラク復興支援特別措置法の成立によって，自衛隊が初めて国外に派遣されることとなった。 (08 現本)

① × 戦力の不保持も規定。

② × 自衛隊は 1954 年の自衛隊法で規定。

③ × 2014 年 7 月の閣議決定で容認された。

④ ○

⑤ ○

⑥ ○

⑦ × 日米安保条約には明記されていない。日本は政策上の方針である。

⑧ × 「使用せず」ではなく，「持ち込ませず」。

⑨ × このような事実はない。

⑩ ○

⑪ ○ ただし，実際に行われたことはない。

⑫ ○

① ○

② × 友好国という規定はない。

③ × 統治行為論という。

④ ○

⑤ × 大幅には増えていない。1 ％前後。中曽根内閣のとった政策を「総額明示方式」という。

⑥ × 安保改定ではなく，ガイドラインの見直しによる。

⑦ ○

⑧ × 思いやり予算は 1978 年度予算ですでに 62 億円を計上。ガイドライン策定によって定められたものではない。

⑨ × 国連平和維持活動等協力法の成立前に湾岸戦争後の処理のためにペルシャ湾に派遣された。成立後の最初の派遣はカンボジアである。

⑩ ○

⑪ × 重要影響事態法は，1999 年制定の周辺事態法を変更した法律である。

⑫ ○ 2009 年海賊対処法を制定。

⑬ × PKO 協力法制定により，1992 年にカンボジアに派遣された。

共通テスト・センター試験過去問　次の各設問に答えよ。

1 【平和主義】　平和主義について，日本国憲法の中に明文で述べられていない事項を，次の①〜⑤のうちから一つ選べ。　（89本）

① 武力による威嚇と武力の行使の放棄
② 自衛のための実力の保持
③ 交戦権の否認
④ 平和のうちに生存する権利
⑤ 国務大臣が文民でなければならないこと

2 【自衛隊の司法判断】　日本国憲法第9条に関連して，自衛隊について争われた裁判の例として誤っているものを，次の①〜④のうちから一つ選べ。　（08本）

① 恵庭事件
② 砂川事件
③ 長沼ナイキ基地訴訟
④ 百里基地訴訟

3 【自衛隊】　朝鮮戦争をきっかけに設けられた警察予備隊は，後に自衛隊へと改組された。自衛隊についての記述として正しいものを，次の①〜④のうちから一つ選べ。　（14本）

① 最高裁判所は，百里基地訴訟において，自衛隊は日本国憲法第9条で禁止される「戦力」に該当せず合憲であるとの判断を明らかにしている。
② 自衛隊のイラクへの派遣は，PKO協力法（国連平和維持活動協力法）に基づき行われた。
③ ガイドライン関連法によると，自衛隊は，いわゆる周辺事態の際にアメリカ軍の後方支援を行うこととされている。
④ 防衛庁が防衛省へと移行したことに伴い，自衛隊の最高指揮監督権が内閣総理大臣から防衛大臣に委譲された。

4 【日本の安全保障①】　日本の安全保障に関連する記述として最も適当なものを，次の①〜④のうちから一つ選べ。（19本）

① 日米相互協力及び安全保障条約（新安保条約）の成立によって，自衛隊が創設された。
② 日本は，在日米軍の駐留経費を負担していない。
③ 国の一般会計予算に占める防衛関係費の割合は，2パーセントを下回っている。
④ 日本政府は，憲法第9条が保持を禁じている「戦力」は自衛のための必要最小限度を超える実力であるとしている。

5 【安全保障のための法制度①】　自国の安全保障のために定められた法制度の例である次のA〜Cと，それらの内容についての記述ア〜ウとの組合せとして正しいものを，下の①〜⑥のうちから一つ選べ。　（15追）

A　新日米安全保障条約（日本国とアメリカ合衆国との間の相互協力及び安全保障条約）（1960年）
B　新ガイドライン（新日米防衛協力のための指針）（1997年）
C　有事関連7法（2004年）

ア　日本への武力攻撃時における，国民の保護や米軍の行動の円滑化などについて定めた。
イ　日本の施政の下にある領域における，日米どちらかへの武力攻撃に対して，日米が共同で防衛することを定めた。
ウ　日本周辺地域における日本の平和および安全に重要な影響を与える事態（周辺事態）での日米間の協力推進を定めた。

① A−ア　B−イ　C−ウ
② A−ア　B−ウ　C−イ
③ A−イ　B−ア　C−ウ
④ A−イ　B−ウ　C−ア

⑤ A−ウ　B−ア　C−イ
⑥ A−ウ　B−イ　C−ア

6 【日米安全保障条約①】　日米安全保障条約についての記述として誤っているものを，次の①〜④のうちから一つ選べ。
　（14本）

① 砂川事件において，最高裁判所はこの条約が憲法に違反すると判断した。
② 当初の条約を，現行条約である「新安保条約」（日米相互協力及び安全保障条約）へ改定する際には，安保闘争と呼ばれる反対運動が起こった。
③ 現行条約では，日本の領域内において日本，アメリカの一方に対する武力攻撃が発生した場合，日米両国が共同で対処すると規定されている。
④ 日本による在日米軍駐留経費の負担は，「思いやり予算」と呼ばれている。

7 【日米安全保障条約②】　日米安全保障条約についての記述として適当でないものを，次の①〜④のうちから一つ選べ。
　（05本）

① 占領軍として駐留していたアメリカ軍は，日米安全保障条約によって，占領終了後も引き続き在日アメリカ軍として日本に駐留することになった。
② 現行の日米安全保障条約は，日本の領土と極東の安全を確保する目的でアメリカ軍が日本に駐留することを認めている。
③ 現行の日米安全保障条約は相互防衛条約だから，日本国外でアメリカ軍が攻撃された場合にも日本の自衛隊は共同して相手を攻撃することが義務づけられている。
④ 日本は，日米安全保障条約では義務づけられてはいないが，「思いやり予算」としてアメリカ軍の駐留経費の一部を負担しており，それによって，駐留アメリカ軍人の住宅やスポーツ施設なども建設されている。

8 【安全保障のための法制度②】　日本で制定又は改正された法律・条約に関する記述として最も適当なものを，次の①〜④のうちから一つ選べ。　（08現本・改）

① 冷戦終結後に起こった湾岸戦争を機に，国際貢献をめぐる議論が巻き起こり，その後，PKO協力法が成立した。
② 湾岸戦争後，安全保障の重要性が強く認識されるようになり，日米安全保障条約が改正された。
③ 防衛力の更なる充実が必要との声を受けてイラク戦争以前に防衛省設置法が成立していたため，この戦争での日本政府の対応は極めて迅速であった。
④ イラク復興支援特別措置法の成立で，自衛隊が初めて国外に派遣された。

9 【PKOへの参加】　PKO（国連平和維持活動）への自衛隊の参加についての説明として最も適当なものを，次の①〜④のうちから一つ選べ。　（15追）

① PKO協力法の制定により，PKOへの自衛隊の参加が可能になった。
② テロ対策特別措置法の制定により，PKOへの自衛隊の参加が可能になった。
③ イラク復興支援特別措置法に基づき，PKOとして自衛隊がイラクに派遣された。

④ 海賊対処法に基づき，PKOとして自衛隊がソマリア沖に派遣された。

10 【自衛隊の海外派遣】 次の文章中の ☐A☐～☐C☐ に入る国名の組合せとして最も適当なものを，以下の①～⑥のうちから一つ選べ。 (05 現本)

1992 年の国連平和維持活動協力法（PKO協力法）の成立により，長期にわたる戦乱と国内混乱が続いていた ☐A☐ へ初めて自衛隊が派遣され，停戦監視などの業務に当たった。翌年には，アフリカ大陸の東にある ☐B☐ で輸送業務などを行い，その後も，ルワンダ難民救援，ゴラン高原停戦監視，東ティモール避難民救援などへ，その活動範囲を広げた。これらは国連安全保障理事会の決議に基づくものであった。

さらに，2001 年 9 月に起こったアメリカ同時多発テロを受けて，テロ対策特別措置法が制定され，それに基づいて自衛隊は同年秋から ☐C☐ に展開するアメリカ軍の後方支援を行うようになった。

① A ミャンマー　B エチオピア　C アフガニスタン
② A ミャンマー　B エチオピア　C イラク
③ A ミャンマー　B モザンビーク　C イラク
④ A カンボジア　B モザンビーク　C アフガニスタン
⑤ A カンボジア　B モザンビーク　C イラク
⑥ A カンボジア　B エチオピア　C アフガニスタン

11 【日本の安全保障②】 日本の安全保障をめぐる法制度や政策についての記述として正しいものを，次の①～④のうちから一つ選べ。 (18 本)
① 2014 年に政府が決定した防衛装備移転三原則によれば，武器や関連技術の輸出は全面的に禁止されている。
② 自衛隊の最高指揮監督権は，防衛大臣が有している。
③ 2015 年に成立した安全保障関連法によれば，日本と密接な関係にある他国に対する攻撃によって日本の存立が脅かされ，国民の権利が根底から覆される明白な危険がある場合でも，武力行使は禁止されている。
④ 安全保障に関する重要事項を審議する機関として，国家安全保障会議を内閣に設置している。

12 【日本の安全保障③】 生徒 Z は，模擬授業 1 で話題となった現在の日本の安全保障に関する法制度について調べた。日本の安全保障に関する記述として最も適当なものを，次の①～④のうちから一つ選べ。 (23 本)
① 日本の重要影響事態法による自衛隊の海外派遣に際しては，日本の周辺地域においてのみ自衛隊の活動が認められる。
② 日本のPKO協力法による国連平和維持活動に際しては，自衛隊員の防護のためにのみ武器使用が認められる。
③ 日本は武器の輸出に関する規制として，防衛装備移転三原則を武器輸出三原則に改めた。
④ 日本は安全保障に関する重要事項を審議する機関として，内閣総理大臣を議長とする国家安全保障会議を設置した。

13 【日本の外交三原則】 日本は 1957 年に外交の三原則を掲げた。これについての記述として**適当でないもの**を，次の①～④のうちから一つ選べ。 (18 本)
① アジアの一員として，アジアの地位向上に努める。
② 唯一の被爆国として，核抑止体制を主導する。

③ 国際連合を平和維持の中心とし，その使命達成のために努力する。
④ 自由主義諸国と協調し，共産主義諸国に対する団結の一翼を担う。

14 【日本の取組】 安全保障についての日本の取組みに関する次の記述A～Cを古いものから年代順に並べたとき，その順序として最も適当なものを，下の①～⑥のうちから一つ選べ。 (17 現追)

A　PKO（国連平和維持活動）協力法に基づく自衛隊の海外派遣が，カンボジアに対して行われた。
B　日本周辺における有事発生の際に自衛隊が米軍の後方支援を行うことを定めた周辺事態法が制定された。
C　武器輸出三原則が，平和貢献や国際協力の推進と日本の安全保障に資する場合には武器の輸出を認めるとする防衛装備移転三原則へと改定された。

① A→B→C　② A→C→B　③ B→A→C
④ B→C→A　⑤ C→A→B　⑥ C→B→A

● 自衛隊海外派遣
■ 国際連合平和維持活動（PKO）

① 自衛隊カンボジア派遣　1992 年（平成 4 年）
② モザンビーク国連平和協力　1993 年（平成 5 年）
③ 自衛隊ゴラン高原派遣　1996 年（平成 8 年）
④ 自衛隊東ティモール派遣　2002 年（平成 14 年）
⑤ 国際連合ネパール支援団（UNMIN）　2007 年
⑥ 国際連合スーダン派遣団（UNMIS）　2008 年
⑦ 国際連合東ティモール統合ミッション（UNMIT）2010 年
⑧ 国際連合ハイチ安定化ミッション（MINUSTAH）2010 年

■ 後方支援・復興支援

① 自衛隊ペルシャ湾派遣　1991 年（平成 3 年）
② 自衛隊インド洋派遣　2001 年（平成 13 年）
③ 自衛隊イラク派遣　2004 年

■ 海賊対処

① ソマリア沖海賊の対策部隊派遣　2009 年（平成 21 年）

■ 国際緊急援助隊

①ホンジュラス・ハリケーン　②トルコ北西部地震
③インド西部地震　④イラン・バム地震　⑤タイ・スマトラ沖地震　⑥インドネシア・スマトラ沖地震（中略）
⑲ジブチ・洪水　⑳オーストラリア森林火災　㉑フンガ・トンガ噴火　㉒トルコ・シリア地震

■ 難民救援…ロシアのウクライナ侵攻でも
■ 在外邦人輸送…2004 年イラク～2023 年パレスチナ

⑧ 日本の政治機構

共通テスト／センター試験出題頻度	年度	2023	2022	2021	2020	2019	2018	2017	2016	2015	2014	2013	2012
	出題	●	●	●	●	●	●	●	●	●	●	●	●

■STEP❶【基礎問題演習】

次の各文中の空欄に適語を入れよ。

1 【国　会】

1 主権者である国民の直接の代表者から構成される国会が，国政の中心になる重要な機関であるという国会の地位を憲法第41条は，（①）と規定している。

2 （②）とは，法律案の議決，予算の先議・議決，条約の承認および内閣の不信任決議について，参議院より優位にあることをいう。

3 国会議員は，憲法第43条で選挙区だけの代表ではなく「（③）」とされている。

4 衆参両議院の議員には，議院における発言・表決について院外で責任を問われない，会期中は逮捕されない，などの（④）が認められている。

5 衆議院と参議院の間における審議事項の対立や相違点などについて意見調整する機関を（⑤）という。

6 国会法において制定された，本会議とは別に審議事項ごとに分かれて，複雑な案件を専門的に審議する組織を（⑥）という。

7 国会やその他において審議を行うに際して，利害関係者や専門家や参考人らに意見を聴取する会議を（⑦）という。

8 行政監督の一環として認められている，証人の出頭や記録の提出を求める各議院のもつ権限を（⑧）という。

9 衆議院および参議院の各7名ずつの議員で構成され，罷免の訴追を受けた裁判官を裁判する組織は（⑨）である。

10 衆参両議院の本会議の議決の際，出席議員の3分の2以上の特別多数決を必要とするものには，（⑩）の衆議院における再議決や，議員の議席を失わせる議決，（⑪）開催の議決がある。

11 1999年に（⑫）法が成立し，政府委員制度や政務次官が廃止され，党首討論が実施されるようになった。

2 【内　閣】

1 内閣総理大臣が国務大臣を任命する際の条件は，憲法第68条で，その過半数が（①）であること，と規定されている。

2 議会の信任に基づいて内閣を組織し，内閣が議会に対して連帯責任を負う制度を（②）という。

3 内閣がその職務を行うときに，その意思を決定するために開く会議を（③）という。非公開で行い，意思決定は全員一致が原則である。

4 衆議院で不信任決議案の可決後，10日以内に衆議院が解散されないとき，内閣総理大臣が欠けたとき，総選挙後に初めて国会が召集されたとき，内閣は（④）しなければならない。

5 衆議院が解散された場合，解散の日から（⑤）以内に総選挙が行われる。

6 総選挙の日から（⑥）以内に特別国会を召集しなければならない。

7 2001年の中央省庁等改革における内閣機能強化の一環として，総理府にかわって設置された機関は（⑦）である。

3 【裁判所】

1 明治憲法下の皇室裁判所，（①），行政裁判所などのように，特定の身分の人や事件につい

正　解
①国権の最高機関
②衆議院の優越
③全国民の代表
④議員特権
⑤両院協議会
⑥委員会
⑦公聴会
⑧国政調査権
⑨弾劾裁判所
⑩法律案
⑪秘密会
⑫国会審議活性化
①国会議員
②議院内閣制
③閣議
④総辞職
⑤40日
⑥30日
⑦内閣府
①軍法会議

43

て設置される裁判所を特別裁判所という。

② 裁判官が良心に従って裁判を行い，憲法と法律にのみ拘束されることを総称して（②）という。裁判官は，心身の故障・公の弾劾・国民審査以外で罷免されることはない。

③ 1891年にロシア皇太子が巡査に襲われた事件は（③）である。そのとき，政府の干渉に屈しないように担当裁判官を励まし，司法権の独立を守ったとされる大審院長は児島惟謙である。

④ 最高裁判所の裁判官が，衆議院議員の総選挙のときに，国民から罷免か否かの審査を受けることを（④）という。

⑤ すべての裁判所に認められ，法律や規則あるいは行政処分についてそれが憲法に適合しているかどうかを審査する権限を（⑤）という。

⑥ 憲法で保障された国民の権利・自由を最終段階において擁護する最高裁判所の機能を，とくに（⑥）という。

⑦ 最高裁判所に与えられている訴訟手続き，裁判所の内部規律などについての規則を制定する権限を（⑦）という。

⑧ 公の秩序や道徳を害するおそれがある場合，非公開で裁判を行うこともできるが，政治犯罪や出版に関する犯罪，（⑧）が問題になっている事件については，必ず公開裁判でなければならないと憲法第82条では規定している。

⑨ 2004年に法律が成立，重大な刑事事件について職業裁判官と一般市民とが合議体を構成して裁判を行う，参審制に近い日本の制度は（⑨）である。

⑩ 2006年に法律の相談をしやすくするために（⑩）（法テラス）が設置された。

②司法権の独立（裁判官の独立）

③大津事件

④国民審査

⑤違憲立法（法令）審査権

⑥憲法の番人

⑦規則制定権

⑧国民の権利

⑨裁判員制度

⑩日本司法支援センター

■STEP❷【正誤問題演習】■

次の各文の**正誤**を判別し，誤りについては正しく訂正しなさい。

1 【国　会】

① 国会が国権の最高機関とされるのは，主権者である国民が直接選挙した議員によって国会が構成されるからである。

② 両議院は，国民代表機関として同時に活動するのが原則であり，衆議院が解散されたときには参議院も閉会となる。

③ 全国民を代表する国会議員は，国会の会期中には，いかなる場合でも，逮捕されない特権を有する。

④ 法案が法律となるには，両議院が可決するだけでなく，天皇の裁可が必要。（現社本・改）

⑤ 内閣総理大臣の指名に際して，両議院が異なる議決を行い，両院協議会を開いても意見が一致しない場合，衆議院の議決が優先する。

⑥ 国会の両議院は，国政調査権をもっており，議院が必要と判断すれば，あらゆる問題を自由に調査することができる。

⑦ 国政調査権は，内閣に対する監視や批判を目的としているので，野党のみが行使できる。

⑧ 国会は，それを構成する議員のなかから，内閣の首長たる内閣総理大臣を指名する。

⑨ 外交関係を処理することは内閣の仕事であり，内閣の締結した条約に対し，国会は異議を申し立てることができない。（01本）

⑩ 各議院の総議員の4分の3以上の賛成があれば，国民投票による承認がなくても，国会で憲法を改正できる。

⑪ 両議院の審議において大臣に代わって官僚が答弁する政府委員の制度が，設けられている。（18本）

⑫ 政府委員制度が廃止された後も，中央省庁の局長などは，衆議院や参議院の委員会に説明のため出席を求められている。（18試）

⑬ 両議院には，どちらも国政調査権を有し，証人を出頭させて証言を求める権限がある。（18本）

1 正解とヒント

①○

②○　解散中も参議院の緊急集会は開くことができる。

③✕　現行犯，議院が許諾した場合には逮捕される。

④✕　明治憲法下では必要だった。天皇は国政に関する権能を有しない。

⑤○

⑥✕　裁判係争中の事件は，司法権の独立を侵す可能性があり，認められない。

⑦✕　国政調査権は与野党の権限ではなく，各議院の権限である。

⑧○　かつ文民であることも必要。

⑨✕　条約承認権がある。

⑩✕　総議員の3分の2の賛成で国会が発議し，国民投票にかける。現在は，憲法改正手続きを定めた国民投票法も制定されている。

⑪✕　1999年制定の国会審議活性化法により廃止されている。

⑫○　政府特別補佐人や政府参考人として答弁している。

⑬○

② 【内　閣】

① 内閣総理大臣その他の国務大臣は文民であり，かつ，国務大臣の過半数は国会議員の中から選ばれなければならない。　　　　　　　　　　　　　　　　　　　　　　　（01 本）

② 国務大臣の任命には，国会の承認を得なければならない。

③ 内閣総理大臣は，国会議員の中から国会によって選ばれるので，衆議院が内閣不信任案を可決したときには，直ちに辞任しなければならない。　　　　　　　　　　　　　　　（01 本）

④ 内閣は，法律の内容が内閣の政治方針と一致しないと判断した場合，その法律の執行を拒否する権限をもっている。

⑤ 日本国憲法では，国会が国の唯一の立法機関とされているため，内閣は国会に法律案を提出することはできない。　　　　　　　　　　　　　　　　　　　　　　　　　　　（01 追）

⑥ 内閣は条約の締結権をもつが，条約を批准するためには，事前あるいは事後の国会の承認を必要とする。

⑦ 内閣は，総辞職した場合でも，新しい内閣総理大臣が任命されるまで，引き続きその職務を行う。

⑧ 内閣が提出した予算を国会が修正することは，内閣に専属する予算作成権を侵害することになるため，憲法の規定によって禁止されている。

⑨ 内閣総理大臣は，答弁または説明のために出席を求められれば，議席をもっていない議院にも出席する義務がある。　　　　　　　　　　　　　　　　　　　　　　　　　　（18 本）

⑩ 内閣総理大臣が主宰する閣議での決定は，多数決によることが慣行となっている。
　　　　　　　　　　　　　　　　　　　　　　　　　　　　　　　　　　　　　　　（17 本）

⑪ 予算の作成は，国会の権限とされている。　　　　　　　　　　　　　　　　　　（17 本）

⑫ 予算について両議院の議決が異なる場合には，緊急集会が開かれる。　　　　　　（17 本）

③ 【裁判所】

① 政治犯罪が対象となっている裁判で，裁判所は裁判を公開することが適当ではないと判断し，非公開で裁判を行うことを決定した。　　　　　　　　　　　　　　　　　　（02 本）

② 三審制の下では，慎重な審理に基づいて判決が下されるので，確定した判決に対する再審は許されない。

③ ある法律の規定を違憲であると判断した最高裁は，その法律の改正を国会に命じた。
　　　　　　　　　　　　　　　　　　　　　　　　　　　　　　　　　　　　　　　（01 本）

④ 国会で制定された法律が違憲だとして，国会議員の一部が最高裁にその法律の憲法判断を要請し最高裁はそれを受理し審査した。　　　　　　　　　　　　　　　　　　　　（01 本）

⑤ 裁判所が違憲とした法律の規定を国会は改正しなかったが，別の事件で裁判所は再びその規定を違憲とする判決を下した。　　　　　　　　　　　　　　　　　　　　　　　（01 本）

⑥ 国民審査は，最高裁判所裁判官について，その任命後はじめての衆議院議員総選挙の際に行われる。

⑦ 三審制の下では，最終的に最高裁判所が判決するので，下級裁判所は，裁判を行うに際して，最高裁判所の意見を聞かなければならない。

⑧ 裁判員制度の対象となる事件は，公判の審理を継続的，計画的，迅速に行うために，公判前整理手続に付される。　　　　　　　　　　　　　　　　　　　　　　　　　（10 現本）

⑨ 裁判員制度では，有権者から選ばれた裁判員と職業裁判官の合議で事実認定のみを行い，量刑は職業裁判官が決定する。

⑩ 内閣や国会が行う高度に政治性のある行為については裁判所の審査権が及ばず違憲審査の対象外であるとする考え方のことを，統治行為論という。　　　　　　　　　　　　　（17 本）

⑪ 日本の裁判員は，立候補した国民の中から選ばれる。　　　　　　　　　　　　（18 追）

⑫ アメリカの陪審制では，陪審員のみで評議を行う。　　　　　　　　　　　　　（18 追）

② 正解とヒント

①〇

②✕　国会の承認は不要。

③✕　10 日以内に衆議院を解散しない場合。

④✕　法律の執行の拒否権はない。アメリカ大統領と対比。

⑤✕　内閣提出法案が，議員立法よりはるかに多い。

⑥〇

⑦〇

⑧✕　予算は国会の審議・議決を経てはじめて執行できる。なお，予算について衆議院に先議権と優越が認められている。

⑨〇

⑩✕　閣議決定は「多数決」ではなく，「全会一致」が原則

⑪✕　「内閣」の権限

⑫✕　「緊急集会」ではなく「両院協議会」。そこで意見が一致しない時には，衆議院の議決が国会の議決となる。

③ 正解とヒント

①✕　政治犯罪は絶対公開。出版や人権に関する事件も同様。

②✕　新たな証拠が見つかった場合などには可能。

③✕　（国会の）立法権の侵害になる。

④✕　裁判所は，具体的な事件に関わる法令の違憲審査をする。これを付随的違憲審査制という。

⑤〇　裁判所の判決は，各々独立して行われる。

⑥〇　その 10 年後にも行われる。

⑦✕　意見を聞く必要はない。司法権の独立に反する。

⑧〇　公判前整理手続は争点や証拠の整理などを行う。

⑨✕　事実認定と量刑の両方を合議で行う。

⑩〇

⑪✕　18 歳以上の有権者である国民の中からくじで選ばれる。

⑫〇

共通テスト・センター試験過去問　次の各設問に答えよ。

〈国会〉

1【国会の権限】　国会には，立法権以外にもさまざまな権限が与えられている。そのような権限についての記述として正しいものを，次の①～⑤のうちから一つ選べ。　　　　（90 現追）

① 内閣総理大臣を任命する。

② 条約を締結する。

③ 内閣による最高裁判所裁判官の任命を承認する。

④ 各議院の総議員の 3 分の 2 以上の賛成で，憲法を改正する。

⑤ 罷免の訴追を受けた裁判官を弾劾するための弾劾裁判所を設ける。

2【国会の種類】　国会の種類や議院の会議の名称 A～C とその説明ア～ウとの組合せとして正しいものを，下の①～⑥のうちから一つ選べ。　　　　（18 本）

A　特別会　　　　B　緊急集会　　　C　臨時会

ア　衆議院解散後の総選挙の日から 30 日以内に召集される。

イ　内閣の決定により，またはいずれかの議院の総議員の 4 分の 1 以上の要求に基づいて召集される。

ウ　衆議院の解散中に内閣の要求により開かれる。

① A－ア　B－イ　C－ウ　　　② A－ア　B－ウ　C－イ

③ A－イ　B－ア　C－ウ　　　④ A－イ　B－ウ　C－ア

⑤ A－ウ　B－ア　C－イ　　　⑥ A－ウ　B－イ　C－ア

3【国会審議】　国会の審議を活性化するために，日本において現在採用されている方策についての記述として正しいものを，次の①～④のうちから一つ選べ。　　　　（02 本）

① 首相と野党各党の党首とが一対一で討論する党首討論制度（クエスチョン・タイム）が，国会に設けられている。

② 首相は，国会の本会議のみならず，すべての常任委員会の審議に出席することが義務付けられている。

③ 野党が国民に政策の選択肢を提示できるように，「影の内閣」を組織することが国会法で義務付けられている。

④ 国会の審議において専門的な知識が活用されるように，行政官庁の官僚が大臣に代わって答弁する政府委員制度が設けられている。

4【法律の制定・公布】　法律の制定・公布に至る過程についての記述として正しいものを，次の①～④のうちから一つ選べ。　　　　（10 本）

① 法律案は，先に衆議院に提出され，審議を受けなければならない。

② 法律は，内閣の助言と承認の下で，天皇により公布される。

③ 法律案について衆議院と参議院が異なる議決をした場合，両院協議会での成案が得られると，それが直ちに法律となる。

④ 一の地方公共団体に適用される特別法を制定する場合，その法律は，地方公共団体の議会の同意を受けなければならない。

5【立法過程】　日本の立法過程に関する記述として誤っているものを，次の①～④のうちから一つ選べ。　　　　（22 本）

① 国会議員が予算を伴わない法律案を発議するには，衆議院では議員 20 人以上，参議院では議員 10 人以上の賛成を要する。

② 法律案が提出されると，原則として，関係する委員会に付託され委員会の審議を経てから本会議で審議されることになる。

③ 参議院が衆議院の可決した法律案を受け取った後，60 日以内に議決をしないときは，衆議院の議決が国会の議決となる。

④ 国会で可決された法律には，すべて主任の国務大臣が署名し，内閣総理大臣が連署することを必要とする。

6【衆議院の解散】　衆議院の解散についての記述として誤っているものを，次の①～④のうちから一つ選べ。　　　　（08 本）

① 内閣は，天皇の国事行為に対する助言と承認を通して衆議院を解散することができる，という憲法運用が定着している。

② 内閣は，衆議院が内閣不信任決議を行わなくても衆議院を解散することができる，という憲法運用が定着している。

③ 衆議院の解散総選挙後，一定期間内に，特別会が召集されなければならない。

④ 衆議院の解散後，国会の議決が必要になった場合，新しい衆議院議員が選挙されるのを待たなければならない。

7【国会の意思決定①】　日本の政治制度について日本国憲法が定めている意思決定の方法に関する記述として正しいものを，次の①～④のうちから一つ選べ。　　　　（16 本）

① 国会議員を除名するには，その議員が所属する議院において出席議員の 3 分の 2 以上の賛成が必要とされる。

② 憲法改正の承認には，国民投票において投票総数の 3 分の 2 以上の賛成が必要とされる。

③ 内閣不信任決議案を可決するには，衆議院において出席議員の 3 分の 2 以上の賛成が必要とされる。

④ 条約の承認には，両議院において出席議員の 3 分の 2 以上の賛成が必要とされる。

8【国会議員の地位】　国会議員に認められている日本国憲法上の地位についての記述として誤っているものを，次の①～④のうちから一つ選べ。　　　　（09 本）

① 法律の定める場合を除いて，国会の会期中逮捕されない。

② 議院内で行った演説について，議院外で責任を問われない。

③ 法律の定めるところにより，国庫から相当額の歳費を受ける。

④ 議員を除名するには，弾劾裁判所の裁判が必要となる。

9【衆議院の優越①】　憲法上，「衆議院の優越」が認められているものを，次の①～④のうちから一つ選べ。　　　　（93 本）

① 憲法改正を発議すること　　　② 国政調査権を行使すること

③ 法律案を議決すること　　　④ 議院規則を定めること

10【衆議院の優越②】　衆議院の権限またはその優越についての記述として正しいものを，次の①～④のうちから一つ選べ。　　　　（11 本）

① 衆参両院の議決が異なる法律案は，両院協議会でも成案が得られない場合，衆議院の議決が国会の議決となる。

② 参議院で否決された予算案は，衆議院の出席議員の 3 分の 2 以上の賛成で再可決された場合，成立する。

③ 内閣不信任の決議権は，衆議院のみに付与されている。

④ 衆議院は，条約の先議権を付与されている。

11【国会審議と権限】　国会についての記述として正しいものを，次の①～④のうちから一つ選べ。　　　　（17 本）

① 国会において憲法の規定に基づき内閣不信任決議案が可決された場合，内閣は総辞職か衆議院の解散かを選択することにな

る。

② 国会に設置されている委員会は，法律案の審議のために公聴会の開催が義務づけられている。

③ 国会は弾劾裁判所を設置する権限を有しており，弾劾裁判によって国務大臣を罷免することができる。

④ 国会の憲法審査会は，法律や命令が憲法に違反するかしないかを決定するために設置されている。

12 【国会の権限】 国会が有する権限に関する記述として最も適当なものを，次の①〜④のうちから一つ選べ。　　　(12 本)

① 国会による事前の承認を得ずに内閣が条約を締結することは，憲法上認められていない。

② 国会が国の唯一の立法機関であるので，憲法は内閣が政令を定めることを認めていない。

③ 憲法の改正には厳格な手続が定められており，国会による発議は各議院の総議員の３分の２以上の賛成を必要とする。

④ 立法府による司法府に対する統制の手段として，国会は最高裁判所長官の任命権を有する。

13 【国会の監視機能】 日本の国会または議院が有する国政の監視機能についての記述として正しいものを，次の①〜④のうちから一つ選べ。　　　(11 本)

① 国政上の問題を調査するために，証人の出頭や記録の提出を求めることができる。

② 弾劾裁判所を設置して，国務大臣を罷免することができる。

③ 国の決算を審査した上で，会計検査院に報告する。

④ 最高裁判所の裁判官の指名に際し，内閣から候補者についての報告を受けて審査する。

14 【予算】 日本の国会の活動に関心をもった生徒 Y は，2020年における予算審議を中心に国会の活動を調べ，その一部を次の表にまとめた。表中の空欄 ア ・ イ に当てはまる語句の組合せとして正しいものを，後の①〜⑥のうちから一つ選べ。

(22 本)

1 月 20 日	・常会(通常国会)の召集，開会式 ・ ア から予算の提出
1 月〜3 月	・予算審議
3 月 27 日	・予算の成立
4 月 27 日	・ ア から イ の提出
4 月 30 日	・ イ の成立
6 月 8 日	・ ア から第 2 次 イ の提出
6 月 12 日	・第 2 次 イ の成立
6 月 17 日	・常会の会期終了

① ア　各省庁　イ　暫定予算
② ア　各省庁　イ　補正予算
③ ア　財務省　イ　暫定予算
④ ア　財務省　イ　補正予算
⑤ ア　内閣　イ　暫定予算
⑥ ア　内閣　イ　補正予算

15 【国会についての日本国憲法の規定】 日本国憲法が定める国会についての記述として正しいものを，次の①〜④のうちから一つ選べ。　　　(19 本)

① 在任中の国務大臣を訴追するには，国会の同意が必要となる。

② 大赦や特赦などの恩赦を決定することは，国会の権限である。

③ 衆議院で可決した予算を参議院が否決した場合に，両院協議会を開いても意見が一致しないとき，衆議院の議決が国会の議決となる。

④ 最高裁判所の指名した者の名簿によって，下級裁判所の裁判官を任命することは，国会の権限である。

16 【衆議院と参議院】 生徒 X，生徒 Y，生徒 Z は，模擬授業後の休憩時間に議論している。次の会話文中の空欄 ア 〜 ウ に当てはまる語句の組合せとして最も適当なものを，後の①〜⑧のうちから一つ選べ。　　　(23 本)

X：模擬授業でも説明があった両議院の違いを比較すると， ア の方が議員の任期が短く解散もあり，直近の民意を反映しやすい議院だということができそうだね。

Y：そうした性格の違いが，両議院の権限の違いに影響しているともいえそうだね。両議院の議決が異なった場合に一定の条件を満たせば， イ を国会の議決とすることが憲法上認められているよ。

Z：でも，憲法はなんでもかんでも イ を優先させているというわけではないよ。たとえば， ウ については両議院の権限は対等だよね。

X：法律案の議決についても， イ を国会の議決とするには，他の場合に比べ厳しい条件が設けられているね。法律案の議決に関する限り，もう一方の議院は， ア の決定に対して，慎重な審議を求めるにとどまらず，抑制を加える議院として機能しうるといえそうだね。

① ア－衆議院　イ－衆議院の議決　ウ－条約締結の承認
② ア－衆議院　イ－衆議院の議決　ウ－憲法改正の提案
③ ア－衆議院　イ－参議院の議決　ウ－条約締結の承認
④ ア－衆議院　イ－参議院の議決　ウ－憲法改正の提案
⑤ ア－参議院　イ－衆議院の議決　ウ－条約締結の承認
⑥ ア－参議院　イ－衆議院の議決　ウ－憲法改正の提案
⑦ ア－参議院　イ－参議院の議決　ウ－条約締結の承認
⑧ ア－参議院　イ－参議院の議決　ウ－憲法改正の提案

17 【国会の意思決定②】 日本国憲法が定めている国会の議決の方法のうち，過半数の賛成で足りる場合として正しいものを，次の①〜④のうちから一つ選べ。　　　(18 政試)

① 国会が憲法改正を発議するため，各議院で議決を行う場合

② 条約の締結に必要な国会の承認について，参議院で衆議院と異なった議決をしたときに，衆議院の議決をもって国会の議決とする場合

③ 各議院で，議員の資格に関する争訟を裁判して，議員の議席を失わせる場合

④ 衆議院で可決し，参議院でこれと異なった議決をした法律案について，再度，衆議院の議決だけで法律を成立させる場合

APPROACH 🔍　正解率 30.9%

知識・技能　日本国憲法が定める国会における議決の方法のうち，過半数の賛成で足りる場合を正しくとらえる。

〈内閣〉

18 【議院内閣制】 議院内閣制を形づくるルールとは言えないものを，次の①～④のうちから一つ選べ。　　　　（93 本）

① 内閣は，行政権の行使について，国会に対し連帯して責任を負う。

② 総理大臣およびその他の大臣は，文民でなければならない。

③ 総理大臣およびその他の大臣は，議院に出席することができ，また議院の要求があるときは出席しなければならない。

④ 内閣は，衆議院で不信任決議案が可決されたときは，総辞職をするか衆議院を解散するかを決定しなくてはならない。

19 【内閣の権限①】 日本国憲法の規定で明記された内閣の権限とは言えないものを，次の①～④のうちから一つ選べ。
　　　　（08 本）

① 政令を制定すること

② 下級裁判所の裁判官を任命すること

③ 国政に関する調査を実施すること

④ 外交関係を処理すること

20 【内閣の権限②】 日本国憲法の定める内閣や内閣総理大臣の権限についての記述として最も適当なものを，次の①～④のうちから一つ選べ。　　　　（18 追）

① 内閣は，両議院が可決した法案について国会に再議を求める権限をもつ。

② 内閣総理大臣は，最高裁判所の長官を任命する権限をもつ。

③ 内閣は，憲法改正が承認されたとき，これを公布する権限をもつ。

④ 内閣総理大臣は，内閣を代表して，行政各部を指揮監督する権限をもつ。

21 【内閣制度】 現行の日本の内閣制度についての記述として誤っているものを，次の①～④のうちから一つ選べ。　　　　（10 追）

① 国務大臣の過半数は，国会議員でなければならない。

② 内閣機能強化のため，内閣官房に代えて内閣府が設置されている。

③ 特別会の召集があったときは，内閣は総辞職しなければならない。

④ 内閣総理大臣が主宰する閣議により，内閣はその職権を行う。

22 【外交にかかわる規定】 外交にかかわる日本国憲法の規定についての記述として正しいものを，次の①～④のうちから一つ選べ。　　　　（19 本）

① 内閣は，条約を締結する権限をもつ。

② 内閣総理大臣は，外国の大使を接受する権限をもつ。

③ 国会は，外交関係を処理する権限をもつ。

④ 最高裁判所は，条約の締結を承認する権限をもつ。

23 【中央省庁の再編】 日本では，縦割り行政の見直しや政治主導による政策運営の観点から，中央省庁等改革基本法に基づき，2001 年に中央省庁の再編が行われた。この改革についての記述として最も適当なものを，次の①～④のうちから一つ選べ。　　　　（06 本）

① 政策および企画をつかさどるために，副大臣と政務次官のポストが導入され，政務官ポストが廃止された。

② 内閣の機能を強化するために，公正取引委員会や中央労働委員会など，行政委員会の内閣からの独立性が弱められた。

③ 民間経済の動向を的確に把握し，省庁横断的な予算を迅速に編成する機関として，財務省に経済財政諮問会議が設置された。

④ 重要政策について内閣を補佐し，行政各部の統一を図るための企画立案や総合調整を担う行政機関として，内閣府が設置された。

24 【内閣総理大臣と国務大臣】 内閣総理大臣およびその他の国務大臣について，現在の制度に関する記述として最も適当なものを，次の①～④のうちから一つ選べ。
　　　　（12 本）

① 内閣総理大臣を国民の直接選挙により選出するとすれば，憲法改正が必要である。

② 内閣総理大臣は文民であるため，自衛隊に対する最高指揮監督権をもたない。

③ 国務大臣は，自分が議席をもたない議院には発言のために出席することができない。

④ 国会議員である国務大臣が選挙によって議員としての地位を失ったときは，その時点で国務大臣の職を失う。

25 【国家公務員】 日本の現在の国家公務員に関する記述として正しいものを，次の①～④のうちから一つ選べ。　　　　（20 追）

① 人事院が廃止され，国家公務員の人事を一元的に管理する内閣人事局が設置されている。

② 各省庁の国家公務員が，国会審議において大臣に代わって答弁できる，政府委員制度が導入されている。

③ 各省庁は，国家公務員に対して，利害関係のある営利企業に退職後の再就職を斡旋（あっせん）することができる。

④ 公務に対する国民の信頼を確保することを目的に，公務員の職務倫理の保持を図る国家公務員倫理法が制定されている。

26 【内閣の運営】 生徒Zは，日本の内閣の運営のあり方に興味をもち，その特徴を文章にまとめてみた。次の文章中の空欄　ア　～　ウ　に当てはまる語句の組合せとして最も適当なものを，下の①～⑧のうちから一つ選べ。　　　　（21 本）

　内閣の運営に関する特徴の一つは合議制の原則である。これは，内閣の意思決定は，内閣総理大臣（首相）と国務大臣の合議，すなわち閣議によらなければならないとするものである。閣議における決定は，　ア　によることが慣行となっている。

　また，首相指導の原則がある。これは，国務大臣の任免権をもつ首相が，　イ　として政治的リーダーシップを発揮するというものである。

　このほか，分担管理の原則がある。これは，各省の所掌（しょしょう）事務はその主任の国務大臣が分担して管理するというものである。なお，日本国憲法の規定によると，法律と政令には，すべて主任の国務大臣が署名し，　ウ　が連署することになっている。

	ア	イ	ウ
①	多数決	同輩中の首席	内閣総理大臣
②	多数決	同輩中の首席	内閣官房長官
③	多数決	内閣の首長	内閣総理大臣
④	多数決	内閣の首長	内閣官房長官
⑤	全会一致	同輩中の首席	内閣総理大臣
⑥	全会一致	同輩中の首席	内閣官房長官
⑦	全会一致	内閣の首長	内閣総理大臣
⑧	全会一致	内閣の首長	内閣官房長官

〈裁判所〉

27 【特別裁判所】 近現代の日本について特別裁判所に当たる裁判所として正しいものを，次の①～④のうちから一つ選べ。
(19 本)

① 家庭裁判所 ② 皇室裁判所
③ 知的財産高等裁判所 ④ 地方裁判所

28 【日本の裁判制度】 日本における裁判の制度や歴史についての記述として最も適当なものを，次の①～④のうちから一つ選べ。
(09 本)

① 日本国憲法では，刑事被告人に弁護人依頼権が認められている。
② 陪審制はこれまで実施されたことはない。
③ 死刑判決を受けた人が再審で無罪とされた例はない。
④ 日本国憲法では，国を被告とする裁判が禁止されている。

29 【日本の司法制度】 日本の司法制度の原則A～Cと，それを必要とする主な理由ア～ウとの組合せとして正しいものを，下の①～⑥のうちから一つ選べ。
(07 本)

A 裁判の公開 B 裁判官の身分保障 C 三審制
ア 司法権の独立 イ 慎重な審理 ウ 公正な裁判

① A－ア B－イ C－ウ ② A－ア B－ウ C－イ
③ A－イ B－ア C－ウ ④ A－イ B－ウ C－ア
⑤ A－ウ B－ア C－イ ⑥ A－ウ B－イ C－ア

30 【裁判官や裁判制度】 日本の裁判官や裁判制度についての記述として正しいものを，次の①～④のうちから一つ選べ。
(17 本)

① 最高裁判所の長たる裁判官は，国会の指名に基づいて内閣によって任命される。
② 最高裁判所の裁判官はその身分が保障されていることから，解職されることがない。
③ 国民の批判と監視の下におくため，刑事裁判は常に公開しなければならない。
④ 特定の刑事事件において，犯罪被害者やその遺族が刑事裁判に参加して意見を述べることが認められている。

31 【裁判官】 裁判官についての記述として正しいものを，次の①～④のうちから一つ選べ。
(10 追)

① 最高裁判所の長官は，国会の指名に基づき天皇が任命する。
② 長官以外の最高裁判所の裁判官は，長官が任命する。
③ 裁判官は，最高裁判所に設置される弾劾裁判所において，罷免されることがある。
④ 最高裁判所の裁判官は，衆議院議員総選挙の際の国民審査において，罷免されることがある。

32 【陪審制と参審制】 陪審制と参審制についての記述として誤っているものを，次の①～④のうちから一つ選べ。 (04 本)

① 参審制では，参審員の候補者は地方公務員の中から選出される。
② 参審制では，参審員が職業裁判官とともに裁判の審理に参加する。
③ 陪審制では，陪審員は裁判官から独立して評決する。
④ 陪審制では，陪審員の候補者は市民の中から無作為に抽出される。

33 【裁判員制度】 裁判に関心をもつ生徒Xは，元裁判官の教授による「市民と裁判」という講義にも参加した。講義後，Xは，

図書館で関連する書籍などを参照して，日本の裁判員制度とその課題についてまとめた。次の文章中の空欄 ア ～ ウ に当てはまる語句の組合せとして最も適当なものを，下の①～⑧のうちから一つ選べ。
(21 本)

裁判員制度は，一般市民が ア の第一審に参加する制度である。制度の趣旨として，裁判に国民の声を反映させることや，裁判に対する国民の理解と信頼を深めることなどがあげられる。裁判員は，有権者の中から イ に選任され，裁判官とともに評議し，量刑も含めた判断を行う。

裁判員制度が始まって10年以上経過した現在，裁判への参加をよい経験だったとする裁判員経験者の声や，市民の感覚が司法に反映されたとの意見など，肯定的な評価がある。だが，裁判員に ウ 課せられる守秘義務や辞退率の高さなど，いくつかの課題も指摘されている。

① ア．重大な刑事事件 イ．事件ごと
 ウ．任務中のみ
② ア．重大な刑事事件 イ．事件ごと
 ウ．任務終了後も
③ ア．重大な刑事事件 イ．年度ごと
 ウ．任務中のみ
④ ア．重大な刑事事件 イ．年度ごと
 ウ．任務終了後も
⑤ ア．刑事事件および民事事件 イ．事件ごと
 ウ．任務中のみ
⑥ ア．刑事事件および民事事件 イ．事件ごと
 ウ．任務終了後も
⑦ ア．刑事事件および民事事件 イ．年度ごと
 ウ．任務中のみ
⑧ ア．刑事事件および民事事件 イ．年度ごと
 ウ．任務終了後も

34 【違憲立法審査権①】 違憲審査制に関連して，最高裁判所が違憲判決を出した事例は少ない。経済的自由権の侵害を理由とする最高裁判所の違憲判決の例として正しいものを，次の①～④のうちから一つ選べ。
(02 本)

① 森林法共有林分割制限事件判決 ② 津地鎮祭事件判決
③ 三菱樹脂事件判決 ④ 愛媛玉串料事件判決

35 【違憲立法審査権②】 違憲審査権についての日本国憲法の規定や最高裁判所の判断と合致するものを，次の①～④のうちから一つ選べ。
(03 追)

① 憲法は，国会議員が条約を違憲と考えて，その合憲性を裁判で争うときは，最高裁判所に直接提訴することができると明文で定めている。
② 憲法は，条例によって権利を制限された住民が条例の合憲性を争う訴えを，国の裁判所が審査することはできないと明文で定めている。
③ 最高裁判所は，衆議院の解散によって地位を失った衆議院議員が解散の合憲性を争う訴えを，裁判所が審査することはできないと判断した。
④ 最高裁判所は，国会議員が法律を違憲と考えて，その合憲性を裁判で争うときは，最高裁判所に直接提訴することができると判断した。

36 【違憲立法審査権③】 最高裁判所により違憲とされた法制度についての記述として誤っているものを，次の①〜④のうちから一つ選べ。 (18 本)

① 衆議院議員一人当たりの有権者数の格差が最大で約５倍となる議員定数の配分を定める。

② 参議院議員の被選挙権年齢を衆議院議員の被選挙権年齢より高く定める。

③ 婚外子の相続分を，嫡出子の相続分の２分の１とする。

④ 外国籍の母から出生した婚外子に，出生後に日本国民である父から認知されても父母の婚姻がなければ日本国籍を認めないこととする。

37 【国民審査】 国民審査についての記述として適当でないものを，次の①〜④のうちから一つ選べ。 (01 本)

① 最高裁判所裁判官に対する最初の国民審査は，その任命後初めて行われる衆議院議員総選挙の際に実施される。

② ×の記号を記入しない投票は，投票者が罷免の意思をもたないものとみなされている。

③ ×の記号を記入した投票数が有権者の過半数である場合に，裁判官の罷免が成立する。

④ 国民審査は，憲法で保障されている国民による公務員の選定罷免権を具体化するものである。

38 【刑事裁判①】 日本の刑事裁判に関する記述として適当でないものを，次の①〜④のうちから一つ選べ。 (05 本)

① 大津事件は，明治政府の圧力に抗して，裁判所がロシア皇太子暗殺未遂犯を通常の殺人未遂罪で裁いた事件である。

② ロッキード事件は，航空機の選定をめぐり，元内閣総理大臣が刑法の収賄に関する罪などに問われた事件である。

③ 財田川事件は，強盗殺人罪で死刑判決を受けた人が度重なる再審請求をした結果，無罪が確定した事件である。

④ 恵庭事件は，被告人が刑法の器物損壊罪で起訴され，最高裁判所が統治行為論を展開した事件である。

39 【司法制度改革】 日本の司法制度についての記述として正しいものを，次の①〜④のうちから一つ選べ。 (17 追)

① 日本司法支援センター（法テラス）は，法による紛争解決に必要な情報やサービスの提供を行うために設置された。

② 裁判員制度は，裁判員だけで有罪か無罪かを決定した後に裁判官が量刑を決定するものである。

③ 法科大学院（ロースクール）は，法曹人口の削減という要請にこたえるために設置された。

④ 検察審査会制度は，検察官が起訴したことの当否を検察審査員が審査するものである。

40 【権力を監視，統制する仕組み】 日本において，裁判や刑事手続にかかわる権力を監視，統制する仕組みについての記述として誤っているものを，次の①〜④のうちから一つ選べ。

(20 本)

① 検察官が不起訴の決定をした事件について，検察審査会が起訴相当の議決を二度行った場合は強制的に起訴される仕組みが導入された。

② 国民審査により最高裁判所の裁判官が罷免された例は，これまでにない。

③ 取調べの録音や録画を義務づける仕組みが，裁判員裁判対象事件などに導入された。

④ 死刑判決を受けた人が再審により無罪とされた例は，これまでにない。

41 【少年法】 模擬授業では，選挙権年齢や民法の成年年齢の引下げをうけ，2021 年には少年法も改正されたという説明がされた。この少年法改正に関心をもった生徒Ｘは，法務省の Web ページで改正の内容について調べ，次のメモを作成した。メモ中の空欄 ［ ア ］〜［ ウ ］ に当てはまる語句の組合せとして最も適当なものを，後の①〜⑧のうちから一つ選べ。 (23 本)

---

1. 2021 年改正前の少年法の概要
   ・少年（20 歳未満の者）の事件は，全件が ［ ア ］ に送られ，［ ア ］ が処分を決定する。
   ・16 歳以上の少年のときに犯した故意の犯罪行為により被害者を死亡させた罪の事件については，原則として ［ イ ］ への逆送決定がされる。逆送決定がされた事件は，［ イ ］ によって起訴される。
   ・少年のときに犯した罪については，犯人が誰であるかがわかるような記事・写真等の報道（推知報道）が禁止される。

2. 2021 年少年法改正のポイント
   ・［ ウ ］ 以上の少年を「特定少年」とし，引き続き少年法を適用する。
   ・原則として逆送しなければならない事件に，特定少年のときに犯した死刑，無期または短期１年以上の懲役・禁錮に当たる罪の事件を追加する。
   ・特定少年のときに犯した事件について起訴された場合には，推知報道の禁止が解除される。

	ア	イ	ウ
①	地方裁判所	検察官	14 歳
②	地方裁判所	検察官	18 歳
③	地方裁判所	弁護士	14 歳
④	地方裁判所	弁護士	18 歳
⑤	家庭裁判所	検察官	14 歳
⑥	家庭裁判所	検察官	18 歳
⑦	家庭裁判所	弁護士	14 歳
⑧	家庭裁判所	弁護士	18 歳

42 【司法権の独立】 日本の司法制度に関する記述のうち，司法権の独立を保障する制度に当てはまる記述として最も適当なものを，次の①〜④のうちから一つ選べ。 (16 追)

① 有罪判決の確定後に裁判における事実認定に重大な誤りが判明した場合，裁判をやり直すための再審制度が設けられている。

② 行政機関による裁判官の懲戒は禁止されている。

③ 裁判は原則として公開の法廷で行われる。

④ 実行の時に適法であった行為について，事後に制定された法により刑事上の責任を問うことは禁止されている。

43 【刑事裁判②】 日本の刑事裁判に関連する記述として正しいものを，次の①〜④のうちから一つ選べ。 (19 追)

① 警察にある留置場を拘置所に代用する代用刑事施設（代用監獄制度）は，廃止されている。

② 重大な刑事事件の第一審および控訴審においては，裁判員制度が導入されている。

③ 刑罰の適用年齢は 14 歳に引き下げられているが，14 歳未満の少年の少年院送致は認められていない。

④ 抑留または拘禁を受けた後に無罪判決が確定した者には，国に補償を求める刑事補償請求権が認められている。

⑨ 行政の民主化と世論

共通テスト／センター試験出題頻度	年度	2023	2022	2021	2020	2019	2018	2017	2016	2015	2014	2013	2012
	出題	●		●			●		●	●	●	●	●

■STEP❶【基礎問題演習】■

次の各文中の空欄に適語を入れよ。

1 【行政機能の拡大】

① 行政機関の業務実施状況について，資料の提出を求めたり，立ち入り調査をしたりして，行政部自らが行うしくみを（①）という。

② 行政機能が拡大し，内閣提出法案の数が議員立法よりも多くなるとともに，細部を行政府の命令などにゆだねる（②）が増加している。

③ 専門的技術や知識をもつ専門官僚が，国の意思や政策決定に関して主導権を握り，立法府や行政府に影響を与えることを（③）という。

④ 高級公務員やその他の公務にあった者がその地位を利用して，退職した後に勤務先と関係の深い独立行政法人や私企業などに再就職することを（④）という。

⑤ （⑤）は「護民官」の意味で，スウェーデンで始まり，欧米で普及している。

⑥ 国や地方自治体が，政策などの意思決定を行う過程で素案を市民に公表し，意見や情報を求めるしくみを（⑥）という。

⑦ （⑦）とは，特別の法律によって設立される公共の利益確保をめざした法人であるが，現在統廃合が行われ，民営化や独立行政法人などに移行している。

⑧ 行政における官僚制の形式化にともなう，官僚独自の行動様式と精神的態度を（⑧）という。特徴として，画一主義・秘密主義・法規万能主義などがあげられる。

⑨ 行政処分・行政指導などの根拠や手続きを明確化し，透明な行政運営をはかることを目的とする法律は（⑨）である。

⑩ 行政機関からある程度独立して，行政運営の公正性・中立性を保ち，行政の民主化を実現する組織は（⑩）である。

⑪ 行政改革の流れとして，1980 年代の三公社の民営化，2001 年の中央省庁の（⑪）への再編，独立行政法人の設置，2005 年の道路公団民営化，2007 年の（⑫）がある。

2 【大衆民主主義と世論】

① 政治参加に身分や財産の制限がなく，大衆の動向に左右される民主主義を（①）という。

② その集団の利益のために活動を展開し，政府・議会・行政官庁等に働きかけ，影響力を及ぼそうとする団体や集団を（②）という。ただし，政党とは異なり，（③）を目的としない。

③ 国民が政治に対して興味をもたず，また反発的な姿勢を示すことを一般的に（④）という。ポリティカル・アパシーとも呼ばれる。

④ 社会内で一般的に合意されている意見を（⑤）という。為政者が，マスメディアを使って自らに都合よく，その国民の意見を操作することを（⑥）という。

⑤ 世論形成に大きく影響することから，マスメディアを（⑦）と呼ぶ。

⑥ マスメディアの選挙予測報道が投票結果に影響するのは（⑧）の現れである。

⑦ 第一次世界大戦後，ヨーロッパにあらわれた，国民の権利・自由より国家の利益を最優先させた政治思想を（⑨）という。正式名を「国家社会主義ドイツ労働者党」と称したドイツの政党（⑩）が有名である。

⑧ 医療・福祉・まちづくり・スポーツなどの分野で，（⑪）（民間非営利組織）の活動を促すため，（⑪）法（特定非営利活動促進法）が制定されている。

正　解
①行政監察
②委任立法
③専門官僚支配（テクノクラシー）
④天下り
⑤オンブズマン
⑥パブリック - コメント
⑦特殊法人
⑧官僚主義
⑨行政手続法
⑩行政委員会
⑪1 府 12 省庁
⑫郵政民営化
①大衆民主主義（マス−デモクラシー）
②圧力団体（利益集団）
③政権獲得
④政治的無関心
⑤世論（輿論）（せろん　よろん）
⑥世論操作
⑦第 4 の権力
⑧アナウンスメント効果
⑨ファシズム
⑩ナチス
⑪NPO

次の各文の正誤を判別し，誤りについては正しく訂正しなさい。

❶【行政機能の拡大】

① 国家で制定される法律のうち，議員提出法案より内閣提出法案の占める割合が圧倒的に多くなった。

② 国会で制定される法律は大枠を示すにとどまり，具体的な基準は政令や省令に委任されることが多くなった。

③ 内閣が提出する法案は，内閣法制局による検討を経て提出される。

④ 許認可や補助金の制度を背景に，官庁が広範に行政指導を行っている。

⑤ 行政指導に法律の明文規定はないが，許認可などを背景に行われるため，事実上，強い強制力をもっている。

⑥ 日本の官庁は，国政調査権を行使して，膨大な情報を収集している。

⑦ 官庁の許認可権限は，利権をめぐる官界と業界の癒着を防止するために，拡大強化されてきた。

⑧ 高級官僚が職を辞し，地方公共団体の長になることを「天下り」という。

⑨ 日本の官僚制の問題として縦割り行政があり，複数の省庁の間で情報の共有が不十分であった例が指摘されている。 (04 追)

❷【行政の民主化】

① 審議会はアメリカ合衆国の制度をモデルにして，戦後わが国に導入されたものである。

② 情報公開制度は，行政機関が保有する公文書等の開示請求権を，広く市民に対して認める制度であり，行政民主化につながる。

③ イギリスで，1976年に行政会議公開法（サンシャイン法）が制定された。

④ 現在の情報公開法の下で公開を求めることができるのは，所得税を納めている日本国籍を保有する者に限られる。

⑤ 行政の効率化と財政コスト削減を目的に，中央省庁等改革基本法により，1府22省庁が1府12省庁に改められた。

⑥ 行政を民主化する上で，衆議院のみがもつ国政調査権の活用は有効である。

⑦ 日本では，国や地方公共団体で政治的中立性や専門的知識を必要とする独立の合議体としてオンブズマン制度がとられている。

⑧ 国家公務員が退職した後，営利企業へいわゆる「天下り」をする場合には，国会による承認が必要である。 (09 現追)

⑨ 中央省庁再編に併せて，大臣機能を強化するため，各省庁の政策に精通している官僚が大臣に代わって国会で答弁する政府委員制度が強化された。 (09 現追)

⑩ 官庁の許認可や行政指導などの不透明性を是正する目的で，行政手続き法が制定された。 (11 追)

❸【マスメディアと世論】

① マスメディアが国民への情報提供のために一般市民のプライバシーを侵害することがあっても，国民の知る権利を保障するものとして許されている。 (現社・改)

② マスメディアは多くの読者や視聴者に情報を伝達することを前提としており，その伝達内容は単純化され画一化されたものになることがある。

③ マス＝コミュニケーションは，選挙の直前に選挙の予想を発表し，国民に投票のための参考資料を提供しているが，その反面，そのことによって国民の投票の動向に影響を与える場合もある。

④ マスメディアは多くの場合私企業によって経営されているために，コマーシャリズムにおちいる危険があり，大衆は消費意欲をかきたてられやすい。 (現社・改)

⑤ メディア・リテラシーとは，高度情報社会に対応した，情報選別・判断能力のことである。 (07 本)

❶ 正解とヒント

① ○

② ○　委任立法という。

③ ○

④ ○

⑤ ×　行政手続法に一般原則などを規定。

⑥ ×　国政調査権は国会（両院）のもつ行政をチェックする機能。

⑦ ×　逆効果。癒着防止には，許認可権限の縮小が必要。

⑧ ×　天下りは，勤務した官公庁と関係の深い民間企業や法人に再就職すること。

⑨ ○

❷ 正解とヒント

① ×　行政委員会についての説明。審議会は諮問的な合議制の機関で，戦前にも存在した。

② ○

③ ×　アメリカでのこと。

④ ×　非課税者や外国人も公開請求できる。

⑤ ○

⑥ ×　行政民主化の手段として国政調査権は，両議院がもつ。

⑦ ×　オンブズマン制度は，国レベルには導入されていない。

⑧ ×　人事院等の承認。

⑨ ×　政府委員制度は廃止された。

⑩ ○　1994年施行。

❸ 正解とヒント

① ×　一般市民のプライバシーを侵害するマスメディアの情報提供は許されない。

② ○

③ ○　アナウンスメント効果という。とくに選挙結果の予測報道が与える影響が指摘されているが，現時点での規制はない。

④ ○

⑤ ○

共通テスト・センター試験過去問　次の各設問に答えよ。

1【行政国家】　行政国家についての記述として最も適当なものを，次の①～④のうちから一つ選べ。　　　　　　(05本)
① 行政国家が出現した背景には，経済問題の解決のために，行政が市場に介入することに対する不信感があった。
② 行政国家の特徴として，委任立法の増大や行政裁量の拡大により，政策決定の中心が立法から行政に移ることが指摘されている。
③ 行政国家では，国家機能は，社会秩序の維持や外敵からの防衛に限定されていた。
④ 行政国家では，官僚制が衰退し，公務員の数が大幅に減少する「小さな政府」現象がみられる。

2【行政国家化】　行政国家化の一般的な特徴として最も適当なものを，次の①～④のうちから一つ選べ　　　　　　(08本)
① 委任立法が増大する。
② 行政裁量が縮小する。
③ 議員定数の配分が不均衡となる。
④ 公務員の任免が政党により行われるようになる。

3【官僚機構】　官僚支配の弊害の防止が，現代民主政治の大きな課題となっている。官僚制への統制を強化する主張とは言えないものを，次の①～④のうちから一つ選べ。　　　(06本)
① 内閣総理大臣が閣僚や省庁に対して強力なリーダーシップを発揮できるようにするため，首相公選制を導入すべきである。
② 国会は，行政を監督する責任を果たすため，国政調査権などの権限を用いて行政各部の活動をチェックすべきである。
③ 各議院は，テクノクラートのもつ専門知識を有効に活用するため，法律案の作成や審議への政府委員の参加機会を拡大すべきである。
④ 国民が直接行政を監視し，政策過程に参加するため，情報公開制度を活用したり，オンブズマン制度を設けたりすべきである。

4【官僚制】　日本の官僚制のもつ問題についての記述として適当でないものを，次の①～④のうちから一つ選べ。　　(04追)
① 日本の官僚制の問題として縦割り行政があり，複数の省庁の間で情報の共有が不十分であった例が指摘されている。
② 日本の官僚制の問題として秘密主義があり，官僚の保有する情報が国民に隠されたことで問題が大きくなった例が指摘されている。
③ 形式主義とは，書類記入などの手続が自己目的化することを意味し，特殊法人や民間企業への天下りがその典型例である。
④ 法律万能主義とは，民主的統制の手段である法律を逆手にとる支配を意味し，機械的，高圧的に法律を適用する「お役所」的態度がその典型例である。

5【大衆操作】　徹底的な大衆操作を行った例として言及される，ドイツのナチス党についての記述として正しいものを，次の①～④のうちから一つ選べ。　　　　　　　　　(00本)
① ゲルマン民族の優越を説く極端な排外主義や人種理論を掲げて，全体主義の克服を主張した。
② 暴力的手段を使って反対勢力を威嚇する一方で，選挙によって第一党となり，政権の座に着いた。
③ 政権獲得後は，テレビなどのマスメディアを政府の管理下に

おき，組織的な政治宣伝を行った。
④ 第二次大戦末期に行われた選挙において，戦局の悪化の責任を問われて大敗し，政権の座を追われた。

6【公的企業などの民営化】　1990年代以降の日本における公的企業や特殊法人にかかわる改革についての記述として適当でないものを，次の①～④のうちから一つ選べ。　　　(06本)
① 高速道路の建設・管理を行ってきた日本道路公団など道路関係4公団は，累積債務や事業の非効率性などへの批判を受けて，民営化された。
② 戦後の住宅難解決にあたった日本住宅公団は，住宅事情の改善もあり，現在では新規の分譲住宅建設事業を行わない都市再生機構に改組された。
③ 中央省庁改革の一環として，郵便事業を担う組織は，郵政省から郵政事業庁を経て日本郵政公社となった。
④ 衛星放送やケーブルテレビなど放送メディアが多様化したため，日本放送協会の特別の地位は廃止され，他の民間放送事業者と同等となった。

7【構造改革】　構造改革に関連して，1980年代と2000年代の日本における改革についての記述として正しいものを，次の①～④のうちから一つ選べ。　　　　　　　(16本)
① 1980年代に，日本電信電話公社や日本専売公社のほかに日本道路公団が民営化された。
② 1980年代に，特定地域に国家戦略特区が設けられ，規制緩和による民間企業のビジネス環境の整備がめざされた。
③ 2000年代に，郵政三事業のうち郵便を除く郵便貯金と簡易保険の二事業が民営化された。
④ 2000年代に，各地に構造改革特区が設けられ，教育や医療などの分野での規制緩和と地域活性化がめざされた。

8【オンブズマン】　日本における法制度としてのオンブズマンについての記述として正しいものを，次の①～④のうちから一つ選べ。　　　　　　　　　　　　　　(05本)
① オンブズマンは，衆議院と参議院に置かれている。
② オンブズマンの例として，会計検査院の検査官が挙げられる。
③ 最高裁判所には，知的財産オンブズマンが置かれている。
④ 地方自治体の中には，オンブズマンを置く例がある。

9【マスメディアと世論①】　マスメディアや世論についての記述として適当でないものを，次の①～④のうちから一つ選べ。
　　　　　　　　　　　　　　　　　　　　　　　(03本)
① ファシズムの経験に示されているように，マスメディアが世論操作に利用される危険がある。
② 公正な報道を確保するために，日本国憲法の下で新聞，雑誌には各政党の主張を同じ量だけ紹介する法的義務が課されている。
③ 世論調査は十分な情報が提供されずに行われることがあるなど，政策決定に際して世論調査に頼ることには問題点もある。
④ 世論の形成のためには，多様な意見が広く知られる必要があり，日本国憲法の下で報道の自由など表現の自由が保障されている。

10 【マスメディアと世論②】 政治権力に対する監視にとっては，マスメディアや世論が重要である。マスメディアや世論についての記述として**適当でないもの**を，次の①〜④のうちから一つ選べ。 (09 本)

① 世論調査の結果は，同じ事柄について尋ねたものであっても，マスメディア各社で同じであるとは限らない。

② マスメディアは，国民に多くの情報を提供する能力を有しており，世論形成に重要な役割を果たしている。

③ 世論調査の結果は，選挙における有権者の投票行動に影響を与えることがある。

④ マスメディアは，これまで政治権力による報道の統制に従ったことはない。

11 【世論の反映】 国民の意見を国の政治に反映させる手段についての記述として**適当でないもの**を，次の①〜④のうちから一つ選べ。 (10 本)

① 圧力団体（利益集団）とは，特定の利害関心に基づく意見を国の政治に反映させることを目的とする団体である。

② 世論調査結果についてマスメディアが行う報道は，調査の対象となった問題に対する意見を国の政治に反映させる機能をもつ。

③ 族議員とは，特定の政策分野に限定することなく，その議員を支持する者の意見を国の政治に反映させることを目的とする議員である。

④ 大衆運動は，国政選挙における特定の勢力の支援を目的としない場合でも，運動に参加した者の意見を国の政治に反映させる機能をもつ。

12 【天下り】 天下りに対する批判の例とは**言えないもの**を，次の①〜④のうちから一つ選べ。 (99 本)

① 天下りは，官僚の退職時期を遅らせ，若手官僚の昇進を妨げている。

② 天下りは，特定企業と官庁との癒着を生じさせるおそれがある。

③ 天下りをした高級官僚が高い役職に就くために，受入れ企業の従業員の仕事への意欲が失われる可能性がある。

④ 天下りをした高級官僚が，特殊法人や民間企業を巨額の退職金を得ながら渡り歩いている。

13 【NPOとボランティア】 日本におけるNPOやボランティア活動についての記述として**誤っているもの**を，次の①〜④のうちから一つ選べ。 (03 本)

① NPO法（特定非営利活動促進法）が制定され，NPOによる法人格の取得が容易となった。

② NPOはボランティアを基礎としているので，有給の職員を雇うことは禁じられている。

③ NPOは知事の指定を受けて，介護保険法に基づく在宅介護サービスを提供することができる。

④ 阪神・淡路大震災はボランティア活動の重要性を認識させる大きな出来事となった。

14 【行政改革】 日本の行政改革に関する記述として**正しいもの**を，次の①〜④のうちから一つ選べ。 (16 追)

① 行政活動の透明化のために，行政の許認可権限が廃止される代わりに行政指導という政策手段が導入された。

② 国家公務員の幹部人事を，人事院によって一元的に管理する

仕組みが導入された。

③ 行政の効率性を向上させることをめざして，独立行政法人制度とともに特殊法人制度が創設された。

④ 政府内の政策の総合調整を行う権限をもつ機関として，内閣府が創設された。

15 【行政の統制】 行政機能が拡大するにつれ，行政を効果的に統制（監視）することの重要性が増している。行政を統制する方法については，**行政内部からのもの，行政外部からのもの，法制度に基づくもの，法制度に基づかないもの**という基準で4分類する考えがある。**表1**は，日本の国の行政を統制する方法の一例をそうした考え方に基づき分類したものであり，**A〜D**にはいずれかの分類基準が入る。

表1にならって日本の地方自治体の行政を統制する方法の一例を分類した場合，**表2**中の（X）〜（Z）に当てはまるものの組合せとして最も適当なものを，下の①〜⑥のうちから一つ選べ。ただし，**表1**と**表2**の**A〜D**には，それぞれ同じ分類基準が入るものとする。 (18 試・改)

表1　日本の国の行政を統制する方法の一例

	A	B
C	国勢調査による統制	圧力団体による統制
D	人事院による統制	同僚の反応による統制

表2　日本の地方自治体の行政を統制する方法の一例

	A	B
C	（X）による統制	（Y）による統制
D	（Z）による統制	同僚の反応による統制

	（X）	（Y）	（Z）
①	監査委員	行政訴訟	新聞報道
②	監査委員	新聞報道	行政訴訟
③	行政訴訟	監査委員	新聞報道
④	行政訴訟	新聞報道	監査委員
⑤	新聞報道	監査委員	行政訴訟
⑥	新聞報道	行政訴訟	監査委員

APPROACH 🔍 正解率 31.7%

現実社会の諸課題を多面的・多角的に考察し，課題の解決向けて，公正に判断することができる

16 【行政委員会】 日本の行政委員会に関する記述として**正しいもの**を，次の①〜④のうちから一つ選べ。 (16 本)

① 労働委員会は，労働者委員と使用者委員の二者構成で組織されている。

② 行政委員会には，準立法的機能を与えられているものはない。

③ 人事院は，国家公務員に対する労働基本権の制約の代償措置として給与勧告などを行う。

④ 行政委員会には，政治的な中立性が求められる分野に設置されているものはない。

17 【行政活動と公務員】 行政の活動にかかわる制度や行政を担う公務員についての記述として**誤っているもの**を，次の①〜④のうちから一つ選べ。 (14 本)

① 官僚主導による行政を転換し政治主導による行政を図るため，各省に副大臣や大臣政務官がおかれている。

② 内閣から独立して職権を行使する行政委員会の一つとして，中央労働委員会が設けられている。

③ 公務員の罷免については，何人も平穏に請願する権利が認められている。

④ 国家公務員の給与については，国会の勧告によって決められている。

18 【国民と政治】 国民と政治のかかわり方についての記述として最も適当なものを，次の①〜④のうちから一つ選べ。

(16 追)

① 利益集団（圧力団体）とは，国民の中に存在する特定の利益を実現するために，政治や行政に対して働きかける集団のことである。

② 国民は，報道機関を通じて提供された政治に関する情報を批判的な視点をもって活用する「第四の権力」と呼ばれている。

③ 多数決による決定ではなく，意見の異なる政治勢力の間の合意を重視する民主政治のあり方を，多数者支配型民主主義という。

④ 政治指導者が大衆迎合的な政策を掲げて世論を動員しようとすることを，直接民主制と呼ぶ。

19 【市民運動と住民運動】 日本における市民運動や住民運動についての記述として誤っているものを，次の①〜④のうちから一つ選べ。

(10 本)

① 公害に反対する市民運動の要求を受けて，1970 年前後に一連の公害対策立法が行われた。

② 市民運動の要求で米軍基地の整理・縮小に対する賛否を問う住民投票を実施した地方公共団体があり，その結果が国政へも影響を与えた。

③ 産業廃棄物処分場建設に対する賛否を問う住民投票を実施した地方公共団体があるが，建設が中止された例はない。

④ 河川の可動堰（かどうぜき）を建設することの是非について，法的な拘束力をもつ住民投票が実施された例はない。

20 【公正取引委員会】 公正取引委員会に関心をもった生徒Xと生徒Yは，私的独占の禁止及び公正取引の確保に関する法律（独占禁止法）の次の条文について話し合っている。後の会話文中の空欄　ア　には後の語句 a か b，空欄　イ　には後の記述 c か d のいずれかが当てはまる。空欄　ア　・　イ　に当てはまるものの組合せとして最も適当なものを，後の①〜④のうちから一つ選べ。

(23 本)

第 27 条第 2 項	公正取引委員会は，内閣総理大臣の所轄に属する。
第 28 条	公正取引委員会の委員長及び委員は，独立してその職権を行う。
第 29 条第 2 項	委員長及び委員は，年齢が 35 年以上で，法律又は経済に関する学識経験のある者のうちから，内閣総理大臣が，両議院の同意を得て，これを任命する。

Y：日本国憲法第 65 条に「行政権は，内閣に属する」とあるけど，　ア　である公正取引委員会は，内閣から独立した機関といわれるね。行政活動を行う公正取引委員会が内閣から独立しているのは憲法上問題がないのかな。

X：独占禁止法の条文をみると，「独立してその職権を行う」と

されているけど，委員長及び委員の任命については，　イ　。公正取引委員会は，内閣から完全に独立しているわけではないよ。公正取引委員会の合憲性を考えるときには，独立性が必要な理由や民主的コントロールの必要性も踏まえて，どの程度の独立性を認めることが適切かを考える必要がありそうだね。

　ア　に当てはまる語句
　　a　独立行政法人　　b　行政委員会

　イ　に当てはまる記述
　　c　両議院による同意を要件としつつも内閣総理大臣に任命権があるね
　　d　内閣総理大臣が単独で任意に行うことができるね

① ア－a　イ－c　　② ア－a　イ－d
③ ア－b　イ－c　　④ ア－b　イ－d

21 【行政にかかわる法律】 日本の行政にかかわる法律に関連する記述として最も適当なものを，次の①〜④のうちから一つ選べ。

(18 現試)

① 情報公開法の施行以降，中央省庁にオンブズマン制度が設けられている。

② 国会審議活性化法の施行以降，中央省庁に副大臣の役職が設けられている。

③ 国家公務員倫理法の導入が議論されているものの，当該法律はまだ制定されていない。

④ 国家公務員制度改革基本法の導入が議論されているものの，当該法律はまだ制定されていない。

22 【マスメディアと政治】 文中の空欄　ア　・　イ　に当てはまる語句の組合せとして最も適当なものを，次の①〜④のうちから一つ選べ。

(17 改)

市民は，マスメディアなどを通じて政治に関する情報を得るとともに，ツイッター，フェイスブックといった　ア　の利用や，集会，デモへの参加などを通して政治に関する意見を発信している。これらも重要な政治参加の方法であり，表現の自由や集会・結社の自由によって保障されている。

もっとも，日本における政治参加の現状に問題がないわけではない。選挙制度に関して，一票の格差の問題がたびたび裁判で争われてきている。また，選挙運動の規制が厳しすぎるため，市民が候補者や政策の情報を十分に得られていないとも批判される。より深刻なのは，政治に対する無力感や嫌悪感などから　イ　が，とくに若い世代においてみられることである。

① ア　ソーシャルメディア　　イ　大衆民主主義
② ア　ソーシャルメディア　　イ　政治的無関心
③ ア　マニフェスト　　イ　大衆民主主義
④ ア　マニフェスト　　イ　政治的無関心

⑩ 政党と選挙

共通テスト／センター試験出題頻度	年度	2023	2022	2021	2020	2019	2018	2017	2016	2015	2014	2013	2012
	出題		●	●	●	●		●	●	●	●	●	●

STEP ❶【基礎問題演習】

次の各文中の空欄に適語を入れよ。

1 【選挙】

正解

1 （①）・平等・直接・秘密・自由選挙のことを，近代選挙の五原則という。

①普通

2 1950年に制定された，衆議院・参議院議員や，地方公共団体の長・議員の選挙について定めた法律を（②）という。

②公職選挙法

3 1選挙区から定数1名が選ばれる選挙区制度を（③）という。

③小選挙区制

4 1選挙区から定数2名以上が選ばれる選挙区制度を（④）という。

④大選挙区制

5 小選挙区制では，落選者に投票された票，すなわち（⑤）が多く出る。

⑤死票

6 日本では1925年の普通選挙法制定以来，選挙運動として有権者の家庭をまわる（⑥）は，禁止されている。欧米では認められている。

⑥戸別訪問

7 選挙運動の総括主宰者や出納責任者に違反行為がある場合，当選者の当選が無効になるという公職選挙法上の制度を（⑦）という。

⑦連座制

8 1994年の公職選挙法改正で導入された衆議院の選挙制度を（⑧）という。

⑧小選挙区比例代表並立制

9 一人の候補者が小選挙区と比例区の両方に立候補することを（⑨）という。

⑨重複立候補

10 衆議院議員選挙において，比例区同一順位の重複立候補者は，小選挙区の当選者の得票数に対する得票数の割合である（⑩）の高い方が当選となる。

⑩惜敗率

11 2000年の公職選挙法改正により，参議院議員選挙に導入された制度は（⑪）比例代表制である。政党は名簿順位を決めず，有権者は候補者名または政党名を書いて投票する。2018年の公職選挙法の改正により，「（⑫）」というあらかじめ政党の決めた順位で当選者が決定される仕組みが導入された。

⑪非拘束名簿式

⑫特定枠

12 泡沫候補による選挙妨害を防ぐため，候補者は（⑬）を預ける。

⑬供託金

13 2013年の参院選から（⑭）が解禁されたが，ネット投票は実現しなかった。

⑭ネット選挙

14 政党や立候補者が，選挙の際に数値目標を明示して公約をかかげ，財源や達成期限なども具体的に示したものを（⑮）という。

⑮マニフェスト

2 【政党】

1 イギリスやアメリカの議会政治において，有力な二つの政党が実質上の国政運営を左右するような政治形態を，多党制に対して（①）という。

①二大政党制

2 複数の政党が内閣を組織し，政権を担当することを，単独政権に対して（②）という。

②連立政権

3 1955年の左右両派社会党の統一による日本社会党の結成と，保守合同による自由民主党の結成により，この後続いた二大政党制に近い形態を（③）という。

③55年体制

4 1993年7月の衆議院議員選挙で自民党は大敗，（④）内閣は退陣した。

④宮沢喜一

5 1993年8月，日本新党の（⑤）を首班とし，非自民8会派による連立内閣が成立，自民党は55年体制成立以来はじめて野党に転じた。

⑤細川護熙

6 1994年6月，自民党と（⑥），新党さきがけによる連立内閣が成立し，（⑥）の村山富市が首班に指名された。これによって自民党は与党に復帰した。

⑥社会党

7 自民党は，2005年9月の解散・総選挙（いわゆる郵政選挙）において，（⑦）党首のもとで歴史的大勝を果たした。

⑦小泉純一郎

8 政党内に資金・人事・政策などをめぐって複数の有力グループが存在し，その力関係によって政治が左右されてきた。このグループを（⑧）という。

⑧派閥

⑨ 政治活動や選挙の公正をはかり，政治腐敗や金権政治を防ぐために，政治資金の収支の公開・授受について定めた法律を（⑨）という。

⑩ （⑩）への献金が，企業・団体献金とともに原則として禁止されている。

⑪ 1994 年に制定された（⑪）により，政党活動にかかる費用の一部を，国が政党交付金として交付することになった。国会議員（⑫）人以上，または直近の国政選挙で得票率2％以上の政党に交付される。日本共産党はこの法律が憲法違反として，受け取りを拒否している。

⑫ 長期政権が続くと与党議員のなかには，十分な知識と経験をもって省庁の政策決定過程に大きな影響力を与える議員が出てくる。この議員を（⑬）という。

⑬ 親などの後援会組織や選挙地盤を受け継ぎ，当選した議員を（⑭）という。

⑭ 特定の支持政党を持たない有権者のことを（⑮）という。

⑨政治資金規正法
⑩政治家個人
⑪政党助成法
⑫5

⑬族議員
⑭世襲議員
⑮無党派層

■STEP❷【正誤問題演習】■

次の各文の**正誤**を判別し，誤りについては正しく訂正しなさい。

❶ 【選挙区制度】

① 小選挙区制は，小党分立を促し，政局の不安定化をもたらしやすい。

② 小選挙区制は，小政党にも議席が配分される可能性が高い選挙区制度で，民意を議席に反映させるが，小党分立をもたらす。　　　　　　　　　　　　　　　　　　（03 現追）

③ 小選挙区制の下では，ゲリマンダーが起こる危険性がある。

④ 小選挙区制では，少数党は，得票率を下回る議席数しか獲得できない場合が多い。

⑤ 大選挙区制は，政局の安定をもたらすと言われるが，多くの死票を生むという問題がある。　　　　　　　　　　　　　　　　　　　　　　　　　　　　　　　（03 現追）

⑥ 大選挙区制では候補者と選挙区民の結びつきが薄くなりやすい。

⑦ 比例代表制では政党中心の選挙となり二大政党制になりやすい。　　　　（01 追）

⑧ 比例代表制は，小選挙区制よりも連立内閣を招きにくい。

❷ 【選挙の原則】

① 近代選挙の五原則とは，普通・平等・間接・秘密・自由選挙である。

② 普通選挙は有権者の資格を資産などによって限定することで，公正な選挙を実現する。　　　　　　　　　　　　　　　　　　　　　　　　　　　　　　　　（現社本）

③ 投票は国民の義務であり，棄権した人に制裁を課すことも許される。

④ 公職選挙法では，選挙運動期間中の戸別訪問は，候補者が公約を有権者に直接説明するための機会として認められている。

⑤ 日本では，選挙運動の期間は限定されており，公示前の事前運動は禁止されている。

⑥ 衆・参両議院ともに，比例代表選挙では各政党が事前に作成した名簿の順位にしたがって，ドント方式によって当選者が決定する。

⑦ 重複立候補を避けるため，衆議院の小選挙区に立候補した候補者が同時に衆議院の比例代表名簿に登載されることは禁止される。

⑧ 定住外国人は住民税などを納めていることから，地方公共団体に限り公職に関する選挙権・被選挙権を有している。

⑨ 政党助成法により，国会議員5人以上，または国政選挙得票率2％以上の政党に公費から政党交付金が交付される。

⑩ 1994 年改正の政治資金規正法によって，政党への献金は，個人献金も，企業団体献金もともに禁止されている。

⑪ かつて最高裁判所は一票の格差を違憲とした判決で，選挙自体は有効とし，選挙のやり直しは命じなかった。

⑫ 所得税を納めていない人に選挙権を与えなくても，日本国憲法の普通選挙の原則には反しない。　　　　　　　　　　　　　　　　　　　　　　　　　　　　（03 現追）

■❶ 正解とヒント■

①✕　二大政党制を促し，政局は安定するといわれる。

②✕　これは，大選挙区制の特徴。

③〇

④〇

⑤✕　小選挙区制の特徴。

⑥〇

⑦✕　比例代表制は小党分立になる傾向がある。

⑧✕　小党が分立し，連立内閣になりやすい。

■❷ 正解とヒント■

①✕　「間接」ではなく，直接選挙。

②✕　普通選挙は，有権者の資格制限は年齢のみ。

③✕　投票は国民の権利であり，義務ではない。

④✕　戸別訪問は公職選挙法で禁止されている。

⑤〇　例えば，衆議院選挙の場合は 12 日間，参議院選挙の場合は 17 日間。

⑥✕　参議院は非拘束名簿式比例代表制をとっている。

⑦✕　重複立候補は可能。

⑧✕　定住外国人の選挙権は，国政・地方いずれも認められていない。

⑨〇

⑩✕　政党への献金は一定の範囲内で認められている。政治家個人への献金は禁止。

⑪〇　事情判決という。

⑫✕　所得により参政権を制限することは制限選挙にあたる。

③【政　党】

① 一般に大衆政党では，名望家政党に比べて議員に対する党の規律がゆるやかである。

② 政党と比較して，圧力団体は，特定の利益の実現をめざそうとする特徴がある。

③ 政党も圧力団体もともに政権獲得を目的とする。

④ 55年体制では，自民党と社会党という二大政党が，イギリスの保守党と労働党のように，政権交代を行った。　　　　　　　　　　　　　　　　　　　　　　　　　（現社・改）

⑤ 1950年代，左右社会党が統一され，それに対抗して保守合同により自由民主党が結成された。

⑥ 1950年代後半から1960年代前半にかけて，自民党は，衆議院で憲法改正の発議に必要な議席数を単独で確保していた。　　　　　　　　　　　　　　　　　　　　（現社・改）

⑦ 1960年代に入って，民主社会党，公明党の結成などで，野党が多党化した。

⑧ 1993年の自民党宮沢内閣不信任により，自民党は結党以来初めて政権を失い，55年体制の終焉といわれた。

⑨ 1993年以降，細川・羽田・村山内閣と非自民連立内閣が続き，自民党が連立政権ながらも政権与党に戻ったのは，1996年の小渕内閣になってからである。

⑩ 1960年代後半から80年代半ばにかけて，必ずしも政治に無関心ではないが，どの政党をも支持しない無党派層が，一貫して増え続けるという傾向がみられた。　　（現社・改）

⑪ 日本の政党政治では，戦後長く，党の決定より議員個人の意思が尊重され，国会の議決の際にも党の決定にとらわれない投票行動が広く見られた。　　　　　　　　（現社・改）

⑫ わが国の政党の中には，集票の面で，党員の活動よりも党外の団体の活動に依存しているものがある。

⑬ 西ヨーロッパのほとんどの国では，二大政党制による政治が行われている。

⑭ 圧力団体は，政党に取って代わり，政権を掌握しようとしている。

⑮ 2009年の総選挙で，社民党が野党としては戦後初めて単独過半数を制した。

STEP ❸【実践問題演習】

共通テスト・センター試験過去問　次の各設問に答えよ。

〈選挙〉

1【日本の選挙制度①】　日本の選挙制度についての記述として最も適当なものを，次の①〜④のうちから一つ選べ。（09 本）

① 衆議院議員選挙においても参議院議員選挙においても，選挙運動の際の戸別訪問が認められている。

② 衆議院議員選挙においても参議院議員選挙においても，選挙区と比例代表の両方に立候補できる重複立候補が認められている。

③ 衆議院議員選挙では，かつて一つの選挙区から複数の代表が選出される中選挙区制が採用されていたことがある。

④ 衆議院議員選挙では，小選挙区比例代表並立制の導入により小選挙区間において一票の価値に差がなくなった。

2【日本の選挙制度②】　現在の日本における国会議員の選挙制度についての記述として誤っているものを，次の①〜④のうちから一つ選べ。　　　　　　　　　　　　　　（05 追）

① 候補者による有権者宅への戸別訪問が認められている。

② 以前は18時だった投票の締切時間が20時に延長されている。

③ 衆議院議員選挙では，ブロックごとに比例区と小選挙区との重複立候補が認められている。

④ 参議院議員選挙では，選挙区制と非拘束名簿式比例代表制とが併用されている。

3【日本の選挙制度③】　日本の選挙制度についての記述として正しいものを，次の①〜④のうちから一つ選べ。　　　　（07 追）

① 衆議院の小選挙区で落選した重複立候補者は，比例名簿登載順位が同じ場合，得票数が多い順に比例区で当選できる。

② 地方議会は，地方議会の固有の権限として，各地方議会議員選挙の選挙権・被選挙権を有する者の年齢を独自に定めることができる。

③ 参議院の選挙制度には，政治改革の一環として拘束名簿式比例代表制が採用されている。

④ 海外在留邦人の選挙権が衆参比例代表選挙に限られることは違憲である，とする最高裁判所の判決が出されている。

4【小選挙区制】　小選挙区制の問題点といわれているものを，次の①〜④のうちから一つ選べ。　　　　　　　　　　（91 本）

① 小党分立を促し，政局が不安定になりやすい。

② 少数党は，得票率をかなり下回る議席数しか獲得できない場合が多い。

③ 同一政党内において，同士討ちの弊害が生じやすい。

④ 候補者選択の範囲が広く，選挙民は候補者の人格，識見を判

断しにくい。

5 【選挙運動の規制】 選挙運動の規制についての記述として誤っているものを，次の①〜④のうちから一つ選べ。 (17 追)

① 公職選挙法では，候補者が立候補を届け出る前の選挙運動は禁止されている。

② 公職選挙法が改正されて，選挙に際して投票を依頼するための戸別訪問が解禁された。

③ 公職選挙法が改正されて，候補者と一定の関係にある者が買収などの罪で有罪とされた場合に候補者自身の当選を無効とする連座制が強化された。

④ 公職選挙法では，選挙運動のための文書図画を配布することは制限されている。

6 【選挙の原則】 選挙の原則や選挙制度の特徴に関する記述として適当でないものを，次の①〜④のうちから一つ選べ。

(17 本)

① 秘密選挙とは，有権者の自由な意思表明を守るため，投票の内容を他人に知られないことを保障する選挙の原則を意味する。

② 小選挙区制は，大選挙区制と比べた場合，各党の得票率と議席占有率との間に差が生じにくい選挙制度とされる。

③ 普通選挙とは，納税額や財産にかかわりなく，一定の年齢に達した者に選挙権を与える選挙の原則を意味する。

④ 比例代表制は，小選挙区制と比べた場合，多党制が生じやすい選挙制度とされる。

7 【得票数と議席数】 選挙の方法の一つに，各選挙区で最も多くの票を獲得した候補者が当選する制度がある。ある議会の議員がこの選挙制度で選出され，議会の定員が 5 人であるとする。次の表は，この議会の選挙で三つの政党 A 〜 C が五つの選挙区 I 〜 V でそれぞれ 1 人の候補者を立てたときの，各候補者の得票数を示したものである。この選挙結果についての記述として正しいものを，下の①〜④のうちから一つ選べ。 (08 本)

選挙区	得票数			計
	A 党	B 党	C 党	
I	40	35	25	100
II	10	30	60	100
III	40	30	30	100
IV	45	40	15	100
V	10	50	40	100
計	145	185	170	500

① 過半数の議席を獲得できる政党はない。

② 一つの議席も獲得できない政党はない。

③ 得票数の合計が最も多い政党は，獲得議席数も最も多い。

④ 得票数の合計が最も少ない政党は，獲得議席数も最も少ない。

8 【両院の選挙制度】 両院の選挙制度の現状についての記述として正しいものを，次の①〜④のうちから一つ選べ。 (11 本)

① 衆議院の選挙区選挙では，都道府県単位の選挙区ごとに 1 名以上の議員を選出する。

② 衆議院の比例代表選挙は，政党名または候補者名のいずれかを記して投票する方式である。

③ 参議院の選挙区選挙では，比例代表選挙の名簿登録者も立候補できる。

④ 参議院の比例代表選挙は，全国を一つの単位として投票する方式である。

9 【選挙制度】 選挙制度の一般的な特徴についての記述として最も適当なものを，次の①〜④のうちから一つ選べ。 (10 追)

① 非拘束名簿式比例代表制は，小選挙区制よりも死票を生みやすい。

② 拘束名簿式比例代表制では，小選挙区制よりも，政党に属さない者が議席を獲得しやすい。

③ 小選挙区制は，大選挙区制よりも死票を生みやすい。

④ 大選挙区制では，議員の総定数が一定であれば，小選挙区制よりも選挙区の数が多くなりやすい。

〈政党〉

10 【利益集団（圧力団体）】 利益集団（圧力団体）についての記述として最も適当なものを，次の①〜④のうちから一つ選べ

(17 本)

① 政府や議会に働きかけて政策決定に影響を与え特定の利益を実現しようとする集団のことを，利益集団という。

② 政治的な主張の近い人々が集まって政権の獲得を目的として活動する集団のことを，利益集団という。

③ 日本においては，利益集団の代理人であるロビイストは国会に登録され活動が公認されている。

④ 日本においては，利益集団のニーズに応じて利益誘導政治を行うことが推奨されている。

11 【政党①】 政党に関連して，政党構造からみた代表的政党類型の名称 A 〜 C と，それらが登場してきた時代背景についての記述ア〜ウの組合せとして正しいものを，下の①〜⑥のうちから一つ選べ。 (04 本)

A 包括政党（キャッチオール・パーティー）

B 名望家政党

C 大衆政党（組織政党）

ア 19 世紀に，制限選挙の下で登場してきた政党類型である。

イ 19 世紀後半から 20 世紀初頭において，都市化，工業化が進展し，選挙権が拡張されるに伴い台頭してきた政党類型である。

ウ 1960 年代に，先進各国で脱イデオロギー化が進み，階級対立が曖昧になる中で登場してきた政党類型である。

① A－ア B－イ C－ウ ② A－ア B－ウ C－イ

③ A－イ B－ア C－ウ ④ A－イ B－ウ C－ア

⑤ A－ウ B－ア C－イ ⑥ A－ウ B－イ C－ア

12 【政党②】 政党に関連する記述として最も適当なものを，次の①〜④のうちから一つ選べ。 (11 本)

① 無党派層とは，政党の公認を受けた候補者には投票しない人々をいう。

② 明治憲法下の一時期，政党内閣が登場し政権交代も行われた。

③ 日本国憲法の思想・良心の自由の保障の下では，議院における議員の投票行動を政党が拘束することは法律で禁止されている。

④ 第二次世界大戦後初の衆議院議員総選挙で，自由民主党の一党優位が成立した。

13 【野党】 野党についての記述として正しいものを，次の①〜④のうちから一つ選べ。 (04 本)

① イギリスでは，与党が組織する内閣に対し，野党も政権交代を視野に入れて「影の内閣（シャドー・キャビネット）」を組

織する。

② アメリカでは，大統領と異なる党派が連邦議会の多数派になることがあるが，大統領による議会の解散を通じ，対立の緩和が図られている。

③ 日本では，野党議員が積極的に法案を提出しており，それらが可決される比率は，内閣あるいは与党議員が提出した法案の場合を上回っている。

④ 日本では，1955年以降，自民党がほぼ一貫して衆議院の過半数を占めてきたことから，野党の提出した内閣不信任案が可決された例はない。

14 【55年体制】 「55年体制の成立と崩壊」に関連する記述として最も適当なものを，次の①～④のうちから一つ選べ。

(07 追)

① 55年体制は，自民党を離党した議員が社会党を結成したことを契機に確立された体制である。

② 55年体制は，自民党と社会党の二つの大政党と民主党などの多数の小政党から構成される多党制として特徴づけられる。

③ 55年体制崩壊直後の衆議院では，自民党が最も多くの議員を擁する第一党であった。

④ 55年体制崩壊直後に成立した政権は，消費税率引上げを柱とする税制改革を実施した。

15 【連立政権①】 政界再編期にみられた日本の連立政権の枠組みに参加しなかった政党として正しいものを，次の①～④のうちから一つ選べ。

(06 本)

① 自民党　　② 公明党　　③ 社民党　　④ 共産党

16 【連立政権②】 連立政権についての記述として最も適当なものを，次の①～④のうちから一つ選べ。

(10 追)

① 日本では，自由党中心の連立政権成立により55年体制が崩壊した。

② 名望家政党は，連立政権によって生まれる。

③ アメリカでは，共和党と民主党の連立政権が続いてきた。

④ 比例代表制は，多党制を招き連立政権を生み出す傾向がある。

17 【族議員】 族議員に関連する記述として最も適当なものを，次の①～④のうちから一つ選べ。

(99 本)

① 族議員が政策の決定において大きな役割を果たしている状況を，「派閥政治」と呼ぶことがある。

② 族議員は，農業政策や商工政策などの政策分野ごとに存在する。

③ 族議員が政策の実施において大きな役割を果たしている状況を，「許認可行政」と呼ぶことがある。

④ 族議員は，選挙区の地域的利益を政策に反映させるために存在する。

18 【政界再編期の政治】 「1990年代から政界再編期と呼ばれる変動の時代に入った」ことに関連して，この時期の日本の政治の説明として最も適当なものを，次の①～④のうちから一つ選べ。

(06 本)

① 無党派知事が出現したため，官僚による地方自治体の支配が強化された。

② 政党内の派閥が解消されたため，選挙制度の改革が起こった。

③ 政党の離合集散が起こり，保守合同によって，自由党と保守党が合流し，自民党が成立した。

④ 政党の離合集散が起こり，日本新党や新生党など，現在では存在しない多くの政党が形成された。

〈総合〉

19 【日本の制度】 日本における現在の制度の記述として誤っているものを，次の①～④のうちから一つ選べ。

(19 本)

① 衆議院議員選挙では，複数の小選挙区に立候補する重複立候補が認められている。

② 投票日に投票できないなどの事情がある有権者のために，期日前投票制度が導入されている。

③ 国が政党に対して，政党交付金による助成を行う仕組みがある。

④ 政治家個人に対する企業団体献金は，禁じられている。

20 【政治参加】 日本の政治に関する記述として正しいものを，次の①～④のうちから一つ選べ。

(16 追)

① 日本国憲法は，法案の採決の際に国会議員の投票行動を所属政党の方針に従わせる党議拘束を禁止している。

② 公職選挙法は，候補者が立候補を届け出る前の選挙運動である事前運動を認めている。

③ 政治資金規正法は，企業や団体による政党への献金を認めている。

④ 公職選挙法は，インターネットを利用した選挙運動を禁止している。

21 【無党派率】 次の図は衆議院議員選挙と参議院議員選挙の投票率および無党派率の推移を示したものである。この図に関する記述として最も適当なものを，下の①～④のうちから一つ選べ。

(19 追)

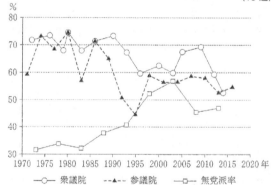

(注) 無党派率とは，NHK放送文化研究所が1973年から5年ごとに実施している「日本人の意識」調査において，支持政党を問う設問で「特に支持している政党はない」と回答した人の割合を指している。

(資料) 総務省WebページおよびNHK放送文化研究所「第9回「日本人の意識」調査(2013)結果の概要」(NHK放送文化研究所Webページ)により作成。

① 無党派率が初めて50パーセントを上回った時期は，55年体制が継続していた。

② 細川内閣が成立した衆議院議員選挙は，1970年以降で最も高い投票率であった。

③ 国政選挙の投票率が初めて50パーセントを下回った時期は，日本社会党と自由民主党と新党さきがけが連立を組んでいた。

④ 無党派率が初めて40パーセントを上回った時期は，民主党が政権を担当していた。

22 【選挙と政策】 次の図aは第44回，後の図bは第45回の衆議院議員総選挙の結果をうけた衆議院議員の政党別の当選人数である。図aや図bの結果をもたらしたそれぞれの総選挙後の日本政治に関する後の記述ア～ウのうち，正しいものはどれか。当てはまる記述をすべて選び，その組合せとして最も適当なものを，後の①～⑦のうちから一つ選べ。 (23 追)

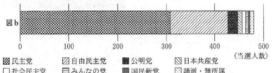

(注) 当選人数が1人の政党は諸派・無所属に含めている。
(出所) 総務省のWebページにより作成。

ア 図aや図bの結果をもたらした衆議院議員総選挙後には，いずれも連立政権が成立した。

イ 図aの結果をもたらした衆議院議員総選挙後に，小泉純一郎内閣の下で郵政民営化法が制定された。

ウ 図bの結果をもたらした衆議院議員総選挙後に，細川護熙護熙内閣の下で衆議院の選挙制度に小選挙区比例代表並立制が導入された。

① ア   ② イ   ③ ウ   ④ アとイ
⑤ アとウ   ⑥ イとウ   ⑦ アとイとウ

23 【近年の政治動向】 生徒Yは，新聞記事を読むなどして最新のニュースに接することが現代の諸課題への深い理解につながるという話に刺激を受け，日本の国および地方公共団体の政治や政策のここ数年の動向に関する情報を収集した。それらについてまとめた記述として誤っているものを，次の①～④のうちから一つ選べ。 (21 本)

① 候補者男女均等法（政治分野における男女共同参画の推進に関する法律）の制定 (2018 年) により，政党などに国政選挙や地方選挙で男女の候補者の数ができる限り均等になるよう罰則規定を設けて促すことになった。

② 中央省庁で障害者雇用数が不適切に計上されていた問題をうけて，障害者を対象とする統一的な国家公務員の採用試験が実施された。

③ 公職選挙法の改正 (2018 年) により，参議院議員の選挙制度について定数を増やすとともに比例区に特定枠制度を導入した。

④ ふるさと納税制度（地方公共団体に寄付した場合の税額控除制度）の運用について，国は地方公共団体が寄付者に対し提供している返礼品のあり方の見直しを求めた。

24 【小選挙区制と比例代表制】 小選挙区制によって議員が選出される議会があり，その定員が5人であるとする。この議会の選挙で三つの政党A～Cが五つの選挙区ア～オでそれぞれ1人の候補者を立てたとき，各候補者の得票数は次の表のとおりであった。いま仮に，この得票数を用いて，五つの選挙区を合併して，各政党の候補者が獲得した票を合計し，獲得した票数の比率に応じて五つの議席をA～Cの政党に配分する場合を考える。そ

の場合に選挙結果がどのように変化するかについての記述として誤っているものを，次の①～④のうちから一つ選べ。 (14 本)

選挙区	得票数			計
	A	B	C	
ア	45	35	20	100
イ	35	50	15	100
ウ	45	40	15	100
エ	50	15	35	100
オ	25	60	15	100
計	200	200	100	500

① 過半数の議席を獲得する政党はない。
② 議席を獲得できない政党はない。
③ B党の獲得議席数は増加する。
④ C党の獲得議席数は増加する。

25 【小選挙区比例代表並立制】 日本の選挙制度に関する次の文章を読んで，下の(1)・(2)に答えよ。 (21 追)

現在，衆議院の選挙制度は，小選挙区とブロック単位の比例区とを組み合わせた小選挙区比例代表並立制を採用し，465人定数のうち，小選挙区で289人，比例区で176人を選出することとなっている。いま，この選挙制度を変更するとして，小選挙区比例代表並立制と定数を維持した上で，次の二つの変更案のどちらかを選択することとする。なお，この変更により有権者の投票行動は変わらないものとする。

    変更案a：小選挙区の議席数の割合を高める。
    変更案b：比例区の議席数の割合を高める。

(1) まず，あなたが支持する変更案を選び，変更案aを選択する場合には①，変更案bを選択する場合には②のいずれかをマークせよ。

なお(1)で①・②のいずれを選んでも，(2)の問いについては，それぞれに対応する適当な選択肢がある。

(2) (1)で選択した変更案が適切だと考えられる根拠について，選挙制度の特徴から述べた文として適当なものを次の記述ア～エのうちから二つ選び，その組合せとして最も適当なものを，下の①～⑥のうちから一つ選べ。

ア この変更案の方が，多様な民意が議席に反映されやすくなるから。

イ この変更案の方が，二大政党制を導き政権交代が円滑に行われやすくなるから。

ウ もう一つの変更案だと，政党の乱立を招き政権が安定しにくくなるから。

エ もう一つの変更案だと，少数政党が議席を得にくくなるから。

① アとイ   ② アとウ   ③ アとエ
④ イとウ   ⑤ イとエ   ⑥ ウとエ

26 【政治資金】 選挙資金制度に関連する記述として正しいものを，次の①～④のうちから一つ選べ。 (11 追)

① 政党の政治資金を公費で助成するため，一定の要件を満たした政党に，政党交付金が支給される。

② 政党による政治資金の収支の報告は，法律上の義務ではないので，これを怠っても処罰されない。

③ 政治家個人が企業や労働組合から政治献金を受け取ることは，政治資金規正法上認められている。

④ 選挙運動の責任者や出納責任者が買収などの罪を犯し刑に処せられても，候補者の当選は無効にならない。

⑪ 地方自治

共通テスト／センター試験 出題頻度	年度	2023	2022	2021	2020	2019	2018	2017	2016	2015	2014	2013	2012
	出題	●	●	●	●	●	●	●	●		●	●	●

■STEP❶【基礎問題演習】

次の各文中の空欄に適語を入れよ。

1 【地方自治の原則と現状】

	正 解

1 イギリスの政治学者ブライスは，「地方自治は（⓪）である」と述べた。
> ⓪民主主義の学校

2 地方公共団体における住民による政治について，地方自治の根本原則として，憲法第 92 条に規定されているものを（②）という。
> ②地方自治の本旨

3 地方自治が国からある程度独立して，地方の行政事務を自らの責任で行うことを（③）という。
> ③団体自治

4 住民自らが別個に選挙した首長や地方議員（二元代表制）によって地方自治が遂行されていくことを（④）という。
> ④住民自治

5 議会議員と長（首長）を別個に直接選挙する，日本の地方自治のしくみを（⑤）という。
> ⑤二元代表制

6 首長（長）は議会に対して，条例や予算などの議決に対する（⑥）と，不信任議決に対する（⑦）とを持つ。
> ⑥拒否権（再議権）
> ⑦解散権

7 議会は首長に対して，（⑧）を持つ。
> ⑧不信任議決権

8 2000 年 4 月施行の（⑨）法により，機関委任事務は廃止され，地方公共団体の事務は自治事務と（⑩）とに区分された。
> ⑨地方分権一括
> ⑩法定受託事務

9 地方自治体の財政力の格差を調整するために，国税 3 税および消費税，たばこ税の一定割合を財政力に応じて国が交付する財源を（⑪）という。
> ⑪地方交付税

10 北海道の夕張市に代表されるような，財政赤字額などが一定の水準を超える自治体は財政再建団体といわれた。現在では（⑫）と早期健全化団体に分けて財政再建が行われている。
> ⑫財政再生団体

11 地方公共団体が，地域の活性化をはかるために自発的に区域を設定して，特定の事業を実施することを認めた法律は（⑬）である。
> ⑬構造改革特区法

12 地方自治体の議会改革を行うために定めた条例を（⑭）という。
> ⑭議会基本条例

13 小泉純一郎内閣が 2004 年から行った地方分権にかかわる改革を（⑮）という。1）国から地方公共団体への（⑯）の削減，2）地方への税源移譲，3）地方交付税の見直しを行う。
> ⑮三位一体の改革
> ⑯補助金

2 【直接請求制度】

1 地方自治法第 74 条などに示されているように，地方住民が自らの利害の調整や施策の措置を求めて条例について直接に運動をおこす制度を（①）という。
> ①条例制定・改廃請求（イニシアティブ）

2 地方公共団体の首長・議員などの公職者について，直接にその罷免を求めることを（②）という。
> ②リコール（解職請求）

3 議会の解散請求，議員や首長の解職請求には，有権者の原則（③）以上の署名を必要とし，（④）が受理する。
> ③3 分の 1
> ④選挙管理委員会

4 監査請求は有権者の原則（⑤）以上の署名を必要とし，監査委員に請求する。
> ⑤50 分の 1

5 副知事や副市町村長の解職請求は（⑥）に請求する。
> ⑥地方公共団体の長

6 （⑦）を制定して，住民が自分たちの地域の課題について，賛否で直接に意思表示するやり方を諮問型（⑧）という。法的拘束力はないが，住民の意思を反映させる有効な手段である。
> ⑦条例
> ⑧住民投票

次の各文の正誤を判別し，誤りについては正しく訂正しなさい。

❶【地方自治】

① 大日本帝国憲法には地方自治を保障した規定はあったが，その規定が不十分であったことから地方自治は発展しえなかった。　　　　　　　　　　　　　　　　　　　（01 追）

② 明治憲法の下では，府県の知事は中央政府の任命する官吏であった。

③ 日本国憲法における「地方自治の本旨」とは，住民自治と団体自治のうち，前者のみをいう。

④ 議会の多数派とは異なった党派的立場に立つ候補者が，首長に当選することはありうる。　　　　　　　　　　　　　　　　　　　　　　　　　　　　　　　　　　（現社・改）

⑤ 地方議会によって不信任案の議決がなされた場合，首長は，地方議会を解散して，住民の意思を問うことができる。　　　　　　　　　　　　　　　　　　　　　　　　（05 本）

⑥ 首長に対する議会の不信任決議を待たずに，首長は議会を解散することができる。（16 本）

⑦ 直接請求制度に基づいて提案された条例案を，議会は否決できる。　　　　　　　（16 本）

⑧ 地方公共団体は，地域の実情に応じて，法律に拘束されることなく条例を制定することが認められている。　　　　　　　　　　　　　　　　　　　　　　　　　　　　（現社・改）

⑨ 公害規制は地方公共団体の重要な課題とされ，国の法令よりも厳しい規制を条例で定めている地方公共団体がある。

⑩ 地方交付税は，財政力格差の縮小を目的として国が交付する。　　　　　　　　　（14 本）

⑪ 議会が議決した条例に対して，首長は再議を要求できる。　　　　　　　　　　　（16 本）

❷【直接請求制度】

① 条例の制定の請求には，都道府県で有権者の 50 分の 1 以上，市町村では 10 分の 1 以上の署名が必要である。

② 有権者の原則 3 分の 1 以上の署名により議会解散の請求があれば，解散の可否を問う住民投票を実施しなければならない。

③ 住民が首長を解職できるリコール制度があるが，住民投票（レファレンダム）に先立ち議会の同意が必要であるため，住民には利用しにくい。

④ 地方議会の解散請求があったとき，選挙管理委員会は住民投票に付さなければならない　　　　　　　　　　　　　　　　　　　　　　　　　　　　　　　　　　　（02 追）

⑤ 特定の地方公共団体に適用される特別法を国会が制定するためには，地方議会の承認に加え，住民投票による過半数の同意が必要である。　　　　　　　　　　　　　　（01 追）

❸【地方自治の課題】

① 財政力の弱い地方公共団体は，国からの補助金のつく事業を優先しがちになり，地方の特性に応じた自治がゆがめられる恐れがある。

② いくつかの地域では，住民が，正確な情報に基づいて自治体の都市計画の決定に参加できるように，オンブズマン制度が整備されつつある。　　　　　　　　　　　　（02 現本）

③ 1999 年，地方分権一括法が成立し，機関委任事務は廃止され，地方公共団体の事務は行政事務と団体委任事務に分けられた。

④ 地域住民が NPO（非営利組織）を作って，行政とは独自に社会的なサービスを提供したり，政策を立案したりするようになった。　　　　　　　　　　　　　　　　（03 現本）

⑤ 都道府県では，人事面で中央省庁との結びつきが強く，その事務が国の意向に左右されることがあった。　　　　　　　　　　　　　　　　　　　　　　　　　　（05 日本大）

⑥ 自治事務は，全体の事務から法定受託事務を除いた残りの事務すべてをいう。　（05 日本大）

⑦ 地方債の発行は，協議制から許可制に移行した。　　　　　　　　　　　　　　（17 追）

⑧ 三位一体の改革では，国庫支出金の総額が増額された。　　　　　　　　　　　（17 追）

⑨ 地方分権一括法によって，地方自治体の事務が，自治事務と機関委任事務とに再編された。　　　　　　　　　　　　　　　　　　　　　　　　　　　　　　　　　（16 本）

⑩ 地方自治体は，法律の範囲内で，条例によって課税することができる。　　　（10 現本）

---

❶ 正解とヒント

①✕　大日本帝国憲法には地方自治の規定そのものがなかった。

②○

③✕　住民自治と団体自治の両方をさす。

④○　議員と首長とを別個に住民が直接選挙することを二元代表制という。

⑤○　首長は，10 日以内に議会を解散して対抗できる。

⑥✕　不信任決議の場合のみ。

⑦○

⑧✕　「法律の範囲内」で条例を制定できる（憲法第94条）。

⑨○　「上乗せ条例」という。

⑩○　使途も指定しない。

⑪○

❷ 正解とヒント

①✕　ともに有権者の 50 分の 1 以上の署名が必要。

②○

③✕　有権者の原則 3 分の 1 以上の署名があれば，議会の同意は必要ない。

④○　さらに住民投票で過半数の同意により解散する。

⑤✕　住民投票で過半数の賛成を得ればよく，地方議会の承認は不要。

❸ 正解とヒント

①○

②✕　オンブズマン制度は，行政を監視する制度であり，行政参加ではない。

③✕　機関委任事務は廃止され，自治事務と法定受託事務に分けられた。

④○

⑤○

⑥○　自治事務は，地方公共団体の本来の事務である。

⑦✕　許可制から協議制に移行。

⑧✕　「削減」された。

⑨✕　自治事務と法定受託事務に再編。機関委任事務は廃止。

⑩○

共通テスト・センター試験過去問　次の各設問に答えよ。

1 【地方自治】 日本の地方自治についての記述として最も適当なものを，次の①～④のうちから一つ選べ。　　　　（09本）
① 日本国憲法では，地方自治体の組織に関して，住民自治と団体自治の原則に基づいて法律で定めることとなっている。
② 大日本帝国憲法では，地方自治制度が，憲法上の制度として位置づけられていた。
③ 団体自治とは，地域の住民が自らの意思で政治を行うことをいう。
④ 三割自治とは，地方自治体が国の事務の約3割を処理することをいう。

2 【日本の地方自治制度①】 地方自治制度について，日本の現在の制度に関する記述として最も適当なものを，次の①～④のうちから一つ選べ。　　　　（12本）
① 有権者の3分の1以上の署名により直ちに首長は失職する。
② 議会は首長に対する不信任決議権（不信任議決権）をもつ。
③ 住民投票の実施には条例の制定を必要とする。
④ 住民は首長に対して事務の監査請求を行うことができる。

3 【地方分権】 地方分権の担い手となる地方公共団体の組織と運営についての記述として正しいものを，次の①～④のうちから一つ選べ。　　　　（10追）
① 条例の制定や改廃の直接請求は，認められない。
② 議会は，公選された首長の不信任決議を行えない。
③ 各種の行政委員会は，首長に従属した機関として置かれる。
④ 首長は，解職についての住民投票で過半数の同意があれば失職する。

4 【地方自治は民主主義の学校】 「地方自治は民主主義の学校」は，ブライスが述べた言葉として知られている。その意味を説明した記述として最も適当なものを，次の①～④のうちから一つ選べ。　　　　（09本）
① 地方自治体は，中央政府をモデルとして，立法・行政の手法を学ぶことが重要である。
② 住民自身が，地域の政治に参加することによって，民主政治の担い手として必要な能力を形成できる。
③ 地方自治体は，合併による規模の拡大によって，事務処理の能力を高めることができる。
④ 住民自身が，地域の政治に参加することによって，学校教育の課題を解決する。

5 【地方分権改革】 地方分権一括法によって行われた分権改革の内容として最も適当なものを，次の①～④のうちから一つ選べ。　　　　（05追）
① 地方自治体の自主財源を強化するために，所得税率を引き下げ，住民税率を引き上げた。
② 機関委任事務制度が廃止され，地方自治体の自己決定権が拡充された。
③ 地方自治体の放漫な財政運営に歯止めをかけるために，地方債の発行に対する国の関与が強化された。
④ 国庫支出金が増額され，地方自治体の超過負担がなくなった。

6 【日本の地方自治】 日本の地方自治に関する記述として最も適当なものを，次の①～④のうちから一つ選べ。　　　　（16本）
① 地方分権一括法によって，地方自治体の事務が，自治事務と機関委任事務とに再編された。
② 特定の地方自治体にのみ適用される法律を制定するには，その住民の投票で過半数の同意を得ることが必要とされている。
③ 地方自治体には，議事機関としての議会と執行機関としての首長のほかに，司法機関として地方裁判所が設置されている。
④ 地方自治体の議会は，住民投票条例に基づいて行われた住民投票の結果に法的に拘束される。

7 【国と地方自治体との関係】 日本における国と地方自治体との関係についての記述として最も適当なものを，次の①～④のうちから一つ選べ。　　　　（18本）
① 国庫支出金は，地方自治体の自主財源である。
② 三位一体の改革において，地方交付税の配分総額が増額された。
③ 地方財政健全化法に基づき，財政再生団体となった地方自治体はない。
④ 地方分権一括法の施行に伴い，機関委任事務は廃止された。

8 【直接請求制度】 日本の地方自治法が定める直接請求制度についての記述として最も適当なものを，次の①～④のうちから一つ選べ。　　　　（07本）
① 議会の解散の請求は，選挙管理委員会に対して行われ，住民投票において過半数の同意があると，議会は解散する。
② 事務の監査の請求は，監査委員に対して行われ，議会に付議されて，議員の過半数の同意があると，監査委員による監査が行われる。
③ 条例の制定・改廃の請求は，首長に対して行われ，住民投票において過半数の同意があると，当該条例が制定・改廃される。
④ 首長の解職の請求は，選挙管理委員会に対して行われ，議会に付議されて，議員の過半数の同意があると，首長はその職を失う。

9 【住民投票】 日本における住民投票についての記述として適当でないものを，次の①～④のうちから一つ選べ。　　　　（09本）
① 地方自治体が，公共事業の是非について住民投票を実施することは，法律によって禁止されている。
② 地方議会の議員は，解職請求があったとき，住民投票において過半数の同意があれば失職する。
③ 一地方自治体にのみ適用される特別法は，その自治体の住民投票で過半数の同意を得なければ，国会はこれを制定することができない。
④ 地方自治体が条例を制定して実施した住民投票の結果は，首長や議会を，法的に拘束するものではない。

10 【日本の地方自治制度②】 住民に身近な政策の多くは地方自治体が担っている。日本の地方自治の制度に関する記述として正しいものを，次の①～④のうちから一つ選べ　　　　（17本）
① 地方自治体の首長は，地方議会が議決した予算に対して拒否権を行使することができない。
② 地方自治体が独自に行う住民投票において，永住外国人の投票が認められた事例はない。
③ 有権者は，必要な署名数を集めた上で地方自治体の首長に対して事務の監査請求を行うことができる。

④ 国による情報公開法の制定以前に，地方自治体において情報公開に関する条例が制定されたことがある。

11【**地方自治体の自主財源**】 地方自治体の自主財源の拡充を目的とする措置の例として**適当でないもの**を，次の①～④のうちから一つ選べ。 (01 追)

① 地方自治体が，地方税法の範囲内で，条例により既存の地方税の税率を引き上げる。

② 国の有力な税源を地方自治体に委譲する。

③ 地方交付税の総額を増やして，地方交付税制度を充実させる。

④ 国による地方債の起債許可制度を廃止し，地方自治体が市場で地方債を発行できるようにする。

12【**地方財政**】 日本の地方財政についての記述として最も適当なものを，次の①～④のうちから一つ選べ。 (17 追)

① 地方債の発行は，協議制から許可制に移行した。

② 地方税収の総額は，地方自治体の歳入総額の 7 割以上を占めている。

③ 地方交付税は，使い道を指定されずに地方自治体に配分される。

④ 三位一体の改革では，国庫支出金の総額が増額された。

13【**戦後の地方自治体をめぐる動き**】 次の A ～ D は，戦後日本の地方自治体をめぐる出来事に関する記述である。これらの出来事を古い順に並べたとき，3 番目にくるものとして正しいものを，下の①～④のうちから一つ選べ。 (17 追)

A 地方自治体の事務区分の再編や国の関与のルール化などを規定する，475 の関連法からなる地方分権一括法が成立した。

B 行財政の効率化などを図るために市町村合併が推進された結果，市町村数が 1,700 台に減少した。

C 住民が知事を直接選挙で選ぶようになるなど，地方自治の拡充を図る制度改革が実現した。

D 都市問題や公害が深刻になったことを背景として，全国各地で革新自治体が誕生した。

① A ② B ③ C ④ D

14【**地方交付税**】 財政力格差を是正するための制度として地方交付税がある。その仕組みについての記述として最も適当なものを，次の①～④のうちから一つ選べ。 (12 本)

① 財政力の強い地方自治体が，その地方自治体の税収の一部を，国に交付する。

② 国が，国の税収の一部を，財政力の弱い地方自治体に使途を特定せず交付する。

③ 財政力の強い地方自治体が，その地方自治体の税収の一部を，財政力の弱い地方自治体に交付する。

④ 国が，国の税収の一部を，財政力の弱い地方自治体に使途を特定し交付する。

15【**地方自治と地方財政**】 日本の地方自治体について，【資料 1】中の（X）・（Y）と【資料 2】中の A・B とにはそれぞれ都道府県か市町村のいずれかが，【資料 3】中のア・イには道府県か市町村のいずれかが当てはまる。都道府県と市町村の役割をふまえたうえで，都道府県または道府県が当てはまるものの組合せとして正しいものを，下の①～⑧のうちから一つ選べ。

(18 試・改)

【**資料 1**】 地方自治法（抜粋）

第 2 条 地方公共団体は，法人とする。

2 普通地方公共団体は，地域における事務及びその他の事務で法律またはこれに基づく政令により処理することとされるものを処理する。

3 （X）は，基礎的な地方公共団体として，第 5 項において（Y）が処理するものとされているものを除き，一般的に，前項の事務を処理するものとする。

4 （X）は，前項の規定にかかわらず，次項に規定する事務のうち，その規模又は性質において一般の（X）が処理することが適当でないと認められるものについては，当該（X）の規模及び能力に応じて，これを処理することができる。

5 （Y）は，（X）を包括する広域の地方公共団体として，第 2 項の事務で，広域にわたるもの，（X）に関する連絡調整に関するもの及びその規模又は性質において一般の（X）が処理することが適当でないと認められるものを処理するものとする。

【**資料 2**】 都道府県・市町村の部門別の職員数（2017 年 4 月 1 日現在）（単位：人）

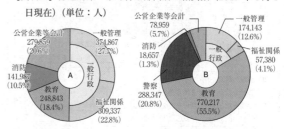

注：一般管理は総務，企画，税務，労働，農林水産，商工，土木などである。公営企業等会計は，病院，上下水道，交通，国保事業，収益事業，介護保険事業などである。市町村の職員には，一部事務組合等の職員が含まれる。

【**資料 3**】 道府県税・市町村税の収入額の状況（2016 年度決算）（単位：億円）

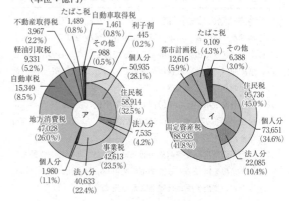

注：都道府県税ではなく道府県税と称するのは，都道府県の地方税の決算額から東京都が徴収した市町村税相当額を除いた額を表しているためである。合計は，四捨五入の関係で一致しない場合がある。

出典：【資料 2】・【資料 3】とも総務省 Web ページにより作成。

① X － A － ア ② X － A － イ ③ X － B － ア
④ X － B － イ ⑤ Y － A － ア ⑥ Y － A － イ
⑦ Y － B － ア ⑧ Y － B － イ

16 【国の立法に先行した条例】 国の立法に先行して地方自治体が条例を制定した分野とは言えないものを，次の①～④のうちから一つ選べ。　　　　　　　　　　　　（00 本）

① 製造物責任

② 環境影響評価（環境アセスメント）

③ 個人情報保護（プライバシー保護）

④ 情報公開

【地方自治総合】 生徒Xと生徒Yは，「住民生活の向上を目的とする国や地方自治体の政策に，住民はどのようにかかわることができるのか」という課題を設定して調査を行い，L市主催の報告会で発表することにした。次の図は，そのための調査発表計画を示したものである。これに関連して，後の問い**17**，**18**に答えよ。

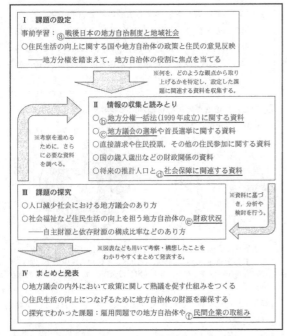

17 【地方自治の歴史】 問1　生徒Xと生徒Yは下線部ⓐについて調べた。次のA～Dは，第二次世界大戦後の日本の地方自治をめぐって起きた出来事に関する記述である。これらの出来事を古い順に並べたとき，3番目にくるものとして正しいものを，後の①～④のうちから一つ選べ。　　　　　　（22 本）

A　地方分権改革が進む中で行財政の効率化などを図るために市町村合併が推進され，市町村の数が減少し，初めて 1,700 台になった。

B　公害が深刻化し住民運動が活発になったことなどを背景として，東京都をはじめとして都市部を中心に日本社会党や日本共産党などの支援を受けた候補者が首長に当選し，革新自治体が誕生した。

C　地方自治の本旨に基づき地方自治体の組織や運営に関する事項を定めるために地方自治法が制定され，住民が知事を選挙で直接選出できることが定められた。

D　大都市地域特別区設置法に基づいて，政令指定都市である大阪市を廃止して新たに特別区を設置することの賛否を問う住民投票が複数回実施された。

①　A　　　②　B　　　③　C　　　④　D

18 【地方分権改革】 問2　生徒Xと生徒Yは，下線部ⓑをみながら会話をしている。次の会話文中の空欄　ア　～　ウ　に当てはまる語句の組合せとして最も適当なものを，後の①～⑧のうちから一つ選べ。　　　　　　　　　　　　（22 本）

X：この時の地方分権改革で，国と地方自治体の関係を　ア　の関係としたんだね。

Y：　ア　の関係にするため，機関委任事務制度の廃止が行われたんだよね。たとえば，都市計画の決定は，　イ　とされたんだよね。

X：　ア　の関係だとして，地方自治体に対する国の関与をめぐって，国と地方自治体の考え方が対立することはないのかな。

Y：実際あるんだよ。新聞で読んだけど，地方自治法上の国の関与について不服があるとき，地方自治体は　ウ　に審査の申出ができるよ。申出があったら　ウ　が審査し，国の機関に勧告することもあるんだって。ふるさと納税制度をめぐる対立でも利用されたよ。

①　ア　対等・協力　　イ　法定受託事務
　　ウ　国地方係争処理委員会

②　ア　対等・協力　　イ　法定受託事務　　ウ　地方裁判所

③　ア　対等・協力　　イ　自治事務
　　ウ　国地方係争処理委員会

④　ア　対等・協力　　イ　自治事務　　ウ　地方裁判所

⑤　ア　上下・主従　　イ　法定受託事務
　　ウ　国地方係争処理委員会

⑥　ア　上下・主従　　イ　法定受託事務　　ウ　地方裁判所

⑦　ア　上下・主従　　イ　自治事務
　　ウ　国地方係争処理委員会

⑧　ア　上下・主従　　イ　自治事務　　ウ　地方裁判所

19 【地方財政】 日本の地方財政に関する記述として最も適当なものを，次の①～④のうちから一つ選べ。　　　　　　（23 本）

① 地方公共団体における財政の健全化に関する法律が制定されたが，財政再生団体に指定された地方公共団体はこれまでのところない。

② 出身地でなくても，任意の地方公共団体に寄付をすると，その額に応じて所得税や消費税が軽減されるふるさと納税という仕組みがある。

③ 所得税や法人税などの国税の一定割合が地方公共団体に配分される地方交付税は，使途を限定されずに交付される。

④ 地方公共団体が地方債を発行するに際しては，増発して財政破綻をすることがないよう，原則として国による許可が必要とされている。

20 【三位一体の改革】 日本では三位一体の改革と呼ばれる，国と地方の財政のあり方を見直す税財政改革が実施されてきた。この改革の内容として適当でないものを，次の①～④のうちから一つ選べ。　　　　　　　　　　（07 本）

① 国庫補助負担金を廃止または縮減する。

② 地方債の発行について国の関与を廃止する。

③ 国から地方自治体への税源移譲を行う。

④ 地方交付税の見直しを行う。

21 【地方選挙】 問3　生徒Xと生徒Yは下線部ⓒについて，次の資料aと資料bを読みとった上で議論している。資料aと資料bのグラフの縦軸は，統一地方選挙における投票率か，統一地方選挙における改選定数に占める無投票当選者数の割合のどちらかを示している。後の会話文中の空欄　ア　〜　エ　に当てはまる語句の組合せとして最も適当なものを，後の①〜⑧のうちから一つ選べ。　　　　　　　　　　　（22本）

資料a

（出所）　総務省Webページにより作成。

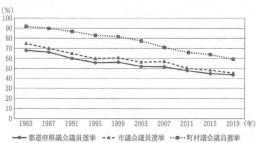

資料b

（出所）　総務省Webページにより作成。

X：議員のなり手が不足しているといわれている町村もあることが資料　ア　からうかがえるね。町村議会では，立候補する人が少ない背景には議員報酬が低いためという指摘があるよ。議員定数を削減する町村議会も一部にあるんだね。

Y：都道府県議会議員選挙では，それぞれの都道府県の区域を分割して複数の選挙区を設けるのに対し，市町村議会議員選挙では，その市町村の区域を一つの選挙区とするのが原則なんだね。図書館で調べた資料によると，都道府県議会議員選挙での無投票当選は，定数1や2の選挙区で多い傾向があるよ。資料　ア　から，都道府県や町村の議会議員選挙では，市議会議員選挙と比べると無投票当選の割合が高いことがわかるけど，無投票当選が生じる理由は同じではないようだね。

X：なるほど。この問題をめぐっては，他にも議員のなり手を増やすための環境づくりなどの議論があるよ。無投票当選は，選挙する側からすると選挙権を行使する機会が失われることになるよ。議会に対する住民の関心が低下するおそれもあるんじゃないかな。

Y：資料　イ　において1983年と2019年とを比べると，投票率の変化が読みとれるね。投票率の変化の背景として，　ウ　が関係しているといわれているけど，これは政治に対する無力感や不信感などから生じるそうだよ。

X：　エ　をはじめとして選挙権を行使しやすくするための制度があるけど，政治参加を活発にするためには，無投票当選や　ウ　に伴う問題などに処処していくことも必要なんだね。

① ア－a　　　　　　　　　イ－b
　ウ－政治的無関心　　　エ－パブリックコメント

② ア－a　　　　　　　　　イ－b
　ウ－政治的無関心　　　エ－期日前投票

③ ア－a　　　　　　　　　イ－b
　ウ－秘密投票　　　　　エ－パブリックコメント

④ ア－a　　　　　　　　　イ－b
　ウ－秘密投票　　　　　エ－期日前投票

⑤ ア－b　　　　　　　　　イ－a
　ウ－政治的無関心　　　エ－パブリックコメント

⑥ ア－b　　　　　　　　　イ－a
　ウ－政治的無関心　　　エ－期日前投票

⑦ ア－b　　　　　　　　　イ－a
　ウ－秘密投票　　　　　エ－パブリックコメント

⑧ ア－b　　　　　　　　　イ－a
　ウ－秘密投票　　　　　エ－期日前投票

22 【地方自治の本旨】　生徒Yは，日本国憲法が保障している地方自治について調べ，次の文章のようにまとめた。文章中の空欄　ア　〜　ウ　に当てはまる語句の組合せとして最も適当なものを，後の①〜⑧のうちから一つ選べ。　　　　　　　　　（22本）

> 日本国憲法第92条は，「地方公共団体の組織及び運営に関する事項は，地方自治の本旨に基いて，法律でこれを定める」としている。ここでいう地方自治の本旨は，団体自治と住民自治の原理で構成される。団体自治は，国から自立した団体が設立され，そこに十分な自治権が保障されなければならないとする　ア　的要請を意味するものである。住民自治は，地域社会の政治が住民の意思に基づいて行われなければならないとする　イ　的要請を意味するものである。国から地方公共団体への権限や財源の移譲，そして国の地方公共団体に対する関与を法律で限定することなどは，直接的には　ウ　の強化を意味するものということができる。

① ア　集権　イ　自由主義　ウ　住民自治

② ア　集権　イ　自由主義　ウ　団体自治

③ ア　集権　イ　民主主義　ウ　住民自治

④ ア　集権　イ　民主主義　ウ　団体自治

⑤ ア　分権　イ　自由主義　ウ　住民自治

⑥ ア　分権　イ　自由主義　ウ　団体自治

⑦ ア　分権　イ　民主主義　ウ　住民自治

⑧ ア　分権　イ　民主主義　ウ　団体自治

23 【地方自治体の組織と運営】　地方自治体の組織と運営に関する記述として最も適当なものを，次の①〜④のうちから一つ選べ。　　　　　　　　　　　　　　　　　　　　　（22 現本）

① 地方自治体の首長と議会の議員がそれぞれ別の選挙で直接選ばれる仕組みは，二元代表制と呼ばれる。

② 地方自治体の議会の議員の被選挙権は，満18歳以上である。

③ 副知事・副市町村長の解職の直接請求は，イニシアティブと呼ばれる。

④ 副知事・副市町村長の解職を直接請求する場合，その請求先は選挙管理委員会である。

⑫ 経済とはなにか

共通テスト／センター試験出題頻度	年度	2023	2022	2021	2020	2019	2018	2017	2016	2015	2014	2013	2012
	出題	●	●	●	●	●	●	●	●	●	●	●	●

■STEP❶【基礎問題演習】

次の各文中の空欄に適語を入れよ。

❶【経済活動とはなにか】

	正　解
① 生産とは資本，労働力，土地等の（①）を用い財・サービスを作り出す行為である。	①生産要素（生産手段）
② 売買されるなかで，電化製品などのような形のあるものを（②）という。	②財
③ 売買されるなかで，音楽家の演奏や医師による診断などのような形のないものを（③）という。	③サービス
④ 個人が自分の意志により，財・サービスの売買などの私的な経済活動を自由に行えることを，（④）の原則という。	④私的自治
⑤ （⑤）とは，生産活動を行うために必要とされる，工場や機械・原材料，および現金などのことである。	⑤資本
⑥ 生産を手分けして進める（⑥）により，社会全体として効率的となる。	⑥分業
⑦ 複数の労働者が共同して生産を行うことを（⑦）という。	⑦協業
⑧ 生産した財・サービスを，他者のそれと取引する場が（⑧）である。	⑧市場
⑨ 小規模の多くの売り手と買い手が市場に存在し，需給が一致するところで価格が決定されるような理想的な市場を，（⑨）という。	⑨完全競争市場
⑩ 生産に必要な資源は有限であり，この状態を（⑩）を持つという。	⑩希少性
⑪ 人は取引により得られる便益（⑪）が費用（コスト）を上回る行動をしようとする。	⑪ベネフィット
⑫ ある行動をとると，何かをあきらめる必要がある状態を（⑫）という。	⑫トレードオフ
⑬ 便益や費用が変わることで人々の選択が変わるように，人々の選択に影響を与える経済的な誘因を（⑬）という。	⑬インセンティブ
⑭ 金銭的なインセンティブを提示するなど強制的に行動を促さず，選択の自由を残したうえで，より望ましい選択に気づかせる誘導のことを（⑭）という。	⑭ナッジ
⑮ 選ばなかった行動の中で，得られたであろう最大の便益を（⑮）という。	⑮機会費用
⑯ ある人が利己的な行動をとり始めると，他もそれにならい，結果的に共有していた資源を減らすことで全員にとって望ましくない状況になる，という経済モデルを（⑯）という。	⑯共有地の悲劇
⑰ 経済活動では，希少性をもつ資源を使い，より多くの経済資源を生み出す効率性とともに，社会全体の構成員が経済資源を，どれだけ平等に分けられるかの（⑰）も重要となる。	⑰公平性
⑱ 生産物が過不足なく消費されると，社会全体としては，資源の（⑱）が行われたことになる。	⑱最適配分
⑲ 社会全体にとって，より望ましい資源配分の状態に改善することを（⑲）改善という。さらに，誰かの経済状態を悪化させることなく，社会全体の経済状態が向上した結果，これ以上に改善できない状態を，（⑲）効率的という。	⑲パレート
⑳ かけた費用（コスト）を無駄にしたくない，もったいないと思う心理により，合理的な判断や行動をできなくなることを（⑳）効果という。	⑳埋没費用（サンクコスト）
㉑ 経済を構成する一人ひとりの消費者や，それぞれの企業がする選択行動そのものや，その選択行動が，社会にどのような影響を及ぼすかを考えるのが（㉑）経済学である。	㉑ミクロ
㉒ 政府，企業，家計などを一括りにし，それら大きな経済主体の経済活動やその影響について考えるのが（㉒）経済学である。	㉒マクロ

次の各文の**正誤**を判別し，誤りについては正しく訂正しなさい。

① 政策のトレードオフの例として，国内生産者を保護するための所得保障政策と，非関税障壁を利用することで輸入の制限を図るものがある。　　　　　　　　　　　　　　（09 現追）

② 生産手段を私有できることで，資本蓄積への意欲が高められる。　　　　　　（23 本）

③ マルクスは，社会主義経済では，生産手段は，私有が否定されて，社会的所有となると説いた。　　　　　　　　　　　　　　　　　　　　　　　　　　　　　　　　　　（99 本）

④ アダム・スミスは，資本主義経済では，生産手段を所有しない労働者はその労働力を資本家に売るので，生産物は資本家のものとなり，労働も強制されたものとなると説いた。（23 倫本）

⑤ 生産の三要素とは，土地，労働力，財である。

⑥ 主に人件費が低いという理由から，資本集約的な組立工程は発展途上国・新興国によって担われていることが多いとされる。　　　　　　　　　　　　　　　　　　　　（21 第二）

⑦ 希少性をもつ財は，「経済財」とよばれる。一方，空気のように，豊富に存在し，だれでも無償で利用できる財は，「自由財」とよばれている。　　　　　　　　　　　　（91 現本）

⑧ 18 世紀後半に産業革命が起きて資本主義経済が確立するのと並行して，工場などの生産手段を所有する資本家階級と，労働力を商品として資本家に販売する労働者階級との分化が進行した。　　　　　　　　　　　　　　　　　　　　　　　　　　　　　　　　　（17 本）

⑨ 完全競争市場では，需要者と供給者の間に情報の非対称性がある。　　　　　（17 本）

⑩ 完全競争市場と比較した場合の寡占市場の特徴として，資源が効率的に配分されやすい。　　　　　　　　　　　　　　　　　　　　　　　　　　　　　　　　　　（10 本）

⑪ 完全競争市場の特徴として，売り手も買い手も多数存在している。　　　　　（08 本）

⑫ アダム・スミスは，市場では，多数の売り手と買い手が，それぞれ自己の利益を追求して活動することによって，需給が調整されると説いた。　　　　　　　　　　　　（13 追）

⑬ 棚田（傾斜地にある小規模・不整形な水田）での耕作放棄を防止するのは，国土や環境の保全など，農業の社会的便益を考えた政策である。　　　　　　　　　　　　　（09 本）

⑭ 公平性の追求が，経済効率性を損なうとの意見もあり，公平性と効率性のプライマリー・バランスをいかに解決するかが問われている。　　　　　　　　　　　　　　（18 追）

⑮ あるものを選ぶとき，他のものを断念せず，両方とも手に入れようとすることをトレードオフという。

⑯ ソ連などの社会主義国では，生産や分配を国家が管理するしくみが採用された。しかし，その後，官僚主義や資源利用の非効率性などの問題が表面化した。　　　　　　（95 現追）

⑰ 日本では，自由競争を維持し，企業間競争を促進して経済的な効率性を高めるために，独占禁止政策はとられていない。　　　　　　　　　　　　　　　　　　　　　（97 現追）

⑱ 独占禁止政策が要請される理由の一つは，独占や寡占が資源配分をゆがめて経済の効率と公正を損なうことである。　　　　　　　　　　　　　　　　　　　　　　　（96 現本）

⑲ ケインズは，分業により生産性が飛躍的に上昇すると主張した。　　　　　　（97 本）

⑳ 大きな政府の弊害として，公営企業は，コスト意識が乏しく，その赤字を補填するために財政負担が重くなりがちであると言われる。　　　　　　　　　　　　　　　（90 現追）

㉑ 資本の分類の一つで，道路や港湾など，人が経済活動を行う上で基盤となる設備のことを人的資本という。

㉒ 帰省でバスに乗っている間は，アルバイトができないとする。このとき，バスに乗ったために得ることができなかったアルバイトの代金を社会的費用という。　　　　（21 第二）

㉓ ある対象への投資をしつづけることが損失につながるとわかっているのに，それまでの投資を惜しむ心理が働き，投資がやめられない状態をコンコルド効果という。

①× 輸入規制など非関税障壁は，国内生産者保護となる。

②○

③○

④× スミスではなくマルクス。

⑤× 財ではなく資本。

⑥× 資本集約的ではなく労働集約的。

⑦○

⑧○

⑨× 不完全市場となる。

⑩× 完全競争市場の特徴。

⑪○

⑫× 完全競争市場を想定している。

⑬○

⑭× プライマリー・バランスではなくトレードオフ。

⑮× 断念しなければならない状況をいう。

⑯○

⑰× 独占禁止法が実施されている。

⑱○

⑲× アダム・スミスの主張。

⑳○

㉑× 人的資本ではなく，社会資本。

㉒× 社会的費用ではなく，機会費用。

㉓○ 埋没費用効果の別名。超音速旅客機コンコルドの商業的失敗に由来。

共通テスト・センター試験過去問　次の各設問に答えよ。

1 【機会費用①】　Aさんは高速バスを利用して祖父母の家に行くことにした。バスターミナルまでAさんの姉の大学生Bさんが見送りに来て，バスが来るまでの間に次の会話をした。会話中の　X　と　Y　に入るものの組合せとして最も適当なものを，下の①〜⑥のうちから一つ選べ。　　　　　　（21 現第二）

（中略）

B：高速道路の経済効果を計算するのは難しいけど，利用者がどれくらい便利になったのかはある程度計算できると思うよ。例えば，今回，高速バスに乗る費用はいくらだと思う？

A：バスの乗車券を買ったときに5,000円払ったから5,000円だよね。

B：払ったお金はそうだけど，バスには6時間乗るから，例えばお店で時給1,000円で同じ時間アルバイトしたらいくらもらえるかな。

A：6,000円だね。結構もらえるな。

B：バスに乗っているとその時間はアルバイトに使えなくなるね。ということはアルバイトで稼げた6,000円を失って，その代わりにバスに乗っていると考えることができるよね。この失った分を経済学では　X　というそうだよ。実際に払うお金の他にこうしたことも考えないといけないんだ。

A：そうか，時間は何かに使うと他のことをするのに使えないからね。

B：今は高速道路もできたし，鉄道で行くときも途中までは新幹線でも行けるけど，昔は急行列車だと9時間かかったそうだよ。

A：今，急行列車しかなくて，運賃がもし同じ5,000円だった場合と比べると，高速道路ができて便利になったということは，それで節約できた時間でアルバイト代　Y　円を稼げるようになったということなんだね。

① X 社会的費用　Y 3,000　　② X 社会的費用　Y 6,000

③ X 社会的費用　Y 9,000　　④ X 機会費用　　Y 3,000

⑤ X 機会費用　　Y 6,000　　⑥ X 機会費用　　Y 9,000

2 【機会費用②】　経済学ではある選択に対してさまざまな費用がかかると考えられている。いま，1,500円の料金を支払ってカラオケで遊ぶことができる。同じ時間を使って，アルバイトで1,800円の給与を得ることや，家事を手伝うことで1,000円の小遣いを得ることもできる。この三つの選択肢のうち一つしか選べない場合，機会費用を含めたカラオケで遊ぶ費用はいくらになるか。正しいものを，次の①〜④のうちから一つ選べ。　（17 追）

① 1,500円　　② 2,500円　　③ 3,300円　　④ 4,300円

3 【経済学説と経済政策】　次に示したのは，生徒Yが最近読んだ新聞である。記事a〜cの各見出しは，それぞれ政府による経済政策を示している。これらの経済政策は，次の経済学者ア〜ウのうちどの人物の考え方に最も親和的であると考えられるか。経済学者ア〜ウと，各経済政策が示されている記事a〜cとの組合せとして最も適当なものを，下の①〜⑥のうちから一つ選べ。

　　　　　　　　　　　　　　　　　　　　　　　　（21 第二）

ア　ミルトン・フリードマン（1912〜2006）

イ　フリードリッヒ・リスト（1789〜1846）

ウ　ジョン・メイナード・ケインズ（1883〜1946）

① ア—a　イ—b　ウ—c　　② ア—a　イ—c　ウ—b

③ ア—b　イ—a　ウ—c　　④ ア—b　イ—c　ウ—a

⑤ ア—c　イ—a　ウ—b　　⑥ ア—c　イ—b　ウ—a

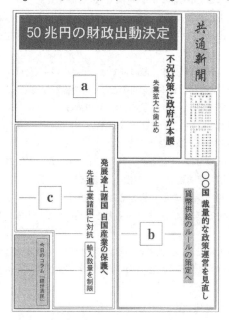

4 【小さな政府と大きな政府】　生徒Yは新聞のコラム欄に，次のような記述をみつけた。

この記述に興味をひかれたYは，生徒Xを誘って図書館に行き，この記述の意味を分担して調べた。次の発言a〜dは，調べた成果を互いに教え合った際のものである。下の空欄　ア　〜　オ　に当てはまる語句の組合せとして最も適当なものを，下の①〜⑧のうちから一つ選べ。　　（21 第二）

a　市場への国家の介入が，世界恐慌を契機に強まっていったよ。景気の安定化や所得の再分配などに関しても，国家が次第にその役割を担うようになったんだ。　ア　政府から　イ　政府への転換が始まったんだよ。

b　国際的な通貨システムにも変化があったよ。それまで中央銀行の金保有量に通貨量が制約されていた各国は，世界恐慌を契機に，金保有量にかかわりなく通貨量を増減できる制度を採用することになったんだ。これによって　ウ　紙幣は，現在の日本でもみられる　エ　紙幣に取って代わられたよ。

c　変化といえば，国際的な通商システムにもみられたよ。世界恐慌を契機に世界経済は，列強諸国によって複数の経済圏に分断されたんだ。こうした世界経済の分断が戦争の一因になったことへの反省から，第二次世界大戦後は オ 貿易を促進する協定が結ばれたよ。

d　金融制度の変化もみられたよ。アメリカでは世界恐慌が発生した後，銀行業務と証券業務の兼営が禁止されたり，連邦レベルの預金保険制度が整備されたりしたんだ。金融市場の安定化が模索されたんだよ。

Ｙ

① ア 小さな　イ 大きな　ウ 不　換　エ 兌　換　オ 保　護
② ア 小さな　イ 大きな　ウ 不　換　エ 兌　換　オ 自　由
③ ア 小さな　イ 大きな　ウ 兌　換　エ 不　換　オ 保　護
④ ア 小さな　イ 大きな　ウ 兌　換　エ 不　換　オ 自　由
⑤ ア 大きな　イ 小さな　ウ 不　換　エ 兌　換　オ 保　護
⑥ ア 大きな　イ 小さな　ウ 不　換　エ 兌　換　オ 自　由
⑦ ア 大きな　イ 小さな　ウ 兌　換　エ 不　換　オ 保　護
⑧ ア 大きな　イ 小さな　ウ 兌　換　エ 不　換　オ 自　由

5 【費用対効果】 生徒たちは，費用対効果の考え方に着目し，その値が示す効率性に基づいて実施すべき産業振興の対策事業を選定する方法について学ぶことにした。生徒たちは，その考え方と対策事業の実施のルールを次のノートにまとめた。また，費用対効果に関連した市内の地域別および産業別の対策事業それぞれにおける費用と経済的利益とを調べた。その一部が下の表である。次の空欄 ア ・ イ および表に関する費用対効果の比較について述べた下の空欄 ウ に当てはまる記述 a 〜 d との組合せとして最も適当なものを，下の①〜⑧のうちから一つ選べ。

(21 第二)

生徒たちがまとめたノート

〈費用対効果の考え方〉

・1回の対策事業の ア を分母，1回の対策事業の イ を分子とした比率で効率性を評価する。

・地域Aで小売業対策，地域Bで加工業対策を実施するなど，二地域の対策事業の「組合せ」を比較する場合，二つの対策事業の ア の合計値を分母， イ の合計値を分子として比率を計算する。

・比率の値が高い事業の方が，効率性が高い。

〈費用対効果の比較に関するルール〉

・一つの地域で実施される対策事業は，加工業対策か小売業対策のいずれか一つとし，両方を行うことはない。

・比較した際，費用対効果の値がより高い事業を選定し，実施する。「組合せ」の場合についても同様とする。

・事業に要する予算を地方公共団体が支出可能か否かは，ここでは考えない。

表　対策事業に要する費用と推測された経済的利益（億円）

市内の地域	費用対効果の項目	対策事業	
		加工業対策	小売業対策
A	費　用	2.0	2.0
	経済的効果	4.4	4.6
B	費　用	2.0	2.0
	経済的効果	5.0	4.0

これらの考え方，ルールおよび表から読みとれる事柄についての記述として最も適当なものは ウ と考えられる。

a　加工業対策事業のみで比率の値を比較すると，地域Aに加工業対策を実施する方が地域Bに実施するよりも効率的である

b　小売業対策事業のみで比率の値を比較すると，地域Bに小売業対策を実施する方が地域Aに実施するよりも効率的である

c　二地域の対策事業の組合せを考えると，地域Aで加工業対策，地域Bで小売業対策を実施する組合せの効率性が最も高くなる

d　二地域の対策事業の組合せを考えると，地域Aで小売業対策，地域Bで加工業対策を実施する組合せの効率性が最も高くなる

① ア－経済的利益　イ－費　用　　　ウ－a
② ア－経済的利益　イ－費　用　　　ウ－b
③ ア－経済的利益　イ－費　用　　　ウ－c
④ ア－経済的利益　イ－費　用　　　ウ－d
⑤ ア－費　用　　　イ－経済的利益　ウ－a
⑥ ア－費　用　　　イ－経済的利益　ウ－b
⑦ ア－費　用　　　イ－経済的利益　ウ－c
⑧ ア－費　用　　　イ－経済的利益　ウ－d

6 【機会費用③】 生徒Ｘは，クラスでの発表において，企業の土地利用を事例にして，機会費用の考え方とその適用例をまとめることにした。Ｘが作成した，次のメモ中の空欄 ア ・ イ に当てはまる語句として最も適当なものを，後の①〜④のうちから一つ選べ。

(22 本)

◇機会費用の考え方：ある選択肢を選んだとき，もし他の選択肢を選んでいたら得られたであろう利益のうち，最大のもの。

◇事例の内容と条件：ある限られた土地を公園，駐車場，宅地のいずれかとして利用する。利用によって企業が得る利益は，駐車場が最も大きく，次いで公園，宅地の順である。なお，各利用形態の整備費用は考慮しない。

◇機会費用の考え方の適用例：ある土地をすべて駐車場として利用した場合， ア の関係から他の用途に利用できないため，そのときの機会費用は， イ を選択したときの利益に等しい。

① ア トレード・オフ　　イ 公　園
② ア トレード・オフ　　イ 宅　地
③ ア ポリシー・ミックス　イ 公　園
④ ア ポリシー・ミックス　イ 宅　地

⑬ 経済主体と企業活動

共通テスト／センター試験出題頻度	年度	2023	2022	2021	2020	2019	2018	2017	2016	2015	2014	2013	2012
	出題		●	●		●		●	●	●	●	●	●

■STEP❶【基礎問題演習】

次の各文中の空欄に適語を入れよ。

❶【家計・企業・政府】

		正　解
1	経済の中心となる三つの経済主体は，（①）・企業・政府である。	①家計
2	個人の所得から直接税や社会保険料を控除した分を（②）という。	②可処分所得
3	家計の消費支出に占める食費の割合を（③）という。所得が高いほどその値は低くなる傾向にある。	③エンゲル係数
4	可処分所得に対する消費支出の割合を（④），貯蓄の割合を貯蓄性向という。	④消費性向
5	可処分所得から消費を引いたものが（⑤）となり，企業に資本として提供されるほか，国債の購入を通じて，政府に提供される。	⑤貯蓄
6	政府は民間では供給されない（⑥）財や（⑥）サービスを提供する。	⑥公共
7	企業は，私企業・公企業・（⑦）企業に分類される。	⑦公私合同企業
8	法人企業は株式会社・合資会社・合名会社・（⑧）に分けられる。	⑧合同会社
9	会社に関する規定は，2005年成立の（⑨）に統合された。	⑨会社法
10	会社法により，（⑩）の下限が撤廃された。	⑩資本金
11	（⑪）会社は新設できないが，特例（⑪）会社として存続できる。	⑪有限
12	会社の出資者と舵取りを行うものとが分けられていることを（⑫）という。	⑫所有と経営の分離
13	株式会社の最高意思決定機関を（⑬）といい，取締役会の選任・解任を行う。株主議決権は，原則として1株式につき1票と，会社法で定められている。	⑬株主総会
14	株主は会社の利潤の一部を（⑭）として受け取ることができる。	⑭配当
15	利潤は配当として分配され，残りは（⑮）（社内留保）として企業の資本となる。	⑮内部留保
16	会社の倒産時，責任が出資額の範囲に限定されるのが（⑯）社員，限定されないのが無限責任社員である。	⑯有限責任
17	会社法で社員とは，従業員ではなく，（⑰）を指す。	⑰出資者
18	他企業の株式取得などにより，その企業を合併・買収するのを（⑱）という。	⑱M＆A
19	企業が利潤で設備投資を行い，生産規模を継続的に拡大することを（⑲）という。	⑲拡大再生産
20	生産量が増えると，製品1単位の単価が下がることを規模の利益（⑳）という。	⑳スケール‐メリット
21	異業種間のM＆Aによりできた複合企業を（㉑）という。	㉑コングロマリット
22	事業内容を絞り，多角化するなど，事業内容の再構築を行うことを（㉒）という。単に人員削減を意味することもある。	㉒リストラクチュアリング（リストラ）
23	政府による規制緩和にともない，戦後禁止されてきた（㉓）が1997年に解禁された。	㉓持株会社
24	企業の閉鎖性を排除し，企業がもつ経営情報を開示することを（㉔）という	㉔ディスクロージャー
25	会社の内部情報を知る立場の者が，非公開の情報を利用し株式の取引を行う（㉕）は，株式市場の公正性を阻害するとして禁止されている。	㉕インサイダー取引
26	株式を市場で売買できるようにすることを（㉖）（株式公開）という。	㉖上場
27	上場した会社は，株主に対して（㉗）などの会計情報の開示が求められる。	㉗貸借対照表
28	貸借対照表は，資産＝負債＋純資産となっており，純資産÷資産を（㉘）といって，財務状況の安定性を図る指標の一つである。	㉘自己資本比率
29	株主のほか，債権者や労働者，地域などの利害関係をもつ人を（㉙）という。	㉙ステークホルダー
30	企業が自律できるよう，企業統治すなわち（㉚）の徹底が重視されている。企業の内部統	㉚コーポレートガバナンス

制や不正防止のあり方が問われる。

31 企業統治の一つで，企業の社会的責任のことを（㉛）という。

32 企業は法令や社会規範を遵守する（㉜）の強化が求められている。

33 企業は国民や消費者に，自らの行動の内容や結果の説明を行う（㉝）を負っている。

34 企業による芸術や文化の支援活動を（㉞）という。

35 企業による福祉などに対する慈善活動を（㉟）という。

36 製品，教育，安全，環境などのマネジメントシステムの国際規格を制定する非政府機関が（㊱）である。

37 取締役などが会社に与えた損害に対し，株主がその法的責任を追及するためにおこす訴訟を（㊲）という。

38 （㊳）法では，組織内の不正を内部通報した公務員を含む労働者が，不利益を被らないようにしている。

39 特定の社会的な目的達成のために組織される営利を目的としない（㊴）法人の収益は，事業の拡大や利益の分配のためには用いられない。

㉛ＣＳＲ

㉜コンプライアンス

㉝アカウンタビリティ
（説明責任）

㉞メセナ

㉟フィランソロピー

㊱ISO

㊲株主代表訴訟

㊳公益通報者保護

㊴NPO

■STEP❷【正誤問題演習】■

次の各文の正誤を判別し，誤りについては正しく訂正しなさい。

1【経済主体】

① 家計は，保有する株や土地などの価格が上がると消費を増やす傾向があり，これは資産効果といわれる。　　　　　　　　　　　　　　　　　　　　　　　　　　（19 本）

② 可処分所得は，所得から所得税やローン返済などを差し引いたものである。　（00 追）

③ 家計の貯蓄率の高い国と低い国とを比較した場合，低い国の方が，国民全体の消費に向かう意欲（消費性向）は相対的に高いと考えられる。　　　　　　　　　　　（92 本）

④ 所得が高いほどエンゲル係数は高い傾向がある。

⑤ 企業は，生産が一定の地域で集中的に行われることにより生産および流通に必要な経費を節約できることがあり，これは集積の利益といわれる。　　　　　　　　　　（19 本）

⑥ 消費者のクーリングオフの求めに応じることもコンプライアンスの一つである。　（14 追）

⑦ 公企業には，国営企業や地方公営企業のほか，農業協同組合（農協）も含まれる。　　　　　　　　　　　　　　　　　　　　　　　　　　　　　　　　　　（08 本）

⑧ 日本の中央銀行である日本銀行は，政府全額出資の企業である。　　　　　（17 本）

⑨ 国営企業は 1980 年代にすべて民営化された。

⑩ 2006 年に会社法が施行され，有限会社は存在しなくなった。

⑪ 株式会社は，経営に参加する無限責任社員で構成されており，有限責任社員はいない。　　　　　　　　　　　　　　　　　　　　　　　　　　　　　　　　（05 本）

⑫ 景気が良くなると，株価が安くなり買いやすくなる。

⑬ 株式会社の資金調達方法には，株式発行のほか，銀行借り入れなどがある。

⑭ 自社の株価の低下を招くような社内の行為をその会社の株主が監視することを，リストラクチャリングという。　　　　　　　　　　　　　　　　　　　　　　　　（22 本）

⑮ 株主総会における議決権は，株主一人につき一票となっている。

⑯ 株式会社では，個人だけでなく，他の法人が株主となっている場合もある。

⑰ 株式会社は，設立と同時に，その株式を証券取引所に上場しなければならない。（95 追）

⑱ 大企業では所有と経営が分離し，経営は専門的経営者に委ねられる傾向がある。

⑲ 会社が倒産した場合，株式が無価値になることもあるが，会社の負債を株主が返済する義務はない。　　　　　　　　　　　　　　　　　　　　　　　　　　　　　（09 追）

⑳ 会社にかかる法人税などの税金が安い国や地域のことをタックス - ヘイブンという。

㉑ 企業統治がすすみ，企業の利害とは距離を置いた外部の視点から経営を監視するために社外取締役が増えつつある。

㉒ 企業が行う，新たな生産技術や製品に関する研究・開発のことを，M&A という。（22 現本）

1 正解とヒント

①○

②× ローン返済ではなく，社会保険料。

③○

④× 低所得者ほど高い。

⑤○ 規模の利益ともいう。

⑥○

⑦× 私企業の中の法人企業のうち組合企業。

⑧× 公私合同企業。

⑨× 郵政公社は 2000 年代の民営化。

⑩× 新設は不可で存続は可能。

⑪× 株式会社は，有限責任社員のみで構成。

⑫× 株価は高くなる。買いやすいかは別問題。

⑬○ 間接金融である。

⑭× コーポレートガバナンス（企業統治）という。

⑮× 原則株式 1 株につき 1 個の議決権を有する。

⑯○

⑰× 上場の条件は厳しく，優良企業だけが上場できる。

⑱○ 資本と経営の分離。

⑲○ 株主は有限責任。

⑳○

㉑○

㉒× M＆AではなくR＆D。

共通テスト・センター試験過去問　次の各設問に答えよ。

1 【株式会社①】　日本の株式会社に関する制度の記述として誤っているものを，次の①〜④のうちから一つ選べ。　（19 追）
① 株式会社の設立に必要な資本金は百万円以上と定められている。
② 株式会社は社債の発行により資金を調達できる。
③ 株式会社は農業経営に参入できる。
④ 株式会社の経営と所有は分離可能である。

2 【株式会社②】　日本における株式会社についての記述として正しいものを，次の①〜④のうちから一つ選べ。　（14 本）
① 独占禁止法の下では，事業活動を支配することを目的として，他の株式会社の株式を保有することが禁止されている。
② 会社法の下では，株式会社の設立にあたり最低資本金の額が定められている。
③ 株式会社のコーポレート・ガバナンスに関しては，バブル経済の崩壊以降，株主の権限の制約が主張されている。
④ 株式会社の活動によって生じた利潤は，株主への配当以外に，投資のための資金としても利用されている。

3 【株式会社③】　株式会社についての記述として最も適当なものを，次の①〜④のうちから一つ選べ。　（05 本）
① 株式会社は，経営に参加する無限責任社員で構成されており，有限責任社員はいない。
② 株式会社の最高議決機関は，株主総会である。
③ 株主総会では，所有株数にかかわらず，株主に対して一人一票の議決権が与えられる。
④ 株式会社では，監査役が日常の経営の主な決定を行う。

4 【株式会社④】　株式会社についての記述として適当でないものを，次の①〜④のうちから一つ選べ。　（09 追）
① 多額の資金を集めて大規模な事業を営むのに適している。
② 会社の規模が大きくなると所有と経営の分離が生じやすい。
③ 会社が倒産した場合，株式が無価値になることもあるが，会社の負債を株主が返済する義務はない。
④ 会社の活動によって生じた利潤は，そこから株主に報酬を支払った残額が，配当として会社の従業員に分配される。

5 【会社企業①】　日本の会社企業に関する次の記述A〜Cのうち，正しいものはどれか。当てはまる記述をすべて選び，その組合せとして最も適当なものを，下の①〜⑦のうちから一つ選べ。
　（19 本）
A　会社設立時の出資者がすべて有限責任社員である会社は，株式会社という。
B　会社設立時の出資者がすべて無限責任社員である会社は，合名会社という。
C　会社設立時の出資者が有限責任社員と無限責任社員である会社は，合同会社という。
① A　　　② B　　　③ C　　　④ AとB
⑤ AとC　⑥ BとC　⑦ AとBとC

6 【会社企業②】　企業についての記述として正しいものを，次の①〜④のうちから一つ選べ。　（12 追）
① 独立行政法人は，公私合同企業（公私混合企業）に分類される。
② 合同会社の出資者は，有限責任社員のみである。
③ 株式会社の他人資本には，株式の発行で株主から調達した資本が含まれる。
④ コーポレート・ガバナンス（企業統治）とは，企業の経営者が株主の活動を監視することである。

7 【会社企業③】　企業についての記述として正しいものを，次の①〜④のうちから一つ選べ。　（17 本）
① 日本の会社法に基づいて設立できる企業に，有限会社がある。
② 企業の経営者による株主の監視を，コーポレート・ガバナンスという。
③ 日本の中央銀行である日本銀行は，政府全額出資の企業である。
④ 企業による芸術や文化への支援活動を，メセナという。

8 【企業行動】　企業が設備投資を増加させる要因と言えるものを，次の①〜④のうちから一つ選べ。　（98 追）
① 銀行の貸出金利の上昇
② 売上げの減少などによる業績の悪化
③ 過剰な在庫の発生
④ 自社の株価の大幅な上昇

9 【費用と利潤】　利潤についての記述として正しいものを，次の①〜④のうちから一つ選べ。　（16 本）
① 企業内部に蓄えられた利潤は，設備投資のような企業規模の拡大のための原資として用いられることがある。
② 国民経済計算では，企業の利潤は雇用者報酬に分類される。
③ 企業の利潤は，賃金や原材料費などの費用に，生産活動により得られた収入を付け加えたものである。
④ 株式会社の場合，利潤から株主に支払われる分配金は出資金と呼ばれる。

10 【経済主体①】　代表的な経済主体には家計，企業，政府などがあげられる。これらに関して，次の説明A〜Cのうち，正しいものはどれか。当てはまる説明をすべて選び，その組合せとして最も適当なものを，下の①〜⑦のうちから一つ選べ。　（19 本）
A　家計は，保有する株や土地などの価格が上がると消費を増やす傾向があり，これは資産効果といわれる。
B　企業は，生産が一定の地域で集中的に行われることにより生産および流通に必要な経費を節約できることがあり，これは集積の利益といわれる。
C　政府は，必要な資金が不足する場合に公債を発行して中央銀行に直接引き受けてもらうことがあり，これは公債の市中消化といわれる。
① A　　　② B　　　③ C　　　④ AとB
⑤ AとC　⑥ BとC　⑦ AとBとC

11 【経済主体②】 次の図は，三つの経済主体間における経済循環の基本構造を示したものである。図中の矢印は財やお金の流れを示している。図中のA～Cに当てはまるものの組合せとして最も適当なものを，下の①～⑥のうちから一つ選べ。　　（17 本）

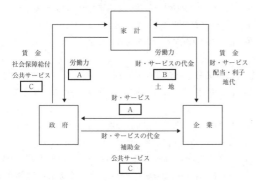

① A 資　金　　B 租税・社会保険料　　C 社会資本
② A 資　金　　B 社会資本　　C 租税・社会保険料
③ A 社会資本　　B 資　金　　C 租税・社会保険料
④ A 社会資本　　B 租税・社会保険料　　C 資　金
⑤ A 租税・社会保険料　　B 資　金　　C 社会資本
⑥ A 租税・社会保険料　　B 社会資本　　C 資　金

12 【経済主体③】 生徒Xと生徒Yは，白板における関係図の書き方を参考に話し合いを行い，自主学習として環境問題を関連させた経済主体の関係図を作成した。たとえば，次の会話文中の下線部の内容は，後の関係図中の消費者と企業の間の矢印（⇄）に対応している。会話の内容と整合する関係図として最も適当なものを，後の①～④のうちから一つ選べ。　（22 本）

X：企業の工場から汚染物質が排出されるような図を考えればいいかな。

Y：それもあるけど，需要側の消費者が供給側の企業と，市場で財・サービスを取引するから生産が行われるわけで，需要側にも問題があると思うよ。

X：そうだね。でも，両方を書くと問題の焦点がわかりにくくなるし，今回の学習では，需要側からの汚染物質の問題は省いて，供給側からの汚染物質の排出と供給側への政府の対策を作図するってことでいいんじゃないかな。政府が供給側を対象に対策をしたというニュースもあったよね。

Y：いいね。私もみたよ。あと，その矢印のそばに書く語句はニュースに近いものを書くといいかもね。政策の目的も考慮されやすい語句がいいかな。

X：うん。加えて，市民で構成されるNPOなどによる，供給側への監視も大事になってくるんじゃないかな。

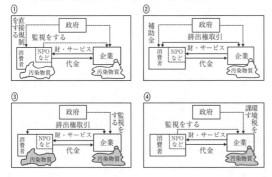

13 【家計】 家計の消費活動についての記述として誤っているものを，次の①～④のうちから一つ選べ。　　（98 政追）
① 将来の物価下落を予想すると，家計は消費の時期を早めようとする。
② 所得が増加すると，家計は消費支出を増加させようとする。
③ 保有する資産の価値が上昇すると，家計は消費を増加させようとする。
④ 金利が上昇すると，家計は高額の耐久消費財の購入を手控えようとする。

14 【家計と企業】 企業や家計についての記述として最も適当なものを，次の①～④のうちから一つ選べ。　　（16 本）
① 家計は，他の条件が一定である場合，その保有する資産の価格が上昇すると消費額を増やす傾向にある。
② 企業は，他の条件が一定である場合，銀行の貸出金利が低下すると設備投資を減少させる傾向にある。
③ 日本の家計を全体でみると，消費支出のうち食料費よりも保健医療費の方が多い。
④ 日本の従業者を全体でみると，中小企業で働く人数よりも大企業で働く人数の方が多い。

15 【企業と社会①】 次の劇団の主宰者のインタビュー資料中の　A　・　B　に入る語句の組合せとして最も適当なものを，次の①～④のうちから一つ選べ。　　（23 現本）

……私たちは今から 10 年前に，廃校になった自分たちの母校を利用して，演劇をしながら地域活性化を目指す NPO を立ち上げました。最近は，空き家問題の解決といった公共性の高い課題を収益が得られる事業にすることで解決を目指す NPO なども出てきていて，　A　と呼ばれていますよね。その他に，一般の企業でも，法令遵守に加えて，環境保全活動の支援のように様々なステークホルダーに貢献することが　B　の一環で行われるようになっていますよね。

① A 社会的企業　　B 企業の社会的責任
② A 社会的企業　　B 内部統制
③ A 営利企業　　B 企業の社会的責任
④ A 営利企業　　B 内部統制

16 【企業と社会②】 次の文章は，L市内の民間企業の取組みについて，生徒Xと生徒Yがまとめた発表用原稿の一部である。文章中の空欄　ア　にはaかb，空欄　イ　にはcかdのいずれかが当てはまる。次の文章中の空欄　ア　・　イ　に当てはまるものの組合せとして最も適当なものを，後の①～④のうちから一つ選べ。　　（22 本）

一つ目はA社とB大学についての事例です。L市に本社があるベンチャー企業のA社は，それまで地元の大学からの人材獲得を課題としていました。そのためA社は，市内のB大学と提携してインターンシップ（就業体験）を提供するようになりました。このインターンシップに参加したB大学の卒業生は，他の企業への就職も考えたものの，仕事の内容を事前に把握していたA社にやりがいを見いだして，A社への就職を決めたそうです。この事例は　ア　の一例です。

二つ目は事業者Cについての事例です。事業者Cは，市内の物流拠点に併設された保育施設や障がい者就労支援施設を運営しています。その物流拠点では，障がいのある人たちが働きやすい職場環境の整備が進み，障がいのない人たちと一緒に働いているそうです。この事例は イ の一例です。

a　スケールメリット（規模の利益）を追求する取組み

b　雇用のミスマッチを防ぐ取組み

c　トレーサビリティを明確にする取組み

d　ノーマライゼーションの考え方を実行に移す取組み

① ア-a　イ-c　　② ア-a　イ-d

③ ア-b　イ-c　　④ ア-b　イ-d

17 【企業と社会③】 企業，NGO，ボランティア団体，専門家に関する記述として最も適当なものを，次の①～④のうちから一つ選べ。 (22 現本)

① 国内外において企業が行う慈善的な寄付活動は，コンプライアンスと呼ばれている。

② 企業やNGOなどが行う，開発途上国の一次産品などを適正・公正な価格で買い取り販売する取組みは，マイクロクレジットと呼ばれている。

③ 日本では，公益の増進を目指して国内外で活動するボランティア団体などの，法人格取得を容易にした法律として，特定非営利活動促進法がある。

④ 専門家の派遣事業は，ODAの形態のなかで有償資金協力に分類されるものである。

18 【企業と責任】 企業やその責任についての記述として最も適当なものを，次の①～④のうちから一つ選べ。 (18 追)

① EPRとは，環境を保持するための汚染防止費用は汚染者が負うべきであるとする原則のことである。

② 他企業の株式を買って経営権を取得したりその企業と合併したりすることを，M＆Aという。

③ SRIとは，国際標準化機構が定めた環境マネジメントシステム標準化のための国際規格のことである。

④ 経営者や従業員に自社の株式を一定の価格で購入する権利を与えることを，R＆Dという。

19 【NPO①】 日本における特定非営利活動促進法（NPO法）とNPO法人についての記述として正しいものを，次の①～④のうちから一つ選べ。 (16 本)

① 特定非営利活動促進法によって，ボランティア活動を行う団体は認定NPO法人となることが義務化されている。

② 非営利活動の中立性を維持するため，行政はNPO法人と協働して事業を行うことが禁止されている。

③ 特定非営利活動促進法によって，認定NPO法人は税の優遇措置の対象とされている。

④ 非営利活動の中立性を維持するため，NPO法人は寄付を受け取ることが禁止されている。

20 【NPO②】 特定非営利活動法人（NPO法人）についての記述として最も適当なものを，次の①～④のうちから一つ選べ。 (10 本)

① 特定の政党を支持することを目的として設立できる。

② 国や地方公共団体と協働して事業を行うことができる。

③ 公企業の民営化によって設立されなければならない。

④ 法人格は民法に基づいて付与されなければならない。

21 【日本における企業①】 日本における企業に関する記述として，最も適当なものを，次の①～④のうちから一つ選べ。 (22 本)

① 自社の株価の低下を招くような社内の行為をその会社の株主が監視することを，リストラクチャリングという。

② ある企業の1年間の利潤のうち，株主への分配率が上昇すると内部留保への分配率も上昇し，企業は設備投資を増やすようになる。

③ 世界的に拡大した感染症による経済的影響として，いわゆる巣ごもり需要の増加に対応することで2020年に売上を伸ばした企業があった。

④ 1990年代のバブル経済崩壊後，会社法が制定され，株式会社設立のための最低資本金額が引き上げられた。

22 【日本における企業②】 日本における企業に関する記述として適当でないものを，次の①～④のうちから一つ選べ。 (10 現本)

① 中小企業の競争力向上を目指して，日本では現在，会社法によって，株式会社の最低資本金制度が設けられている。

② 企業が事業の再構築を行うことをリストラクチャリングというが，日本ではリストラという語で人員整理のことを意味する場合が多い。

③ 企業が行うフィランソロピーとは，慈善活動・社会貢献活動のことであり，福祉，地域興し，災害救援などの活動を支援することが含まれる。

④ 他企業があまり進出していない隙間分野を開拓し埋めるビジネスとして，ニッチ産業が注目されている。

14 市場経済の機能と限界

共通テスト／センター試験出題頻度	年度	2023	2022	2021	2020	2019	2018	2017	2016	2015	2014	2013	2012
	出題	●	●	●	●	●	●	●	●	●	●	●	●

STEP❶【基礎問題演習】

次の各文中の空欄に適語を入れよ。

1 【市場メカニズム】

	正　解

1 需要が供給を上回ると（①）となり，価格は上昇する。 — ①超過需要

2 供給が需要を上回ると（②）となり，価格は下落する。 — ②超過供給

3 需要側も供給側も，ともに相手の出方を考えなくても，自然に価格が適切な値となることを，（③）という。 — ③価格の自動調節機能（価格機構）

4 価格の変化率（%）に対する需要量や供給量の変化率（%）を（④）という。 — ④価格弾力性

5 その財・サービスがその人にとっての（⑤）であった場合や，代替品が存在しない場合には，価格弾力性が小さくなる。 — ⑤必需品

6 需要量と供給量がつりあうような価格のことを市場価格，または（⑥）という。 — ⑥均衡価格

7 価格機構がうまく働かないケースを総称して（⑦）という。 — ⑦市場の失敗

8 財・サービスの情報内容が，各経済主体間で格差があることを（⑧）という。 — ⑧情報の非対称性

9 市場の失敗の一つで，本来想定する市場の外部から，消費者らが不利益をこうむるようなケースを（⑨）という。公害が典型的な例である。 — ⑨外部不（負）経済

10 多くの人が同時に利用できることを（⑩）性，特定の人の消費を排除できないことを非排除性といい，公共財の性質とされる。 — ⑩非競合

11 公共財は，自由に利用できるため，誰もが自分では費用負担をしない（⑪）になろうとする。 — ⑪フリーライダー

2 【寡占・独占】

1 売手も買手も多数存在し，だれも価格支配力をもたない市場の状態を（①）という。 — ①完全競争市場

2 過度に資本が集中し，競争がないことで消費者が不利益となる状態を防ぐため，各国は（②）を制定していることが多い。 — ②独占禁止法

3 寡占状態のときに，企業同士の独立性を保ったまま，販売する価格や数量について協定を結ぶことを（③）という。 — ③カルテル

4 正当な理由なく他社の事業活動を困難にすることなどを目的に，費用を著しく下回る価格設定をすることを（④）という。 — ④ダンピング（不当廉売）

5 1953年の独占禁止法改正で適用除外カルテルとして認められていた（⑤）カルテルや合理化カルテルは，1999年に禁止された。 — ⑤不況

6 資本の集中が進み，同一業種が一体となったものを，企業合同（⑥）という。 — ⑥トラスト

7 独立した企業の株式を親会社が保有して支配する形態を（⑦）という。 — ⑦コンツェルン

8 寡占・独占化が進み，価格が下がりにくくなることを価格の（⑧）という。 — ⑧下方硬直性

9 市場機構によらず，企業が独自に設定する人為的価格を（⑨）という。 — ⑨管理価格

10 管理価格のときに，価格を決定するような立場の企業を（⑩）という。 — ⑩プライス-リーダー（価格先導者）

11 独占禁止法の運用にあたるのは，一種の行政委員会である（⑪）である。 — ⑪公正取引委員会

12 価格面以外の品質やデザイン・広告などでの競争を（⑫）という。 — ⑫非価格競争

13 独占的な市場などでは，大量の設備や生産を行うことで，平均して単価が安くなる。これを（⑬）という。 — ⑬スケールメリット（規模の経済）

14 CDや書籍のように，例外的に価格の維持を認めるしくみを（⑭）という。 — ⑭再販売価格維持制度

77

次の各文の正誤を判別し，誤りについては正しく訂正しなさい。

① 右上がりの需要曲線は存在しない。

① × 存在する。ギッフェン財（飢饉の時のジャガイモ等）の例。

② 右下がりの需要曲線が右に移動する要因としては，所得の増加やある商品の流行がある。
(センター改)

② ◯

③ 原材料の値上がりや，進んだ新設備の導入によって供給曲線は右に移動する。

③ × 原料費が上がれば，左へシフトする。

④ 消費財市場では，贅沢品の需要の価格弾力性は生活必需品より大きい。 (17 本)

④ ◯

⑤ 企業活動に伴う水質汚染は，市場を経由することなく第三者に損害を与える外部不経済の一事例である。 (センター改)

⑤ ◯ 公害は典型的な外部不(負)経済。

⑥ 国や地方公共団体は，市場にゆだねておいたのでは十分に供給されない財やサービスを供給する役割を担っている。 (センター改)

⑥ ◯ 公共財・サービス。

⑦ ある商品市場でそれまで規制されていた新規参入が緩和されると，右下がりの需要曲線が右に移動するので，均衡取引量は増大し，価格が低下する。

⑦ × 供給曲線が右，取引量は増え，価格は低下。

⑧ ある財に対して，代替品として利用できる製品の価格が上昇すると，右下がりの需要曲線が右方向へ移動する。 (01 追)

⑧ ◯ 代替品の値上がりで本品の需要が高まる。

⑨ 少数の大企業が市場を支配すると，一般に，その市場での競争が激化し，資源配分がより効率的になる。 (センター改)

⑨ × 寡占で競争は減り，資源配分の調整機能は働きにくくなる。

⑩ 公共財の性質の一つである非排除性とは，他の人々の消費を減らすことなく，複数の人々が同時に消費できることである。 (20 本改)

⑩ × 非競合性の説明。

⑪ 発明・創作は，そのための費用を負担しなかった他者に模倣されやすいので，消費財に準じた性質を持つ。 (10 追)

⑪ × 消費財ではなく公共財。

⑫ 情報の非対称性が存在するときでも，市場における資源の効率的な配分は妨げられないと考えられている。 (18 追現社)

⑫ × 売手と買手の情報差による市場の失敗で，資源の効率的な配分は妨げられる。

⑬ 海外旅行を目的とする契約を旅行会社と締結したところ，旅行先が大地震により被災してしまい，旅行ができなくなることも情報の非対称性と言える。 (10 追)

⑬ × 情報の非対称性は，予見の難しさではない。

⑭ 独占や寡占のために，価格の自動調節機能の働きが妨げられるケースは，市場の失敗には含まれないと言われている。 (18 追現社)

⑭ × 価格機構が働かないので市場の失敗。

⑮ トラスト（企業合同）とは，ある産業における市場占有率の合計が 50 パーセントを上回る企業間の合併である。 (06 本)

⑮ × シェアは関係ない。同種企業同士の合併がトラスト。

⑯ コングロマリットとは，同種産業部門の複数の企業が，競争を排除して市場の支配力を高めるために，合併や吸収によって一つの企業体になる独占の形態を示す用語である。 (20 追)

⑯ × コングロマリットは，異業種の合併。

⑰ 寡占市場において，企業が価格を高く設定しようとして同業他社と協定を結ぶことを，コンツェルンという。 (13 追現社)

⑰ × コンツェルンではなくカルテル。

⑱ 公正取引委員会は，準司法的権限を有していない。 (10 追)

⑱ × 独占か否の判断を下す役目を持ち，これが準司法的権限に該当。

⑲ 管理価格とは，プライスリーダーの価格引き上げに対抗して，競争他社が据え置く価格のことである。 (センター改)

⑲ × 据え置かず，追従するのが管理価格。

⑳ 企業が，独占や寡占によって，自らに有利な管理価格を形成するのも市場の失敗の一例である。 (センター改)

⑳ ◯

㉑ 道路や港湾などの公共財が十分に供給されないのは市場の失敗の一例である。 (センター改)

㉑ ◯

㉒ 独占市場における商品の価格は，仮にその市場が競争的な市場であればつくであろう価格よりも，一般に高い。 (センター改)

㉒ ◯

㉓ 価格の下方硬直性とは，生産技術の向上などで生産コストが低下しても，価格が下方に変化しにくくなることである。 (15 本)

㉓ ◯

㉔ 日本の独占禁止法では，一部の商品を除いて再販売価格維持行為は禁じられている。
(02 追)

㉔ ◯ CD や書籍などの著作物は除く。

共通テスト・センター試験過去問　次の各設問に答えよ。

1 【価格機構①】　次の図には，ある財の完全競争市場における当初の需要曲線と供給曲線とが表されている。いま，この市場において，均衡点がAからBに移動したとしよう。このような均衡点の変化を生じさせた要因として最も適当なものを，下の①～④のうちから一つ選べ。　　　　　　　　　　　　　　　　（17 本）

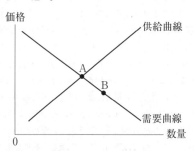

① この財を消費する消費者の所得が増加した。
② この財に対する消費者の人気が高まった。
③ この財にかけられる税が引き上げられた。
④ この財を生産する技術が向上した。

2 【価格機構②】　生徒Xと生徒Yは災害の影響に関する次の会話をしている。　　　　　　　　　　　　　　　　　　　　（22 本）

X：この間の災害で被害を受けた地場産品の野菜の価格が上がって困っているよ。おいしいから毎日必ず食べてたんだ。復旧のめどはたったらしいけど，元に戻るには時間がかかるらしくて。早く元に戻ってくれないかな。

Y：この図をみてよ。災害前は右下がりの需要曲線と右上がりの供給曲線がE点で交わっていたと仮定すると，災害の影響で供給曲線が図の元の位置から一時的にこんな位置に変わった状況だね。ということは，需要曲線が災害前の位置のままとして，供給曲線が元の位置に自然に戻るまでの間に　ア　といったような対策がとられれば，より早く元の価格に戻っていくんじゃないかな。

図

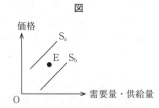

Xの発言に対し，Yは災害後の供給曲線を図中の Sa 線か Sb 線のいずれかと推測し，下線部を実現するための E 点までの調整方策を会話文中の空欄　ア　で述べている。　ア　に当てはまる発言として最も適当なものを，次の①～④のうちから一つ選べ。

① 野菜の購入時にキャッシュレス決済で使える電子ポイントを付与する
② 野菜の購入量が増えるように消費者に宣伝を行う
③ 原材料の購入に使える助成金を生産者に支給する
④ 原材料の使用量に応じて課徴金を課す

3 【価格機構③】　労働市場において労働者はある一定水準の賃金率（単位時間当たり賃金）までは，賃金率の上昇とともに労働時間を増やしたいと思うが，それ以上に賃金率が上昇すると労働時間を減らして余暇を増やしたいと思う傾向があると仮定する。いま，縦軸を賃金率，横軸を労働時間とするとき，賃金率と労働者が提供したいと考える労働時間との関係を表す図として最も適当なものを，右の①～④のうちから一つ選べ。　　（07 追）

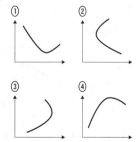

4 【価格機構④】　生徒Bのテーマ「市場の仕組み」に関連して，次の文章と図は，生徒が需要と供給について発表するときに使用したものである。（X）・（Y）に当てはまる語句の組合せとして最も適当なものを，下の①～④のうちから一つ選べ。

（18 試）

> まず，需要曲線のシフトについて説明します。図1を見てください。Dは当初の需要曲線，Sは供給曲線です。需要曲線がその財の価格以外の要因により移動することを需要曲線のシフトといいます。ある財の人気が高まり，この財の需要が増えた場合，図1のDが（X）にシフトします。
>
> 次に，需要曲線の傾きについて説明します。需要曲線の傾きは，価格の変動によって，財の需要量がどれほど変化したかを示します。たとえば，生活必需品の場合，価格が高くなってもそれほど需要量は減らないし，逆に安くなっても需要量が急激に増えることにはなりません。一方，贅沢品の場合，価格の変化に応じて需要量は大きく変化することになります。図2を見てください。D₃かD₄のどちらかが生活必需品であり，もう一方が贅沢品であるとすると，生活必需品を示す曲線は，（Y）です。

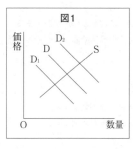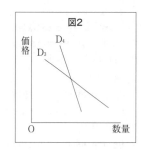

（X）（Y）
① D₁ D₃
② D₁ D₄
③ D₂ D₃
④ D₂ D₄

5 【価格機構⑤】 次の図は，ある財の輸出前と輸出後における価格および取引量を表している。まず，輸出を開始する以前は，1個当たりの価格 P（350円），取引量 Q（400個）で均衡していた。このとき，財の総取引額は，1個当たりの価格と取引量との積である面積部分 APEQ に相当する。次に，貿易が開始され，この財が輸出されるようになったとき，国際価格と国内価格は1個当たり500円，総取引量は700個となり，国内生産者による供給と国内需要との差だけ輸出されるようになった。このとき，輸出量と輸出額の組合せとして正しいものを，下の①〜④のうちから一つ選べ。　　　　　（18追）

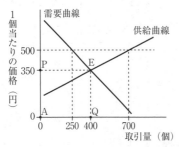

	輸出量	輸出額		輸出量	輸出額
①	250個	125,000円	②	300個	150,000円
③	450個	225,000円	④	700個	350,000円

6 【価格機構⑥】 競争的な市場における「需要曲線の移動（シフト）による均衡価格の変化」に該当する例として最も適当なものを，次の①〜④のうちから一つ選べ。　　　　（19現追）

① 天候不順のため野菜が不作となり，野菜の価格が値上がりした。

② 間接税である酒税の増税によって，ビールの価格が値上がりした。

③ 年末の帰省客の増加によって，高速バスのチケット価格が値上がりした。

④ 産油国の減産による原油価格高騰のため，ガソリン価格が値上がりした。

7 【価格機構⑦】 生徒Xは，労働の対価である賃金を変化させる要因に関心をもち，まずは授業で学習した供給曲線と需要曲線で考えてみることにして，次の資料を作成した。この資料をもとに考察した記述として最も適当なものを，後の①〜④のうちから一つ選べ。　　　　（22追）

〈前提〉

・労働供給曲線と労働需要曲線の交点で賃金と雇用量が決まる。

・下記の現象ア〜エの発生によって，労働供給曲線と労働需要曲線がシフト（移動）する。

〈現象〉

労働供給曲線のシフトに関する現象

ア：少子高齢化の進行によって，求職者数が減少する。

イ：共働き世帯の増加によって，求職者数が増加する。

労働需要曲線のシフトに関する現象

ウ：人工知能（AI）などにおける技術革新によって，労働者が行っていた業務を機械が行うようになり，求人数が減少する。

エ：再生可能エネルギー開発などの環境関連分野で新たな雇用が創出され，求人数が増加する。

（注） 労働力はすべて同質であり，労働者の能力に差はない。

① 現象アと現象ウのみが発生した場合，これらの現象が発生する前に比べて賃金は必ず低下する。

② 現象アと現象エのみが発生した場合，これらの現象が発生する前に比べて賃金は必ず上昇する。

③ 現象イと現象ウのみが発生した場合，これらの現象が発生する前に比べて賃金は必ず上昇する。

④ 現象イと現象エのみが発生した場合，これらの現象が発生する前に比べて賃金は必ず低下する。

8 【価格機構⑧】 次の図には，スポーツ用品の需要曲線と供給曲線が実線で描かれている。また，図中の矢印 A〜D は均衡の移動を表している。スポーツ用品の生産者は，当初，賃金の安い児童を多く雇用していたが，その後，国際 NGO（非政府組織）の働きかけなどにより，生産者には国際的な労働基準を遵守することが求められるようになったとしよう。そのため，生産者は児童を雇用せず，より高い賃金を支払うようになったとする。他の条件を一定として，当初の均衡から，生産者が高い賃金を支払うようになった後の均衡への移動を表すものとして正しいものを，下の①〜④のうちから一つ選べ。　　　　（15本）

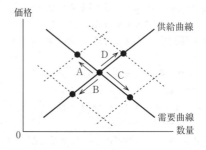

① A　② B　③ C　④ D

9 【価格機構⑨】 次の図は，リンゴジュースの市場における需要曲線と供給曲線を表したものであり，当初，価格が P0，取引量が Q0 において需要と供給が均衡しているとする。いま，リンゴの不作により原材料費が上昇したため，供給曲線が移動（シフト）し，同時に，リンゴジュースの人気が低下したため，需要曲線も移動したとする。その結果，新たな均衡に達するとすれば，それは，図中に示されている領域ア〜エのどこに位置するか。その領域として最も適当なものを，下の①〜④のうちから一つ選べ。　　　　（12追）

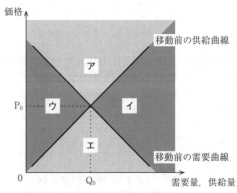

① ア　② イ　③ ウ　④ エ

10 【市場の失敗①】 市場の失敗を示す事例とは言えないものを，次の①〜④のうちから一つ選べ。　　　　（13追）

① 高層ビルが建設されたことによって，隣接する農地の日当たりが悪くなり，収穫量が減少した。

② ある都市の上下水道を複数の民間企業が運営していたが，他社が撤退したために，残る1社のみが価格と供給量とを決定するようになった。

③ アイスクリーム工場において，生産の効率化が進展した結果，アイスクリームの価格が下落した。

④ ある企業が灯台の経営を計画したが，航行する船からの料金徴収が難しいので，その計画を断念することになった。

11 【市場の失敗②】 市場の失敗は企業の市場支配力に起因するもの以外にもある。市場の失敗の例として最も適当なものを，次の①～④のうちから一つ選べ。 (11本)

① 工業製品に必要な希少金属の需要が高まり，その国際価格が高騰した。

② ある産業で新規参入が起きたため，その産業の既存企業の利潤が減った。

③ ある工場が有害な産業廃水を川に流し，下流の住民に健康被害が生じた。

④ 企業の業績不振情報が公開されて，その企業の株価が下落した。

12 【市場の失敗③】 生徒Xのグループは，国内経済の課題に関して検討した際に「外部経済」「外部不経済」「情報の非対称性」「独占・寡占」に起因する市場の失敗に関心をもった。Xのグループは，発表時の資料とするため市場の失敗の事例と思われるものとして，次のア～エのカードを作成した。「情報の非対称性」と関連するカードとして最も適当なものを，後の①～④のうちから一つ選べ。 (22追)

ア 携帯電話の発売開始当初は，事業者が一社だった。その後も数社に限定されていた。乗用車の生産も数社でほとんどを占めている。事業者が少数の時は，市場メカニズムが働きにくい。

イ 中古車の売買では，買い手が売り手に聞かない限りわからない修理歴やエンジンの不具合などがありうるので，買い手が見た目だけでは中古車の良し悪しを判断できない場合も多い。

ウ 最近，近くに工場ができて，大型トラックの通行量が増えた。この工場に出入りするトラックの通行によって交通渋滞が頻繁（ひんぱん）に発生し，交通事故の件数も工場ができる前に比べて増加した。

エ 各家庭が夜間に街路に面した外灯を点灯することにより，この地域の夜間における犯罪の発生件数が減少した。地域住民らは，以前よりも安心して生活できるようになった。

① ア ② イ ③ ウ ④ エ

13 【市場の失敗④】 自由な競争を促進したとしても，市場は効率的な資源配分を達成できないことがあり，これは「市場の失敗」といわれる。このとき，市場の失敗が引き起こす諸問題を解決するものとして，政府の役割が重要となる。日本における政府介入の事例として適当でないものを，次の①～④のうちから一つ選べ。 (06現追)

① 医薬品やコンピュータソフトなどの開発者の利益を守り，開発意欲をそがないようにするために，知的財産権を保護する法律がある。

② 寡占市場において過剰に繰り広げられる企業間の価格競争を抑制し，非価格競争を促進するために，独占や寡占を制限する

法律がある。

③ 住宅や店舗が秩序なく建設されて，交通渋滞が発生したり，防火対策などが不十分になったりしないように，建築や土地利用を規制する法律がある。

④ 環境を汚染する物質が工場などから大量に排出されないように，排出を規制する法律がある。

14 【独占と寡占①】 寡占市場がもつ特徴についての記述として適当でないものを，次の①～④のうちから一つ選べ。 (15本)

① 管理価格とは，市場メカニズムによらずに，価格支配力をもつプライス・リーダーが人為的に決定する価格のことである。

② 価格の下方硬直性とは，生産技術の向上などで生産コストが低下しても，価格が下方に変化しにくくなることである。

③ 非価格競争とは，デザイン，広告・宣伝といった手段を用いて，価格以外の競争が行われることである。

④ カルテルとは，資本の集中・集積が進み，同一産業内での企業合併が起こることである。

15 【寡占・独占②】 市場の独占・寡占に関する記述として最も適当なものを，次の①～④のうちから一つ選べ。 (19現追)

① 市場の独占化や寡占化に伴って価格が下がりにくくなることは，価格の下方硬直性と呼ばれる。

② 寡占市場の下では，デザイン・品質や広告など，価格以外の面での競争（非価格競争）が回避される傾向にある。

③ 寡占市場において同業種の複数企業が価格や生産量について協定を結ぶことは，トラストと呼ばれる。

④ 規模の利益（スケール・メリット）が生じる産業での企業間競争は，市場の独占化や寡占化を弱めるとされる。

16 【独占禁止法】 1990年代以降，冷戦の終結は世界の市場経済の規模を急速に拡大させ，日本企業が直面してきたグローバルな競争も激化した。日本の景気が低迷する中で，国内的・国際的な企業再編の必要性が高まり，それを促進し支えるため，法制度の整備・改革が行われた。その一つとして，日本では1997年に独占禁止法の改正が行われた。その内容またはその後の状況についての記述として最も適当なものを，次の①～④のうちから一つ選べ。 (13追)

① 独占禁止法に基づいて設置されていた公正取引委員会が，廃止された。

② 戦後禁止されていた，事業活動を行わない持株会社の設立が解禁された。

③ 2000年代前半には，M&A（企業の合併・買収）の件数が急減した。

④ 2000年代後半には，六つの大銀行を中心とした企業集団が誕生した。

17 【独占・寡占のメリット】 市場の寡占や独占の弊害を取り除くために政府が介入する場合があるが，逆に政府が寡占や独占を容認する場合もある。それについて述べた下の文章中のA，Bに当てはまる語句の組合せとして正しいものを，下の①～④のうちから一つ選べ。 (10追)

『発明・創作は，そのための費用を負担しなかった他者に模倣されやすいので， A に準じた性質を持つ。このため，社会的に価値があるのに，発明や創作が十分に行われなくなるかもしれない。そこで，それらを促進するために， B という考え方によって，自ら生み出した知識などを一定の範囲内で独占

的に利用することや，これを利用する他者から対価を受け取ることを，政府が認めているのである。』

	A	B
①	消費財	製造物責任
②	消費財	知的所有権
③	公共財	製造物責任
④	公共財	知的所有権

18 【非競合性と非排除性①】 公共財は，非競合性と非排除性とを有している財・サービスと定義される。非競合性についての記述として最も適当なものを，次の①～④のうちから一つ選べ。
(16 本)

① 他の人々の消費を減らすことなく複数の人々が同時に消費できる。

② 需要が減少しても価格が下がらない。

③ 対価を支払わない人によっても消費される。

④ 生産を拡大すればするほど単位当たりの生産費用が低下する。

19 【非競合性と非排除性②】 生徒たちは様々な財・サービスについて，非競合性と非排除性をもつかどうかを調べ，次の表にまとめた。表のア～ウと，そこに入るものA～Cの組合せとして最も適当なものを，下の①～⑥のうちから一つ選べ。
(21 現本)

		非排除性	
		もつ	もたない
非競合性	もつ	ア	イ
	もたない	ウ	食料品・衣服など

A ケーブルテレビの有料チャンネル
B 自由に釣りをしてもよい小さな池にいる魚
C 岬の灯台

① ア－A イ－B ウ－C ② ア－A イ－C ウ－B
③ ア－B イ－A ウ－C ④ ア－B イ－C ウ－A
⑤ ア－C イ－A ウ－B ⑥ ア－C イ－B ウ－A

20 【情報の非対称性】 取引当事者間にその取引対象である財・サービスの情報に差がある「情報の非対称性」から生じる事態についての記述として最も適当なものを，次の①～④のうちから一つ選べ。
(10 追)

① 訪問販売業者が，突然家を訪れてその住人に強引な勧誘を行い，商品を購入させる。

② 中古車販売業者が，故障車であることを説明せずに，消費者にその車を不当に高く購入させる。

③ 海外旅行を目的とする契約を旅行会社と締結したところ，旅行先が大地震により被災してしまい，旅行ができなくなる。

④ インターネットを利用する際に，その誤操作により，本人の意図に反する商品を購入してしまう。

21 【外部不経済】 外部不経済の例として最も適当なものを，次の①～④のうちから一つ選べ。
(19 本)

① 猛暑が続き，飲料メーカーの売上げが上昇した。

② ある企業の財務情報の不正が発覚し，その企業の株価が下落した。

③ 新しい駅の建設によって駅周辺の環境整備が進み，不動産価格が上昇し，不動産所有者の資産の価値が増加した。

④ 大規模娯楽施設の建設によって交通量が増え，近隣住民は住宅の防音対策をしなければならなくなった。

22 【外部経済】 ある経済主体の経済活動が市場を通さないで他の経済主体に利益を与えることを外部経済と呼ぶが，その例とは言えないものを，次の①～④のうちから一つ選べ。
(99 本)

① 駅の新設によって，近隣の商店街の売上げが伸びる場合

② 農家が稲作を行うことによって，自然環境の保全に寄与する場合

③ 養蜂業者の蜂によって，たまたま付近の果樹園の生産量が増大する場合

④ 同業商店間の競争によって，消費者が安価な商品を入手できる場合

23 【非価格競争①】 市場における非価格競争の例として最も適当なものを，次の①～④のうちから一つ選べ。
(17 追)

① 同業他社との間でカルテルを締結して，生産量の割当てを行う。

② 人気俳優をテレビ広告に起用して，製品の販売拡大を図る。

③ 他社と同じ性能をもつ製品を，より安い値段で発売する。

④ 政府が定めた価格で，決められた規格の商品を販売する。

24 【非価格競争②】 非価格競争の例として適当でないものを，次の①～④のうちから一つ選べ。
(10 追)

① 銀行が，他の銀行より先に貸出利子率を下げる。

② 自動車メーカーが，独自デザインの自動車を生産する。

③ 化粧品メーカーが，新製品の試供品を配る。

④ 小売業者が，ISO（国際標準化機構）の認証を取得する。

25 【シェア】 次の図は日本の製造業における，2007 年度の企業規模（資本金規模）別にみた売上高のシェアを示したものである。横軸は小規模な企業から大規模な企業へ順に並べた場合の企業数の累積割合，縦軸はそれらの企業の売上高の累積割合である。この図から読みとれる内容として誤っているものを，下の①～④のうちから一つ選べ。
(11 本)

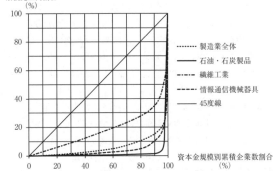

① 45 度線は，すべての企業において売上高のシェアが等しく，企業規模による売上高の格差がないことを示している。

② 繊維工業は，情報通信機械器具製造業に比べて規模の大きい企業のシェアが高く，企業規模による売上高の格差が大きい。

③ 製造業全体では，企業数割合が 80％ を占める比較的規模の小さい企業が，売上高全体の約 10％ を占めている。

④ 石油・石炭製品製造業では，企業数割合が 10％ 未満の比較的規模の大きい企業が，売上高全体の 90％ 以上を占めている。

⑮ 経済体制と経済思想

共通テスト/ センター試験 出題頻度	年度	2023	2022	2021	2020	2019	2018	2017	2016	2015	2014	2013	2012
	出題	●					●	●	●			●	●

■STEP❶【基礎問題演習】■

次の各文中の空欄に適語を入れよ。

1 【資本主義経済とその変容】

		正　解

1 土地や建物などの（①）を私有するのが資本主義経済の特徴である。　①生産手段

2 問屋制家内工業から（②）へ，そして工場制機械工業へと変化していった。　②工場制手工業（マニュファクチュア）

3 （③）は，18世紀にイギリスでおき，世界各地へと広がった。　③産業革命

4 （④）は，『諸国民の富（国富論）』で分業の有効性とともに，政府の干渉を最小限にした方が経済上有効だと説いた。　④アダム＝スミス

5 スミスは，政府の干渉を最小限とする（⑤）（レッセ‐フェール）が社会の利益を増進すると説いた。そのような政府を，小さな政府や安価な政府という。　⑤自由放任

6 自由放任（レッセ‐フェール）は，『経済表』を著した（⑥）らフランスの重農主義者により用いられたといわれる。　⑥ケネー

7 A.スミスのいう（⑦）とは，個人が私利私欲を追求した経済活動をすると，自然と最適な経済状態となることを例えたものである。　⑦見えざる手

8 ドイツの国家社会主義者ラッサールは，自由放任的な国家を（⑧）と呼んで批判した。　⑧夜警国家

9 （⑨）による「創造的破壊」をとおして経済発展が行われると述べたのは，オーストリア生まれのアメリカの経済学者シュンペーターである。　⑨技術革新（イノベーション）

10 （⑩）は，資本主義から社会主義への経済体制の移行の必然を説いた。　⑩マルクス

11 （⑪）は，資本主義の否定ではなく政府の介入による路線修正を説き，修正資本主義とよばれる。　⑪ケインズ

12 ケインズは，不況を脱するには購買力の裏づけのある（⑫）を増大させるために，公共投資による失業者吸収と消費増大をはかるべきだとした。　⑫有効需要

13 1929年，アメリカから始まった世界恐慌への対処のために，（⑬）米大統領は公共投資の拡大による景気刺激策を含んだニューディール政策を実施した。　⑬F.ローズベルト

14 政府の経済介入で，財政赤字が増え市場の機能が低下するとして，財政支出に頼らず一定ルールに従う金融政策を主張するフリードマンらの（⑭）の考え方が注目された。　⑭マネタリズム

15 政府による財政支出を抑え，規制を緩和し，市場の機能を復活させる政策は，イギリスでは1980年代に（⑮）首相の時代に行われた（サッチャリズム）。　⑮サッチャー

16 1980年代にアメリカでは（⑯）大統領が，小さな政府を目指す新自由主義的な政策を行い（レーガノミクス），日本でも中曽根康弘内閣の下で，三公社が民営化された。　⑯レーガン

17 小さな政府も現在は行きづまりを見せており，代わって『正義論』を著したアメリカの（⑰）や，インドのセンらの経済思想が注目されている。　⑰ロールズ

2 【社会主義経済の特徴と現状】

1 社会主義経済は，生産手段の（①）が特徴の一つであり，国家が生産の計画を担当する（②）が行われることもある。　①社会的所有（公有）　②計画経済

2 ソビエト連邦は，社会主義経済を再建するため，（③）書記長によるグラスノスチ（情報公開）と（④）（建て直し）を旗印とした改革をすすめた。　③ゴルバチョフ　④ペレストロイカ

3 中国は社会主義国だが，市場経済も導入した（⑤）という体制をとり，WTO（世界貿易機関）へ加盟するまでになった。　⑤社会主義市場経済

4 中国各地には外国からの資本・技術を受けいれるための（⑥）といわれる5地域がある。　⑥経済特別区（経済特区）

ここは外資優遇政策がとられ，国内に対しては閉じられている。

5　ベトナムは社会主義国だが，「刷新」を意味する（⑦）政策により，1995 年には ASEAN，2007 年には WTO へ加盟した。

⑦ ドイモイ

■ STEP ❷【正誤問題演習】

次の各文の正誤を判別し，誤りについては正しく訂正しなさい。

1 【資本主義経済とその変容】

① 行政国家では，国家機能は，社会秩序の維持や外敵からの防衛に限定された。

② 夜警国家とは，ラッサールが国家の役割を絞った小さな政府を奨励した言葉である。

③ 社会主義体制は，労働者の経営参加により，資本家と労働者の融和を目指した。

④ マルクスは『帝国主義論』を著すとともに，国際的な労働組合運動にも大きな影響を与えた。

⑤ 国内消費需要の拡大は，海外からの輸入を減少させ，国内生産を増加させるという，有効需要の波及効果をもつ。

⑥ 有効需要を拡大させるには減税をするという手段もある。

⑦ 『資本論』によれば，私的利益を追求する各個人の行動が，「見えざる手」の作用で，社会全体の利益の調和をもたらす。　　　　　　　　　　　　　　　　　　　　（01 本）

⑧ スミスは『国富論』を著し，保護貿易などの重商主義政策を批判した。　（03 追）

⑨ ケインズの考え方に従えば，不況期には，一時的に財政赤字が拡大して国債発行が増えても，有効需要の創出に努めるべきである。　　　　　　　　　　　　　　　（03 追）

⑩ シュンペーターは，新しい産業を生み出し古い産業を退出させる動態的な過程の原因として，「イノベーション」を重視した。　　　　　　　　　　　　　　　　　　（03 本）

⑪ フリードマンらマネタリストはレーガン大統領の行った小さな政府を目指す政策を非難し，福祉国家論となるべきだと主張した。

⑫ 1970 年代には，インフレーションと景気の停滞が並存するというスタグフレーションが，先進諸国において広くみられた。　　　　　　　　　　　　　　　　　　　　（04 追）

⑬ 米国では 1960 年代末から 1970 年代にかけ裁量的な経済政策への批判が高まり，マネタリストの主張がその後の政策に影響を与えた。　　　　　　　　　　　　　　（04 追）

⑭ ケインズ型の有効需要政策では，政府が公共事業を増やして財政支出を拡大させたり，所得税減税を行って個人消費の増加を促したりする。

⑮ リーマン・ショックの際の金融システムの混乱などを背景に，新自由主義への批判が高まり，近年では政府の役割が再び重視されている。

⑯ A. センは，豊かな生活の実現を考える上で，人間の潜在能力（ケイパビリティ）に着目する必要性を主張した。　　　　　　　　　　　　　　　　　　　　　　（15 現追）

⑰ ロールズは，公正としての正義という概念を定式化し，機会均等などの条件が満たされない限り，格差や不平等は容認されるべきではないと考えた。　　　　　　　　（12 現本）

2 【社会主義経済の特徴と現状】

① 東欧諸国の社会主義体制は計画経済下で生産効率が上がらず，経済成長が進まなかった。

② ベトナムはベトナム戦争終結後，社会主義をより推進するドイモイ政策を実施している。

③ 1990 年代の中国では，市場経済を導入する社会主義市場経済が推進され，先進国首脳会議参加諸国をしのぐ経済成長を遂げた。　　　　　　　　　　　　　　　　　（06 本）

④ 中国は，いまだに WTO には加盟しておらず，そのために保護貿易を行ってもとくに国際的な非難を受けていない。

⑤ ソ連では，計画経済が廃絶された。　　　　　　　　　　　　　　　　　　（16 追）

⑥ 1970 年代のソ連では，景気変動を統制する計画経済が功を奏し，二度の石油危機があっても，それ以前と同様の経済成長を続けた。　　　　　　　　　　　　　　　（06 本）

■ 1 正解とヒント

① ×　行政国家は大きな政府。

② ×　批判的に述べた言葉で，奨励ではない。

③ ×　社会主義では資本家の存在は否定される。

④ ×　レーニンの著書。

⑤ ×　消費の拡大は，輸入の拡大になり得る。

⑥ ○　可処分所得が増大。

⑦ ×　スミスの『国富論』のなかでの言葉。

⑧ ○　重商主義は輸入を制限し輸出で富を蓄える。

⑨ ○　景気が回復すれば，税の増収も見込める。

⑩ ○　技術革新のこと。

⑪ ×　レーガノミクスの理論的支柱となった。

⑫ ○　スタグフレーション＝スタグネーション＋インフレーション。

⑬ ○　フリードマンらは裁量的政策を批判した。

⑭ ○

⑮ ○　'08 年の世界金融危機から特に注目される。

⑯ ○　潜在能力活用のための教育の必要性も主張。

⑰ ○　ロールズの考えは，リベラリズムという。

■ 2 正解とヒント

① ○

② ×　ドイモイ（刷新）は，社会主義に資本主義の要素を取り入れる。

③ ○

④ ×　2001 年に加盟済み。

⑤ ×　継続された。

⑥ ×　石油危機の際には影響を受けた。

共通テスト・センター試験過去問　次の各設問に答えよ。

1【アダム・スミス①】　次の文中の空欄A～Cに適する語句の組合せとして最も適当なものを下の①～④のうちから一つ選べ。

18世紀後半，イギリスで始まった産業革命では，生産方法が　A　から　B　へ発展し，資本主義経済が確立していった。この時代の代表的経済学者アダム・スミスは主著　C　で，国富は労働によって生み出され，個人の利己的な利益の追求が「見えざる手」に導かれて，公共の利益も増進すると説いた。

① A　マニュファクチュア　B　機械制大工業
　 C　『諸国民の富』
② A　機械制大工業　B　マニュファクチュア
　 C　『諸国民の富』
③ A　マニュファクチュア　B　機械制大工業
　 C　『経済学原理』
④ A　機械制大工業　B　マニュファクチュア
　 C　『経済学原理』

2【アダム・スミス②】　アダム・スミスに関する記述として正しいものを，次の①～④のうちから一つ選べ。　　（15追）
① 『国富論（諸国民の富）』を著し，市場の調整機能を「見えざる手」と呼んで重視した。
② 国防や司法などに活動を限定している国家を「夜警国家」と呼び，自由主義国家を批判した。
③ 新製品の開発や新たな生産方法の導入などのイノベーション（技術革新）が，経済発展の原動力であるとした。
④ 『経済学および課税の原理』において国際分業に関する比較生産費説を展開し，自由貿易を行うことが各国の利益になると主張した。

3【アダム・スミス③】　経済を自由との関係で論じたアダム・スミスの思想についての記述として最も適当なものを，次の①～④のうちから一つ選べ。　　（23倫本）
① 富を求める自由競争は，人間の利己心に基づいているものである場合には，社会的に容認されるべきではない。
② 各人の私益を追求する自由な経済競争に任せておけば，結果的に社会全体の利益が生まれる。
③ 資本主義経済では，生産手段を所有しない労働者はその労働力を資本家に売るので，生産物は資本家のものとなり，労働も強制されたものとなる。
④ 資本主義は，生命活動を自由なものとするために他者との関わりの中で生産を行う類的存在であるという意識を，人間から失わせる。

4【ケインズ①】　ケインズの主張を示す記述として正しいものを，次の①～④のうちから一つ選べ。　　（97本）
① 労働者は次第に窮乏化していく。
② 財政支出はその何倍かの有効需要を作り出す。
③ 人口は等比（幾何）級数的に増大していく。
④ 分業は生産性を飛躍的に上昇させる。

5【ケインズ②】　ケインズは，ケインズ革命と呼ばれる経済理論上の革新をもたらし，その後の経済政策にも大きな影響を与えた。ケインズの学説についての記述として最も適当なものを，次の①～④のうちから一つ選べ。　　（12本）
① 金融政策による貨幣量の操作を重視することから，その考えはマネタリズムと呼ばれた。
② 労働市場では労働力の需給が円滑に調整されるので，自然に完全雇用が達成されると考えた。
③ 供給されたものは必ず需要されるとする考えを否定し，政府が有効需要を創出する必要性を指摘した。
④ 自生的に望ましい秩序を生み出していく市場の機能を重視し，政府の役割を「市場の失敗」を克服することに限定すべきであると説いた。

6【産業革命】　産業革命に関連する記述として最も適当なものを，次の①～④のうちから一つ選べ。　　（11本）
① 新しい生産方式が導入され，それまで生産の重要な担い手であった児童や女性が大量に解雇された。
② 雇用の機会から排除された農民たちは不満を募らせ，機械打ちこわし運動（ラッダイト運動）を展開した。
③ 労働者階級が形成され，やがて労働者たちは政治意識を高めチャーティスト運動のように制限選挙に反対するようになった。
④ 工場での手工業生産は，問屋制に基づく家内での手工業生産に取って代わられた。

7【技術革新】　経済発展の原動力として，イノベーションの重要性を強調した経済学者は誰か。最も適当なものを，次の①～④のうちから一つ選べ。　　（18本）
① アダム・スミス　　② シュンペーター
③ マルサス　　　　　④ リカード

8【経済学説①】　資本主義を分析した経済学者A～Cと，その主張内容ア～ウとの組合せとして正しいものを，下の①～⑥のうちから一つ選べ。　　（09本）
A　ケインズ　　　B　マルクス　　　C　リスト
ア　不況や失業の原因は有効需要の不足にあり，それを解決するためには政府による積極的な財政・金融政策が必要である。
イ　資本家による労働者の搾取を背景とする両者間の階級対立，恐慌などの矛盾が存在するために，資本主義経済は不安定化する。
ウ　工業化におくれた国が経済発展を実現するためには，政府による保護貿易政策が必要である。

① A－ア　B－イ　C－ウ　　② A－ア　B－ウ　C－イ
③ A－イ　B－ア　C－ウ　　④ A－イ　B－ウ　C－ア
⑤ A－ウ　B－ア　C－イ　　⑥ A－ウ　B－イ　C－ア

9【経済学説②】　次の①～④は，アダム＝スミスの『国富論（諸国民の富）』，リストの『経済学の国民的体系』，マルクスの『資本論』，ケインズの『雇用・利子および貨幣の一般理論』からの抜粋である（一部書き改め，省略がある）。『国富論』に該当するものを，次の①～④のうちから一つ選べ。　　（11本）
① 主権者が注意を払うべき義務は三つしかない。防衛の義務，司法制度を確立する義務，公共事業を行い公共機関を設立し維持する義務である。
② われわれの生活している社会経済の顕著な欠陥は，完全雇用

を提供することができないことと，富および所得の恣意にして不公平な分配である。

③ 文化の点で大いに進んだ二国民の間では，両者にとって自由競争は，この両者がほぼ同じ工業的発達の状態にあるときにしか有益に作用しない。

④ 剰余価値率は，資本による労働力の，あるいは，資本家による労働者の，搾取度の正確な表現である。

10 【経済学説③】 経済の発展に関する次の記述A～Dと，それらと関係の深い人名ア～オとの組合せとして最も適当なものを，下の①～⑥のうちから一つ選べ。 (09 現本)

A 外国貿易において，各国は比較優位にある商品の生産に特化し，それを輸出し合えば，双方が利益を得られる。

B 企業が古いものを破壊し新しいものを生み出す創造的破壊や技術革新を繰り返すことによって，経済は発展する。

C 経済が発展するにつれ，産業構造は，第一次産業から第二次産業へ，そして第三次産業へと重心を移していく傾向を持つ。

D 各人による利己的な利益の追求が，結果として，社会全体の利益につながる。

ア アダム＝スミス　　　　イ アマルティア＝セン
ウ ウィリアム＝ペティとコリン＝クラーク
エ ジョセフ＝シュンペーター　　オ デビッド＝リカード

① A－ア　　B－ウ　　C－エ　　D－オ
② A－ア　　B－ウ　　C－エ　　D－イ
③ A－イ　　B－ウ　　C－エ　　D－オ
④ A－イ　　B－エ　　C－ウ　　D－ア
⑤ A－オ　　B－エ　　C－ウ　　D－イ
⑥ A－オ　　B－エ　　C－ウ　　D－ア

11 【経済学説④】 比較生産費説に基づいて自由貿易を主張した人物として正しいものを，次の①～④のうちから一つ選べ。
(17 追)

① アダム・スミス　　　② ケネー
③ リカード　　　　　　④ リスト

12 【経済学説⑤】 古典派経済学に関連するA～Cの経済学者・経済思想と，その主張の内容についての記述ア～エとの組合せとして正しいものを，下の①～⑧のうちから一つ選べ。 (11 追)

A マルクス　　B ケインズ　　C 重商主義

ア 自由放任（レッセ・フェール）という言葉を初めて用い，その考え方は古典派経済学に引き継がれた。

イ 国の豊かさは貿易黒字によってもたらされると主張し，古典派経済学によって批判された。

ウ 古典派経済学を批判的に発展させて資本主義の構造を分析し，利潤や恐慌のメカニズムを説明した。

エ 古典派経済学を継承し発展させた理論を批判し，有効需要の不足が失業をもたらすと説いた。

① A－ア　B－イ　C－ウ　　② A－ア　B－エ　C－イ
③ A－イ　B－ア　C－エ　　④ A－イ　B－エ　C－ア
⑤ A－ウ　B－イ　C－ア　　⑥ A－ウ　B－エ　C－イ
⑦ A－エ　B－イ　C－ア　　⑧ A－エ　B－ウ　C－イ

13 【社会主義経済の変容①】 20世紀末に生じた社会主義諸国の市場経済化をめぐる記述として正しいものを，次の①～④のうちから一つ選べ。 (03 追)

① 中国では，改革・開放政策への転換以降，急速に貿易が拡大

し，1990年代後半に大幅な貿易収支黒字を実現した。

② 1990年代の東欧諸国は，コメコン（経済相互援助会議）のもとで地域的経済協力を進めながら市場経済化を推進した。

③ 1990年代後半に，北朝鮮は「ドイモイ（刷新）」政策をスローガンに掲げて，集権的管理体制の是正に乗り出した。

④ ロシアでは，1990年代末，プーチン大統領が，共産党一党支配を維持したまま市場経済化を進めた。

14 【社会主義経済の変容②】 中国は1970年代末から改革開放政策を開始し，市場原理を取り入れていった。これに関連し，各国の経済改革に関する記述として最も適当なものを，次の①～④のうちから一つ選べ。 (12 現追)

① ベトナムでは，中央集権的な計画経済を強化するドイモイ政策という改革が1980年代に開始された。

② ソ連では，1980年代にペレストロイカにより経済の再建が図られたが，1990年代初頭にソ連は解体した。

③ 中国では，社会主義市場経済という路線が採られているため，株式会社制度の導入は避けられている。

④ ハンガリーとポーランドは，EU（欧州連合）には加盟せず，独自の経済改革を進めている。

15 【経済思想の歴史】 次の文章中の空欄 ［ア］・［イ］ に当てはまる人名の組合せとして最も適当なものを，下の①～④のうちから一つ選べ。 (17 本)

18世紀後半に産業革命が起きて資本主義経済が確立するのと並行して，工場などの生産手段を所有する資本家階級と，労働力を商品として資本家に販売する労働者階級との分化が進行した。そうしたなか，［ア］は，資本家が労働者から搾取することのない社会の実現を主張した。

20世紀に入ると，公共事業の増大や社会保障制度の拡充など，政府が経済へ積極的に介入するようになった。これに対し，政府が過度に介入すると資源配分の効率性を損なうという批判が生じた。たとえば［イ］は，個人の自由な選択を重視し，政府による裁量的な政策をできる限り少なくすることを主張した。

① ア マルクス　　イ ガルブレイス
② ア マルクス　　イ フリードマン
③ ア マルサス　　イ ガルブレイス
④ ア マルサス　　イ フリードマン

16 【経済と社会】 これからは経済合理性の追求を社会がどう位置づけるかについて考えることが大事だと言われているが，経済と社会および文化の関係についての考え方に関する記述として最も適当なものを，次の①～④のうちから一つ選べ。 (15 現追)

① A. センは，豊かな生活の実現を考える上で，人間の潜在能力（ケイパビリティ）に着目する必要性を主張した。

② J. ロールズは，社会の富や所得の不平等を改善する上で，生産の効率を重視する必要性を主張した。

③ グローバル化に伴う人の移動が増えているが，異なる文化に属する人々を排除しようとする立場は，マルチカルチュアリズムと呼ばれる。

④ 福祉国家という考え方を批判し，政府による経済活動への介入をできるだけなくそうとする立場は，修正資本主義と呼ばれる。

16 国民経済と景気変動と物価

共通テスト／センター試験出題頻度	年度	2023	2022	2021	2020	2019	2018	2017	2016	2015	2014	2013	2012
	出題			●	●	●		●	●	●	●	●	●

STEP ❶【基礎問題演習】

次の各文中の空欄に適語を入れよ。

1【国民所得・経済成長・景気変動】

		正　解
1	ある一時点で計測する経済量を（①）という。	①ストック
2	ある期間で計測する経済量を（②）という。	②フロー
3	ストックの一つで，一国が保有する実物資産と対外純資産の合計を（③）という。	③国富
4	100 円で仕入れた原料を加工し 300 円で売ると，200 円分の新たな価値が上乗せされたことになる。この上乗せされた価値を（④）という。	④付加価値
5	一年間に，一国内で生み出された生産物の総額から，中間生産物の総額を引いたものを（⑤）という。付加価値の総計でもあり，経済力の目安となる。	⑤国内総生産（GDP）
6	GDP に海外からの所得の純受け取りを加えたものを（⑥）という。	⑥国民総所得（GNI）
7	GNI から固定資本減耗を差し引くと（⑦）となる。	⑦国民純所得（NNI）
8	NNI から間接税を引き，（⑧）を加えると国民所得（NI）となる。	⑧補助金
9	NI には生産・分配・支出の三つの側面から計測する方法があり，この三つが等しくなることを（⑨）という。	⑨三面等価の原則
10	支出国民所得＝消費＋投資＋（⑩）。	⑩経常海外余剰
11	（⑪）国民所得＝第 1 次産業＋第 2 次産業＋第 3 次産業＋海外からの純所得。	⑪生産
12	（⑫）国民所得＝雇用者報酬（雇用者所得）＋財産所得＋企業所得	⑫分配
13	GNI から環境破壊などをマイナスの費用として引き，家事労働や余暇をプラスと評価した指標を（⑬）という。	⑬国民純福祉（NNW）
14	人々の主観的な幸福感を直接調査した指標が（⑭）である。	⑭国民総幸福量（GNH）
15	国連開発計画（UNDP）が提唱した指標で，平均余命や教育及び所得を考慮したものを（⑮）という。	⑮人間開発指数（HDI）
16	物価の変動を考慮に入れない経済成長率を（⑯）経済成長率という。	⑯名目
17	物価の変動を考慮に入れた経済成長率を（⑰）経済成長率という。	⑰実質
18	名目 GDP を実質 GDP に変換するときに使う，総合的な物価指数を（⑱）という。	⑱GDP デフレーター
19	（⑲）物価指数は，消費者が小売の段階で購入する商品の平均価格を表す。	⑲消費者
20	（⑳）物価指数は，卸売の段階にある商品の平均価格を表す。	⑳企業
21	実質経済成長率＝ 100 ×（ある年度の実質 GDP －前年度の実質 GDP）÷（㉑）。	㉑前年度の実質 GDP
22	物価上昇が連続する状態を（㉒）といい，好況期に多い。	㉒インフレーション
23	（㉓）・インフレは，通貨の過剰発行や有効需要の増大により，需要が供給を上回ることで発生するものを指す。	㉓ディマンド・プル
24	（㉔）・インフレは，おもに供給側の生産コストの上昇で発生するものを指す。	㉔コスト・プッシュ
25	（㉕）インフレは，物価の騰貴と通貨価値の下落が，急激かつ極度におこる現象を指す。	㉕ハイパー
26	物価下落が連続する状態を（㉖）といい，不況期に多い。	㉖デフレーション
27	不況とインフレーションが同時進行する状態を（㉗）という。	㉗スタグフレーション
28	消費需要の低迷で，物価の低下が進み，不況が長期化する悪循環を（㉘）という。	㉘デフレスパイラル
29	フリードマンに代表されるマネタリストという学派は，通貨の過剰発行が物価上昇の原因であるという（㉙）説をとる。	㉙貨幣数量
30	中央銀行が中長期的に望ましい物価上昇率を目標設定し行う金融政策を（㉚）という。	㉚インフレ・ターゲット

31　（㉛）は一般的に，好況・後退・不況・回復の四つの局面をたどりながら，周期的に繰り返される。

㉛景気変動（景気循環）

32　技術革新などが原因となり，50年前後の周期の長期の景気波動を（㉜）の波という。

㉜コンドラチェフ

33　住宅建設などが原因となり，20年前後の周期の中長期の景気波動を（㉝）の波という。

㉝クズネッツ

34　設備投資などが原因となり，10年前後の周期の中期の景気波動を（㉞）の波という。主循環でもある。

㉞ジュグラー

35　在庫変動などが原因となり，4年前後の周期の短期の景気波動を（㉟）の波という。

㉟キチン

36　（㊱）曲線において所得格差を把握する場合，完全に均等に分配されていれば，その曲線は原点を通る45度の直線に一致し，不均等ならば45度線から下に張り出す。

㊱ローレンツ

■STEP❷【正誤問題演習】■

次の各文の正誤を判別し，誤りについては正しく訂正しなさい。

1 【国民所得・経済成長・景気変動】

① 中古品の売買は，GDIに計上される。

② 値上がりした土地の売却は，GDIに計上されない。

③ 国民所得とは，ある時点で蓄積されている国富の額をいう。　　　　　　（08追）

④ フローの概念にあてはまるのは，GDPと国富のうち，GDPである。

⑤ 一国の経済規模を測るGDPは，ストックの量である。　　　　　　　　（17追）

⑥ 土地の価格が上昇すると，国富は増大するが，その値上がり益は国民所得には計上されない。

⑦ GDPとは，国内で活動する経済主体が供給した財やサービスの総額から，中間生産物の価額を差し引いたものである。　　　　　　　　　　　　　　　　　　　（04本）

⑧ 名目上のGDPの総額が変わらず，物価指数が大きくなると，実質経済成長率はプラスとなる。

⑨ GNPには，国内で働く外国人が生み出した付加価値も計上される。

⑩ 家庭内で家族が行う家事労働は，金額に換算され，国内総生産に計上される。　　（12追）

⑪ 医療費増大による国民所得の増加は，負の概念なので，GDPには入らない。

⑫ GNH（国民総幸福量）は，国連開発計画（UNDP）が提唱した指標である

⑬ 分配国民所得は，第一・第二・第三次産業が生み出した付加価値に海外からの純所得を加えたものである。

⑭ 生産・分配・支出のそれぞれの国民所得を比較すると，分配国民所得の額が最も大きくなる。

⑮ 好況期には，国内消費需要が増大し，輸入が減少する。　　　　　　　　（07追）

⑯ 景気回復期には，企業の過剰設備が整理され，投資が縮小する。　　　　（07追）

⑰ 不況期には，労働需要が労働供給に対し過大になり，失業率が上昇する。　（18追）

⑱ 景気循環の一周期とは，景気のピーク（山）から景気のボトム（谷）までを指す。

⑲ 石油危機によって経済成長がマイナスとなり，失業者が増加し，物価は下落した。

⑳ 資源開発投資の変動で起こる中期の波動を，クズネッツの波という。　　（15本）

㉑ インフレーション下では，一般に，借金をしている者にとって，返済が楽になり有利である。

㉒ インフレーションは，通貨の購買力を低下させる。

㉓ 猛烈なインフレーションをハイパー・インフレといい，第一次世界大戦後のドイツ，2000年代のジンバブエ，2010年代のベネズエラが有名である。

㉔ 第一次石油危機のとき，日本は，狂乱物価と呼ばれる激しいインフレーションに見舞われた。　　　　　　　　　　　　　　　　　　　　　　　　　　　　　　　（18本）

㉕ インフレーション下では，一般に，貯蓄と消費を比べた場合，貯蓄が有利である。

㉖ ローレンツ曲線において所得格差を把握する場合，完全に均等に分配されていれば，その曲線は原点を通る45度の直線に一致する。

■ 1 正解とヒント

①✕　ただし，手数料等の分は計上される。

②〇　キャピタル・ゲインは計上されない。

③✕　国民所得はフロー。

④〇　国富はストック。

⑤✕　フロー。

⑥〇

⑦〇

⑧✕　物価指数の上昇は，財・サービスの価値の低下となる。

⑨✕　入るのはGDP。

⑩✕　付加価値を生み，市場取引されるものが対象。

⑪✕　算入されるが，NNW（国民福祉指標）には入らない。

⑫✕　ブータン国王の提唱。

⑬✕　生産国民所得の定義。

⑭✕　三面等価の原則。いずれも同額となる。

⑮✕　輸入も増える。

⑯✕　投資は拡大する。

⑰✕　過大ではなく過少。

⑱✕　山〜山，谷〜谷を指す。

⑲✕　物価上昇と不況が共存するスタグフレーションとなった。

⑳✕　建設投資の変動。

㉑〇

㉒〇　貨幣価値が下落。

㉓〇　クリーピング→ギャロッピング→ハイパーの順で急激になる。

㉔〇

㉕✕　物価上昇により購入できなくなる場合を考えればよい。

㉖〇

共通テスト・センター試験過去問　次の各設問に答えよ。

1 【GDPの計算①】 次の表は，ある年の諸指標の項目と金額との組合せの数値例を表したものである。表の数値例をもとにした場合に，諸指標A〜Cと，金額ア〜ウとの組合せとして正しいものを，下の①〜⑥のうちから一つ選べ。　（13本）

項目	金額
国内総生産（GDP）	500
海外からの純所得	20
間接税−補助金	40
固定資本減耗	100

A：国民純生産（NNP）
B：国民総生産（GNP）
C：国民所得（NI）
ア：380
イ：420
ウ：520

① A−ア B−イ C−ウ
② A−ア B−ウ C−イ
③ A−イ B−ア C−ウ
④ A−イ B−ウ C−ア
⑤ A−ウ B−ア C−イ
⑥ A−ウ B−イ C−ア

2 【GDPの計算②】 一国の経済状態について体系的に記録したものとして国民経済計算がある。次の文章は国民経済計算の諸指標について説明したものである。文章中の空欄 ア ・ イ に当てはまる語句の組合せとして正しいものを，下の①〜④のうちから一つ選べ。　（19本）

　一定期間に一国の国民によって生産された財・サービスの付加価値の総額を示すものとして国民総生産（GNP）がある。国民総生産から ア の額を控除すると，国民純生産（NNP）が得られる。また，間接税（生産・輸入品に課される税）から補助金を差し引いた額を，国民純生産から控除したとき，国民所得（NI）が算出される。一方，一定期間に一国の国内で生産された財・サービスの付加価値の総額を示すものとして国内総生産（GDP）があり，これは国民総生産から イ の額を控除したものである。

① ア 固定資本減耗　　イ 海外からの純所得
② ア 固定資本減耗　　イ 経常海外余剰
③ ア 中間生産物　　　イ 海外からの純所得
④ ア 中間生産物　　　イ 経常海外余剰

3 【GDPの計算③】 所得を把握するための諸指標に関する記述として誤っているものを，次の①〜④のうちから一つ選べ。　（15本）

① 分配面からみた国民所得（NI）の要素には，雇用者報酬が含まれる。
② 支出面からみた国民所得の要素には，民間投資と政府投資が含まれる。
③ 国民総所得（GNI）は，国民純生産（NNP）から，固定資本減耗を差し引いたものである。
④ 国民総所得は，国民総生産（GNP）を分配面からとらえたものであり，両者は等価である。

4 【国民経済計算】 国の経済活動についての統計的な把握に関する記述として最も適当なものを，次の①〜④のうちから一つ選べ。　（20現本）

① 一国における，ある時点の実物資産と対外純資産の合計は，フローとストックのうち，ストックと呼ばれる。
② 国内総生産（GDP）から固定資本減耗を除いたものは，国民所得（NI）と呼ばれる。
③ 環境破壊の影響だけでなく，家事労働や余暇の時間などを考慮して算出される指標は，グリーンGDPと呼ばれる。
④ 物価変動の影響を除いた国内総生産の変化率は，名目経済成長率と呼ばれる。

5 【GDPの計算④】 次の表は2007年度における日本のGNE（国民総支出）とそれを算出するために必要な項目を示したものである。この表についての記述として誤っているものを，下の①〜④のうちから一つ選べ。　（11本）

項　　目	額［兆円］
民間最終消費支出	292
政府最終消費支出	93
総資本形成	123
財貨・サービスの輸出	92
財貨・サービスの輸入	84
海外からの所得	27
海外に対する所得	9
国民総支出	534

（注）　表中の数字は名目値である。

① GNP（国民総生産）の額は534兆円である。
② GNI（国民総所得）の額は534兆円である。
③ GDP（国内総生産）の額はGNPの額より大きい。
④ 国内需要（内需）の額は総需要の額より小さい。

6 【国富①】 経済的豊かさの指標の一つである国富を構成するものとして誤っているものを，次の①〜④のうちから一つ選べ。　（14本）

① ある世帯がもっている現金
② ある民間企業がもっている機械
③ あるNPO（非営利組織）が所有している建物
④ ある地方自治体が所有している森林

7 【国富②】 国民経済計算において国富を構成するものとして誤っているものを，次の①〜④のうちから一つ選べ。ただし，対外的な経済関係は考えないものとする。　（20追）

① 世帯が保有する住宅
② 世帯が保有する株式
③ 企業が保有する商標権
④ 政府が保有する道路

8 【経済成長率】 物価が変動すると名目経済成長率が実際の経済の成長率を表さないことがある。このことに対処するため，実質経済成長率が用いられる。次の表は，ある国の2000年と2001年の名目GDPとGDPデフレーターを示している。この国の2001年の実質経済成長率として正しいものを，下の①〜④のうちから一つ選べ。　（18追）

	名目GDP	GDPデフレーター
2000年	500兆円	100
2001年	504兆円	96

① −4.0パーセント
② 0.8パーセント
③ 4.0パーセント
④ 5.0パーセント

9 【物価】 物価の変動についての記述として最も適当なものを，次の①〜④のうちから一つ選べ。 (11追)

① 物価が下落すると，負債金額が実質的に減少するので資金の貸し手は損失をこうむる。

② 物価が持続的に上昇すると，実質経済成長率は名目経済成長率よりも高い値になる。

③ 物価水準の持続的な上昇を防ぐ手段の一つとしては，売りオペレーションによる金融引締め政策がある。

④ 労働生産性の上昇率が賃金の増加率を下回る場合には，国内の物価水準は下落しやすい。

10 【所得格差① ローレンツ曲線】 所得の不平等を表すものとして，図示したローレンツ曲線がある。図は，横軸に所得の低い人から高い人の順に人々を並べた場合の人数の累積比率，縦軸にそれらの人々の所得の累積比率をとり，所得分布の状態を示したものである。たとえば，図の45度線は，所得の低い方から60パーセントまでの人々が全体の所得の60パーセントを占めていることを示している。所得が完全に均等に分配された場合，ローレンツ曲線は45度の直線になり，不平等が大きくなるほど45度線から乖離（かいり）する。二つの異なる所得分布の状態が，曲線Aと曲線Bでそれぞれ示されるとき，この図から読みとれることとして正しいものを，下の①〜④のうちから一つ選べ。 (18本)

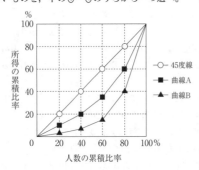

① Aの所得分布で示される不平等の度合いは，Bの所得分布で示される不平等の度合いよりも大きい。

② Bで示される所得分布では，所得の高い方から上位20パーセントまでの人々が全体の所得の80パーセント以上を占めている。

③ Bで示される所得分布では，すべての人の所得が同じ割合で増えると45度線の所得分布により近づく。

④ Aで示される所得分布では，所得の低い方から80パーセントまでの人々が全体の所得の50パーセント以上を占めている。

11 【所得格差② ジニ係数】 所得格差をとらえるための指標としてジニ係数が知られている。ジニ係数は0から1の間の値をとり，1に近づくほど格差は大きい。次の図は，日本における当初所得と再分配所得のジニ係数の推移を示したものである。当初所得とは雇用者所得や事業所得などであり，再分配所得とは当初所得に社会保障給付を加え，税金や社会保険料を控除したものである。この図から読みとれる内容として正しいものを，次の①〜④のうちから一つ選べ。 (16追)

① 1972年以降，いずれの年においても当初所得の方が再分配所得よりも格差は小さい。

② 1984年以降，当初所得の格差は縮小している。

③ 2011年の方が1972年よりも再分配による所得格差の改善

の度合いは大きい。

④ 1972年の当初所得の方が2011年の再分配所得よりも格差は大きい。

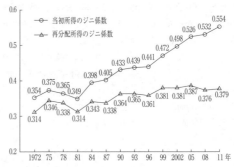

(注) 図中のジニ係数は全世帯について計算されたもの。
(資料) 厚生労働省『所得再分配調査報告書』(1981〜2011年版)(厚生労働省 Web ページ) により作成。

12 【物価の動き】 インフレーション（インフレ）の原因や影響についての記述として最も適当なものを，次の①〜④のうちから一つ選べ。 (18試)

① インフレーションは，有効需要の減少により総需要が総供給を下回ることによって生じる。

② インフレーションは，労働生産性の上昇率が原材料や賃金といった生産コストの上昇率を上回ることによって生じる。

③ インフレーションが生じると，借りていた奨学金の返済額が変わらなくても，返済の負担が実質的に減る。

④ インフレーションが生じると，勤め先から支給される賃金額が変わらなくても，その賃金で購入できるものが増える。

13 【景気循環】 景気循環の類型についての記述として正しいものを，次の①〜④のうちから一つ選べ。 (01本)

① コンドラチェフの波は，耐久消費財の買換え需要の変動を主な原因として起こるといわれる景気循環である。

② クズネッツの波は，在庫投資の変動を主な原因として起こるといわれる景気循環である。

③ ジュグラーの波は，設備投資の変動を主な原因として起こるといわれる景気循環である。

④ キチンの波は，住宅の建て替えなどの建設投資の変動を主な原因として起こるといわれる景気循環である。

14 【景気変動の理由】 景気の波や物価の変動をめぐる記述として正しいものを，次の①〜④のうちから一つ選べ。 (09追)

① 短期間に急激に物価水準が上昇する現象は，デフレスパイラルと呼ばれる。

② 生産コストの上昇分が製品価格に転嫁されたために生じる物価水準の上昇は，コスト・プッシュ・インフレーションと呼ばれる。

③ 景気停滞と物価水準の持続的な下落が同時に起こる現象は，スタグフレーションと呼ばれる。

④ 景気循環において好況期から後退期へと変わる局面は，景気の谷と呼ばれる。

15 【所得格差の是正】 次の会話文を読み，(X)・(Y)に当てはまる語句の組合せとして最も適当なものを，下の①〜④のうちから一つ選べ。 (18試・改)

先　生：冬休みの課題の内容について，発表してもらいます。

生徒E：私は所得格差がジニ係数で示されることに興味を持ち，調べました。ジニ係数は，所得などの分配の均等度を示す指標であり，0から1の間の値をとり，1に近いほど格差が大きく，0に近いほど格差が小さくなります。**資料1**を見てください。架空の国α国とβ国との当初所得と再分配所得のジニ係数を示しています。ここで質問です。所得の再分配の政策を行った結果，当初所得と比べ所得格差がより縮小したのはどちらの国でしょうか。

生徒A：当初所得と比べて，所得格差がより縮小したのは（X）だと思います。

生徒E：そうですね。所得の再分配により所得格差が縮小することがわかります。そこで，私は，どのような政策が所得格差の縮小につながるのかを考え，所得税の課税方式に注目しました。世帯がさまざまな所得階層に分配しているとして，たとえば，課税対象所得にかける税率を変えることで所得格差の縮小につながると思います。**資料2**を見てください。**資料2-1**と**資料2-2**は，架空の所得税率表です。（Y）を選択する方が，所得格差はより縮小されると考えます。

資料1

	α国	β国
当初所得のジニ係数	0.4	0.5
再分配所得のジニ係数	0.3	0.3

注：当初所得とは，雇用者所得や事業者所得など。再分配所得とは，当初所得に社会保障給付を加え，税金や社会保険料を控除したもの。

資料2

資料2-1		資料2-2	
課税対象所得	税率	課税対象所得	税率
300万円以下	10%	300万円以下	10%
300万円を超え500万円以下	20%	300万円を超え500万円以下	20%
500万円を超え800万円以下	30%	500万円を超え800万円以下	30%
800万円を超え1000万円以下	35%	800万円を超え1000万円以下	40%
1000万円超	40%	1000万円を超え1500万円以下	50%
		1500万円超	60%

先　生：発表を聞いて，何か考えたことがあったら発言してください。

生徒B：私も所得格差の縮小に賛成です。平等な社会の実現に必要です。

生徒C：所得格差の縮小だけを強調してよいのでしょうか。私は，努力や働きが正当に報われることは必要なことだと思います。

先　生：社会の在り方についての議論になってきましたね。議論を深めましょう。

	（X）	（Y）		（X）	（Y）
①	α国	資料2-1	②	α国	資料2-2
③	β国	資料2-1	④	β国	資料2-2

16 【フィリップス曲線】 1980年から2019年の日本の完全失業率とインフレ率（対前年消費者物価上昇率）の推移を調べて次の二つの図を作成した。**図1**は，横軸に時間を，縦軸に完全失業率とインフレ率をとり，これらの推移を示している。**図2**は，インフレ率と完全失業率の関係をとらえるために，横軸に完全失業率，縦軸にインフレ率をとり，両者の関係を散布図として表したものである。これらの図をもとに日本経済の状況を考察した記述として最も適当なものを，後の①～④のうちから一つ選べ。

(22 追)

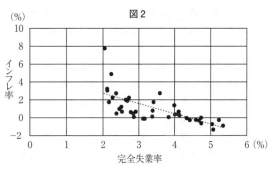

（注）図2の点線は，インフレと完全失業者の関係をわかりやすくするために引いている。

① 消費税率が5パーセントに引き上げられた1997年や8パーセントに引き上げられた2014年には，消費税の引上げ幅にほぼ見合った消費者物価の上昇が記録された。このように間接税の導入や税率の上昇により消費者物価が上昇する現象は，ディマンド・プル・インフレーションと呼ばれる。

② 1980年から2019年では，完全失業率が上昇するときにはインフレ率が低下し，逆に完全失業率が低下するときにはインフレ率が上昇するという関係がおおよそ成立しているといえる。このように完全失業率とインフレ率の間に負の関係が観測される現象は，スタグフレーションと呼ばれる。

③ 1990年代初めにバブル経済が崩壊して以降2019年まで，完全失業率は上昇傾向を示している。とくに，リーマン・ショック後の世界的金融危機の影響を受けた景気後退によって，完全失業率は大きく上昇した。このように景気後退に伴って完全失業率が上昇する現象は，ハイパーインフレーションと呼ばれる。

④ 1990年代半ば以降，マイナスのインフレ率が複数回観測されたが，消費者物価の下落は企業収益の減少と雇用の縮小につながり，完全失業率が上昇する傾向がある。雇用の縮小は消費財への需要を減少させるので，さらに消費者物価の下落をもたらす。これらが連鎖的に続いていく現象は，デフレスパイラルと呼ばれる。

17 金融のしくみ

共通テスト／センター試験出題頻度	年度	2023	2022	2021	2020	2019	2018	2017	2016	2015	2014	2013	2012
	出題	●	●	●		●		●	●	●	●	●	●

■STEP❶【基礎問題演習】

次の各文中の空欄に適語を入れよ。

1【金融】

	正解

① 直接金融とは，企業が証券市場で株式や（①）などを売り，直接に家計などから資金を得るやり方である。　①社債

② 間接金融とは，（②）などの金融機関から，融資により資金調達をするやり方である。　②銀行

③ （③）とは，株式発行の資金や内部留保などで調達された資金で，返済義務はない。　③自己資本

④ （④）とは，社債や銀行からの借り入れによる資金で，返済義務がある。　④他人資本

⑤ 貨幣の機能には交換手段・支払い手段・価値貯蔵手段・（⑤）の四つがある。　⑤価値尺度

⑥ 通貨を金の保有量に基づき発行する（⑥）制度では，物価は安定するが，弾力的な金融政策はとりにくい。　⑥金本位制

⑦ 金本位制度では，紙幣は金と交換可能な（⑦）券である。　⑦兌換

⑧ （⑧）制度では，通貨の発行量は自由に調整できる。弾力的な金融政策はとりやすいが，通貨を発行しすぎると，インフレが起きやすい。　⑧管理通貨

⑨ 貸したお金を回収できる権利を（⑨）といい，特に回収しても元より極端に価値が低下したものを不良（⑨）という。　⑨債権

⑩ 倒産などで預金の払い戻しに応じられなくなった金融機関に代わって，預金者に払い戻しを保障する機関を（⑩）という。　⑩預金保険機構

⑪ 金融機関の破綻時に，一定額だけ預金を保護する制度を（⑪）という。　⑪ペイオフ

⑫ 規則や行政指導で金融機関を保護するやり方を（⑫）方式という。　⑫護送船団

⑬ 1990年代後半行われた金融市場の大胆な規制緩和を日本版（⑬）という。　⑬ビッグバン

⑭ 「フリー・フェア・グローバル」の3原則のもと，（⑭）の解禁や外為法改正による外貨預金の自由化などが実現した。　⑭持株会社

⑮ 民間金融機関の監督等を行う'98年設置の金融監督庁が，'01年（⑮）へ改組された。　⑮金融庁

⑯ 金融機関の安全性担保のため，（⑯）規制で自己資本比率を一定以上にする。　⑯BIS

⑰ 市中の通貨量である（⑰）を調整して景気を安定させるのが金融政策である。　⑰マネーストック

⑱ 金融政策の柱は，（⑱）操作である。　⑱公開市場

⑲ 中央銀行が好況時にマネーストックを減らすため，保有する有価証券を売り，市場から資金を吸収するのが（⑲）で，その逆が買いオペレーション（買いオペ）である。　⑲売りオペレーション（売りオペ）

⑳ 市中銀行は預金のうち，一定割合を日銀の口座に預け，残りの資金を貸し出す。預金額のうち，この預ける割合を（⑳）という。　⑳預金準備率

㉑ 貸し出された資金が新たな預金を次々に生み出すしくみを（㉑）という。　㉑信用創造

㉒ 日本銀行の役割は政府の銀行・発券銀行・（㉒）の三つが柱である。　㉒銀行の銀行

㉓ 金融機関同士で，短期間の貸し借りする際の金利を（㉓）という。　㉓コールレート

㉔ ブロックチェーン技術を用いて，ビットコインなどの（㉔）が登場している。　㉔暗号資産（仮想通貨）

㉕ （㉕）とは，金融（Finance）と情報通信などの技術（Technology）を組み合わせた動きを表す造語である。　㉕フィンテック

■STEP ❷【正誤問題演習】

次の各文の正誤を判別し，誤りについては正しく訂正しなさい。

❶【金融】

① インフレになると，資産を土地で保有するよりも，現金や預貯金で保有する方が有利になる。 (00追)

② 長期での売買を行う金融市場をコール市場という。

③ 高度成長期は直接金融が中心であったが，近年は間接金融の割合が高まりつつある。

④ 銀行が資金を貸すときの金利は，資金需要が減ると上がる。

⑤ 当座預金は預金通貨の一つであり，小切手を振り出して支払いに使うことができる。 (02本)

⑥ 銀行は，間接金融を行っている点では保険会社と同じであるが，要求払い預金を受け入れているという点で保険会社と異なる。 (02本)

⑦ ノンバンクとは，預金業務と貸出業務を行う金融機関である。 (17本)

⑧ 金本位制の下，中央銀行は自由に通貨の発行量を調節できる。 (04追)

⑨ 日本は，第二次世界大戦の終結とともに，金本位制度から離脱した。 (01本)

⑩ 日本銀行は，大企業や家計とも取引があり，口座を開設できる。

⑪ 日本銀行は，日本銀行における口座を通じて銀行間の決済サービスを提供している。 (03追)

⑫ 日本銀行は，為替相場安定のために外国為替市場に介入する。

⑬ 日本銀行は市中銀行の預金の一定割合を預かり，信用秩序の維持を図る。 (05本)

⑭ 日本では，銀行が破綻した場合に，日本銀行が預金者に一定額の払戻しを行う制度がある。 (18追)

⑮ 従来の金融商品から派生した新しい金融商品をデリバティブという。 (19本)

⑯ 中央銀行が金融政策で調整しようとする通貨量の残高（マネーストック）には，民間の市中銀行にある預金通貨は含まれないとされる。 (19現追)

⑰ 個人や一般企業が保有する通貨量のことをマネタリーベースと言い，日本銀行の公開市場操作は，これを直接的に増減させるものではない。 (22本改)

⑱ 買いオペレーションはインフレ時の金融政策である。

⑲ 市場金利を上昇させる目的で，買いオペレーションを実施する。

⑳ マイナス金利政策の実施により，普通預金口座を持つ人の預金金利がマイナスとなった。

㉑ BIS規制は，国内業務のみの金融機関より，国際業務も行う金融機関の基準のほうをより厳しくしている。

㉒ 最初の預金が1億円，支払準備率が5パーセントで，銀行からの貸出しがすべて再預金される場合，50億円の信用創造ができる。 (02本)

㉓ 国際的に活動する銀行の自己資本比率に関する国際統一基準のことは，BIS（国際決済銀行）規制と呼ばれる。 (10現追)

㉔ 日本の金融機関は巨額の不良債権を抱え込んだ結果，1990年代の後半に破綻が相次いだ。 (10本)

㉕ 金利の自由化が進み，中央銀行の貸付利率の操作は政策としての効果を失っている。 (11本)

㉖ 日本銀行は，バブル経済崩壊後，国債を市場で売買することにより市場金利への影響力を行使したことはない。 (21本)

㉗ アベノミクスで実施された金融政策では，経済の好循環を実現し，長期不況から脱却する物価を引き上げるために金融引締政策を進めた。 (22追改)

㉘ 株式会社の他人資本には，株式の発行によって株主から調達した資本が含まれる。 (12追)

㉙ 企業の利潤のうち株主への分配が増えると，内部留保は増大する。 (16追)

---

❶ 正解とヒント

① × 現金の価値は下落。

② × 短期。このときの金利をコールレートという。

③ × 逆。

④ × 下がる。物価と同じ。

⑤ ○ 小切手は，企業間の決済でよく用いられる。

⑥ ○

⑦ × 預金業務はできず，貸し出し業務のみを行う。

⑧ × 金本位制ではなく管理通貨制度。

⑨ × 金本位制から管理通貨制への移行は1931年。

⑩ × 金融機関や国，海外の中央銀行，国際機関が開設可能。

⑪ ○ この役割を「銀行の銀行」という。

⑫ ○ 他国と協力して行う協調介入と，単独介入がある。

⑬ ○ 支払い準備金のこと。

⑭ × 日銀ではなく，預金保険機構が行う。

⑮ ○

⑯ × マネーストックは市中銀行の預金通貨を含む。

⑰ ○

⑱ × デフレ時。

⑲ × 買いオペで市場に資金が豊富に出回り，金利は低下する。

⑳ × 当座預金の金利がマイナスになる。

㉑ ○

㉒ × 信用創造＝本源的預金÷支払準備率－本源的預金（1億円÷0.05－1億円＝19億円）

㉓ ○

㉔ ○

㉕ ○

㉖ × 公開市場操作で影響力を行使している。

㉗ × 引締ではなく，金融緩和。

㉘ × 株式は自己資本であり，返済の必要が無い。

㉙ × 減少。利潤から給与や株主への分配等を引くと内部留保。

共通テスト・センター試験過去問　次の各設問に答えよ。

1　【金融の仕組み】　金融の仕組みや制度についての記述として最も適当なものを，次の①〜④のうちから一つ選べ。（13 本）
① BIS 規制では，国内業務のみを行う銀行は，国際業務を行う銀行よりも，高い自己資本比率が求められている。
② 日本のペイオフ制度では，金融機関が破綻した場合に，預金保険機構によって，預金の元本のみが全額払い戻される。
③ 銀行による信用創造で創出される預金額は，資金の需要が一定であるならば，支払準備率が小さいほど大きくすることができる。
④ 企業が社債を発行することにより，金融市場で資金調達を行うことは，間接金融の方式に当たる。

2　【金融政策①】　金融政策についての記述として最も適当なものを，次の①〜④のうちから一つ選べ。　　　（12 追）
① 預金準備率の引上げは，市中金融機関による企業への貸出しを増加させる効果をもつ。
② 買いオペレーションは，通貨量（マネーストックあるいはマネーサプライ）を減少させる効果をもつ。
③ 日本銀行は，2000 年代の前半に，景気対策を目的として，ゼロ金利政策や量的緩和政策を行った。
④ 日本銀行は，1990 年代の後半から，政府が発行する赤字国債を継続的に引き受けて，政府に資金の提供を行ってきた。

3　【金融政策②】　金融政策について，一般的に中央銀行が行うと考えられる政策として最も適当なものを，次の①〜④のうちから一つ選べ。　　（08 本）
① デフレが進んでいる時に通貨供給量を減少させる。
② インフレが進んでいる時に預金準備率を引き下げる。
③ 不況期に市中銀行から国債を買い入れる。
④ 好況期に市中銀行に資金を貸す際の金利を引き下げる。

4　【貨幣①】　貨幣に関連する記述として正しいものを，①〜④から一つ選べ。　　　　（17 本）
① 貨幣には，取引の仲立ちを行う価値貯蔵手段としての機能がある。
② マネーストックとは，中央政府が保有する貨幣残高のことである。
③ 管理通貨制度の下では，通貨発行量は中央銀行の保有する金の量によって制限されない。
④ 預金通貨は，財・サービスの対価の支払手段としては用いられない。

5　【貨幣②】　貨幣は，価値尺度・支払手段・価値貯蔵手段といった機能を有する。次の記述 A，B は，これらの貨幣の基本的な機能のうち，いずれか一つについて示したものである。記述 A，B と機能の名称ア〜ウとの組合せとして最も適当なものを，下の①〜⑥のうちから一つ選べ。　　　　（19 追）
A　着物の生地を製造している X さんは，製造費用を考慮して，生地 1 反当たり 5,000 円の価格をつけた。
B　Y さんは，腐敗による保有資産の価値の目減りをおそれて，資産を貨幣のかたちで保有したいと考えた。
ア　価値尺度　　　イ　支払手段　　　ウ　価値貯蔵手段
① A−ア B−イ　② A−ア B−ウ　③ A−イ B−ア
④ A−イ B−ウ　⑤ A−ウ B−ア　⑥ A−ウ B−イ

6　【貨幣③】　貨幣には価値尺度，交換（流通）手段，支払い手段，価値貯蔵（保蔵）手段の四つの機能がある。このうち，貨幣を価値貯蔵（保蔵）手段として用いた事例として最も適当なものを，次の①〜④のうちから一つ選べ。　　　（22 現本）
① ある織物業者は傘を手に入れたいと思っているが，自分の作ったタオルと引き換えてくれる傘の所有者は見つけにくいので，タオルを売って貨幣に換え，その貨幣で傘を買った。
② ある資産家が土地や建物，自動車，宝石などのかたちで保持している自分の資産の価値を把握する上で，それぞれの資産の単位（広さや台数など）をそのまま使うと分かりにくいので，すべて日本円に換算して合計した。
③ ある会社員は，郊外の自宅の庭で自家消費分以上のナスを収穫したが，余った分をそのままもっていてもいずれ腐敗により価値が激減してしまうので，自家消費する分以外はすべて貨幣に換えて預金口座に入れた。
④ ある町工場の社長は原材料を大量に仕入れたが，その対価となる資金が十分には手元になかったので，約束手形を振り出し，後日当座預金からの引落としにより債務を返済した。

7　【金融①】　金融についての記述として正しいものを，①〜④から一つ選べ。　　　　（17 本）
① 日本では，家計の金融資産のうち現金・預金の割合が最も大きい。
② 日本では，グローバル化をうけて直接金融から間接金融への移行が進んでいる。
③ ノンバンクとは，預金業務と貸出業務を行う金融機関である。
④ 信用創造とは，企業が金融機関に債務を滞りなく返済することで追加的な資金調達が可能になることをいう。

8　【金融政策③】　中央銀行が実施する政策や業務についての記述として正しいものを，次の①〜④のうちから一つ選べ。（16 本）
① デフレーション対策として，国債の売りオペレーションを行う。
② 自国通貨の為替レートを切り下げるために，外国為替市場で自国通貨の売り介入を行う。
③ 金融緩和政策として，政策金利を高めに誘導する。
④ 金融機関による企業への貸出しを増やすために，預金準備率を引き上げる。

9　【金融政策④】　金融政策に関連する記述として誤っているものを，次の①〜④のうちから一つ選べ。　　（14 本）
① 基準割引率および基準貸付利率は，公開市場操作の手段として用いられる金利である。
② マネーストックとは，金融機関を除く経済主体が保有している通貨量のことである。
③ 信用創造とは，市中金融機関が貸付けを通じて預金を創出することである。
④ 量的緩和は，買いオペレーション（買いオペ）によって行われる政策である。

10　【金融政策⑤】　次の文章中の空欄　ア・イ　に当てはまる語句の組合せとして正しいものを，下の①〜④のうちから一つ選べ。　　　　（18 追）
　日本銀行は，物価の安定を図ることを通じた国民経済の健全な

発展を理念として，金融政策を行っている。その際の代表的な手段には，公開市場操作や預金準備率操作，そして金利政策があげられるが，現在はその中でも　ア　が中心的な手段とされている。

このような日本銀行の金融政策には，常に変化が求められてきた。たとえば，1990年代後半には「非伝統的金融政策」と呼ばれる金融政策を行うようになった。そして2016年には新たに　イ　と呼ばれる政策を導入した。これは，金融機関が日本銀行当座預金口座に新たに預金した場合，その預金の一部について，金融機関が日本銀行に金利を支払わなければならない仕組みである。

① ア　預金準備率操作　　イ　マイナス金利政策
② ア　預金準備率操作　　イ　ゼロ金利政策
③ ア　公開市場操作　　　イ　マイナス金利政策
④ ア　公開市場操作　　　イ　ゼロ金利政策

11 【金融市場】　金融に関連する記述として**誤っている**ものを，次の①～④のうちから一つ選べ。　　　　　　（19本）

① デリバティブは，株式や債券から派生した金融商品で先物取引やオプション取引がある。
② ヘッジファンドによる短期の国際的な資金移動は，為替レートを変動させる要因となる。
③ 日本銀行の量的緩和政策は，金融政策の主たる誘導目標を政策金利として金融緩和を進めようとするものである。
④ 日本の短期金融市場には，金融機関がごく短期間の貸借で資金の過不足を調整するコール市場がある。

12 【貨幣③】　貨幣にはさまざまな機能がある。そのうち貨幣の価値貯蔵機能の例として最も適当なものを，次の①～④のうちから一つ選べ。　　　　　　（18試）

① 税金を納めるために貨幣を使用する。
② 購買力を保つために貨幣を用いる。
③ 商品の取引を仲立ちするために貨幣を使用する。
④ 商品の価値を測るために貨幣を用いる。

> **APPROACH**🔍　正解率29.2%
>
> 貨幣の役割についての理解。貨幣が経済において果たす役割のうち，価値貯蔵手段を正しくとらえる。

13 【信用創造①】　次の表のように，銀行Aが2,000万円の預金（本源的預金）を受け入れ，支払準備率を20パーセントとして企業に貸し出すとする。この貸出金は，企業の取引の支払いに充てられ，支払いを受け取った別の企業によって銀行Bに全額，預金されるとする。銀行Bはこの預金をもとに企業への貸出しを行い，同様の過程を経て，銀行Cに預金がなされる。銀行の支払準備率をすべて20パーセントで一定とすると，この過程が次々と繰り返された場合，信用創造で作り出された銀行全体の預金の増加額として正しいものを，下の①～④のうちから一つ選べ。　　（19本）

① 4,000万円
② 4,880万円
③ 8,000万円
④ 9,600万円

銀行	預　金	支払準備金	貸出金
A	2,000万円	400万円	1,600万円
B	1,600万円	320万円	1,280万円
C	1,280万円	256万円	1,024万円
⋮	⋮	⋮	⋮

14 【信用創造②】　次の表のように，銀行Aが，5,000万円の預金を受け入れ，支払準備率を10パーセントとして企業に貸し出すとする。さらにこの資金は，取引を経た後，銀行Bに預金される。銀行の支払準備率をすべて10パーセントで一定とすると，この過程が次々と繰り返された場合，信用創造で作り出された銀行全体の貸出金の増加額として正しいものを，下の①～④のうちから一つ選べ。　　　　　　（05本）

① 2億5,000万円
② 3億5,000万円
③ 4億5,000万円
④ 5億5,000万円

銀行	預　金	支払準備金	貸出金
A	5,000万円	500万円	4,500万円
B	4,500万円	450万円	4,050万円
C	4,050万円	405万円	3,645万円
⋮	⋮	⋮	⋮

15 【信用創造③】　ホシノさんは，講義中で取り上げられていた信用創造について，どのような過程で起こるのか確認するために，教科書に倣い図と説明文を作ってみた。ホシノさんが作成した次の図や説明文にあるア～ウに入る数字の組合せとして最も適当なものを，後の①～⑧のうちから一つ選べ。　　（22現本）

説明文

　これは預金（支払い）準備率が　ア　％で，各銀行が預金（支払い）準備率を満たす必要最低限度の準備金を中央銀行に預け，残りの預金はすべて融資に回すものとした場合の例である。この場合，A銀行は過不足なく準備金を中央銀行に預け，預金増加額のうち残りの700万すべてを資金運用のためE社に融資する。また，E社から預金を受け入れたB銀行はA銀行と同様の行動を取り，F社へは　イ　万貸し出す。このときF社がC銀行に　イ　万すべてを預けた段階で，これら三つの銀行が受け入れた預金の増加額は，D社が最初に預け入れた1000万の倍以上に増えており，社会全体の通貨供給量が増えていることが分かる。

　なお，預金（支払い）準備率が40％の場合には，図中のA銀行からE社への融資及びE社からB銀行への預金は600万となり，B銀行からF社への融資及びF社からC銀行への預金の数字も変わる。したがって預金準備率が40％の場合に三つの銀行が受け入れた預金の増加額は　ウ　万となり，準備率が低いほど信用創造の効果は大きくなることが分かる。

図

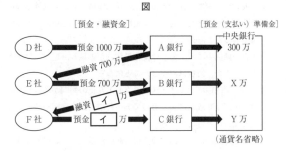

（通貨名省略）

① ア 30　イ 490　ウ 1960
② ア 70　イ 490　ウ 2190
③ ア 30　イ 420　ウ 2120
④ ア 70　イ 490　ウ 1960
⑤ ア 30　イ 490　ウ 2190
⑥ ア 70　イ 420　ウ 1960

⑦　ア　30　イ　420　ウ　1960

⑧　ア　70　イ　420　ウ　2120

16 【金融②】 日本の金融機関についての記述として最も適当なものを，次の①〜④のうちから一つ選べ。　　（10本，類12本）

① 巨額の不良債権を抱え込んだ結果，1990年代の後半に破綻（はたん）が相次いだ。

② ノンバンクは，預金を受け入れて融資を行っている。

③ 銀行は，コール市場において手形，国債，株式の売買を行っている。

④ バブル崩壊後，経営再建のために護送船団方式が採用された。

17 【預金や貯蓄】 預金や貯蓄についての記述として誤っているものを，次の①〜④のうちから一つ選べ。　　　（18追）

① 貯蓄は，金融機関や株式市場などを通じて企業に出資されたり貸し出しされたりし，投資に使われる。

② 高齢化が進展し，貯蓄を取り崩す高齢者が増加すると，家計貯蓄率が低下する要因となる。

③ 日本では，金融の自由化が進んだこともあり，預金金利や貸出金利は自由化されている。

④ 日本では，銀行が破綻した場合に，日本銀行が預金者に一定額の払戻しを行う制度がある。

18 【実物資産と金融資産】 次の表はある国における国全体の資産（非金融資産および金融資産）と負債，それらの差額である国富を示しており，通貨の単位にはドルを用いているものとする。生徒Xと生徒Yがこの表を正しく読みとっていた場合，それを前提に推論した記述として最も適当なものを，下の①〜④のうちから一つ選べ。　　（21第二）

（単位：10億ドル）

	2015年	2016年	2017年	2018年
非金融資産(実物資産)	3,150	3,100	3,090	3,050
うち在庫	60	70	100	200
うち土地	1,400	1,310	1,200	1,150
金融資産	6,900	6,130	5,990	5,800
うちマネーストック	1,950	1,700	1,550	1,400
負債	6,500	5,800	5,700	5,600
国富	3,550	3,430	3,380	3,250

（注）　数値は2015年を基準として実質化しているものとする。

① 表の期間中に「在庫」の変化の傾向が継続し，表以外の他の条件が一定だった場合，この期間は景気の谷から山に向かう時期であったと考えられる。

② 表の期間中に「土地」の変化の傾向が継続し，逆資産効果が働いた場合，消費は減少したことになる。

③ 表の期間中に「マネーストック」の変化の傾向が継続し，その変化が金融政策によるものであった場合，金融緩和政策がとられていたと考えられる。

④ 表の期間中に「国富」の変化の傾向が継続し，表以外の他の条件が一定だった場合，非金融資産（実物資産）と対外純資産の合計は増加したことになる。

19 【公開市場操作】 生徒Xと生徒Yは，日本銀行による金融政策の主な手段である公開市場操作（オープン・マーケット・オペレーション）について話し合った。次の会話文中の空欄 ア ・ イ ）に当てはまる語句の組合せとして最も適当なものを，後の①〜④のうちから一つ選べ。　　（22本）

X：日本銀行は，買いオペレーションや売りオペレーションによって，個人や一般企業が保有する通貨量を変動させているようだね。

Y：そうかな？　たしかに，買いオペは金融　ア　の効果が期待できると言われているけど，日本銀行が市中銀行から国債を買い入れると，確実に増加するのは市中銀行が保有する日銀当座預金の残高だね。

X：それは個人や一般企業が保有する通貨量，つまり　イ　が増加すると考えてよいのかな。

Y：　イ　が増加するかどうかは，個人や一般企業の資金需要と市中銀行の貸出が増加するかどうかによるよ。

X：それなら，日本銀行の公開市場操作は　イ　を直接的に増減させるものではないということだね。

① ア　緩和　　　　イ　マネーストック

② ア　緩和　　　　イ　マネタリーベース

③ ア　引締　　　　イ　マネーストック

④ ア　引締　　　　イ　マネタリーベース

20 【金融政策⑥】 生徒Xは，日本国債の保有者の構成比について関心をもった。そこでXは，2011年3月と2021年3月における日本国債の保有者構成比および保有高を調べ，次の図を作成した。図に示された構成比の変化に関する記述として最も適当なものを，後の①〜④のうちから一つ選べ。　　（23本）

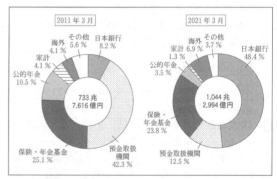

（出所）　日本銀行Webページにより作成。

① 日本銀行の金融引締め政策を反映しており，日本銀行が日本政府の発行した国債を直接引き受けた結果である。

② 日本銀行の金融緩和政策を反映しており，日本銀行が民間金融機関から国債を購入した結果である。

③ 日本銀行の金融引締め政策を反映しており，日本銀行が民間金融機関に国債を売却した結果である。

④ 日本銀行の金融緩和政策を反映しており，日本銀行が日本政府の発行した国債を直接引き受けた結果である。

18 財政のしくみ

共通テスト／センター試験出題頻度	年度	2023	2022	2021	2020	2019	2018	2017	2016	2015	2014	2013	2012
	出題	●	●	●	●	●	●	●	●	●	●	●	●

STEP ❶【基礎問題演習】

次の各文中の空欄に適語を入れよ。

1 【財政と租税・公債】

	正　解

1 財政上，特定の収入源を特定の事業にあてる会計を，（①）という。 — ①特別会計

2 財政の支出と収入を管理する会計は，特定の収入源（財源）を，特定の事業だけにあてるということは原則的にしない。そのような会計を（②）という。 — ②一般会計

3 近年の歳出で最も多いのは（③）関係費で歳出の約1/3を占める。 — ③社会保障

4 現在の財政投融資計画の原資は，自ら発行する（④）である。 — ④財投機関債

5 歳出で3番目に多いのは，（⑤）等の地方財政費である。 — ⑤地方交付税交付金

6 年度途中での予想外の状況に応じて組まれるのが（⑥）予算である。 — ⑥補正

7 年度当初に予算の議決ができないときに組まれるのが（⑦）予算である。 — ⑦暫定

8 高所得者ほど相対的に負担割合が高くなる課税を（⑧）課税という。 — ⑧累進

9 低所得者ほど相対的に負担割合が高くなる課税を（⑨）課税という。 — ⑨逆進

10 （⑩）税とは納税者と担税者が異なり，直接税とは納税者と担税者が同じである。 — ⑩間接

11 直接税には個人の所得にかかる所得税，企業の利益にかかる（⑪）などがある。間接税には酒税，たばこ税，揮発油税，消費税などがある。 — ⑪法人税

12 日本が直接税中心になったのは，1949・50年の（⑫）による。 — ⑫シャウプ勧告

13 財政法のなかで例外的に認められている公債には，（⑬）がある。 — ⑬建設公債

14 建設国債の発行はオリンピック不況後の（⑭）年度である。 — ⑭1966

15 財政法に基づかず，特別立法として発行されるのは（⑮）である。国債については「市中消化の原則」が採られ，日銀の引き受けが禁止されている。 — ⑮特例公債（赤字国債）

16 財政政策の役割の一つが（⑯）である。そのままでは大きな格差のある所得を，累進税や社会保障制度により調整する。 — ⑯所得の再分配

17 景気安定のため，状況を見て裁量的に行う財政政策を（⑰）という。 — ⑰フィスカル-ポリシー

18 財政が持つ，経済を自動的に安定させる仕組みを（⑱）（景気の自動安定装置）という。 — ⑱ビルト-イン-スタビライザー

19 財政政策と金融政策をおりまぜた複数の経済政策をとることを（⑲）という。 — ⑲ポリシーミックス

20 高所得者と低所得者間での税負担の公平化を，（⑳）公平をはかるという。 — ⑳垂直的

21 同程度の所得者間での税負担の公平化を，（㉑）公平をはかるという。 — ㉑水平的

22 所得税の捕捉率についてクロヨンやトーゴーサンピンと言われるのは，（㉒）公平がはかられていない状態にあることをさす。 — ㉒水平的

23 国債などの借金を除いた歳入と，過去の借金への元利払いを除いた歳出を比べたものを（㉓）という。財政の健全化を示す指標の一つとされる。 — ㉓プライマリー-バランス（PB）

24 日本での消費税の導入は（㉔）年である。 — ㉔1989（平成元）

25 大量の国債発行は，国債費が大きくなりすぎて他の予算を圧迫する（㉕）や，金利上昇と景気停滞につながるクラウディングアウトをもたらす危険性がある。 — ㉕財政の硬直化

26 租税負担率に社会保障負担率を加えたものを（㉖）という。 — ㉖国民負担率

27 日本国憲法84条中の，課税には法律の定めが必要という考えを（㉗）主義という。 — ㉗租税法律

次の各文の正誤を判別し，誤りについては正しく訂正しなさい。

❶【財政と租税・公債】

① 2000年度以降，日本では国債が発行されなかった年度がある。　　　　　　（18追）

② 日本では，国税総収入に占める直接税の割合は，アメリカ合衆国より小さい。

③ 日本の現行税制の骨格は，間接税中心主義などを内容とするシャウプ勧告によってつくられた。

④ 所得が等しい人は租税負担が等しいことを租税の垂直的公平という。　　　（16本）

⑤ 税負担の逆進性とは，所得が低くなるに従って所得に占める税の負担率が低くなることである。　　　　　　　　　　　　　　　　　　　　　　　　　　　　　　　（17本）

⑥ 税の3原則は，公平・中立・正確である。所得税，法人税はともに，収入や利潤に対する累進課税制で徴税されている。

⑦ 海外において，消費税と似た付加価値税では，生活必需品に関して減税されたり無税であったりする地域もある。

⑧ 所得税，相続税，法人税，揮発油税は国の直接税である。　　　　　　　　（05追）

⑨ 住民税，相続税は地方税であるが，固定資産税は国税である。　　　　　　（00本）

⑩ 法人税，所得税，相続税，贈与税は累進税である。

⑪ 消費税が10%になったことで，直間比率は逆転し，直接税よりも間接税の割合が多くなっている。

⑫ 税の捕捉率は，農業者・自営業者・給与所得者の順で高い。

⑬ 1966年度の発行以来，建設国債が発行されなかった会計年度はない。

⑭ 財政法は原則として国債発行を禁止しているが，公共事業費，出資金，貸付金などに充てる国債の発行を認めている。　　　　　　　　　　　　　　　　　　　　　　　　（13追）

⑮ 日本銀行は，公開市場において国債を買うことを禁止されている。

⑯ 建設国債の発行は，公共事業などの投資的経費の財源を調達する場合に限り，国会で議決された金額の範囲内で認められている。　　　　　　　　　　　　　　　　　　　（06本）

⑰ 建設国債を発行する場合には，発行年度ごとに法律を制定することが義務づけられている。　　　　　　　　　　　　　　　　　　　　　　　　　　　　　　　　　　　（06本）

⑱ 不況期に国債を発行して赤字になっても，公共事業などを起こして景気が回復すれば，そのとき税収が増加するので回収可能というのが有効需要政策の考えである。

⑲ 国債の発行が多すぎると，財政の硬直化といって，柔軟な予算が組みにくくなる現象が発生する。

⑳ 東日本大震災からの復興の財源を確保するため，2013年から2037年まで消費税が増税されている。　　　　　　　　　　　　　　　　　　　　　　　　　　　　　　　（14追）

㉑ 裁量的な財政政策による景気安定の仕組みをビルト・イン・スタビライザーという。

㉒ 伸縮的財政政策（フィスカル・ポリシー）には，景気を安定させる機能がある。　（10追）

㉓ 減税は，有効需要を創出して景気対策をすることになる。

㉔ 財政投融資の原資は，現在では，郵便貯金や年金である。

㉕ 戦後の混乱期，多額に必要だった社会保障費は，歳出に占める割合は徐々に低下していった。

㉖ 公共財は，料金を払わないで利用する者を排除するのが難しい。　　　　　　（02本）

㉗ 個人の所得に対して課税する所得税について，累進課税制度を採用することは，垂直的公平に寄与する。　　　　　　　　　　　　　　　　　　　　　　　　　　　　（02追）

㉘ 会計検査院は国の収入支出の決算を検査し，内閣はその検査報告とともに決算を国会に提出する。

㉙ あらたに租税を課す，または現行の租税を変更するには，それらを規定する法律を作ったり変更しなければならない。

■❶ 正解とヒント

① ✕　無い。1990年代初頭に，特例公債に限って発行されなかった年度はある。

② ◯　アメリカの直間比率は，直接税がかなり高い。

③ ✕　シャウプ勧告により，戦前の間接税中心から直接税中心に変わった。

④ ✕　水平的公平。

⑤ ✕　負担率が高くなる。

⑥ ✕　正確ではなく，簡素。法人税は累進ではない。

⑦ ◯　軽減税率という。

⑧ ✕　揮発油税は間接税。

⑨ ✕　相続税と固定資産税が逆。

⑩ ✕　法人税は累進ではない。

⑪ ✕　2022年ではまだ。

⑫ ✕　逆。税の捕捉率とは，税務当局がどれだけ所得と税を把握しているかである。

⑬ ◯　赤字国債はある。

⑭ ◯　財政法第4条の建設国債のこと。

⑮ ✕　市場を経由しない直接引き受けは禁止。市中消化の原則。

⑯ ◯

⑰ ✕　建設国債ではなく，特例国債（赤字国債）の場合である。

⑱ ◯　ケインズ流の考え方。

⑲ ◯　国債の償還（返済）費が多くなると，他に回す予算が少なくなる。

⑳ ✕　消費税ではなく所得税。

㉑ ✕　裁量的なものはフィスカル・ポリシー。

㉒ ◯

㉓ ◯レーガノミクスが一例。

㉔ ✕　かつての方法であり，2001年度からは金融市場で資金を調達する。

㉕ ✕　割合は増加。

㉖ ◯　フリーライダー。

㉗ ◯　垂直的公平は所得が違う場合である。

㉘ ◯　憲法第90条。

㉙ ◯　憲法第84条の租税法律主義。

共通テスト・センター試験過去問　次の各設問に答えよ。

1 【予算①】　一般会計に関連して，日本の予算に関する記述として正しいものを，次の①～④のうちから一つ選べ。　（15 本）

① 特別会計の予算は，特定の事業を行う場合や特定の資金を管理・運用する場合に，一般会計の予算とは区別して作成される。

② 国の予算の一つである政府関係機関予算については，国会に提出して，その承認を受ける必要はないとされている。

③ 財政投融資の見直しが行われ，現在では郵便貯金や年金の積立金は一括して国に預託され，運用されるようになっている。

④ 補正予算とは，当初予算案の国会審議の最中に，その当初予算案に追加や変更がなされた予算のことである。

2 【予算②】　次の図は日本における国の一般会計歳出の内訳（公共事業関係費，国債費，社会保障関係費，地方交付税交付金等，その他）を示している。図中のＡ～Ｃに当てはまる歳出項目の組合せとして正しいものを，下の①～⑥のうちから一つ選べ。

（13 追）

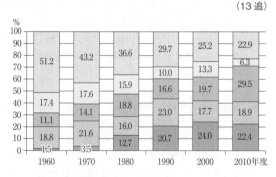

（注）2000 年度までは決算，2010 年度は当初予算による。2000 年度および 2010 年度の「地方交付税交付金等」には地方特例交付金が含まれる。

（資料）財務省『日本の財政関係資料』（2010 年版）により作成。

① Ａ－公共事業関係費　　Ｂ－国債費　　Ｃ－社会保障関係費

② Ａ－公共事業関係費　　Ｂ－社会保障関係費　　Ｃ－国債費

③ Ａ－国債費　　Ｂ－公共事業関係費　　Ｃ－社会保障関係費

④ Ａ－国債費　　Ｂ－社会保障関係費　　Ｃ－公共事業関係費

⑤ Ａ－社会保障関係費　　Ｂ－公共事業関係費　　Ｃ－国債費

⑥ Ａ－社会保障関係費　　Ｂ－国債費　　Ｃ－公共事業関係費

3 【財政の機能①】　財政の有する機能とその例についての記述として適当でないものを，次の①～④のうちから一つ選べ。

（10 追）

① 赤字国債の削減には，景気を自動的に安定させる機能（ビルト・イン・スタビライザー）がある。

② 政府による公共財の供給には，市場の資源配分を補完する機能がある。

③ 伸縮的財政政策（フィスカル・ポリシー）には，景気を安定させる機能がある。

④ 所得税における累進税率の適用は，所得格差を是正する機能がある。

4 【財政の機能②】　生徒Ｙのグループは，発表で使用するために財政の三つの機能を説明するイラストなど，次のア～ウの資料を入手し，経済安定化機能の資料としてアを使用することにした。そして，資料イとウを財政の他の機能を説明するために使おうとしている。資料イとウの活動や仕組みが果たす機能の組合せとして最も適当なものを，後の①～⑥のうちから一つ選べ。

（22 追）

資料ア　税と景気の関係

（出所）　名古屋国税局ほか発行「令和 2 年度ハロー・タックス」のイラストにより作成。

資料イ　地方自治体の消防　　　**資料ウ　日本の所得税の税率（2020 年）**

（出所）上越地域消防事務組合 Web ページにより作成。　　（出所）国税庁 Web ページにより作成。

（著作権処理の都合により写真差し替え）

① イ　所得再分配機能　　　ウ　価格の自動調節機能

② イ　所得再分配機能　　　ウ　資源配分機能

③ イ　価格の自動調節機能　　ウ　所得再分配機能

④ イ　価格の自動調節機能　　ウ　資源配分機能

⑤ イ　資源配分機能　　　ウ　所得再分配機能

⑥ イ　資源配分機能　　　ウ　価格の自動調節機能

5 【プライマリー・バランス①】　次の表は，日本における国の一般会計の歳出と歳入との推移を示したものである。この表から読みとれる内容として正しいものを，下の①～④のうちから一つ選べ。

（17 本）

（単位：兆円）

	1980 年度	1990 年度	2000 年度	2010 年度
歳出	43	66	85	92
うち公債費	5	14	22	21
歳入	43	66	85	92
うち公債金	14	6	33	44

（注）数値は当初予算で，小数点以下を四捨五入している。また，公債費とは国債の元利払いを指し，公債金とは国債発行による収入を指す。

（資料）財務省 Web ページにより作成。

① 1980 年度の公債依存度は 20 パーセント以下である。

② 1990 年度の基礎的財政収支（プライマリーバランス）は黒字である。

③ 2000 年度の基礎的財政収支（プライマリーバランス）は黒字である。

④ 2010 年度の公債依存度は 20 パーセント以下である。

6 【プライマリー・バランス②】　日本では基礎的財政収支（プライマリーバランス）が赤字であることが問題となっている。次のＡ，Ｂは歳入に関する政策の例であり，ア，イは歳出に関する政策の例である。他の歳入額と歳出額については変化がないとき，Ａ，Ｂとア，イとの組合せのうち，基礎的財政収支の赤字を歳入と歳出の両面から縮小させるものとして最も適当なものを，下の①〜④のうちから一つ選べ。　　　　　　（16 本）

Ａ　国債発行額を増やして国債収入を増やす。
Ｂ　消費税を増税して租税収入を増やす。
ア　国債の利払い費を抑制して国債費の金額を減らす。
イ　公共事業を縮小して，国債費を除く支出の金額を減らす。

① Ａ−ア　　　② Ａ−イ　　　③ Ｂ−ア　　　④ Ｂ−イ

7 【プライマリー・バランス③】　次の表は，ある国の国家財政における歳出と歳入の項目別の金額を表したものである。2017 年度から 2018 年度にかけての財政状況に起きた変化として正しいものを，下の①〜④のうちから一つ選べ。なお，表中の項目の定義は日本の財政制度のものと同じであり，通貨の単位にはドルを用いているものとする。　　　　　　（21 本）

（単位：１０億ドル）

		2017 年度	2018 年度
	社会保障関係費	２４	３０
	公共事業関係費	１１	１３
歳出	防衛関係費	５	７
	文教および科学振興費	６	８
	国債費	１４	１７
	合　計	６０	７５

（単位：１０億ドル）

		2017 年度	2018 年度
	法人税	１０	１３
	酒　税	５	５
歳入	所得税	１２	１６
	消費税	１７	２２
	公債金	１６	１９
	合　計	６０	７５

（注）国債費とは国債の元利払いを指し，公債金とは国債発行による収入を指す。

① 国債残高が減少した。
② 国債依存度が低下した。
③ プライマリーバランスの赤字額が拡大した。
④ 直間比率で間接税の比率が上昇した。

8 【財政政策】　財政政策についての記述として正しいものを，次の①〜④のうちから一つ選べ。　　　　　　（16 追）

① 政府が財政政策の手段として税の増減と公共支出の増減とをあわせて用いることを，ポリシー・ミックスという。
② 政府による建設国債以外の国債の発行を原則として禁止することを，財政の硬直化という。
③ 政府は好景気のときには財政支出を増加させ，不景気のときには財政支出を減少させることで，経済を安定させようとする。
④ 政府は好景気のときには増税し，不景気のときには減税することで，経済を安定させようとする。

9 【税の公平性①】　租税の垂直的公平についての記述として最も適当なものを，次の①〜④のうちから一つ選べ。　　（16 本）

① 課税の仕組みや徴税の手続がわかりやすい。
② 課税が個人や企業の経済活動に影響を与えにくい。
③ 所得の高い人ほど租税負担が大きい。
④ 所得が等しい人は租税負担が等しい。

10 【税の公平性②】　課税の公平性には，「より高い負担能力をもつ者は，より高い負担をすべきである」という垂直的公平と，「同じ負担能力をもつ者は，同じ負担をすべきである」という水平的公平とが考えられる。この考え方に基づく課税の公平性についての記述として最も適当なものを，次の①〜④のうちから一つ選べ。　　　　　　（02 追）

① 全国民にそれぞれ同じ金額を納めさせる税を導入することは，垂直的公平に寄与する。
② 法人の所得に対して課税する法人税について，中小法人に法人税の軽減税率を適用することは，水平的公平に寄与する。
③ 個人の所得に対して課税する所得税について，累進課税制度を採用することは，垂直的公平に寄与する。
④ 給与のほか利子など異なる種類の所得がある場合，その合計にではなく，それぞれ分離して異なる税率で課税することは，水平的公平に寄与する。

11 【税制と税収構造】　税制と税収構造に関する記述として適当でないものを，次の①〜④のうちから一つ選べ。　　（06 本）

① 税率一定の付加価値税は，累進所得税と比べ，ビルト・イン・スタビライザー機能が比較的大きいという特徴をもっている。
② 累進所得税は，税率一定の付加価値税と比べ，税負担の垂直的公平が達成されるという特徴をもっている。
③ 日本の所得税では，給与所得者，自営業者，農業従事者の間で所得捕捉率に差があり，税負担の不公平の一因とされてきた。
④ シャウプ勧告では，直接税を中心に据えた税体系が提唱され，その後の日本の税制に大きな影響を与えた。

12 【小さな政府】　「小さな政府」をめざす政策についての記述として誤っているものを，次の①〜④のうちから一つ選べ。（11 本）

① イギリスのサッチャー政権やアメリカのレーガン政権が，この政策を採用した。
② この政策を採用する各国は，個人や企業の自助努力を重視した。
③ 日本では，日本国有鉄道，日本電信電話公社，日本専売公社の独立行政法人化が行われた。
④ 日本では，特殊法人の統廃合が行われた。

13 【付加価値税と消費税】 現在，消費税の改革を視野に入れた税制改正論議が行われている。ある商品に対する流通経路のすべてが次の図のように示されるとき，10 パーセントの単一税率の付加価値税が例外なく課税されたとする。ただし，生産者の仕入額は 0 円とする。この付加価値税の下で，各事業者は，税抜き売上額にかかる税額から税抜き仕入額にかかる税額を差し引いて，その差引税額を最終的に課税当局に納付する。この図から読みとれる記述として**誤っているもの**を，下の①〜④のうちから一つ選べ。 (05 追)

① 生産者が課税当局に納付する付加価値税額は，100 円になる。

② 卸売業者が課税当局に納付する付加価値税額は，150 円になる。

③ 小売業者が課税当局に納付する税額を算定する際に控除できる付加価値税額は，150 円になる。

④ 消費者がこの商品を購入する際に支払う付加価値税額は，生産者，卸売業者，小売業者が課税当局に納付した税額の合計である 250 円に等しい。

14 【財政の機能②】 次の文章中の空欄 ［ ア ］・［ イ ］ に当てはまる語句の組合せとして正しいものを，下の①〜④のうちから一つ選べ。 (17 追)

　財政の機能の一つに，市場では適切に供給されない公共財を供給する ［ ア ］ がある。インフラ整備といった公共投資は公共財供給の代表例といえる。実際の政策では単一の機能だけでなく，しばしば複数の機能が利用される。たとえば，公共投資は公共財の供給に加え，［ イ ］ として景気の安定化を図ることができる。

① ア 所得の再分配　　イ フィスカル・ポリシー

② ア 所得の再分配　　イ ビルト・イン・スタビライザー

③ ア 資源配分の調整　イ フィスカル・ポリシー

④ ア 資源配分の調整　イ ビルト・イン・スタビライザー

15 【憲法と財政】 生徒 X と生徒 Y は，日本国憲法における権利と義務の規定について話し合っている。次の会話文中の空欄 ［ ア ］ には後の記述 a か b，空欄 ［ イ ］ には後の記述 c か d のいずれかが当てはまる。空欄 ［ ア ］・［ イ ］ に当てはまるものの組合せとして最も適当なものを，後の①〜④のうちから一つ選べ。 (23 本)

X：憲法は，第 3 章で国民の権利および義務を規定しているね。立憲主義は国民の権利や自由を保障することを目標とするけど，こうした立憲主義はどのように実現されるのかな。

Y：憲法第 99 条は，憲法尊重擁護義務を，［ ア ］。このほか，憲法第 81 条が定める違憲審査制も立憲主義の実現のための制度だよね。

X：憲法は国民の個別的な義務に関しても定めているね。これらの規定はそれぞれどう理解すればいいのかな。

Y：たとえば憲法第 30 条が定める納税の義務に関しては，［ イ ］。

◇ ［ ア ］ に当てはまる記述

a 公務員に負わせているね。このような義務を規定したのは，公権力に関与する立場にある者が憲法を遵守すべきことを明らかにするためだよ

b すべての国民に負わせているね。このような義務を規定したのは，人類の成果としての権利や自由を国民が尊重し合うためだよ

◇ ［ イ ］ に当てはまる記述

c 新たに国税を課したり現行の国税を変更したりするには法律に基づかねばならないから，憲法によって義務が具体的に発生しているわけではないね

d 財政上必要な場合は法律の定めなしに国税を徴収することができるので，憲法によって義務が具体的に発生しているね

① ア－a　イ－c

② ア－a　イ－d

③ ア－b　イ－c

④ ア－b　イ－d

16 【国債と地方債】 次の図は，1985 年度以降の国債（赤字国債と建設国債）残高と地方債残高との推移を示したものである。この図から読みとれる内容として最も適当なものを，下の①〜④のうちから一つ選べ。 (14 追)

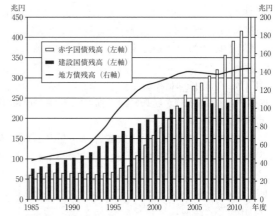

(資料) 財務相『日本の財政関係資料―平成 24 年度予算　補足資料―』平成 24 年 6 月，総務省『地方財政白書』各年度版，総務省『平成 24 年度地方財政計画関係資料』平成 24 年 1 月により作成。

① バブル景気からアジア通貨危機までの時期においては，建設国債残高の増加額よりも赤字国債残高の増加額の方が大きい。

② 「構造改革」を掲げた小泉内閣の時期においては，赤字国債残高の増加額よりも建設国債残高の増加額の方が大きい。

③ 平成不況のはじまりを機に，地方債残高の増加の程度が大きくなっていることがみられる。

④ サブプライム・ローン問題による世界的金融危機を機に，地方債残高の減少がみられる。

19 日本経済のあゆみ

共通テスト／ センター試験 出題頻度	年度	2023	2022	2021	2020	2019	2018	2017	2016	2015	2014	2013	2012
	出題	●	●				●	●		●	●	●	●

STEP① 【基礎問題演習】

次の各文中の空欄に適語を入れよ。

1 【戦後の経済】

	正　解

① GHQ は経済の民主化といわれる，（①）・農地改革・労働の民主化を指示した。
　①財閥解体

② 1946 年，敗戦で限られた資源を石炭や鉄鋼などの基幹産業に重点的に注ぐ（②）方式がとられた。
　②傾斜生産

③ 復興のための債券発行を日銀引き受けとしたため，（③）インフレとなった。
　③復金（復興金融金庫）

④ 1948 年，GHQ はインフレ収束や経済安定を含む（④）を指示し，翌 1949 年，（⑤）が超均衡予算などを実行した結果，一転して不況となった。
　④経済安定九原則
　⑤ドッジ

⑤ 1950 年，（⑥）による特需（特別需要）で，日本は不況から脱出し，1956 年の『経済白書』で，「もはや（⑦）ではない」と記された。
　⑥朝鮮戦争
　⑦戦後

⑥ 1960 年，池田勇人首相による（⑧）計画が発表された。
　⑧所得倍増

⑦ 1950 年代後半から始まる経済成長期を（⑨）といい，実質経済成長率は 10% 前後で推移した。神武景気・岩戸景気・（⑩）景気などがあった。
　⑨高度経済成長
　⑩いざなぎ

⑧ 1973 年，第四次中東戦争による（⑪）で，OPEC（石油輸出国機構）が原油価格を 4 倍に引き上げ，翌年はマイナス成長となった。
　⑪第一次石油危機（オイル‐ショック）

⑨ 1979 年，（⑫）を契機に第二次石油危機がおきた。
　⑫イラン革命

⑩ 産業は，一次より二次，二次より三次と産業構造の（⑬）が進んだ。この傾向が進む過程は（⑭）の法則とよばれる。
　⑬高度化
　⑭ペティ＝クラーク

⑪ 第一次石油危機後から 1980 年代前半までの経済成長期を（⑮）期といい，年平均約 5% の経済成長率であった。
　⑮安定成長

⑫ 1980 年代，増大した日本の輸出で，欧米諸国と（⑯）がおきた。
　⑯貿易摩擦

⑬ 1985 年，貿易不均衡調整のため円高に誘導する（⑰）が行われた。日本は円高不況となり，海外へ生産拠点を移す企業もあらわれ，（⑱）が懸念された。
　⑰プラザ合意
　⑱産業の空洞化

⑭ 1986 年の前川レポートの中で，輸出という外需に頼るのではなく，（⑲）主導型経済への転換が唱えられた。
　⑲内需

⑮ 1987 年のルーブル合意ごろからの低金利により資金が株や土地の投資に向かい，（⑳）景気をもたらした。
　⑳バブル

⑯ バブル崩壊後，政府は金融再生法を制定し，同時に銀行の破綻防止のために（㉑）を投入した。
　㉑公的資金

⑰ バブル崩壊後，政府はゼロ金利政策，さらに続けて（㉒）政策を実施した。
　㉒量的緩和

⑱ 2008 年の（㉓）・ショックでは世界で同時に金融危機が起こった。
　㉓リーマン

⑲ バブル崩壊後，金融機関は大量の（㉔）を処理できず，経営が悪化した。
　㉔不良債権

⑳ 1990 年代以降の日本経済の立ち直りをはかるため，政府は（㉕）をすすめてきた。しかし，その結果，国民の間で所得格差などが広がった。
　㉕構造改革

㉑ 製造業のなかでもソフト部門の比率が増えることを（㉖）という。
　㉖経済のソフト化

㉒ 第三次産業のなかでもサービス産業の比率が高まることを（㉗）という。
　㉗経済のサービス化

▌STEP ❷【正誤問題演習】

次の各文の正誤を判別し，誤りについては正しく訂正しなさい。

❶ 【戦後の日本経済】

① 経済の民主化の一環として，地主制を廃止するため，不在地主の所有地のうち農地と山林は小作農へ分配し，未利用地は原則として公有化された。 (06 追)

② 戦後復興期には，貿易自由化の政策により貿易額が拡大した。 (10 本)

③ 復興金融金庫の発行した債券の多くを日本銀行が引き受け，これにより貨幣供給量が拡大してインフレーションとなり，狂乱物価といわれた。

④ ドッジ・ラインによって経済安定化のために，間接税中心の税制が導入された。 (08 本)

⑤ 高度成長期の三種の神器とは，カラーテレビ，電気洗濯機，電気冷蔵庫である。

⑥ 団塊の世代の中卒就職者は，「金の卵」と呼ばれ労働集約型の工業を支えた。 (10 本)

⑦ 高度成長期には，IMF8 条国への移行に伴って，為替管理が強化された。 (18 本)

⑧ 高度経済成長期に，一人当たり GNP が資本主義国第二位となった。 (08 本)

⑨ 高度経済成長期に，社会保障制度の整備が進み，国民皆保険・国民皆年金の体制が整えられた。 (08 本)

⑩ オリンピック景気のときに東海道新幹線や首都高が整備され，交通の社会資本が整備されていった。

⑪ 第一次石油危機では，イラン革命を契機に，OPEC は原油価格を大幅に引き上げた。 (18 本)

⑫ 二度の石油危機の後を，日本企業は大量の人員整理によって乗り切っていった。

⑬ 第一次石油危機の発生により，不況とインフレが同時進行するスタグフレーションに見舞われた。

⑭ 1970 年代に前川レポートの中で，内需主導型経済への転換が唱えられた。

⑮ 1980 年代に日本では，三公社（電電公社，専売公社，国鉄）の民営化が進められた。 (17 追)

⑯ 1985 年プラザ合意による円高対策としての日銀の低金利政策で余剰になった資金が株式や土地への投機に回り，日本経済は好況，いわゆるバブルに突入した。

⑰ バブル経済崩壊後に消費税が導入され，不景気が深刻化した。

⑱ バブル経済期には株価上昇を受けて，第二次産業就業者数が第三次産業就業者数を上回った。 (09 本)

⑲ 1990 年代の日本経済は低迷が続き，企業の倒産やリストラが増加したため，完全失業率は 1990 年代末には 10% を超えた。 (04 本)

⑳ 1997 年のアジア通貨危機では，資本流出に見舞われたタイの自国通貨が高騰した。 (17 本)

㉑ いざなぎ景気の期間を超える好況期が 2000 年代に出現した。

㉒ 債券化された低・中所得者向け住宅ローンが世界に広がり，リーマン・ショックの引き金となった。

㉓ 2001 年以降の構造改革で，規制緩和によって経済を活性化させるために，規制の特例措置を定めた構造改革特別区域の創設が認められた。 (05 追)

㉔ 構造改革の開始後には，企業収益の改善など景気回復の兆しがみられた時期もあったが，所得格差の拡大や雇用の不安定化などの問題も生じた。 (16 追)

㉕ 民主党を中心とする鳩山由紀夫内閣のスローガンの一つは，郵政民営化などを盛り込んだ「構造改革」であった。 (13 本)

㉖ 経済のサービス化が進むと，国民総支出に占める外食産業や宅配業などへの支出の割合が増大する。 (99 本)

❶ 正解とヒント

①× 1946 年の自作農創設特別措置法だが，山林は対象外。

②× 貿易自由化の進展は 1960 年代以降のこと。

③× 狂乱物価は第一次石油危機。これは復金インフレ。

④× シャウプ勧告により直接税中心の税制を導入。

⑤× 白黒テレビ。カラーテレビは「3C」に入る。

⑥○ 地方から集団就職した人も多い。

⑦× IMF8 条国は先進国と認められ，為替管理はできなくなる。

⑧× 「一人当たり」ではなく「全体」で第 2 位。

⑨○

⑩○ 五輪後不況となった。

⑪× イラン革命ではなく第四次中東戦争。

⑫× 大量のリストラはバブル崩壊後。この時期は OA 化など。

⑬○

⑭× プラザ合意後の 1986 年。貿易摩擦の緩和の意図もある。

⑮○

⑯○

⑰× 消費税導入は 1989 年 4 月。バブル崩壊は 1990 年代初頭。

⑱× 第二次産業の就業者数ピークは 1992 年で 2000 万人強だが，第三次産業就業者数はその約 1.5 倍。

⑲× 1990 年代は 5% 前後で，先進国では低水準。

⑳× 高騰ではなく暴落。ヘッジファンドの投機に利用された。

㉑○ 期間は長いが，成長率は低い。

㉒○ サブプライムローン問題。

㉓○

㉔○

㉕× 自民党の小泉内閣。

㉖○

共通テスト・センター試験過去問　次の各設問に答えよ。

1 【戦後復興期①】　戦後の混乱・復興期にとられた施策の記述として**適当でないもの**を，次の①〜④のうちから一つ選べ。
(10 本)

① 産業構造を高度化し，GNP（国民総生産）の倍増を図った。

② GHQ（連合国軍総司令部）の指令の下，財閥を解体した。

③ ドッジ・ラインを実施し，インフレの収束を図った。

④ シャウプ勧告の下，直接税中心の租税体系が定着した。

2 【戦後復興期②】　日本の戦後復興期にとられた政策についての記述として最も適当なものを，次の①〜④のうちから一つ選べ。
(05 追)

① 傾斜生産方式が採用され，石炭・鉄鋼などの重要産業に，生産資源が重点的に配分された。

② 農地改革の一環として，米の生産過剰に対処するために，他の作物への転作が奨励された。

③ 厳しい不況を克服するため，マーシャル・プランに基づき，マネーサプライの増加を図った。

④ 財閥解体を進めるため，持株会社方式の強化を通じて，巨大企業の分割や企業集団の再編を行った。

3 【戦後復興期③】　対日占領政策の主要な目的は，非軍事化や経済民主化であったが，冷戦の激化とともに，西側諸国の一員としての経済復興も重視されることとなった。この点を踏まえ，この時期の出来事ア〜ウを古いものから順に並べたとき，その順序として正しいものを，下の①〜⑥のうちから一つ選べ。(18 本)

ア 労働組合法の制定　　　　イ 傾斜生産方式の開始
ウ 経済安定 9 原則の指令

① ア→イ→ウ　　② ア→ウ→イ　　③ イ→ア→ウ

④ イ→ウ→ア　　⑤ ウ→ア→イ　　⑥ ウ→イ→ア

4 【ベビーブーム①】　1947 年から 1949 年に生まれた第一次ベビーブーム世代に付けられた名称（A）と，1947 年から 1949 年の年平均出生数がここ数年の年平均出生数の約何倍であるか（B）に対する解答の組合せとして最も適当なものを，次の①〜⑥のうちから一つ選べ。　　　　(05 現追改)

① A 団塊の世代　　B 約 6 倍

② A 断絶の世代　　B 約 6 倍

③ A 団塊の世代　　B 約 3 倍

④ A 断絶の世代　　B 約 3 倍

⑤ A 団塊の世代　　B 約 1.5 倍

⑥ A 断絶の世代　　B 約 1.5 倍

5 【ベビーブーム②】　第一次ベビーブームでは同時期に出生した人々が著しく多かった。この現象が生じた主な理由として最も適当なものを，次の①〜④のうちから一つ選べ。　　(05 現追)

① 第二次世界大戦後の混乱期に，若い年齢層を中心に外国の人々が移民として流入し結婚したため。

② 第二次世界大戦直後の「ひのえうま」の年に出産を見合わせていた夫婦が，子どもを積極的にもうけようとしたため。

③ 第二次世界大戦のために離れ離れになっていた夫婦や婚約者が，戦後一緒になり子どもをもうけることができるようになったため。

④ 第二次世界大戦後，GHQ（連合国軍総司令部）の指導により出産が奨励され，出生児数に応じて手当が支給されたため。

6 【高度経済成長期①】　高度経済成長の時期にみられた好況期の通称 A〜C と，それぞれの時期における日本経済の出来事ア〜ウとの組合せとして正しいものを，下の①〜⑥のうちから一つ選べ。
(14 本)

A 神武景気（1954 年 11 月〜57 年 6 月）

B 岩戸景気（1958 年 6 月〜61 年 12 月）

C オリンピック景気（1962 年 10 月〜64 年 10 月）

ア 国民所得倍増計画の発表

イ GATT（関税及び貿易に関する一般協定）への加盟

ウ OECD（経済協力開発機構）への加盟

① A−ア B−イ C−ウ　　② A−ア B−ウ C−イ

③ A−イ B−ア C−ウ　　④ A−イ B−ウ C−ア

⑤ A−ウ B−ア C−イ　　⑥ A−ウ B−イ C−ア

7 【高度経済成長期②】　高度経済成長期に関連して，当時の日本の経済社会についての記述として最も適当なものを，次の①〜④のうちから一つ選べ。　　　　(18 本)

① この期の後半に出現した大型景気は神武景気と呼ばれる。

② 「三種の神器」と呼ばれる耐久消費財が普及した。

③ IMF8 条国への移行に伴って，為替管理が強化された。

④ コンビナートが内陸地域を中心に建設された。

8 【高度経済成長期③】　高度経済成長期についての記述として**誤っているもの**を，次の①〜④のうちから一つ選べ。(16 追)

① 高度経済成長期の前半には，景気が拡大すれば経常収支が赤字となり，景気を引き締めざるをえないという，国際収支の天井問題が生じた。

② 高度経済成長期には，日本の GNP（国民総生産）はアメリカに次ぐ資本主義国第二位となった。

③ 高度経済成長期に池田内閣が掲げた国民所得倍増計画は，当初の目標であった 10 年間よりも短い期間で達成された。

④ 高度経済成長期に 1 ドル＝360 円で固定されていた為替レートは，日本が輸出を増加させるのに不利な条件となった。

9 【高度経済成長期④】　高度成長期における産業発展に関する記述として最も適当なものを，次の①〜④のうちから一つ選べ。　　　　(06 現本)

① 産業構造が高度化して，第三次産業の就業人口割合が 60 パーセントを超えた。

② 規模の利益などが追求され，いわゆる重厚長大型の素材産業や装置産業が発展した。

③ 電気機器や自動車などの輸出産業が発展したが，同時に日米間で自動車や半導体をめぐって貿易摩擦が生じた。

④ 産業基盤を強化するために，政府が生産資源を重点的に配分したので，石炭や肥料などの基幹産業が発展した。

10 【高度経済成長期と公害】　高度経済成長期を通じて公害など環境汚染にかかわる問題が浮き彫りになってきた。次の A〜D は，環境の整備や保全に関する日本の取組みの事例である。これらを古い順に並べたとき，**2 番目**にくるものとして正しいものを，下の①〜④のうちから一つ選べ。　　　　(20 追)

A 環境基本法の制定　　　　B 環境省の設置

C 公害対策基本法の制定

D 循環型社会形成推進基本法の制定

① A ② B ③ C ④ D

11 【日本の好況と不況】 第二次世界大戦後に日本が経験した好況や不況をめぐる記述として最も適当なものを，次の①〜④のうちから一つ選べ。 (07 本)

① 赤字国債の積極的発行により，日本経済はドッジ・ラインによる安定恐慌を脱した。

② 神武景気や岩戸景気の後に生じた不況は，好況時に悪化した国際収支を改善するための金融引締め政策が一因となってもたらされた。

③ アジア通貨危機の影響を受けて，日本では戦後初めて年率の実質経済成長率がマイナスを記録した。

④ 長期で大型のいざなぎ景気は，日本列島改造論に基づく大規模な公共投資が一因となってもたらされた。

12 【高度成長の終焉】 1971 年のニクソン・ショックに関連する日本経済の記述として最も適当なものを，次の①〜④のうちから一つ選べ。 (14 本)

① ドッジ・ラインの実施からニクソン・ショックまで，国債が発行されずに予算が編成された。

② ドッジ・ラインの実施からニクソン・ショックまで，通貨当局は，平価の変動幅を一定に抑えることが義務づけられた。

③ ニクソン・ショック後，戦後経済を支えたブレトンウッズ体制の崩壊を受けて，『経済白書』において「もはや戦後ではない」と表現された。

④ ニクソン・ショック後，通貨の発行量が金保有量に制約を受けない管理通貨制度が採用された。

13 【石油危機以降①】 1970 年代以降の日本経済についての記述として適当でないものを，次の①〜④のうちから一つ選べ。 (04 追)

① 第一次石油危機の影響もあり，1974 年の実質経済成長率は戦後初めてマイナスを記録した。

② 第二次石油危機の影響もあり，1980 年代前半の実質経済成長率はマイナスを続けた。

③ 1985 年のプラザ合意により円高が急速に進み，日本経済は円高不況に見舞われた。

④ 1990 年代には株価や地価が下落し，日本経済は長期にわたる不況に陥った。

14 【石油危機以降②】 1970 年代後半から 1980 年代前半の日本についての記述として正しいものを，次の①〜④のうちから一つ選べ。 (20 追)

① 1970 年代後半には，雇用不安が高まる中で労働組合の組織率が上昇傾向に転じた。

② 1970 年代後半には，財政赤字が続く中で建設国債に加えて特例国債（赤字国債）が毎年発行された。

③ 1980 年代前半には，不良債権問題が深刻化する中で大手銀行にも経営破綻が広がった。

④ 1980 年代前半には，円高・ドル安が進む中で対米貿易収支の赤字が拡大した。

15 【バブル経済①】 バブル経済についての記述として誤っているものを，次の①〜④のうちから一つ選べ。 (12 本)

① 日本銀行による高金利政策の採用が，景気を過熱させた。

② 企業や家計の余剰資金が株式や土地などへの投機に向けられた。

③ 資産価格が上昇しただけでなく，消費や設備投資が拡大した。

④ リゾート開発への投資が増加した。

16 【バブル経済②】 次のア〜オはバブル景気について，その前後も含めた時代背景を述べたものである。このア〜オを年代順に並べたものとして最も適当なものを，後の①〜⑥のうちから一つ選べ。 (22 現本)

ア 不動産価格の下落によって土地の値上がりを前提とした融資の一部が返済不能となり，金融機関の経営を圧迫し貸し渋りの一因となった。

イ 不況への対策として，日銀は低金利政策を実施したが，その結果市場にあふれた資金は株式や不動産市場に流入し，これらの価格が高騰した。

ウ プラザ合意により急激な円高が進行した結果，日本の輸出関連産業が業績不振に陥り，日本国内の景気が低迷した。

エ 東証日経平均株価は前年末に史上最高値を付けたが，前年の半ばから行われていた日銀による政策金利の引上げなどもあって，その年明けから株式相場は急落を始めた。

オ 株式や不動産相場は経済の実体以上の水準にまで高騰し，資産効果によって消費や投資が増加した。

① ウ→ア→イ→オ→エ ② ウ→イ→オ→エ→ア
③ エ→ア→イ→オ→ウ ④ エ→ウ→イ→オ→ア
⑤ オ→イ→エ→ア→ウ ⑥ オ→エ→ア→イ→ウ

17 【バブル経済③】 バブル経済に関する記述として最も適当なものを，次の①〜④のうちから一つ選べ。 (05 現本)

① 1990 年代初めに湾岸戦争が勃発し，その後，日本が国際貢献の財源として消費税を導入したことによって，それまでの過剰な消費ブームが急速に冷め，その結果，バブル景気に終止符が打たれた。

② バブル崩壊後，海外の資金が日本の金融市場から一斉に逃避したが，政府が金融監督庁を設置し，金融機関をきめ細かに指導する，いわゆる護送船団方式に転じたので，外資の逃避には歯止めが掛かった。

③ バブル崩壊後，企業のリストラ（事業の再構築）が進み，有効求人倍率も低迷し続けたので，日本全体の失業率は悪化した。

④ 2000 年代初めになると，バブル崩壊の傷も癒え，例えば三大都市圏の地価水準は，軒並みバブル崩壊直前の水準に戻った。

18 【バブル後①】 バブル経済の後の日本経済についての記述として誤っているものを，次の①〜④のうちから一つ選べ。 (16 追)

① 不良債権の処理に行き詰まった銀行が経営破綻した。

② 自己破産の増加や多重債務の問題に対応するために，貸金業法が改正された。

③ 会社法が制定され，株式会社設立のための最低資本金額が引き上げられた。

④ 低成長ながら戦後で最も長い期間にわたる好景気があった。

19 【バブル後②】 バブル崩壊後の日本経済に関する記述として最も適当なものを，次の①〜④のうちから一つ選べ。 (06 現本)

① 経常収支が赤字になるのを防ぐために，日本銀行が通貨供給量（マネーサプライ）を収縮させたので，日本経済はデフレス

パイラルに陥った。

② 卸売物価はかなり安定していたが，総需要が拡大して消費者物価が上昇し，日本経済はインフレーションが進行した。

③ 不況にもかかわらず物価が上昇したので，日本経済はスタグフレーションと呼ばれる状態になった。

④ 消費の低迷に加え，銀行による貸出し抑制などがあって，日本経済は次第にデフレーションの色彩を強めた。

20 【グローバル化】 経済のグローバル化をめぐる次の出来事ア～ウを古い順に並べたとき，その順序として正しいものを，下の①～⑥のうちから一つ選べ。 (14 本)

ア 日本版金融ビッグバンの一環として外為法（外国為替及び外国貿易管理法）が改正された。

イ 日本市場の規制緩和などを話し合う日米包括経済協議が開催された。

ウ 日本のODA（政府開発援助）の基本理念を定めたODA大綱が改定された。

① アーイーウ ② アーウーイ ③ イーアーウ
④ イーウーア ⑤ ウーアーイ ⑥ ウーイーア

21 【金融危機】 金融危機について，1970年代以降の出来事の記述として最も適当なものを，次の①～④のうちから一つ選べ。 (11 本)

① ニクソン大統領が金・ドル交換停止を宣言し，従来の変動相場制から固定相場制へと為替制度を変更する国が相次いだ。

② 日本では大手の金融機関の倒産が相次いだため，護送船団方式が強化された。

③ タイの通貨バーツの下落をきっかけとして，アジア各国では投機資金の流出が連鎖的に起こり次々と通貨危機が発生した。

④ サブプライム・ローン問題を契機に，IMF（国際通貨基金）により資本の自由な移動が原則として禁止された。

22 【高度経済成長後】 次のア～ウは，高度経済成長後の日本の出来事について生徒がまとめたものである。これらを古いものから順に並べたとき，正しいものを，下の①～⑥のうちから一つ選べ。 (18 試)

ア 企業などによる株式や土地への投資により資産バブルが発生し，日経平均株価が過去最高を記録した。

イ アメリカのサブプライムローン問題などをきっかけとする世界金融危機の中で，日本経済は急激に悪化した。

ウ 金融機関が大量の不良債権を抱え，「貸し渋り」や大手金融機関の倒産が起こり，日本経済が低迷したこの時期は，「失われた10年」と呼ばれた。

① ア→イ→ウ ② ア→ウ→イ ③ イ→ア→ウ
④ イ→ウ→ア ⑤ ウ→ア→イ ⑥ ウ→イ→ア

APPROACH 🔍 正解率 34.0%

23 【物価の変化①】 次の図は，1965年から2000年までの日本の消費者物価指数と企業物価指数の変動率（いずれも対前年比）の推移を示したものである。この図から読みとれる内容として正しいものを，下の①～④のうちから一つ選べ。 (18 追)

① プラザ合意後の円高不況の期間には，消費者物価指数の変動率が企業物価指数の変動率を下回ることがあった。

② 平成不況と呼ばれる景気が悪化した期間には，企業物価指数の変動率はマイナスになることがあった。

③ スミソニアン協定が締結された年には，消費者物価指数の変動率は3パーセントよりも低かった。

④ 第二次石油危機の翌年には，消費者物価指数と企業物価指数の変動率はともに10パーセントよりも高かった。

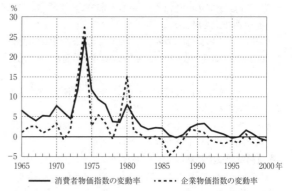

（資料） 消費者物価指数（総務省Webページ）および企業物価指数（日本銀行Webページ）により作成。

24 【物価の変化②】 生徒Xは，1980年から2019年の日本の完全失業率とインフレ率（対前年消費者物価上昇率）の推移を調べて次の二つの図を作成した。図1は，横軸に時間を，縦軸に完全失業率とインフレ率をとり，これらの推移を示している。図2は，インフレ率と完全失業率の関係をとらえるために，横軸に完全失業率，縦軸にインフレ率をとり，両者の関係を散布図として表したものである。これらの図をもとに日本経済の状況を考察した記述として最も適当なものを，後の①～④のうちから一つ選べ。 (22 追)

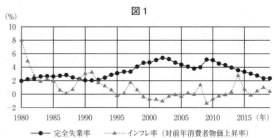

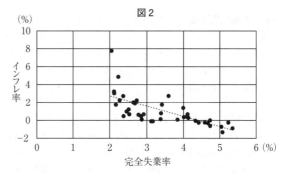

（注） 図2の点線は，インフレ率と完全失業率の関係をわかりやすくするために引いている。
（出所） IMF Webページにより作成。

① 消費税率が5パーセントに引き上げられた1997年や8パーセントに引き上げられた2014年には，消費税率の引上げ幅にほぼ見合った消費者物価の上昇が記録された。このように間

接税の導入や税率の上昇により消費者物価が上昇する現象は，ディマンド・プル・インフレーションと呼ばれる。

② 1980年から2019年では，完全失業率が上昇するときにはインフレ率が低下し，逆に完全失業率が低下するときにはインフレ率が上昇するという関係がおおよそ成立しているといえる。このように完全失業率とインフレ率の間に負の関係が観測される現象は，スタグフレーションと呼ばれる。

③ 1990年代初めにバブル経済が崩壊して以降2019年まで，完全失業率は上昇傾向を示している。とくに，リーマン・ショック後の世界的金融危機の影響を受けた景気後退によって，完全失業率は大きく上昇した。このように景気後退に伴って完全失業率が上昇する現象は，ハイパーインフレーションと呼ばれる。

④ 1990年代半ば以降，マイナスのインフレ率が複数回観測されたが，消費者物価の下落は企業収益の減少と雇用の縮小につながり，完全失業率が上昇する傾向がある。雇用の縮小は消費財への需要を減少させるので，さらに消費者物価の下落をもたらす。これらが連鎖的に続いていく現象は，デフレスパイラルと呼ばれる。

25 【産業構造】 次の用語A〜Cとそれらについての記述ア〜ウとの組合せとして最も適当なものを，下の①〜⑥のうちから一つ選べ。 (17 追)

A ペティ・クラークの法則　　　B 経済のソフト化
C 六次産業化

ア 多くの産業において知識と情報の役割が重要になり，それらの生産が拡大していく。

イ ある国における就業人口の比重が，経済発展に伴って，第一次産業から第二次産業へ，第二次産業から第三次産業へと移行する。

ウ 第一次産業の事業者が，第二次産業と第三次産業の両方に参入したり，それらの産業の事業者と連携して事業に取り組んだりする。

① A−ア　B−イ　C−ウ　　② A−ア　B−ウ　C−イ
③ A−イ　B−ア　C−ウ　　④ A−イ　B−ウ　C−ア
⑤ A−ウ　B−ア　C−イ　　⑥ A−ウ　B−イ　C−ア

26 【日本の産業構造①】 日本の産業構造に関する記述として最も適当なものを，次の①〜④のうちから一つ選べ。 (18 現本)

① 朝鮮特需による好景気の時期には，第一次産業に従事する就業者の割合は，第二次産業に従事する就業者の割合に比べて，小さかった。

② プラザ合意後の円高などの状況下で，第一次産業の生産拠点が外国に移転するという，産業の空洞化が生じた。

③ 高度経済成長期に入ると，第二次産業と第三次産業の発展に伴って，都市部での労働力不足が起こり，農村部から都市部への人口移動が進んだ。

④ 平成不況の時期には，経済のソフト化，IT化に伴って，第三次産業に従事する就業者の割合が低下傾向にあった。

27 【日本の産業構造②】 技術革新に関する次の文章中の　A　〜　C　に入る語句の組合せとして最も適当なものを，以下の①〜⑥のうちから一つ選べ。 (05 現本)

日本の高度経済成長期に技術革新が著しく進んだのは，　A　や　B　などの素材産業であったが，石油危機後は，省エネルギ

ー型産業において技術革新が進んだ。そして，現在では，バイオテクノロジー，ナノテクノロジー，ソフトウェア開発などの，研究開発が重要な役割を果たす　C　集約型産業において，技術革新が一層進みつつある。

① A 石油化学　　B 鉄　鋼　　　　　　C 知　識
② A 綿織物　　　B ファインセラミックス　C 知　識
③ A 石油化学　　B 鉄　鋼　　　　　　C 資　本
④ A 綿織物　　　B 鉄　鋼　　　　　　C 資　本
⑤ A 石油化学　　B ファインセラミックス　C 知　識
⑥ A 綿織物　　　B ファインセラミックス　C 資　本

28 【日本の景気動向】 日本の景気動向や経済情勢に関する記述として最も適当なものを，次の①〜④のうちから一つ選べ。
(17 現本)

① 1980年代後半においては，低金利政策を背景に，「狂乱物価」と呼ばれる事態が生じた。

② 1990年代以降の経済の低迷期は「失われた10年」と呼ばれることがある。

③ 実質経済成長率は，1980年代以降現在まで，毎年プラスが続いている。

④ 第二次世界大戦後のいわゆる護送船団方式の下では，銀行間の競争が促進される傾向があった。

29 【為替相場と戦後経済】 次の図は，1973年以降の米ドルの対円相場の推移を示したものである。この図から読みとれる記述として最も適当なものを，下の①〜④のうちから一つ選べ。
(21 第二)

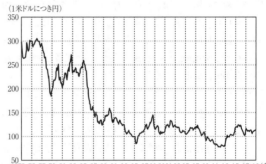

(注) 図の数値は，インターバンク相場東京市場ドル・円スポット17時時点／月中平均。
(出所) 日本銀行Webページにより作成。

① 第二次石油危機が発生した年からアジア通貨危機が発生した年までの全期間を通じて，1米ドル当たり100円のレートを突破する円高を記録したことは一度もない。

② ルーブル合意が交わされた年と中国がWTO（世界貿易機関）に加盟した2001年との米ドルの対円相場を比較すると，1米ドル当たり100円以上，円高が進行した。

③ 第一次石油危機が発生した年からプラザ合意が交わされた年までの全期間を通じて，1米ドル当たり100円のレートを突破する円高を記録したことは一度もない。

④ 単一通貨ユーロが導入された年とギリシャ財政危機が顕在化した2010年との米ドルの対円相場を比較すると，1米ドル当たり100円以上，円高が進行した。

20 労働問題と労働環境の変化

共通テスト／センター試験出題頻度	年度	2023	2022	2021	2020	2019	2018	2017	2016	2015	2014	2013	2012
	出題	●					●	●	●			●	●

STEP ❶【基礎問題演習】

次の各文中の空欄に適語を入れよ。

❶【労働運動と労働組合】

		正　解

1　（①）では，1811～17年イギリスの織物工場などで労働者が機械打ち壊しを行った。 — ①ラッダイト運動

2　1837年頃から50年代にかけてイギリスで展開された，労働者階級を中心にした普通選挙（男子）などを求める運動を（②）という。 — ②チャーティスト運動

3　1911年，（③）法は，特に年少労働者の保護を目的に成立した。 — ③工場

4　（④）法は，ニューディール政策の一環の労働立法として1935年に実施された。 — ④ワグナー（全国労働関係）

5　労働三権とは，団結権・（⑤）・団体行動権（争議権）をさす。 — ⑤団体交渉権

6　労働基準法・労働組合法・（⑥）の労働三法が定められている。 — ⑥労働関係調整法

7　労働基準法では，「使用者は，労働者が（⑦）であることを理由として，賃金について，男性と差別的取扱いをしてはならない」（第4条）と規定している。 — ⑦女性

8　労働基準法の違反防止のため，厚生労働省に置かれた監督組織を（⑧）という。都道府県に労働局，その管内に労働基準監督署がある。 — ⑧労働基準局

9　賃金の最低額は，1959年制定の（⑨）法によって，都道府県ごとに決定される。 — ⑨最低賃金

10　労働組合の結成や運営などに対する，使用者の干渉や妨害行為を（⑩）という。 — ⑩不当労働行為

11　労働関係の当事者の正当な（⑪）は，労働者の生存権を守るための行為として認められ，組合や組合員個人に対して刑事免責と民事免責が定められている。 — ⑪争議行為

12　使用者と労働組合での契約を（⑫），使用者と労働者の過半数を代表する者が締結する就業規則が労使協定である。 — ⑫労働協約

13　現在の日本の労働組合で，代表的なナショナルセンターは（⑬）（連合）である。 — ⑬日本労働組合総連合会

14　労働争議に際して，労使双方の自主的な解決が困難な場合に，その調整にあたることを目的として設置された公的機関を（⑭）といい，斡旋・調停・仲裁の手順がある。 — ⑭労働委員会

15　労働者の争議行為に対し，使用者側が対抗して作業所を閉鎖する行為を（⑮）という。 — ⑮ロックアウト

16　電気・ガス・水道などの公益事業の争議に際し，「国民経済の運行を著しく阻害し，又は国民の日常生活を著しく危うくする虞」があると，（⑯）が緊急調整を行う。 — ⑯内閣総理大臣

❷【今日の雇用・労働問題】

1　（①）制は，始業・終業の時間を一定の範囲内で労働者が設定できる仕組みである。 — ①フレックス・タイム

2　実際の労働時間にかかわらず，一定時間働いたとみなす労働のあり方を（②）という。 — ②裁量労働制（みなし労働時間制）

3　同一企業の従業員で組織されるのが（③）労働組合で，日本ではこの形態が多い。欧米では産業別労働組合が主流である。 — ③企業別

4　障害者雇用促進法によれば，民間企業での法定雇用率は（④）％台で段階的に引き上げており，国や地方公共団体では3.0％としている。 — ④2

5　学生が在学中に一定期間，自分の進路と関連した就業体験をする制度を（⑤）という。 — ⑤インターンシップ

6　将来的に再雇用する前提で，従業員を一時的に解雇する制度を（⑥）という。 — ⑥レイオフ

7　（⑦）は，労働者一人あたりの労働時間を減らし，雇用水準を維持すること。 — ⑦ワーク・シェアリング

8　働く意思と能力がありながら雇用されない者を（⑧）という。 — ⑧完全失業者

9　個々の労働者と使用者間の民事紛争について，労働審判官と労働審判員とが共同で審理し，審判などを行う（⑨）が，2006年から始まった。 — ⑨労働審判制度

10　労働者が労働から解放されて有給で保障される年間の休暇を（⑩）という。 — ⑩年次有給休暇

11 労働者が残業申請をせず，残業手当なしで残業することを（⑪）という。

12 労働組合が毎年春，賃金や労働時間などの労働条件の改善要求を掲げ，産業別に統一して企業と交渉する行動形態を（⑫）という。

13 長時間・過重労働による過労・ストレスが原因で死ぬ（自死）ことを（⑬）という。

14 1990 年代以降，雇用調整が容易な契約・派遣・パート労働者など（⑭）が増えている。

15 就労していても，所得が低く通常の生活が困難な世帯や個人のことを（⑮）という。

16 1985 年制定の，派遣事業や派遣労働者の雇用条件などを定めた法律を（⑯）という。

17 1985 年制定，97 年改正の（⑰）法により，女性の職場進出と役割意識に変化が起きた。

18 1995 年に少子化と高齢化に対応する法律を統合し，（⑱）が制定された。

19 短期労働者を保護する（⑲）法が改正され，パートタイム・有期雇用労働法となった。

20 労働者が健康で生活でき，満足な職業に就いて働けるように，と ILO（国際労働機関）が提唱した概念を（⑳）という。

21 仕事と生活のバランスをとり，両立させようとする考え方や取り組みを（㉑）という。

22 （㉒）で年金支給年齢にあわせた高年齢者の継続雇用などが事業主に義務づけられた。

23 長時間労働の是正や多様な働き方への改革のために（㉓）関連法が 2018 年制定された。

⑪サービス残業

⑫春闘（春季生活闘争）

⑬過労死（過労自殺）

⑭非正規雇用者

⑮ワーキングプア

⑯労働者派遣法

⑰男女雇用機会均等

⑱育児・介護休業法

⑲パートタイム労働

⑳ディーセント・ワーク

㉑ワーク・ライフ・バランス

㉒高年齢者雇用安定法

㉓働き方改革

▌STEP ❷【正誤問題演習】

次の各文の正誤を判別し，誤りについては正しく訂正しなさい。

1 【労働問題】

① 失業率は，一国の人口全体に対する完全失業者の割合と定義することができる。

② ILO（国際労働機関）は，世界各国の労働条件の改善を図るため，第二次世界大戦後に創設された。

③ 日本の労働時間はアメリカより長く，ドイツより短い。　　　　　　　　　（14 本）

④ 日本で，残業手当の支給されない時間外労働の，サービス残業が問題となっている。

⑤ 今日の労働問題として，長時間労働での疲労の蓄積などによる疾患（過労死）がある。

⑥ 日本の労働生産性は，ほとんどの欧米先進国に比べて高い値をとっている。

⑦ 正規雇用の労働者に対する終身雇用の制度や成果主義の賃金体系は，日本的雇用慣行の特徴に含まれる。　　　　　　　　　　　　　　　　　　　　　　　　　（18 現本）

⑧ 日本の女性の労働力率は，30 歳代以降，年齢階層が上がるに従って一貫して低下している。　　　　　　　　　　　　　　　　　　　　　　　　　　　　　（16 現追）

⑨ パートタイム労働者が企業別組合に加入することは，法律で禁止されている。

⑩ 年齢で賃金水準が決まる年功序列型賃金は，日本型雇用慣行の特徴の一つだ。（05 追）

⑪ 高度経済成長期において，年功序列型賃金制は，技術適応能力の高い若年労働者の大量採用を容易にした。

⑫ 使用者は，賃金を 3 か月ごとにまとめて支払えると法律で定められている。（01 追）

⑬ 国民の日常生活を著しく害するおそれのある争議行為は，緊急調整により，制限されることがある。　　　　　　　　　　　　　　　　　　　　　　　　　　　　（18 追）

⑭ 労働基準法が，女性の深夜業制限を強化するよう改められた。　　　　　　（17 追）

⑮ 労働基準法は，労働者の賃金について，女性であることを理由として男性と差別的取扱いをすることを禁止している。　　　　　　　　　　　　　　　　　　　　　（12 追）

⑯ 使用者の不当労働行為に対する労働者の救済を目的として，労働審判制度が設けられている。　　　　　　　　　　　　　　　　　　　　　　　　　　　　　　（17 追）

⑰ 変形労働時間制は，一定期間の週当たり平均労働時間が法定労働時間を超えなければ，その期間の特定の時期に法定労働時間を超える労働も可能にする制度である。　（12 本）

⑱ 裁量労働制は，労働時間の管理を労働者に委ね，実際の労働時間にかかわりなく労使協定で定めた時間だけ働いたとみなす。　　　　　　　　　　　　　　　　　（12 本）

⑲ 家族の介護を行う労働者に対し，企業は介護手当を支給する法律上の義務はない。（07 追）

1 正解とヒント

①× 労働力人口に占める完全失業者数の割合。

②× 第一次世界大戦後に創設。第二次大戦後，国連の専門機関になった。

③× 逆。米より短く独より長い。

④○

⑤○

⑥× アメリカや西ヨーロッパ先進国より低い値である。

⑦× 成果主義ではなく年功序列の賃金体系。

⑧× 子育てが落ち着く 30 代以降は上昇する。

⑨× 加入できる，労働基準法も基本的に適用される。

⑩× 年齢ではなく勤続年数。崩れつつある。

⑪○

⑫× 労働基準法では月 1 回以上となっている。

⑬○ 首相が中央労働委員会の意見を基に発動。

⑭× 強化ではなく緩和。深夜業の制限を撤廃。

⑮○ 労働基準法で禁止。

⑯× 不当労働行為に対する労働者の救済は労働委員会。労働審判制度は，労使間の調停制度。

⑰○

⑱○

⑲○ 雇用保険の給付はある。

共通テスト・センター試験過去問　次の各設問に答えよ。

1【ワーク・ライフバランス】 ワーク・ライフバランスの見直しに当たり，日本でも，いくつかの法律が制定されている。その内容についての記述として正しいものを，次の①～④のうちから一つ選べ。　　　　　　　　　　　　　　　　　　　（05 追）

① 男女雇用機会均等法は，女性の時間外・休日労働を禁止している。

② 男女雇用機会均等法は，女性労働者へのセクシュアルハラスメントの防止義務を事業主に課している。

③ 育児・介護休業法は，育児・介護休業期間における給与の支払いを事業主に義務づけている。

④ 育児・介護休業法は，その適用対象から男性を除外している。

2【雇用環境】 国内の雇用環境について，その現状や対策に関する記述として最も適当なものを，次の①～④のうちから一つ選べ。　　　　　　　　　　　　　　　　　　　　　　　（17 追）

① 有期雇用の契約社員は，正規雇用者に含まれる。

② 独占禁止法は，ブラック企業の取締りを目的として作られたものである。

③ 連合（日本労働組合総連合会）は再編されて，現在は総評（日本労働組合総評議会）となっている。

④ ワークシェアリングとは，労働者一人当たりの労働時間を短縮して雇用の維持や創出を図ることである。

3【労働問題】 日本でみられる労働問題についての記述として誤っているものを，次の①～④のうちから一つ選べ。（16 本）

① フルタイムで働いても最低生活水準を維持する収入を得られない，ワーキングプアと呼ばれる人々が存在している。

② 不法就労の状態にある外国人労働者は，労働基準法の適用から除外されている。

③ 過剰な労働による過労死や過労自殺が，労働災害と認定される事例が生じている。

④ 非正規労働者にも，待遇改善を求めて労働組合を結成する権利が認められている。

4【雇用環境の変化】 次の文章は，日本における雇用環境の変化について説明したものである。　ア　・　イ　に当てはまる語句の組合せとして正しいものを，下の①～④のうちから一つ選べ。　　　　　　　　　　　　　　　　　　　　　　　（16 追）

　終身雇用，年功序列賃金，　ア　という三つの労使慣行は，日本的経営の特徴とされてきた。しかし，低成長の時代において終身雇用や年功序列賃金を維持することは困難になっており，労働組合の組織率も低下傾向にある。

　こうした労使慣行の動向とともに労働者の働き方にも変化が生じている。たとえば，実際の労働時間にかかわらず使用者と従業員代表との間であらかじめ合意した時間を働いたものとみなす　イ　を導入する企業もある。

① ア 企業別組合　　　イ フレックスタイム制

② ア 企業別組合　　　イ 裁量労働制

③ ア 職業別組合　　　イ フレックスタイム制

④ ア 職業別組合　　　イ 裁量労働制

5【労働基準法】 労働基準法の内容についての記述として最も適当なものを，次の①～④のうちから一つ選べ。　　（09 追）

① 時間外労働に対する割増賃金についての基準の定めがある。

② 退職金の額についての基準の定めがある。

③ 休憩時間の長さについての定めはない。

④ 男女同一賃金についての定めはない。

6【労働組合法】 労働組合法の内容についての記述として最も適当なものを，次の①～④のうちから一つ選べ。　　（09 追）

① 同一の企業で働く労働者だけで労働組合を結成することは，認められていない。

② 労働組合からの団体交渉の申入れに対し，使用者は正当な理由がなくても交渉を拒否することができる。

③ 労働者の行為が正当な争議行為に当たると認められる場合，その行為に対して刑罰が科されることはない。

④ 労働組合が違法な争議行為を行った場合，使用者は労働委員会に対して不当労働行為の救済を申し立てることができる。

7【労働組合】 よりよい労働条件の実現をめざして活動する組織として，労働組合がある。次の記述 a ～ c は，民間企業の労働組合の活動や運営に関する日本の法制度について生徒たちがまとめたものである。これらの記述のうち，正しいものはどれか。当てはまる記述をすべて選び，その組合せとして最も適当なものを，下の①～⑦のうちから一つ選べ。　　　　　　（21 本）

a 正規雇用の労働者と同様に，パート，アルバイトなど非正規雇用の労働者も労働組合を結成する権利を有している。

b 正当な理由がない限り，使用者は労働組合との団体交渉を拒否することはできない。

c 労働組合の運営に協力するため，使用者は労働組合に対して，経費を援助しなければならない。

① a　　　② b　　　③ c　　　④ aとb

⑤ aとc　　⑥ bとc　　⑦ aとbとc

8【労働関連法規総合①】 日本の労働法制で定められた内容に関する次の記述 A ～ D と，それらに対応する法律の名称ア～カとの組合せとして最も適当なものを，下の①～⑧のうちから一つ選べ。　　　　　　　　　　　　　　　　　（12 現本）

A 労働条件は，労働者が人間らしい生活を営むための必要を充たすべきものでなければならない。

B 労働者が労働組合員であることなどを理由として，その労働者を解雇したり，不利益な取扱いをしたりしてはならない。

C 労働関係の当事者は，労働争議が発生したときには，誠意をもって自主的にその解決に向けて努力しなければならない。

D 事業主は，職場における性的言動によって，その雇用される労働者の就業環境が害されることのないように，必要な措置を講じなければならない。

ア 最低賃金法　　　イ 労働関係調整法　　　ウ 労働基準法

エ 労働組合法　　　オ 男女共同参画社会基本法

カ 男女雇用機会均等法

<table>
<tr><td>①</td><td>A－ア</td><td>B－イ</td><td>C－オ</td><td>D－カ</td></tr>
<tr><td>②</td><td>A－ア</td><td>B－イ</td><td>C－ウ</td><td>D－オ</td></tr>
<tr><td>③</td><td>A－ア</td><td>B－エ</td><td>C－ウ</td><td>D－カ</td></tr>
<tr><td>④</td><td>A－ア</td><td>B－エ</td><td>C－ウ</td><td>D－オ</td></tr>
<tr><td>⑤</td><td>A－ウ</td><td>B－イ</td><td>C－オ</td><td>D－カ</td></tr>
<tr><td>⑥</td><td>A－ウ</td><td>B－イ</td><td>C－ア</td><td>D－オ</td></tr>
<tr><td>⑦</td><td>A－ウ</td><td>B－エ</td><td>C－イ</td><td>D－カ</td></tr>
<tr><td>⑧</td><td>A－ウ</td><td>B－エ</td><td>C－イ</td><td>D－オ</td></tr>
</table>

9 【斡旋・調停・仲裁】 日本における労働法上の斡旋，調停，仲裁についての記述として正しいものを，次の①～④のうちから一つ選べ。 (04 本)

① 斡旋では，斡旋員による解決案の提示が法的に義務付けられている。

② 調停案を受諾するかどうかは，関係当事者の意思に委ねられている。

③ 仲裁は，関係当事者の一方から仲裁の申請がなされたときに行われる。

④ 仲裁裁定は，裁判所によって下される。

10 【労働運動】 産業革命に関連する記述として最も適当なものを，次の①～④のうちから一つ選べ。 (11 本)

① 新しい生産方式が導入され，それまで生産の重要な担い手であった児童や女性が大量に解雇された。

② 雇用の機会から排除された農民たちは不満を募らせ，機械打ちこわし運動（ラッダイト運動）を展開した。

③ 労働者階級が形成され，やがて労働者たちは政治意識を高めチャーティスト運動のように制限選挙に反対するようになった。

④ 工場での手工業生産は，問屋制に基づく家内での手工業生産に取って代わられた。

11 【女性の労働】 次の図は日本の女性の年齢階級別労働力率（人口に占める労働力人口の割合）の推移を示したものである。日本ではこのグラフが，二つのピーク（頂点）とそれらの間に一つのボトム（底）をもつ形（M字型カーブ）になることが知られている。この図から読みとれる内容として正しいものを，下の①～④のうちから一つ選べ。 (18 追)

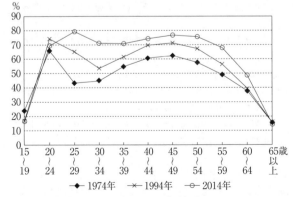

(資料) 総務省統計局「労働力調査 長期時系列データ（基本統計）」（総務省統計局 Web ページ）により作成。

① 15～19 歳の労働力率は，1974 年には 10 パーセント台であったが，2014 年には 20 パーセント台になっている。

② 60～64 歳の労働力率は，1974 年には 40 パーセント台であったが，2014 年には 30 パーセント台になっている。

③ M字型カーブの最初のピークは，1994 年の 20～24 歳から 2014 年に 25～29 歳となり，そのピークに当たる年齢階級の労働力率は 2014 年の方が低くなっている。

④ M字型カーブのボトムは，1974 年の 25～29 歳から 1994 年に 30～34 歳となり，そのボトムに当たる年齢階級の労働力率は 1994 年の方が高くなっている。

12 【過労死】 日本における過労死や過労自殺についての説明として最も適当なものを，次の①～④のうちから一つ選べ。

(07 追)

① 過労自殺とは，自分の意思によって命を絶つ行為なので，労災保険（労働者災害補償保険）の対象となる労働災害とはいえない。

② 過労死とは，働き過ぎによる死亡を意味するので，休暇をとっている最中の死亡が過労死として労働災害と認められることはない。

③ 過労死や過労自殺によって死亡した労働者の遺族に対して，企業は，損害賠償責任を負うことがある。

④ 過労死が労働災害と認められるためには，労働基準監督署長の認定に加えて，裁判所の認定を必要とする。

13 【労働者の権利】 日本の労働者の権利に関する記述として最も適当なものを，次の①～④のうちから一つ選べ。 (18 追)

① 労働組合は，正当な争議行為であっても，使用者に損害を与えた場合には民事上の責任を負う。

② 最高裁は，公務員の争議行為の全面的な禁止を違憲と判断している。

③ 警察官や自衛隊員に，団結権が認められている。

④ 国民の日常生活を著しく害するおそれのある争議行為は，緊急調整により，制限されることがある。

14 【雇用形態の変化①】 下次の表は，日本における正規雇用者数，非正規雇用者数，年少人口（15 歳未満），老年人口（65 歳以上）の推移を示したものである。表中のア～エには，正規雇用者数，非正規雇用者数，年少人口，老年人口のいずれかが当てはまる。この表から読みとれる内容を示した後の記述を踏まえて，表中のウとエに当てはまる項目として正しいものを，後の①～④のうちからそれぞれ一つ選べ。(22 追)

(単位：万人)

	ア	イ	ウ	エ
2006 年	3,415	1,744	1,678	2,660
2008 年	3,410	1,718	1,765	2,822
2010 年	3,374	1,684	1,763	2,948
2012 年	3,345	1,655	1,816	3,079
2014 年	3,288	1,623	1,967	3,300
2016 年	3,367	1,578	2,023	3,459
2018 年	3,476	1,542	2,120	3,558

(注) 労働力調査で定義されている正規の職員および従業員の人数を正規雇用者数とし，非正規の職員および従業員の人数を非正規雇用者数とした。(出所 総務省統計局 web ページにより作成)

① 正規雇用者数　　　② 非正規雇用者数
③ 年少人口　　　　　④ 老年人口

15 【雇用形態の変化②】　次の表は日本における正規雇用者数
と非正規雇用者数と失業者数の推移を示したものである。表中の
A〜Cには正規雇用者数と非正規雇用者数と失業者数のいずれか
が入る。この表から読みとれる内容として正しいものを，下の①
〜④のうちから一つ選べ。　　　　　　　　　　　　　　（19 本）

（単位：万人）

	A	B	C
2006 年	275	1,678	3,415
2008 年	265	1,765	3,410
2010 年	334	1,763	3,374
2012 年	285	1,816	3,345
2014 年	236	1,967	3,288
2016 年	208	2,023	3,367

（注）労働力調査で定義されている正規の職員および従業員の人数を正規
　　雇用者数とし，非正規の職員および従業員の人数を非正規雇用者数
　　とした。

① 2012 年と比較したとき，2016 年の正規雇用者数の増加人
　数は，同じ期間の失業者数の減少人数よりも少ない。
② 2006 年と比較したとき，2016 年の失業者数と正規雇用者
　数の減少人数の合計は，同じ期間の非正規雇用者数の増加人数
　よりも多い。
③ 失業者数に関して，2010 年から 2012 年の減少人数は，
　2014 年から 2016 年の減少人数よりも少ない。
④ 非正規雇用者数に関して，2006 年から 2010 年の増加人数
　は，2012 年から 2016 年の増加人数よりも多い。

16 【雇用形態の変化③】　日本における民間の非正規労働者に
関係する法律の内容を説明した次の記述A〜Cのうち，正しいも
のはどれか。当てはまる記述をすべて選び，その組合せとして最
も適当なものを，下の①〜⑦のうちから一つ選べ。　　（19 追）
A 派遣労働者は，年次有給休暇の権利を取得することがない。
B 一定の条件を満たす有期契約労働者は，無期契約に転換する
　権利が保障されている。
C フルタイム労働者だけでなくパートタイム労働者も，最低賃
　金法の適用を受ける。
① A　　　② B　　　③ C　　　　　④ AとB
⑤ AとC　　⑥ BとC　　⑦ AとBとC

17 【雇用形態の変化④】　右図は，日本における正規雇用者と
非正規雇用者（パート，アルバイト，派遣社員，契約社員）の数
の推移を，男女別に示したものである。項目名の組合せとして正
しいものを，下の①〜④のうちから一つ選べ。　　　　（15 本）

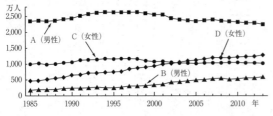

① A　正規雇用　　　B　非正規雇用　　　C　正規雇用
　D　非正規雇用
② A　正規雇用　　　B　非正規雇用　　　C　非正規雇用
　D　正規雇用
③ A　非正規雇用　　B　正規雇用　　　　C　正規雇用
　D　非正規雇用
④ A　非正規雇用　　B　正規雇用　　　　C　非正規雇用
　D　正規雇用

18 【雇用形態の変化⑤】　2000 年以降の日本の労働をめぐる記
述として最も適当なものを，一つ選べ。　　　　　　　（14 本）
① 派遣労働者数は，1990 年代から引き続き減少している。
② 年功序列型賃金を採用する企業の割合は，増加している。
③ 労働組合の組織率は，1990 年代に比べて高い。
④ 年間総実労働時間は，ドイツやフランスに比べて長い。

19 【労働関連法規総合②】　日本では雇用形態の多様化が進ん
でいる。さまざまな働き方に対応した規制を行う日本の法律A〜
Cと，それらの内容に関する記述ア〜ウの組合せとして正しいも
のを，下の①〜⑥のうちから一つ選べ。　　　　　　　（18 本）
A 労働者派遣法　　　　　B パートタイム労働法
C 高年齢者雇用安定法
ア 正社員よりも週の所定労働時間が短い労働者の労働条件の改
　善などを目的とする。
イ 制定当時は対象業務が限定されていたが，その後の改正によ
　り対象業務の範囲が拡大されてきている。
ウ 定年の引上げ，定年制の廃止，定年後の継続雇用制度の導入
　の中からいずれかの措置をとることを事業主に義務づけている。
① A−ア　B−イ　C−ウ　　　② A−ア　B−ウ　C−イ
③ A−イ　B−ア　C−ウ　　　④ A−イ　B−ウ　C−ア
⑤ A−ウ　B−ア　C−イ　　　⑥ A−ウ　B−イ　C−ア

20 【労働関連法規総合③】　労働法制についての記述として正
しいものを，次の①〜④のうちから一つ選べ。　　　　（17 追）
① 勤労権の保障を図る法律として，職業安定法がある。
② 労働三権の保護を図る法律として，労働者派遣法がある。
③ 労働条件の最低基準を企業に遵守させることを目的として，
　人事院が設けられている。
④ 使用者の不当労働行為に対する労働者の救済を目的として，
　労働審判制度が設けられている。

21 【労働関連法規総合④】　男女の平等にかかわる政策につい
ての記述として正しいものを，次の①〜④のうちから一つ選べ。
　　　　　　　　　　　　　　　　　　　　　　　　　　（17 追）
① 労働基準法が，女性の深夜業制限を強化するよう改められて
　いる。
② 国籍法の父母両系主義が，父系主義に改められている。
③ 男女雇用機会均等法では，企業による労働者の募集や昇進に
　ついて男女差別の禁止が定められている。
④ 男女共同参画社会基本法では，労働者が育児休業を取得する
　権利が定められている。

㉑ 社会保障

共通テスト／センター試験出題頻度	年度	2023	2022	2021	2020	2019	2018	2017	2016	2015	2014	2013	2012
	出題		●	●		●	●	●	●	●	●	●	●

STEP ❶【基礎問題演習】

次の各文中の空欄に適語を入れよ。

❶【社会保障の歴史】

		正　解

1 イギリスで 1601 年に制定され，世界初の公的扶助を規定したのが（①）法である。

①エリザベス救貧

2 ドイツのビスマルクは，1883 年に疾病保険法を成立させる一方，社会主義者鎮圧法も制定し，（②）の政策を推進した。

②アメとムチ

3 1929 年に起きた世界恐慌の対策の一つとして，アメリカで（③）政策が実施された。

③ニューディール

4 1935 年，ニューディール政策の一環として，アメリカでF. ローズベルトが制定した社会保障法は，世界で初めて（④）という用語が明記された。

④社会保障

5 1942 年，イギリスのベバリッジ報告では「（⑤）」をスローガンとし，広い層への社会保障を推進した。

⑤ゆりかごから墓場まで

6 社会保障において，国家が国民に対して保障すべき最低基準を（⑥）という。

⑥ナショナル・ミニマム

7 1944 年のILO 第 26 回総会で，保護が必要な人への社会保障を充実させる勧告などを含む（⑦）宣言が採択された。

⑦フィラデルフィア

❷【日本の社会保障】

1 日本において，1874 年に制定された貧民救済のための規則は（①）である。

① 恤 救 規則

2 日本では高度成長期の（②）年に国民皆保険・皆年金が実現した。

② 1961

3 日本の社会保障制度の中核は（③）・社会保険・社会福祉・公衆衛生である。

③公的扶助

4 社会保障制度の中核となる社会保険には，医療保険・雇用保険・労災保険・（④）保険・介護保険の5 部門がある。

④年金

5 社会保障制度は，財源の集め方により，スウェーデンなど（⑤）中心の北欧型，フランスやドイツのように保険料中心の大陸型，自助努力中心のアメリカ型に分けられる。

⑤租税

6 日本の年金制度は（⑥）部分を共通とし，それに報酬比例部分が上乗せされている。

⑥基礎年金

7 75 歳以上の高齢者は，2008 年から（⑦）制度に加入している。

⑦後期高齢者医療

8 将来の年金給付に必要な原資を保険料で積み立てるのが（⑧）方式である。

⑧積立

9 現在の年金を現役世代の保険料でまかなうのが（⑨）方式であり，現在の日本もこの方式で運用している。

⑨賦課

10 年金制度は 2004 年から（⑩）が導入され，給付水準の伸びを抑制する働きをする。

⑩マクロ経済スライド

11 現在の日本は，65 歳以上が 21% を超える（⑪）社会に突入している。

⑪超高齢

12 国民所得に対する租税負担と社会保障負担の割合の合計を（⑫）という。

⑫国民負担率

13 介護保険は公費に加え（⑬）歳以上が支払う保険料でまかなう。

⑬ 40

14 介護保険は 2000 年から実施され，運営主体は（⑭）である。

⑭市町村

15 事故や失業などのリスクを社会全体で支え合うという考え方や制度を（⑮）という。

⑮セーフティネット

16 高齢者や障がい者，その他も同じく社会の中で活動するという考えを（⑯）という。

⑯ノーマライゼーション

17 （⑰）法で，一定規模以上の事業主は一定割合以上の障がい者雇用を定められた。

⑰障がい者雇用促進

18 2005 年成立の障害者自立支援法は，2012 年に障害者（⑱）支援法に改正された。

⑱総合

次の各文の正誤を判別し，誤りについては正しく訂正しなさい。

❶【社会保障の歴史】

① イギリスでは，世界で初めて社会保険制度が設けられた。　　　　　　　　　　　(09 本)

② エリザベス救貧法（イギリス）では，ナショナル・ミニマム（国民の最低限度の生活水準）の保障を求めた。　　　　　　　　　　　　　　　　　　　　　　　　　　　　　　(16 本)

③ ドイツでは，「ゆりかごから墓場まで」をスローガンに社会保障制度が整備された。(09 本)

④ アメリカでは，ニューディール政策の一環で社会保障法が制定された。　　　　　(09 本)

⑤ ILO（国際労働機関）は，フィラデルフィア宣言で，社会保障の範囲の拡大に貢献した。
　　　　　　　　　　　　　　　　　　　　　　　　　　　　　　　　　　　　　(18 本)

⑥ 社会保障の財源について，社会保険料を中心とする北欧型と，租税を中心にした大陸型がある。　　　　　　　　　　　　　　　　　　　　　　　　　　　　　　　　　　　(21 本)

❷【日本の社会保障】

① 外国人が給付を受けることのできる社会保障制度は，実施されていない。　　　　(18 追)

② 公的扶助は，自然災害の被災者に対して，最低限度の生活を保障する制度である。

③ 日本の社会保障制度は，社会保険，公的扶助，社会福祉，および公的年金の四つを柱としている。　　　　　　　　　　　　　　　　　　　　　　　　　　　　　　　　　　(01 本)

④ 疾病や負傷，出産のときなどに必要な給付を行う医療保険では，疾病保険法の全面改正によって国民皆保険が実現した。　　　　　　　　　　　　　　　　　　　　　　　　(19 本)

⑤ 公務員などが加入する共済組合が運営していた共済年金は，国民年金と統合されて廃止された。　　　　　　　　　　　　　　　　　　　　　　　　　　　　　　　　　　　(03 本)

⑥ 賦課方式による公的年金制度は，高齢者世代に支給する年金を，その時点の現役世代から徴収した年金保険料で賄う方式である。　　　　　　　　　　　　　　　　　　　　(06 本)

⑦ 労働者災害補償保険は業務上の疾病やけがに対して支給されるが，保険料は事業主が全額負担する。

⑧ 日本では，全国民を被保険者とする介護保険が導入された。　　　　　　　　　　(04 追)

⑨ 日本の公的介護保険制度について，都道府県がその運営主体である。　　　　　　(08 本)

⑩ 介護保険法では，保険料は 40 歳以上の国民から徴収される。　　　　　　　　　(02 本)

⑪ 国民年金は 20 歳以上 60 歳未満の国民が加入する基礎年金であるが，学生は加入対象から除外されている。　　　　　　　　　　　　　　　　　　　　　　　　　　　　　(03 本)

⑫ 社会的に弱い立場にある者への生活援助や自立支援を目的として，サービスの提供や施設の整備を行うことを，社会福祉という。　　　　　　　　　　　　　　　　　　　　(17 追)

⑬ 公共施設などにおけるバリアフリー化を促進するために，地域保健法が制定された。
　　　　　　　　　　　　　　　　　　　　　　　　　　　　　　　　　　　　　(17 追)

⑭ 社会保障制度はビルト・イン・スタビライザー機能をもつ。　　　　　　　　　　(01 追)

⑮ 日本政府は 1973 年に「福祉元年」のスローガンを掲げ，老人医療の無料化や年金の物価スライド制などを導入した。　　　　　　　　　　　　　　　　　　　　　　　　(01 本改)

⑯ 1983 年の老人保健法の施行により，当時無料であった老人医療に，一部自己負担が導入された。　　　　　　　　　　　　　　　　　　　　　　　　　　　　　　　　　　　(04 追)

⑰ 現在の日本の人口を維持するためには，合計特殊出生率が 1.1 程度必要とされる。

⑱ 2000 年以降の日本では，高齢社会から高齢化社会へと移行した。　　　　　　　(18 追)

⑲ 物価の変動を年金に反映させないことで将来の年金額を保障するマクロ経済スライドが導入された。

⑳ 日本では，労働者災害補償保険法によって初めて社会保険制度が設けられた。　　(20 追)

❶ 正解とヒント

① × イギリス→ドイツ

② × ベバリッジ報告の内容。

③ × ドイツ→イギリス

④ ○

⑤ ○

⑥ × 北欧型と大陸型が逆。

❷ 正解とヒント

① × 外国人労働者も日本人と同じ扱いが原則。

② × 自然災害の被災者ではなく生活困窮者。

③ × 公的年金は社会保険。公衆衛生が該当。

④ × 疾病保険法ではなく 1961 年の改正国民健康保険法。

⑤ × 一階部分は統合，二階部分の共済年金は厚生年金と統合。

⑥ ○

⑦ ○

⑧ × 40 歳以上が該当。

⑨ × 運営主体は市区町村。

⑩ ○

⑪ × 20 歳以上の学生も強制加入。

⑫ ○

⑬ × 地域保健法ではなくバリアフリー新法。

⑭ ○ 自動的に景気を安定させる機能を持つ。

⑮ ○

⑯ ○ 現在は，後期高齢者医療制度に移行している。

⑰ × 2.1 程度必要とされる。

⑱ × 高齢社会から超高齢社会へと移行した。

⑲ × 反映させ，デフレの場合は給付額の引き下げとなる。

⑳ × 1922 年の健康保険法が初。労災保険法は 1947 年。

共通テスト・センター試験過去問　次の各設問に答えよ。

1【世界の社会保障①】　社会保障に関連する記述として最も適当なものを，次の①〜④のうちから一つ選べ。　（18 本）

① ILO（国際労働機関）は，フィラデルフィア宣言で，社会保障の範囲の拡大に貢献した。

② 個人が就労している時期に納めた保険料によって，自らの年金受給を賄う方法を賦課方式という。

③ 日本の社会保障費の中で最も大きな割合を占めている項目は，生活保護費である。

④ ドイツの宰相ビスマルクは，「ゆりかごから墓場まで」をスローガンに，社会保険制度を整備した。

2【世界の社会保障②】　世界各国の社会保障制度の歴史に関する記述として誤っているものを，次の①〜④のうちから一つ選べ。　（20 追）

① アメリカでは，ニューディール政策の一環として社会保障法が制定された。

② イギリスでは，ベバリッジ報告をうけて社会保障制度が体系的に整備された。

③ ドイツでは，社会主義者鎮圧法が制定された後，社会保険制度が創設された。

④ 日本では，労働者災害補償保険法によって，初めて社会保険制度が設けられた。

3【日本の生活保護】日本の生活保護制度についての記述として最も適当なものを，次の①〜④のうちから一つ選べ。　（20 追）

① 生活保護の制度は，国民年金法に基づいている。

② 生活保護の財源は，全額公費である。

③ 生活保護の給付は，世帯単位ではなく個人単位で適用される。

④ 生活保護の扶助は，出産の扶助を含まない。

4【日本の社会保障①】　日本の現行の社会保障制度についての記述として誤っているものを，次の①〜④のうちから一つ選べ。　（15 追）

① 公的扶助は，自然災害の被災者に対して，最低限度の生活を保障する制度である。

② 社会保険には，労働災害に直面した場合に，医療などのサービスを提供したり所得を保障したりする制度がある。

③ 社会福祉には，援助や保護を必要とする人々に対して，施設を設けたりサービスを提供したりする仕組みがある。

④ 公衆衛生は，病気の予防など，国民の生活環境の改善や健康増進を図るための仕組みである。

5【日本の社会保障②】　日本の社会保障制度に関する記述として正しいものを，次の①〜④のうちから一つ選べ。　（17 本）

① 国民健康保険は，職域ごとに分かれていた公的医療保険を統合する制度である。

② 公的介護保険は，市町村と特別区が運営主体となっている。

③ 厚生年金保険は，その保険料の全額を事業主が負担している。

④ 国民年金は，在職中に受け取った各人の報酬に比例した額を支給する制度である。

6【日本の社会保障③】　日本の社会保障制度についての記述として正しいものを，次の①〜④のうちから一つ選べ。　（07 追）

① 公的扶助の中心をなす生活保護では，公的介護保険の導入に伴い，介護扶助が創設されている。

② 医療保険や年金保険は，地域や職域により制度が異なっても，保険料負担および給付内容は同一である。

③ 社会保障給付費の中で，最大の割合を占めているのは医療部門である。

④ 社会保障財源の中で，最大の割合を占めているのは税金である。

7【日本の社会保障④】　日本の社会保障制度に関する記述として誤っているものを，次の①〜④のうちから一つ選べ。（19 本）

① 年金財政を長期的に安定させるため，高齢者の生活を支える基礎年金の国庫負担割合が 2 分の 1 に引き上げられた。

② 疾病や負傷，出産のときなどに必要な給付を行う医療保険では，疾病保険法の全面改正によって国民皆保険が実現した。

③ 地域住民の健康の増進や公衆衛生の向上などを図るため，地域保健法により保健所や保健センターが設置されている。

④ 生活困窮者に対して最低限度の生活を保障し，自立を助けることを目的とした仕組みとして，生活保護制度がある。

8【社会保障の財源構成】　次の表と図はそれぞれ日本，イギリス，ドイツにおける社会保障給付の対GDP（国内総生産）比と社会保障の財源構成とを示している。表中のA〜Cと図中のA〜Cは，それぞれ同じ国である。表中および図中のA〜Cに当てはまる国名の組合せとして正しいものを，下の①〜⑥のうちから一つ選べ。　（15 本）

表　社会保障給付の対GDP比（%，2007年）

	合　計	年　金	医　療	福祉その他
A	21.3	6.7	6.8	7.8
B	26.2	10.7	7.9	7.7
C	19.3	9.6	6.3	3.4

（注）四捨五入のため，年金，医療，福祉その他の数値の和と合計の数値とが一致しない場合がある。

（資料）厚生労働省『平成24年版　厚生労働白書』により作成。

図　社会保障の財源構成（%，2010年）

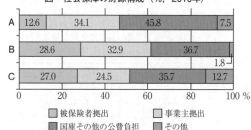

（注）四捨五入のため，各項目の合計の数値は100パーセントにならない場合がある。

（資料）国立社会保障・人口問題研究所『平成22年度　社会保障費用統計』および国立社会保障・人口問題研究所Webページにより作成。

①	A　日　本	B　イギリス	C　ドイツ
②	A　日　本	B　ドイツ	C　イギリス
③	A　イギリス	B　日　本	C　ドイツ
④	A　イギリス	B　ドイツ	C　日　本
⑤	A　ドイツ	B　日　本	C　イギリス
⑥	A　ドイツ	B　イギリス	C　日　本

9【国民負担率①】　社会保障について，生徒Xと生徒Yは報告会前にL市役所を訪問し，職員に質問することにした。次の

会話文は生徒たちが訪問前に相談している場面である。会話文中の下線㋐～㋓の四つの発言のうち，三つの発言は，後の資料の数値のみからは読みとることのできない内容である。会話文中の下線部㋐～㋓のうち**資料の数値のみから読みとることのできる内容**について発言しているものはどれか。最も適当なものを，後の①～④のうちから一つ選べ。 (22 本)

X：高齢者向けの社会保障と同時に子育ての支援も重要だと思うよ。

Y：子育てにはお金がかかるから児童手当のような現金給付が必要じゃないかな。㋐**資料1**を使って児童手当支給額の経年での変化をみると，支給額は増えていないことが示されているよ。もっと給付できないのかな。

X：でも，それよりも保育サービスの拡充の方が求められているんじゃないかな？　㋑**資料2**には，保育所等を利用する児童数の増加傾向が示されているよ。

Y：現金給付と保育サービスの拡充のどちらも必要なのかもしれないよね。この前読んだ本には子育て支援の給付などを表す指標として家族関係社会支出があると書いてあったんだけど，㋒**資料3**では，世界の国の中には，対GDP比でみた家族関係社会支出の規模が日本の2倍以上の国があることが示されているしね。

X：でも㋓**資料4**には，社会保障の財源には借金が含まれていて，プライマリーバランスが悪化している主な要因であることが示されているよ。持続可能な仕組みなのかな。

Y：日本全体の話だと実感がわからないから，身の回りの問題から考えてみようよ。市役所の訪問時にはL市の子育て支援について質問してみない？

資料1　児童手当至急の対象と額

支給対象児童	0歳～3歳未満	3歳～小学校修了前		中学生
			第3子以降	
1人あたり月額	15,000円	10,000円	15,000円	10,000円

(注) 児童手当の支給には所得制限がある。また，第3子以降とは高校卒業までの養育している児童のうち，3番目以降のことをいう。

資料2　保育所等の待機児童数の推移

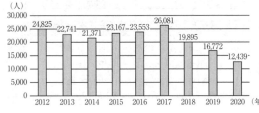

(出所) 厚生労働省 Web ページより作成。

資料3　各国の家族関係社会支出の対GDP比の比較（2017年）

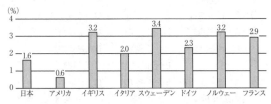

(出所) OECD Web ページにより作成。

資料4　日本の社会保険の給付と負担の現状（2020年度予算ベース）

給付	年金 57.7兆円	医療 40.6兆円	福祉その他 28.5兆円
負担	保険料 73.6兆円	公費 50.4兆円	その他 2.8兆円

(注)「公費」は国の社会保障関係費等および地方自治体の一般財源を，「その他」は積立金の運用収入等を意味する。

① 下線部㋐　② 下線部㋑　③ 下線部㋒

④ 下線部㋓

🔟【日本の公的医療保険制度】　生徒Yは，国民健康保険制度に対する市のかかわり方に関する候補者Zの主張を聴いて興味をもち，日本の公的医療保険制度の仕組みを調べることにした。下の会話は，同制度に関する次の図をみたYとその母とによるものである。この会話文を読んで，空欄 ｱ に当てはまる方法として適当なものを次の記述a～dのうちから二つ選び，その組合せとして最も適当なものを，次の①～⑥のうちから一つ選べ。

(21 第二)

図　年齢階級・制度別加入者数割合（2017年度）

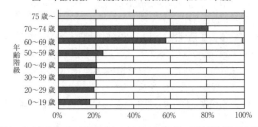

■国民健康保険制度　□被用者向けの各医療保険制度　▨後期高齢者医療制度

(注) 被用者向けの各医療保険制度の加入者には，被保険者のほか，その被扶養者（被保険者に生計を維持される家族）が含まれる。また，65歳以上75歳未満で一定の障害状態にあるとの認定を受けた者は，後期高齢者医療制度の被保険者となる。なお，データは，各年齢階級の人口から生活保護の被保護者を除いたものを総数とした数値を前提として作成されている。

Y：お母さん，これみてよ。この図って何を表しているんだろう？

母：この図は，年齢階級別にみてどの医療保険制度にどのくらいの割合で加入者がいるかを表したものね。60歳代から国民健康保険制度の加入者の割合が急に増えているのが興味深いわ。

Y：各制度の対象者が違うからこうなるのかな。でも，年齢の高い加入者が相対的に多いということだと，国民健康保険制度の加入者一人当たりの医療費は，被用者向けの各医療保険制度の場合より増えてしまうよね。60歳代以上において，国民健康保険制度の加入者が被用者向けの各医療保険制度の加入者よりも相対的に多い状態を緩和する方法としては，たとえば，ｱ などが考えられるかな。

母：制度上はそうなりそうね。

a　定年退職者を正社員として継続雇用するよう義務化すること

b　定年年齢を引き下げること

c　後期高齢者医療制度の対象年齢を65歳に引き下げること

d　高齢者が医療サービスを利用したときの自己負担割合を引き下げること

① aとb　　② aとc　　③ aとd

④ bとc　　⑤ bとd　　⑥ cとd

11　【**国民負担率②**】　国民負担率とは，国民所得に占める租税と社会保障負担（社会保険料）のそれぞれの割合の合計である。この計算において社会保障負担に含まれる家計の負担として正しいものを，次の①～④のうちから一つ選べ。　　（15 追）

① 介護保険の被保険者が支払う保険料

② 国民健康保険の被保険者が医療機関の窓口で支払う自己負担分

③ 保険会社の生命保険の被保険者が支払う保険料

④ 保険会社の医療保険の被保険者が医療機関窓口で支払う自己負担分

12　【**国民負担率③**】　次の図は，北欧型の社会保障制度に分類されるスウェーデン，大陸型の社会保障制度に分類されるドイツとフランス，そのほかに日本とアメリカという，5 か国の租税負担率と社会保障負担率を比較したものである。図中のA～Cに当てはまる国名の組合せとして正しいものを，下の①～⑥のうちから一つ選べ。　　（20 本）

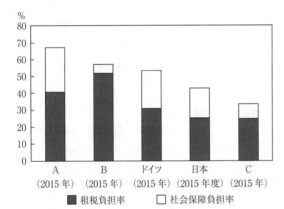

（注）租税負担率とは，租税負担額の対国民所得比であり，社会保障負担率とは，社会保障負担額の対国民所得比である。

① A アメリカ　　　B スウェーデン　　C フランス

② A アメリカ　　　B フランス　　　　C スウェーデン

③ A スウェーデン　B アメリカ　　　　C フランス

④ A スウェーデン　B フランス　　　　C アメリカ

⑤ A フランス　　　B アメリカ　　　　C スウェーデン

⑥ A フランス　　　B スウェーデン　　C アメリカ

13　【**公的年金制度**】　日本における年金制度についての記述として誤っているものを，次の①～④のうちから一つ選べ。

　　（14 本）

① 公的年金のうち国民年金は，保険料の未納が問題となっている。

② 公的年金のうち厚生年金は，在職中の報酬に比例して支給される。

③ 急速に進展する少子高齢化の問題に対応するために，支給水準の引上げが行われてきた。

④ 企業年金の管理を委託されていたノンバンクが運用に失敗

し，払い込まれた年金の元本が失われるという事態が生じた。

14　【**公的年金制度②**】　次の記述ア～ウのうち，2000 年以降に年金制度について行われた改革として正しいものはどれか。当てはまるものをすべて選び，その組合せとして最も適当なものを，後の①～⑦のうちから一つ選べ。　　（22 追）

ア　年金財政を長期的に安定させるため，基礎年金の国庫負担割合を 2 分の 1 に引き上げる改革が行われた。

イ　現役世代の保険料負担が過重にならないように，公的年金の保険料を段階的に引き下げる仕組みが導入された。

ウ　人口減少や平均余命の伸びを考慮して給付水準を自動的に調整するマクロ経済スライドが導入された。

① ア　　　② イ　　　③ ウ　　　④ アとイ

⑤ アとウ　⑥ イとウ　⑦ アとイとウ

15　【**高齢社会**】　高齢化に関連する日本の現状についての記述として最も適当なものを，次の①～④のうちから一つ選べ。

　　（09 追）

① 高齢者医療はすべて公的扶助で行っている。

② 65 歳以上の者のいる世帯全体の中で，公的年金受給者のいる世帯は，半数を超えている。

③ 高齢社会からさらに進んだ高齢化社会へ移行している。

④ 65 歳以上の者は原則として，介護保険に基づくサービスを利用する際の費用を，自己負担することはない。

16　【**少子高齢化**】　2000 年以降の日本の少子高齢化の動向や国の対応策についての記述として最も適当なものを，次の①～④のうちから一つ選べ。　　（18 追）

① 待機児童の問題を解決するため，認可保育所の定員拡大を図った。

② 高齢社会から高齢化社会へ移行した。

③ 合計特殊出生率は，低下し続けている。

④ 現役世代の保険料負担が過重にならないように，公的年金の保険料を段階的に引き下げる仕組みが導入された。

17　【**日本の社会保険**】　日本の社会保険制度についての記述として正しいものを，次の①～④のうちから一つ選べ。　　（11 本）

① 市町村は，介護保険の運営主体である。

② 保険料を財源としており，租税資金は投入されない。

③ 事業主と政府が保険料を負担し，被保険者は保険料を徴収されない。

④ 最大の支出項目は，生活保護である。

18　【**セーフティ－ネットと社会保障**】　不況下では，いわゆるセーフティネットがますます重要になるという指摘と，社会保障の見直しを進めようとする動きがある。日本の社会保障制度についての記述として最も適当なものを，次の①～④のうちから一つ選べ。　　（06 追）

① 雇用保険や労災保険への加入は事業者の任意であり，義務ではない。

② 老齢年金を受け取っている離職者は，失業給付も受け取ることができる。

③ 労働者が育児休業をとるとき，所得を補償する給付の制度はない。

④ 生活保護の認定では，資産や扶養義務者の扶養能力も考慮される。

22 農業・中小企業・消費者問題

共通テスト／ センター試験 出題頻度	年度	2023	2022	2021	2020	2019	2018	2017	2016	2015	2014	2013	2012
	出題		●	●	●	●		●	●		●	●	

STEP ❶【基礎問題演習】

次の各文中の空欄に適語を入れよ。

1【農業問題】

1 GHQによる民主化政策の一つの農地改革は，多くの（①）農創設を目的とした。

2 1952年制定の（②）法では，寄生地主復活を防ぐため，農地の売買などを制限した。

3 1961年に（③）法が制定され，農業の生産性向上と所得格差是正を目指した。

4 （④）制度により，戦後もコメは政府が農家から高く買い，消費者に安く売られた。

5 コメの作付けを制限する（⑤）政策は2018年まで続いた。

6 GATTのウルグアイ・ラウンドにおいて，農産物について段階的に最低輸入機会（⑥）を増やすことが決まり，その後1999年に関税化された。

7 1995年の（⑦）法施行で食糧管理制度を廃止し，コメは市場原理に委ねられた。

8 1999年の（⑧）法は，国土保全，水源涵養，文化伝承等，（⑨）を重視する。

9 生産（一次）・加工（二次）・販売（三次）を一体化して新たな産業を生み出すため，2011年に（⑩）法が施行された。

10 GDPに占める第一次産業の割合は（⑪）%程度，就業人口比で3%程度である。

11 日本の食糧自給率は（⑫）ベースで示され，40%程度である。

12 農地法が改正され，（⑬）会社の参入が本格的に認められた。

13 2011年から，生産費が販売価格を上回る場合の差額交付など，農家への助成制度である（⑭）が本格的に導入された。

14 2003年，食品の偽装表示や遺伝子組み換え食品への対策として（⑮）法を制定した。

15 牛肉やコメなどについては，流通履歴の管理ができる（⑯）制度が導入されている。

16 健康と生活の基盤として食料の安定的な供給を確保する，（⑰）の観点が必要とされる。

2【中小企業問題】

1 労働者一人当たりの機械や工場など資本設備の額を（①）という。

2 百貨店やスーパーマーケットなどの大規模小売店が出店する際，その地域の小売業への悪影響を防ぐ目的で，1973年に制定された（②）法は廃止された。

3 新技術や独自の能力を生かし，冒険的な経営を行う中小企業群を（③）という。

4 （④）法では，製造業で資本金3億円以下または従業員300人以下が，サービス業で資本金5000万円以下ならびに従業員（⑤）人以下の会社を中小企業という。

5 事業所数の約（⑥）%，従業者数の2/3，出荷額の半分が中小企業である。

6 1999年に中小企業基本法が改正され，保護の対象としていた方針から，ダイナミズムを打ち出す源泉として（⑦）を支援する方針へと変えた。

7 大企業では採算が取れない「すき間」に進出する産業を，（⑧）産業という。

3【消費者問題】

1 1962年にアメリカの（①）大統領は，特別教書で「消費者の四つの権利（安全である権利・選ぶ権利・知らされる権利・意見を聞いてもらう権利）」を表明した。

2 一定期間内なら違約金などを支払うことなく契約解除できる（②）制度が，特定商取引法や割賦販売法に規定されている。

3 1994年成立の製造物責任法（PL法）では，欠陥商品に対して過失がなくとも賠償責任が発生する（③）責任が規定された。

正　解
①自作
②農地
③農業基本
④食糧管理
⑤減反
⑥ミニマム・アクセス
⑦新食糧
⑧食料・農業・農村基本
⑨農業の多面的機能
⑩六次産業化
⑪1
⑫カロリー
⑬株式
⑭経営者所得安定対策
⑮食品安全基本
⑯トレーサビリティ
⑰食料安全保障
①資本装備率
②大規模小売店舗法
③ベンチャー・ビジネス
④中小企業基本
⑤100
⑥98
⑦創業
⑧ニッチ
①ケネディ
②クーリング・オフ
③無過失

④ 個人の消費行動が周囲の消費水準等に影響されることを（④）という。

⑤ 消費者保護基本法に代わり，2004 年に制定された法律は（⑤）である。

⑥ 国民生活センターと，地方公共団体に（⑥）センターが設置されている。

⑦ 消費者を不当な契約から守る（⑦）法は 2001 年に施行された。

⑧ 消費者契約法が改正され，被害にあった消費者に代わり，消費者団体が事業者に対して，不当行為を差し止める訴訟を起こせる，（⑧）制度が導入された。

⑨ 2009 年に消費者行政を一元的に行う（⑨）が設置された。

⑩ 消費者安全法では，（⑩）が商品の欠陥を把握した場合，直ちに消費者庁に報告することが義務付けられている。

⑪ ノンバンクの一種である（⑪）は，預金業務をせず，無担保で貸出のみを行う。

⑫ 2006 年に貸金業法を改正し，二つの法律の上限金利が異なることから発生する，いわゆる（⑫）金利が解消された。

④デモンストレーション効果

⑤消費者基本法

⑥消費生活

⑦消費者契約

⑧消費者団体訴訟

⑨消費者庁

⑩地方公共団体

⑪消費者金融

⑫グレーゾーン

■STEP❷【正誤問題演習】

次の各文の**正誤**を判別し，誤りについては正しく訂正しなさい。

1【農業問題・中小企業問題・消費者問題】

① 農地改革の開始も，GHQ による経済安定 9 原則の一つに含まれる。 (15 追)

② 地主が復活しないように，農地法で農地の売買が厳しく制限されてきた。

③ 新農業基本法（食料・農業・農村基本法）では，農作物の選択的拡大を規定した。 (15 追)

④ 就業人口の比重が，経済発展に伴って，第一次産業から第二次産業へ，第二次産業から第三次産業へと移行することを六次産業化という。 (17 追)

⑤ ＷＴＯ（世界貿易機関）の農業協定に基づいて，日本政府は減反政策によるコメの生産調整を開始した。 (13 追)

⑥ 地域の伝統的な食文化を見直し，食生活を改善し，持続可能な食文化を育てることをグリーン・ツーリズムという。 (16 本)

⑦ 中小企業は大企業に系列化されていることが多く，下請け価格が切り下げられることがしばしばあった。

⑧ ニッチ産業とは，市場規模が小さいながらも既存の分野の隙間を狙う産業を意味する。 (17 本)

⑨ 日本の従業者を全体でみると，中小企業で働く人数よりも大企業で働く人数の方が多い。 (16 本)

⑩ 製造業では，中小企業の出荷額は全企業の約 70 パーセントに及ぶ。 (14 本)

⑪ 中小企業には，高い技術力で新たな市場を切り開いているものもある。 (09 本)

⑫ 1962 年にケネディ大統領は，特別教書で消費者の権利として「安全である権利・選ぶ権利・知らされる権利・意見を聞いてもらう権利」をあげた。

⑬ ケネディの提唱した消費者の 4 つの権利のうち「選択できる権利」とは，できる限り多様な製品やサービスを，競争価格で入手できるよう保障されることである。

⑭ 日本の製造物責任法（ＰＬ法）について，被害者は，損害賠償を求めるとき，製造業者に過失があったことを立証する必要がある。 (01 本)

⑮ 小泉純一郎内閣の成立時期に，消費者行政を一元化するための消費者庁が設置された。 (13 追)

1 正解とヒント

①✕ 農地改革は，経済の民主化の一環。

②○ 2009 年から農地取得が可能になった。

③✕ 農業基本法。選択的拡大とは，コメ以外の農産物も力を入れること。

④✕ ペティ・クラークの法則。

⑤✕ 減反は食糧特別会計の累積赤字増加のため。

⑥✕ スローフードの考え方。グリーン・ツーリズムは農村生活の体験。

⑦○

⑧○

⑨✕ 中小企業で働く人数は大企業の 2 倍くらい。

⑩✕ 出荷額では約半々。

⑪○ ベンチャービジネス。

⑫○

⑬○

⑭✕ 無過失責任の立場に立っている。

⑮✕ 民主党政権下の 2009 年。

■STEP❸【実践問題演習】

共通テスト・センター試験過去問　次の各設問に答えよ。

1【農業①】　次のア～ウは，日本の農業政策をめぐる出来事についての記述である。これらの出来事を古いものから順に並べたとき，その順序として正しいものを，下の①～⑥のうちから一つ選べ。 (18 追)

ア　国外からの輸入自由化の要求が高まったことをうけて，コメの全面関税化が実施された。

イ　食料自給率の向上と国内農家の保護のために，農家に対する戸別所得補償制度が導入された。

ウ　コメの価格や流通に関する規制を緩和した新食糧法（主要食糧の需給及び価格の安定に関する法律）が施行された。

① ア→イ→ウ　　② ア→ウ→イ　　③ イ→ア→ウ
④ イ→ウ→ア　　⑤ ウ→ア→イ　　⑥ ウ→イ→ア

2【農業②】　日本の農業についての記述として最も適当なものを，次の①～④のうちから一つ選べ。　　　　　　　　（17追）
① 地域の農産物をその地域内で消費する動きは，地産地消と呼ばれる。
② 環境保全や景観形成といった農業の機能を，ミニマム・アクセスという。
③ 現在，GDPに占める農業の割合は1割程度である。
④ 農家戸数全体の中で最も割合が高いのは，主業農家である。

3【農村の変化】　次のA～Cは地域に存在するさまざまな資源を活用して地域経済の発展や農村の再生をめざす多様な活動の名称であり，下のア～ウはその具体例である。次のA～Cと下のア～ウとの組合せとして最も適当なものを，下の①～⑥のうちから一つ選べ。　　　　　　　　　　　　　　　　　（16本）
A　グリーン・ツーリズム　　　B　スローフード
C　六次産業化
ア　都市住民が一定期間，農村に滞在し，農作業などに従事して，農村生活を体験する。
イ　農業者が，農産物の生産にとどまらず，その加工さらには販売を行って，農業と製造業とサービス業とを融合した地域ビジネスを展開する。
ウ　地域の伝統的な食文化を見直し，良質な食材を提供する生産者を支えて，食生活を改善し，持続可能な食文化を育てる。

① A－ア　B－イ　C－ウ　　② A－ア　B－ウ　C－イ
③ A－イ　B－ア　C－ウ　　④ A－イ　B－ウ　C－ア
⑤ A－ウ　B－ア　C－イ　　⑥ A－ウ　B－イ　C－ア

4【中小企業①】　日本の中小企業についての記述として最も適当なものを，次の①～④のうちから一つ選べ。　　　（17追）
① 中小企業基本法は，中小企業を資本装備率によって定義した。
② 大企業と中小企業との間に存在する労働条件や生産性の格差を，経済の二重構造と呼ぶ。
③ 中小企業基本法の理念は，中小企業の多様で活力ある成長発展から大企業と中小企業との格差是正へと転換された。
④ 事業所数に占める中小企業の割合は，大企業の割合を下回っている。

5【中小企業②】　日本の中小企業についての記述として誤っているものを，次の①～④のうちから一つ選べ。　　（15追）
① 下請けの中小企業が親企業から受注する仕事が減少している理由として，国内需要の減少や大企業の生産拠点の海外移転が挙げられる。
② 地場産業の中小企業が厳しい競争に直面している理由として，アジア諸国の技術力の向上や円安による輸出競争力の低下が挙げられる。
③ 新たな技術を開発して未開拓の分野を切り開こうとするベンチャー・ビジネスを手がける中小企業がある。
④ 既存の大企業が見落としていた隙間を埋めるニッチ産業で活動する中小企業がある。

6【消費者問題①】　消費者問題に関する記述で正しいものを，次の①～④のうちから一つ選べ。　　　　　　（17本）
① 消費者基本法により，食品の安全性を評価する国の機関として食品安全委員会が設置された。
② 貸金業法が改正され，消費者金融などの貸金業者からの借入れ総額を制限する総量規制が撤廃された。
③ 特定商取引法では，消費者が一定期間内であれば契約を解除できるクーリングオフ制度が定められている。
④ グリーン購入法により，消費者は環境への負荷の少ない製品を優先的に購入することが義務づけられている。

7【消費者問題②】　次の経済用語A～Cと，その内容ア～ウとの組合せとして正しいものを，下の①～⑥のうちから一つ選べ。　　　　　　　　　　　　　　　　　　　（18追）
A　依存効果　　　　B　デモンストレーション効果
C　消費者主権
ア　消費者の欲望は自律的ではなく，企業の宣伝や広告に喚起されるようになること
イ　消費者の購買行動が生産されるものの種類や数量を決定するという考え方のこと
ウ　個人の消費行動が他人の消費水準や消費パターンの影響を受けること

① A－ア　B－イ　C－ウ　　② A－ア　B－ウ　C－イ
③ A－イ　B－ア　C－ウ　　④ A－イ　B－ウ　C－ア
⑤ A－ウ　B－ア　C－イ　　⑥ A－ウ　B－イ　C－ア

8【消費者問題③】　消費者問題にかかわる日本の法制度の説明として正しいものを，次の①～④のうちから一つ選べ。　　　　　　　　　　　　　　　　　　　（20本）
① 特定商取引法の制定により，欠陥製品のために被害を受けた消費者が，損害賠償請求訴訟において製造業者の無過失責任を問えるようになった。
② 消費者団体訴訟制度の導入により，国が認めた消費者団体が，被害を受けた消費者に代わって訴訟を起こせるようになった。
③ 消費者庁の廃止により，消費者行政は製品や事業ごとに各省庁が所管することになった。
④ リコール制度の改正により，製品の欠陥の有無を問わずその製品と消費者の好みに応じた製品との交換が可能になった。

9【消費者保護】　日本の消費者保護制度についての記述として最も適当なものを，次の①～④のうちから一つ選べ。　（04追）
① 最高裁判所は，日本国憲法第25条を根拠として，消費者の権利を新しい人権の一つとして認めた。
② PL法（製造物責任法）は，国内で販売された製品については，製造業者だけでなく，卸売業者や小売業者にも責任を負わせている。
③ 消費者保護基本法が制定されたことにより，企業の側でも，苦情処理の窓口をつくるなど，消費者を重視する姿勢が求められることになった。
④ 会社の不法行為に関する情報の内部告発を受け付けて，会社を指導し消費者を保護するため，国民生活センターが設立された。

㉓ 公害と地球環境問題

共通テスト／センター試験出題頻度	年度	2023	2022	2021	2020	2019	2018	2017	2016	2015	2014	2013	2012
	出題	●	●	●	●	●	●	●	●	●	●	●	●

■ STEP ❶【基礎問題演習】

次の各文中の空欄に適語を入れよ。

正　解

1 【公害問題】

1 典型七公害とは，大気汚染，水質汚濁，土壌汚染，騒音，振動，地盤沈下，悪臭の七つを指し，1967 年の（①）法に定義された。

①公害対策基本

2 水俣病・新潟水俣病・イタイイタイ病・四日市ぜんそくに関する裁判を（②）という。

②四大公害訴訟

3 （③）年のいわゆる公害国会では，公害対策基本法の経済調和規定が削除された。

③ 1970

4 1970 年代の大気汚染防止法や水質汚濁防止法の改正により，環境基準は濃度規制から（④）へと推移した。

④総量規制

5 公害対策基本法は，（⑤）法となり，国・地方公共団体・事業者・国民の責務がそれぞれ明確化された。

⑤環境基本

6 開発行為が自然環境に与える影響を事前に調査・予測・評価する環境アセスメントについて，日本では（⑥）年に法制化された。

⑥ 1997

7 OECD（経済協力開発機構）が提唱した，環境汚染を引き起こした者が，その浄化のための費用を負担すべきとする考え方を（⑦）という。

⑦汚染者負担の原則（PPP）

8 2013 年，IT 機器の発達などにより需要が増した金の採掘に使う水銀による汚染を防止するために，熊本県で「水銀に関する（⑧）条約」が採択された。

⑧水俣

9 プラスチックによる海洋汚染が問題化し，2021 年に（⑨）法が制定された。

⑨プラスチック資源循環促進

2 【地球環境問題とリサイクル，エネルギー問題】

1 1972 年スウェーデンのストックホルムで開かれた国連人間環境会議のスローガンは（①）である。

①かけがえのない地球

2 国連人間環境会議で採択されたのが，（②）宣言である。

②人間環境

3 国連環境計画（UNEP）が設立されたのは（③）年である。

③ 1972

4 地球の有限性などを表したボールディングらの言葉は（④）である。

④宇宙船地球号

5 1992 年ブラジルのリオデジャネイロで国連環境開発会議，別名（⑤）が開かれた。

⑤地球サミット

6 国連環境開発会議で取り入れられた理念で，環境的にみて健全で維持可能な発展という意味のキーワードは（⑥）である。

⑥持続可能な開発

7 地球サミットにおいて採択された，環境保全のためにとるべき分野や行動を具体的に盛り込んだ計画を（⑦）という。

⑦アジェンダ 21

8 地球サミットでは，地球温暖化を防ぐための（⑧）条約や，多種多様な動植物種を保護するための生物多様性条約などが採択された。

⑧気候変動枠組み

9 水鳥の生息地など，重要な湿地を守るための条約を（⑨）条約という。

⑨ラムサール

10 絶滅が心配される動物の取引について規制するのが（⑩）条約である。

⑩ワシントン

11 有害廃棄物の越境による処分を規制した（⑪）条約では，2019 年にプラスチックごみも規制対象とした。

⑪バーゼル

12 環境を大切にする立場で商品購入や企業の監視などをする消費者を，（⑫）という。

⑫グリーン・コンシューマー

13 1962 年アメリカの海洋学者（⑬）は『沈黙の春』で，農薬による環境破壊を警告した。

⑬レイチェル゠カーソン

14 廃棄物の排出をゼロにしようとする（⑭）や熱と電力を同時に供給するコージェネレーション等が注目されている。

⑭ゼロ・エミッション

14 2001 年に循環型社会の形成をめざすための（⑮）法が施行された。

⑮循環型社会形成推進基本

15 循環型社会を形成する過程で必要な取り組みを，英語の三つの頭文字で示したものを（⑯）という。＜リデュース・リユース・リサイクル＞

⑯ 3R（三つのR）

16 石炭・石油などの化石エネルギーや原子力エネルギーに対して，太陽光・風力・水力・地熱・波力・バイオマス・木炭などを，（⑰）エネルギーという。

⑰ 再生可能

■ STEP ❷【正誤問題演習】

次の各文の正誤を判別し，誤りについては正しく訂正しなさい。

❶【公害問題・地球環境問題とリサイクル】

① 水俣病などの四大公害訴訟においては，いずれも被告側の企業が敗訴している。

② 環境基本法は，憲法に定められた環境権を根拠として制定された。　　　　（08本）

③ 大気汚染防止のため，環境汚染物質の排出基準に違反した企業に操業停止を命ずる法令の制定は市場メカニズムを通じて環境保全の誘因を与える政策手段の例である。（19本）

④ 環境庁は2001年の中央省庁再編の後に設置された。　　　　　　　　　　（18本）

⑤ 家電リサイクル法が成立し，テレビ，冷蔵庫などを廃棄する際に消費者がリサイクルの費用を負担することになった。　　　　　　　　　　　　　　　　　　　　　　（02追）

⑥ 日本では，ゼロ・エミッションの考え方に基づいて，自動車の発する騒音を一定水準に抑えることがメーカーに義務づけられている。　　　　　　　　　　　　　　　　（06本）

⑦ 大規模開発を実施する際に環境保全について適正な配慮がなされることを確保するために，環境影響評価法（環境アセスメント法）が制定された。　　　　　　　　　　（06追）

⑧ EPRとは，環境を保持するための汚染防止費用は汚染者が負うべきであるとする原則のことである。　　　　　　　　　　　　　　　　　　　　　　　　　　　　　（18追）

⑨ 国連環境開発会議（地球サミット）では，オゾン層の保護を目的とするモントリオール議定書が採択された。　　　　　　　　　　　　　　　　　　　　　　　　　　（09本）

⑩ 気候変動枠組み条約によって，企業間で窒素酸化物の排出許容枠を売買する排出権取引が認められた。　　　　　　　　　　　　　　　　　　　　　　　　　　　　　（06本）

⑪ 酸性雨による森林破壊は，主として発展途上国の熱帯雨林で生じており，先進国ではほとんどみられない。

⑫ 「モントリオール議定書」は，焼畑耕作や木材乱伐等による熱帯雨林の消失に歯止めをかけることを目指している。　　　　　　　　　　　　　　　　　　　　　　　　（98追）

⑬ 京都議定書では，全加盟国に削減義務があったが，離脱する国が相次いだ。

⑭ パリ協定（COP21）では，すべての締約国が対策を行うことを義務化した。

⑮ 温室効果ガス排出量の国際的な取引には，民間企業も参加できる。　　　　（17本）

⑯ 日本では，ナショナル・トラストの考え方に基づいて，自然の景観を維持するために国立公園内の工場建設が規制されている。　　　　　　　　　　　　　　　　　　（06本）

⑰ 発展途上国の一部では，生活を維持するために環境を破壊し，その環境の破壊がさらに貧困を深刻化させるという悪循環もみられる。

⑱ 「持続可能な開発」とは，将来の世代も自然の恩恵を享受できるような発展を図ることである。

⑲ 国連環境開発会議では，「共通だが差異ある責任」の理念が提示された。　（23本）

⑳ 農薬の大量使用による環境破壊については，レイチェル・カーソンが『沈黙の春』（1962年）で早くから警告していた。　　　　　　　　　　　　　　　　　　　（98現追）

㉑ 2015年に国連が定めた，貧困や飢餓の撲滅，気候変動への対策などを含む地球規模の課題を解決するために達成すべき目標は，持続可能な開発目標（SDGs）と呼ばれている。

（19現追）

❶ 正解とヒント

① ○

② × 環境権は，憲法に明文化されていない。

③ × 操業停止命令は，市場を通じては行わない。

④ × 71年設置，01年省に昇格。

⑤ ○

⑥ × 廃棄物ゼロを生産段階から考慮すること。

⑦ ○

⑧ × PPP。EPR（拡大生産者責任）は，生産者の責任を消費後まで拡大した考え方。

⑨ × モントリオール議定書は1987年採択。地球サミットは1992年開催。

⑩ × 窒素酸化物ではなく，二酸化炭素など温室効果ガス。

⑪ × 欧米では1970年代には国際的な対策の必要性が指摘されていた。

⑫ × フロン規制の協定。

⑬ × 発展途上国に削減義務はない。米やカナダが離脱。

⑭ ○ 達成義務と異なる。

⑮ ○

⑯ × 保護したい土地を有志が資金を出し買い取るもの。

⑰ ○

⑱ ○

⑲ ○ 先進国，発展途上国双方の責任がある。

⑳ ○

㉑ ○

122

共通テスト・センター試験過去問　次の各設問に答えよ。

1　【日本の環境保護①】　A～Dは，環境の整備や保全に関する日本の取組の事例である。これらを古い順に並べたとき，3番目にくるものを，一つ選べ。　　　　　　　　　　（15追）

A　環境庁の発足　　　　　B　公害対策基本法の制定
C　京都議定書の批准　　　D　環境基本法の制定

①　A　　　　②　B　　　　③　C　　　　④　D

2　【日本の環境保護②】　次の法律ア～ウは日本の環境保全についての法律である。これらの法律が制定された順序として，古いものから正しく配列されているものを，下の①～⑥のうちから一つ選べ。　　　　　　　　　　　　　　　　　（08追）

ア　循環型社会形成推進基本法
イ　公害対策基本法
ウ　環境影響評価法（環境アセスメント法）

①　ア－イ－ウ　　　　②　ア－ウ－イ　　　　③　イ－ア－ウ
④　イ－ウ－ア　　　　⑤　ウ－ア－イ　　　　⑥　ウ－イ－ア

3　【日本の環境保護③】　日本における環境保護についての法制度や裁判の記述として正しいものを，次の①～④のうちから一つ選べ。　　　　　　　　　　　　　　　　　　　　（14本）

①　最高裁判所は，環境権を「新しい人権」の一つとして認めている。
②　公害の原因となる行為の差止めを認めた判決は，存在しない。
③　公害防止のために国の法律による規制が行われており，公害防止条例を制定した地方自治体は，存在しない。
④　開発が環境に及ぼす影響を事前に調査，評価し，環境保全への適切な配慮を確保すべく，環境アセスメント法（環境影響評価法）が制定されている。

4　【公害対策】　公害防止に関連する記述として誤っているものを，次の①～④のうちから一つ選べ。　　　　　　　（12追）

①　汚染者負担の原則（PPP）は，汚染者が汚染防止に必要な費用を負担すべきという考え方を含む。
②　環境アセスメントは，汚染源の濃度規制や総量規制によって事後的に公害対策を図るという手法である。
③　日本では，いわゆる公害国会において，一連の公害対策関係法が成立し，この国会の翌年，環境庁（現在の環境省）が設置された。
④　日本では，高度経済成長期以降，都市化の進展によって，家庭排水による水質汚濁や自動車の排ガスによる大気汚染など，都市公害が発生した。

5　【国際的な取組み①】　現代の国際社会の取組みとして正しいものを，次の①～④のうちから一つ選べ。　　　　　（15本）

①　国連人間環境会議では，先進国による温室効果ガス削減目標値が採択された。
②　国連人間環境会議の決議を受けて，UNEP（国連環境計画）が設立された。
③　国連環境開発会議では，京都議定書が採択された。
④　国連環境開発会議の決議を受け，UNCTAD（国連貿易開発会議）が設立された。

6　【国際的な取組み②】　地球環境保護のための国際的な取組みについての記述として適当でないものを，次の①～④のうちから一つ選べ。　　　　　　　　　　　　　　　　　　（11追）

①　ラムサール条約は，重要性の高い湿地の登録を通じて，水鳥を保護することを目的としている。
②　バーゼル条約は，有害廃棄物の輸出入に対する規制を通じて，輸入国の環境が破壊されるのを防ぐことを目的としている。
③　国連環境開発会議（地球サミット）では，「持続可能な開発」を共通の理念とした環境と開発に関するリオ宣言が採択された。
④　京都会議では，先進国と発展途上国に温室効果ガスの排出量を削減することを義務づけた京都議定書が採択された。

7　【国内外の環境保護】　環境の整備や保全に関する取組みとして誤っているものを，次の①～④のうちから一つ選べ。
　　　　　　　　　　　　　　　　　　　　　　　　　　　　（19本）

①　生物多様性条約とは，生物多様性の保全とその持続可能な利用，生物のもつ遺伝資源の利用から生じる利益の公正な配分を目指す条約である。
②　日本では，廃棄物の排出が抑制され資源の循環利用が促進される循環型社会の形成を目的として，循環型社会形成推進基本法が制定された。
③　バーゼル条約とは，渡り鳥など水鳥の保護を目的に，生息地として国際的に重要な湿地を保護することを義務づける条約である。
④　日本では，大規模開発を実施する際に環境保全について適正な配慮がなされるように，環境アセスメント法が制定された。

8　【エネルギー資源】　次の表は2014年における各国の一次エネルギー供給量およびエネルギー源別の構成比を示したものである。AとBには中国またはアメリカのいずれか，CとDには日本またはフランスのいずれかが入る。表中のA～Dに当てはまる国名の組合せとして正しいものを，下の①～④のうちから一つ選べ。　　　　　　　　　　　　　　　　　（18本）

	一次エネルギー供給量（百万トン）	一次エネルギーの内訳（%）					
		石炭	原油	天然ガス	原子力	水力	その他
A	3,052	65.9	16.9	5.0	1.1	3.0	8.1
B	2,216	19.5	40.5	28.2	9.8	1.0	1.1
C	442	26.8	39.0	24.4	0.0	1.6	8.2
D	243	3.8	22.9	13.4	46.9	2.2	10.8
世界全体	13,699	28.6	31.8	21.2	4.8	2.4	11.2

（資料）　IEA（国際エネルギー機関）Webページにより作成。

①　A　中国　　　B　アメリカ　　C　日本　　　D　フランス
②　A　中国　　　B　アメリカ　　C　フランス　　D　日本
③　A　アメリカ　　B　中国　　　C　日本　　　D　フランス
④　A　アメリカ　　B　中国　　　C　フランス　　D　日本

9　【国際的な取組み③】　環境問題における国家間の対立と協調に関する記述として誤っているものを，次の①～④のうちから一つ選べ。　　　　　　　　　　　　　　　　　　（21本）

①　国連人間環境会議（1972年）で，人間環境宣言が採択された。

② 気候変動枠組み条約の京都議定書では，温室効果ガス削減の数値目標が定められた。

③ 国連持続可能な開発会議（2012年）で，「グリーン経済」の推進が提唱された。

④ 気候変動枠組み条約のパリ協定では，締約国が温室効果ガス削減目標を設定し，その目標を達成することが義務づけられた。

10 【京都議定書】 京都議定書についての記述として**適当でない**ものを，次の①〜④のうちから一つ選べ。 （10 本）

① 気候変動枠組み条約の締約国会議で採択された。

② 温室効果ガス排出量の抑制・削減目標値を定めた。

③ 温室効果ガス排出量を他国と取引できる仕組みを取り入れている。

④ アメリカが離脱したため発効しないままである。

11 【国際的な取組み④】 生徒Xが，環境と開発に関して話し合われた国際的な会議について調べまとめたスライドa〜d中の会議が開催された年の古いものから順に並べたものとして正しいものを，後の①〜⑧のうちから一つ選べ。 （23 本）

a 国連環境開発会議	b 国連人間環境会議
・「持続可能な開発」が基本理念 ・「共通だが差異ある責任」の理念を提示 ・アジェンダ21を採択	・「かけがえのない地球」がスローガン ・人間環境宣言を採択 ・国連環境計画の設置を決定
c 持続可能な開発に関する世界首脳会議	d 第55回 国連総会
・ヨハネスブルク宣言を採択 ・「持続可能な開発」に向けた具体的な実施計画を確認	・国連ミレニアム宣言を採択 ・この宣言をもとにして，MDGs（ミレニアム開発目標）を後に設定

① a→b→c→d ② a→b→d→c ③ b→a→c→d
④ b→a→d→c ⑤ c→d→a→b ⑥ c→d→b→a
⑦ d→c→a→b ⑧ d→c→b→a

12 【国際的な取組み⑤】 生徒Xは，気候変動問題を学習し，その成果を次の資料にまとめた。資料中の空欄　ア　・　ウ　・　カ　に当てはまる語句の組合せとして正しいものを，下の①〜⑧のうちから一つ選べ。 （21 第二）

Ⅰ．気候変動対策の国際枠組みの歴史
・1992年に　ア　採択（1994年発効）
・1997年に　イ　採択（2005年発効）
・2015年にパリ協定採択（2016年発効）

Ⅱ．世界の国・地域の二酸化炭素排出量（エネルギー起源）の変化

（単位：二酸化炭素換算・億トン）

国・地域名	1990年	2016年
ウ	21.1	91.0
エ	48.0	48.3
オ	40.3	31.9
インド	5.3	20.8
ロシア	21.6	14.4
カ	10.4	11.5
世界の総計	205.2	323.1

	ア		ウ		カ	
①	ア	気候変動枠組み条約	ウ	中国	カ	EU
②	ア	気候変動枠組み条約	ウ	中国	カ	日本
③	ア	気候変動枠組み条約	ウ	アメリカ	カ	EU
④	ア	気候変動枠組み条約	ウ	アメリカ	カ	日本
⑤	ア	京都議定書	ウ	中国	カ	EU
⑥	ア	京都議定書	ウ	中国	カ	日本
⑦	ア	京都議定書	ウ	アメリカ	カ	EU
⑧	ア	京都議定書	ウ	アメリカ	カ	日本

13 【排出権取引】 次の文章と図は，環境問題の解決のための手法についてまとめたものである。 （18 試）

環境問題の原因となっている物質αをA社とB社のみが排出しているものとする。この物質を，A社は年間70トン，B社は年間100トン排出している。環境問題の解決のために物質αの排出量を社会全体で年間100トンにまで減らす必要があるとき，次の二つの方法がある。

方法ア：A社とB社が物質αを排出できる量を制限する。

方法イ：A社とB社に物質αの排出枠を割り当て，その枠を超えて排出する場合にはA社とB社との間で排出枠を売買することを認める。

また，A社とB社は次の状況におかれていると仮定する。

○ A社が物質αを削減するのにかかるコストは，B社が同じ量の物質αを削減するのにかかるコストよりも小さい。

○ 排出枠20トンの取引価格は，A社が物質αを20トン削減するのにかかるコストより大きく，B社が物質αを20トン削減するのにかかるコストより小さい。

以上のとき，社会全体で最も小さなコストで物質αを削減できるものを，次の①〜④のうちから一つ選べ。

① **方法ア**を採用し，A社とB社が物質αを排出できる量をそれぞれ年間50トンに規制する。

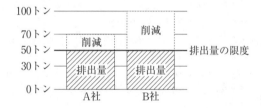

② **方法ア**を採用し，A社が物質αを排出できる量を年間70トンに，B社が物質αを排出できる量を年間30トンに規制する。

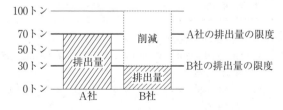

③ **方法イ**を採用し，両社に50トンの排出枠を割り当て，A社が年間30トン，B社が年間70トン排出する。B社はA社から排出枠20トンを購入する。

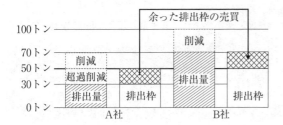

④ 方法イを採用し，両社に 50 トンの排出枠を割り当て，A社が年間 70 トン，B社が年間 30 トン排出する。A社はB社から排出枠 20 トンを購入する。

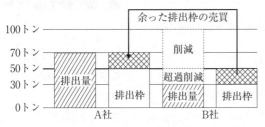

14 【**気候変動の倫理**】 地球温暖化対策に関連して，生徒Xは，日本の地球温暖化対策に関心をもち，次の資料を作成した。資料中の空欄　ア　には後の記述aかb，空欄　イ　には後の記述cかd，空欄　ウ　には資料中の図eか図fのいずれかが当てはまる。空欄　ア　〜　ウ　に当てはまるものの組合せとして正しいものを，後の①〜⑧のうちから一つ選べ。　　　　　（23 本）

資料

　政府は，2020 年 10 月，2050 年までに二酸化炭素などの温室効果ガスの排出を日本全体として実質ゼロにすると宣言した。この宣言の意味は，化石燃料に替わる新たなエネルギーや新技術の開発などを進めることにより　ア　ということであった。

　日本のこれまでの温室効果ガス排出削減対策をみると，2012 年に固定価格買取制度が導入された。この制度は，　イ　を対象としている。その影響を調べるために，2012年以降の発電電力量のデータをもとに次の図eと図fを作成した。図eと図fはそれぞれ，2012 年と 2019 年のいずれかのものである。

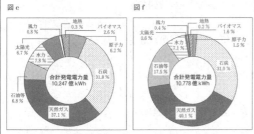

（出所）　経済産業省 Web ページにより作成。

　これらの図から，化石燃料による発電電力量の比率が合計発電電力量の 75 ％以上も占めていることがわかる。さらに，電力以外のエネルギー利用からの温室効果ガス排出も含めて考えると，政府目標を達成する道のりはけわしいといえる。ただし，固定価格買取制度の影響は，電源別発電電力量の比率から読みとることができる。2019 年の図は　ウ　となる。

ア　に当てはまる記述
　a　温室効果ガスを排出するエネルギーの使用をゼロにする
　b　温室効果ガスの排出量と植物などによる吸収量との間の均衡を達成する

イ　に当てはまる記述
　c　再生可能エネルギーによる発電
　d　原子力エネルギーによる発電

① ア—a　　イ—c　　ウ—図e
② ア—a　　イ—c　　ウ—図f
③ ア—a　　イ—d　　ウ—図e
④ ア—a　　イ—d　　ウ—図f
⑤ ア—b　　イ—c　　ウ—図e
⑥ ア—b　　イ—c　　ウ—図f
⑦ ア—b　　イ—d　　ウ—図e
⑧ ア—b　　イ—d　　ウ—図f

15 【**気候変動の議論**】 次の資料は，授業で気候変動についての議論のために配布されたものであり，後のア〜ウは，資料の下線部 X）と Y）のいずれかに当てはまる事例である。資料の趣旨を踏まえて，X）に当てはまる事例をア〜ウのうちから全て選んだとき，その組合せとして最も適当なものを，後の①〜⑧のうちから一つ選べ。　　　　　（22 倫本）

資料

　ほとんど誰もが，次の基本的な道徳原理を認識している。X) 他の人に危害を及ぼすのであれば，自分自身の利益になることであってもすべきではない。……そして通常は，Y) 危害を引き起こすときはいつでも，その被害を受けることになる人に補償をすべきだ。……車の運転，電力の使用……これら全ての活動は，気候変動の一因となる温室効果ガスを生じる。……基本的な道徳原理は，他の人に危害を及ぼす行動をやめる努力をし，私たちが危害を及ぼすであろう人々に補償をしておくべきだ，と告げる。

（J. ブルーム「気候変動の倫理」より）

ア　化石燃料で動く交通・輸送手段の利用で二酸化炭素が放出されるため，生活者たちが，それらの使用を控えるべく，生活や仕事の場を近くに集約させるとともに，できる限りその地域で生産した物を消費する。

イ　牛や羊は，ゲップやおならによって二酸化炭素の数十倍の温室効果を持つメタンを出すので，消費者や企業が，こうした動物の肉・乳や毛・革の過剰な売買と利用をやめて，温室効果ガスの排出量を減少させる。

ウ　気候変動の影響で海面が上昇するため，温室効果ガスを大量に排出した人々や企業が，高波の危険に曝（さら）される人々のための防波堤の設置や，海の近くに住めなくなる人々の生活や移住の支援のために，資金を拠出する。

① ア　　② イ　　③ ウ　　④ アとイ
⑤ アとウ　　⑥ イとウ　　⑦ アとイとウ　　⑧ なし

共通テスト／センター試験出題頻度	年度	2023	2022	2021	2020	2019	2018	2017	2016	2015	2014	2013	2012
	出題		●			●		●		●		●	●

STEP ❶【基礎問題演習】

次の各文中の空欄に適語を入れよ。

	正　解

1 【国際関係】

1 国際社会の基本的構成単位の一つで，相互に侵略や干渉をせず各国の独立性を認め合うようになった国家を（①）という。

①主権国家

2 ドイツでおこった三十年戦争の後に締結された講和条約を（②）という。

②ウェストファリア条約

3 国家が成立するための三要素とは，（③）である。

③主権・国民・領域

4 政府の機関や組織としてではなく，民間の組織・団体として活動し，世界の平和や人権問題の解決にあたる，NGO の略語で称されるものを（④）という。

④非政府組織

5 NGO の具体例として，赤十字国際委員会（ICRC）や，国境なき医師団（MSF），（⑤）（AI）などがある。地雷禁止国際キャンペーン（ICBL）も NGO の連合体である。

⑤アムネスティ－インターナショナル

6 国益を最優先させて，武力などの強制力を重視しながら政治を行っていくことを力の政治＝（⑥）という。

⑥権力政治（パワー－ポリティクス）

7 国家が独立と平和を維持するために，軍事同盟を結ぶなどして，相互に均衡を保とうとする安全保障のしくみを（⑦）方式という。

⑦勢力均衡（バランス－オブ－パワー）

8 敵対しあっている国も含めた世界的規模の国際機構をつくり，侵略国に対しては，加盟国全体で制裁を加え，加盟国の安全を保障するのが（⑧）である。

⑧集団安全保障

9 領空は領土と領海の上空である。領海は沿岸から（⑨）の範囲，排他的経済水域は領海の外側にあり，基線から（⑩）までの範囲をいう

⑨ 12 海里

⑩ 200 海里

2 【国際法】

1 成文国際法（あるいは条約国際法）と呼ばれるもので，一般に文書化された国家間の取り決めを（①）という。

①条約

2 条約が発効するためには，締結国の署名（調印）と（②）が必要である。

②批准

3 国際社会において歴史的に認められてきた慣行によって成立する法を（③）と呼ぶ。

③国際慣習法（慣習国際法）

4 オランダの法学者で，国家間の対立や紛争という非常事態においても，自然法に基づいた守るべき国際法があると説いたのは（④）である。

④グロティウス

5 国家が付託するすべての紛争などを国際法に従って客観的に裁く国際連合の主要機関でもある裁判所を（⑤）という。裁判官は 15 名，9 年の任期である。

⑤国際司法裁判所（ICJ）

6 1948 年に国連総会で採択された（⑥）と，1966 年に国連総会で採択された（⑦）とを合わせて，国際人権章典と呼ぶ。

⑥世界人権宣言

⑦国際人権規約

7 2002 年に設置された（⑧）は，戦争犯罪などの重大犯罪を侵した（⑨）を裁く裁判所である。加盟国と安保理の要請によって捜査が開始される。

⑧国際刑事裁判所（ICC）

⑨個人

8 国際刑事裁判所はオランダの（⑩）に置かれ，非戦闘員への攻撃などの戦争犯罪，奴隷化や拷問等の人道に対する罪，（⑪）などを裁く常設の裁判所である。

⑩ハーグ

⑪ジェノサイド（集団殺害罪）

9 国際結婚の破綻等で子どもを引き取る際，彼らの人権を守るために原則として元の居住国に戻すことなどを定めた条約を（⑫）という。

⑫ハーグ条約

10 国連海洋法条約では，公海ではすべての国に航行の自由が認められる（⑬）が規定されている。

⑬公海自由の原則

11 条約を締結する権限は，日本国憲法は（⑭）にあると規定している。また，憲章，協定，規約，宣言，議定書といった文書も条約（成文国際法）に含まれる。

⑭行政府（内閣）

次の各文の**正誤**を判別し，誤りについては正しく訂正しなさい。

1 【国際関係】

① 第一次世界大戦後に開催されたパリ講和会議で，初めて各国の主権と平等とが確認された。 (13追)

② 刑事犯人が他国に逃亡したとき，母国の官憲は，逃亡先の国の許可なく逃亡した先の国で捜査活動をすることができる。

③ 政治亡命者の母国からの引渡しの要求に応じないことは，母国の主権侵害にならない。

④ 自国の要求を受け入れさせるために，他国の領海内に軍艦を派遣し，圧力を加えることは主権侵害にならない。

⑤ ユネスコ（UNESCO）は非政府組織（NGO）に該当する。

⑥ アムネスティ-インターナショナルは，主に，いわゆる「良心の囚人」の釈放問題に取り組んでいる。

⑦ カントは『永久平和のために』を著し，常備軍の段階的廃止などを提唱した。

⑧ 第一次世界大戦前の国際平和は，勢力均衡方式に基づき，同盟関係を結び，それぞれの軍事力を均衡させ合うことで戦争を防止しようとした。

⑨ 国際連盟も国際連合も，勢力均衡方式による平和維持をめざした。

⑩ 集団安全保障方式では，敵対国も含めた国際平和機構を設け，加盟国のうち1か国への侵略行為に対して集団で制裁を加える。

⑪ 勢力均衡の原理は，同盟政策と結びつくことによって，複数の国家群相互の間で対立を招きやすい。

⑫ 勢力均衡の原理は，相手国の勢力が容易に判定できないため，軍備増強や膨張政策がとられる。

⑬ 個別的自衛権と集団的自衛権という2種類の自衛権のうち，国際連合憲章が明示的に規定しているのは，個別的自衛権のみである。 (22現追)

2 【国際法】

① グロティウスは，公海自由の原則などを提起し，国際法の父といわれる。

② 国連海洋法条約は，沿岸国の領海の外側に一定の範囲で排他的経済水域を設定することを認めている。 (16追)

③ 国家は，自国が署名し批准した条約にのみ拘束される。

④ 国際司法裁判所は，相手国家の同意があれば個人の訴えを直接受理できる。

⑤ 国連が創設されてからは，国連の機関として国際司法裁判所が設置されているので，国連の加盟国間で紛争が起こったときは，紛争当事国の合意がなくても，国際司法裁判所による紛争の解決手続が開始される。 (02本)

⑥ 国際社会には，統一的立法機関が存在しない。

⑦ 国際法は主権国家の個別の利益を守ることを主たる目的としていたが，現代では国際社会の共通利益を確保することも目的とするようになり，地球環境問題や宇宙利用に関してもルールが作られている。 (02本)

⑧ 国際裁判の役割が限られている理由として，国際社会には裁判判決の履行を強制する機関が存在しないことがあげられる。

⑨ 国際刑事裁判所（ICC）が発足し，マネーロンダリング（資金洗浄）やテロ行為など国際犯罪の実行犯を起訴・処罰できる国際体制が整った。 (08現本)

⑩ 死刑廃止条約は，国際人権規約のB規約（市民的及び政治的権利に関する国際規約）の第2選択議定書として採択された。

⑪ 国際慣習法により，公海自由の原則が認められている。 (15本)

⑫ 国際司法裁判所は，国連安全保障理事会の下に設置され，国連の主要機関を構成している。 (19追)

---

1 正解とヒント

①× ウェストファリア条約（1648年）で確認された。

②× 逃亡先の領域では逃亡先の国の主権・警察権が及ぶ。

③○

④× ①に同じ。

⑤× 国連の専門機関の一つ。国家で構成された組織である。

⑥○ NGOの代表格。「良心の囚人」とは政治犯のこと。

⑦○

⑧○

⑨× 集団安全保障による。

⑩○

⑪○

⑫○

⑬× 国連憲章第51条に「個別的又は集団的自衛の固有の権利を害するものではない」と規定。

2 正解とヒント

①○

②○ 200海里までとされている。領海は（12海里）

③○

④× 国際司法裁判所は個人の訴えは受理しない。

⑤× 国際司法裁判所は，紛争当事国双方の合意がなければ裁判を行えない。

⑥○

⑦○ ラムサール条約，気候変動枠組み条約など国際社会の共通利益を守るルールも作られている。

⑧○

⑨× 集団殺害や戦争犯罪などの個人の罪を裁く。

⑩○

⑪○ 現在は条約化している。

⑫× 主要機関の一つだが，安保理に付属する機関ではない。

共通テスト・センター試験過去問　次の各設問に答えよ。

1 【主権国家】 主権国家についての記述として適当でないものを，次の①～④のうちから一つ選べ。　　　　　　　　(06 追)

① ウェストファリア体制成立以降のヨーロッパ社会においては，主権国家の独立と内政不干渉の原則が形成されてきた。

② 主権国家の概念を基礎とする国際社会においては，各国は対等・平等であることが原則とされている。

③ 主権国家の概念は，市民革命を経て確立された国民主権の原理を基礎としている。

④ 国際法は，主権国家からなる国際社会で各国が守るべきルールとして形成されてきた。

2 【ウェストファリア条約】 ウェストファリア条約の意義として最も適当なものを，次の①～④のうちから一つ選べ。

(10 追)

① ヨーロッパ諸国における絶対君主制を否定し，議会制民主主義を基礎とする平等な国家間関係を確立した。

② 植民地をめぐるヨーロッパ諸国の紛争を終結させ，植民地主義の違法性を確認した。

③ ヨーロッパにおける宗教改革を収束させ，ローマ教皇の権威を基礎とする国際秩序を回復した。

④ 三十年戦争を終結させ，ヨーロッパにおいて主権国家から構成される国際社会の成立を促した。

3 【戦争の違法化の試み】 生徒Xと生徒Yの会話文中の空欄 ア ・ イ に当てはまる語句の組合せとして最も適当なものを，後の①～④のうちから一つ選べ。　　　(23 本)

X：国際連盟は紛争の平和的解決と ア の一環としての制裁とを通じて国際社会の平和と安全を保障しようとしたよね。国際連盟規約において戦争に課された制約は限定的で，戦争の違法化を進める動きが生じたんだ。

Y：それを進めた国際規範に， イ があるよね。これは，国際関係において国家の政策の手段としての戦争を放棄することを目的としたものだよ。しかし，第二次世界大戦の勃発を抑止できなかったよね。

X：その後，国際連合憲章では，国際関係において武力による威嚇または武力の行使を禁止しているんだよ。これによって， イ に比べて制度上禁止される国家の行為は拡大したんだ。21世紀になっても武力紛争はなくなっていないので，武力による威嚇や武力の行使の違法化をもっと実効性のあるものにすべきではないのかな。

① ア　勢力均衡　　　　　イ　不戦条約

② ア　勢力均衡　　　　　イ　国際人道法

③ ア　集団安全保障　　　イ　不戦条約

④ ア　集団安全保障　　　イ　国際人道法

4 【非政府組織（NGO）の活動】 非政府組織（NGO）の例であるA～Cと，それらの主な活動の記述ア～ウとの組合せとして最も適当なものを，下の①～⑥のうちから一つ選べ。

A　アムネスティ・インターナショナル

B　パグウォッシュ会議　　C　赤十字国際委員会

ア 不当に投獄されている「良心の囚人」の救援活動をはじめ，人権擁護活動を行う。

イ 主に科学者で構成されており，核兵器の廃絶を目的としたさ

まざまな活動を行う。

ウ 主に武力紛争の被害者を救護するため，医療活動をはじめとする人道援助活動を行う。

① A－ア　B－イ　C－ウ　　② A－ア　B－ウ　C－イ

③ A－イ　B－ア　C－ウ　　④ A－イ　B－ウ　C－ア

⑤ A－ウ　B－ア　C－イ　　⑥ A－ウ　B－イ　C－ア

5 【主権尊重の原則】 主権尊重の原則と国際社会の秩序維持との関係についての記述として正しいものを，次の①～④のうちから一つ選べ。　　　　　　　　　　　　　　　　　(16 追)

① 国際司法裁判所（ICJ）は，紛争当事国の同意がなくても，国家間紛争の裁判を行うことができる。

② 国際原子力機関（IAEA）は，核拡散防止条約で核兵器保有を認められた国の核関連施設であっても，強制的に査察することができる。

③ 国際連合に加盟している国家は，自衛のためであっても，武力の行使を慎む義務がある。

④ 国際連合に加盟している国家は，自国の利益に反する内容であっても，国連安全保障理事会の決定に従う義務がある。

6 【内政不干渉の原則】 内政不干渉原則は国際法の基本原則の一つである。この原則に基づく国家の主張として最も適当なものを，次の①～④のうちから一つ選べ。　　　　(07 本)

① 地域紛争への多国籍軍の派遣が，国連安全保障理事会で決定された場合，国連加盟国はその受入れを拒否することができる。

② 内戦への国連平和維持軍の派遣に際しては，その受入れに関する被派遣国の同意が必要である。

③ 政権交代に伴う対外政策の変更を理由に，自国の前政権が批准し現在加入している条約を遵守しないことが許される。

④ 国連加盟国は，自国のアパルトヘイト（人種隔離政策）について国連安全保障理事会で廃止を迫る決議が採択されても，それを無視することができる。

7 【条　約】 条約に関連する記述として正しいものを，次の①～④のうちから一つ選べ。　　　　　　　　　　(00 追)

① 日本国憲法も規定しているように，条約を締結する権限は立法府に付与されるのが，諸国の一般的な傾向である。

② 今日の国際社会において，ある国が条約上負っている義務を履行しないことがあれば，直ちに国際連合により制裁が行われることになっている。

③ 憲章，協定など，条約という名称でない国際文書は，一般に，国家間の合意を表す文書ではないことを示すために，そのような名称を用いている。

④ 条約の中には，元来成文化されていないものである国際慣習法の内容を，法典化したものもある。

8 【国際人権規約】 国際人権規約についての記述として最も適当なものを，次の①～④のうちから一つ選べ。　　(18 追)

① 人類が達成すべき人権保障の共通基準を示した国際人権規約を基礎として，世界人権宣言が採択されている。

② 世界人権宣言とは異なり，国際人権規約には法的拘束力がある。

③ 国際人権規約には，自由権を中心とした規約と参政権を中心とした規約との二つが存在する。

④ 日本は留保を付すことなく，国際人権規約を批准している。

9 【海洋法】 国連海洋法条約が定める内容についての記述として正しいものを，次の①～④のうちから一つ選べ。 （19 本）

① 公海では，すべての国に航行の自由が認められるわけではない。

② 大陸棚の幅は，沿岸国の基線から測定して 200 海里を超えることはない。

③ 領海の幅は，沿岸国の基線から測定して最大 3 海里までである。

④ 排他的経済水域では，沿岸国に天然資源を開発する権利が認められる。

10 【国際裁判所】 国際裁判所に関する記述として正しいものを，次の①～④のうちから一つ選べ。 （17 本）

① 日本は，国際司法裁判所（ICJ）で裁判の当事国となったことがない。

② 日本は，国際刑事裁判所（ICC）に加盟していない。

③ 国際司法裁判所は，紛争当事国双方の同意がない限り，国家間の紛争を裁判することはできない。

④ 国際刑事裁判所は，人道に対する犯罪などの処罰をめぐる国家間の紛争を裁判する機関であって，個人を裁くための裁判所ではない。

11 【国際刑事裁判所】 国際刑事裁判所（ICC）についての記述として誤っているものを，次の①～④のうちから一つ選べ。

（13 追）

① 日本は設立条約に加入していない。

② アメリカは設立条約に加入していない。

③ 戦争犯罪を行った個人を裁くことができる。

④ 特定民族のジェノサイド（集団殺害）を行った個人を裁くことができる。

12 【勢力均衡】 勢力均衡は安全保障の一つの方法である。これについての記述として最も適当なものを，次の①～④のうちから一つ選べ。 （10 本）

① 対立する国を含め，相互に侵略しないことを約束し，違反国に対しては共同で制裁を加えて戦争を防ごうとする方法である。

② 国家群の間の力関係を同盟によってほぼ対等にすることで，強力な国や国家群からの攻撃を防ごうとする方法である。

③ 国家の権限をさまざまな国家機関に分散させることで，武力の行使を相互に抑制させる方法である。

④ 国際政治において他を圧倒する唯一の超大国が，核兵器を利用した抑止力によって，戦争を防ぐ方法である。

13 【集団安全保障】 集団安全保障についての記述として適当でないものを，次の①～④のうちから一つ選べ。 （06 追）

① 戦争を起こした国家に対して，その他すべての参加国が共同して制裁を加える仕組みである。

② 国家が同盟を結び，敵対陣営との軍事バランスをとることによって自国の安全を確保する仕組みである。

③ 相互に利害の対立する国々を含む国際機構の存在が前提である。

④ 紛争は平和的に解決されなければならないというルールが前提である。

14 【主権国家体制】 主権国家体制に関連する記述として誤っているものを，次の①～④のうちから一つ選べ。 （12 本）

① ウェストファリア条約は，ヨーロッパにおいて，主権国家を構成単位とする国際社会の成立を促した。

② 主権国家の領空には，排他的経済水域の上空が含まれる。

③ 国際組織を創設することによる集団安全保障体制は，国際連盟と国際連合で採用された。

④ 国際法には，条約などの成文国際法と，慣習国際法（国際慣習法）とがある。

15 【国際裁判制度】 生徒Wは，発表会で「国際社会における国際裁判の意義」について発表することとし，その準備のため，生徒Xと次の会話をしている。後のA～Dのうち，会話文中の空欄 ア に当てはまる記述として正しいものが二つある。その二つの記述の組合せとして最も適当なものを，後の①～⑥のうちから一つ選べ。 （22 追）

W：最近では，国家間の紛争を国際裁判所で解決する可能性が注目されてるけど，裁判による紛争の解決って，国際社会で本当に意味があるのかな。主権国家からなる国際社会では，国際裁判の意義はあまりない気がするけど。国際社会で最も権威ある裁判所である国際司法裁判所であっても，判決内容を強制する仕組みを欠いているので，結局は実力行使が紛争解決の決め手になることが多いよね。

X：国際裁判の意義って，判決内容が強制的に実現されるか否かだけで考えていいのかな。強制する措置をとれないとしても，判決を下された国はそれに従わなければならないわけだよね？

W：国際司法裁判所の判決でも，国家がそれに従うのは，その方が国益にかなうと判断したからではないのかな。判決に従わない方が国益にかなうと判断すれば，判決を無視してしまうと思うよ。

X：それもまた，国際裁判の意義を判決内容が強制的に実現されるかどうかで測る見方だよね？ たとえ判決が強制されえないとしても，国際裁判所が判決を下すこと自体に大きな意味があるんじゃないかな。たとえば，国際司法裁判所が判決を下せば， ア 。

W：なるほど。判決に従わない国に対して判決内容を強制的に実現させることができるかどうかで国際裁判の意義を測るのは，狭い見方なのかな。法の違反に権力的に対処する中央政府が存在しない国際社会において，国際裁判の意義がどこにあるのか，発表に向けて考えてみることにするよ。

A 判決に従わない国に対して紛争当事国は，判決を自らの主張の正当性の拠り所として外交交渉等の場で紛争の解決を求めていくことができるよ

B 集団殺害や戦争犯罪について個人の刑事責任も判断されることになり，法の支配の拡充に貢献することにつながるよ

C 裁判所による解釈の蓄積によって国際法のルールの内容が明確にされ，法の支配を強めることにつながるよ

D 判決に従わない国に対しては，国連安全保障理事会が判決の内容を強制的に実現させることができるよ

① AとB ② AとC ③ AとD
④ BとC ⑤ BとD ⑥ CとD

25 国際連合と国際協力

共通テスト／センター試験出題頻度	年度	2023	2022	2021	2020	2019	2018	2017	2016	2015	2014	2013	2012
	出題	●	●			●		●			●	●	●

STEP❶【基礎問題演習】

次の各文中の空欄に適語を入れよ。

1 【国際連盟】

① ドイツの哲学者（①）は，『永久平和のために』を著し，諸国家を共和的に結合させることによる永久平和の実現を説いた。

② 1918 年に「平和原則 14 か条」を提唱して，国際連盟の創設を訴えたアメリカの大統領は（②）である。ヴェルサイユ条約の一部が国際連盟規約となった。

③ 国際連盟の欠陥の一つとなった，総会の表決方法は（③）である。

④ 国際連盟の欠陥として，（④）が参加できなかったこと，フィンランド侵攻によってソ連が除名されたこと，などもあげられる。

⑤ 国際連盟の欠陥として，（⑤）の欠如もあげられる。制裁は経済的制裁のみであった。

2 【国際連合】

① 1945 年，第二次世界大戦末期に行われた連合国側の首脳会談（米・英・ソ）で，安全保障理事会の表決方法を決定したのは（①）である。

② 1944 年，米・英・ソ・中の代表者によって，一般国際機構設立の提案と審議を行い，国際連合憲章の原案を作成した会議を（②）という。

③ 国連総会での表決は，一国一票の多数決を原則とする。ただし，重要事項については，（③）の多数決である。

④ 安全保障理事会の活動に期待できない場合，国連総会がこれにかわって決議・勧告することができることを決めた 1950 年の決議を（④）という。

⑤ 経済的・文化的・社会的な国際協力を通じて国際社会の友好や平和を確保する役割をになう国連の主要機関は（⑤）である。

⑥ 安保理の実質事項の表決には，すべての（⑥）の賛成を必要とする。すなわち（⑥）には拒否権が与えられている。

⑦ 安保理の実質事項の表決には，常任理事国を含む（⑦）以上の賛成を必要とする。手続き事項については（⑦）以上の賛成を必要とする。

⑧ 国連軍に関して国連憲章第 7 章は，国連加盟国と安保理が（⑧）を結んで兵力を提供し，その指揮下に軍隊をおくことを規定している。

⑨ 国連が国連の正式な軍隊を用いないで，積極的な平和と安全を維持する活動を（⑨）という。国連憲章に規定はなく，6 章半活動ともいわれる。

⑩ 国連の平和維持活動に従事する部隊で，軽火器を保有し，停戦や兵力引き離し，武装解除などの監視や監督を任務とするものを（⑩）という。

⑪ 日本では 1992 年に PKO 等協力法が成立し，自衛隊が参加できるようになった。最初に派遣された国は（⑪）である。

⑫ 難民問題について，難民条約（1951 年）を結び，（⑫）（UNHCR）を設置した。

⑬ 国連は人種差別撤廃条約（1965），女性差別撤廃条約（1979），子どもの権利条約（1989），障害者権利条約（2006）等多く条約を締結している。日本は（⑬）（1948 年）や（⑭）（1989 年）を批准していない。

正解

①カント
②ウィルソン
③全会一致制
④アメリカ合衆国
⑤軍事的制裁

①ヤルタ会談（クリミア会議）
②ダンバートン－オークス会議
③3分の2以上
④平和のための結集決議
⑤経済社会理事会
⑥常任理事国
⑦9理事国
⑧特別協定
⑨PKO（平和維持活動）
⑩PKF（平和維持軍）
⑪カンボジア
⑫国連難民高等弁務官事務所
⑬ジェノサイド条約
⑭死刑廃止条約

次の各文の正誤を判別し，誤りについては正しく訂正しなさい。

1 【国連の成立と組織】

① 第一次世界大戦後に設立された国際連盟は，米ソ両大国の対立から機能がマヒしてしまうことが多かった。

② 国際連盟では，総会・理事会ともに全会一致制が採用されていたため，議決が困難だった。

③ ウィルソン大統領は，自国の国際連盟加盟で国際秩序の維持に関与した。　　　　(08 本)

④ 1951 年，わが国はサンフランシスコ講和条約の締結によって主権を回復し，同年，国連に加盟した。

⑤ 総会の議決権は，国の大小にかかわらず 1 国 1 票である。

⑥ 国連は，全加盟国が出席する総会に国際の平和及び安全に関する主要な責任を負わせ，集団安全保障体制の構築をめざしている。　　　　(02 現本)

⑦ 平和・安全問題に第一次的責任を負う安全保障理事会では，すべての理事国に拒否権が与えられている。

⑧ 国際連合の経済社会理事会には，人権問題に関する紛争を解決するために拘束力のある決定を行う権限が認められている。

⑨ 常任理事国の拒否権で安全保障理事会が機能マヒに陥った場合，加盟国の過半数の要請で 24 時間以内に緊急特別総会を開くことができる。

⑩ 平和・安全問題の第一次的責任を負う安全保障理事会は，米・ロ・英・仏・中の 5 常任理事国一致による平和の実現をめざし，5 大国に拒否権を与えている。

⑪ 2023 年現在，国際連合の財政における加盟国の分担率は，第 1 位が米国であり第 2 位が中国である。

⑫ 経済社会理事会と提携関係にある専門機関として，世界保健機関（WHO）や国際開発協会（IDA）などが設置されている。　　　　(11 本)

⑬ 総会は，朝鮮戦争を契機に，「平和のための結集」決議を採択した。　　　　(05 本)

2 【国連の活動】

① 国際連合の事務総長には，国家間の紛争を解決するために拘束力のある決定を行う権限が認められている。

② イラクによるクウェート侵攻に対して，安全保障理事会の承認のもとに多国籍軍が派遣された。

③ 平和維持分野での国連の機構を強化するため，安全保障理事会の常任理事国の数を増やそうとする動きがある。

④ 国連は，スエズ動乱の際，停戦の監視を目的とする平和維持軍の派遣が成功したので，現在では常設的平和維持軍を設立している。　　　　(02 本)

⑤ 国連主催の国際婦人年世界会議は，男女差別の撤廃や国際平和への女性の寄与をうたった宣言を採択した。

⑥ 国連軍は，国連憲章にある「特別協定」によって設置されるはずであるが，これまで正式に一度も組織されたことがない。

⑦ 国連平和維持活動（PKO）は国連憲章 6 章の「平和的解決」と 7 章の「強制措置」の中間形態なので，6 章半の活動といわれることもある。

⑧ 平和維持活動とは，紛争当事国の同意に基づき，国連が中立的な軍隊を派遣し，停戦勧告や監視を行うものである。

⑨ わが国は，国連平和維持活動（PKO）協力法を制定したものの，憲法 9 条の問題から一度も自衛隊を派遣していない。

⑩ 国連の平和維持活動は，国連憲章に基づく国連軍により遂行されている。　　　　(18 追)

⑪ 国連憲章では，集団的自衛権の行使は認められていない。　　　　(18 追)

⑫ 安全保障理事会の決議に基づき，PKF（国連平和維持軍）を派遣した。　　　　(08 追)

---

1 正解とヒント

①× 提唱国アメリカは，加盟しなかった。

②○

③× アメリカは加盟せず。

④× 1956 年の日ソ共同宣言により，ソ連が拒否権を行使せず，日本の加盟が実現した。

⑤○

⑥× 総会ではなく，安全保障理事会である。

⑦× 5 常任理事国だけに拒否権が与えられている。

⑧× 経済社会理事会は拘束力のある決定はできない。

⑨○ 1950 年の「平和のための結集決議」に基づく。

⑩○

⑪○ 2000 年には日本が第 2 位だった。中国の割合が高くなった。

⑫○

⑬○

2 正解とヒント

①× このような権限はない。安保理に注意を促したり，紛争の調停役をすることはできる。

②○

③○ 日本も常任理事国入りをめざしている。

④× 1956 年のスエズ戦争（第二次中東戦争）のときが最初の例だが，平和維持軍は常設ではない。

⑤○ 同会議は 1975 年，メキシコで開催。

⑥○

⑦○

⑧○

⑨× 同法に基づき日本の自衛隊は，カンボジア・モザンビーク等に正式派遣された。

⑩× これまで正規の国連軍は編成されていない。

⑪× 国連憲章 51 条で認めている

⑫○

共通テスト・センター試験過去問　次の各設問に答えよ。

1 【国際連盟】　国際連盟についての記述として**適当でないもの**を，次の①～④のうちから一つ選べ。　　　　　　　　　（10 追）

① 総会と理事会における議決は，全会一致によることが原則とされた。

② 侵略国に対しては，経済制裁を加えることが原則とされた。

③ 全加盟国の協力を基礎とする，集団安全保障の方式を取り入れた。

④ 相対立していたアメリカとソ連を，加盟国として取り込んだ。

2 【国際連盟の失敗】　国際連盟の失敗の理由として指摘される次の①～⑤の記述のなかで，不適当と思われるものがあればその番号をマークし，すべてが適当と思われる場合には⑥をマークせよ。

① 提唱国アメリカ合衆国が初めから参加していなかったから。

② ソ連が，遅れて加盟したものの，除名されたから。

③ 日本，ドイツ，イタリアなどが相次いで脱退したから。

④ 侵略国に対する制裁手段が有効に作用しなかったから。

⑤ 国際連盟の決議が原則として勧告にとどまったから。

3 【国際連合の組織】　国連（国際連合）についての記述として**誤っているもの**を，次の①～④のうちから一つ選べ。　（11 本）

① 第二次世界大戦中に，制度の構想については合意ができたが，後に冷戦が本格化すると集団安全保障については構想どおりの活動が難しくなった。

② 国際の平和と安全の維持のみならず，社会的進歩や生活水準の向上を促進することなども目的として設立された。

③ 信託統治理事会は，冷戦後の新たな信託統治地域の設定に伴い，活動範囲を拡大している。

④ 経済社会理事会と提携関係にある専門機関として，世界保健機関（WHO）や国際開発協会（IDA）などが設置されている。

4 【国際連合の制度】　国際連合の制度についての記述として**誤っているもの**を，次の①～④のうちから一つ選べ。　（12 本）

① 安全保障理事会は，表決手続として全会一致制を用いる。

② 経済社会理事会は，教育や文化に関する専門機関と連携関係をもつ。

③ 総会は，安全保障理事会の勧告に基づいて事務総長を任命する。

④ 総会は，安全保障理事会の非常任理事国を選出する。

5 【議決のルール】　総会や安全保障理事会の議決のルールについての記述として**正しいもの**を，次の①～④のうちから一つ選べ。　　　　　　　　　　　　　　　　　　　　　　　　（05 本）

① 安全保障理事会では，すべての理事国は拒否権を行使できる。

② 安全保障理事会では，すべての理事国の過半数の賛成により議決を行う。

③ 総会では，すべての加盟国は一票ずつ投票権を有する。

④ 総会では，安全保障理事会のすべての常任理事国は拒否権を行使できる。

6 【安保理の表決】　国連安全保障理事会における表決についての次の事例A～Cのうち，決議が成立するものとして正しいものはどれか。当てはまる事例をすべて選び，その組合せとして最も適当なものを，下の①～⑦のうちから一つ選べ。　（19 本）

A 実質事項である国連平和維持活動の実施についての決議案に，イギリスが反対し，ほかのすべての理事会構成国が賛成した。

B 手続事項である安全保障理事会の会合の議題についての決議案に，フランスを含む5か国が反対し，ほかのすべての理事会構成国が賛成した。

C 実質事項である国際紛争の平和的解決についての決議案に，すべての常任理事国を含む9か国が賛成した。

① A　　　② B　　　③ C　　　④ AとB

⑤ AとC　　⑥ BとC　　⑦ AとBとC

7 【国連憲章①】　国連憲章の規定についての記述として**正しいもの**を，次の①～④のうちから一つ選べ。　　　　　（10 追）

① 個別国家による武力の行使は禁止されているが，武力によって威嚇することは許されている。

② 集団的自衛権の行使は禁止されているが，個別的自衛権の行使は認められている。

③ 安全保障理事会が国際平和の回復に必要な措置をとる場合には，その措置は国連加盟国の空軍，海軍または陸軍による行動を含むことができる。

④ 安全保障理事会が侵略行為を認定する場合には，同理事会は直ちに軍事的措置をとらなければならない。

8 【国連憲章②】　国連憲章に関連する記述として**正しいもの**を，次の①～④のうちから一つ選べ。　　　　　　　　（01 本）

① 国連事務総長は，安全保障理事会常任理事国の代表から選ぶと規定されている。

② PKO（平和維持活動）についてはその根拠となる明確な規定はないが，国連の活動として定着している。

③ 加盟国はたとえ自衛のためにであれ武力を行使することを禁じられると規定されている。

④ 集団安全保障の方式を採用しており，加盟国には，友好国と同盟関係を結び，対立関係にある諸国との間で軍事的均衡を保つ義務がある。

9 【安全保障理事会】　国際連合（国連）の主要機関である安全保障理事会（安保理）についての記述として**誤っているもの**を，次の①～④のうちから一つ選べ。　　　　　　　　（09 本）

① 安保理の常任理事国は，手続事項以外の事項について，拒否権をもっている。

② 安保理は，国際社会の平和と安全の維持または回復に必要な軍事的措置を決定する場合には，あらかじめ総会の承認を得なければならない。

③ 国連加盟国は，安保理の決定を，国連憲章にしたがい受諾しかつ履行しなければならない。

④ 安保理は，侵略行為の中止を求める自らの決定を実施するために，国連加盟国がいかなる非軍事的措置をとるべきかを決定することができる。

10 【平和のための結集決議】 1950年には，総会にも国際平和と安全のための集団的措置に関する権限が与えられた。その内容を示すものとして最も適当なものを，次の①～④のうちから一つ選べ。 (05 本)

① 総会は，朝鮮戦争を契機に，「平和のための結集」決議を採択した。

② 総会は，キューバ危機を契機に，ソ連の除名決議を採択した。

③ 総会は，ベトナム戦争の解決のため，インドシナ半島への国連軍の派遣を決定した。

④ 総会は，カンボジア紛争の解決のため，START（戦略兵器削減条約）を締結した。

11 【戦争の違法化】 戦争の違法化を推し進めた条約A～Cと，その内容についての説明ア～ウとの組合せとして正しいものを，下の①～⑥のうちから一つ選べ。 (08 本)

A 国際連盟規約　　B 不戦条約　　C 国際連合憲章

ア 集団安全保障の考え方を基礎とする初めての国際機構の設立を定めた。

イ 加盟国との間の特別協定に基づいて創設される軍により，軍事的強制措置をとることを認めた。

ウ アメリカのケロッグとフランスのブリアンが提唱したものであり，国家の政策の手段としての戦争を放棄することを定めた。

① A－ア　B－イ　C－ウ　　② A－ア　B－ウ　C－イ
③ A－イ　B－ア　C－ウ　　④ A－イ　B－ウ　C－ア
⑤ A－ウ　B－ア　C－イ　　⑥ A－ウ　B－イ　C－ア

12 【国際平和への役割】 平和に重要な役割を担っている国際連合についての記述として正しいものを，次の①～④のうちから一つ選べ。 (18 追)

① 国連安全保障理事会の常任理事国は，9か国で構成されている。

② 国連安全保障理事会の非常任理事国は，2年任期で選出される。

③ 国連憲章では，集団的自衛権の行使は認められていない。

④ 国連の平和維持活動は，国連憲章に基づく国連軍により遂行されている。

13 【平和と安全への取組み】 国際社会全体の平和と安全を維持するための国連（国際連合）の仕組みに関する記述として正しいものを，次の①～④のうちから一つ選べ。 (17 本)

① 国連安全保障理事会が侵略国に対する制裁を決定するためには，すべての理事国の賛成が必要である。

② 国連憲章は，国連加盟国が安全保障理事会決議に基づかずに武力を行使することを認めていない。

③ 国連が平和維持活動を実施できるようにするため，国連加盟国は平和維持軍を編成するのに必要な要員を提供する義務を負っている。

④ 国連憲章に規定されている本来の国連軍は，これまでに組織されたことがない。

14 【PKO（平和維持活動）】 国連の活動への日本の参加・協力についての説明として最も適当なものを，次の①～④のうちから一つ選べ。 (06 追)

① PKO協力法（国際連合平和維持活動等に対する協力に関する法律）の制定により，自衛隊が国際平和協力業務を行うことが可能になった。

② 日米安保条約（日本国とアメリカ合衆国との間の相互協力及び安全保障条約）の改正により，国連PKOへの自衛隊の参加が可能になった。

③ ソマリア復興支援のために，自衛隊が派遣された。

④ ボスニア・ヘルツェゴビナ復興支援のために，自衛隊が派遣された。

15 【国際機関の活動】 生徒Xと生徒Yは，国際連合に関連する国際機関について調べた。次の国際機関に関する記述ア～ウのうち，正しいものはどれか。当てはまる記述をすべて選び，その組合せとして最も適当なものを，後の①～⑦のうちから一つ選べ。 (22 本)

ア WHOは，世界の人々の保健水準の向上や国際的な保健事業の推進に関する活動を行っている。

イ UNICEFは，発展途上国を中心に子どもの教育や権利保障に関する活動を行っている。

ウ UNHCRは，迫害や紛争などによって生じる難民の保護に関する活動を行っている。

① ア　　② イ　　③ ウ　　④ アとイ
⑤ アとウ　　⑥ イとウ　　⑦ アとイとウ

16 【国連改革】 国連改革をめぐっては，さまざまな議論が行われている。国連の現状についての記述として誤っているものを，次の①～④のうちから一つ選べ。 (06 追)

① 分担金の滞納によって，財政危機に陥っている。

② 安全保障理事会では，常任理事国に拒否権が認められている。

③ 内部機関の活動については，権限の重複が存在する。

④ 総会では，議決について加重投票制がとられている。

17 【国連分担金】 次の図は国連安全保障理事会の常任理事国（アメリカ，イギリス，中国，フランス，ロシア），日本，ドイツの国連分担金の分担率を示したものである。図中のA～Dのうち，日本に該当するものとして正しいものを，下の①～④のうちから一つ選べ。 (15 追改)

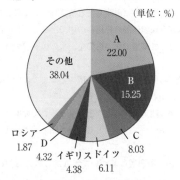

（単位：％）

（注）ここでの分担率は，2022年の国連通常予算の分担率を示す。
　　分担率の数値は，少数第三位を四捨五入している。
（資料）外務省Webページにより作成。

① A　　② B　　③ C　　④ D

18 【国連の目的】 国際連合（国連）の目的の記述として誤っているものを，次の①〜④のうちから一つ選べ。 （18試）

① 国際の平和・安全を維持するために，平和に対する脅威の防止および除去と侵略行為その他の平和の破壊の鎮圧のための措置をとる。

② 内部に境界線のない自由・安全・正義の地域を提供し，その中では，人の自由移動を保障する。

③ 経済的，社会的，文化的または人道的性質を有する国際問題を解決することについて国際協力する。

④ 人種，性，言語または宗教による差別なく，すべての者のために人権および基本的自由を尊重することについて協力する。

APPROACH （正解率 80.4%）

19 【国際機関】 生徒Xは，SDGsの達成に貢献する国際機関の仕組に関心をもち，調べてみた。国際機関の仕組みに関する記述として最も適当なものを，次の①〜④のうちから一つ選べ。

（23本）

① 規約人権委員会（人権規約委員会）は，市民的及び政治的権利に関する国際規約（B規約）上の人権を侵害する国が同規約の選択議定書を批准していなくとも同規約の締約国であれば，被害者からの通報を検討することができる。

② 人権理事会では，人権に対する重大かつ組織的な侵害を犯した場合に，総会決議によって理事国としての資格が停止されることがある。

③ 労働条件の改善を目標の一つとするILO（国際労働機関）は，労働者の声が反映されるよう，政府代表と労働者代表との二者構成で運営されている。

④ 国際社会の平和と安全の維持に主要な責任を有する国連安全保障理事会では，国連分担金の比率上位5か国が常任理事国となるため，常任理事国に決議の採決における特権的な地位が認められている。

20 【国連加盟国がとる行動】 A〜E国のすべてが加盟する国連の集団安全保障体制の下において，ある軍事同盟（A，Bが加入）と別の軍事同盟（C，Dが加入）とが併存し，さらにいずれの軍事同盟にも加入していないE国も存在している状況があるとする。ある時，A国とC国との対立が激化し，国連安全保障理事会はA国がC国を軍事的に侵略したと決議した。このとき，国連憲章下の集団安全保障体制の枠組みの中で，それぞれの国連加盟国がとる行動として適当でないものを，次の①〜④のうちから一つ選べ。 （15追）

① 国連安全保障理事会が必要な措置をとるまでの間，C国がA国の武力行使から自国を防衛する。

② 国連安全保障理事会が必要な措置をとるまでの間，D国がC国との同盟に基づいて，C国と共同でA国の武力行使からC国を防衛する。

③ B国がA国との同盟に基づいて，A国の武力行使に参加する。

④ E国がA国への国連による軍事的な強制措置に協力する。

21 【国連憲章違反行為】 次の図は，安全保障をめぐる国際関係を示したものである。A〜F国はすべて国際連合加盟国である。また，A国はB国と，C国はD国と，それぞれ同盟関係にある一方，E国とF国はどの国とも同盟を結んでいない。ここでA国がC国に対して武力攻撃を行い，国連で侵略と認定された場合，国連憲章に違反する対応に当たるものを，下の①〜④のうちから一つ選べ。 （19追）

① C国は，安全保障理事会が必要な措置をとるまでの間，A国に対して武力を行使した。

② D国は，安全保障理事会が必要な措置をとるまでの間，B国に対して武力を行使した。

③ E国は，安全保障理事会決議に基づく非軍事的措置として，A国との外交関係を断絶した。

④ F国は，安全保障理事会決議に基づく軍事的措置として，多国籍軍を編成してA国を攻撃した。

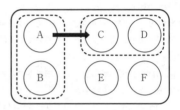

22 【平和をめざした思想】 次の会話文中の空欄 ア には後の人名aかb，空欄 イ には後の語句cかd，空欄 ウ には後の記述eかfのいずれかが当てはまる。空欄 ア 〜 ウ に当てはまるものの組合せとして最も適当なものを，後の①〜⑧のうちから一つ選べ。 （23追）

J：平和をめざした思想には，どのようなものがあるのですか。

Z：たとえば，18世紀に ア が著した『永久平和のために（永遠平和のために）』があります。その本では，平和のために諸国家による連合を設立する必要があると説かれていて，興味深かったです。

J：連合といえば，今は国連がありますよね。もちろん，当時と今とでは国際社会の状況が変わっているので，言葉の意味も異なるのでしょうね。

Z：そうですね。また，今日国連があるからといって，平和の実現に向けた課題が解決したわけではありません。

J：国連加盟国に対する武力攻撃が発生しても，安保理（安全保障理事会）が常任理事国間の利害対立によって機能不全に陥り，十分な役割を果たすことができないということが，先日ニュースでも取り上げられていましたよね。

Z：はい。安保理は イ については九つの理事国の賛成で決定できますが，それ以外の決定にはすべての常任理事国を含む九つの理事国の賛成が必要です。このため，安保理は機能不全に陥ることがあります。そのような場合には，たとえば， ウ 。

ア に当てはまる人名

a グロティウス（グロチウス） b カント

イ に当てはまる語句

c 手続事項 d 実質事項

□ ウ □に当てはまる記述

e 朝鮮戦争をきっかけとして採択された「平和のための結集」決議によれば，緊急特別総会での３分の２以上の加盟国の賛成によって，総会は平和維持のために必要な措置をとるよう勧告することができます

f 国際連合憲章によれば，加盟国は自国への武力攻撃がなくとも個別的自衛権の行使によって，他の加盟国に対する武力攻撃を実力で阻止することができます

① ア−a イ−c ウ−e ② ア−a イ−c ウ−f
③ ア−a イ−d ウ−e ④ ア−a イ−d ウ−f
⑤ ア−b イ−c ウ−e ⑥ ア−b イ−c ウ−f
⑦ ア−b イ−d ウ−e ⑧ ア−b イ−d ウ−f

23【安保理決議のモデル】 α国の紛争は深刻化し，国際連合で安全保障理事会（安保理）会合が開催された。だが決議案はまだ採択されていない。ニュースを聴いた生徒Ｘと生徒Ｙは，当初の決議案とそれに対する安保理理事国の反応や意見を調べ，**資料１，２**のようにまとめた。数日後，**資料３**のような修正決議案が安保理で出された。そこで，ＸとＹは**資料１，２**に**３**を加え，修正決議案に対し各理事国はどう反応し，修正決議案は採択されうるかどうか，考えた。ただし，各理事国は独立して判断するものとする。このとき，三つの資料を踏まえたＸとＹの分析として最も適当なものを，後の①〜④のうちから一つ選べ。 （22追）

常任理事国Ａ，Ｂ
「軍事的措置の実施が望ましいが，いまは決議を速やかに採択することが最重要だ。」

常任理事国Ｃ，Ｄ
「制裁はすべきだが，軍事的措置は逆効果だ。経済的にダメージを与える策で進めるべきだ。」

常任理事国Ｅ
「軍事的措置は紛争当事者を打倒するもので容認できない。武力に頼らないなら賛成に回る。」

非常任理事国Ｇ，Ｈ
「軍事的措置なしの決議は紛争地の人々を見殺しにするようなものだ。経済制裁にとどめるくらいなら反対に回る。」

非常任理事国Ｆ，Ｉ，Ｊ，Ｋ，Ｌ，Ｍ
「掛け声だけに終わる決議に意味はない。少なくとも，経済制裁を含め，実効力のある決議を，早急に採択しなければならない。」

非常任理事国Ｎ，Ｏ
「制裁措置には反対だ。内容に関わらず，制裁を加えたからといって本件の紛争地の状況が改善すると思えない。」

資料１

(1) 紛争当事者に即時停戦と人権侵害の停止を要求する。
(2) 要求に従わない場合には軍事的措置を実施する。

（注） 白のマルで描かれた国は常任理事国，グレーのマルで描かれた国は非常任理事国を表す。

資料２ 各理事国の意見

常任理事国Ａ，Ｂ	常任理事国Ｃ，Ｄ	常任理事国Ｅ
「軍事的措置の実施が望ましいが，いまは決議を速やかに採択することが最重要だ。」	「制裁はすべきだが，軍事的措置は逆効果だ。経済的にダメージを与える策で進めるべきだ。」	「軍事的措置は紛争当事者を打倒するもので容認できない。武力に頼らないなら賛成に回る。」

非常任理事国Ｇ，Ｈ	非常任理事国Ｆ，Ｉ，Ｊ，Ｋ，Ｌ，Ｍ	非常任理事国Ｎ，Ｏ
「軍事的措置なしの決議は紛争地の人々を見殺しにするようなものだ。経済制裁にとどめるくらいなら反対に回る。」	「掛け声だけに終わる決議に意味はない。少なくとも，経済制裁を含め，実効力のある決議を，早急に採択しなければならない。」	「制裁措置には反対だ。内容に関わらず，制裁を加えたからといって本件の紛争地の状況が改善すると思えない。」

資料３ 修正決議案

(1) 紛争当事者に即時停戦と人権侵害の停止を要求する。
(2) 要求に従わない場合には実効力のある経済制裁を実施する。

① 修正決議案によってＥが賛成に回っても，Ａ，Ｂは反対する。修正決議案に対する他の理事国の反応も考えると，修正決議案は採択されないのではないか。

② 修正決議案によってＥやＫ，Ｌ，Ｍが賛成に回っても，Ｎ，Ｏは反対のままである。修正決議案に対する他の理事国の反応も考えると，修正決議案は採択されないのではないか。

③ 修正決議案によって賛成すると思われたＫ，Ｌ，Ｍが仮に保留の立場を維持しても，全常任理事国は賛成する。よって，修正決議案に対する他の理事国の反応も考えると，修正決議案は採択されるのではないか。

④ 修正決議案によってＥやＫ，Ｌ，Ｍが賛成に回っても，Ｇ，Ｈは反対する。だが，修正決議案に対する他の理事国の反応も考えると，修正決議案は採択されるのではないか。

24【武力の行使と国連憲章】 武力の行使と国連憲章との関係に関する記述として最も適当なものを，次の①〜④のうちから一つ選べ。 （06現本）

① 一般的に武力の行使は禁止されているが，戦争に至らない小規模かつ短期間の武力行使は例外として認められている。

② 不当な武力攻撃に対する自衛のための武力行使は認められているが，その際に他国が軍事的に協力する集団的自衛権は禁止されている。

③ 国連の安全保障理事会が停戦を決定した場合は，自衛のためであっても，決定に従って武力行使を停止しなければならない。

④ 国際的な対立を解決するために武力を行使することは禁止されているが，武力により威嚇することは，明文では禁止されていない。

㉖ 国際社会の変遷と動向

共通テスト／センター試験出題頻度	年度	2023	2022	2021	2020	2019	2018	2017	2016	2015	2014	2013	2012
	出題	●	●			●	●	●	●		●		●

STEP ❶【基礎問題演習】

次の各文中の空欄に適語を入れよ。

1 【冷戦構造】

1 第二次世界大戦後，アメリカとソ連をそれぞれ中心とする二つの陣営が避けがたい対立をしていた状況を（①）という。

2 第二次世界大戦後，ソ連の秘密主義外交に対して，イギリスのチャーチルがこれを皮肉って呼んだ言葉は（②）である。

3 トルーマン＝ドクトリンなどで示された外交方針で，ソ連などの共産主義勢力がヨーロッパ全域で拡大することを阻止しようとする政策を（③）という。

4 冷戦の深まるなかで，ソ連が西ドイツから東ドイツ領内にあるベルリンの交通を全面的に遮断・封鎖した，1948 〜 49 年の国際的な事件を（④）という。

5 第二次世界大戦後，朝鮮半島が南北に分割され，（⑤）年に南北の境界である 38 度線で武力衝突がおこった。これを朝鮮戦争という。

6 ソ連のヨーロッパ進出を阻止するために 1949 年に設立された，アメリカを中心とする国際的軍事機構の名称は（⑥）である。

7 ソ連がカリブ海にある国にミサイル基地を建設しようとしたため，アメリカが海上封鎖を行った 1962 年の国際的な事件を（⑦）という。

8 （⑧）とは，米ソが歩み寄って国際緊張をセーブして，友好的関係をつくり出すことで，緊張緩和と訳される。

9 二極構造に対比される，自由主義陣営内におけるフランスの NATO 軍からの脱退，社会主義陣営内の中ソ対立，また第三世界の台頭にみられる国際政治上の現象を（⑨）という。

10 中国とソ連の間において，1960 年ごろから国境問題のもつれから武力対立を起こしたり，外交政策のあり方で対立を生じたりしたことを（⑩）という。

11 東欧の自立化の動きに対してソ連などが軍事介入した，1956 年の（⑪）や 1968 年の（⑫）がある。

12 1979 年にソ連が（⑬）に侵攻し，米ソ対立が再燃し，新冷戦と言われた。

2 【冷戦終結後】

1 1985 年，ソ連の（①）政権の登場は，冷戦構造を根底から揺さぶった。

2 ゴルバチョフは，ペレストロイカ（改革）と（②）（公開）を推進した。

3 1989 年 12 月の（③）は，ブッシュ米大統領とゴルバチョフソ連共産党書記長との間で行われ，冷戦の終結と米ソ新時代の開幕を宣言した。

4 1990 年，前年の（④）の開放に続き，東西ドイツの統一が実現した。

5 1991 年 1 月，前年 8 月にクウェートへ侵攻して国家統合を宣言したイラクに対し，そこからの撤収を要求した多国籍軍が開戦し，その圧倒的勝利のうちに 2 月末に停戦に至った戦争を（⑤）という。

6 1990 年，東西ヨーロッパ各国は，大西洋からウラル山脈までの地域を対象とする画期的な軍縮条約である（⑥）を締結した。

7 1995 年，CSCE（全ヨーロッパ安全保障協力会議）から発展し，冷戦終結後のヨーロッパの新しい安保秩序の中核的存在として（⑦）が成立した。57 か国が参加し，ヨーロッパ全体をカバーする唯一かつ常設の国際機構である。

正解

①冷戦（冷たい戦争）

②鉄のカーテン

③封じ込め政策

④ベルリン封鎖

⑤ 1950

⑥北大西洋条約機構（NATO）

⑦キューバ危機

⑧デタント

⑨多極化

⑩中ソ対立

⑪ハンガリー事件

⑫チェコ事件

⑬アフガニスタン

①ゴルバチョフ

②グラスノスチ

③マルタ会談

④ベルリンの壁

⑤湾岸戦争

⑥ヨーロッパ通常戦力（CFE）条約

⑦ヨーロッパ安全保障協力機構（OSCE）

⑧　1991年8月のソ連のクーデターは，ソ連（⑧）の解散と社会主義の放棄をもたらし，同年末にはソ連邦自体が解体していくことになった。

⑨　EC は，1993年の（⑨）発効で EU となり，政治統合へ向けて踏み出した。

⑩　2001年9月11日，アメリカで（⑩）が起こった。乗っ取られた飛行機が世界貿易センタービル等に衝突，多くの犠牲者を出した。9・11事件ともいう。

⑪　オサマ＝ビンラディンが率いる（⑪）を支援したとされる，アフガニスタンのタリバン政権への報復攻撃に始まる戦争をアフガニスタン戦争という。

⑫　（⑫）とは，ある政治目的実現のため，暗殺・暴行などの手段により恐怖状態をつくり出すことをいう。

⑬　2001年9月の同時多発テロをきっかけに，アメリカはテロとの戦いを宣言し，（⑬）政権の打倒をかかげて，2003年にイラク戦争に踏み切った。

⑭　ブッシュ（子）政権のもとアメリカでみられた，国際協調を無視し，国益を重視するような対外的行動を総称してユニラテラリズム＝（⑭）という。

⑮　冷戦終結後に北大西洋条約機構（NATO）の東方拡大が進み，1999年にはチェコ，ハンガリーやポーランド，2004年にはバルト3国を含む7カ国が加わり，2023年4月には（⑮）が新たに加盟した。

⑯　中国はアジアとヨーロッパを結ぶ一帯一路構想を2013年に発表し，域内の社会資本整備のために投資を行う（⑯）を設立し，投資を活発化させている。

⑧共産党

⑨マーストリヒト条約

⑩同時多発テロ

⑪アルカイーダ

⑫テロ（テロリズム）

⑬サダム＝フセイン

⑭単独行動主義

⑮フィンランド

⑯アジアインフラ投資銀行（AIIB）

3【第三世界】

①　冷戦中，米ソの二大陣営に属さず，積極中立を主張する，主にアジア・アフリカ諸国は（①）といわれた。

②　1960年は，アフリカの17か国が次々と独立し，（②）といわれた。

③　1954年，中国の周恩来とインドのネルーとの間で確認された原則を（③）という。

④　1955年に歴史上初めてアジア・アフリカの諸国がインドネシアで開いた国際会議を（④）という。A・A会議（バンドン会議）とも呼ばれる。

⑤　発展途上国の要求で，1964年に（⑤）（UNCTAD）が開かれた。

⑥　1991年，朝鮮半島では韓国・北朝鮮両国の（⑥）が実現した。

⑦　南アフリカでは，国際世論の批判を浴び続けた（⑦）を撤廃するなどの進展がみられた。

⑧　1993年，イスラエルと（⑧）との間にパレスティナ暫定自治協定が結ばれ（オスロ合意），パレスティナ人の先行自治が始まった。

⑨　ミャンマー（ビルマ）の（⑨）は，1990年の総選挙で圧勝したが，軍事政権により政権移譲を拒否され，弾圧を受けながらも民主化運動を推進した。

⑩　北朝鮮の核問題などをめぐり，2003年から米・中・露・日・南北朝鮮間で断続的に開かれてきた協議を（⑩）という。

⑪　西洋のような近代化政策や生活様式を否定し，クルアーン（コーラン）にあるイスラーム法の厳格な実践を通して，イスラーム社会を正そうとする復興運動を（⑪）という。

⑫　1961年，ユーゴスラビアのベオグラードで初めて開かれた，非同盟主義を外交方針とする諸国の会議を（⑫）という。

⑬　2011年，チュニジアからエジプトなどに広がった変革を（⑬）という。

①第三世界

②アフリカの年

③平和五原則

④アジア・アフリカ会議

⑤国連貿易開発会議

⑥国連同時加盟

⑦アパルトヘイト（人種隔離政策）

⑧PLO（パレスティナ解放機構）

⑨アウン＝サン＝スー＝チー

⑩6か国協議（6者会合）

⑪イスラーム原理主義

⑫非同盟諸国首脳会議

⑬アラブの春

▍STEP ❷【正誤問題演習】▍

次の各文の正誤を判別し，誤りについては正しく訂正しなさい。

1【冷戦構造】

①　アメリカはトルーマン・ドクトリンによって西欧諸国への経済援助を約束した。

②　第二次世界大戦後のアメリカによる西側諸国への経済援助に対抗して，ソ連は経済相互援助会議（コメコン）を設立した。　　　　　　　　　　　　　　（00 本）

③　ソ連は，西側によるドイツ占領地域の改革に対抗して，ベルリン封鎖を行った。

④　西側諸国の北大西洋条約機構（NATO）に対抗するために，東側諸国はワルシャワ条約機

▊1 正解とヒント▊

①×　経済援助はマーシャル－プラン。

②○　コメコンは1991年解体。

③○　1948年のこと。翌

構（WTO）を結成した。

⑤　東側諸国は，ソ連の提唱を受けて，市場経済化を進めるために，経済相互援助会議（COMECON）を結成した。

⑥　1955年に開催されたジュネーブ4巨頭会談を契機として，米ソの対立を基調としつつも，「平和共存」を求める動きが生じてきた。

⑦　1962年のキューバ危機により，米ソ間の軍縮交渉は決裂し，新冷戦の時期に入った。

⑧　チェコスロバキアの自由化（プラハの春）を阻止するために，ソ連や東欧諸国が軍事介入した。

⑨　1975年，ソ連は全欧安保協力会議（CSCE）に参加し，「ヘルシンキ宣言」に署名した。

⑩　1972年にアメリカのニクソン大統領が中国との国交樹立を実現した結果，中国とソ連との関係が悪化し，中ソ国境紛争に発展した。　　　　　　　　　　　　　　　　（04本）

⑪　1950年代半ばに「雪解け」と呼ばれる東西間の緊張緩和の動きが見られたが，同年代末からベルリンをめぐる対立などが激化し，緊張緩和は停滞した。　　　　　　　　　　（04本）

2 【冷戦終結後】

①　ソ連のエリツィン大統領が推進したペレストロイカの影響を受けて，東欧諸国では一党独裁的な政治体制が崩壊した。　　　　　　　　　　　　　　　　　　　　　　　　（03現追）

②　独立国家共同体創設の中心となったのは，連邦解体を求めてクーデターを起こしたソ連の保守派であった。　　　　　　　　　　　　　　　　　　　　　　　　　　　（現社・改）

③　ソ連が保有していた核兵器は国連の管理にゆだねられることになった。

④　東欧諸国は，政治体制についてはこれまでどおり社会主義としながらも，経済に市場原理を導入する社会主義市場経済体制を目指してきた。　　　　　　　　　　　　　　（03現追）

⑤　「冷戦の終結」にともない，第二次世界大戦後に生まれた分裂国家の東西ドイツは，統一を果たした。　　　　　　　　　　　　　　　　　　　　　　　　　　　　　（現社・改）

⑥　「冷戦の終結」にともない，第二次世界大戦後に生まれた分裂国家の南北朝鮮は，国連への同時加盟を実現した。　　　　　　　　　　　　　　　　　　　　　　　　（現社・改）

⑦　「冷戦の終結」は，まず冷戦の一つの主要舞台であった東アジアで，ついでヨーロッパで実現した。　　　　　　　　　　　　　　　　　　　　　　　　　　　　　　（現社・改）

⑧　イラン・イラク戦争をきっかけに中東諸国が設立したアラブ石油輸出国機構（OAPEC）は，湾岸戦争の終結に中心的な役割を果たした。

⑨　「冷戦の終結」後には，国連安全保障理事会の決議により，多国籍軍の軍事行動が容認された。　　　　　　　　　　　　　　　　　　　　　　　　　　　　　　　　（06本）

⑩　1980年代のヨーロッパで起こった民主化のうち，チェコスロバキアで，「プラハの春」と呼ばれる運動が起こり，共産党政権が崩壊した。　　　　　　　　　　　　　　（06本）

⑪　「冷戦の終結」後には，イスラエルが国連に加盟した。　　　　　　　　　　　（08追）

⑫　ARF（ASEAN地域フォーラム）は，アジア太平洋地域の安全保障に関して多国間で協議を行う機関である。　　　　　　　　　　　　　　　　　　　　　　　　　　　（12本）

⑬　アメリカはイラクのクウェート侵攻によって生じた湾岸危機に対して軍事行動をとらなかった。　　　　　　　　　　　　　　　　　　　　　　　　　　　　　　　　（12本）

⑭　オバマ大統領は，プラハで核廃絶をめざす演説を行った。　　　　　　　　　（12本）

⑮　セルビアの自治州だったコソボで独立をめぐる対立が激化すると，紛争解決のためにNATO（北大西洋条約機構）は軍事介入を行い，停戦を実現させた。　　　　　　（04本）

⑯　2001年に発生した「同時多発テロ」を受けて，アメリカは「テロとの戦い」を唱えて，アフガニスタンにおいて武力を行使した。　　　　　　　　　　　　　　　　　（19現追）

⑰　イラクによるクウェート侵攻を契機とした1991年の湾岸戦争において，国連は武力行使の根拠として，「平和のための結集」決議を採択した。　　　　　　　　　　　　（19現追）

⑱　旧ユーゴスラビア領内では，チェチェン共和国において独立運動が起こり，武力対立が激化したことがある。　　　　　　　　　　　　　　　　　　　　　　　　　（14現本）

49年，ドイツは東西に分断された。なお，1961年のベルリンの壁建設と混同しないこと。

④　○　NATOは1949年，WTOは1955年である。

⑤　×　市場経済化が誤り。

⑥　○

⑦　×　キューバ危機（1962年）回避により，ホットラインの開設や話し合い外交の進展が加速した。

⑧　○　1968年のチェコ事件。1956年のハンガリー事件に続く介入。

⑨　○

⑩　×　中ソ国境紛争（ダマンスキー島事件）は1969年のこと。

⑪　○

2 正解とヒント

①　×　ペレストロイカを推進したのはゴルバチョフ。

②　×　保守派の1991年のクーデターは失敗，独立国家共同体（CIS）には関わっていない。

③　×　ロシアが管理。

④　×　東欧諸国ではなく中国のこと。東欧諸国は社会主義体制を放棄して民主化をすすめた。

⑤　○　1990年に統一。

⑥　○　1991年に同時加盟。

⑦　×　1989年のマルタ会談で，ブッシュ・ゴルバチョフの米ソ首脳の合意から。

⑧　×　イラン・イラク戦争ではなく，第三次中東戦争を契機に1968年設立。現加盟国は10か国

⑨　○

⑩　×　「プラハの春」は1968年

⑪　×　1949年に加盟

⑫　○

⑬　×　多国籍軍の中心として武力攻撃をした。

⑭　○　2009年4月プラハ

⑮　○

⑯　○

⑰　×　安保理決議による

⑱　×　ロシアからの独立を求める運動，紛争

共通テスト・センター試験過去問　次の各設問に答えよ。

1【冷戦①】 東西冷戦に関連する記述として誤っているものを，次の①〜④のうちから一つ選べ。 (04 追)

① 1945年にドイツが降伏した後，ソ連軍が進出していた東欧諸国は，ソ連の勢力圏におかれることになった。

② チャーチルの「鉄のカーテン」演説に対して，スターリンがそれを非難する見解を発表して，大国間の対立が深まっていった。

③ アメリカでは，トルーマン・ドクトリンが発表され，マーシャル国務長官が，ヨーロッパの復興と経済自立の援助計画を打ち出した。

④ 1948年にベルリンをめぐる対立が生じ，翌49年には，冷戦の象徴となるベルリンの壁が構築され，東西ドイツが分裂する事態に至った。

2【冷戦②】 東西両陣営の対立する冷戦期における国際社会の動きについての記述として誤っているものを，次の①〜④のうちから一つ選べ。 (09 本)

① アジア，アフリカ，中南米の一部の国は，非同盟・中立を掲げて，外交を展開した。

② ソ連を中心とする社会主義諸国は，ワルシャワ条約機構を設立して，NATO（北大西洋条約機構）に対抗した。

③ 国連は，マーシャル・プランに基づき，米ソ間の緊張緩和をめざす努力を続けた。

④ アメリカとソ連は，戦略兵器開発競争に歯止めをかけるために，戦略兵器制限交渉（SALT）を進めた。

3【米ソ対立】 第二次世界大戦後の米ソ関係についての記述として正しいものを，次の①〜④のうちから一つ選べ。 (03 追)

① 1945年のポツダム会談以後，アメリカのニクソン大統領がソ連を訪問するまで，東西間で首脳会談は開かれなかった。

② 1960年代に，ベルリンの壁が構築されたことを発端として，東西ベルリンにおいて米ソ両軍による直接的な軍事衝突が発生した。

③ 1970年代初頭にソ連の支援を受けて南北ベトナムが統一されると，ソ連と対立するアメリカはベトナムでの軍事行動を本格化させていった。

④ アメリカは，ソ連の核戦力に対抗して，1980年代前半に，レーガン大統領の下でSDI（戦略防衛構想）を打ち出した。

4【朝鮮戦争とベトナム戦争】 朝鮮戦争やベトナム戦争に関連する記述として誤っているものを，次の①〜④のうちから一つ選べ。 (01 追)

① 朝鮮戦争の勃発は，トルーマン・ドクトリンが宣言される契機となった。

② ベトナムへのアメリカの軍事介入は，1965年になってから本格化した。

③ 朝鮮戦争をきっかけとして，日本では，警察予備隊が創設され，軍事物資などに対する特需が発生した。

④ ベトナム戦争の長期化に伴い，アメリカでは，大幅な財政赤字や，経常収支の悪化などが問題となった。

5【紛争の未然防止】 冷戦時代および冷戦後における紛争を未然に防ぐための試みとして適当でないものを，次の①〜④のうちから一つ選べ。 (06 本)

① ARF（ASEAN 地域フォーラム）

② CFE（欧州通常戦力）条約

③ CSCE（全欧安全保障協力会議）

④ SDI（戦略防衛構想）

6【デタント（緊張緩和）】 デタント（緊張緩和）に関連する記述として誤っているものを，次の①〜④のうちから一つ選べ。 (01 追)

① 1955年のジュネーブ四巨頭会談を契機に，東西間の緊張が緩和に向かったといわれた。

② 1962年のベルリン封鎖の後，偶発戦争防止のため米ソ間にホットラインが設置された。

③ 1960年代には，米ソ間の緊張が緩和に向かう一方で，フランスのNATO（北大西洋条約機構）軍事機構からの脱退や，中ソ国境での紛争があった。

④ 1975年のCSCE（全欧安全保障協力会議）では，ヨーロッパにおける安全保障や，緊張緩和に関する問題が討議された。

7【民主化】 1980年代のヨーロッパで起こった民主化についての記述として誤っているものを，次の①〜④のうちから一つ選べ。 (06 本)

① チェコスロバキアで，「プラハの春」と呼ばれる運動が起こり，共産党政権が崩壊した。

② ポーランドで，自主管理労組「連帯」が自由選挙で勝利したことで，非共産勢力主導の政権が成立した。

③ ソ連で，ゴルバチョフ共産党書記長が，ペレストロイカやグラスノスチを提唱し，国内改革を推進した。

④ 東ドイツで，反政府デモが各地で起こり，社会主義統一党の書記長が退陣して，改革派が政権を引き継いだ。

8【非同盟諸国】 第1回非同盟諸国首脳会議に関連する記述として正しいものを，次の①〜④のうちから一つ選べ。 (02 本・改)

① インドのネルー（ネール）首相の尽力によって，開発援助委員会（DAC）が設置された。

② 当時のユーゴスラビアの首都であったベオグラードで開催された。

③ この会議での議論をきっかけとして，コメコン（経済相互援助会議）が発足した。

④ キューバ危機における米ソの行動を非難する決議が採択された。

9【第二次世界大戦後の条約】 第二次世界大戦後に採択された国際的な取決めについての記述として誤っているものを，次の①〜④のうちから一つ選べ。 (08 追)

① 核兵器を保有する国の数を制限して，核戦争の危険を抑えるために，核拡散防止条約（NPT）が締結された。

② 冷戦終結後の武力を伴う民族紛争での残虐行為を抑止して，国際人権保障を推進するために，国際人権規約が採択された。

③ 国連海洋法条約では，沿岸沖の天然資源をめぐり，沿岸国の権利を認めて資源の最適利用を推進するため，排他的経済水域制度が設定された。

④ 生物多様性条約では，生物の多様性の保全と持続可能な利用，遺伝資源をめぐる利益の公平配分を実現するため，国際的

な法的枠組みが設定された。

10 【冷戦終結前後①】 1980年代後半の冷戦終結前後の出来事についての記述として正しいものを、次の①〜④のうちから一つ選べ。 (01 追)

① 1985年にソ連の指導者となったフルシチョフは、ペレストロイカと呼ばれる国内改革に着手し、外交面では緊張緩和政策を推進した。

② 1989年には、ヨーロッパでの東西分断の象徴であった「ベルリンの壁」が崩壊し、翌年には東西ドイツが統一された。

③ 1991年の湾岸戦争では、国連安全保障理事会の5常任理事国が国連憲章に定められた多国籍軍を指揮した。

④ 1991年には、ワルシャワ条約機構が解体し、ソ連と東欧諸国は新たに独立国家共同体を組織した。

11 【冷戦後の世界】 冷戦後の世界に噴出しているさまざまな問題についての記述として誤っているものを、次の①〜④のうちから一つ選べ。 (03 追)

① 世界各国の経済・社会においてインターネットが果たす役割が重要になるにつれ、サイバー・テロの脅威が大きくなっている。

② 冷戦時代のイデオロギー対立に代わって、文明間での衝突がより深刻な問題になるという考え方が出てきた。

③ アフリカでは、アメリカやロシアが軍事的に勢力拡大をめざして争っているため、国家崩壊の問題が生じている。

④ 一国の枠を超えて拡がる環境問題の解決を困難にしている原因の一つは、自国の利益や都合を優先している国が多いことである。

12 【冷戦終結前後②】 冷戦終結に関連する出来事についての記述として誤っているものを、次の①〜④のうちから一つ選べ。 (19 本)

① ベルリンの壁が崩壊し、東西ドイツの統一が実現した。

② マルタで米ソ首脳会談が行われ、冷戦の終結が謳われた。

③ ハンガリー動乱が起こり、それから半年の間に東欧諸国の社会主義体制が相次いで崩壊した。

④ ソビエト連邦を構成していた大部分の共和国が独立国家共同体（CIS）を結成した。

13 【国際紛争への対応】 冷戦後の国際紛争への対応の例として最も適当なものを、次の①〜④のうちから一つ選べ。 (06 本)

① 国連総会の決議により、常設の国連軍が設置された。

② 国連安全保障理事会の決議により、多国籍軍の軍事行動が容認された。

③ EU（欧州連合）により、加盟国の領域内での軍事行動が行われた。

④ ASEAN（東南アジア諸国連合）により、平和維持活動が行われた。

14 【地域紛争①】 冷戦後の地域紛争についての記述として最も適当なものを、次の①〜④のうちから一つ選べ。 (00 本)

① 共産主義政権に力で抑えつけられていたバルカンや中央アジアでは、冷戦の終結がもたらした自由な雰囲気の中で、地域紛争が沈静化していった。

② 米ソ冷戦の代理戦争としての性格を宿していた北アイルランド問題のような地域紛争は、冷戦の終結後かえって激しさを増した。

③ パレスチナ問題の解決のための交渉は、域外の諸大国が関与を停止したため、前進した。

④ カシミール問題では、紛争当事国がともに核戦力を誇示したため、緊張が高まった。

15 【地域紛争②】 次の表は「地域紛争名」と直接に軍力を行使した主要な「紛争当事国名」の組合せを示したものである。両者の組合せとして誤っているものを、次の①〜④のうちから一つ選べ。 (04 本)

	地域紛争名	紛争当事国名
①	アフガニスタン侵攻（1979年）	アフガニスタン、イラン、中国
②	カシミール問題（1947年）	インド、パキスタン
③	湾岸戦争（1991年）	アメリカ、イギリス、イラク、クウェート、サウジアラビア
④	スエズ動乱（1956年）	イギリス、イスラエル、エジプト、フランス

(注) それぞれの地域紛争名の後の西暦年は紛争の開始年である。

16 【地域紛争③】 次の図は世界で起きたいくつかの紛争や戦争の場所を示したものである。図中の場所A〜Cと説明ア〜ウとの組合せとして正しいものを、下の①〜⑥のうちから一つ選べ。 (10 本)

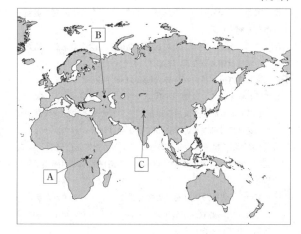

ア 領土帰属を争う隣国同士が戦争や核開発競争を行い、テロ事件も引き起こされた。

イ 連邦国家内で、独立を求める共和国に対して連邦政府が軍を投入した。

ウ ベルギーからの独立後、多数派と少数派の間で内戦が起こり、大規模な虐殺が行われ多くの難民が発生した。

① A－ア B－イ C－ウ
② A－ア B－ウ C－イ
③ A－イ B－ア C－ウ
④ A－イ B－ウ C－ア
⑤ A－ウ B－ア C－イ
⑥ A－ウ B－イ C－ア

17 【地域協力機構】 世界に存在するさまざまな地域協力の機構や枠組みに関する記述として誤っているものを、次の①〜④のうちから一つ選べ。 (18 追)

① OSCE（欧州安全保障協力機構）は、CSCE（全欧安全保障協力会議）を発展的に改組してつくられた機構であり、地域の信頼醸成の役割を担っている。

② OAS（米州機構）は、南北アメリカ諸国によって構成され

る，地域の協力のための機構である。

③ ARF（ASEAN 地域フォーラム）は，ASEAN（東南アジア諸国連合）の加盟国で構成される，地域の経済協力を目的とした枠組みである。

④ AU（アフリカ連合）は，アフリカの国や地域によって構成される，域内の協力のための機構である。

18 【同時多発テロ以降】 アメリカで発生した同時多発テロ事件以降の動向をめぐる記述として正しいものを，次の①〜④のうちから一つ選べ。 (17 追)

① アフガニスタンを攻撃し，その後タリバン政権が崩壊して暫定政府が樹立された。

② 宇宙空間を利用した防衛システムの構築を目的として，戦略防衛構想（SDI）を打ち出した。

③ ヨーロッパ諸国の経済復興を援助するためにマーシャル・プランを実施した。

④ 弾道弾を迎撃するミサイルの配備を制限する弾道弾迎撃ミサイル（ABM）制限条約を締結した。

19 【アメリカの対外政策】 第二次世界大戦以降のアメリカの対外政策についての記述として正しいものを，次の①〜④のうちから一つ選べ。 (12 本)

① トルーマン大統領は，「鉄のカーテン」演説を行った。

② 地下以外での核実験を禁止する部分的核実験禁止（停止）条約に調印しなかった。

③ イラクのクウェート侵攻によって生じた湾岸危機に対して軍事行動をとらなかった。

④ オバマ大統領は，プラハで核廃絶をめざす演説を行った。

20 【戦後の国際政治】 第二次世界大戦後の国際政治に関連した記述として誤っているものを，次の①〜④のうちから一つ選べ。 (10 本)

① アメリカはトルーマン・ドクトリンなど，東側陣営を封じ込めるための政策を実施し，共産主義勢力の拡大を阻止することに努めた。

② 日本は戦争の放棄を国家理念として掲げたが，国際政治の変化の中で日米安全保障条約により警察予備隊を創設した。

③ アメリカとの緊張関係にある中で，ソ連のフルシチョフが平和共存路線を掲げた。

④ 相次いで独立を果たした旧植民地諸国はバンドン会議で「平和10原則」を発表し，内政不干渉，国際紛争の平和的解決などを主張した。

21 【冷戦終結後】 冷戦終結後の出来事ではないものを，次の①〜④のうちから一つ選べ。 (18 試)

① イラクによる大量破壊兵器の保有を理由に，アメリカとイギリスが軍事介入を行った。

② ソマリアでは，部族間の争いから内戦が続き，多国籍軍が軍事介入を行った。

③ キューバにおけるミサイル基地の建設を理由に，アメリカが海上封鎖を行った。

④ ユーゴスラビアでは，連邦維持派と分離派との間で紛争が激化し，北大西洋条約機構（NATO）が空爆を行った。

APPROACH （正解率 57.9%）

冷戦終結後の国際紛争の特徴を，冷戦時のそれと比較し，考察する。

22 【NATO の変容】 国際的な安全保障協力の役割を担っている組織の一つである NATO（北大西洋条約機構）の冷戦後の変容に関する記述として誤っているものを，次の①〜④のうちから一つ選べ。 (19 本)

① フランスが，NATO の軍事機構に復帰した。

② 域内防衛だけでなく，域外でも NATO の作戦が実施されるようになった。

③ 旧社会主義国である中東欧諸国の一部が，NATO に加盟した。

④ オーストラリアなどの太平洋諸国が，新たに NATO に加盟した。

23 【政治と経済の動き】 次の A ～ D には（ア）～（エ）にある国際経済の出来事を年代順に並べたものが， i ～ iii には（カ）～（ケ）のうちから三つの国際政治の出来事を年代順に並べたものが入る。 C と ii に入る出来事の組合せとして最も適当なものを，後の①〜⑧のうちから一つ選べ。 (18 現試)

A ～ D に入る出来事

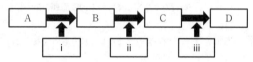

（ア） 世界貿易機関が発足した。

（イ） アジア通貨危機が生じた。

（ウ） プラザ合意が成立した。

（エ） キングストン合意が成立した。

i ～ iii に入る出来事

（カ） 国際連合の総会で包括的核実験禁止条約が採択された。

（キ） マルタ会談が開催された。

（ク） ソビエト連邦のアフガニスタンへの軍事介入が起こった。

（ケ） アメリカ合衆国とキューバの国交が回復した。

	（C）と（ii）			（C）と（ii）			（C）と（ii）	
①	（ア）	（カ）	②	（ア）	（キ）	③	（イ）	（ク）
④	（イ）	（ケ）	⑤	（ウ）	（カ）	⑥	（ウ）	（キ）
⑦	（エ）	（ク）	⑧	（エ）	（ケ）			

24 【国際安全保障】 近年の国際安全保障に関する次の文章中の空欄 ア ・ イ に当てはまる語句の組合せとして正しいものを，下の①〜④のうちから一つ選べ。 (20 追)

近年の国際安全保障においては，国家間の緊張と，非国家主体による脅威の双方が混在している。国家間の緊張については，2014 年にロシアが ア を編入したことにより，欧米諸国とロシアとの間の緊張が高まった。一方，非国家主体による脅威についても，欧州などでテロが頻発し，国際テロリズムによる脅威が

再び高まっている。たとえば，イラクや　イ　における内戦で台
頭したイスラム過激派勢力の一部が，2015年のパリでのテロを
起こした。

① ア　クリミア半島　　イ　シリア
② ア　クリミア半島　　イ　ルワンダ
③ ア　バルト三国　　　イ　シリア
④ ア　バルト三国　　　イ　ルワンダ

25 【独立問題】　冷戦終結をきっかけに大規模な武力衝突に発展
した独立問題として最も適当なものを，次の①〜④のうちから一
つ選べ。　　　　　　　　　　　　　　　　　　　　　　（14追）

① 北アイルランド独立運動　　② チェチェン紛争
③ バスク独立運動　　　　　　④ キプロス紛争

26 【地域紛争】　地域紛争に関する記述として適当でないものを，
次の①〜④のうちから一つ選べ。　　　　　　　　　（12現追）

① 同時多発テロの後，アメリカなどの国は，武力攻撃により イ
　ラクのタリバン政権を崩壊させたが，その後もタリバン勢力と
　の紛争は継続している。
② ルワンダでは，部族間の対立により内戦が生じ，治安回復の
　ために国連の平和維持部隊が同国内に展開された。
③ 旧ユーゴスラビアの一共和国であったボスニア・ヘルツェゴ
　ビナは独立を目指して戦ったが，その過程で大量虐殺などの人
　道問題が発生した。
④ 不安定な情勢が続いているソマリアでは，近年，その周辺海
　域において海賊行為が多発しており，国際海運の障害になって
　いる。

27 【内戦】　内戦についての記述として最も適当なものを，次の
①〜④のうちから一つ選べ。　　　　　　　　　　　　（19本）

① ボスニア・ヘルツェゴビナが，内戦によって七つの国に分裂
　した。
② スーダンで内戦が激化し，同国南部が分離独立を果たした。
③ ルワンダでは内戦が勃発し，現在も無政府状態が続いてい
　る。
④ 東ティモールが，マレーシアからの分離独立を果たした。

28 【紛争の解決】　次の文章中の空欄　ア　・　イ　に当てはま
る語句の組合せとして最も適当なものを，下の①〜④のうちから
一つ選べ。　　　　　　　　　　　　　　　　　　　　（18追）

　　冷戦後，地域紛争や民族紛争が国際安全保障の大きな課題とし
　て浮上した。その中で，大規模な人権侵害を防止するため，内政
　不干渉の原則の例外として軍事力を用いて対処する事例もみられ
　る。そのような対処を　ア　というが，その是非や効果について
　は議論がある。
　　また，地域紛争や国際的なテロリズムなどの新たな課題に対処
　するには，軍事力による伝統的な安全保障のアプローチだけでな
　く，新しいアプローチが重要になる局面も多い。たとえば，敵対
　勢力間の和解，紛争地の経済復興や法制度の整備，戦闘員の社会
　復帰などを支援する　イ　がこれに含まれる。

① ア　人道的介入　　イ　平和構築
② ア　人道的介入　　イ　新思考外交
③ ア　封じ込め政策　イ　平和構築
④ ア　封じ込め政策　イ　新思考外交

29 【冷戦期の国際関係】　次のA〜Dは，冷戦期の国際関係に
かかわる出来事についての記述である。これらの出来事を古いも
のから順に並べたとき，3番目にくるものとして正しいものを，
下の①〜④のうちから一つ選べ。　　　　　　　　　（20追）

A　ソ連がアフガニスタンに侵攻した。
B　キューバ危機が起こった。
C　米英仏ソの首脳によるジュネーブ四巨頭会談が開かれた。
D　CSCE（全欧安全保障協力会議）が発足した。

① A　　② B　　③ C　　④ D

30 【国際情勢と政治課題】　次の図は，日本の政治が取り組ま
なければならない一番重要な事柄は何か，という質問に対する回
答の結果の一部である。この図から読みとれる内容を説明した記
述として最も適当なものを，後の①〜④のうちから一つ選べ。
24　　　　　　　　　　　　　　　　　　　　　　　　　（22追）

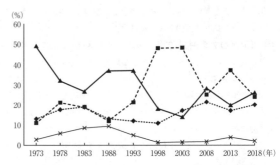

（注）NHK放送文化研究所が5年ごとに実施している「日本人の意識」
　調査においては，日本の政治が取り組まなければならない一番重
　要な事柄を，「〈秩序の維持〉国内の治安や秩序を維持する」，「〈経
　済の発展〉日本の経済を発展させる」，「〈福祉の向上〉国民の福祉
　を向上させる」，「〈権利の擁護〉国民の権利を守る」，「〈文化の向
　上〉学問や文化の向上をはかる」，「〈参加の増大〉国民が政治に参
　加する機会をふやす」，「〈友好の促進〉外国との友好を深める」
　の七つの選択肢から一つのみ選ぶ形式となっており，図中の数値
　は〈秩序の維持〉〈経済の発展〉〈福祉の向上〉〈友好の促進〉を選
　んだ回答の結果である。

（出所）NHK放送文化研究所編『現代日本人の意識構造（第9版）』
　（2019年）により作成。

《出典》『現代日本人の意識構造（第9版）』NHK放送文化研究所編，
　2019年

① ニクソン・ショック後最初に行われた調査では，一番重要な
　事柄を，「経済の発展」と回答した者が「福祉の向上」と回答
　した者よりも多い。
② ルーブル合意後最初に行われた調査では，一番重要な事柄
　を，「福祉の向上」と回答した者が「経済の発展」と回答した
　者よりも多い。
③ ベルリンの壁崩壊後最初に行われた調査では，一番重要な事
　柄を，「友好の促進」と回答した者が「経済の発展」と回答し
　た者よりも多い。
④ アメリカ同時多発テロ事件後最初に行われた調査では，一番
　重要な事柄を，「福祉の向上」と回答した者が「秩序の維持」
　と回答した者よりも多い。

27 国際紛争と軍備管理

共通テスト／ センター試験 出題頻度	年度	2023	2022	2021	2020	2019	2018	2017	2016	2015	2014	2013	2012
	出題	●	●		●	●		●		●		●	●

STEP❶【基礎問題演習】

次の各文中の空欄に適語を入れよ。

1 【軍縮問題】

	正　解
1 1963 年に，核軍縮の一環として米・英・ソで討議され，地下核実験を除いて他の一切の核実験を禁止することを内容とした条約を（①）という。	①部分的核実験禁止条約（PTBT）
2 米ソを中心として，核保有国が他国に対して核兵器などを譲渡してはならないことを内容として，1968 年に締結された条約は（②）である。	②核拡散防止条約（NPT）
3 米ソ間での，1969 年以来の戦略核兵器の開発や保有を制限する交渉で，ICBM や ABM などについての制限がなされてきた話し合いを（③）という。	③戦略兵器制限交渉（SALT）
4 1982 年から始まった米ソによる戦略核兵器を削減するための話し合いを（④）という。	④戦略兵器削減交渉（START）
5 1981 年，中距離核戦力の全廃をめざして米ソ間での話し合いが開始され，1987 年に両国で全廃に合意した条約を（⑤）という。	⑤中距離核戦力（INF）全廃条約
6 国連では，1995 年の NPT 再検討会議において NPT の無期限延長が決定され，翌 1996 年には，（⑥）が採択された（未発効）。	⑥包括的核実験禁止条約（CTBT）
7 （⑦）は，平和利用のための核物質が軍事目的に転用されないように，原子力施設の査察などを行っている。	⑦国際原子力機関（IAEA）
8 ヨーロッパで，全欧安全保障協力会議を中心に，東西間の対立を克服し，軍事情報を公開する措置の合意に努めたが，この措置を（⑧）という。	⑧信頼醸成措置（CBM）
9 （⑨）は，2017 年に国際連合総会で採択された核兵器を包括的に法的禁止とする初めての国際条約である。核保有国とアメリカの核の傘下にある国，日本は不参加。	⑨核兵器禁止条約

2 【民族問題】

1 戦争や政治的・宗教的迫害（経済的理由は入れない）などで国外に逃れざるをえなかった人，亡命者の庇護等に関する問題を（①）という。	①難民問題
2 難民救済のために活動している国連の機関は（②）である。日本の緒方貞子さんが，2000 年末まで高等弁務官を務めた。	②国連難民高等弁務官事務所（UNHCR）
3 1990 〜 95 年，旧ユーゴスラビアの一部である（③）では，セルビア人とクロアティア人・ムスリム人（スラブ系イスラーム教徒）との抗争が深刻化した。	③ボスニア－ヘルツェゴビナ
4 1997 年以来，新ユーゴのセルビア共和国で，アルバニア系住民に対する組織的な民族浄化が行われてきた地域は（④）である。1999 年に NATO による空爆が行われた。2008 年にはセルビアからの独立を宣言した。	④コソボ自治州
5 ロシアとその連邦内の共和国との（⑤）紛争は 1994 年から 2009 年まで続いた。	⑤チェチェン
6 1999 年，（⑥）は住民投票によってインドネシアからの独立が承認された。国連の暫定統治を経て 2002 年に独立し，国連にも加盟した。	⑥東ティモール
7 特定の民族や人種などに対する集団殺害を防止する条約を（⑦）という。	⑦ジェノサイド条約
8 難民は「彼らが迫害の危険に直面する国への送還に対する保護を享受する（送還してはならない）」という原則を（⑧）という。	⑧ノン・ルフールマンの原則
9 1993 年に（⑨）が結ばれ，ヨルダン川西岸地区とガザ地区のパレスチナによる自治が認められた。一方で，イスラエルによる（⑩）の建設やパレスチナの（⑪）によるテロ活動が続いている。	⑨パレスチナ暫定自治協定 ⑩分離壁 ⑪ハマス

次の各文の正誤を判別し，誤りについては正しく訂正しなさい。

1 【軍縮問題】

① 1963年，米英ソは部分的核実験禁止条約（PTBT）に調印し，宇宙空間・大気圏内・水中・地下での核実験を禁止した。

② 1968年，米英ソは核拡散防止条約（NPT）に調印し，核保有国の非核保有国への核兵器引き渡しと非核保有国の核兵器開発を禁止した。

③ 核実験の総数は部分的核実験禁止条約の締結により，大幅に減少した。

④ 米ソ間で中距離核戦力（INF）全廃条約締結の契機となったのは，1989年のマルタ会談における「冷戦終焉宣言」である。

⑤ 包括的核実験禁止条約（CTBT）は，臨界及び未臨界を含む全ての核実験を禁止する条約である。

⑥ 核兵器を開発するために不可欠な核実験は，部分的核実験停止（禁止）条約で規制の対象となり，1990年代には包括的核実験禁止条約が結ばれたので，この条約の締結後，核実験は行われていない。 (02本)

⑦ 地雷廃絶を目指すNGO（非政府組織）等が連携し，対人地雷全面禁止条約案を提示しているが，この条約はアメリカの反対により成立していない。 (03追)

⑧ すべての核保有国が，戦略兵器制限交渉（SALT）に参加した。 (現社・改)

⑨ 核兵器禁止条約が国連で採択され，日本もこの条約に加入している。 (20追)

2 【人種と民族問題】

① 民族の区別は，人類を皮膚や目の色などの身体的特徴によって分類する人種の区別とほぼ重なっているため，歴史的に変化しにくいものである。

② 現代の民族問題の特徴の一つは，冷戦体制の終結に伴い，それまで潜在的であった民族対立が表面化した点にある。 (00本)

③ 冷戦終結後，民族問題の深刻化と同様，南アフリカ共和国のアパルトヘイト（人種隔離）が強化されるなど，人種間の対立も激化している。

④ 現在，民族問題は先進諸国では解消したのに対し，発展途上国ではむしろ激化している。 (00本)

⑤ カシミール問題では，紛争当事国がともに核戦力を誇示したため，緊張が高まった。 (00本)

⑥ 東ティモールが，マレーシアからの分離独立を果たした。 (19本)

⑦ コソボ紛争では，多民族が暮らす連邦の解体過程で建国された共和国の自治州で，内戦が発生し，アルバニア系住民に対する迫害が行われた。 (16本)

⑧ チェチェン紛争では，ロシア南部のカフカス地方で，独立を宣言した少数民族に対し，ロシアが独立を認めず軍事侵攻した。 (16本)

3 【難民問題】

① 難民の保護と救援に当たる国連の活動の中核となったのは，国連児童基金（UNICEF）である。 (現社・改)

② 日本は出入国管理法制を改めて，難民の受入れと国内定住を認めるようになった。 (現社・改)

③ 日本も，難民の地位に関する条約・議定書に加入し，難民を受け入れることにしたが，国内法が未整備のため，まだ国内定住は認められていない。 (01現本)

④ 難民の受入れは各国に課された国際法上の義務であり，各国は国連の決定した割当てに応じて難民を受け入れた。 (現社・改)

⑤ 難民と並んで国内避難民も，国連難民高等弁務官事務所は支援の対象としている。 (18追)

⑥ 難民条約上の難民には，貧困から逃れるために国境を越えてきた人々も含まれる。 (18追)

⑦ 難民条約は，迫害されるおそれのある国に難民を送還してはならないと定めている。 (16本)

1 正解とヒント

① ✕ 地下での核実験は除かれた。

② ○

③ ✕ 地下実験が増加し，実験総数は増加した。

④ ✕ INF全廃条約はそれ以前の1987年に調印。

⑤ ✕ 未臨界（臨界前）核実験は禁止していない。

⑥ ✕ アメリカなどが批准せず，発効のめどが立たない。1998年にインドとパキスタンが核実験を行った。

⑦ ✕ NGOの働きかけで，1997年に締結された。オタワプロセスという。

⑧ ✕ SALTは米ソ2か国の交渉である。

⑨ ✕ 日本は参加していない。

2 正解とヒント

① ✕ 民族に身体的特徴，差異はない。

② ○

③ ✕ 1991年にアパルトヘイトは廃止された。

④ ✕ カナダのケベック州やスペインのバスク地方など，先進国の民族問題も解決していない。

⑤ ○

⑥ ✕ インドネシアから独立。

⑦ ○

⑧ ○

3 正解とヒント

① ✕ 国連難民高等弁務官事務所（UNHCR）。

② ○ ただし，「難民鎖国」といわれるほど，受入れの条件はきびしい。

③ ✕ 難民条約を批准し，国内法の整備も行って受け入れているが，数は僅少。

④ ✕ 国連は各国に割り当ててはいない。

⑤ ○

⑥ ✕ 「経済難民」は含まれない。

⑦ ○ ノン・ルフールマンの原則

共通テスト・センター試験過去問　次の各設問に答えよ。

1 【核軍縮】　核兵器の廃絶と軍縮に向けた取組みの例として誤っているものを，次の①〜④のうちから一つ選べ。　　　（06 本）

① 日本政府は，核兵器について，「持たず，作らず，持ち込ませず」の非核三原則の立場をとっている。

② 日本政府は，ODA（政府開発援助）について，軍事目的への使用の回避を ODA 大綱4原則の一つに掲げている。

③ 国際連合（国連）は，国際の平和と安全のために，核保有国であることを条件に安全保障理事会における拒否権の行使を認めている。

④ IAEA（国際原子力機関）は，加盟国との協定をもとに，原子力施設への現場査察を行っている。

2 【核兵器に関する条約①】　核兵器の実験や保持などを制限または禁止する条約についての記述として誤っているものを，次の①〜④のうちから一つ選べ。　　　（11 本）

① 中距離核戦力（INF）全廃条約は，アメリカとソ連の間で核兵器の削減が合意された初めての条約である。

② 包括的核実験禁止条約（CTBT）は，あらゆる場所での核爆発を伴う核実験の禁止をめざして採択された。

③ 非核地帯を設定する条約は，ラテンアメリカ，南太平洋，東南アジアなどの各地域で採択された。

④ 核拡散防止条約（NPT）は，アメリカ，中国，ロシアの3か国以外の核保有を禁止する条約である。

3 【核兵器】　核兵器についての記述として誤っているものを，次の①〜④のうちから一つ選べ。　　　（18 本）

① 核拡散防止条約（NPT）は，非核兵器国が原子力の平和利用を行うことを禁止していない。

② パキスタンは，一方的に宣言して，自国の核実験を禁止している。

③ 部分的核実験禁止条約（PTBT）は，核兵器国が地下核実験を行うことを禁止していない。

④ 東南アジア諸国は，条約を締結して，締約国の核実験を禁止している。

4 【軍縮や軍備管理】　第二次世界大戦後の軍縮や軍備管理のための条約について，採択あるいは調印された年が最も新しい条約として正しいものを，次の①〜④のうちから一つ選べ。

（15 追）

① クラスター爆弾禁止条約

② 対人地雷全面禁止条約

③ 化学兵器禁止条約

④ NPT（核兵器の不拡散に関する条約）

5 【民族・宗教紛争】　民族・宗教を原因とする対立として最も適当なものを，次の①〜④のうちから一つ選べ。　（06 追）

① カシミール紛争　　　　　　　② 朝鮮戦争

③ フォークランド（マルビナス）紛争　　④ 湾岸戦争

6 【民族紛争と難民】　宗教や民族の対立，戦争や紛争が，難民の発生や大量虐殺につながったこともある。大量虐殺や難民問題が発生した国名 A〜C と，それぞれの国で発生した戦争ないし紛争についての記述ア〜ウの組合せとして正しいものを，下の①〜⑥のうちから一つ選べ。　　　（05 追）

A　アフガニスタン　　B　東ティモール　　C　ルワンダ

ア　1976 年に隣国に軍事併合され，抵抗活動への弾圧が長年続き，多くの犠牲者を出してきたが，住民投票の結果，2002 年に独立を達成した。

イ　1979 年の大国による侵攻から内戦に発展し，難民が流出したが，2001 年の国際的介入によって，人権を抑圧してきた政権が崩壊した。

ウ　1990 年に多数派と少数派との対立が内戦に発展し，1994年に大量虐殺が起こり，その混乱の中で難民が流出した。

① A−ア　B−イ　C−ウ　　　② A−ア　B−ウ　C−イ

③ A−イ　B−ア　C−ウ　　　④ A−イ　B−ウ　C−ア

⑤ A−ウ　B−ア　C−イ　　　⑥ A−ウ　B−イ　C−ア

7 【民族紛争①】　民族紛争の例である次の A〜C と，それらの説明である下のア〜ウとの組合せとして正しいものを，下の①〜⑥のうちから一つ選べ。　　　（16 本）

A　コソボ紛争　　B　パレスチナ問題　　C　チェチェン紛争

ア　多民族が暮らす連邦の解体過程で建国された共和国の自治州で，内戦が発生し，アルバニア系住民に対する迫害が行われた。

イ　ロシア南部のカフカス地方で，独立を宣言した少数民族に対し，ロシアが独立を認めず軍事侵攻した。

ウ　国家建設をめぐる民族間の紛争が発端となり，数次にわたる戦争や，インティファーダという抵抗運動が起こるなど，争いが続いてきた。

① A−ア　B−イ　C−ウ　　　② A−ア　B−ウ　C−イ

③ A−イ　B−ア　C−ウ　　　④ A−イ　B−ウ　C−ア

⑤ A−ウ　B−ア　C−イ　　　⑥ A−ウ　B−イ　C−ア

8 【民族紛争②】　民族紛争に伴って発生する事態や，それに対処するための国際的な枠組みについての記述として最も適当なものを，次の①〜④のうちから一つ選べ。　　　（12 追）

① 冷戦終結後の時期において，国の一部の地域が民族的な抑圧を理由として分離独立を宣言するに至ったことはない。

② 民族紛争における負傷者の救護は国家間の枠組みを通じて行われるため，NGO（非政府組織）が関与することはない。

③ 民族紛争の過程で発生した重大な人道上の犯罪について，それに関与した個人を裁くための国際的な仕組みは存在しない。

④ 紛争地域で行われる国連の PKO（平和維持活動）に要員を提供することは，国連加盟国の義務ではない。

9 【発展途上国による取組み】　発展途上国が関係する国際的な取組みに関する記述として最も適当なものを，次の①〜④のうちから一つ選べ。　　　（14 追）

① 国連は，発展途上国の天然資源に対する恒久主権の確認を目的として，NIEO（新国際経済秩序）宣言を国連資源特別総会で採択した。

② トラテロルコ条約は，アフリカ諸国が加盟する非核地帯条約である。

③ 国連は，発展途上国への開発援助を活性化するために，DAC（開発援助委員会）を創設した。

④ ペリンダバ条約は，東南アジア諸国が加盟する非核地帯条約である。

10 【難民問題①】 難民問題に関連する記述として誤っているものを，次の①～④のうちから一つ選べ。　　　　　(02 本)

① 難民問題に対処するため国連によって設置された機関として，UNHCR（国連難民高等弁務官事務所）がある。

② 「難民の地位に関する条約」で難民と定義される者の中には，生活苦などの経済的理由で母国を離れた人々が含まれる。

③ 「国境なき医師団」などのNGO（非政府組織）が，難民の国際的救援に貢献している。

④ 日本への難民の受入れについては，「出入国管理及び難民認定法」にその規定がある。

11 【難民問題②】 難民条約についての記述として正しいものを，次の①～④のうちから一つ選べ。　　　　　(16 本)

① 経済的理由で国外に逃れた人々は，難民条約で保護の対象となる。

② 国内避難民は，難民条約で保護の対象となる。

③ 難民条約は，冷戦終結後に多発した紛争による難民問題に対応するために締結された。

④ 難民条約は，迫害されるおそれのある国に難民を送還してはならないと定めている。

12 【民族自決】 民族自決権や，民族自決を求める団体についての記述として正しいものを，次の①～④のうちから一つ選べ。
　　　　　(03 本)

① 民族自決権は，アメリカのF・D・ルーズベルト大統領によって初めて主張された。

② 民族自決権は，「経済的，社会的及び文化的権利に関する国際規約（国際人権規約A規約）」では明文で規定されていない。

③ 民族自決を求める団体は，国際会議への参加資格を得たり，国際機構でのオブザーバーの地位を認められたりすることがある。

④ 民族自決を求める団体は，国連の信託統治理事会の管理下で独立を準備することができ，今日では武力による民族紛争にいたる事例はほとんどない。

13 【植民地支配からの独立】 植民地支配から独立した諸国が植民地主義を批判し，「平和10原則」を唱えた会議として正しいものを，次の①～④のうちから一つ選べ。　　(06 追)

① 京都会議　　　　　② サンフランシスコ会議

③ パグウォッシュ会議　　④ バンドン会議

14 【パレスチナ問題①】 次の図中の地区A～Cと，それについての説明ア～ウとの組合せとして正しいものを，下の①～⑥のうちから一つ選べ。　　　　　(14 本)

ア　この地区で展開された，国連（国際連合）のPKO（平和維持活動）に，日本の自衛隊員が派遣されたことがある。

イ　この地区では，イスラエル人の入植者が撤退した後も，イスラエルとの軍事衝突が断続的に起こった。

ウ　この地区では，テロの防止を理由に，イスラエルがパレスチナ人居住区を包囲する分離壁を構築した。

① A－ア　B－イ　C－ウ　　② A－ア　B－ウ　C－イ

③ A－イ　B－ア　C－ウ　　④ A－イ　B－ウ　C－ア

⑤ A－ウ　B－ア　C－イ　　⑥ A－ウ　B－イ　C－ア

15 【パレスチナ問題②】 生徒Xと生徒Yは，中東での紛争と対立について話し合っている。次の会話文中の空欄　ア　～　ウ　に当てはまる語句の組合せとして最も適当なものを，後の①～⑧のうちから一つ選べ。　　　　　(23 本)

X：パレスチナ地方では，ユダヤ人が中心となってイスラエルを建国したのちに第一次中東戦争が始まったよ。その結果として，多くの人々が難民となったんだ。その後も対立が続き，紛争が生じているね。

Y：けれど，和平の動きがみられないわけではないんだ。第四次中東戦争ののち，イスラエルとエジプトとの間で和平条約が締結されているよ。さらに，イスラエルとパレスチナ解放機構との間で　ア　が成立し，パレスチナ人による暫定統治がガザ地区と　イ　において開始されたんだ。

X：でも，　ウ　が　イ　で分離壁の建設を進めるなど，イスラエルとパレスチナの対立は終結していないよね。

① アーオスロ合意　イーゴラン高原　　ウーパレスチナ自治政府

② アーオスロ合意　イーゴラン高原　　ウーイスラエル政府

③ アーオスロ合意　イーヨルダン川西岸　ウーパレスチナ自治政府

④ アーオスロ合意　イーヨルダン川西岸　ウーイスラエル政府

⑤ アープラザ合意　イーゴラン高原　　ウーパレスチナ自治政府

⑥ アープラザ合意　イーゴラン高原　　ウーイスラエル政府

⑦ アープラザ合意　イーヨルダン川西岸　ウーパレスチナ自治政府

⑧ アープラザ合意　イーヨルダン川西岸　ウーイスラエル政府

16 【人間の安全保障】 生徒Xのグループは，開発協力大綱にあたる次の資料を読み，日本の開発協力政策では，ある考え方が推進されていることを学んだ。次の資料中の空欄　ア　に当てはまる考え方として最も適当なものを，下の①～④のうちから一つ選べ。　　　　　(21 第一)

資料

個人の保護と能力強化により，恐怖と欠乏からの自由，そして，一人ひとりが幸福と尊厳を持って生存する権利を追求する　ア　の考え方は，我が国の開発協力の根本にある指導理念である。この観点から，我が国の開発協力においては，人間一人ひとり，特に脆弱な立場に置かれやすい子ども，女性，障害者，高齢者，難民・国内避難民，少数民族・先住民族等に焦点を当て，その保護と能力強化を通じて，　ア　の実現に向けた協力を行うとともに，相手国においてもこうした我が国の理念が理解され，浸透するよう努め，国際社会における主流化を一層促進する。

(出所)　外務省Webページ

① ユニバーサルデザイン　　② シビリアン・コントロール

③ 人間の安全保障　　　　④ 平和五原則

17 【難民問題③】 生徒Xと生徒Yは，主な先進国の難民認定率と難民認定者数を示す次の資料をみつけ，その内容について話し合っている。後の会話文中の空欄　ア　には後の国名aかb，空欄　イ　には後の語句cかd，空欄　ウ　には後の記述eかfのいずれかが当てはまる。当てはまるものの組合せとして最も適当なものを，後の①～⑧のうちから一つ選べ。

資料6　主な先進国の難民認定率（%）と難民認定者数（万人）（2020年）

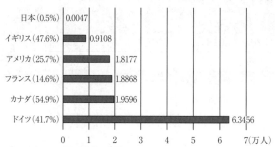

（出所）UNHCR Refugee Data Finder により作成

ICBM（大陸間弾道弾）

クラスター爆弾

対人地雷

① ア　　② イ　　③ ウ　　④ アとイ
⑤ アとウ　⑥ イとウ　⑦ アとイとウ

X：難民の認定者数はドイツが一番多いけど，認定率は ア が一番高いね。

Y： ア は イ の政策をとっていたね。それが関係しているのかもしれないね。

X：日本は難民の認定者数が少なく，認定率も0.5％とかなり低いね。

Y：そういえば，難民条約では，ノン・ルフールマンの原則により，難民認定の申請を受けた国は ウ と定められている，と授業で学習したよね。

X：その原則の申請者への適用の仕方は各国の事情によるんだろうね。この後，日本の難民受入れ政策や申請者への処遇などを調べてみようか。

 ア に当てはまる国名
a　アメリカ　　　　　　b　カナダ
 イ に当てはまる語句
c　ユニラテラリズム　　d　マルチカルチュラリズム
 ウ に当てはまる記述
e　出身国での困窮を理由に入国した申請者を自国から送還してはならない
f　帰国後に迫害される恐れのある申請者を自国から送還してはならない

① ア－a　イ－c　ウ－e　　② ア－b　イ－c　ウ－e
③ ア－a　イ－d　ウ－e　　④ ア－b　イ－d　ウ－e
⑤ ア－a　イ－c　ウ－f　　⑥ ア－b　イ－c　ウ－f
⑦ ア－a　イ－d　ウ－f　　⑧ ア－b　イ－d　ウ－f

18 【NGOの活動】　出張講義では，グローバル化する世界でNGO（非政府組織）が活動している事例が最後に紹介された。これに関連して，次の条約ア～ウのうち，NGOが主導的な役割を果たして採択された多国間条約として正しいものはどれか。当てはまるものをすべて選び，その組合せとして最も適当なものを，後の①～⑦のうちから一つ選べ。　　　　　（22追）
ア　新戦略兵器削減条約（新START条約）
イ　クラスター爆弾禁止条約（オスロ条約）
ウ　対人地雷全面禁止条約（オタワ条約）

19 【内戦】　出張講義があった日の夜，生徒Yは，ある国で紛争が起きているというニュースを知った。そこでYは，世界の紛争や内戦について学習してきた内容を振り返り，次のノートを作って概要をまとめ，特徴を考えることにした。ノート中の空欄 ア に当てはまる記述として正しいものを，後の①～④のうちから一つ選べ。　　　（22追）

現代世界における紛争や内戦

1　ソマリア内戦
・部族間闘争が内戦へ発展した。
・国家が無政府状態に陥り，難民や国内避難民が発生した。
・過去にPKOが試みられたが，撤退した。

2　コソボ紛争
・独立を求める闘争が武力紛争へ発展した。
・民族浄化が発生した。
・NATOが軍事介入を行った。

3　ダルフール紛争
・スーダン西部で発生した。
・政府系民兵による虐殺が起きた。
・国際刑事裁判所は，当時の大統領の逮捕状を出した。

4　シリア内戦
・「アラブの春」を契機に，民主化を求める闘争が激化した。
・多くの難民や国内避難民が発生した。
・各国が諸勢力を支援した。

→4つの事例はいずれも ア と考えられる。

→4つの事例はいずれも ア と考えられる。
① 当事国内で人道危機を伴った
② 当事国内で政府の打倒や崩壊を伴った
③ 国際的な介入や関与の結果，紛争が終結した
④ 当該国や地域の分離独立の結果，紛争が終結した

20 【核兵器に関する条約②】　核兵器に関する条約についての記述として誤っているものを，次の①～④のうちから一つ選べ。
（23本）
① 部分的核実験禁止条約では，大気圏内核実験や地下核実験が禁止された。
② 包括的核実験禁止条約は，核保有国を含む一部の国が批准せず未発効である。
③ 核拡散防止条約によれば，核保有が認められる国は5か国に限定されることとなる。
④ 第一次戦略兵器削減条約では，戦略核弾頭の削減が定められた。

28 国際経済のしくみ

共通テスト/ センター試験 出題頻度	年度	2023	2022	2021	2020	2019	2018	2017	2016	2015	2014	2013	2012
	出題	●	●	●	●	●				●	●	●	●

■STEP❶【基礎問題演習】

次の各文中の空欄に適語を入れよ。

1 【貿易・国際収支】

		正　解

1 自国で生産性の高い商品に，限られた資源（労働力・資金など）を集中して生産することを，（①）という。　　①特化

2 イギリスの経済学者リカードの（②）説は，国際分業による貿易が行われると，世界全体の生産量も増大するとしている。　　②比較生産費

3 （③）貿易とは，ある特定の国だけに有利な貿易条件を与えるのではなく，どの国とも差別なく同じような条件で貿易することである。　　③無差別

4 特定の国とではなく，多国間で貿易に関して一括交渉する場を（④）という。　　④ラウンド

5 ある国に貿易や国際条約上で有利な条件を与えた場合は，同様な条件を他国すべてに自動的に適用する取り決めを（⑤）という。　　⑤最恵国待遇

6 （⑥）とは，自国の領域内で，自国民と同様の待遇や権利を相手国の国民などにも適用することである。　　⑥内国民待遇

7 イギリスの経済学者（⑦）は『諸国民の富』で，国際分業の利益を説いた。　　⑦アダム＝スミス

8 自由貿易に対し，自国の幼稚産業を守るため，貿易制限するのが（⑧）貿易である。　　⑧保護

9 ドイツの経済学者（⑨）は，イギリスに遅れて工業化したドイツでの保護貿易の必要性を主張した。　　⑨リスト

10 工業国と農業国（食料・原材料生産国）との間の分業を（⑩）という。　　⑩垂直的分業

11 工業製品や半製品を輸出入しあう，工業国間の分業を（⑪）という。　　⑪水平的分業

12 自国内での販売価格よりも安く，外国市場で商品を販売することを（⑫）という。それを防止するための反ダンピング法が各国で制定されている。　　⑫ダンピング（不当廉売）

13 一国一定期間内の外国との財・サービス・資本の取引勘定が（⑬）である。　　⑬国際収支

14 国際収支は，経常収支，（⑭）収支，金融収支に分けられる。　　⑭資本移転等

15 国際収支は，経常収支，資本移転等収支を足し，金融収支を引くと，理論的には（⑮）になる。　　⑮±0

16 国際収支上，外国の企業の株式を購入するのは金融収支に計上され，その株式所有により得られる配当は（⑯）収支に計上される。　　⑯第一次所得

17 食料や医薬品などの無償援助や海外からの送金など，対価を伴わない一方的な移転収支を（⑰）収支という。　　⑰第二次所得

18 1973 年には，主要国の通貨は，固定相場制度から（⑱）制度に移行した。　　⑱変動相場

19 FTA は，二国間や地域間の貿易自由化の協定だが，一歩進めて知的財産権や投資のルール等まで含めた包括的協定を（⑲）という。　　⑲EPA（経済連携協定）

20 （⑳）は環太平洋地域の国々による多角的な経済連携協定であり，アメリカは離脱したものの 2018 年 12 月に発効した。　　⑳TPP（環太平洋経済連携協定）

21 2000 年代以降に，経済発展がめざましいブラジル・ロシア・インド・中国・南アフリカ共和国の 5 新興国を総称して（㉑）と呼ぶ。　　㉑BRICS（ブリックス）

22 サービスやシステムの基盤（プラットフォーム）を提供する IT 企業群を（㉒）という。　　㉒プラットフォーマー

次の各文の**正誤**を判別し，誤りについては正しく訂正しなさい。

❶【貿易・国際収支】

① ケネーは比較生産費説に基づいて自由貿易を主張した。 (17 追)

② リストは自国内の幼稚産業を育成するため，保護貿易政策を行う必要があると主張した。 (14 追)

③ リカードもリストもともに学説史的にはアダム・スミスと同じく古典派経済学に分類される。

④ リカードの比較生産費説では，二国間でそれぞれの国が絶対優位にある商品の生産に特化することで生産性が上がる。

⑤ 「比較生産費説」を説いたリカードは，政府が保護も干渉も加えない自由貿易論を唱えた。

⑥ リカードの比較生産費説の中で導入された「1単位」という概念は，同じ1単位ならば製品の「量」が同じと考えればよい。

⑦ 高度経済成長期の前半には，景気が拡大すれば経常収支が赤字となり，景気を引き締めざるをえないという，国際収支の天井問題が生じた。 (16 追)

⑧ 経常収支は，貿易収支，サービス収支，第一次所得収支，第二次所得収支に分類される。

⑨ 工場建設や企業設立，外国企業の買収など，外国における企業の経営支配を目的として行われる対外投資を直接投資という。

⑩ 近年における日本の経常収支黒字は，主に貿易収支の黒字によるものである。

⑪ 2019年現在，外貨準備高が一番多い国はアメリカ合衆国である。

⑫ 外国から自国への輸入額が，自国から外国への輸出額を上回った場合，自国の貿易収支は黒字となる。 (16 現本)

⑬ 国際収支の計算上，外国の株式に投資する資金は第一次所得収支に計上され，その株式所有による配当は金融収支に計上される。

⑭ 国内の経済主体が国外に保有する金融資産から得られる利子や配当は，国際収支において金融収支に計上される。 (19 現本)

⑮ 日米貿易摩擦が激化した1980年代に，貿易摩擦の回避を目的とする日本企業の対米進出が増加した。 (03 本)

⑯ アメリカの経常収支は，ここ20年ほどはずっと黒字で推移しており，輸入に頼る日本は赤字である。

⑰ 為替相場の安定等のために利用される外貨準備は，国際収支において，経常収支に分類される。 (17 現追)

⑱ 通貨当局の介入無しに市場の需給関係で純粋に為替レートが決まる固定為替相場制は，相場を利用した為替の投機的売買を誘発することがある。 (08 現追)

⑲ 短期の資本移動の中には，ヘッジファンドの急激な流入・流出のように世界経済を不安定化させるものがある。 (10 追)

⑳ 1929年の世界恐慌をきっかけとして，世界貿易は列強を中心とした閉鎖的通貨圏によるブロック経済によってゆきづまり，縮小した。

㉑ GATT（関税及び貿易に関する一般協定）は，ある締約国に貿易上有利な条件を与えた場合に他の締約国にもそれを適用する内国民待遇を定めている。 (22 本)

㉒ コロナ禍で巣ごもり需要が増えたことなどを背景に，GAFAなどのプラットフォーマーは好業績であった。

㉓ 2020年にアメリカの司法省は，一部のプラットフォーマーを，反トラスト法で提訴した。

㉔ インバウンド（訪日外国人）が増えることは，サービス収支にとって赤字の要因となる。

■ ❶ 正解とヒント ■■■■

①✕ ケネーは『経済表』で重農主義を唱えた。

②○

③✕ リカードとアダム・スミスは古典派経済学。リストは歴史学派。

④✕ 絶対優位ではなく，相対優位である。

⑤○

⑥✕ むしろ「金額」と考えた方がわかりやすい。

⑦○ 国際収支の天井は，景気拡大中に外貨準備が不足して，輸入を減らさざるを得ないこと。

⑧○

⑨○

⑩✕ 貿易収支も大きいが，第一次所得収支の増加も大きい。

⑪✕ 中国。2006年までは日本が一位。

⑫✕ 黒字ではなく「赤字」。

⑬✕ 株式投資は金融収支，配当は第一次所得収支に計上。

⑭✕ 金融収支ではなく経常収支の中の「第一次所得収支」。

⑮○

⑯✕ 逆。アメリカは特に貿易収支がマイナスで，サービス収支と第一次所得収支がプラス。

⑰✕ 経常収支ではなく金融収支（旧・外貨準備増減）に分類。

⑱✕ 固定為替相場制ではなく変動為替相場制。ヘッジファンドの動きを誘発することがある。

⑲○

⑳○

㉑✕ 内国民待遇ではなく最恵国待遇。

㉒○ Google, Apple, Facebook, Amazon の頭文字で GAFA。

㉓○ Google が提訴された。

㉔✕ 黒字。

共通テスト・センター試験過去問　次の各設問に答えよ。

1【国際収支①】　国際収支と外国為替相場についての記述として最も適当なものを，次の①～④のうちから一つ選べ。（17 追）

① 自国の通貨高を是正するために通貨当局が為替介入を行うことは，外貨準備の増加要因になる。

② 自国の通貨高は，自国の輸出を促進する要因になる。

③ 貿易収支の黒字は，自国の通貨安要因になる。

④ 自国への資本流入が他国への資本流出を上回るほど増加することは，自国の通貨安要因になる。

2【国際収支②】　経常収支についての記述として正しいものを，次の①～④のうちから一つ選べ。　　　　　（15 本）

① 経常収支には，旅行や輸送によって生じる収支が含まれる。

② 経常収支に，雇用者報酬は含まれない。

③ 経常収支に，消費財の無償援助は含まれない。

④ 経常収支には，直接投資が含まれる。

3【国際収支③】　高校生のマツキさんは海外研修先の町で日本の回転寿司チェーンの支店を見かけ，サービスが国境を越えて展開される際のルールに関心をもち，調べた。ある条約は，サービス貿易を次のⅠ～Ⅳの四つの形態に分類し，締約国はそれに従い自由化の約束を行っている。後の研修先でのマツキさんの行動のなかの ア ～ ウ にはⅠ～Ⅳのいずれかが入る。 ア ～ ウ に入るものの組合せとして最も適当なものを，後の①～⑧のうちから一つ選べ。（23 現本）

Ⅰ 越境取引：サービス提供者が自国にとどまり，通信手段を用いて，他国にいる消費者にサービスを提供する。

Ⅱ 国外消費：サービス提供者が自国にとどまり，他国から自国に来た消費者にサービスを提供する。

Ⅲ 商業拠点設置：サービス提供者が他国に商業拠点を設置し，その拠点を通じてサービスを提供する。

Ⅳ 人の移動：サービス提供者である人間が他国に移動し，その国でサービスを提供する。

■研修先でのマツキさんの行動

日程	行動内容	形態
1日目	研修先の町の歴史について知ろうと，現地旅行会社が主催する観光バスツアーに参加した。	ア
2日目	研修先の町の伝統工芸品を，日本の運輸会社の現地支店を利用して日本の自宅に送った。	イ
3日目	憧れの日本人ピアノ奏者が，日本から研修先の町を訪れて開催した単独コンサートを聴きに行った。	ウ

① ア－Ⅰ イ－Ⅱ ウ－Ⅲ 　② ア－Ⅰ イ－Ⅲ ウ－Ⅳ

③ ア－Ⅱ イ－Ⅲ ウ－Ⅳ 　④ ア－Ⅱ イ－Ⅳ ウ－Ⅰ

⑤ ア－Ⅲ イ－Ⅱ ウ－Ⅳ 　⑥ ア－Ⅲ イ－Ⅳ ウ－Ⅱ

⑦ ア－Ⅳ イ－Ⅰ ウ－Ⅱ 　⑧ ア－Ⅳ イ－Ⅰ ウ－Ⅲ

4【国際収支④】　次の図は，A国とB国との間で一年間に行われた経済取引をドル換算で表したものである。A国がB国以外の国との取引を行わなかったとすると，A国の貿易・サービス収支，第一次所得収支，第二次所得収支の金額の組合せとして正しいものを，下の①～⑧のうちから一つ選べ。（21 本）

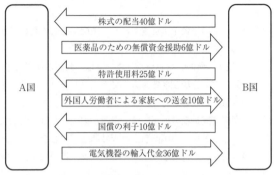

（注）外国人労働者はA国の居住者とする。

（単位：億ドル）	貿易・サービス収支	第一次所得収支	第二次所得収支
①	－ 10	－ 40	－ 15
②	－ 10	－ 40	20
③	－ 10	50	－ 15
④	－ 10	50	20
⑤	25	－ 40	－ 15
⑥	25	－ 40	20
⑦	25	50	－ 15
⑧	25	50	20

5【国際収支⑤】　次の図は，日本の経常収支とその項目別の推移を示したものである。図中のA～Cに当てはまる項目の組合せとして正しいものを，下の①～⑥のうちから一つ選べ。（20 追）

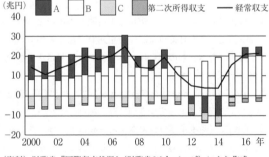

（資料）財務省『国際収支状況』（財務省 Web ページ）により作成。

① A 貿易収支 　B サービス収支 　C 第一次所得収支

② A 貿易収支 　B 第一次所得収支 　C サービス収支

③ A サービス収支 　B 貿易収支 　C 第一次所得収支

④ A サービス収支 　B 第一次所得収支 　C 貿易収支

⑤ A 第一次所得収支 　B 貿易収支 　C サービス収支

⑥ A 第一次所得収支 　B サービス収支 　C 貿易収支

6 【国際収支⑥】 貿易や海外投資の動向に関心をもった生徒Yは，日本の国際収支を調べ，その一部の項目を抜き出して次の表を作成した。表中のA，B，Cは，それぞれ1998年，2008年，2018年のいずれかの年を示している。表に関する後の記述ア〜ウのうち，正しいものはどれか。当てはまるものをすべて選び，その組合せとして最も適当なものを，後の①〜⑦のうちから一つ選べ。 （23 本）

（単位：億円）

	A	B	C
貿 易 収 支	58,031	11,265	160,782
サ ー ビ ス 収 支	− 39,131	− 10,213	− 65,483
第一次所得収支	143,402	214,026	66,146
第二次所得収支	− 13,515	− 20,031	− 11,463

（出所）財務省 Web ページにより作成。

ア　A，B，Cにおいて経常収支に対する第一次所得収支の比率が一番大きいのはBである。

イ　A，B，Cを貿易・サービス収支額の小さいものから順に並べると，A→B→Cの順になる。

ウ　A，B，Cを年代の古いものから順に並べると，C→A→Bの順になる。

① ア　　　　　② イ　　　　　③ ウ
④ アとイ　　　⑤ アとウ　　　⑥ イとウ
⑦ アとイとウ

7 【比較生産費説①】 次の表は，リカードの比較生産費説に基づいて，国際分業の利益を説明する例を示している。A国では305人の労働者が存在し，B国では230人の労働者が存在している。国際分業が行われていないとき，毎年，食糧10単位と機械製品11単位を生産している。ただし，両国ともに，労働力のみを用いて食糧と機械製品を生産しており，労働者は全員雇用されているものとする。表から読み取れるものとして最も適当なものを，下の①〜④のうちから一つ選べ。 （20 本）

	食糧10単位の生産に必要な労働者数	機械製品11単位の生産に必要な労働者数
A国	140人	165人
B国	120人	110人

① 機械製品1単位の生産を取りやめたとき，その代わりに増産できる食糧の生産量は，A国がB国よりも大きい。

② 食糧1単位の生産を取りやめたとき，その代わりに増産できる機械製品の生産量は，B国がA国よりも小さい。

③ A国が機械製品の生産に特化し，B国が食糧の生産に特化すると，両国全体で，食糧の生産量と機械製品の生産量は，ともに増加する。

④ A国が食糧の生産に特化し，B国が機械製品の生産に特化すると，両国全体で，機械製品の生産量は増加するが，食糧の生産量は減少する。

8 【比較生産費説②】 先生の話を受けてモリタさんが「貿易摩擦が色々な時期に，様々な国の間で起きてますよね。でも，貿易は当事国どうしにメリットがあるから行われているのですよね」と言ったところ，先生は「理論的には貿易は各国にとって良いと言われているけど，それには前提条件があって，その条件を踏まえることが必要だよ」と，貿易のモデルとその条件について教えてくれた。

以下は国の産業が半導体産業と繊維産業であるというモデルを設け，貿易が行われるとそれぞれの国の産業がどうなるのかということを考察したものである。次の表は各製品1単位の生産に必要な人員数である。またその後の条件は，貿易をする際のその他の諸条件を示している。この表の説明と貿易が起こることの説明として最も適当なものを，後の①〜④のうちから一つ選べ。 （22 現追）

表　生産に必要な労働投入量（人）

	半導体1万個	繊維製品1トン
A国	80	120
B国	250	200

条件
・生産に必要な要素は労働力のみとし，同一国内では産業間の労働移動が可能なため賃金水準は同一となり，それぞれの製品の生産に投入された労働量の比率がそのまま価格比となる。

・国内での産業間の労働移動はできるが国境を越えた労働移動はできず，二国間における同一製品の価格比は必ずしも労働投入量の比率にはならない。

・両製品に対する需要の上限は考慮する必要のない状況で，産業間の適切な労働移動があれば失業は発生しない。

① A国内では半導体1万個と繊維製品1.5トンとの価格が等しくなる。

② B国内では繊維製品1トンと半導体1.25万個との価格が等しくなる。

③ A国が繊維製品1トンをB国に輸出し，その対価として半導体を8,000個よりも多く輸入した場合，A国は貿易による利益を常に得られる。

④ B国が繊維製品1トンをA国に輸出し，その対価として半導体を8,000個よりも多く輸入した場合，B国は貿易による利益を常に得られる。

9 【比較生産費説③】 次の表は，A国，B国における小麦と鉄を，それぞれ1単位生産するのに必要な労働者数を示している。これらの財の生産には労働しか用いられず，各国内の労働者は，この二つの産業で全員雇用されるとする。また，両国間では，小麦2単位に対して鉄1単位の比率で交換できるとする。この表から読みとれる内容として正しいものを，①〜④から一つ選べ。 （15 追）

	小麦	鉄
A国	6人	6人
B国	1人	4人

① いずれの財の生産においても，A国よりもB国の方が労働者一人当たりの生産可能な量が少ない。

② いずれの国においても，小麦よりも鉄の方が労働者一人当たりの生産可能な量が多い。

③ A国が，小麦1単位の減産に代えて増産する鉄をすべてB国の小麦と交換すれば，A国の小麦の量は減産しない場合よりも増える。

④ B国が，鉄1単位の減産に代えて増産する小麦をすべてA国の鉄と交換しても，B国の鉄の量は減産しない場合と変わらない。

10 【比較生産費説④】 生徒Xは授業で学習した，国際分業と貿易に関する経済学の考え方である比較生産費説について復習をした。次の表は，a国とb国における，α財とβ財についての労働生産性（一定の時間における労働者一人当たりの財の生産量）を示したものである。ここでは，各国の総労働者数は，a国が200人，b国が180人であり，各財への特化前は，両国ともにα財とβ財の生産にそれぞれ半数ずつが雇用されているとし，各財への特化後も，両国ともにすべての労働者が雇用されるとする。また，両財は労働力のみを用いて生産され，両国間での労働者の移動はないこととする。この表から読みとれる内容として正しいものを，下の①〜④のうちから一つ選べ。　　　　（21 第二）

	α財	β財
a国の労働生産性	1単位	3単位
b国の労働生産性	6単位	3単位

(注) 特化前も特化後も，表中の各単位のα財もしくはβ財の生産に必要な一定の時間と，労働者一人当たりの総労働時間とは一致するものとし，このことは両国とも同じとする。

① a国がα財の生産に特化し，b国がβ財の生産に特化すれば，特化しない場合に比べ，両国全体でα財の生産量は640単位増加し，β財の生産量は570単位増加する。

② a国がβ財の生産に特化し，b国がα財の生産に特化すれば，特化しない場合に比べ，両国全体でα財の生産量は640単位増加し，β財の生産量は570単位増加する。

③ a国がα財の生産に特化し，b国がβ財の生産に特化すれば，特化しない場合に比べ，両国全体でα財の生産量は440単位増加し，β財の生産量は30単位増加する。

④ a国がβ財の生産に特化し，b国がα財の生産に特化すれば，特化しない場合に比べ，両国全体でα財の生産量は440単位増加し，β財の生産量は30単位増加する。

11 【比較生産費説⑤（機会費用1）】 次の表は，自国と外国において，衣料品と食糧品それぞれを1単位生産するために必要とされる労働量を表したものである。これら二国間で成立する比較優位構造についての記述として正しいものを，以下の①〜④のうちから一つ選べ。　　　　（01 本）

	自国	外国
衣料品	30	X
食糧品	40	100

① X = 20 のとき，外国は両商品の生産に比較優位をもつ。

② X = 60 のとき，外国は食糧品の生産に比較優位をもつ。

③ X = 100 のとき，自国は両商品の生産に比較優位をもつ。

④ X = 140 のとき，自国は衣料品の生産に比較優位をもつ。

12 【比較生産費説⑥（機会費用2）】 次の表は，それぞれの国で1単位生産するために必要な労働量を表している。これに関して，以下の問1〜3の中の，①〜⑨に適する数値や語句を答えよ。

（20 高崎経済大改）

問1 毛織物の機会費用を比べると，A国は（①），B国は（②）なので，比較優位があるのは（③）国である。

	毛織物	ワイン
A国	10人	20人
B国	40人	30人

問2 チーズの機会費用を比べると，C国は（④），D国は（⑤）なので，比較優位があるのは（⑥）国である。

	チーズ	小麦
C国	20人	10人
D国	20人	15人

問3 コメの機会費用を比べると，E国は（⑦），F国は（⑧）なので，比較優位があるのは（⑨）国である。

	コメ	絹織物
E国	20人	20人
F国	25人	15人

29 国際収支と為替

第 3 章　現代の国際政治・経済

共通テスト／センター試験出題頻度	年度	2023	2022	2021	2020	2019	2018	2017	2016	2015	2014	2013	2012
	出題	●	●		●	●	●	●		●	●	●	●

STEP ❶【基礎問題演習】

次の各文中の空欄に適語を入れよ。

1 【外国為替・戦後の国際経済体制】

正解欄を右に示す。

	本文	正解
①	ある通貨の対外価値が，その通貨の需給関係で決まる制度を（①）制，特定国の通貨などに固定される制度を固定為替相場制という。	①変動為替相場
②	異なる通貨の購買力を比べるため，それぞれの通貨が自国内で，財・サービスをどれだけ購入できるかを比率で表したものを（②）という。	②購買力平価
③	生産性やインフレ率など，長期的に為替レートを決定する要因を（③）という。	③ファンダメンタルズ
④	第二次世界大戦後の国際金融取引に新しい秩序を確立させるため，1944 年に（④）協定が結ばれた。	④ブレトンウッズ
⑤	安定した国際通貨体制と国際金融の円滑化などを目的として，1947 年に国連の専門機関として（⑤）（国際通貨基金）が業務を開始した。	⑤ IMF
⑥	戦争からの復興と開発のための長期資金を融資する目的で，1946 年に国連の専門機関として（⑥）（国際復興開発銀行）が業務を開始した。	⑥ IBRD
⑦	関税の引き下げと貿易の自由化を推進し，加盟国の経済発展をはかることをめざして，1947 年に調印された協定を（⑦）という。	⑦ GATT（関税・貿易の一般協定）
⑧	国際間の取引に用いられ，かつ各国の通貨の基準になる通貨を（⑧）という。	⑧基軸通貨（キーカレンシー）
⑨	ブレトンウッズ体制では固定為替相場制で，金 1 オンス＝（⑨）ドルだった。	⑨ 35
⑩	1950 年代末頃からアメリカの経済力の低下がドルに対する不信感となり，金の準備量の減少とドルの海外流出という（⑩）になった。	⑩ドル危機
⑪	輸入品支払いなどに準備できる外貨の量を（⑪）ともいう。	⑪国際流動性
⑫	信用の低下したドルでは国際流動性が不十分となり，IMF は 1969 年，外貨不足の加盟国が割り当て範囲内で他国から外貨を引き出せる（⑫）を創設した。	⑫ SDR（特別引き出し権）
⑬	1971 年，アメリカ大統領がドル防衛のため金とドルの交換停止，輸入課徴金の導入などを発表して世界中に深刻な影響を与えた。これを（⑬）という。	⑬ニクソン - ショック（ドル - ショック）
⑭	1971 年末に金・ドル交換停止の混乱を収拾するため，一時的に固定為替相場を 1 オンス＝ 38 ドルとする（⑭）を締結した。	⑭スミソニアン協定
⑮	1971 年に金 1 オンス＝ 38 ドルとした後もドルの信用低下はとまらず，1973 年から主要国は変動為替相場制に移行し，1976 年に IMF もこれを追認した。これを（⑮）体制という。	⑮キングストン
⑯	1985 年に行われた G 5 でドル高是正のために各国が協調介入に合意したのが（⑯）合意であり，日本では円高ドル安となった。	⑯プラザ
⑰	（⑰）とは，輸入が急増することを防止する措置で，WTO 協定や GATT 第 19 条にもとづき輸入数量制限や関税引き上げを行う。	⑰セーフガード（緊急輸入制限）
⑱	1986 年から農産物の自由化やサービスや知的財産権などについて継続的に話し合われ，1994 年に正式合意した GATT の会議名を（⑱）という。	⑱ウルグアイ - ラウンド
⑲	1995 年，よりいっそう貿易自由化を推進する組織として GATT を継承・発展させたものが（⑲）である。	⑲ WTO（世界貿易機関）
⑳	WTO での初のラウンドが（⑳）ラウンドである。	⑳ドーハ

次の各文の正誤を判別し，誤りについては正しく訂正しなさい。

❶【外国為替・戦後の国際経済体制】

① 円安ドル高になると，日本製品のドル表示で見た価格は高くなるので，日本の対米輸出量は一般的に減少する。

② 円がドルに対して安くなると，日本製品のドル表示で見た価格も安くなるので，日本の対米輸出量は一般的に増大する。

③ 円高の進行は円の購買力を強め，海外企業の買収や海外不動産の購入などによる日本からの資本の流出を増加させる。

④ 円高の進行は日本の国民所得を高め，海外から日本への出稼ぎ労働者や外国人観光客を増加させる。

⑤ 為替制限を強化することは自由貿易につながる。 (08 追)

⑥ IMF は，金を基軸通貨として当初から固定相場制を採用し，為替相場の安定と貿易の拡大をはかった。

⑦ 1960 年代後半の金ドル交換の結果，アメリカからの金流出が続いたためドル危機が高まった。

⑧ キングストン合意では，変動相場制の承認とともに，金に代わる SDR の役割を拡大することが決まった。 (13 本)

⑨ SDR を保有する IMF 加盟国は，一定の条件の下に，SDR を用いて他国から外貨を入手することができる。 (02 本)

⑩ SDR があれば，IMF 加盟国はどこの国の通貨でも引き出し可能である。

⑪ 日本は IBRD への加盟に際して，資本の自由化を行った。 (07 追)

⑫ IBRD は国際連合の専門機関ではないが，国連の指導の下で発展途上国の開発のための融資を行っている。

⑬ IBRD は，第二次世界大戦後，加盟国の復興・開発支援を行ったが，日本は加盟後もその支援を受けずに経済発展を遂げた。 (10 現本)

⑭ IMF（国際通貨基金）の機能の一つとして，国際収支が赤字となっている加盟国への融資がある。 (13 現本)

⑮ 貿易の自由化を世界中で推進するための国際機関として，WTO とともに GATT が設立されている。 (15 本)

⑯ WTO は環太平洋に位置する諸国間で経済の自由化を推進するためのものであり，日本も参加を表明した。 (15 追)

⑰ 2000 年代初頭，中国は WTO に加盟し，輸入関税率の引き下げ，非関税障壁の撤廃などをすることになった。 (05 本)

⑱ ロシアは WTO に未加盟である。

⑲ GATT・WTO での交渉は，多国間（原則全加盟国）でのラウンド交渉が原則である。

⑳ GATT は，最恵国待遇において特定の国に付与した優遇措置は他のすべての加盟国に付与しなければならないという無差別原則を定めている。WTO でも継承されている。

㉑ WTO は，知的財産権の保護の問題も扱っている。 (08 追)

㉒ WTO の紛争処理手続においては，加盟国が一国でも反対すれば，協定違反の有無に関する裁定は採択されない。 (20 本)

㉓ ドーハ・ラウンドにおいては，先進国と開発途上国の対立があり，包括合意が達成されていない。 (18 現本)

㉔ WTO では，セーフガード（緊急輸入制限）の発動が禁止されている。 (08 追)

㉕ 冷戦終結が契機となり，貿易自由化の一層の進展をめざして GATT の下でウルグアイ・ラウンドが始まった。 (12 追)

❶ 正解とヒント

①× 逆。ドル表示は安くなり，対米輸出は増大する。

②○

③○

④× 円高で観光客は減少する。

⑤× 逆。為替制限の強化は自由貿易の制限となる。

⑥× 基軸通貨はそれまでの英ポンドに代わり米ドル。

⑦○

⑧○ 金ではなくドル，と考えたかもしれないが，固定相場制の本来の中心は金である。

⑨○ 出資割合に比例する。

⑩× ドル，ユーロ，円，ポンド，人民元。

⑪× 1964 年に IMF8 条国となり完全実施となった。

⑫× 国際連合の経済社会理事会の専門機関。

⑬× 日本は 1952 年に加盟，1966 年まで支援を受けた。

⑭○ 1997 年アジア通貨危機での韓国への融資などがある。

⑮× GATT を受け継いだのが WTO。併存はしない。

⑯× WTO ではなく TPP。

⑰○ 中国・台湾は 2001 年に WTO へ加盟した。

⑱× 加盟済みである。

⑲○

⑳○

㉑○

㉒× 内容はコンセンサス方式。WTO の紛争処理手続は，全員反対時のみ否決するネガティブコンセンサス方式。

㉓○ 2001 年に始まったが，農産物や工業製品の関税引き下げに関して決裂した。

㉔○

㉕× 1986 年開始。冷戦終結宣言は 1989 年。

共通テスト・センター試験過去問　次の各設問に答えよ。

1【国際通貨体制①】　国際経済体制についての記述として誤っているものを，次の①～④のうちから一つ選べ。　（18 本）

①　1930 年代には，為替切下げ競争やブロック経済化が起こり，世界貿易が縮小し，国際関係は緊張することとなった。

②　IMF（国際通貨基金）は，各国通貨の対ドル交換比率の固定化により国際通貨体制を安定させることを目的として設立された。

③　アメリカの国際収支の悪化により，1960 年代にはドルに対する信認が低下するドル危機が発生した。

④　スミソニアン協定は，ドル安是正のための政策協調を目的として合意された。

2【国際通貨体制②】　国際通貨体制についての記述として正しいものを，次の①～④のうちから一つ選べ。　（12 追）

①　ブレトンウッズ体制の下では，IMF 加盟国に対して，自国通貨の対ドル平価を維持することが義務づけられた。

②　ブレトンウッズ体制の下では，円・ドルレートが固定されたため，日本の資本収支の赤字額は一定であった。

③　1973 年以降は，IMF 加盟国に対して，変動為替相場制の採用が義務づけられた。

④　1973 年以降は，変動為替相場制に移行したため，各国の通貨当局による外国為替市場への介入は不可能となった。

3【国際通貨体制③】　国際通貨体制についての記述として最も適当なものを，次の①～④のうちから一つ選べ。　（11 追）

①　ブレトンウッズ体制は，金とドルの交換を前提にし，ドルと各国の通貨を固定相場で結びつけるものである。

②　スミソニアン協定により，各国通貨の平価調整が行われ，長期的・安定的な固定相場制が実現された。

③　キングストン合意により，金の公定価格が廃止され，固定相場制だけが各国の為替制度とされた。

④　変動相場制は，為替市場の時々の通貨需要・供給によって，金と各国通貨価値との平価が決まるものである。

4【IMF】　IMF（国際通貨基金）の役割についての記述として最も適当なものを，次の①～④のうちから一つ選べ。　（09 追）

①　関税引下げや非関税障壁撤廃により，自由貿易を促進する。

②　経常収支の赤字国に対して短期融資を行い，為替相場の安定を図る。

③　各国通貨に金との交換を義務づけることで，通貨価値の安定を図る。

④　経済復興を成し遂げるために，地域経済統合を推進する。

5【IBRD】　国際復興開発銀行（世界銀行）についての記述として最も適当なものを，次の①～④のうちから一つ選べ。

（05 本）

①　第二次世界大戦前，アメリカのウォール街の株価暴落に端を発した世界恐慌に対処し，世界経済を復興させるために設立された。

②　第二次世界大戦後，IMF（国際通貨基金），GATT（関税と貿易に関する一般協定）とともに，世界経済の復興や発展に尽力した。

③　国際連合（国連）の専門機関ではないが，国連の指導の下で発展途上国の開発のための融資を行っている。

④　当初は活動の重点を発展途上国の開発援助においていたが，現在では先進国の失業対策においている。

6【国際貿易体制】　次の A～D は，貿易体制にかかわる出来事についての記述である。これらの出来事を古いものから順に並べたとき，3 番目にくるものとして正しいものを，下の①～④のうちから一つ選べ。　（18 本）

A　関税及び貿易に関する一般協定（GATT）が発効した。

B　世界貿易機関（WTO）が設立された。

C　ケネディ・ラウンドでの交渉が妥結した。

D　ドーハ・ラウンドでの交渉が開始された。

①　A　　②　B　　③　C　　④　D

7【国際金融】　国際金融に関する合意や協定の名称 A～C と，それらについての記述ア～ウとの組合せとして正しいものを，下の①～⑥のうちから一つ選べ。　（16 追）

A　キングストン合意　　　B　プラザ合意

C　ブレトンウッズ協定

ア　アメリカへの資本流入によるドル高を背景に，為替相場がドル安に誘導された。

イ　変動相場制が承認されるとともに，金に代わって SDR（特別引出権）の役割を拡大することが取り決められた。

ウ　金とドルとの交換を前提にし，ドルと各国の通貨とが固定相場で結びつけられた。

①　A－ア　B－イ　C－ウ　　　②　A－ア　B－ウ　C－イ

③　A－イ　B－ア　C－ウ　　　④　A－イ　B－ウ　C－ア

⑤　A－ウ　B－ア　C－イ　　　⑥　A－ウ　B－イ　C－ア

8【ニクソン・ショック】　ニクソン・ショックに関連する日本経済の記述として最も適当なものを，次の①～④のうちから一つ選べ。　（14 本）

①　ドッジ・ラインの実施からニクソン・ショックまで，国債が発行されずに予算が編成された。

②　ドッジ・ラインの実施からニクソン・ショックまで，通貨当局は，平価の変動幅を一定に抑えることが義務づけられた。

③　ニクソン・ショック後，戦後経済を支えたブレトンウッズ体制の崩壊を受けて，『経済白書』において「もはや戦後ではない」と表現された。

④　ニクソン・ショック後，通貨の発行量が金保有量に制約を受けない管理通貨制度が採用された。

9【GATT・WTO】　自由貿易をめぐる交渉や政策についての説明として最も適当なものを，次の①～④のうちから一つ選べ。　（07 本）

①　GATT（関税及び貿易に関する一般協定）の基本原則とは，自由貿易主義・無差別最恵国待遇主義・二国間主義の三原則をいう。

②　ケネディ・ラウンドでは，農業やサービス貿易，知的財産権にも交渉対象が拡大された。

③　東京ラウンドでは，工業製品の関税を一括して引き下げる方式が初めて提案された。

④　WTO（世界貿易機関）は，ウルグアイ・ラウンドでの合意をうけ，GATT を発展させて設立された国際機関である。

10 【自由貿易原則】 経済のグローバル化への対応として採用されることがあるセーフガードについての記述として正しいものを，次の①〜④のうちから一つ選べ。　　(17 追)

① 輸入の急増に対して，一時的に輸入数量を制限したり関税を引き上げたりすること

② 輸入される食品に厳しい安全基準を設けること

③ 輸入される製品の不当廉売に対抗措置を講ずること

④ 輸入数量の制限を廃止して，関税を支払えば自由に輸入できるようにすること

11 【IMF・GATT】 他国のヒト・モノ・カネ・サービスに関する記述として最も適当なものを，次の①〜④のうちから一つ選べ。　　(16 現本)

① 日本が締結した経済連携協定（EPA）のなかには，看護や介護の分野における外国人労働者の受入れに関するルールを定めるものがある。

② 日本は，関税をめぐる問題などを扱う環太平洋経済連携協定（TPP）の交渉が開始された当初から，交渉に参加してきた国の一つである。

③ 国際通貨基金（IMF）が，国際収支上の問題を抱えた加盟国に対して融資する制度は，現在では廃止されている。

④ 関税と貿易に関する一般協定（GATT）における協議で，サービス貿易に関するルールがまとまったのは，東京ラウンドにおいてである。

12 【為替相場上昇の要因】 ドルに対する円の為替相場を上昇させる要因として最も適当なものを，次の①〜④のうちから一つ選べ。　　(06 本)

① 日本からアメリカへの輸出が増加する。

② アメリカの短期金利が上昇する。

③ 日本銀行が外国為替市場で円売り介入を行う。

④ 投資家が将来のドル高を予想して投機を行う。

13 【為替相場と売上げ】 為替相場の変動によって，輸出企業の売上げが影響を受けることがある。1ユーロ＝131円であるとき，日本のある電気機械の企業が自社製品をユーロ圏で販売し，2億ユーロの売上げがあった。その半年後に1ユーロ＝111円になったとき，この企業が同じ数量の同じ製品をユーロ圏で販売し，相変わらず2億ユーロの売上げがあったとすれば，円に換算した売上げはどのくらい増加または減少するか。正しいものを，次の①〜④のうちから一つ選べ。　　(12 本)

① 20億円増加する。　　② 40億円増加する。

③ 20億円減少する。　　④ 40億円減少する。

14 【購買力平価説①】 対外経済バランスに影響を与える為替レートの説明の一つとして，購買力平価説がある。購買力平価説とは，2国通貨間の為替レートが，どちらの通貨を用いても同じだけの商品を購買できるような水準に決定されるという考え方である。いま，円とドルとの為替レートが1ドル＝100円で均衡している当初の状態から，日本とアメリカの物価指数が次の表のように変化したとき，この考え方に立てば，為替レートはどのように変化するか。正しいものを，下の①〜④のうちから一つ選べ。　　(02 本)

	当初の物価指数	変化後の物価指数
日 本	100	150
アメリカ	100	200

① 1ドル＝50円　　② 1ドル＝75円

③ 1ドル＝125円　　④ 1ドル＝150円

15 【購買力平価説②】 為替レートの決まり方を説明する考え方の一つとして，購買力平価説がある。購買力平価説によれば，仮に2国を取り上げた場合，この2国通貨間の為替レートは，どちらの通貨を用いても同一商品を同じだけ購買できるような水準になる。ここで，日本とアメリカで販売されている同一のスマートフォンが当初日本では1台9万円，アメリカでは1台900ドルで販売されていた。その後，価格が変化して，日本では8万円，アメリカでは1,000ドルになった。このスマートフォンの価格に関して購買力平価説が成り立つ場合，円とドルとの為替レートはどのように変化したか。正しいものを，次の①〜④のうちから一つ選べ。　　(19 本)

① 当初1ドル＝100円だった為替レートが1ドル＝80円となり，円高ドル安となった。

② 当初1ドル＝100円だった為替レートが1ドル＝80円となり，円安ドル高となった。

③ 当初1ドル＝100円だった為替レートが1ドル＝125円となり，円高ドル安となった。

④ 当初1ドル＝100円だった為替レートが1ドル＝125円となり，円安ドル高となった。

16 【多角的貿易交渉】 GATT（関税および貿易に関する一般協定）の多角的貿易交渉の成果についての記述として正しいものを，次の①〜④のうちから一つ選べ。　　(00 追)

① ケネディ・ラウンドでは，輸出入数量規制や補助金など非関税障壁の軽減について広範な合意が成立した。

② 東京ラウンドでは，関税率の品目別引下げ方式に代わって，一括引下げ方式が初めて採用された。

③ 東京ラウンドでは，ハイテク関連などいくつかの特定分野について，主要貿易国による二国間交渉方式が認められた。

④ ウルグアイ・ラウンドでは，知的所有権に関する貿易ルールづくりやサービス貿易自由化が合意された。

17 【ウルグアイ・ラウンド】 ウルグアイ・ラウンドで初めて合意された内容として誤っているものを，次の①〜④のうちから一つ選べ。　　(14 追)

① 知的財産権について，ルールが設定された。

② 農産物貿易について，関税化が進められることになった。

③ サービス貿易について，ルールが設定された。

④ 非関税障壁について，軽減・撤廃が進められることになった。

18 【WTO（世界貿易機関）】 WTO（世界貿易機関）についての記述として最も適当なものを，次の①〜④のうちから一つ選べ。　　(11 本)

① WTOは，地域経済（貿易）圏の創設をめざして，加盟国が二国間交渉を行うために設立された国際機関である。

② WTOは，ブレトンウッズ協定に基づき設立された，多角的貿易協定の実施を目的とする国際機関である。

③ 国際的な経済活動を活発に行っている国の中で，いまだ加盟していない国として，中国がある。

④ 特定商品の輸入急増により，国内の競合する生産者に重大な損害を与えるおそれのある場合には，セーフガードの発動が認められる。

19 【国際的な資本移動】 国際的な資本移動に関連する財政危機や金融危機についての事例の記述として**誤っているもの**を，次の①～④のうちから一つ選べ。　　　　　　　　　　　(17 本)

① 第二次石油危機後のメキシコでは，累積債務問題が表面化した。

② 住宅バブルが崩壊したアメリカでは，サブプライムローン問題が表面化した。

③ ギリシャ財政危機では，財政状況が悪化したギリシャの国債利回りが高騰した。

④ アジア通貨危機では，資本流出に見舞われたタイの自国通貨が高騰した。

20 【国際経済】 春也さん，夏希さん，秋秀さん，冬美さんは，ある大学のオープンキャンパスに参加した。次の資料はその際に行われた模擬授業の配付資料の一部である。これに関して，次の問いに答えよ。　　　　　　　　　　　　　　　(18 試)

> **グローバル化と国際資本移動**
> ○グローバル化の進展とともに，たびたび生じている国際経済の混乱
> 　対応策の例：自己資本比率に関する規制（BIS 規制）による安定化（【X】）
> 　　　　　　　：国際通貨基金（IMF）による安定化（【Y】）
> ○ⓐ国際資本移動の自由化と各国への影響（**別添資料を参照**）
> 　グローバル化が進むと各国の政策に制約が加わる場合がある。国内の政治を優先した政策が採用された結果，国外に資本が流出すると，ⓑ当該国の通貨建ての資産価値が目減りすることもある。

20-1 配付資料の中の【X】・【Y】には，対応策の例についての説明がそれぞれ書かれていた。【X】・【Y】に当てはまる記述の組合せとして最も適当なものを，下の①～④のうちから一つ選べ。　　　　　　　　　　　　　　　　(18 試 24)

【X】に当てはまるもの
ア 金融機関の財務的安定性が向上して投機的資金の影響を受けにくくなる。
イ 預金の一部を保障することにより預金者の不安を抑えられる。
【Y】に当てはまるもの
ウ SDR（特別引出権）制度を通じて外貨準備の補完をする。
エ 特定品目の輸入の急増に対するセーフガードを発動する。

　　　【X】【Y】　　　　　　【X】【Y】
① ア　ウ　　　② ア　エ
③ イ　ウ　　　④ イ　エ

APPROACH 🔍　正解率 43.0%

20-2 下線部ⓐについて，模擬授業で配付された次の**別添資料**を読み，【X】・【Y】に当てはまる語句の組合せとして最も適当なものを，下の①～④のうちから一つ選べ。　　　(18 試 25)

> **別添資料**
> 実際の国際資本移動はさまざまな要因の影響を受ける。
> 仮に国際資本移動が各国の金利の高さにのみ影響を受ける場合，各国が金融政策によって金利を変化させることで資本の流出入量が変動する。その際，たとえば，国家間の資本取引規制が撤廃されたり，各国の金融政策が【X】に行われたりすると，国際資本移動は生じやすくなる。その結果，資本が流出する国の通貨の為替相場は下落し，流入する国の通貨の為替相場は上昇する。したがって，国際間の自由な資本移動を実現し，各国が独立した金融政策を行うような場合は，【Y】の採用は困難である。

　　　【X】　　【Y】　　　　　　　　【X】　　【Y】
① 協調的　固定相場制　　② 協調的　変動相場制
③ 自立的　固定相場制　　④ 自立的　変動相場制

APPROACH 🔍　正解率 41.2%

20-3 為替相場に関連して，春也さんは母と次のような会話をした。会話文を読み，【X】～【Z】に当てはまるものの組合せとして最も適当なものを，次の①～④のうちから一つ選べ。
　　　　　　　　　　　　　　　　　　　　　(18 試 27)

春也：今日，オープンキャンパスの授業で，お母さんが大学生だった頃の為替相場の動きについて学んだよ。これが，その時に配られたプリント。その頃の為替相場を示しているのが，図1だね。

母　：1985 年以降，【X】になったのを覚えているわ。

春也：急激な【X】で，国内景気のゆくえが心配されたので対策がとられたのだよね。

母　：そうそう，日本銀行が，【Y】。

春也：この措置が，その後の景気過熱の原因になったといわれているね。図2は，僕が小学生から中学生だった頃の為替相場の動きを示したグラフ。もし，2012 年に米ドル建ての預金をして，2015 年に円と交換していたらどうなっていたかな。

母　：きっと，【Z】。

春也：為替相場の動きを予想するのは，難しいなあ。

図1　1983 年～1988 年の為替相場の動き
（円／ドル）

図2　2010 年～2015 年の為替相場の動き
（円／ドル）

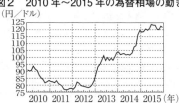

出典：図1・2は日本銀行 Web ページ時系列データにより作成。

	【X】	【Y】	【Z】
①	円安	金融引き締め策をとったのよ	為替差益を得られたわね
②	円安	金融緩和策をとったのよ	為替差損を出していたわね
③	円高	金融引き締め策をとったのよ	為替差損を出していたわね
④	円高	金融緩和策をとったのよ	為替差益を得られたわね

APPROACH 🔍 正解率 47.1%

21 【地域経済統合】 ある高校生が授業で、「地域経済統合の影響」をテーマに発表することになった。A国、B国、C国の三国だけで貿易を行っている場合を仮定し、A国が他国と自由貿易協定（FTA）を結んだ際に得られる利益と損失について考え、次の表と後のメモをまとめた。メモ中の ア ～ ウ に入る数字の組合せとして最も適当なものを、後の①～⑥のうちから一つ選べ。

(23 現本)

表 A国が他国から製品Xを輸入するときのA国での1単位の販売価格

	輸入関税がゼロのとき	輸入関税が40%かかるとき
B国からの輸入	500 円	700 円
C国からの輸入	600 円	840 円

(注1) 販売価格とは、財が市場で取引される価格である。
(注2) 輸入国の市場での販売価格には、関税以外の間接税は含まれないと仮定する。
(注3) ここで扱う関税は、輸入国の市場での販売価格に対して課税され、その販売価格には、国内の関係業者の手数料や利益、その他の費用は含まれないと仮定する。また販売価格は、課税後に需給によって変動しないと仮定する。
(注4) 輸送費用はかからないものとする。
(注5) A国の製品Xの生産費は1単位 700 円より大きいものとする。

メモ

A国、B国、C国が同一のFTAを結べば、三国ともに自由貿易の利益を相互に享受する。しかしA国、B国、C国のFTAの結び方によっては、A国が利益を必ずしも享受できるわけではない。

A国が、B国、C国とFTAを結んでおらず、両国から同一製品Xの輸入に対して1単位当たり 40%の輸入関税をかけることを想定する。このときA国はB国のみから製品Xを輸入し、1単位 ア 円分の関税収入を得る。

A国とC国がFTAを結べば、C国から製品Xを輸入しても関税がかからないため、製品Xの販売価格がB国より安くなるC国に輸入先を変更する。このときA国での製品Xの販売価格は イ 円分下がり、両国の貿易は活発となり、消費者は価格低下の恩恵を受ける。

しかしC国とFTAを結んだA国は、それ以前にB国から製品Xを輸入することで得ていた1単位 ア 円分の関税収入を失う。政府が失った関税収入 ア 円と、製品Xの販売価格低下による消費者の恩恵としての イ 円分の差額 ウ 円は、A国の損失額となる。

① ア 100 イ 140 ウ 40
② ア 100 イ 200 ウ 100
③ ア 100 イ 240 ウ 140
④ ア 200 イ 100 ウ 100
⑤ ア 200 イ 140 ウ 60
⑥ ア 200 イ 240 ウ 40

22 【国際貿易】 次の図A～Cは、三つの国が他国に対して、繊維製品の輸入にどれだけの関税を課しているかを示したものである。矢印は、矢印の根元が輸出国を、先が輸入国を表し、数値は、輸入国が課している関税率を示している。各図の状況説明と組合せの正しいものを、下の①～⑥から一つ選べ。 (14 追)

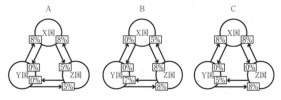

ア X国とY国とが、FTAを結んでいる。
イ X国は発展途上国で、特恵関税が認められている。
ウ 三つの国はいずれもWTOに加盟している先進国で、最恵国待遇が適用されている。

	①	②	③	④	⑤	⑥
A	ア	ア	イ	イ	ウ	ウ
B	イ	ウ	ア	ウ	ア	イ
C	ウ	イ	ウ	ア	イ	ア

23 【為替のしくみ】 国際貿易の決済手段として、為替がある。二国間貿易の為替による決済の仕組みを説明した次の図中のA～Cと、その内容についての下の記述ア～ウとの組合せとして正しいものを、下の①～⑥のうちから一つ選べ。 (20 本)

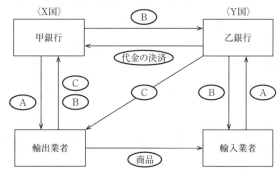

(注) 代金の決済は、複数の為替取引の相殺を活用して行われる。Cは、輸出業者の依頼によって乙銀行から甲銀行に送られる場合がある。

ア 支払いを確約する信用状（L/C）
イ 為替手形・船積み書類
ウ 自国通貨

① A－ア B－イ C－ウ
② A－ア B－ウ C－イ
③ A－イ B－ア C－ウ
④ A－イ B－ウ C－ア
⑤ A－ウ B－ア C－イ
⑥ A－ウ B－イ C－ア

24 【為替変動】 他の状況が一定であるという仮定の下で、アメリカの通貨であるドル、イギリスの通貨であるポンド、韓国の通貨であるウォンの関係についての記述として最も適当なものを、次の①～④のうちから一つ選べ。 (14 追)

① イギリスの対アメリカ輸出が増加すると，ドル高ポンド安となる。

② 韓国の対イギリス輸出が減少すると，ウォン高ポンド安となる。

③ ドル高ウォン安になると，アメリカの韓国からの輸入品のドル建て価格は下落する。

④ ウォン安ポンド高になると，イギリスの韓国からの輸入品のポンド建て価格は上昇する。

25 【為替変動と世界①】 為替レートに関する記述として最も適当なものを，次の①～④のうちから一つ選べ。 （08 現追）

① 為替レートは異なる通貨間の交換比率を指すが，財・サービスの国際取引の決済に広く使われる通貨を国際通貨と呼ぶ。

② 通貨当局の介入無しに市場の需給関係で純粋に為替レートが決まる固定為替相場制は，相場を利用した為替の投機的売買を誘発することがある。

③ 外国為替相場の安定を目的に世界銀行（IBRD）が創設され，アジア通貨危機の際には緊急支援を行った。

④ ヘッジファンドによる金融派生商品などを用いた短期資金の移動によって，アジア通貨危機の際に為替レートの乱高下が抑制された。

26 【為替変動と世界②】 次の図は 1980 年から 2000 年にかけての円の対米ドル為替レートの推移を示している。同為替レートを大きく変動させた図中の網掛けで示したＡの期間内における出来事として最も適当なものを，下の①～④のうちから一つ選べ。 （19 追）

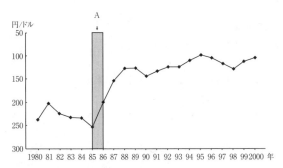

（注）各年の数値は 1 月の平均値を用いている。
（資料）日本銀行 Web ページにより作成。

① 日米包括経済協議　　② 日米構造協議

③ プラザ合意　　④ ルーブル合意

27 【為替変動と日本】 円赤についての記述として誤っているものを，次の①～④のうちから一つ選べ。 （13 追）

① 1985 年のプラザ合意をきっかけにして円高が急速に進み，輸出依存の日本経済は一時的に不況に陥った。

② 円高・ドル安は，アメリカ国内での，日本からの輸入品のドル建て価格の低下につながる。

③ 1985 年のプラザ合意をきっかけにして円高が急速に進み，海外への直接投資が増加した。

④ 外国為替市場で，各国通貨に対する需要と供給によって為替レートが決まり，ドルより円に対する需要が多ければ円高・ド

ル安となる。

28 【日本農業と貿易ルール】 1990 年代以降の日本の農業についての記述として最も適当なものを，次の①～④のうちから一つ選べ。 （13 追）

① WTO（世界貿易機関）の農業協定に基づいて，日本政府は減反政策によるコメの生産調整を開始した。

② 食料・農業・農村基本法が制定され，農地の所有，賃貸借，売買に対する厳しい制限が設けられた。

③ GATT（関税及び貿易に関する一般協定）のウルグアイ・ラウンドで，日本政府はコメの市場の部分開放に踏み切った。

④ 食糧管理法に代わる新たな法律として新食糧法が制定され，政府による食糧価格のコントロールが強化された。

29 【為替変動と中央銀行】 生徒Ｙは，為替介入には「風に逆らう介入」と「風に乗る介入」があることを知った。ここで，「風に逆らう介入」とは為替レートのそれまでの動きを反転させることを目的とした介入であり，「風に乗る介入」とは為替レートのそれまでの動きを促進することを目的とした介入である。次の図ア～エは介入目的が達成されたと仮定した場合について，円・米ドル為替レートを例としてＹが考えた模式図である。円売り・米ドル買いによる「風に逆らう介入」を意味する図として正しいものを，後の①～④のうちから一つ選べ。 （23 本）

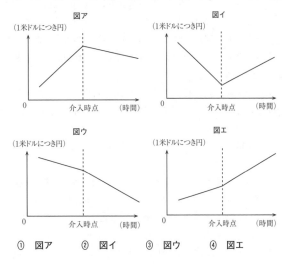

① 図ア　　② 図イ　　③ 図ウ　　④ 図エ

STEP ❶【基礎問題演習】

次の各文中の空欄に適語を入れよ。

1 【地域的経済統合】

	正　解

1 冷戦崩壊後，国家関係の複雑化が加速し，WTO の多角主義では貿易協定締結が難しいため，特定の国や地域の間で自由貿易協定（（①））や経済連携協定（EPA）を結ぶケースも増えている。

① FTA

2 1951 年のパリ条約により，フランス・西ドイツ・イタリア・ベネルクス 3 国の 6 か国で，石炭と鉄鋼の単一市場をめざして（②）が設立された。

②欧州石炭鉄鋼共同体（ECSC）

3 1957 年のローマ条約に基づき，関税同盟や共通農業政策などの実現をめざした（③）と，欧州原子力共同体（EURATOM）が設立された。

③欧州経済共同体（EEC）

4 1960 年，EEC に対抗して，イギリスなどが経済統合をめざした（④）が発足したが，イギリスは 1973 年に EC へ移った。

④欧州自由貿易連合（EFTA）

5 1967 年，EEC・ECSC・EURATOM が統合して（⑤）が発足した。

⑤欧州共同体（EC）

6 1993 年，EC は（⑥）条約の発効によって欧州連合（EU）へと発展した。共通通貨・共通外交・共通安全保障政策を採用して，将来の政治統合をめざした。

⑥マーストリヒト

7 1994 年，EU と EFTA（スイスを除く 3 か国）は，（⑦）を発足させた。

⑦欧州経済領域（EEA）

8 1997 年，EU は（⑧）条約を締結し，政治的統合の強化をめざすための具体的手段を盛り込んだ。

⑧アムステルダム

9 1999 年，統一通貨（⑨）の使用が開始され，2002 年から一般に流通した。

⑨ユーロ

10 2001 年，（⑩）条約が締結され，EU の中・東欧拡大とそれにともなう政策決定の機構が定められた。

⑩ニース

11 2004 年，EU は（⑪）条約を採択したが，オランダやフランスが国民投票で否決したため，発効していない。

⑪ EU 憲法

12 2009 年発効の（⑫）条約により，欧州理事会常任議長（EU 大統領）や共通外交を担う外交安全保障上級代表（EU 外相）が設置された。

⑫リスボン

13 EU にみられるように，地域統合によって加盟国の国家利益をはかろうとする考え方を（⑬）という。

⑬リージョナリズム（地域主義）

14 1989 年，アジアと太平洋地域において，自由貿易の拡大や投資の促進などを行うため，オーストラリアの提唱で（⑭）が設立された。

⑭アジア太平洋経済協力（APEC）

15 1994 年，アメリカとカナダの自由貿易協定にメキシコが加わって，北米地域の経済活性化をはかる（⑮）が発効した。

⑮北米自由貿易協定（NAFTA）

16 ASEAN（東南アジア諸国連合）域内の関税の撤廃などをめざし，1993 年に（⑯）という経済協力組織が発効した。

⑯ ASEAN 自由貿易地域（AFTA）

17 1995 年，南米での共同市場をめざし，（⑰）が発足した。

⑰南米南部共同市場（MERCOSUR）

18 2016 年，太平洋地域での自由貿易圏を目指し，（⑱）が発足した。

⑱環太平洋パートナーシップ協定（TPP）

19 中国が掲げるアジアとヨーロッパを陸・海で結んだ巨大な経済圏をつくる構想を（⑲）という。

⑲一帯一路

20 （⑳）（経済連携協定）は，FTA に，さらに投資ルールや知的財産まで加えたより包括的なものである。

⑳ EPA

次の各文の正誤を判別し，誤りについては正しく訂正しなさい。

1 【地域的経済統合】

① EC の原加盟国はフランス，西ドイツ，イギリス，ベルギー，オランダ，ルクセンブルクの6か国である。

② EC から EU になるマーストリヒト条約により，EU 全加盟国に共通通貨ユーロが導入された。

③ 2004 年にいわゆる欧州憲法条約が調印されたが，発効には至らなかった。

④ EC・EU では，域内・域外ともに共通関税を設定することが目標の一つである。

⑤ EU の目標は，通貨・外交・安全保障政策などにおける共通化である。

⑥ EU の ECB（欧州中央銀行）は，外貨準備として，ユーロ参加国の各通貨を保有するよう義務づけられている。 (02 本)

⑦ ドイツは，東西ドイツ統一に伴う経済的混乱が大きかったため，EU の発足当初は加盟しなかった。 (04 本)

⑧ EU 諸国では，構成国の国民に共通な連合市民権が条約により認められている。 (07 追)

⑨ ギリシャにおける財政破綻と国債の暴落をきっかけとして，ユーロ高が進んだ。 (23 現本)

⑩ アフリカ統一機構（OAU）は，アフリカ連合（AU）へと改組されたもので，紛争の予防と解決も目指している。

⑪ ASEAN 自由貿易地域（AFTA）がさらに ASEAN 経済共同体（AEC）となり，パスポートの提示も不要になった。 (18 地理 A)

⑫ 1993 年には ASEAN 域内貿易を拡大するため，関税率を引き下げようと ASEAN 自由貿易地域（AFTA　アフタ）が発足した。

⑬ ASEAN の原加盟国は，環太平洋諸国の経済協力を構想するために提起された APEC（アジア太平洋経済協力会議）に参加した。 (06 追)

⑭ 中国による，アジアとヨーロッパを陸と海で接続する「一帯一路」は，沿線国との FTA の構築を目指している。

⑮ 中国は WTO，APEC の両方に加盟している。

⑯ ロシアは WTO，APEC の両方に加盟している。

⑰ WTO は環太平洋諸国間での経済の自由化を推進するためのもので，日本の WTO への参加が表明された。 (15 追)

⑱ FTA（自由貿易協定）は特定の国や地域の間での貿易の自由化を推進するためのもので，日本とシンガポールとの間で FTA が締結された。 (15 追)

⑲ 1990 年代に，日本は初めての FTA（自由貿易協定）を韓国と締結した。 (07 追)

⑳ 日本が結んでいる FTA・EPA は2国間交渉のみで，複数国間交渉は含んでいない。

㉑ APEC は世界人口の約6割，GDP の約4割を占める巨大な経済圏である。

㉒ 日本・中国・韓国・アメリカは APEC に加盟している。

㉓ NAFTA の協定には，域内関税撤廃・域外共通関税など EU との共通点が見られる。

㉔ EU，NAFTA，APEC はともに，域内関税撤廃と域外共通関税をめざし，もしくは導入済みである。

㉕ メルコスール（南米南部共同市場）は，アルゼンチン，ブラジルなど4か国によって，域内の自由貿易を促進するために結成された。 (06 追)

㉖ アメリカは，トランプ政権で TPP を離脱し，バイデン政権でも離脱したままである。

---

1 正解とヒント

① ✕ イギリスは途中加盟で，イタリアが正しい。

② ✕ 英，デンマーク，東欧の多くの国がユーロ未導入。

③ ○

④ ✕ 域内参加国の関税は撤廃。

⑤ ○ 政治，経済両面の統合を目指している。

⑥ ✕ 決済手段が共通通貨なので各国通貨の保有義務は不要。

⑦ ✕ ドイツは 1952 年，ECSC 発足以来の加盟国。

⑧ ○ マーストリヒト条約で居住と移動，選挙権が認められた。

⑨ ✕ ユーロ安となった。

⑩ ○ 55 か国が参加。

⑪ ✕ 緩やかな統合であり，パスポート提示は必要。

⑫ ○

⑬ ○

⑭ ○

⑮ ○

⑯ ○

⑰ ✕ WTO ではなく TPP。当初は様子を見ていた日本も参加。

⑱ ○ 日本は当初 FTA に消極的であったが，2002 年に締結した。

⑲ ✕ 2002 年のシンガポールが最初。

⑳ ✕ TPP や日欧 EPA などは，複数国と交渉。

㉑ ✕ 人口と GDP の数値が逆。人口で約4割，GDPで約6割。

㉒ ○

㉓ ✕ 域外共通関税は設定されない。労働力移動の自由化も設定されない。

㉔ ✕ NAFTA や APEC は域外共通関税導入はめざさない。

㉕ ○

㉖ ○

共通テスト・センター試験過去問　次の各設問に答えよ。

1 【EU①】 ヨーロッパにおける地域的経済統合の歩みについての記述として**適当でないもの**を，次の①〜④のうちから一つ選べ。 (06本)

① ECSC（欧州石炭鉄鋼共同体）において，石炭と鉄鋼に関する単一市場の形成がめざされた。

② EEC（欧州経済共同体）において，いくつかの例外を除いて，域外共通関税が撤廃された。

③ EC（欧州共同体）において，いくつかの例外を除いて，域内の非関税障壁が撤廃された。

④ EU（欧州連合）において，共通通貨ユーロが導入され，域内の通貨統合に向けて大きく前進した。

2 【地域統合と共通通貨】 次のA〜Dは，ヨーロッパにおける地域統合と共通通貨の導入とをめぐる出来事についての記述である。これらの出来事を古い順に並べたとき，3番目にくるものとして正しいものを，下の①〜④のうちから一つ選べ。 (17本)

A 欧州経済共同体（EEC）が発足した。

B 欧州中央銀行（ECB）が設立された。

C ユーロの紙幣および硬貨の流通が始まった。

D 欧州連合（EU）が発足した。

① A　　② B　　③ C　　④ D

3 【政治統合】 政治統合の例として，大統領に相当する欧州理事会常任議長や外相に相当する外務・安全保障政策上級代表を創設することを定めた条約はどれか。正しいものを，次の①〜④のうちから一つ選べ。 (17追)

① アムステルダム条約　　② マーストリヒト条約

③ リスボン条約　　④ ローマ条約

4 【地域経済貿易①】 次の図は，アメリカ，EU，中国，中東，その他の地域に対する日本の地域別貿易収支の推移を示したものである（縦軸の正値は貿易黒字額，負値は貿易赤字額を示す）。一方，下のア，イは，2012年のアメリカおよび中国に対する日本の貿易動向について説明した文章である。図中の国名A，Bと説明ア，イの組合せのうち，中国に該当するものとして正しいものを，下の①〜④のうちから一つ選べ。 (15追)

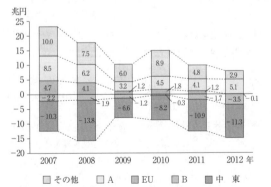

兆円

(資料) 経済産業省『通商白書2013』により作成。

ア この国で発生した経済危機から景気が底入れし，日本からこの国への自動車および自動車部品の輸出が増加した。

イ この国の実質GDP（国内総生産）成長率は2012年に8パーセントを下回り，日本からこの国への一般機械の輸出が減少した。

① A−ア　　② A−イ　　③ B−ア　　④ B−イ

5 【地域経済貿易②】 次の図中のア〜エにはASEAN，EU，MERCOSUR，NAFTAのいずれかが入り，それぞれにおける輸出額とその内訳，加盟国数が示されている。そのうち，ア〜ウに当てはまるものの組合せとして最も適当なものを，下の①〜⑨のうちから一つ選べ。 (21現第二)

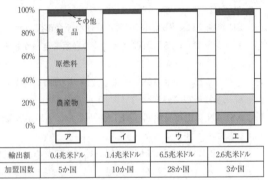

	ア	イ	ウ	エ
輸出額	0.4兆米ドル	1.4兆米ドル	6.5兆米ドル	2.6兆米ドル
加盟国数	5か国	10か国	28か国	3か国

(注1)「製品」は鉄鋼，化学製品，その他の半製品，機械類及び輸送用機器，繊維，衣料，その他の製品の合計，「原燃料」は鉱石及びその他の鉱物，燃料，非鉄金属の合計，「農産物」は食料品，原料品の合計である。

(注2) 輸出額とその内訳は2018年。加盟国数は2018年末時点。

(注3) MERCOSURの輸出額とその内訳，加盟国数にはボリビアを含めていない。

(注4) NAFTAについては2018年末時点。その後2020年に新しい協定に移行している。

World Trade Organization (WTO), *International Trade Statistics* (WTO Webページ) により作成。

① ア ASEAN　イ MERCOSUR　ウ EU

② ア EU　イ MERCOSUR　ウ ASEAN

③ ア MERCOSUR　イ EU　ウ ASEAN

④ ア ASEAN　イ NAFTA　ウ EU

⑤ ア EU　イ NAFTA　ウ ASEAN

⑥ ア MERCOSUR　イ ASEAN　ウ EU

⑦ ア ASEAN　イ MERCOSUR　ウ NAFTA

⑧ ア EU　イ ASEAN　ウ NAFTA

⑨ ア MERCOSUR　イ ASEAN　ウ NAFTA

6 【地域比較】 表は，1990年代に発足した地域経済統合について，2013年におけるその規模を表したものである。表中のA〜Cと下の地域経済統合名ア〜ウとの組合せとして正しいものを，下の①〜⑥のうちから一つ選べ。 (16本)

地域経済統合名	加盟国数	人口 （100万人）	GDP （10億米ドル）
A	3	470	19,856
B	5	283	3,168
C	10	612	2,410
EU（欧州連合）	28	506	17,512

（注）加盟国には準加盟国や加盟申請中の国は含まれない。
（資料）IMF, *World Economic Outlook Database*, October 2014
Edition April 2014 Edition（IMF Web ページ）により作成。

ア　AFTA（ASEAN 自由貿易地域）
イ　MERCOSUR（南米南部共同市場）
ウ　NAFTA（北米自由貿易協定）

① A－ア　B－イ　C－ウ　　② A－ア　B－ウ　C－イ
③ A－イ　B－ア　C－ウ　　④ A－イ　B－ウ　C－ア
⑤ A－ウ　B－ア　C－イ　　⑥ A－ウ　B－イ　C－ア

7 【ASEAN】 ASEAN は冷戦終結を経て加盟国を増やした。冷戦終結後に加盟した国として正しいものを，次の①～④のうちから一つ選べ。　　　　　　　　　　　　　（17 追）

① シンガポール　　　② タイ
③ フィリピン　　　　④ ベトナム

8 【EU②】 新聞記事の検索サービスで，EU（欧州連合）に関わる出来事を調べてみた。次のア～エのカードは，新聞記事を参考にメモしたものである。ア～エのカードに記載されている出来事を古いものから順に並べたとき，正しいものを，下の①～⑧のうちから一つ選べ。　　　　　　　　　　　　　　（18 試）

ア	イ
イギリスは，国民投票によって，EU からの離脱を決めた。	ギリシャは，巨額の財政赤字を隠していたことが発覚したために国債発行が困難となり，経済危機に陥った。

ウ	エ
単一通貨ユーロの紙幣・硬貨の使用が開始された。	ユーロ圏の金融政策を担う中央銀行として，欧州中央銀行（ECB）が設立された。

① ア→イ→ウ→エ　　② ア→エ→イ→ウ
③ イ→ア→エ→ウ　　④ イ→ウ→ア→エ
⑤ ウ→イ→エ→ア　　⑥ ウ→エ→ア→イ
⑦ エ→ア→イ→ウ　　⑧ エ→イ→ウ→ア

APPROACH🔍　正解率 51.1%

9 【地域経済統合①】 地域経済統合の動きに関連する記述として適当でないものを，次の①～④のうちから一つ選べ。
（09 追）

① 日本は他の国・地域との間で，FTA（自由貿易協定）を軸とする EPA（経済連携協定）の締結を進めている。
② NAFTA（北米自由貿易協定）では，メキシコが参加するための交渉が現在進められている。
③ 市場経済化の進む東欧諸国の加盟により，EU（欧州連合）の地域的拡大が進んでいる。
④ ASEAN は AFTA（ASEAN 自由貿易地域）を形成し，加盟国間の経済の結びつきを強めている。

10 【経済統合】 経済統合についての記述として最も適当なものを，次の①～④のうちから一つ選べ。　　　（12 本）

① FTA（自由貿易協定）は，二国間や地域で自由貿易をめざすもので，投資や知的財産権に関する協定を含む経済統合の最高度のものである。
② EEC（欧州経済共同体）で導入された関税同盟は，域内関税と域内輸入制限を撤廃し，域外共通関税を設定するものである。
③ 単一欧州議定書による市場統合は，非関税障壁を撤廃してモノの移動を自由化し，サービス・カネの移動について加盟国の規制を残すものである。
④ マーストリヒト条約で計画された経済通貨同盟は，加盟国の経済政策を調整し，固定相場を維持することを目的とするものである。

11 【地域協力】 地域協力についての記述として正しいものを，次の①～④のうちから一つ選べ。　　　　　　（12 本）

① ARF（ASEAN 地域フォーラム）は，アジア太平洋地域の安全保障に関して多国間で協議を行う機関である。
② APEC（アジア太平洋経済協力会議）に，中南米の国は参加していない。
③ EU の機構改革を内容としているリスボン条約は，加盟国での批准作業が終了していないため未発効である。
④ ASEAN＋3 に，日本は含まれていない。

12 【地域経済貿易③】 次の図 A～C は，EPA（経済連携協定）を複数の国と締結している日本，NAFTA（北米自由貿易協定）加盟国であるアメリカ，EU（欧州連合）加盟国であるドイツの，2001 年および 2011 年の相手国・地域別貿易額（輸出額と輸入額との合計）を表したものである。図中の「協定国」とは，日本については EPA 締結国を，アメリカについては NAFTA 加盟国を，ドイツについては EU 加盟国を表している。A～C と国名との組合せとして最も適当なものを，次の①～⑥のうちから一つ選べ。　　　　　　　　　　　　　　　（14 追）

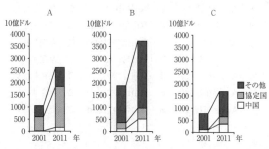

（資料）IMF, *Direction of Trade Statistics*（CD-ROM 版）により作成。

① A 日本　B アメリカ　C ドイツ
② A 日本　B ドイツ　C アメリカ
③ A アメリカ　B 日本　C ドイツ
④ A アメリカ　B ドイツ　C 日本
⑤ A ドイツ　B 日本　C アメリカ
⑥ A ドイツ　B アメリカ　C 日本

13【EU③】 EU（欧州連合）に関して説明した文として**適当でないもの**を，次の①〜④のうちから一つ選べ。　（15 地A追）

① EU 加盟国はいずれもユーロを通貨として導入している。

② EU 関連組織の本部は複数の国に分散立地している。

③ EU には西ヨーロッパ以外の国も加盟している。

④ EU は経済統合とともに共通外交・安全保障政策など政治統合をめざしている。

14【国際組織と役割】 国家間の結びつきに関して述べた文として下線部が**適当でないもの**を，次の①〜⑥のうちから二つ選べ。
（14 地A本）

① アフリカ諸国の連帯を強化するために設立された AU（アフリカ連合）は，紛争や貧困問題の解決に取り組んでいる。

② UNCTAD（国連貿易開発会議）や世界銀行は，発展途上国の貿易・投資・開発を支援することを目的として活動している。

③ 経済・貿易関係の強化を主目的として発足した APEC（アジア太平洋経済協力会議）は，アメリカ合衆国が未加盟のため機能していない。

④ 産油国により設立された OPEC（石油輸出国機構）は，原油の生産量や価格の決定をメジャー（国際石油資本）にゆだねている。

⑤ JICA（国際協力機構）は，発展途上国の経済成長や環境保護の支援を目的として，青年海外協力隊の派遣や研修生の受け入れを行っている。

⑥ 地域紛争への対処を目的の一つとして発足した ASEAN（東南アジア諸国連合）は，東西冷戦終結後，経済的な結びつきとしての側面が強まった。

15【地域経済統合②】 次の表は地域経済統合の特徴を示したものである。表中の A〜C に当てはまる語句の組合せとして正しいものを，下の①〜⑧のうちから一つ選べ。
（19 追）

	域内貿易	域外共通関税
北米自由貿易協定（NAFTA）	原則自由化	A
欧州連合（EU）	B	C

① A 存在する　B 原則自由化　C 存在する
② A 存在する　B 原則自由化　C 存在しない
③ A 存在する　B 自由化の対象外　C 存在する
④ A 存在する　B 自由化の対象外　C 存在しない
⑤ A 存在しない　B 原則自由化　C 存在する
⑥ A 存在しない　B 原則自由化　C 存在しない
⑦ A 存在しない　B 自由化の対象外　C 存在する
⑧ A 存在しない　B 自由化の対象外　C 存在しない

16【地域経済統合③】 第二次世界大戦以降，国家や地域の結びつきが強まるとともに数多くの国際機構が設立されてきた。加盟国の中に，OECD（経済協力開発機構）加盟国を含まない国際機構に該当するものを，次の①〜④のうちから一つ選べ。
（19 地A本）

① APEC（アジア太平洋経済協力会議）

② EU（欧州連合）

③ NATO（北大西洋条約機構）

④ OPEC（石油輸出国機構）

17【地域経済統合④】 国境を越えた経済活動を促進することなどを目的とした組織などが設けられており，日本もアジア・太平洋地域を中心に様々な組織などに加盟している。韓国，中国，日本のすべてが加盟している組織などとして正しいものを，次の①〜④のうちから一つ選べ。　（08 地A本）

① APEC　　② MERCOSUR

③ OECD　　④ OPEC

18【地域経済統合⑤】 地域統合に関する記述として最も適当なものを，次の①〜④のうちから一つ選べ。　（20 現追）

① 欧州連合（EU）の北欧における加盟国の一つに，ノルウェーがある。

② 北米自由貿易協定（NAFTA）の加盟国の一つに，キューバがある。

③ 中南米の国であるペルーは，アジア太平洋経済協力会議（APEC）の非加盟国である。

④ 東南アジア諸国連合（ASEAN）と日本・中国・韓国とを合わせて，ASEAN＋3 と呼ぶ。

19【地域経済統合⑥】 経済的地域統合に関する記述として**適当でないもの**を，次の①〜④のうちから一つ選べ。　（19 現本）

① EU の共通通貨ユーロを発行し，ユーロ圏における共通の金融政策を担うのは，欧州中央銀行（ECB）である。

② 東南アジアでは，関税障壁の撤廃などを主な目的として ASEAN 地域フォーラム（ARF）が結成された。

③ 環太平洋経済連携協定（TPP）に署名していたアメリカは，2017 年にその署名を撤回して TPP からの離脱を正式に表明した。

④ 1995 年に発足した南米南部共同市場（MERCOSUR）は，域外に対する共通の関税率を設定する関税同盟の段階に至っている。

③1 グローバル化と国際経済

共通テスト／ センター試験 出題頻度	年度	2023	2022	2021	2020	2019	2018	2017	2016	2015	2014	2013	2012
	出題	●		●	●		●			●		●	●

■STEP❶【基礎問題演習】■

次の各文中の空欄に適語を入れよ。

1 【南北問題】

① モノカルチャー経済など発展途上国間と先進国の経済格差により生じる国際的問題を（①）という。	**正　解**
	①南北問題
② 1961 年に先進資本主義諸国によって設立された（②）は，加盟国間の経済協調，途上国への援助促進を目的とし，先進国クラブとよばれる。	②経済協力開発機構（OECD）
③ 1964 年，南北問題を討議する国連の常設機関（③）が設置された。	③国連貿易開発会議（UNCTAD）
④ 1964 年，UNCTAD の第 1 回総会で，途上国の一次産品の貿易条件改善や，先進国による援助の必要性を行った報告を（④）報告という。	④プレビッシュ
⑤ OECD（経済協力開発機構）の下部機関である（⑤）は，途上国への援助について検討・決定する組織である。	⑤開発援助委員会（DAC）
⑥ 途上国への先進国による援助を（⑥）という。	⑥政府開発援助（ODA）
⑦ 日本の ODA は 2015 年に ODA 大綱を改定した（⑦）に基づいて行われている。	⑦開発協力大綱
⑧ 天然資源の産出国が所有・開発の権利を持つという考えが（⑧）であり，1974 年の国連資源特別総会でも主張された。	⑧資源ナショナリズム
⑨ 1960 年結成の（⑨）は 1973 年，石油資源に対する決定権を国際石油資本（メジャー）から取り戻し，2 度の原油価格の大幅引き上げを行った。	⑨石油輸出国機構（OPEC）
⑩ 途上国からの輸入に関し，先進国が関税を撤廃・軽減するしくみを（⑩）という。	⑩一般特恵関税
⑪ 途上国の経済発展をめざした公平原則に基づく新秩序に改革しようとする考えを（⑪）という。	⑪新国際経済秩序（NIEO）
⑫ （⑫）問題とは，発展途上国間での経済格差から起こる。	⑫南南
⑬ 途上国のなかで資源や条件に恵まれず，開発の著しく遅れた国を（⑬）という。	⑬後発発展途上国（LDC）
⑭ 1980 年代以降，対外債務が返済困難に陥る（⑭）が深刻化した。	⑭累積債務問題
⑮ 対外債務が増え，返済ができなくなったことを（⑮）という。	⑮デフォルト（債務不履行）
⑯ 1980 年代以降，デフォルトを防ぐために先進国は元本や利子の返済を遅らせる債務返済繰り延べ（⑯）を実施した。	⑯リスケジューリング
⑰ 発展途上国の貧困層に，その自立を促すために，少額の事業資金を無担保で貸し出すしくみを（⑰）といい，バングラデシュのグラミン銀行と創設者ムハマド゠ユヌスはその先駆として知られる。	⑰マイクロクレジット（マイクロファイナンス）
⑱ 所得分配の不平等や貧困と飢餓に関する研究でアジア人初のノーベル経済学賞を受賞した経済学者は，インドの（⑱）である。	⑱アマルティア゠セン
⑲ 中国では，1978 年から（⑲）体制下で改革開放路線が本格化した。	⑲鄧小平
⑳ 2000 年に国連で，2015 年までに達成すべき，開発分野における 8 つの国際社会の共通目標として（⑳）が設定された。	⑳MDGs
㉑ 2015 年に国連持続可能な開発サミットで，2030 年までの新しい目標である 17 のゴールと 169 のターゲットからなる（㉑）が設定された。	㉑SDGs

次の各文の正誤を判別し，誤りについては正しく訂正しなさい。

❶【南北問題と ODA】

① 開発途上国と先進国との経済格差とそれに伴う諸問題は南北問題と呼ばれ，開発途上国間の経済格差とそれに伴う諸問題は，南南問題と呼ばれる。 (14 追)

② 開発途上国のなかでも特に開発の程度が低い国を後発開発途上国（LDC）として指定する国際機関は，世界銀行である。 (18 現本)

③ 国連総会は先進国の主張に基づいて UNCTAD を設置し，自由貿易を基本とする国際秩序を形成し維持する役割を担っている。 (01 本)

④ 1964 年，ジュネーブで開かれた UNCTAD の第 1 回総会のプレビッシュ報告で，「援助も貿易も」という主張がなされた。

⑤ UNCTAD（国連貿易開発会議）は，発展途上国の輸出品に対する特恵関税の導入を要求した。 (09 本)

⑥ UNCTAD は第 1 回の会議から，一貫して「援助よりも貿易を」の実現を先進国に求めている。

⑦ 資源ナショナリズムの高まりを背景として NIEO 樹立宣言が採択されたのは，UNCTAD においてである。 (15 現本)

⑧ 一次産品は世界市場の自由な取引に委ねるのではなく，価格安定措置を講じるべきだとの主張が発展途上国からなされてきた。 (02 本)

⑨ 日本はアフリカ地域の最貧国の発展支援のため，内閣府に DAC（開発援助委員会）を設置している。 (08 本)

⑩ 日本が ODA を行っている地域は，アフリカが最も多く，次いでアジアである。

⑪ 新国際経済秩序（NIEO）樹立宣言は，国際法の一種として法的拘束力を持つ。

⑫ 先進国の産品を安価に輸入できるようにするため，特恵関税制度が導入された。 (10 本)

⑬ 先進国におくれて工業化を開始した NIEs は，後発発展途上国（LDC，LLDC）と呼ばれる。 (09 本)

⑭ 北京オリンピックが開催された 2008 年に TPP（環太平洋経済連携協定）の交渉に日本が参加した。 (15 本)

⑮ 東南アジアでは，関税障壁の撤廃などを主な目的として ASEAN 地域フォーラム（ARF）が結成された。 (19 現本)

⑯ 中国は ASEAN に加盟している。 (11 追)

⑰ 中国では，改革・開放政策の下で沿岸部を中心に経済特区が設けられ，外国資本の導入が図られた。 (13 本)

⑱ ムハマド・ユヌスは，ソーシャル・ビジネス（社会起業）の取組みの一つとして，国際復興開発銀行（IBRD）を設立した。 (16 現追)

⑲ 2010 年代のユーロ危機の要因の一つが，ユーロ導入国の複数で，財政赤字が顕在化したことである。 (19 現本)

⑳ マイクロファイナンス（マイクロクレジット）による融資は，無担保で行われる。 (21 本)

㉑ プレビッシュ報告では，南北問題を解決するために，アンチダンピング関税の導入が主張された。 (20 本)

㉒ 2015 年に国連が定めた，貧困や飢餓の撲滅，気候変動への対策などを含む地球規模の課題を解決するために達成すべき目標は，持続可能な開発目標（SDGs）と呼ばれている。 (19 現追)

㉓ 資源保有国が自国で資源を管理することを主張する考え方は，資源ナショナリズムと呼ばれる。 (19 現追)

❶ 正解とヒント

① ○

② × 国連経済社会理事会の審議を経て，国連総会の決議によって指定される。

③ × 途上国の要求で設立。

④ × 第 1 回は「援助より貿易を」。文中の主張は 1972 年の第 3 回総会でのもの。

⑤ ○

⑥ × 第 2 回は「援助よりも貿易を」のスローガンである。

⑦ × NIEO 樹立宣言採択は，1974 年の国連資源特別総会。

⑧ ○

⑨ × DAC は OECD の下部組織。

⑩ × アジアが半分以上。アフリカは十数％。

⑪ × 法的拘束力を持たない。

⑫ × 発展途上国に対して先進国が関税について一定の配慮を行う制度。

⑬ × NIEs は発展途上国の中で比較的早く工業化に成功した国々を指す。

⑭ × TPP 交渉への初参加は 2013 年，安倍内閣のとき。

⑮ × ARF ではなく，「ASEAN 自由貿易地域（AFTA）」。ARF は，アジア・太平洋地域の政治や安全保障が対象。

⑯ × 中国は APEC，WTO に加盟。TPP は未加盟。

⑰ ○

⑱ × IBRD ではなく「グラミン銀行」。

⑲ ○ PIGS と呼ばれるギリシャ，アイルランド，さらにポルトガル，スペイン，イタリアで顕在化した。

⑳ ○

㉑ × 貿易障壁の緩和が主張された。

㉒ ○

㉓ ○

共通テスト・センター試験過去問　次の各設問に答えよ。

1 【発展途上国の経済①】 発展途上国についての記述として最も適当なものを，次の①〜④のうちから一つ選べ。　　（12 本）

① 先進国からの開発援助の調整を行うため，発展途上国によって OECD（経済協力開発機構）が創設された。

② BRICs（ブリックス）と呼ばれる，経済発展が著しいブラジル，ロシア，インド，中国は，4 か国で自由貿易協定を締結した。

③ 発展途上国は UNCTAD（国連貿易開発会議）において，一次産品の価格安定や途上国製品に対する関税の撤廃を先進国に求めた。

④ 発展途上国の経済発展をめざすため，発展途上国内に，NIEs（新興工業経済地域）と呼ばれる経済特区が創設された。

2 【発展途上国の経済②】 発展途上国の経済発展のために国際機構が行ったことの記述として**誤っているもの**を，次の①〜④のうちから一つ選べ。　　（11 追）

① 国連の経済社会理事会で，下部組織として DAC（開発援助委員会）が設置された。

② 国連の資源特別総会で，NIEO（新国際経済秩序）の樹立に関する宣言が採択された。

③ 南北問題についての協議を行うために，UNCTAD（国連貿易開発会議）が創設された。

④ 発展途上国への技術協力と開発のための資金援助を行うために，UNDP（国連開発計画）が創設された。

3 【発展途上国の経済③】 発展途上国に関連して，第二次世界大戦後の発展途上国についての記述として正しいものを，次の①〜④のうちから一つ選べ。　　（13 追）

① 一次産品に特化したモノカルチャー経済をとっていた多くの発展途上国では，戦後の貿易自由化により，交易条件が改善された。

② 1980 年代には，発展途上国の累積債務問題が表面化し，中南米諸国にはデフォルト（債務不履行）を宣言する国も現れた。

③ 発展途上国は，先進国の支援の下に，相互の経済協力について政策協議を行うために，OECD（経済協力開発機構）を設立した。

④ 発展途上国間で，天然資源をもつ国ともたない国との経済格差が問題となったため，国連資源特別総会は，資源ナショナリズム反対を決議した。

4 【国家間格差】 国家間格差に関する記述として最も適当なものを，次の①〜④のうちから一つ選べ。　　（18 本）

① 国連総会において，先進国の資源ナショナリズムの主張を盛り込んだ新国際経済秩序樹立宣言が採択された。

② 国連貿易開発会議は，南南問題の解決を主目的として設立された。

③ 日本の政府開発援助は，必ず返済しなければならない。

④ 現地生産者や労働者の生活改善や自立を目的に，発展途上国の原料や製品を適切な価格で購入するフェアトレードが提唱されている。

5 【BRICS】 1980 年代から新興工業経済地域の呼称として使われてきた NIES に対して，近年，BRICS と呼ばれる新興工業国が登場してきた。BRICS に該当する国として正しいものを，次の①〜④のうちから一つ選べ。　　（15 本）

① インドネシア　　② シンガポール

③ インド　　④ サウジアラビア

6 【発展途上国の経済④】 発展途上国について，その経済に関する記述として**誤っているもの**を，次の①〜④のうちから一つ選べ。　　（16 追）

① プレビッシュ報告では，南北問題を解決するために特恵関税制度の撤廃が主張された。

② フェアトレードとは，発展途上国の人々の生活を改善するために，発展途上国産の原料や製品について公正な価格で継続的に取引することである。

③ ミレニアム開発目標では，極度の貧困や飢餓の撲滅などをめざすことが定められた。

④ マイクロクレジットとは，貧困層の自助努力を支援するために，低所得者に少額の融資を行うことである。

7 【発展途上国の経済⑤】 南北問題に関連して，発展途上国・地域の経済問題をめぐる記述として最も適当なものを，次の①〜④のうちから一つ選べ。　　（08 追）

① 資源ナショナリズムの動きを受け，資源を有する発展途上国は，石油や銅など資源関連の国営企業の民営化を進めた。

② アジア NIES の高度な経済発展により，南南問題は解消された。

③ プレビッシュ報告では，世界的な自由貿易体制の実現が，発展途上国の貧困問題の解決に寄与するとされた。

④ ブラジルやメキシコでは，累積債務問題が発生した。

8 【国際協力】 開発のための国際協力に関する記述として最も適当なものを，次の①〜④のうちから一つ選べ。　　（16 現追）

① 天然資源に対する恒久主権などを盛り込んだ新国際経済秩序（NIEO）樹立宣言は，国連経済社会理事会において採択された。

② 遺伝資源の利用から生じる利益について，その公正な配分を目的とする名古屋議定書が採択された。

③ 政府開発援助（ODA）の 1 年当たりの援助額において，日本は，21 世紀に入ってから世界第 1 位であり続けている。

④ 従来の日本の ODA 大綱に代わり，災害救助等の非軍事目的であれば他国軍支援の可能性を認める「開発協力大綱」の閣議決定は，見送られてきている。

9 【発展途上国】 発展途上国についての記述として**適当でない**ものを，次の①〜④のうちから一つ選べ。　　（09 本）

① 発展途上国全体の人口増加率は，先進国全体のそれを上回っている。

② 発展途上国の GDP（国内総生産）の総計は，先進国のそれを下回っている。

③ 先進国におくれて工業化を開始した NIES は，後発発展途上国（LDC, LLDC）と呼ばれる。

④ 発展途上国間の経済格差やそれをめぐる問題は，南南問題と呼ばれる。

10 【国際機関による協力】 国際機関が行ってきたことについての記述として最も適当なものを，次の①～④のうちから一つ選べ。 (09 本)

① UNCTAD（国連貿易開発会議）は，発展途上国の輸出品に対する特恵関税の導入を要求した。

② OECD（経済協力開発機構）は，原油価格の下落を防ぐための貿易協定を採択した。

③ WTO（世界貿易機関）は，発展途上国に経済開発のための融資を行っている。

④ UNICEF（国連児童基金）は，発展途上国における児童の就労を促進している。

11 【日本のODA】 生徒Yのグループは日本のODA（政府開発援助）の実施状況について調べた。日本のODAについての記述として正しいものを，次の①～④のうちから一つ選べ。

(21 本)

① 日本は，国際機関を通じた多国間援助は実施していないが，発展途上国を対象とした二国間援助を実施している。

② 日本は，返済義務のない無償の援助のみを実施している。

③ 日本のODA支出額は，2001年以降，先進国の目標とされる対GNI比0.7パーセント以上を維持してきた。

④ 日本のODA支出額は，1990年代の複数年で世界第一位を記録した。

12 【世界のODA】 世界の政府開発援助（ODA）の実績を表した次の表中の空欄A～Dに当てはまる語句の組合せとして正しいものを，下の①～⑥のうちから一つ選べ。 (20 本)

国名	ODAの実績総額 （億ドル）	ODAの対国民総所得 （GNI）比（%）	A（%）
B	344.1	0.19	100.0
C	247.4	0.70	88.4
イギリス	180.5	0.70	98.3
D	104.2	0.20	87.0
フランス	96.2	0.38	81.4

(注) すべて2016年の支出純額ベースの数値である。
(資料) 外務省『開発協力白書』(2017年版)（外務省Webページ）により作成。

① A グラント・エレメント B ドイツ
　 C 日 本　　　　　　　　 D アメリカ

② A グラント・エレメント B 日 本
　 C アメリカ　　　　　　 D ドイツ

③ A グラント・エレメント B アメリカ
　 C ドイツ　　　　　 D 日 本

④ A 贈与比率　　　　　 B ドイツ
　 C 日 本　　　　　　　 D アメリカ

⑤ A 贈与比率　　　　　 B 日 本
　 C アメリカ　　　　　　 D ドイツ

⑥ A 贈与比率　　　　　 B アメリカ
　 C ドイツ　　　　　 D 日 本

13 【経済格差②】 貧しさや豊かさをめぐる課題に関する記述として最も適当なものを，次の①～④のうちから一つ選べ。

(12 現本)

① 植民地時代に宗主国によって，少数の工業製品の生産に依存するモノカルチャー経済が形成されたことが，開発途上国にお

ける経済発展の妨げとなることがある。

② 人間開発指数（HDI）は，国ごとに人間開発の程度を表す指標であり，平均寿命，教育水準，失業率の三つの指標をもとに算出されている。

③ 国際連合（国連）は，1日の収入が1ドル（米ドル）未満という極度の貧困に苦しむ人々の人口比率を半減させる，などの目標を掲げたミレニアム開発目標（MDGs）を策定していた。

④ 開発途上国のなかには，国外から借り入れた資金を返済できず，対外債務が積み上がっていくというデフレーションの問題を抱える国がある。

14 【経済格差③】 所得格差の実態は所得シェアの比較によっても分析できる。次の図は，日本，アメリカ，チリ，ノルウェーについて，全世帯を所得の低い方から高い方に並べた上で，世帯数を5等分し，低い方から順に第Ⅰ，第Ⅱ，第Ⅲ，第Ⅳ，第Ⅴ階級とし，全世帯の総所得に占める各階級ごとの所得シェアを示したものである。この図から読みとれる内容として正しいものを，下の①～④のうちから一つ選べ。 (14 本)

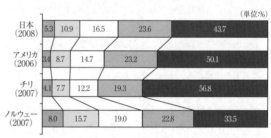

(注) 国名の下の（ ）内の数字は，統計データの年を示す。
(資料) 厚生労働省『平成20年　所得再分配調査報告書』および Ortiz and Cummins, *Global Inequality*, 2011（ユニセフWebページ）より作成。

① 日本では，第Ⅰ階級所得シェアに対する第Ⅴ階級所得シェアの比率が，図中の国の中で最も小さい。

② アメリカでは，第Ⅰ階級所得シェアに対する第Ⅴ階級所得シェアの比率が，図中の国の中で最も大きい。

③ チリでは，所得上位2階級の所得シェアの合計が，総所得の80パーセント以上を占めている。

④ ノルウェーでは，所得下位3階級の所得シェアの合計が，総所得の60パーセント以上を占めている。

15 【国際協力②】 南北問題や，ODAをはじめとする開発協力に関する記述として最も適当なものを，次の①～④のうちから一つ選べ。

(22 現本)

① 1974年に新国際経済秩序樹立宣言（NIEO）が採択されたのは，国連環境開発会議（地球サミット）の場である。

② 1970年代以降に重視され始めたのは，人間が生きていく上で最低限必要な人間の基本的ニーズ（BHN）の充足である。

③ 各国のODA供与額が全世界で何位かを順位づけし，毎年の順位を見たとき，1990年代の日本のODA供与額の最高順位は2位であった。

④ 先進国は，国際通貨基金（IMF）の下部機関として開発援助委員会（DAC）を設置し，DACを中心に開発途上国への協力を行ってきた。

共通テスト／センター試験出題頻度	年度	2023	2022	2021	2020	2019	2018	2017	2016	2015	2014	2013	2012
	出題	●		●	●	●	●		●	●	●	●	●

STEP❶【基礎問題演習】

次の各文中の空欄に適語を入れよ。

1【日本経済の国際化と経済摩擦】

1　（①）による1ドル＝360円の単一為替レートの設定と朝鮮特需により戦後の日本の経済復興が始まった。1952年に（②）とIBRDに，1955年にはGATTに加盟した。

2　1963年にGATT（③）条国となり，国際収支の悪化を理由に輸入数量制限が認められない国となった。1964年にIMF（④）条国となり，為替制限が認められない国となった。

5　1964年，（⑤）（経済協力開発機構）に加盟が認められ，先進国の一員として承認され，資本の自由化が義務となった。

7　1988年に成立したアメリカ包括通商法の中心条項（⑥）は，不公正貿易国と認定すれば報復措置をとるとするもので，日本のスーパーコンピュータなども対象品目にあげられた。

8　日米間では，1989年に（⑧）が開かれて，日本の流通制度が問題となって大店法や系列取引を見直した。1993年からの（⑨）ではではアメリカは市場参入の数値目標を求めた。

10　日本の貿易摩擦の対象は，（⑩）に始まり，鉄鋼，機械や自動車，半導体と移り変わっていった。

11　原材料調達から製造，物流，販売までを世界規模で高度に最適化した（⑪）が構築され，日本は最終財の割合が増えた。

12　最大の貿易相手国は2000年代前半頃まではアメリカ，2023年現在は（⑫）である。

13　近年の日本の経常収支黒字の大きな要因は，インバウンド増加によるサービス収支の改善と，（⑬）収支の黒字が大きい。

14　日本の国際収支では，長年の投資による対外純資産の蓄積により，そこからの利子や配当の収益である（⑭）収支の黒字が拡大している。

2【国際協力】

1　日本政府の発展途上国に対する技術協力，無償資金協力の実施を担当するのは（①）である。

2　日本のODAの対GNI比は国連目標の（②）％に比べて低い。

3　日本の政府開発援助の指針となる「ODA大綱」が1993年に作成され，2003年に改定された。2015年に大幅な見直しが行われ，「（③）」と名称を改められた。

4　発展途上国の産品を適正な価格で輸入し，先進国内の市場で販売することを（④）という。主にNGOが途上国生産者の自立支援や環境保護のために行う。

5　難民の地位に関する条約（難民条約）は1951年に成立しているが，日本は（⑤）年に批准している。

3【日本の外交】

1　日本の外交の三原則とは「（①）中心主義」，「自由主義との協調」，「（②）の一員としての立場」である。

2　1951年に（③）を締結して国際社会に復帰した。

3　1956年，「日ソ共同宣言」によりソ連と国交を回復し，（④）への加盟を実現した。

4　1965年に日韓基本条約を結び，1972年に（⑤）を出して，韓国・中国と国交回復した。

5　日本の領土問題は，ロシアとの間の（⑥）と韓国との間の（⑦）がある。なお，尖閣諸島は日本固有の領土であり，領有権の問題は存在しないとしている。

正　解
①ドッジ゠ライン
②IMF
③11
④8
⑤OECD
⑥スーパー301条
⑧日米構造協議
⑨日米包括経済協議
⑩繊維
⑪サプライチェーン
⑫中国
⑬第一次所得
⑭第一次所得
①国際協力機構（JICA）
②0.7
③開発協力大綱
④フェアトレード（トランスフェア）
⑤1982
①国連
②アジア
③サンフランシスコ平和条約
④国際連合
⑤日中共同声明
⑥北方領土
⑦竹島

次の各文の正誤を判別し，誤りについては正しく訂正しなさい。

1 【日本経済の国際化】

① 1950年代以降にアメリカとの貿易摩擦において，輸出自主規制を行った産業の一つは，鉄鋼産業である。 (17 現追)

② 高度成長期の日本では，国際収支の悪化を理由とした輸入の数量制限ができなくなった。 (12 本)

③ 高度成長期の日本では，IMF8条国への移行に伴って，為替管理が強化された。 (18 本)

④ 1960年代のOECD（経済協力開発機構）への加盟以降，日本は資本の自由化を段階的に実施してきた。 (01 本)

⑤ 安定成長期には，自動車の輸出が急激に増加したことにより日米間で初めての貿易摩擦が生じた。 (10 本)

⑥ 日本では1980年代半ば以降には，円高の影響もあり，電機・電子関連の工場が安価な労働力を求めてアジア諸国へ進出した。 (11 地B本)

⑦ アメリカとの貿易摩擦に関して，1950年代から自主規制が行われていた。

⑧ 日米構造協議（SII）において，新規参入商品を販売店がなかなか受け入れないなどの，日本の市場の閉鎖性が指摘された。

⑨ 1993年，農産物の日米間交渉で，コメが部分的市場開放をした。

⑩ 1991年，農産物の日米間交渉で，コメが最初に市場開放をした。

⑪ 日本は，GATTの多国間協議で，コメの輸入自由化に合意した。 (05 現本)

⑫ 2019年現在，日本の輸出入先の地域で最も多いのは北米であり，次がアジアである。

⑬ ODAは発展途上国に対する資金援助を目的としているため，専門家派遣などの技術協力は含まれない。 (09 本)

⑭ ODAを通じた資金供与では，アフリカの新興諸国に比重をおいた支援を行っている。 (06 追)

⑮ 日本政府は，ODA（政府開発援助）について，国益重視や人間の安全保障，NGOとの連携といった指針を掲げている。

⑯ 日本のODAの額は贈与より借款が多く，特に技術協力分野でその額が低いとされている。

⑰ 日本政府は国内のNGO（非政府組織）のネットワークを統括し，新興諸国にNGO職員を派遣している。 (06 追)

⑱ 国際協力機構（JICA）が青年海外協力隊を派遣し，新興諸国に対する技術支援などの協力を行っている。 (06 追)

⑲ 日本はTPPに途中から参加を表明したが，その後離脱を表明している。

⑳ ダンピング輸出だとされて高い関税を課された国の訴えを受けて，WTO（世界貿易機関）は裁定を下すことができる。 (04 追)

㉑ セーフガード（緊急輸入制限）を発動して自国産業を一時的に保護することは，WTO（世界貿易機関）のルールでは認められていない。 (03 本)

㉒ 政府開発援助（ODA）の1年当たりの援助額において，日本は，21世紀に入ってから世界第1位であり続けている。 (16 現追)

㉓ 従来の日本のODA大綱に代わり，災害救助等の非軍事目的であれば他国軍支援の可能性を認める「開発協力大綱」の閣議決定は見送られてきている。 (16 現追)

㉔ 日本は，難民条約に加入していない。 (18 追)

㉕ 外交三原則には，「アジアの一員としての立場の堅持」は含まれない。 (19 現追)

㉖ 日本と中国の間の国交正常化は，1978年の日中平和友好条約により実現した。 (18 本)

㉗ 個人の生存・生活・尊厳の保護を中心に据える「人間の安全保障」の考え方は，日本の外交の方針に含まれていない。 (18 現本)

1 正解とヒント

① ○ 1950年代から繊維，1960年代から鉄鋼，1970年代から自動車，1980年代から半導体。

② ○ 1963年にGATTの11条国へ移行した。

③ × 14条国から8条国へと移行し為替管理はできない。

④ ○

⑤ × 初は50年代の繊維。

⑥ ○ 1985年のプラザ合意による円高と1986年日米半導体協定締結が背景にある。

⑦ ○

⑧ ○

⑨ × 日米間ではなくウルグアイ-ラウンドにおいて。

⑩ × 1991年は牛肉とオレンジ。

⑪ ○

⑫ × アジアが約6割で最多。北米は1970年代頃までの最多。

⑬ × 技術協力も含まれる。

⑭ × アジアが多い。

⑮ ○

⑯ × 贈与の方が多いが，DAC諸国に比べて低い。技術協力分野はDAC諸国に比べむしろ高い。

⑰ × 統括はしない。協力を仰ぐときはある。

⑱ ○

⑲ × 離脱は表明せず。日本をアメリカに変えると正解。

⑳ ○ パネルと呼ばれる委員会が裁定する。

㉑ × 認められている。

㉒ × 21世紀にその額は減少し，近年は第4位～第5位の水準。

㉓ × 「開発協力大綱」は2015年に閣議決定されている。

㉔ × 1982年に加盟。

㉕ × 含まれる。

㉖ × 1972年の「日中共同声明」により実現。

㉗ × ODAの基本方針にも入る。

共通テスト・センター試験過去問　次の各設問に答えよ。

1 【日本経済の国際化】　日本経済の国際化についての記述として最も適当なものを，次の①〜④のうちから一つ選べ。

(13 追)

① 貿易や資本移動の自由化とともに多国籍企業の活動も拡大し，近年では，年間の売上高が日本の GDP（国内総生産）を上回る企業も存在する。

② 2011 年末から 12 年初めにかけて，タイでは大洪水が発生したが，日本における生産活動は影響を受けなかった。

③ 1980 年代末に行われた日米構造協議の結果として，大規模小売店舗法の改正が行われ，大型店の立地が促進された。

④ 日本では，外国人労働者の増大に伴い，不法就労者に対しても雇用保険が適用されるようになった。

2 【日本企業の海外展開】　1980 年代以降における日本の製造業の海外展開とその影響について述べた文として下線部が適当でないものを，次の①〜④のうちから一つ選べ。　(18 地 B 追)

① 国際分業の進展にともない，アジアにおける域内貿易が拡大した。

② 大企業による海外進出は，国内における工場の閉鎖を引き起こした。

③ 貿易摩擦を背景として，アメリカ合衆国での自動車の現地生産が進展した。

④ 輸出指向型の工業化政策に転換する国・地域が増えたことで，低付加価値製品の生産拠点を西アジアに立地させる動きが強まった。

3 【貿易摩擦①】　日米貿易摩擦についての協議である日米構造協議でアメリカが日本に要求した内容として誤っているものを，次の①〜④のうちから一つ選べ。　(15 追)

① 系列取引の見直し　　② 財政赤字の縮小

③ 国内需要の拡大　　④ 独占禁止法の改正

4 【貿易摩擦②】　貿易摩擦に関連する記述として誤っているものを，次の①〜④のうちから一つ選べ。　(01 本)

① 日本では，コメの輸入について関税化し，順次関税率を引き下げていくことが決定されている。

② 日米構造協議では，関税などの貿易政策にとどまらず，日本国内における流通機構などの改善についても取り上げられた。

③ 1980 年代前半から開始された日本の対米自動車輸出自主規制は，WTO の成立後も，例外として認められ，継続されている。

④ 1980 年代後半に至って，日米間で懸案となっていた日本による牛肉・オレンジの輸入自由化が合意された。

5 【経済のグローバル化】　経済のグローバル化をめぐる次の出来事ア〜ウを古い順に並べたとき，その順序として正しいものを，下の①〜⑥のうちから一つ選べ。　(14 本)

ア 日本版金融ビッグバンの一環として外為法（外国為替及び外国貿易管理法）が改正された。

イ 日本市場の規制緩和などを話し合う日米包括経済協議が開催された。

ウ 日本の ODA（政府開発援助）の基本理念を定めた ODA 大綱が改定された。

① ア─イ─ウ　　② ア─ウ─イ　　③ イ─ア─ウ
④ イ─ウ─ア　　⑤ ウ─ア─イ　　⑥ ウ─イ─ア

6 【日本の政策】　国内外の経済状況に対応するためにとられた日本の政策に関する記述として最も適当なものを，次の①〜④のうちから一つ選べ。　(15 追)

① WTO（世界貿易機関）は環太平洋に位置する諸国間での経済の自由化を推進するためのもので，日本の WTO への参加が表明された。

② FTA（自由貿易協定）は特定の国や地域の間での貿易の自由化を推進するためのもので，日本とシンガポールとの間で FTA が締結された。

③ 円高不況を克服するために，プラザ合意で外国為替市場への協調介入が決定された。

④ 国内の大規模な金融破綻やアジア通貨危機に対処するために，量的緩和政策が実行された。

7 【日本の国際協力①】　日本の国際協力についての説明として最も適当なものを，次の①〜④のうちから一つ選べ。　(08 本)

① アジア太平洋地域の経済交流を促進するため，APEC（アジア太平洋経済協力会議）に参加している。

② アフリカ地域の最貧国の発展支援のため，内閣府に DAC（開発援助委員会）を設置している。

③ 発展途上国に技術協力などの支援を行うため，自衛隊の組織として青年海外協力隊が設けられている。

④ 国際社会の平和と安定に貢献するため，国連憲章の規定する UNF（国連軍）に自衛隊が参加している。

8 【日本の国際協力②】　日本による発展途上国への援助と協力に関する記述として誤っているものを，次の①〜④のうちから一つ選べ。　(20 追)

① 第二次世界大戦の戦後処理において賠償請求を放棄した国に対して，経済支援を行った。

② 相手国が援助に依存せず自立的に発展できるようになることをめざして，開発協力を行っている。

③ 二国間援助における人的協力を積極的に推進することを目的として，1992 年に自衛隊の海外派遣を可能とする法律を制定した。

④ 2015 年に新たに開発協力大綱を閣議決定し，その基本方針の一つとして人間の安全保障の推進を定めている。

9 【日本の ODA ①】　日本の ODA（政府開発援助）についての記述として最も適当なものを，次の①〜④のうちから一つ選べ。　(09 本)

① 発展途上国に対する資金援助を目的としているため，専門家派遣などの技術協力は含まれない。

② 発展途上国における経済発展の支援を目的としているため，資金の返済を必要とする円借款は含まれない。

③ 援助額の対象地域別割合をみると，中南米地域に対するものが最大となっている。

④ ODA 総額の GNI（国民総所得）または GNP（国民総生産）に対する比率は，国連が掲げる目標水準を下回っている。

10 【日本のODA②】 政府開発援助に関連して，生徒Yのグループは日本のODA（政府開発援助）の実施状況について調べた。日本のODAについての記述として正しいものを，次の①～④のうちから一つ選べ。 (21本)

① 日本は，国際機関を通じた多国間援助は実施していないが，発展途上国を対象とした二国間援助を実施している。

② 日本は，返済義務のない無償の援助のみを実施している。

③ 日本のODA支出額は，2001年以降，先進国の目標とされる対GNI比0.7パーセント以上を維持してきた。

④ 日本のODA支出額は，1990年代の複数年で世界第一位を記録した。

11 【日本の外交】 日本の外交についての記述として正しいものを，次の①～④のうちから一つ選べ。 (17追)

① 日本は，日華平和条約により，中華人民共和国との国交を正常化した。

② 日本は，日韓基本条約により，大韓民国との国交を正常化した。

③ 日本は，国際連合の安全保障理事会において，常任理事国を務めたことがある。

④ 日本は，国際連合の通常予算に関して，加盟国の中で最も高い分担率を引き受けている。

12 【日本外交の三原則】 日本は1957年に外交の三原則を掲げた。これについての記述として適当でないものを，次の①～④のうちから一つ選べ。 (18本)

① アジアの一員として，アジアの地位向上に努める。

② 唯一の被爆国として，核抑止体制を主導する。

③ 国際連合を平和維持の中心とし，その使命達成のために努力する。

④ 自由主義諸国と協調し，共産主義諸国に対する団結の一翼を担う。

13 【開発協力大綱】 生徒Xのグループは，『開発協力大綱』にあたる次の資料を読み，日本の開発協力政策では，ある考え方が推進されていることを学んだ。次の資料中の空欄 ア に当てはまる考え方として最も適当なものを，下の①～④のうちから一つ選べ。 (21本)

> **資料**
>
> 　個人の保護と能力強化により，恐怖と欠乏からの自由，そして，一人ひとりが幸福と尊厳を持って生存する権利を追求する ア の考え方は，我が国の開発協力の根本にある指導理念である。この観点から，我が国の開発協力においては，人間一人ひとり，特に脆弱な立場に置かれやすい子ども，女性，障害者，高齢者，難民・国内避難民，少数民族・先住民族等に焦点を当て，その保護と能力強化を通じて， ア の実現に向けた協力を行うとともに，相手国においてもこうした我が国の理念が理解され，浸透するように努め，国際社会における主流化を一層促進する。
>
> （出所）外務省Webページ

① ユニバーサルデザイン　　② シビリアン・コントロール

③ 人間の安全保障　　④ 平和五原則

14 【日本のODA③】 次の表1は，日本による2国間ODA（政府開発援助）について，2000年と2016年における地域別実績*を示したものであり，表1中のカ～クは，アフリカ，東南アジア，東アジアのいずれかである。カ～クと地域名との正しい組合せを，下の①～⑥のうちから一つ選べ。 (19地A追)

表1

	2000年（百万ドル）	2016年（百万ドル）	増減率（%）
カ	1043.5	1134.2	8.7
キ	951.1	799.1	−16.0
中央・南アメリカ	639.9	283.6	−55.7
ク	549.3	40.2	−92.7
南アジア	440.1	307.4	−30.2

外務省の資料により作成。

*無償資金協力と技術協力の合計値。

	カ	キ	ク
①	アフリカ	東南アジア	東アジア
②	アフリカ	東アジア	東南アジア
③	東南アジア	アフリカ	東アジア
④	東南アジア	東アジア	アフリカ
⑤	東アジア	アフリカ	東南アジア
⑥	東アジア	東南アジア	アフリカ

15 【近年の日本外交】

問　次の文章の空欄A～Cに入る語句を答えなさい。なお，同じ記号には同じ語句が入る。 (23関西大改)

> 「自由で開かれた A 太平洋」という概念が注目されている。背景として，中国への危機感がある。中国は積極的な海洋進出や，中国と中央アジア・中東・ヨーロッパ・アフリカにかけての広域経済圏の構想である B 政策を通じ，これらの地域に影響力を拡大している。台頭する中国に対抗するため，日本，アメリカ，オーストラリア， A の4カ国は， C と呼ばれる枠組みを形成している。これらの背景もあり，2022年3月，岸田文雄首相は，初めての外遊先として A を選んだ。

Ⅱ 総合・資料, 時事 問題演習 編

総・資① 【国　連】　下表は，2013年と2019年の国連通常予算分担率の上位国とその順位を示す。A国〜G国のうち，安全保障理事会常任理事国の組合せとして最適なものを，下記①〜⑥のうちから選べ。

解答欄・メモ欄

解答 [　　　　]

➡アプローチ

1位の米国は不動であり，2位で日中が入れ替わったという知識があれば解答は容易になる。表を用いた問題であっても，最低限の知識は要求される。

2013年

A国	B国	C国	D国	E国	F国	G国
22.000%	10.833%	7.141%	5.593%	5.179%	5.148%	2.44%
1位	2位	3位	4位	5位	6位	11位

2019年

A国	B国	C国	D国	E国	F国	G国
22.000%	8.564%	6.090%	4.427%	4.567%	12.005%	2.405%
1位	3位	4位	6位	5位	2位	11位

① A国，B国，C国，D国，E国

② B国，C国，D国，F国，G国

③ A国，B国，D国，E国，F国

④ B国，D国，E国，F国，G国

⑤ A国，D国，E国，F国，G国

⑥ B国，C国，D国，E国，F国

総・資② 【市場経済】　価格機構に関連して，次の図は，国内で自給していた財について，その均衡価格以下の国際価格で輸入が可能になったときに，生産量や輸入量などがどのように変化するかを示している。まず，国内で自給していたときには，価格 P_0，数量 Q_0 で均衡していた。次に，国際価格 P_1 で無関税かつ無制限の輸入が可能になった結果，国内価格が P_1，国内需要量が Q_1 に変化した。この新たな均衡点に達したときの国内生産量，輸入量の組合せとして正しいものを，次ページの表の①〜④のうちから一つ選べ。　　　　（07 政経本・改）

解答欄・メモ欄

解答 [　　　　]

➡アプローチ

価格機構に関する問題である。基本なので習熟しておく必要がある。

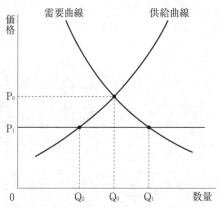

	国内生産量	輸 入 量
①	0	Q_1
②	Q_2	$Q_1 - Q_2$
③	Q_0	$Q_1 - Q_0$
④	Q_1	0

総・資③ 【環境問題】 次の図は，わが国の部門別の二酸化炭素排出量である。この図の説明として最も適当なものを，下の①〜④のうちから一つ選べ。

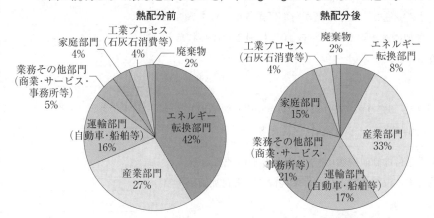

（『平成 27 年版 環境・循環型社会白書』より作成）

① エネルギー転換部門の二酸化炭素の直接の排出量は，電気・熱配分前では 8 ％だが，電気・熱配分後には 41 ％と増加している。

② 運輸の二酸化炭素の直接の排出量は，電気・熱配分前では 17 ％だが，電気・熱配分後には 16 ％と微減している。

③ 産業の二酸化炭素の直接の排出量は，電気・熱配分前と電気・熱配分後ともに 27 ％で変化はない。

④ 家庭の二酸化炭素の直接の排出量は，電気・熱配分前では 4 ％だが，電気・熱配分後には 15 ％と増加している。

総・資④ 【財　政】 財政に関する記述として最も適当なものを，次の①〜④のうちから一つ選べ。 (15 政経本・改)

① 外国為替基金特別会計などの特別会計の予算は，一般会計予算とは別に作成される。

② 国際協力銀行などの政府関係機関予算は，国会の承認を受ける必要はない。

③ 郵政民営化によって財政投融資が見直され，郵便貯金や年金の積立金の大半が民間企業に融資されるようになった。

④ 国会審議中に，当初予算案を修正，追加した部分を補正予算という。

総・資⑤ 【地方財政】 下表は，2016 年の地方自治体（都道府県・市町村統計）の財源構成である。ＡＢＣの組合せとして，もっとも適当なものを，下記①〜④のうちから選べ。

※その他財源として 13.9％ある。

自主財源	一般財源	A	38.8％
		使用料・手数料など	2.2％
依存財源		B	17.0％
		地方譲与税	2.3％
	特定財源	C	15.5％
		地方債	10.2％

① A－地方税　　　B－地方債　　　C－地方交付税

② A－地方税　　　B－地方交付税　C－国庫支出金

③ A－地方交付税　B－地方税　　　C－国庫支出金

④ A－地方交付税　B－地方債　　　C－地方税

総・資⑥ 【付加価値税】　付加価値税とは，税抜き売り上げ価格にかかる税額から，税抜き仕入額にかかる税額を差し引いた「差し引き税額」を納付する仕組みである。ある商品が次図のように流通し，全事業者が付加価値税を納付する義務を負うものとした場合に，付加価値税率が 8 ％から 10 ％に引き上げられたときの記述として**誤っているもの**を，下の①〜④のうちから一つ選べ。

(15 政経本・改)

> 税抜き出荷額 1000 円　税抜き卸売り額 1200 円　税抜き小売り額 2000 円
> 生産者 → 卸売業者 → 小売業者 → 消費者

① 生産者が課税当局に納付する付加価値税額は，80 円から 100 円になる。

② 卸売業者が課税当局に納付する税額を算定する際に控除できる付加価値税額は，16 円から 20 円になる。

③ 小売業者が課税当局に納付する付加価値税額は，64 円から 80 円になる。

④ 消費者が負担する付加価値税額は，160 円から 200 円に増加する。

総・資⑦ 【為替相場】　変動為替相場制において，自国通貨の下落を引き起こす可能性のある政策として**適当でないもの**を，次の①〜④のうちから一つ選べ。

(09 政経追など・改)

① 中央銀行が買いオペレーションを行う。

② 国債の利子を引き上げて発行額を増やす。

③ 増税により物価が上昇する。

④ 関税を引き下げて輸入拡大を図る。

総・資⑧ 【景気変動】　内閣府の経済見通しに関する次の四つの図の説明として**適当でないもの**を，下の①〜④のうちから一つ選べ。

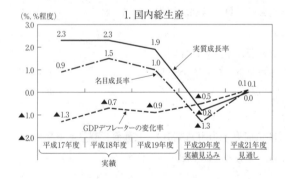

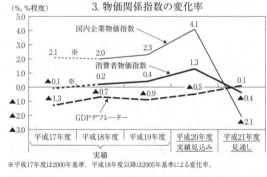

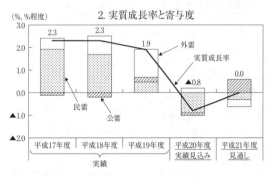

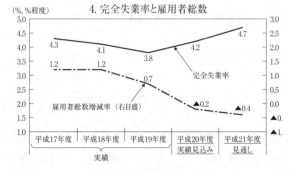

① 国内総生産は 2008 年度に急激に落ち込んだが，2009 年度には若干回復した。

② 景気悪化の原因は，外需の落ち込みにあり，回復の要因としては公共事業などの公的需要が大きい。

③ 消費者物価は，2008年度に急上昇し，2009年度にはインフレ状態となった。

④ 2007年度までは雇用者総数が増加し，失業率も低下傾向にあったが，2008年度には急速に悪化した。

総・資⑨ 【金 融】 次の表は日本とアメリカの企業（民間非金融法人）の資金調達の方法を表したものである。この表から読みとれる内容として最も適当なものを，下の①〜④のうちから一つ選べ。 (15 政経追・改)

		借り入れ	債券	株式・出資金
日本	2001年末	39%	10%	30%
	2023年末	25.0%	4.5%	53.78%
アメリカ	2001年末	14%	10%	55%
	2023年末	6.4%	9.8%	67.2%

(資料) 日本銀行調査統計局（日本銀行Webページ）により作成。

① 2001年末時点の資金調達において，日本の企業はアメリカの企業よりも直接金融の割合が高い。

② 2001年末時点の資金調達において，アメリカの企業は日本の企業よりも他人資本の割合が高い。

③ 日本の企業における2023年末時点の資金調達のあり方を，2001年末時点と比較した場合，自己資本の割合が高まっている。

④ アメリカの企業における2023年末時点の資金調達のあり方を，2001年末時点と比較した場合，間接金融の割合が高まっている。

総・資⑩ 【貿易体制】 戦後の自由貿易体制に関する記述として最も適当なものを，次の①〜④のうちから一つ選べ。 (08 現社本など・改)

① GATTは，IMFやIBRDと連携しながら，戦後の自由貿易体制を金融面から推進してきた。

② 戦後の日本は，GATTやWTOの自由貿易，無差別待遇，多角主義の原則を尊重して自由貿易を進めてきた。

③ 日本は，WTOが二国間交渉であるFTA（自由貿易協定）やEPA（経済連携協定）を認めていないため，その締結には消極的である。

④ WTOは，知的財産権の保護も行うようになり，市場経済に移行したロシアに続いて，中国も加盟した。

総・資⑪ 下図Aはフィリップス曲線，Bは近年の日本の失業率と有効求人倍率を表す。この二つの図に関して，ⓐ〈考えられること〉とⓑ〈実際に起こったこと〉の記述として正しい組合せを，次の①〜⑧のうちから一つ選べ。

＊「フィリップス曲線」は物価（賃金）上昇率と失業率の間にはトレードオフ（逆相関）の関係がある，とする説である。

＊「有効求人倍率」は求職者1名に対する求人数を示す。「失業率」は，就業する意思と能力があるにもかかわらず就職できない人の，労働力人口に占める割合を示す。

解答欄・メモ欄

解答 [   ]

解答欄・メモ欄

解答 [   ]

解答欄・メモ欄

➡アプローチ

資料を理解し，印象によってではなく，論理的に正しく考察する力が求められる。そのためには，正確な事実認識が欠かせない。

(A)

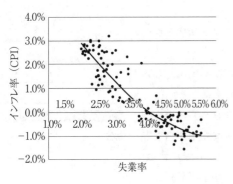

(B)

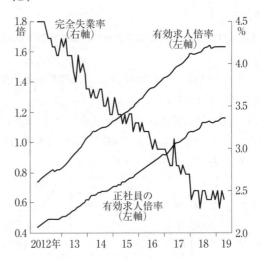

ⓐ〈考えられること〉

ア　A図とB図から，2012年に比べて2019年は賃金が上昇し，物価が下落することが考えられる。

イ　A図とB図から，2012年に比べて2019年は賃金が下落し，物価が上昇することが考えられる。

ウ　A図とB図から，2012年に比べて2019年は物価と賃金がともに上昇することが考えられる。

エ　A図とB図から，2012年に比べて2019年は物価と賃金がともに下落することが考えられる。

ⓑ〈実際に起こったこと〉

A　2012年末に第二次安倍内閣への政権交代があり，「3本の矢」を柱とするアベノミクスが掲げられた。

B　アベノミクスの「3本の矢」には大胆な金融政策があり，インフレ抑制のために2年で2％の物価上昇率目標が掲げられた。

C　2012年から2019年にかけて，賃金が名目，実質共に上昇し，物価は2％を超えて上昇した。

D　2015年，アベノミクスの成果をさらに発展させるべく，規制緩和による成長戦略を柱とする「新3本の矢」が掲げられた。

① ⓐア－ⓑA　　② ⓐア－ⓑB

③ ⓐイ－ⓑC　　④ ⓐイ－ⓑD

⑤ ⓐウ－ⓑA　　⑥ ⓐウ－ⓑB

⑦ ⓐエ－ⓑC　　⑧ ⓐエ－ⓑD

総・資⑫【少子高齢化】 次の二つの図は，わが国の人口に関する実績値・推計値と，合計特殊出生率を示したものである。これらの図を参考に日本の人口構成に関する記述として正しいものを，下の①〜④のうちから一つ選べ。

〈08 政経本など・改〉

解答 [　　　　]

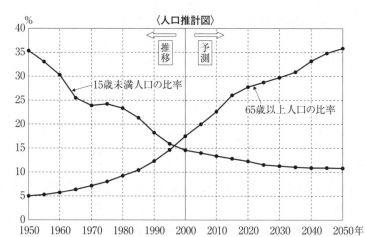

〈人口推計図〉

15歳未満人口の比率

65歳以上人口の比率

推移

予測

(注)　2000 年までは国勢調査による実績値。その後は国立社会保障・人口問題研究所「日本の将来推計人口」（平成 14 年 1 月推計）による推計値。
(資料)　総務省統計局・統計センターWeb ページ，国立社会保障・人口問題研究所 Web ページにより作成。

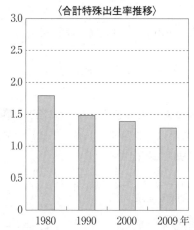

〈合計特殊出生率推移〉

(注)　合計特殊出生率とは，その年次の 15 歳から 49 歳までの女性の年齢別出生率を合計したもので，仮に女性がこの年の年齢別出生率にしたがって子どもを産んでいった場合，生涯に産む平均の子どもの数に相当する。
(資料)　World Bank, *World Development Indicators 2007*（CD-ROM 版）などにより作成。

① 高度経済成長期には，総人口の伸びを上回って，生産年齢人口と 14 歳以下人口が増えている。

② 2005 年から 2050 年にかけて，高齢化率が 3 倍以上に高まると推計されている。

③ 合計特殊出生率は，高度経済成長期に低下し始めており，新世紀前後からほぼ横ばいである。

④ 2005 年，海外に移民する日本人が流入する外国人を上回るようになり，人口が減少し始めた。

時事① 【幸福追求権】 日本の人権に関する記述として最も適当なものを，次の①～④のうちから一つ選べ。 (13 現社追・14 政経追)

① 憲法第 13 条は，生命，自由および幸福追求に対する国民の権利の尊重について規定している。

② 幸福追求の権利は，立法その他の国政の上で，安寧秩序を妨げない限り尊重される。

③ 幸福追求の権利を根拠に，環境権やプライバシーの権利が判例によって確立されている。

④ 国連人権委員会の理事会への昇格を機に，日本でも人権擁護法が制定され，法務省の外局として人権委員会が設置された。

時事② 【国　会】 国会に関連する憲法の規定として適当でないものを，次の①～④のうちから一つ選べ。

① 両議院の議員は，議院で行った演説，討論または表決について，院外で責任を問われない。

② 衆議院の内閣不信任決議の日から，80 日以内に特別国会が召集されることになる。

③ 両議院は，おのおのその総議員の 3 分の 2 以上の出席がなければ，議事を開くことができない。

④ 法律案は，憲法に特別の定めのある場合を除いては，両議院で可決したときに法律となる。

時事③ 【憲法改正】 日本国憲法の改正に関する次の A ～ E の手続きのうち，正しくない記述の組み合わせを，下の①～⑥のうちから一つ選べ。(15 政経追・改)

A 衆議院議員 50 名の賛同を得て，改正原案を所属院に提出する。

B 各院の憲法審査会で審議する。

C 各院の本会議で，出席議員の 3 分の 2 以上の賛成で発議する。

D 国民投票を行い，有効投票総数の過半数が賛成する。

E 国民の承認後，天皇が国民の名で憲法改正を公布する。

① A と B 　 ② A と C 　 ③ B と C

④ A と D 　 ⑤ D と E 　 ⑥ C と E

時事④ 【政　党】 政党に関連する記述として適当でないものを，次の①～④のうちから一つ選べ。 (03 現社本など・改)

① 政党が候補者の選定や政策の策定を行うため，国民の意思は主に政党を通じて国政に伝達される。

② 1990 年代の公職選挙法の改正によって，企業や労働組合などが政党に献金することは禁止された。

③ 国外に居住する日本国民は，国政選挙において比例区と選挙区の両方に投票することができる。

④ 無党派を名乗って当選した都道府県知事も，地方政治において政党関与を排除することはできない。

時事⑤【裁 判】 裁判所は法令審査権を有するが，最高裁で違憲判決が確定した行政措置として最も適当なものを，次の①〜⑤のうちから一つ選べ。

(14 政経追・改)

① 津地鎮祭訴訟　　② 愛媛玉串料訴訟

③ 三菱樹脂事件　　④ 議員定数不均衡問題　　⑤ 家永教科書訴訟

時事⑥【直接民主制】 直接民主制に関する記述として適当でないものを，次の①〜④のうちから一つ選べ。

① 一つの地方公共団体にのみ適用される特別法を制定するための住民投票の結果には，拘束力がある。

② 議会の解散や，首長の解職の是非を問う住民投票の結果には，法的拘束力がある。

③ 住民自治の原則から，条例に基づく住民投票の結果には，法的拘束力がある。

④ 大都市地域特別区設置法に基づく住民投票の結果には，法的拘束力がある。

時事⑦【日米安保体制】 日米の軍事関係に関する記述として適当でないものを，次の①〜④のうちから一つ選べ。

① 1951 年，米軍の国内基地使用を認める日米安全保障条約が，サンフランシスコ講和条約と同日に締結された。

② 1960 年，「新安保条約」（日米相互協力及び安全保障条約）に改定され，日本領域内におけるアメリカ軍への武力攻撃に対して，日米が共同対処するとされた。

③ 1996 年，日米の軍事協力をアジア・太平洋地域に拡大する日米安全保障共同宣言が発表され，「安保再定義」が行われた。

④ 2015 年，安保法制が見直され，重要影響事態や存立危機事態という考えに基づいて自衛権行使の要件が厳格化された。

時事⑧【国連と NGO】 世界市民としての個人に関する記述として最も適当なものを，次の①〜④のうちから一つ選べ。

(12 政経追・改)

① 国際社会は，国家を単位に形成されており，企業や NGO などが国際問題に関与，協力することは期待されていない。

② 日本国憲法は，その前文において「われらは，いづれの国家も，自国のことのみに専念して他国を無視してはならない」と明記している。

③ 国連は，人間の安全保障基金のように，個人や市民団体の参加と協力のみによる事業形態を確立し，その拡大をはかっている。

④ PKO 法の制定を契機に設立されたジャパン - プラットフォーム（JPF）は，人権や基本的自由を尊重する国際協力の達成を目的とする政府機関である。

時事⑨【核問題】 核問題に関する記述として適当でないものを，次の①〜④のうちから一つ選べ。

(07 現社追など・改)

① 核戦争の危険を抑えるために，核兵器保有国を制限し，核兵器の削減をめざす核拡散防止条約（NPT）が締結され発効している。

② 中国やフランスは，NPT を批准せず核兵器削減に消極的であるだけでなく，インドやパキスタンの核開発を容認している。

③ 中東では，イスラエルの核兵器保有が確実視されており，イランは核開発疑

惑が疑われる中でミサイル開発を成功させた。

④ NPT から脱退を宣言した北朝鮮をいさめるために6か国協議が行われたが,核実験とミサイルの発射を止めることはできなかった。

時事⑩ 【民族問題】 国や地域で生じた民族問題に関する記述として**適当でないも**のを,次の①～④のうちから一つ選べ。

解答 [   ]

① 1990年代後半,北大西洋条約機構（NATO）は,アルバニア系住民への虐殺や追放が行われているとして,コソボ空爆を行った。

② 2010年末,チュニジアから始まったアラブの春は,中東に部族抗争を蔓延させる結果となった。

③ 2014年,スコットランドの分離独立の是非を問う住民投票の後,アイルランド,スペインのバスク地方でも同様の投票が行われた。

④ 2014年,沖縄の県知事選,総選挙で,普天間米軍基地の辺野古移転に反対する県民の意思が示され,政府との対立が激化した。

時事⑪ 【公 害】 公害に関する記述として**適当でないもの**を,次の①～④のうちから一つ選べ。 (14 現社本など・改)

解答 [   ]

① 4大公害裁判では,いずれも原告側が勝利し,原因企業に対する損害賠償請求が認められた。

② 1967年に制定された環境基本法は,1993年の公害対策基本法の制定,施行によって廃止された。

③ 最高裁判所が,航空機や新幹線の騒音・振動に関する住民訴訟において,個人の権利としての環境権を認めたことはない。

④ 2011年の東日本大震災では,地震,津波による被害だけでなく,原子力発電所が放出した放射性物質による広範な汚染が発生した。

時事⑫ 【独 占】 近年の市場動向に関する記述として**適当でないもの**を,次の①～④のうちから一つ選べ。 (09 政経本など・改)

解答 [   ]

① 薬効が同じで低価格のジェネリック商品の浸透や,医療制度改革による薬価低迷に対応するため,製薬企業の合併・統合が進んでいる。

② 人口減少は国内市場を縮小させるため,代表的な内需関連産業である食品関連企業において合併や,海外進出が図られるようになった。

③ 中国の経済特区の成功に見られるように,多国籍企業はアジアNIEsの工業発展に寄与し,南北問題の解決に貢献した。

④ 寡占市場になった場合には,独占禁止法による規制や新規参入の促進などによって,市場メカニズムの回復が試みられることがある。

時事⑬ 【企 業】 現代の企業に関する記述として**最も適当なもの**を,次の①～④のうちから一つ選べ。 (14 現社本など・改)

解答 [   ]

① アメリカの経済学者シュンペーターは,企業が創造的破壊や技術革新を繰り返すことによって,経済が発展すると指摘した。

② 現在の日本で設立することのできる法人企業は,株式会社・有限会社・合資会社・合名会社の4種類である。

③ 会社法は,資本充実の原則を重視して,法人企業の最低資本金制度を定めている。

④ 企業が,社会的存在であることを自覚して業務外に社会貢献活動をすること

をCSR（企業の社会的責任）という。

時事⑭【雇用問題】 現在の雇用に関する記述として**誤っているもの**を，次の①〜
④のうちから一つ選べ。 (22公政試)

① 日本では，労働者派遣法により，同一の人物が同じ職場で派遣労働者として
勤務できる期間は，原則として最長3年に制限されている。

② フルタイムで働いているにもかかわらず，生活の維持が困難になるような所
得水準にある労働者も，ワーキングプアと呼ばれる。

③ 日本では，グローバルな企業間競争が激化する中で，すべての雇用に占める
非正規雇用者の割合は，現在も30％を超えている。

④ ある一定の仕事量に対して，一人当たりの労働時間を減らすことで雇用人数
を増やすことは，ワーク・ライフ・バランスと呼ばれる。

時事⑮【社会保障】 日本の社会保障の仕組みに関して，次の制度A〜Dと，その
内容の説明ア〜エとの組み合わせとして正しいものを，下の①〜⑥のうちから
一つ選べ。 (03現社本など・改)

A 社会保険　　B 公的扶助　　C 社会福祉　　D 公衆衛生

ア 老人や児童などの社会的弱者に対する行政サービスであり，費用は政府支出
を原則とする。

イ 健康保険制度のように，被保険者から保険金を徴収して一定の事故に際して
給付する制度である。

ウ 予防接種や母子の健康管理など，政府の費用支出によって国民の健康を維持
する制度である。

エ 生活困窮者に対して，政府の費用支出によって人たるに値する生活を保障す
る制度である。

① A−ア　B−イ　C−ウ　D−エ　　② A−イ　B−ウ　C−ア　D−エ

③ A−ア　B−イ　C−エ　D−ウ　　④ A−イ　B−エ　C−ア　D−ウ

⑤ A−ア　B−エ　C−ウ　D−イ　　⑥ A−イ　B−エ　C−ウ　D−ア

時事⑯【中小企業】 中小企業に関する記述として最も適当なものを，次の①〜④
のうちから一つ選べ。 (15政経追・改)

① 中小企業基本法は，改正後，納税額が一定以下の事業所を中小企業と定義す
るようになった。

② 中小企業は，全雇用者の9割近い従業員数を雇用しており，日本のものづく
りを支えている。

③ 国内需要の減少や大企業の生産拠点の海外移転によって，下請けの中小企業
が受注する仕事が減少している。

④ 現代の日本には，ニッチ産業を切り開くベンチャー・ビジネスを手がける中
小企業が数多くある。

時事⑰【消費者問題】 契約は，当事者間の自由な意思により成立するが，現実に
はさまざまな法的な規制がかけられている。ある商品を単独で所有するAが，
知人のBに10万円で売却するという契約が成立した場合の記述として最も適
当なものを，次の①〜④のうちから一つ選べ。

① AとBの契約が文書によるものではなく，電話によるものであっても契約
は有効であり，BはAに10万円を支払わなければならない。

② Aが訪問販売によって契約を結んだ場合，Bはどのような商品であっても一定の手続きで契約を取り消すことができる。

③ 商品に欠陥があることをAもBも知っていた場合，Bが商品の引き渡し後に支払うべき代金は10万円から修理費用を差し引いた額となる。

④ 売却に反対だったAの妻は，Bへの商品の引き渡しと代金受領の後であっても，裁判所に訴えて契約を無効にすることができる。

時事⑱【世界経済】 世界経済に関する記述として最も適当なものを，次の①～④のうちから一つ選べ。　　　　　　　　　　　　　　　　　　　　　　(08 現社追など・改)

解答欄・メモ欄　解答 [　　　　]

① 標準化には，JISのようなデジュール−スタンダード（公的標準）と，CDのようなデファクト−スタンダード（事実上の標準）がある。

② 多国籍企業は，母国にある親会社の管理・統制下で事業展開しているので，進出先の政府の法律は適用されない。

③ 主要国首脳会議は，金融や為替に関する先進国の政策協調を実現するために開かれ，現在ではG20といわれるほどに参加国が拡大している。

④ プレビッシュ報告では，発展途上国の石油や銅などの資源関連の国営企業を民営化することが貧困問題を解決すると分析していた。

時事⑲【国際金融】 戦後の国際金融に関する記述として最も適当なものを，次の①～④のうちから一つ選べ。　　　　　　　　　　　　　　　　　　　(08 政経本など・改)

解答欄・メモ欄　解答 [　　　　]

① ブレトンウッズ協定は固定相場制を原則としたが，スミソニアン協定によって変動相場制への移行が合意された。

② 1990年代のアジア通貨危機に際し，IMF・IBRDが直接関与することを回避したため，アジア諸国の経済危機が深刻化した。

③ ADB（アジア開発銀行）は，アジア・太平洋地域の開発途上国に投融資する機関であり，日本は最大の出資国である。

④ 2015年、中国が主導するAIIB（アジアインフラ投資銀行）が、日本やアメリカなど57カ国が出資して設立された。

時事⑳【情報化社会】 インターネットをめぐる日本の今日の状況について述べた次のア～エの記述のうち，内容が誤っているものが二つある。その組合せとして最も適当なものを，後の①～⑥のうちから一つ選べ。　　　　　　(22 公政試)

解答欄・メモ欄　解答 [　　　　]

ア インターネットにつながる自由は，著作権や商標権などとともに，知的財産権の一種として保障されている。

イ インターネット接続事業者に対して，インターネット上の表現によって権利を侵害された者が，発信者情報の開示を請求することについて定める法律が制定されている。

ウ インターネットやその他の高度情報通信ネットワークを通じた情報の活用などを所掌する組織として，デジタル庁が発足した。

エ インターネットを用いた通信販売は，一定の期間であれば無条件で契約の申込みを撤回したり契約を解除したりできるという，消費者保護を目的とした制度の対象となる。

① アとイ　　② アとウ　　③ アとエ

④ イとウ　　⑤ イとエ　　⑥ ウとエ

Ⅲ 公共の扉 編

※　演習問題の出典で，数字はセンター試験・共通テストの出題年度，「本」は本試験，「追」は追試験，「試（テ）」は試行テスト，「改」は原題を一部改めていることを示しています。「現」は現社，「公」は公共，明記なしは倫理です。出典のないものは，オリジナル問題などです。

① 青年期の心理と課題

共通テスト／ センター試験 出題頻度	年度	2023	2022	2021	2020	2019	2018	2017	2016	2015	2014	2013	2012
	出題	●	●	●	●	●	●	●		●	●	●	●

┃STEP❶【基礎問題演習】

次の各文中の空欄に適語を入れよ。

❶【青年期の位置づけ】

		正　解

[1] 心理学者レヴィンは，二つの集団に挟まれてどちらにも完全には帰属していない人間を（⓪）（境界人，周辺人）と呼んだ。子どもでも大人でもない青年期の特徴をさした。

①マージナル・マン

[2] 青年期初期に最も顕著な身体的変化としての（②）が発現するが，精神的動揺の著しいこの時期を特別に（　思春期　）という。

②第二次性徴

[3] （③）はその著書『エミール』のなかで，青年期を「（　第二の誕生　）」と規定し，「一回目は存在するために，二回目は生きるために」誕生すると表現した。

③ルソー

[4] 青年が大人の保護や監督のもとから精神的に離脱していく過程を，ホリングワースは（④）と表現した。

④心理的離乳

[5] （　自我のめざめ　）から，大人や権威に反抗的になる時期を（⑤）といい，2〜4歳ごろの反抗期と区別する。

⑤第二反抗期

[6] 青年期は，成年になるための準備期間であり，一定の役割や義務が免除され猶予される期間である。心理学者（⑥）はこの時期を（　心理・社会的モラトリアム　）といった。

⑥E．H．エリクソン

[7] 青年期に不可欠なものとして，自分は自分であり，真の自分は不変であるという意識を，心理学者（　エリクソン　）は（⑦）といった。

**⑦アイデンティティ
（自我同一性）**

❷【欲求とパーソナリティ】

[1] 欲求の充足が妨げられ，心の緊張度が高まり不安定になった状態を（⓪）という。

①欲求不満

[2] 二つ以上の相反する欲求があって，どちらにしてよいかを決めかねることを（②）という。「接近−接近」「回避−回避」「接近−回避」の3つのパターンがある。

②葛藤（コンフリクト）

[3] 精神分析学を創始した（③）は，欲求間の葛藤や欲求不満に当面したとき，自己を守ろうとして無意識のうちにとられる適応のしかたを（　防衛機制　）といった。

③フロイト

[4] 防衛機制の一つで，自己の失敗や欠点を他人のせいにしたり，理屈づけることで，不安から逃れることを（④）という。（すっぱいぶどう）の論理と（甘いレモン）の論理がある。

④合理化

[5] 防衛機制のうち，ドラマを見て自分がその主人公になった気分になるのが（⑤）であり，好きだという感情を素直に表現できずに逆にいじめてしまうようなことを（⑥）という。

⑤同一視（　同一化　）
⑥反動形成

[6] 防衛機制の一つで，満たされない欲求を，文学や芸術などの社会的価値のある目標に置き換えて満足することを（⑦）という。

⑦昇華

[7] 人間の行動や思考傾向の総体を（⑧）という。能力・気質・性格で構成される。

⑧性格（パーソナリティ）

[8] オーストリアの精神科医（⑨）は，（　夢判断　）や自由連想法によって，人間の抑圧された記憶を引き出す（　精神分析　）の手法を開発し，深層心理学を確立した。

⑨フロイト

[9] スイスの精神科医は（⑩），人間の性格を関心の方向から（　内向性（内向型）　）と（　外向性（外向型）　）の二つに分類した。

⑩ユング

[10] アメリカの社会心理学者（⑪）は，「成熟した人格」として，（自己の拡大），（自己の客観視），（人生観をもつこと），をあげた。

⑪オルポート

[11] （⑫）によれば，欲求は，生理的欲求から（　自己実現　）の欲求まで5段階の階層をなしているとした。

⑫マズロー

[12] （ピアジェ）は，自己中心的立場を離れて客観化できるようになる過程を（⑬）といった。

⑬脱中心化

■STEP ❷【正誤問題演習】

次の各文の正誤を判別し，誤りについては正しく訂正しなさい。

1 【青年期の位置づけ】

① 伝統社会では，元服などの（イノベーション）を経て子どもの世界から一挙に大人の仲間入りをするなど，青年期が全くないかあるいはきわめて短いと考えられている。　(00 本改)

② アイデンティティを確立することで，周囲の変化によっても動じなくなり，その後に続く長いモラトリアムに移行できる。　(97 追)

③ ルソーは，『エミール』で，「我々は二度生まれる」と表現し，青年を大人と子どもの中間の存在と位置づけ，青年期の若者を境界人と呼んだ。　(06 本)

④ マーガレット・ミードは，サモア島などでの調査から，歴史的・地域的な状況が個性の形成に大きく影響すると考えた。　(13 本)

⑤ アドラーは，子どもと大人の集団の境目に位置していて心理的に不安定になりがちな青年期の人間を，「マージナル・マン」と呼んだ。　(17 本)

⑥ 精神的な自立を求める（　心理的離乳　）の時期に当たる青年期は，理性では押さえつけられないような感情の高ぶりを覚える時期でもある。そのため，ドイツの文学運動になぞらえて，（　疾風怒濤　）の時期とも呼ばれる。　(06 追)

2 【欲求とパーソナリティ】

⑦ オルポートは，自分以外の人間や事物に対する関心を広げ，現実や自己を客観的にみることを，成熟した人格になるための条件（基準）とした。　(18 本)

⑧ 心理的離乳とは，自己中心的な思考から脱却し，他者の立場から冷静に物事をみられるようになることをいう。　(12 追)

⑨ マズローは，自己実現に至る欲求の五つの階層のなかで，身体の安全を求める欲求より上位に，他者に認められたい欲求をおいた。　(13 本)

⑩ マズローによれば，欲求は，最も低次の生理的欲求から，（安全）の欲求，（所属と愛情）の欲求，（自尊）の欲求，そして最も高次の（自己実現）の欲求まで階層をなしており，人は低次の欲求が満たされるとより高次の欲求に向かおうとする。　(04 本)

⑪ ヤマアラシのジレンマとは，相手に接近したい気持ちと，お互いが傷つくことへの恐れとが葛藤を起こし，適度な距離を見いだしにくい状況を表す。　(14 本)

⑫ 精神分析の創始者フロイトは，人間の心は，快楽原則に従う本能的な（　エス（イド）　），（　エス（イド）　）を統御し現実原則に従う（　自我（エゴ）　），（　自我（エゴ）　）を監視する（　超自我（スーパーエゴ）　）からなるとした。　(04 本)

⑬ フロイトの学説自我は快感を求めるエス（イド）の要求を現実に適応させ，同時に良心としての超自我の命令にも応じようとする。　(04 本)

⑭ 防衛機制の一つである「反動形成」の例として，「アニメの主人公に強くあこがれ，行動や服装のまねをする」ケースがある。　(03 本)

⑮ 「就職活動がうまくいっていない大学生のDさんが，3～4歳のころに大好きだった絵本を繰り返して眺めている」のは，防衛機制の一つである「合理化」の例である。　(05 本改)

⑯ 「失恋した高校生のFさんは，広く社会に関心を向けて，ボランティア活動に打ち込んだ」のは，防衛機制の一つである「合理化」の例である。　(05 本改)

⑰ 留学することをあきらめたAさんは，「グローバル化が進んでいるので，留学なんてどんどん意味がなくなってくるよ」と言っているのは，防衛機制の一つである「合理化」の例である。　(05 本改)

■1 正解とヒント

① ✕ イニシエーション（通過儀礼，成人儀礼）の誤り。

② ✕ モラトリアムとアイデンティティ確立の順序が逆。

③ ✕ 後半の境界人（中間の存在）の部分は，ルソーではなくレヴィン。

④ ◯ 思春期の若者の行動や男女の役割規定の地域差を調査。

⑤ ✕ アドラーではなくレヴィン。

⑥ ◯

■2 正解とヒント

⑦ ◯

⑧ ✕ 心理的離乳ではなく，ピアジェの脱中心化の内容。

⑨ ◯ マズローの欲求の階層説。

⑩ ◯ 生理的欲求～自尊の欲求までが欠乏欲求であり，その上の自己実現の欲求が成長欲求である。低次の欲求が満たされてはじめて高次の欲求が生まれる。

⑪ ◯ 接近－回避の葛藤（…はしたいが，～はいやだ）。他に接近－接近の葛藤，回避－回避の葛藤がある。

⑫ ◯ 図参照（フロイトの考えた心の構造）。

⑬ ◯

⑭ ✕ 同一視の例。反動形成の例は「臆病な人が強気な態度をとったりむやみに威張ったりする」ケース。本来の欲求とは逆の行動に出る。

⑮ ✕ 「退行」の具体例。

⑯ ✕ 「昇華」の具体例。昇華とは本能的な欲求をおさえ，より価値の高い行為へと目標を置き換えて満足することをいう。

⑰ ◯

センター試験過去問　次の各設問に答えよ。

1【青年期の自立】　青年期における自立についての説明として最も適当なものを，次の①〜④のうちから一つ選べ。　(19 本)

① 近代以前の多くの社会では，大人として自立するための通過儀礼が必要とされ，人は青年期を経て子どもから大人になるとされていた。

② 近代以前の多くの社会では，大人として自立するための通過儀礼は必要とされず，人は青年期を経ずに子どもから大人になるとされていた。

③ 青年期の人間が親による保護や監督のもとから離れ，精神的に自立して一個の独立した人格になろうとする過程は，心理的離乳と呼ばれている。

④ 青年期の人間が親による保護や監督のもとから離れて自立し，子どもと大人のどちらの世界にも帰属しない状態は，心理的離乳と呼ばれている。

2【マズロー①】　次のア・イは，マズローが考えた欲求の理論についての説明である。その正誤の組合せとして正しいものを，下の①〜④のうちから一つ選べ。　(18 本)

ア 他者と関わり親密な関係を築きたいという，愛情と所属の欲求が満たされると，承認（自尊）の欲求が生じるようになる。

イ 生理的欲求，安全の欲求などの欠乏欲求が満たされると，自己実現の欲求という，より高次の欲求が生じるようになる。

① ア　正　　イ　正　　　② ア　正　　イ　誤

③ ア　誤　　イ　正　　　④ ア　誤　　イ　誤

3【自立した人格】　働くことや職業を選択することは経済的な自立だけでなく，青年期においては自立した人格の形成にとって重要な役割を果たす。職業選択に関する次の具体例ア〜ウと，それぞれの例にあてはまる人格形成に関する記述A〜Cの組合せとして正しいものを，下の①〜⑥のうちから一つ選べ。　(14 本)

ア 私は，就職活動では自分の適性や長所を理解し，自己アピールができるように取り組んできた。しかし，不採用の経験が重なって，自分の価値が分からなくなり，社会から孤立しているように感じてしまう。

イ 私は，関心をもった職業について幅広く調べるだけでなく，現実にその職業と関わるため，就業体験にも行ってみた。そうしたなかで，生涯にわたって打ち込める仕事をじっくり探すことが大切だと考えるようになった。

ウ 私は，仕事の内容は問わず，自分が生活していける収入と安定した身分が保証されることを優先して職に就いた。ただ，最近は仕事に慣れてきて，自分の働きぶりを上司や同僚から認めてもらいたいと思うようになった。

A オルポートが挙げた，成熟した人格の特徴。

B マズローの理論における，欲求の階層構造。

C エリクソンが述べた，自我同一性の拡散。

① ア—A　　イ—B　　ウ—C

② ア—A　　イ—C　　ウ—B

③ ア—B　　イ—A　　ウ—C

④ ア—B　　イ—C　　ウ—A

⑤ ア—C　　イ—A　　ウ—B

⑥ ア—C　　イ—B　　ウ—A

4【マズロー②】　会話文中の下線部の具体的な事例として最も適当なものを，後の①〜④のうちから一つ選べ。　(18 試)

孫　：今日，「倫理」の授業でマズローの欲求の階層について学んで，下から生理的欲求，安全の欲求，所属と愛情の欲求，自尊の欲求，自己実現の欲求がピラミッド状に描かれている図を見たよ。

祖母：でも，マズローの『人間性の心理学』には，そういう図は描かれていないようね。マズローは，欲求があらわれる順序がいつも固定されているわけではなくて，ある欲求が，それより低次の欲求が満たされていないのに，あらわれることがあるとも言っているのよ。

祖父：例えば，「武士は食わねど，高楊枝（たかようじ）」とかもそうかな。お腹（なか）がすいているのに，見栄（みえ）をはるということで。

祖母：もう少し詳しく言うとね，低次の欲求が強制的に抑圧された場合や，低次の欲求を自発的に放棄した場合でも，高次の欲求があらわれることがあると書いているのよ。

祖父：心理学の法則は，例外も多いから，気をつけないといけないね。

① 他者と関わり親密な関係を築きたいという欲求が満たされると，他者から認められたいという欲求が生じるようになる。

② 芸術家や発明家が，寝食の時間を惜しんで創作活動や開発に没頭し，創造力を発揮しようとする。

③ 高校生の中には，勉強の成績よりも部活動での活躍で賞賛されることを望む人がいる。

④ 周りの人たちから認められたいという気持ちが満たされると，そのことが自己実現への欲求の基礎となる。

5【コールバーグ】　次の会話文中の下線部①〜④は，会話文中の表に示されている各段階に典型的な考え方を例示しようとしたものである。例示として適当でないものを，次の①〜④のうちから一つ選べ。　(18 試)

孫　：人生の段階図やマズローの欲求の階層と比べてみて，おじいちゃんとおばあちゃんの人生はどう？

祖父：いろいろなことがあったねえ。でも，そのおかげで，若かった頃よりもいろいろなものの見方ができるようになったかな。

祖母：生涯にわたる成長というと，発達心理学者のコールバーグが提唱した道徳的判断の発達段階も面白いわよ。コールバーグはピアジェからも影響を受けていて，より広く他者の視点に立って公平な判断を下せるようになる過程を，発達段階としてあらわしたのよ。表にしてみると，次のようになるかしら。

第1段階	他者の利害関心を考慮しないで，罰を受けたり物理的な被害を引き起こしたりしないことを正しいと考える。
第2段階	自他の間で利害関心が異なることを認識した上で，それぞれが自分自身の利害関心を満たすように行為することや，自他間で対等な交換を行うことを正しいと考える。
第3段階	共有される合意や期待が個々人の利害関心に優先することを認識して，友人や親，きょうだいといった自分自身の役割に対して，身近な人たちが一般的に期待する行動をとることを正しいと考える。

第4段階	第3段階における対人間の合意と，社会全体を見通す観点とを分けて捉え，法など現に広く認められている義務をはたすことや，社会や制度に貢献することを正しいと考える。
第5段階	多数派の意見にかかわらず，社会契約の観点から生じる責務に従うことや，生命や自由といった，いかなる社会でも支持されるべき非相対的な価値や権利を守ることを正しいと考える。
第6段階	自らが選択したものとしての普遍的な公正の原理や，人格としての人間の尊厳を尊重することを正しいと考える。

孫　：例えば，子育てや介護への生活支援として，行政による公助に加えて地域住民同士の相互扶助，ボランティアも求められている状況に当てはめてみると，①支援に協力しなくても怒られないなら自分は関係ないという考え方は第1段階になるね。

祖父：②ボランティアをして相手には喜んでもらえても自分は楽しくないから支援に協力しないと考えるなら，これは第2段階だね。

孫　：③親が積極的に関わっている支援活動に自分も協力するのは，欲しいものを買ってもらえるからだというのは，第3段階の考え方だよね。

祖母：④公助と相互扶助とで生活支援が成り立っている現状を理解して，地域社会を守るために支援に携わるべきだと第4段階では考えられるわね。

祖父：地域住民同士の生活支援が定着していく中で，一部の人たちにその負担が集中したときなどには，基本的な自由が皆に保障されるように制度の在り方を一から考え直す視点も必要になるよ。そうやって第5段階から先も見ていくと，人生やるべきことはまだたくさんあると強く感じるよ。

祖母：まさにプロダクティブ・エイジングね。ちなみに，この発達段階は年齢に基づくものではないから，おじいちゃんに限らず，ほとんどの人は発達の途上ということになるのよ。

6 【防衛機制】　欲求不満に対する反応についての記述として最も適当なものを，次の①〜④のうちから一つ選べ。　　　（16本）

① 欲求が満たされないことに対して，代わりのものを欲求の対象に置き換え，それを満たすことで欲求不満の解消を試みることを，回避という。

② 欲求が満たされないことに対して，もっともらしい理由や理屈をつけて，欲求が満たされないこと自体を正当化することを，投射という。

③ 欲求が満たされないことに対して，欲求自体を抑え込み，不快な記憶を残したり，自責の念に駆られたりしないようにすることを，逃避という。

④ 欲求が満たされないことに対して，他人に八つ当たりするなど，短絡的・衝動的に欲求不満を解消させようとすることを，近道反応という。

7 【フロイト】　次のア〜オは心についてのフロイトの考えを記述したものである。その正誤の組合せとして正しいものを，下の①〜⑧のうちから一つ選べ。

ア　自我（エゴ）は，人間の本能的衝動とも言うべきもので，即座に欲求充足を求める快楽原理に支配されている。

イ　超自我（スーパーエゴ）は，理想や価値，禁止や命令の体系

を作り，自己を観察して評価する機能を担っている。

ウ　エス（イド）は，自我（エゴ）の本能的衝動を現実認識に照らして受け入れられるように調整する機能を担っている。

エ　エス（イド）は，性や生産のエネルギーである「エロス」と，死や破壊のエネルギーである「タナトス」という両方向の本能的エネルギーの源である。

オ　自我（エゴ）は，現実認識を考慮しつつ快楽原理にも配慮するもので，超自我（スーパーエゴ）との調整役も担っている。

① ア　誤　イ　正　ウ　誤　エ　正　オ　正
② ア　正　イ　正　ウ　誤　エ　正　オ　正
③ ア　正　イ　誤　ウ　正　エ　誤　オ　正
④ ア　誤　イ　正　ウ　正　エ　正　オ　誤
⑤ ア　正　イ　誤　ウ　誤　エ　誤　オ　誤
⑥ ア　誤　イ　誤　ウ　正　エ　誤　オ　正
⑦ ア　正　イ　誤　ウ　誤　エ　正　オ　誤
⑧ ア　誤　イ　正　ウ　正　エ　正　オ　正

8 【葛藤】　レヴィンらによる葛藤の4類型A〜Dと，日常生活での葛藤場面ア〜エとの組合せとして正しいものを，下の①〜⑥のうちから一つ選べ。　　　（11本）

A　接近−接近の葛藤：叶えたいと思う複数の対象が同時に存在し，すべてを叶えることはできない場合に起こる葛藤

B　回避−回避の葛藤：避けたいと思う複数の対象が同時に存在し，すべてを避けることはできない場合に起こる葛藤

C　接近−回避の葛藤：一つの対象に叶えたい要素と避けたい要素とが併存している場合に起こる葛藤

D　二重接近−回避の葛藤：二つの対象が同時に存在し，そのおのおのに叶えたい要素と避けたい要素とが併存する場合の葛藤

ア　密かに思いを寄せていた人と友人が結婚することになり，スピーチを頼まれて断りたいが，友人に不審がられそうで，断るに断れず悩んでいる。

イ　第一志望の学部はあるが遠隔地のため親が反対するA大学と，地元にあるが第一志望の学部のないB大学と，どちらを受験しようか悩んでいる。

ウ　雇用条件が良くて安定した会社の入社試験と，もともと入りたかった劇団のオーディションと，どちらを受けるべきか悩んでいる。

エ　憧れの先輩がいるクラブに入部しようと思っていたが，練習がとても厳しく時間も長いと聞き，入部すべきかどうか悩んでいる。

① ア−C　イ−A　ウ−B　エ−D
② ア−B　イ−A　ウ−D　エ−C
③ ア−D　イ−C　ウ−A　エ−B
④ ア−A　イ−C　ウ−B　エ−D
⑤ ア−B　イ−D　ウ−A　エ−C
⑥ ア−A　イ−D　ウ−C　エ−B

② ギリシャ思想

共通テスト／ センター試験 出題頻度	年度	2023	2022	2021	2020	2019	2018	2017	2016	2015	2014	2013	2012
	出題	●	●	●		●	●			●	●		●

■STEP❶【基礎問題演習】
次の各文中の空欄に適語を入れよ。

① 【神話から哲学へ】

1 ギリシャ思想は，神話〜自然哲学〜ソフィスト〜ポリスの哲学（ソクラテスら）と流れる。（①）の『イリアス』に代表される神話による解釈が出発点にあった。

2 紀元前6世紀ごろ，（②）者と呼ばれる人びとが現れ，万物の（③）を求めた。

3 自然哲学の祖とされる（④）は，「万物の根源（アルケー）は水である」と説いた。また，数学の世界に名を残す（⑤）は数を（アルケー）と考えた。

4 自然哲学者の（⑥）は，火を（アルケー）と考え，世界の運動・変化に注目して「（万物は流転する）」という言葉を残した。

5 デモクリトスは万物の根源を（⑦）とした。唯物論の考え方を示した。

6 自然哲学者の関心事はピュシス（フィシス（自然））であったが，（⑧）の関心はノモス（人間・社会）に向けられた。

7 「人間は万物の尺度である」とは（⑨）の言葉であるが，（⑩）主義の立場を示している。

② 【ソクラテス〜プラトン】

1 ソクラテスは，自分が善美のことがら（カロカガティア）について知らないことを自覚していた。これを（①）という。

2 相手との対話により真理到達を手助けするソクラテスの方法を（②）（助産術）という。

3 ソクラテスは，人間の（③）すなわち徳は，魂（プシュケー）をより善くすること，すなわち（④）であるとした。

4 ソクラテスは，知への愛（フィロソフィア）をもって，「ただ生きることではなく（⑤）ことが大事なのだ」とした。

5 ソクラテスは，徳は知であり（知徳合一），それが行動にいたり（⑥），幸福につながる（福徳一致）と考えた。

6 ソクラテスの影響を受けたプラトンは，（⑦）によってのみ捉えられる永遠不変の真実在を（⑧）とよんだ。現象界を超えた（⑧）界（叡智界）にあり，理想であるとした。

7 プラトンは，（⑨）こそが最高のイデア（「イデアの中のイデア」）であるとした。

8 プラトンは，人間の魂は何らかのきっかけでイデアを想起（⑩）し，イデアに憧れ，イデアをめざすが，この精神的状態が（⑪）（恋）であるとする。

9 プラトンは，魂を三部分（魂の三分説）に分けたが，その三部分とは（⑫）である。

10 プラトンは，魂の三部分に対応した徳を（⑬）し，その三つの徳が調和したとき。（⑭）が生まれるとした。この四つをギリシャの四元徳という。

11 哲学者が統治者になるか，統治者が哲学するかによってうまれる政治を（⑮）とよんだ。魂の三部分に対応した国家の三階級とは（⑯）である。

③ 【アリストテレス】

1 アリストテレスは，イデア論を批判し，事物の本質（本性）は事物の内に（①）として存在し，事物の素材である（②）とともに事物の原因であるとした。

2 アリストテレスは，最高善が（③）であるとし，人間に固有の働きとなっている徳に基づく魂の活動であり，（④）（観想）だと主張する。

3 徳は，理性を働かせる（⑤）と，感情・欲望にかかわる倫理的（⑥）に分けられた。

正解
①ホメロス
②自然哲学
③根源（アルケー）
④タレス
⑤ピュタゴラス
⑥ヘラクレイトス
⑦原子（アトム）
⑧ソフィスト
⑨プロタゴラス
⑩相対（主義）
①無知の知
②問答法
③アレテー
④魂への配慮
⑤よく生きる
⑥知行合一
⑦理性
⑧イデア
⑨善のイデア
⑩アナムネーシス
⑪エロース
⑫理性・気概・欲望
⑬知恵・勇気・節制
⑭正義
⑮哲人政治
⑯統治者階級・防衛者階 　級・生
① 形相（エイドス）
② 質料（ヒュレー）
③ 幸福
④ テオーリア
⑤ 知性的徳

④ 習性的徳は，行為の反復によって身につくもので，過度と不足の両極端を避ける（⑦）として成り立つ。

⑤ アリストテレスは「人間は（⑧）である」といった。

⑥	習性的徳
⑦	中庸（メソテース）
⑧	ポリス的動物

■STEP ❷【正誤問題演習】

次の各文の**正誤**を判別し，誤りについては正しく訂正しなさい。

① 古代ギリシャで，万物の根源を数とした自然哲学者はヘラクレイトスである。 （02追改）

② プロタゴラスは，あらゆる物事の判断基準は，判断する人間それぞれにあるとし，各人の判断以外に客観的真理が存在することを否定した。 （04追）

③ 相対主義の立場では，私にとっての寒さ，あなたにとっての寒さだけがあり，それをはなれて「寒さ」それ自体は存在しない。 （90追）

④ ソクラテスは，デルフォイの神託がソクラテス以上の知者はいないと告げたことを誇りとし，問答によって人々に真理そのものを説いた。 （04本）

⑤ ソクラテスは，「汝（なんじ）自身を知れ」というデルフォイ神殿の標語のもとに，問答法によって人々とともに知の探究に努めた。 （04本）

⑥ ソクラテスは，人間はポリス的動物という本性に従って社会生活を営む存在であり，正義と友愛の徳もポリスを離れては実現しないと考えた。 （02本）

⑦ ソクラテスは，自己の魂ができるだけ善くなるように配慮すべきだと説き，勇気・節制・正義などの徳の本質について，それらが何であるかを探求した。 （98追）

⑧ ソクラテスは，人間の本性は善であるという性善説を唱え，武力による政治を否定して，道徳に基づいて統治する政治を理想とした。 （98追）

⑨ プラトンは，個々の事物は真の実在の影にすぎないが，人間の魂はかつて真の実在の世界に住んでいたので，それを想起することで真理を把握できる。 （01本）

⑩ プラトンによれば，人間の魂は理性・気概・欲望の三つの部分からなり，これら魂の各部分が相互に調和を保つなら，個人にとっての正義の徳が実現される。 （01本）

⑪ プラトンによれば，人間の最高の幸福は，理性の純粋な活動によって，個々の事物に内在する形相のあり方を観想することである。 （01本）

⑫ アリストテレスによれば，人々が善き行いを求めながら実行できないのは，善悪について知らないからであり，善悪について知れば，人間は必ず善き行いをする。 （92本）

⑬ アリストテレスによれば，人間の幸福とは苦痛によって乱されることのない魂の平安であり，これを実現するには，公的生活から離れ，隠れて生きるべきである。 （03追）

⑭ アリストテレスによれば，人間の幸福とは行為のうちに実現しうる最高の善であり，これを実現するためには，よき習慣づけによる倫理的徳の習得が不可欠である。 （03追）

⑮ アリストテレスによれば，習性的徳は，思慮が示す中庸を繰り返し選ぶことで形成される。 （04追）

⑯ 一つの共同体を構成する人々の間で，その能力や業績などに応じて，それにふさわしい名誉や財産を振り当てることは調整的正義である。 （92本）

⑰ アリストテレスは，正義の徳について，人々の間の公平と平等に関わる全体的正義と，法律の遵守に関わる部分的正義に区別した。 （21倫本）

■1 正解とヒント

① ✕ ピュタゴラス

② ○

③ ○ プロタゴラスの「人間は万物の尺度」の「人間」を個人に置き換えて解釈する。

④ ✕ まず神託を否定した。問答法は無知を自覚させるもので，真理を直接説くものではない。

⑤ ○

⑥ ✕ ポリス的動物，正義と友愛は，アリストテレスの説明。

⑦ ○ 魂への配慮，知徳合一の内容。

⑧ ✕ 孟子の性善説，王道，覇道という考え方の記述。

⑨ ○ 真の実在＝イデア，想起＝アナムネーシスと置き換える。

⑩ ○ 魂の三分説

⑪ ✕ アリストテレスの考え方の記述。形相や観想に着目。

⑫ ✕ ソクラテスの知徳合一の考え方をさす。

⑬ ✕ エピクロス派（エピクロス）の考え方。魂の平安＝アタラクシア，「隠れて生きよ」は信条。

⑭ ○ 最高善＝幸福。「よき習慣づけ」による倫理的徳から判断。

⑮ ○

⑯ ✕ 配分的正義の内容である。

⑰ ✕ 全体的正義と部分的正義が逆。

■STEP ❷-2

次の図表中の空欄に適語を入れなさい。

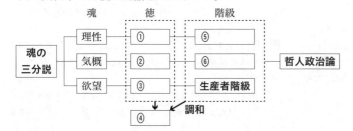

STEP2-2 基礎用語

① 知恵
② 勇気
③ 節制
④ 正義
⑤ 統治者階級
⑥ 防衛者階級

共通テスト・センター試験過去問　次の各設問に答えよ。

1 【タレス】 タレスに関する記述として最も適当なものを，次の①～④のうちから一つ選べ。 (06追)

① 世界は生成変化のうちにあり，静止しているものはないと考えた。

② 世界は根本的原理によって説明ができ，それは水であると考えた。

③ 世界は不死なる魂と美しい数的秩序の調和のうちにあると考えた。

④ 世界は土・水・火・空気の離合集散から成り立っていると考えた。

2 【自然哲学】 次のア～ウは，古代ギリシアの自然哲学者たちの説明であるが，それぞれ誰のものか。その組合せとして正しいものを，下の①～⑧のうちから一つ選べ。 (18追)

ア 生成変化し流動する万物には，根源（アルケー）があり，生命の源となる水がその根源であると考えた。

イ 万物はそれ以上に分割することのできない原子（アトム）から成り，原子は空虚のなかを運動すると考えた。

ウ 火・空気・水・土という四つの元素が愛・憎によって結合・分離することで，万物は変転すると考えた。

① ア ヘラクレイトス　イ デモクリトス　ウ エンペドクレス
② ア ヘラクレイトス　イ デモクリトス　ウ アナクシマンドロス
③ ア ヘラクレイトス　イ ピュタゴラス　ウ エンペドクレス
④ ア ヘラクレイトス　イ ピュタゴラス　ウ アナクシマンドロス
⑤ ア タレス　イ デモクリトス　ウ エンペドクレス
⑥ ア タレス　イ デモクリトス　ウ アナクシマンドロス
⑦ ア タレス　イ ピュタゴラス　ウ エンペドクレス
⑧ ア タレス　イ ピュタゴラス　ウ アナクシマンドロス

3 【プロタゴラス】 ソフィストの一人であるプロタゴラスに関する記述として最も適当なものを，次の①～④のうちから一つ選べ。 (04追)

① ロゴスを重視し，世界理性に従って，怒りや肉体的欲望などの情念を抑制する禁欲主義の立場にたって生きることを理想とした。

② 民主政治が堕落しつつあるアテネにおいて，自らの無知を自覚すること，すなわち，いわゆる「無知の知」を哲学の出発点とした。

③ あらゆる物事の判断基準は，判断する人間それぞれにあるとし，各人の判断以外に客観的真理が存在することを否定した。

④ 万物の根本原理を「調和」の象徴としての「数」に求め，宗教と学術が一体となった教団を組織したが，当時の為政者に弾圧された。

4 【ソクラテス①】 ソクラテスに関する記述として最も適当なものを，次の①～④のうちから一つ選べ。 (04本)

① デルフォイの神託がソクラテス以上の知者はいないと告げたことを誇りとし，問答によって人々に真理そのものを説いた。

② 神霊（ダイモン）を導入して青年たちを新しい宗教に引き込み，彼らを堕落させたと告発され，アテネを追放された。

③ 自らを「無知の知」に基づく知者と公言し，アテネにアカデメイアという学校を創設し，多くの弟子たちを教えた。

④ 「汝自身を知れ」というデルフォイ神殿の標語のもとに，問答法によって人々とともに知の探究に努めた。

5 【ソクラテス②】 知をめぐるソクラテスの思想についての説明として最も適当なものを，次の①～④のうちから一つ選べ。 (19追)

① 対話を通して，相手が真なる知を探求することを手助けする問答法を用い，それを助産術とも呼んだ。

② 真理を探求したソフィストやその信奉者たちに議論を挑み，知の真偽を判断する基準は相対的なものであるとした。

③ まず実践を通して徳を身に付けることによって，次第に徳とは何かを知ることができるとする知行合一を説いた。

④ 知の探求は無知の自覚から始まるが，無知を自覚した者は誰でも，その状態を脱して善美の知を獲得できるとした。

6 【プラトン①】 プラトンの考え方に合致するものとして最も適当なものを，次の①～④のうちから一つ選べ。 (10本)

① イデアは個物に内在する真の本質であり，感覚ではなく，知性だけがそれを捉えることができる。

② イデアは生成消滅しない真の存在であり，感覚ではなく，知性だけがそれを捉えることができる。

③ イデアは個物に内在する真の本質であり，感覚は知性の指導のもとにそれを捉えることができる。

④ イデアは生成消滅しない真の存在であり，感覚は知性の指導のもとにそれを捉えることができる。

7 【プラトン②】 プラトンが魂について論じた内容として最も適当なものを，次の①～④のうちから一つ選べ。 (11本)

① 人間の魂は死後に肉体から解放されてはじめてイデアを見ることになるとし，イデアへの憧れ（エロース）が哲学の原動力であると論じた。

② 人間の魂は生まれる以前にイデアを見ていたとし，感覚的事物を手がかりとしてイデアを想起すること（アナムネーシス）ができると論じた。

③ 人間の魂を国家と類比的に捉え，個々人の魂に正義の徳が具わるためには，国家全体の正義を確立することが必要であると論じた。

④ 人間の魂を理性，気概，欲望の三つの部分に分けて捉え，これら三部分が互いに抑制し合うことで正義の徳が成立すると論じた。

8 【アリストテレス①】 イデア論を批判したアリストテレスについての説明として最も適当なものを，次の①～④のうちから一つ選べ。 (15本)

① 善のイデアを追究する生き方を理想としたプラトンを批判して，善は人によって異なるので，各自が自分にとっての善を追

究すべきだと説いた。

② 理性で捉えられるイデアを事物の原型としたプラトンを批判して，事物が何であるかを説明する唯一の原理は，事物を構成する質料であるとした。

③ 永遠不変のイデアが存在するとしたプラトンを批判して，すべては現実態から可能態へと発展するのであり，同一であり続けるものはないと述べた。

④ 個々の事物を離れて存在するイデアを真の知の対象としたプラトンを批判して，個々の具体的な事物こそ探究の対象とすべきだと主張した。

9 【アリストテレスの幸福】 プラトンの立場に対して，アリストテレスは自己実現としての人間の幸福を別の仕方で論じている。アリストテレスの幸福についての記述として，最も適当なものを，次の①～④のうちから一つ選べ。　　　　　(03 追)

① 人間の幸福とは苦痛によって乱されることのない魂の平安であり，これを実現するには，公的生活から離れ，隠れて生きるべきである。

② 人間の幸福とは肉体という牢獄から魂が解放されることであり，これを実現するには，魂に調和と秩序をもたらす音楽や数学に専心すべきである。

③ 人間の幸福とは自己自身の内省を通して，宇宙の理と通じ合うことにあり，そのためには自らの運命を心静かに受け入れることが大切である。

④ 人間の幸福とは行為のうちに実現しうる最高の善であり，これを実現するためには，よい習慣づけによる倫理的徳の習得が不可欠である。

10 【知恵について】 知恵について述べた次の文章を読み，文章中の a ～ c に入れる語句の組合せとして正しいものを，下の①～⑧のうちから一つ選べ。　　(17 追改)

ギリシア哲学では，知恵が徳との関係で多様に論じられている。

例えば，ソクラテスは，「人間は万物の尺度である」と主張した a のような，知者を標榜（ひょうぼう）するソフィストと，徳について問答することで，真の知恵を求めた。さらに，プラトンは，『国家』において理想的な国家のあり方を問うなかで，魂の徳を論じた。そこでは，知恵が，節制・ b ・正義と並ぶ四元徳の一つとして，統治者に不可欠なものであるとされた。アリストテレスもまた『ニコマコス倫理学』において，人間の優れた働きである，真理の c や推論的な学問と一緒に，知恵を知性的徳の一つに数えた。このように，真の知恵を求める愛としての哲学は，人間の徳の探究としても，議論の深まりをみせたのである。

① a プロタゴラス　b 勇気　c 観想（テオーリア）
② a プロタゴラス　b 勇気　c 中庸（メソテース）
③ a プロタゴラス　b 寛容　c 観想（テオーリア）
④ a プロタゴラス　b 寛容　c 中庸（メソテース）
⑤ a ゴルギアス　　b 勇気　c 観想（テオーリア）
⑥ a ゴルギアス　　b 勇気　c 中庸（メソテース）
⑦ a ゴルギアス　　b 寛容　c 観想（テオーリア）
⑧ a ゴルギアス　　b 寛容　c 中庸（メソテース）

11 【資料問題】 AとBは図書館で見付けた次の資料1と資料2を比べ，後のメモを作成した。メモ中の a ～ c に入る語句の組合せとして最も適当なものを，後の①～⑥のうちから一つ選べ。　　　　　(23 本)

【資料1】
プラトン『国家』で紹介されるソフィストの思想
全ての者の自然本性は，他人より多く持とうと欲張ることを善きこととして本来追求するものなのだが，それが法によって力ずくで平等の尊重へと，脇へ逸（そ）らされているのだ。

【資料2】 キケロ『義務について』より
他人の不利益によって自分の利益を増すことは自然に反する。……我々が自己利益のために他人から略奪し他人を害するようになるなら，社会—これが自然に最も即している—が崩壊することは必然だ。

メモ
資料1によれば，ソフィストは a を重視し，これが社会的に抑圧されているとする。先生によると資料2の背景にも，自然の掟（おきて）を人為的な法や慣習より重視するという資料1との共通点があるとのことだが，資料2では他者を犠牲にした b の追求は，自然に反する結果を招くとされる。さらに調べたところ，資料2を書いたキケロの思想はストア派の主張を汲（く）んでおり，これは c の一つの源流とされているということを学んだ。

① a 人間の欲求　b 自己の利益　c 功利主義
② a 人間の欲求　b 自己の利益　c 自然法思想
③ a 人間の欲求　b 社会の利益　c 自然法思想
④ a 平等の追求　b 自己の利益　c 功利主義
⑤ a 平等の追求　b 社会の利益　c 功利主義
⑥ a 平等の追求　b 社会の利益　c 自然法思想

12 【根源の探究】 世界の根源を探究した古代ギリシアの思想家についての説明として最も適当なものを，次の①～④から一つ選べ。　　　　　(21 第二)

① ヘラクレイトスは，この世界は常に不変不動であり，そこには静的な秩序が維持されていると考えた。

② ヘラクレイトスは，この世界は絶え間なく運動変化しており，そこにはいかなる秩序も存在しないと考えた。

③ ピタゴラス（ピュタゴラス）は，この世界には調和的な秩序が実現されており，そこには調和を支える数的な関係があると考えた。

④ ピタゴラス（ピュタゴラス）は，この世界は無秩序であることを特徴としており，そこには調和は見いだせないと考えた。

③ 一神教の教え

共通テスト／ センター試験 出題頻度	年度	2023	2022	2021	2020	2019	2018	2017	2016	2015	2014	2013	2012
	出題	●	●	●		●	●	●	●	●	●	●	●

■STEP❶【基礎問題演習】

次の各文中の空欄に適語を入れよ。

1 【ユダヤ教】

1 ユダヤ教は，（①）と呼ばれる唯一神を信仰するユダヤ人（ヘブライ人，古代イスラエル人）の宗教，すなわち（②）である。

2 ユダヤ教の聖典は（③）であり，天地創造，エデンの園，ノアの箱舟，出エジプトなど説話を通して，神は人に対して（④）の性格を持つものとして記述している。

3 ユダヤ人の民族的指導者（⑤）は，エジプトからパレスチナに脱出する途上，神から（⑥）を授かった。

4 神と契約を結んだユダヤ民族には，神から特別に選ばれたとする（⑦）がある。

5 ユダヤ人が神との契約で定めた，日常生活にいたる規定を（⑧）（トーラー）という。

正　解

① ヤハウェ（ヤーウェ）
② 民族宗教
③ 『旧約聖書』
④ 裁きの神
⑤ モーセ
⑥ 十戒
⑦ 選民思想
⑧ 律法

2 【キリスト教】

1 マタイ，マルコ，ルカ，ヨハネの四つの（①）やパウロの手紙などが記されているキリスト教の聖典は（②）である。

2 イエスは，律法を愛の掟に高め，父なる神を教え，律法の形式的な遵守すなわち（③）を説く（④）を批判した。

3 イエスの2つの戒めは「心をつくし…」で始まる（⑤）と，「汝自らを愛するように…」ではじまる（⑥）である。

4 キリスト教の神の愛は，無価値なものを愛する自己犠牲的な下降的愛であり，無差別で無償の愛であり，（⑦）といわれる。

5 「何ごとも人にしてほしいと思うことは，あなたがたも人びとにそのようにしなさい」というイエスの最高の教えを（⑧）という。

6 イエスは死から三日後に復活したと信じられ，イエスこそ（⑨）＜ギリシャ語では（⑩）＞であると信じてその教えを宣べ伝える人びとの集団が成立した。

7 イエスの弟子の筆頭はペテロだが，ユダヤ教から回心した（⑪）は伝道に従事し，異民族間にキリスト教を広めた。

8 パウロは，イエスは人間が背負っている（⑫）をはじめ，あらゆる人間の罪を贖うために神からおくられた（⑬）の子羊であるとした＜十字架の意味づけ＞。

9 パウロは，（⑭）・希望・（⑮）を価値あるものとし，（⑮）が最も重要であるとした。これらをキリスト教の三元徳という。

10 「父なる神」「子なるイエス」「聖霊」は一体であるという教義を（⑯）という。

11 「教父」のなかで最大の教父と呼ばれた（⑰）は，『告白』を著し，パウロの説いた原罪説を強調し，神の恩寵を説いた。

① 福音書
② 『新約聖書』
③ 律法主義
④ パリサイ派
⑤ 神への愛（信仰）
⑥ 隣人愛

⑦ アガペー

⑧ 黄金律

⑨ メシア（救世主）
⑩ キリスト
⑪ パウロ

⑫ 原罪
⑬ 贖罪
⑭ 信仰
⑮ 愛
⑯ 三位一体論
⑰ アウグスティヌス

3 【イスラーム】

1 メッカの商人であった（①）は，神（②）から啓示を受け，神への絶対的帰依と神の前での人間の平等を説いた。

2 ムハンマドの受けた啓示は，（③）にまとめられている。

3 ムスリムの義務である（④）とは，「信仰の柱」とされ，アッラー，天使，聖典，預言者，来世，天命を信じることをいう。＜　六信五行　＞

4 五行とは，信仰告白（シャハーダ）・（⑤（サラート））・断食（シャーム）・喜捨（ザカート）・

① ムハンマド
② アッラー
③ 『クルアーン（コーラン）』
④ 六信
⑤ 礼拝

（⑥（ハッジ））をさす。サラートもハッジもともに聖地メッカに向けられる。

⑤ 五行の2番目に位置する（⑦）は，一日5回メッカに向けて行われる。

⑥ イスラム暦9月（ラマダーン）に，日の出から日没までの義務とされるのは（⑧）である。

⑦ イスラームの信者＝（⑨）は，神の像を刻んではならず（偶像崇拝禁止），（⑩）を飲むことや（ 豚肉 ）を食することが禁じられている。

⑧ ムハンマドは，「最大にして（⑪）の預言者（神にあらず）」であり，したがってムハンマド以降に神のことばは存在しない。

⑥巡礼

⑦礼拝

⑧ 断食（シャーム）

⑨ムスリム

⑩アルコール

⑪最後

■STEP❷【正誤問題演習】■

次の各文の正誤を判別し，誤りについては正しく訂正しなさい。

1 【ユダヤ教・キリスト教・イスラーム】

① 『旧約聖書』は，世界の創造者である神ヤハウェへの信仰を基礎としている。『創世記』や『出エジプト記』などから成り，様々な形で神ヤハウェによる人類全体への平等な愛を説いていることが特徴である。　　　　　　　　　　　　　　　　　　　　　（04追）

② 『旧約聖書』は，ユダヤ教およびキリスト教の聖典とみなされている。イスラエルの民だけが神ヤハウェから使命を帯びて選ばれたとする選民思想や，神の言葉としての律法を遵守しなければならないとする考え方がその特徴である。　　　　　　　　　　　　（04追）

③ ユダヤ教では，十戒など，イスラエルの民が自ら定めた律法を守れない場合，神から裁きが下されると考えられた。　　　　　　　　　　　　　　　　　　　　　　　（21本）

④ イエスの主張した神の愛は，人間の理想的な美しさ，善さを信じ，その実現へと人々を促す愛である。　　　　　　　　　　　　　　　　　　　　　　　　　　　　　　（90本）

⑤ 「キリスト」とは，「メシア」と同じ意味のギリシャ語で，神から遣わされた救世主の意。（94追）

⑥ イエスは「何事でも人々からしてほしいと望むことは，人々にもそのとおりにしなさい」と命じ，相手の立場に身を置いて人に接するように教えた。　　　　　　　　（02追）

⑦ 『新約聖書』のマタイ，マルコ，ルカ，ヨハネの四福音書には，イエスこそが救い主であるとする信仰に基づき，イエスの生涯と言葉が記されている。　　　　　　（07追）

⑧ 『新約聖書』には，モーセが古代イスラエルの民を率いてエジプトを脱出する途中，十の掟（おきて）を神から授けられたという歴史が記されている。　　　　　　　（07追）

⑨ キリスト教では，人間は，神の定めた安息日や食事の規定などの戒めを厳しく遵守する律法主義によってのみ，神の怒りをなだめることができる。　　　　　　　　（07本）

⑩ イエスは，自らメシア（キリスト）と称して，すべての人が生まれながらに負っている罪から救われるには，十字架の贖いを信じるしかないと主張した。　　　　（02追）

⑪ イエスは，神は律法を守った人だけを祝福するのではなく，おちぶれて帰還した放蕩息子を喜び迎える父のように，無償の愛を万人に及ぼしていると教えた。　　　（02追）

⑫ ムスリムは唯一の神に帰依を誓う人々であるが，ユダヤ教徒やキリスト教徒なども同じ神の啓示を受け入れた者として認めている。　　　　　　　　　　　　　　　（02本）

⑬ ムハンマドは，自分はモーセやイエスを選んだのと同じ神によって選ばれた預言者であるが，自分の後に預言者は出現しないと説いた。　　　　　　　　　　　　　（02追）

⑭ イスラームでは，神の恵みに感謝するために断食月が定められているが，昼間でも動物質のもの以外なら食べることができる。　　　　　　　　　　　　　　　　　（03本）

⑮ アッラーへの内面的信仰が何よりも大切であり，日常生活に関わる法は重要でないと考えられている。　　　　　　　　　　　　　　　　　　　　　　　　　　　　（07本）

⑯ アッラーはユダヤ教・キリスト教の神と同一であり，モーセやイエスを預言者として遣わしたと考えられている。　　　　　　　　　　　　　　　　　　　　　　　（07本）

⑰ 『クルアーン』は，すべてのイスラーム法（シャリーア）の根拠であり，世俗と厳密に区別された聖職者の生活を律している。　　　　　　　　　　　　　　　　　（01本）

⑱ 『クルアーン』は，神の言葉そのものであるとされ，その教えを信じることは六信の一つに数えられている。　　　　　　　　　　　　　　　　　　　　　　　　　（01本）

①×　人類全体への平等な愛が誤り。選民思想が根底にある。

②○　キリスト教は『旧約聖書』と『新約聖書』の双方を聖典とする。

③×十戒は神が授けた。

④×　ギリシャの愛，エロースの説明。

⑤○

⑥○　イエスの黄金律。（マタイによる福音書）

⑦○

⑧×　『旧約聖書』の内容。出エジプト，モーセの十戒。

⑨×　ユダヤ教の律法主義。イエスはこれを否定した。

⑩×　原罪と十字架の意味づけ（贖罪）を唱えたのはパウロ。

⑪○　「ルカによる福音書」放蕩息子の帰宅

⑫○　ユダヤ教徒とキリスト教徒を「経典の民」と認めている。

⑬○　最大にして最後の預言者とされる。

⑭×　ラマダーンの断食は，日の出から日没まで喉を通さない。

⑮×　イスラーム法は，内面的信仰にかかわることだけでなく，イスラーム教徒の衣・食まで含めた日常生活を規定している。

⑯○

⑰×　聖職者に限定せず，イスラーム教徒の生活を律する。

⑱○　アッラー，天使，聖典，預言者，来世，天命の六つ。

共通テスト・センター試験過去問　次の各設問に答えよ。

1 【律法】 律法の説明として**適当でないもの**を，次の①～④の
うちから一つ選べ。　　　　　　　　　　　　　　（16 本）

① イスラエル人は，律法を守れば祝福が与えられ，律法を破れ
ば裁きの神としてのヤハウェに厳しく罰せられるとされている。

② 律法の中心をなす十戒は，神の絶対性に関わる宗教的な規定
（義務）と人間のあり方に関わる道徳的な規定（義務）から成
り立っている。

③ イスラエル人は，エジプトに移り住む際の心構えとして神か
ら与えられた律法を，神と民との間に結ばれた契約の 徴（しるし）とみ
なしている。

④ 律法に従って神の恩恵に応える限り，イスラエル人は神に選
ばれた特別な民として，神から民族の繁栄を約束されている。

2 【ユダヤ教】 ユダヤ教の特徴として最も適当なものを，次の
①～④のうちから一つ選べ。　　　　　　　　　　（06 追）

① 律法と預言者の言葉を通じて，超越的神が歴史において自民
族に関わり続けていることを確信し，メシアによる救済を待望
する。

② 全知・全能で唯一絶対である神の子の意志や命令に服従する
ことを教えの中心とし，民族や国家を超えた信仰共同体を形成
する。

③ 狭い意味での宗教というよりも，ユダヤ共同体の生活様式全
般であり，父・子・聖霊の一体性を奥義として，人格神を礼拝
する。

④ 律法よりも，人間社会の矛盾に対して神から与えられた預言
者の言葉を遵守する生活の方が，救済のためには不可欠である
とする。

3 【旧約聖書】 旧約聖書に関する記述として**適当でないもの**を，
次の①～④のうちから一つ選べ。　　　　　　　　（04 追）

① 世界の創造者である神ヤハウェへの信仰を基礎としている。
『創世記』や『出エジプト記』などから成り，様々な形で神ヤ
ハウェによる人類全体への平等な愛を説いていることが特徴で
ある。

② 『創世記』や『出エジプト記』といった多くの歴史書，預言
の書などから成り立っている。ヘブライ人のエジプト寄留と脱
出，またモーセの十戒などの話は，この『創世記』や『出エジ
プト記』に記されている。

③ ユダヤ教およびキリスト教の聖典とみなされている。イスラ
エルの民だけが神ヤハウェから使命を帯びて選ばれたとする選
民思想や，神の言葉としての律法を遵守しなければならないと
する考え方がその特徴である。

④ 主にヘブライ語で書かれており，旧約とは本来，「旧い契約」
という意味である。ここで「契約」とは，神ヤハウェとイスラ
エルの民とのモーセを通じた契約を意味している。

4 【イエスの教え】 イエスの教えについての説明として最も
適当なものを，次の①～④のうちから一つ選べ。　（16 本）

① 愛を実践する生き方の基本として，「人にしてもらいたいと
思うことは何でも，あなたがたも人にしなさい」と説いた。

② ユダヤ教の教典に書かれた律法を重視し，たとえ形式的であ
っても律法を厳格に順守しなければならないと説いた。

③ 旧約聖書の根幹をなす「敵を愛し，迫害する者のために祈り
なさい」という教えを受け継ぎ，敵をも赦す普遍的な愛を説い
た。

④ 神が与えてくれた悔い改めの機会として，安息日を忠実に守
り，すべての労働を避けなければならないと説いた。

5 【イエスの言行】 平等観にもとづいたイエスの言行につい
ての記述として**適当でないもの**を，次の①～④のうちから一つ選
べ。　　　　　　　　　　　　　　　　　　　　　（02 追）

① 当時の社会で嫌悪されていた徴税人や罪人と食事を共にする
など，当時のユダヤ教の社会規範に反してまでも，被差別者と
共に生きようとした。

② 「何事でも人々からしてほしいと望むことは，人々にもその
とおりにしなさい」と命じ，相手の立場に身を置いて人に接す
るように教えた。

③ 自らメシア（キリスト）と称して，すべての人が生まれなが
らに負っている罪から救われるには，十字架の 贖（あがな）いを信じる
しかないと主張した。

④ 神は律法を守った人だけを祝福するのではなく，おちぶれて
帰還した放蕩息子を喜び迎える父のように，無償の愛を万人に
及ぼしていると教えた。

6 【新約聖書①】 新約聖書の説明として最も適当なものを，次
の①～④のうちから一つ選べ。　　　　　　　　　（09 追）

① 新約聖書の「新約」とはイエスがもたらした神と人間との新
しい契約であり，旧約聖書の律法は完全に否定されている。

② 新約聖書ではイエスが救い主キリストであるという信仰と，
イエスの十字架上の死による神からの 赦（ゆる）しが語られている。

③ 新約聖書では神の国が到来したこと，また神の国とローマ帝
国などの地上の国との戦いが終結したことが述べられている。

④ 新約聖書では神の無償の愛であるアガペーと，それにこたえ
て真の実在としての神へ向かう愛であるエロースとが説かれて
いる。

7 【新約聖書②】 『新約聖書』に関する記述として最も適当な
ものを，次の①～④のうちから一つ選べ。　　　　（07 追）

① マタイ，マルコ，ルカ，ヨハネの四福音書には，イエスこそ
が救い主であるとする信仰に基づき，イエスの生涯と言葉が記
されている。

② 「新約」とは，イエスによってもたらされた神と人との新し
い契約のことであり，神の愛であるエロス，神への愛であるア
ガペーが記されている。

③ 福音書を始め，イエスの弟子たちの活動を記した使徒言行
録，パウロの書簡など，すべてがヘブライ語で記されている。

④ モーセが古代イスラエルの民を率いてエジプトを脱出する途
中，十の掟を神から授けられたという歴史が記されている。

8 【イスラーム教①】 イスラーム教の説明として最も適当なものを，次の①～④のうちから一つ選べ。 (15 本)

① 最後の審判の日，ムハンマドが神の代理人として一人ひとりの人間を裁き，天国と地獄に振り分けるとされる。

② 一日に五回，定められた時に，神の像に向かって礼拝を行うことは，ムスリムの務めの一つとされる。

③ ムハンマドは，モーセやイエスに続く預言者であり，神は，ムハンマド以降も預言者を遣わすとされる。

④ 唯一神への絶対的帰依が説かれ，開祖ムハンマドであっても，神格化の対象とはならないとされる。

9 【イスラーム教②】 イスラーム教についての記述として最も適当なものを，次の①～④のうちから一つ選べ。 (18 本)

① クルアーンは，ユダヤ教の聖典に倣ってヘブライ語で著わされた。

② すべてのモスクでは，聖地エルサレムに向かって礼拝が行われる。

③ イスラーム教は，五行の一つとして喜捨（ザカート）の義務を定めている。

④ キリスト教徒らと区別して，イスラーム教徒は「啓典の民」と自称する。

10 【アッラー】 アッラーの意志に関する記述として**適当でない**ものを，次の①～④のうちから一つ選べ。 (08 本)

① アッラーの意志を示すものであるクルアーン（コーラン）は，結婚や遺産相続などの生活上の規範も説いている。

② アッラーの意志はムハンマドを通じて人間に伝えられたが，ムハンマドにそれを仲介したのは天使だとされる。

③ ユダヤ教とキリスト教の聖典はアッラーの意志を示すものではないため，イスラームの聖典とは認められない。

④ ムスリムは，「アッラーの意志に従う者」を指し，民族の違いにかかわらず平等に信徒として認められている。

11 【クルアーン】 クルアーンに関する記述として最も適当なものを，次の①～④のうちから一つ選べ。 (04 追)

① クルアーンは，唯一の神が預言者ムハンマドを通じて人間に与えた言葉であり，ムハンマドの役割は神の啓示をそのまま人々に伝えることであった。

② クルアーンは，唯一の神が人間に与えた言葉であり，預言者ムハンマドの役割はその言葉を用いて，将来を予め語ることであった。

③ クルアーンは，唯一の神が預言者ムハンマドと彼を取り巻く多くの人々に直接現れて語ったものである。

④ クルアーンは，唯一の神が預言者ムハンマドに聖典作成を命じ，ムハンマドと彼を取り巻く人々が共同で執筆したものである。

12 【資料問題】 AとBは，授業で配付された次の資料を読み，後の会話を交わした。会話中の a ・ b に入る記述の組合せとして最も適当なものを，後の①～④から一つ選べ。 (23 本)

> 資料 クルアーンより
> おお，信ずる者たちよ，どの民にも他の民を嘲笑させてはならない。これら（嘲笑される民）はそれら（嘲笑する民）よりもすぐれているかもしれないのだから。……おまえたち，互いに悪口を言うものではない。悪いあだなをつけあってはならない。信仰にはいったあとで邪悪な呼称をつけることは悪いことだ。……おお，信ずる者たちよ，憶測をできるだけ避けよ。ある種の憶測は罪である。互いにさぐりあったり，陰口をたたいたりするではない。……神を畏れよ。まことに神はよく憐れむお方，慈悲あつきお方である。

A：人間相互の関係に着目してみるって話だけど，この資料には， a と書いてあるね。

B：そう，授業でも，イスラームでは自らの共同体を大事にし，ムスリム同士は b によって強く結び付いているって教わったよね。

① a 相手の方がすぐれているかもしれないから，人を嘲笑してはいけない
　 b 仲間として貧者を救済すること

② a 不確かな根拠に基づいて，人の悪口を言ってはいけない
　 b 1日に5回，エルサレムに向かって祈ること

③ a 限られた情報を頼りに想像力を駆使して，人を総合的に評価すべきだ
　 b 仲間として相互扶助を行うこと

④ a 憐れみ深く，愛に満ち溢れたアッラーを崇敬しなければならない
　 b 1日に5回，ムハンマドの肖像画を拝むこと

13 【ユダヤ教・キリスト教・イスラーム】 次のア～ウは，様々な聖典の説明である。その正誤の組合せとして正しいものを，下の①～⑧のうちから一つ選べ。 (15 本)

ア 新約聖書は，従来の律法に代わって，人類に無償の愛を注ぐ神への応答として「神を愛し，隣人を愛せ」という新たな愛の掟（おきて）を教え，その掟を全うすることによって罪を贖（あがな）う者は救われるという，福音を説いている。

イ ユダヤ教の聖典は，世界の創造者である神の啓示の書とされる。神が与えた律法を守ることで救いと繁栄が約束されるという契約の思想が表され，神と契約を結んだ民であるイスラエル人の歴史などが書かれている。

ウ クルアーン（コーラン）は，預言者ムハンマドに下された神の啓示を記した書とされ，聖職者と一般信徒がそれぞれに実践すべき規律を教えており，シャリーア（イスラーム法）の典拠となっている。

① ア正 イ正 ウ正　　② ア正 イ正 ウ誤
③ ア正 イ誤 ウ正　　④ ア正 イ誤 ウ誤
⑤ ア誤 イ正 ウ正　　⑥ ア誤 イ正 ウ誤
⑦ ア誤 イ誤 ウ正　　⑧ ア誤 イ誤 ウ誤

4 東洋の宗教と思想

共通テスト／ センター試験 出題頻度	年度	2023	2022	2021	2020	2019	2018	2017	2016	2015	2014	2013	2012
	出題	●	●	●		●	●	●	●	●	●	●	●

■STEP❶【基礎問題演習】■

次の各文中の空欄に適語を入れよ。

1 【インド・仏教の思想】

	正　解

1 バラモン教の教義によれば，人間は，生きている間の行為である（①）によって，無限に生死をくり返す（②）とされる。

2 （③）は，生と死にともなう苦からの脱却を求めて出家するが，苦行によっては解決を得られず，深い瞑想に入ったすえ，真理を悟った者である（④）となった。

3 四法印では一切皆苦といい，苦しみに満ちた世界とみる。四苦とは（⑤）をさす。

5 仏陀によれば，苦しみが生じるのは，縁起の法とよばれる真理（（⑥）という）を，人びとが正しく知ることができないこと（（⑦）という）によるという。

6 縁起の法は，この世のあらゆるものは生滅変化しつづけ（四法印では（⑧）），独立した不変の実体（我）をもつものはない（四法印では（⑨））とする真理である。

7 人びとは欲望や怒りなどの（⑩）を持ち，苦の原因となるが，その（⑩）の炎を吹き消し，安らかな悟りの境地に達することができる。これを四法印では（⑪）という。

8 苦行にも快楽にもかたよらない（⑫）の性格を持つ八正道の実践により涅槃にいたる。

9 仏陀は，生きとし生けるものへの，与楽と抜苦，すなわち（⑬）の実践を求めている。

10 仏教は，慈悲を重視して利他をめざして修行する（⑭）のあり方を理想する大乗仏教（北伝仏教）と，修行者みずからの悟りの完成をめざす（⑮）（南伝仏教）とに分かれる。

①業（カルマ）
②輪廻 ＜輪廻転生＞
③ゴータマ＝シッダッタ
④仏陀（ブッダ）
⑤生老病死
⑥ダルマ，法
⑦無明
⑧諸行無常
⑨諸法無我
⑩煩悩
⑪涅槃寂静
⑫中道
⑬慈悲
⑭菩薩
⑮上座部仏教

2 【古代中国の思想】

1 周王朝が衰えた春秋時代，（①）といわれるさまざまな思想家が現れた。孔子・孟子を代表とする儒家，老子・荘子を代表とする（②）が，長く後世に影響をおよぼした。

2 孔子は，現実社会に生きる人間としてもっとも望ましいあり方を，（③）という言葉であらわした。樊遅という弟子の質問に，孔子は端的に「（④）」と答えている。

3 仁の基本は，親子や兄弟のあいだの自然な親愛の情＝（⑤）だが，さらには「克己（私欲をおさえる）」「忠（自分を偽らない）」「（⑥）（他人を思いやる）」とも説かれている。

4 孔子は，仁の心が行為として形をとった＜礼＞を重視し，仁や礼の徳を身にそなえた（⑦）が民を導き，為政者として国家を治めるべきだとする，（⑧）を説いた。

5 孟子は，（⑨）をとなえ，人間には生まれながらに四端の心がそなわっており，これを養い育てれば（⑩）を実現できると考えた。

6 孟子は，武力や計略にもとづく「覇道」の政治を批判し，仁義の道徳にもとづく（⑪）を理想とした。民意を失った君主は追放される（⑫）革命の思想を展開した。

7 朱子学は，天地万物をつらぬく原理である（⑬）と，物質的な形や運動のもとである（⑭）によって，世界の成りたちを説明した（理気二元論）。

8 朱子は，性即理とし，人は，心をつつしんで理を探究する（⑮）が必要だと説いた。

9 陽明学は，善悪をおのずから知りわきまえる心のはたらきである（⑯）を働かせ，知ることと行うこととの合致すなわち（⑰）を説く，実践的な立場に特色がある。

10 老子は，作為を労せず自然にゆだね（⑱），他と争わず身を低くする柔弱謙下が理想であり，それを可能にするのは小国寡民であるとした。

11 荘子は，あらゆるものは本来，平等かつ一体である（⑲）とし，心を空くしておのれを忘れ（心斎坐忘），逍遥遊に達した理想の人間を，（⑳）とよんだ。

①諸子百家
②道家
③仁
④人を愛すること
⑤孝悌
⑥恕
⑦君子
⑧徳治主義
⑨性善説
⑩四徳（仁・義・礼・智）
⑪王道政治
⑫易姓
⑬理
⑭気
⑮居敬窮理
⑯良知
⑰知行合一
⑱無為自然
⑲万物斉同
⑳真人

次の各文の正誤を判別し，誤りについては正しく訂正しなさい。

1 【インド・仏教の思想】

① ウパニシャッド哲学では，人間を含むあらゆる生きものが行った行為，すなわち業（カルマ）の善悪に応じて，死後，種々の境遇に生まれ変わると考えられた。 (17 本)

② バラモン教では，唯一なる神の祀り方が人々の幸福を左右するという考えに基づいて，祭祀を司るバラモンが政治的指導者として社会階層の最上位に位置づけられた。 (17 本)

③ ウパニシャッド哲学では，人間だけでなくすべての生あるものが成仏できる可能性をもつと説かれた。 (12 本)

④ ジャイナ教の教えの中には，生き物を殺してはいけないという不殺生（アヒンサー）が含まれる。 (21 本)

⑤ 「集諦」とは，理想の境地に至るためには，八正道の正しい修行法に集中すべきであるという真理である。 (03 本)

⑥ 「滅諦」とは，煩悩を完全に滅することで，もはや苦が起きることのない平安の境地に達するという真理である。 (03 本)

⑦ 「道諦」とは，あらゆる事物が存在し変化していくには，必ず依拠すべき道理があるという真理である。 (03 本)

⑧ ブッダは，「この世の一切はたえず変化し消滅するのに，それを知らず永遠の生存を望んだり，所有物に執着したりすることが苦をもたらす」と考えた。 (92 追)

⑨ ブッダは，「苦しむべきでないことに苦しむのは欲望の力に支配されているからであり，苦行と不殺生を徹底することによって欲望を克服すべきである」と考えた。 (92 追)

⑩ 大乗仏教では，すべての衆生は仏となる本性を備えているという，「一切衆生悉有仏性」の教義を持つ。 (96 本)

⑪ 大乗仏教では，最高の悟りを得た者としての「阿羅漢」を理想とし，自己一身の解脱に努力することを重視する。 (96 本)

2 【古代中国の思想】

① 孔子は，子が親に孝の精神をもって仕えることを道としたが，老子は，それを差別的な愛だと批判し，自他の区別なく平等に愛することを道とした。 (11 本)

② 孔子は，人間を処罰して矯正する礼や法を道としたが，老子は，それを人民に脅威を与えるものだと批判し，それらを捨てた自然の状態を道とした。 (11 本)

③ 忠恕とは，誠実な心をもって他人を思いやることである，ということ。 (97 追)

④ 「己に克ちて礼に復るを仁と為す。一日己に克ちて礼に復れば，天下仁に帰す。仁を為すは己に由る。而して人に由らんや」とは荘子の言葉である。 (97 追)

⑤ 孔子は，万物を貫く理法としての客観的な道を説いたが，老子は，それを精神を疲労させるものだと批判し，心の本性に従う主体的な道を説いた。 (11 本)

⑥ 孟子は，為政者が武力によって人々を支配する王道の政治を退け，人民の幸福に配慮し，徳に基づいた覇道の政治を提唱した。 (21 本)

⑦ 荀子は，人間の本性は悪であるという性悪説の立場に立って，争乱の原因となる人々の欲望や利己心を矯正するために，社会規範としての礼の遵守を人道の中心に据えるべきであると主張した。 (03 追)

⑧ 朱子学では，本来の世界を，何の差別も対立もない万物斉同の世界として捉え，人為を去って生きることを提唱した。 (04 追)

⑨ 朱子学では，人の心がそのまま理であるとし，人に生まれつき備わっている良知をいかに発現させるかが重要だと説いた。 (04 追)

⑩ 道家は，「仁義は，真にあるべき姿が失われた後に必要とされる人為的なものにすぎず，むしろそれらを超えた大道に即して生きるべきだ。」と説く。 (98 追)

⑪ 「上善は水のごとし。水は善く万物を利してしかも争はず。衆人の悪む所に処る。故に道にちかし」とは荘子の言葉である。 (97 追)

①○

②✕ 「唯一なる神」が誤り。バラモン教は，多様な自然神を崇拝する。

③✕ 大乗仏教の一切衆生悉有仏性の内容。

④○

⑤✕ 苦の原因は煩悩であるという真理。

⑥○ 煩悩を滅ぼした涅槃が理想の境地だとすること。

⑦✕ 苦を滅するための修行法が八正道だという真理。

⑧○ 無常・無我，執着の考え方。

⑨✕ 苦行と不殺生の徹底を説いたのはバラモン教。ブッダは中道の観点から苦行を否定。

⑩○

⑪✕ 大乗仏教は利他の慈悲の行いを目指す「菩薩」を理想とする。阿羅漢は上座部仏教の理想。

①✕ 一切の差別がない博愛主義を説いて孔子を批判したのは，老子ではなく墨子。

②✕ 性悪説の立場から礼の重要性を説いたのは荀子で，法治主義は韓非子。

③○

④✕ 孔子。『論語』にある「克己復礼」。

⑤✕ 孔子部分は朱子の朱子学，老子部分は朱子学を批判的に継承した王陽明の陽明学の記述。

⑥✕ 王道と覇道が逆。

⑦○ 性悪説から礼治主義へ。

⑧✕ 荘子の万物斉同説。

⑨✕ 王陽明の心即理・良知の考え方。

⑩○ 「大道廃れて仁義あり」と説いた老子は，人間社会の現実を超えた根源を「道」に求めた。

⑪✕ 老子「柔弱謙下」。

共通テスト・センター試験過去問　次の各設問に答えよ。

1【古代インドの思想】　古代インドで展開された思想についての記述として最も適当なものを，次の①～④のうちから一つ選べ。　　　　　　　　　　　　　　　　　　　　　　　　　(17 本)

① ウパニシャッド哲学は，真の自己とされるアートマンは観念的なものにすぎないため，アートマンを完全に捨てて，絶対的なブラフマンと一体化するべきであると説いた。

② バラモン教は，聖典ヴェーダを絶対的なものとして重視していたため，ヴェーダの権威を否定して自由な思考を展開する立場を六師外道と呼んで批判した。

③ ウパニシャッド哲学では，人間を含むあらゆる生きものが行った行為，すなわち 業（カルマ） の善悪に応じて，死後，種々の境遇に生まれ変わると考えられた。

④ バラモン教では，唯一なる神の祀（まつ）り方が人々の幸福を左右するという考えに基づいて，祭祀を 司（つかさど） るバラモンが政治的指導者として社会階層の最上位に位置づけられた。

2【四法印】　ブッダの教えを表す四つの命題である「四法印」についての説明として最も適当なものを，次の①～④のうちから一つ選べ。　　　　　　　　　　　　　　　　　　　　　　　　　(14 追)

① 「諸法無我」とは，それ自体で存在するような不変の実体は何もない，という教えを指す。また「一切皆苦」とは，一見楽しそうなことも含め，この世の現実のすべては苦しみにほかならない，という教えを指す。

② 「諸行無常」とは，あらゆる行為は常に変転し続けるので，苦行にも意味はない，という教えを指す。また「涅槃寂静」とは，我執を断った安らぎの境地へと至ることが理想である，という教えを指す。

③ 「諸法無我」とは，ブッダのもろもろの説法は，すべて「我などない」という一つの真理を表している，という教えを指す。また「一切皆苦」とは，心のなかの煩悩が一切の苦しみの原因である，という教えを指す。

④ 「諸行無常」とは，すべてのものは常に変転し続け，とどまることはない，という教えを指す。また「涅槃寂静」とは，聖典に定められた様々な祭祀の執行を通して解脱に至るべき，という教えを指す。

3【慈悲】　仏教の実践としての慈悲の説明として最も適当なものを，次の①～④のうちから一つ選べ。　　　　　　(19 本)

① 慈悲とは，四苦八苦の苦しみを免れ得ない人間のみを対象として，憐れみの心をもつことである。

② 慈悲の実践は，理想的な社会を形成するために，親子や兄弟などの間に生まれる愛情を様々な人間関係に広げることである。

③ 慈悲の実践は，他者の救済を第一に考える大乗仏教で教えられるものであり，上座部仏教では教えられない。

④ 慈悲の「慈」とは他者に楽を与えることであり，「悲」とは他者の苦を取り除くことを意味する。

4【四諦】　ブッダの教えをまとめた四諦の各々についての説明として最も適当なものを，次の①～④のうちから一つ選べ。　　　　　　　　　　　　　　　　　　　　　　　　　　　　　(10 本)

① 苦諦：自分の欲するままにならない苦は，努力で克服するのではなく，人生は苦であると諦（あきら）めることで，心の平安を得られるということ

② 集諦：あらゆる存在は，因と縁が集まって生ずるから，実体のない我に固執せず，他者に功徳を施すことで救いが得られるということ

③ 滅諦：滅は，もともと制するという意味であるが，欲望を無理に抑えようとせず，煩悩がおのずから滅することに任せよということ

④ 道諦：快楽にふけることや苦行に専念するという両極端に近づくことなく，正しい修行の道を実践することが肝要であるということ

5【人生の苦の問題】　人生の苦の問題に関するブッダの考え方として最も適当なものを，次の①～④のうちから一つ選べ。　　　　　　　　　　　　　　　　　　　　　　　　　(11 本)

① 輪廻などのあらゆる苦悩は，苦・集・滅・道の四諦を始めとする煩悩にまどわされて，苦の原因に気づかずにいることに由来している。

② 自己の固有の本質が不変であることを正しく理解せずに，永遠の快楽や不死に執着してしまうために，無知から生ずる様々な苦がある。

③ 苦の根本原因は業であり，この世界を貫く常住不変の真理を洞察し，それを理解することによって，一切の苦から解放されることが可能となる。

④ あらゆるものと同様に，苦は一定の条件や原因によって生じるものであるから，苦からの解放にはそれらの条件や原因をなくすことが必要である。

6【大乗仏教①】　大乗仏教についての説明として最も適当なものを，次の①～④のうちから一つ選べ。　　　　(20 本)

① 大乗仏教は，上座部仏教が自らを「小乗仏教」と名のったのに対して，自らを大きな乗り物に譬えてその立場の違いを鮮明にした。

② 大乗仏教で尊敬の対象とされる菩薩とは，在家の信者とは異なり，他者の救済を第一に考える出家修行者のことである。

③ 大乗仏教の代表的な経典の一つである『般若経』では，あらゆる事象には固定不変の本体がないと説かれている。

④ 大乗仏教は，スリランカから東南アジアへと伝えられ，その後，東アジア世界に広がっていったため，「南伝仏教」と呼ばれる。

7【大乗仏教②】　大乗仏教における菩薩についての記述として最も適当なものを，次の①～④のうちから一つ選べ。　　(01 本)

① 悟りを開こうとする求道者だが，生きとし生けるものすべての救済のためには自己の悟りを後回しにして献身する。

② 悟りを開いて真理に目覚めた者だが，実は肉体をもって出現した宇宙の真理そのものである。

③ 悟りを開く前のブッダの姿であり，苦行にも快楽にも偏らない中道を歩む者である。

④ 自己の悟りを求めて厳しい修行を完成した聖者であり，次に生まれ変わった時には仏となることができる。

8 【諸子百家】 次のア～エは諸子百家の思想家たちの考え方であるが，それぞれ誰の思想であるか。その組合せとして最も適当なものを，下の①～⑥のうちから一つ選べ。 (10 本)

ア 人は先王によって定められた礼を身に付ければ争いを未然に防ぐことができ，各自が社会規範を守れば社会秩序は維持される。

イ 天命によって天子となった者も，ひとたびその徳を失えば新たな有徳の者に取って代わられるが，その革命には武力も認められる。

ウ 高い徳を積んだ人格者が政治に当たれば，その徳はおのずから国民を感化して秩序が保たれ，国家は安寧に統治される。

エ 厳正な法に基づく信賞必罰によって利己的な本性を抑止すれば，国民は罰を恐れて悪事をなさず，安定した国家統治が実現できる。

① ア 韓非子　イ 孟 子　ウ 孔 子　エ 荀 子
② ア 韓非子　イ 荀 子　ウ 孔 子　エ 孟 子
③ ア 荀 子　イ 韓非子　ウ 孟 子　エ 孔 子
④ ア 荀 子　イ 孟 子　ウ 孔 子　エ 韓非子
⑤ ア 孔 子　イ 荀 子　ウ 韓非子　エ 孟 子
⑥ ア 孔 子　イ 孟 子　ウ 荀 子　エ 韓非子

9 【論語】 孔子とその弟子たちの言行録である『論語』の言葉として適当でないものを，次の①～④のうちから一つ選べ。 (15 本)

① 智慧出（い）でて大偽あり。
② 巧言令色，鮮（すく）なし仁。
③ 故（ふる）きを温めて新しきを知る。
④ 孝悌なる者はそれ仁の本たるか。

10 【孔子の礼】 次の文章は，孔子の礼についての説明である。文章中の a ～ c に入れる語句の組合せとして正しいものを，下の①～⑧のうちから一つ選べ。 (16 本)

孔子は，社会を支える規範として礼を重んじたが，それは，単に外形的なものではなく，内面性に裏打ちされるべきであると考えた。つまり，他者を愛する心持ちである a が，立ち居振る舞いや表情・態度として外に現れ出たものが礼であるとしたのである。その実現には，私利私欲を抑えるとともに，他人も自分も欺くことなく，他人を自分のことのように思いやることが重要とされた。このうち，自分を欺かないことは， b と呼ばれる。このようにして礼を体得した c によって，秩序ある社会の実現も可能であると孔子は考えた。

① a 恕　b 忠　c 真人　　② a 恕　b 忠　c 君子
③ a 恕　b 信　c 真人　　④ a 恕　b 信　c 君子
⑤ a 仁　b 忠　c 真人　　⑥ a 仁　b 忠　c 君子
⑦ a 仁　b 信　c 真人　　⑧ a 仁　b 信　c 君子

11 【老子の道】 老子の説く「道」の説明として適当でないものを，次の①～④のうちから一つ選べ。 (17 追)

① 万物を育みながら，その働きを意識したり，その功績を誇ったりすることのない，万物の母としての根本原理である。
② 人間の感覚や知性によっては把握できない，神秘的な宇宙の根本原理であり，名付けようがないため「無」とも呼ばれる。

③ 何もしていないように見えながら天地万物を生み出し，成長させ，秩序づける，無限の力をもつ根本原理である。
④ 宇宙や人間など万物を貫く様々な働きの根本原理であり，道徳規範としての「礼」を必然的に規定するものである。

12 【孔子と老子】 孔子が説いた「道」は，老子によって批判されているが，両者の「道」についての記述として最も適当なものを，次の①～④のうちから一つ選べ。 (11 本)

① 孔子は，天下に秩序をもたらす道徳的な道を説いたが，老子は，それを作為的なものだと批判し，万物を生み育てる自然の根源としての道を説いた。
② 孔子は，万物を貫く理法としての客観的な道を説いたが，老子は，それを精神を疲労させるものだと批判し，心の本性に従う主体的な道を説いた。
③ 孔子は，子が親に孝の精神をもって仕えることを道としたが，老子は，それを差別的な愛だと批判し，自他の区別なく平等に愛することを道とした。
④ 孔子は，人間を処罰して矯正する礼や法を道としたが，老子は，それを人民に脅威を与えるものだと批判し，それらを捨てた自然の状態を道とした。

13 【中国の思想家】 次のア～ウは，中国の思想家が述べた「実践や修養」についての説明である。それぞれ誰のものか，その組合せとして正しいものを，下の①～⑧のうちから一つ選べ。 (15 追)

ア 万物に恵みを与えながらそのことを誇らない水のように，世間的な欲望を抑え，謙虚に他者に接して生きるのがよい。

イ 自己中心的でわがままな欲望に流されることなく，社会的に通用している規範である礼に自覚的に従うのがよい。

ウ ものごとに内在する道理を正しく把握し，意識を集中させ，つつしみをもって振舞うのがよい。

① ア 老 子　イ 孔 子　ウ 朱 子
② ア 老 子　イ 孔 子　ウ 王陽明
③ ア 老 子　イ 韓非子　ウ 朱 子
④ ア 老 子　イ 韓非子　ウ 王陽明
⑤ ア 荘 子　イ 孔 子　ウ 朱 子
⑥ ア 荘 子　イ 孔 子　ウ 王陽明
⑦ ア 荘 子　イ 韓非子　ウ 朱 子
⑧ ア 荘 子　イ 韓非子　ウ 王陽明

14 韓非子の思想を述べたものとして最も適当なものを，次の①～④のうちから一つ選べ。 (97 追)

① 少数人民による共同体的な寡民政治を説いた。
② 君主自らの道徳的権威による王道政治を説いた。
③ 法律によって人民を統治する法治を説いた。
④ 格物致知を基本とした平天下の理念を説いた。

⑤ 日本の宗教と思想

共通テスト／センター試験 出題頻度	年度	2023	2022	2021	2020	2019	2018	2017	2016	2015	2014	2013	2012
	出題	●	●	●		●	●	●	●	●	●	●	●

■STEP❶【基礎問題演習】

次の各文中の空欄に適語を入れよ。

1 【日本の古代〜日本の仏教の考え方】

1 日本の風土は，豊かな自然と四季の変化があり，（①）を中心とした生活を営んでいた。

2 古代の人びとは，太陽，風，雷，山川，草木，鳥獣など（②）を信仰し，疫病などの災いも神のあらわれとし，鎮めるために祭祀を行った。

3 神に対する心のありようとして，うそ偽りなく，つくろい飾るところのない「（③）」が重んじられた。穢れは，（④）とよばれる呪術によって，除き去るべきものとされた。

4 仏教は，6世紀に受容され，当初は外国から来た神＝蕃神とよばれたが，（⑤）がはじめて本格的に理解し，「世間虚仮　唯仏是真」という言葉を残した。憲法十七条では，人はみな（⑥）にすぎない，とする仏教の人間観を示した。

5 平安時代には，鎮護国家の性格を保ちつつ新たな展開がなされた。天台宗を開いた（⑦）は，生きとし生けるものはみな，仏となる可能性をもっている＝（⑧）と説いた。

6 真言宗を開いた（⑨）は，密教の修行により，生きた身のまま，宇宙の真理そのものである（⑩）と一体化できると説いた（即身成仏という）。

7 平安時代中期には，（⑪）による救いを願う浄土信仰が生まれ，地獄や極楽のようすを描いた源信や，各地を遊行して念仏をすすめた空也があらわれた。

8 平安時代末期には，天災や戦乱による社会不安を背景に（⑫）が流行した。

9 （⑬）は浄土宗を開き，「南無阿弥陀仏」ととなえる（⑭）を説いた。

10 浄土真宗の開祖である（⑮）は，念仏をとなえること自体が阿弥陀仏のはからいであると考え，すべてを他力にゆだねる（絶対他力）を説いた。

11 親鸞は「善人なをもて往生をとぐ，いはんや悪人をや」という（⑯）の考え方を説いた。

12 （⑰）は曹洞宗を開き，坐禅による自力の救済を求め，ただひたすらに坐って修行する只管打坐をとき，心身は一切の束縛を離れ＝（⑱），悟りの境地があらわれると説いた。

13 （⑲）は，『法華経』を重視し，心をつくして「南無妙法蓮華経」と唱えること＝（⑳）を説くとともに，個人の救済だけでなく，現実の社会全体の救済を求めた。

2 【儒学の受容と展開と国学】

1 藤原惺窩の門下に入り，江戸幕府に仕え，朱子学の教えを説いたのは（①）である。

2 林羅山は，天が高く地が低いのと同様，人の身分にも上下の秩序がある＝（②）とした。また，欲望をおさえて心をつつしみ，理を正しく認識すべきこと＝（③）を説いた

3 （④）は，（⑤）とは人を愛し敬う心であり，さらに万物の原理でもあると考えた。人は誰もが道徳を実践する主体であると説き，この立場から陽明学に共鳴した。

4 朱子学や陽明学を批判し，古代中国の教えにもどろうとする，日本独自の（⑥）が登場した。（⑦）は，儒教道徳にもとづいた武士のあり方（士道）を説いた。

5 （⑧）は，『論語』『孟子』に直接学ぼうとする古義学を提唱し，「仁」とは，誰もが日常で経験しているような（⑨）であるとし，身近な他者への忠信（誠実）の実践を説いた。

6 荻生徂徠は，（⑩）を提唱し，国を治めて民を安んじる＝（⑪）ため，古代中国の王たちがつくった政治制度（先王之道）を手だてとして学ぶべきである，と主張した。

7 （⑫）は国学を大成し，惟神が日本固有の道と説き，漢意を排除しようとした。

8 本居宣長は，『源氏物語』を研究し，文芸の本質は，「（⑬）を知る」こととした。

正解

①	稲作
②	八百万神
③	清き明き心（清明心）
④	祓い・禊
⑤	厩戸王（聖徳太子）
⑥	凡夫
⑦	最澄
⑧	一切衆生悉有仏性
⑨	空海
⑩	大日如来
⑪	阿弥陀仏
⑫	末法思想
⑬	法然
⑭	専修念仏
⑮	親鸞
⑯	悪人正機
⑰	道元
⑱	身心脱落
⑲	日蓮
⑳	唱題
①	林羅山
②	上下定分の理
③	居敬窮理
④	中江藤樹
⑤	孝
⑥	古学
⑦	山鹿素行
⑧	伊藤仁斎
⑨	愛
⑩	古文辞学
⑪	経世済民
⑫	本居宣長
⑬	もののあはれ

3 【西洋思想の受容と近代文明への視点】

1 明治時代の代表的な啓蒙思想家であった（①）は，文明の進歩を支えるものとして（②）の精神を説き，自由な言論や活動を妨げる旧来の身分秩序を批判した。

2 自由民権運動の指導者で「東洋のルソー」と称された（③）は，政府によって与えられる「恩賜的民権」を，人民がみずから獲得する「（④）」へと育てるべきだ，と説いた。

3 （⑤）は，みずからをイエス（Jesus）と日本（Japan）の「（⑥）」に仕えるものとし，「武士道の上に接木されたる基督教」と言った。

4 （⑦）は，日本の文明開化を外発的なものであると批判し，自己本位に生きることを望んだ。また（⑧）は，『舞姫』などを著し，諦念（レジグナチオン）の境地を見いだした。

5 『善の研究』を書いた（⑨）は，主観と客観を対立的にとらえる西洋哲学を批判し，主客未分の（⑩）に基づいて，自己や世界のあり方を説明しようとした。

7 『人間の学としての倫理学』を書いた（⑪）は，個人を基礎として人間をとらえる西洋哲学を批判し，人間は個人的であると同時に社会的でもある（⑫）とした。

8 民俗学を創始した（⑬）は，無名の常民の生活に息づく知恵に光を当てようとした。

9 大正期には『青鞜』で活躍した（⑭）が女性解放運動を推しすすめた。

10 第二次世界大戦後，政治学者の（⑮）は，主体的な個の確立こそ急務である，と訴えた。

①	福沢諭吉
②	独立自尊
③	中江兆民
④	恢（回）復的民権
⑤	内村鑑三
⑥	二つのJ
⑦	夏目漱石
⑧	森鷗外
⑨	西田幾多郎
⑩	純粋経験
⑪	和辻哲郎
⑫	間柄的存在
⑬	柳田国男
⑭	平塚らいてう
⑮	丸山真男

■ STEP ❷【正誤問題演習】■

次の各文の正誤を判別し，誤りについては正しく訂正しなさい。

1 【日本の古代～日本の仏教の考え方】

① 禊・祓いとは，「静坐や精神集中により，生まれながらの本心を取り戻す」こと。（95 本）

② 最澄は，この世は無常であり，「世間虚仮，唯仏是真」と説いた。　　　　（98 追改）

③ 最澄は，この宇宙の諸事象は，すべて大日如来のあらわれであると説いた。　（01 本）

④ 最澄は，ひたすら修行をすることが，そのまま悟りの証であると考えた。　（01 本）

⑤ 源信は，「自分が悪人であることを自覚し，阿弥陀仏の絶対他力を信じて，報恩感謝の念仏によって往生を願うべきである」と説いた。　　　　　　　　　（97 追改）

⑥ 源信は，「釈迦の真意を伝えた，ただ一つの正しい経典である法華経のみを信じて，その題目を唱えれば救われる」と説いた。　　　　　　　　　　　　　（97 追改）

2 【儒学の受容と展開と国学】

① 朱子学が江戸幕府の官学となったのは，理を重んじて，人間社会にある上下の関係は，天地が上下の関係にあるように永遠に変わらないと説明したから。　　　　　（96 本）

② 中江藤樹は，朱子学の天理の抽象性を批判して古学を提唱し，道徳的指導者としての武士の在り方を士道論として展開した。　　　　　　　　　　　　　　（03 追）

③ 徂徠は，道を，内面的な道徳ではなく，社会的な制度として捉え，天下を統治する方策を明らかにすることが儒者の務めであるとした。　　　　　　　　　　（94 本）

④ 荻生徂徠は，人と人との心情的融合に道を見いだし，他者を偽ることのない「誠」の実践を重んじた。　　　　　　　　　　　　　　　　　　　　　　　（94 本）

⑤ 本居宣長は，「日本人は，素朴な高く直き心をもって暮らしていた古代の自然の道を回復しなければならない」と主張した。　　　　　　　　　　　　　　　（03 追）

⑥ 本居宣長は，古典を読み，自ら歌を詠むことで「敬」を知ることを求めた。　（97 追）

3 【西洋思想の受容と近代文明への視点】

① 福沢諭吉の説く近代的な人間像は，「文明の根本にある自立の精神を内に保ち，自らの判断力を養い実理を窮めて文明社会を実現する人間」である。　　　　　　（04 追）

② 中江兆民は，「為政者が人民に恵み与えた権利であっても，人民はそれを育てていって，その権利を実質的なものに変えていかなくてはならない」といった。　　（99 本）

③ 内村鑑三は，「私どもにとりましては，愛すべき名とて天上天下ただ二つあるのみであります。その一つはイエスでありまして，その他のものは日本であります」と言った。（94 追）

④ 和辻哲郎は，「主観と客観，精神と物質の対立は，分析的・反省的意識によってもたらされたものであり，真の実在は主客未分の純粋経験そのものである」と主張した。　（98 追）

1 正解とヒント

① × 禅宗の方法の説明。禊・祓いは水浴や祝詞によって，心身をけがれ除くこと。

② × 最澄ではなく聖徳太子。

③ × 空海。大日如来から

④ × 道元の修証一等の内容。修行は坐禅をさす。

⑤ × 親鸞。悪人正機，絶対他力，報恩感謝の念仏から。

⑥ × 日蓮。

2 正解とヒント

① ○ 林羅山の（家康～仕える）「上下定分の理」の内容。

② × 古学を提唱し，士道論を展開したのは山鹿素行。

③ ○ 聖人が天下を安んずるために制作した安天下の道。

④ × 伊藤仁斎。仁愛と＜誠＞を説いた。

⑤ × 高く直き心は賀茂真淵が『万葉集』に見出した。

⑥ × もののあはれが正しい。敬は朱子学。

3 正解とヒント

① ○ 「独立自尊」の精神。「一身独立して一国独立す」

② ○ 恩賜的民権を育て，回復的民権と肩を並べる。

③ ○ 二つのJ

④ × 「主客未分の純粋経験」の主張は西田幾多郎である。

共通テスト・センター試験過去問　次の各設問に答えよ。

1【古代の心情】　古代の日本人が神に対するときに重んじた心についての説明である次のア～ウの正誤の組合せとして正しいものを，下の①～⑥のうちから一つ選べ。　　　　　(19 本)

ア　神に対しては，自己の感情を抑え，道理によって神を理解しようとする心をもつことが大切であり，それを「真心」と呼ぶ。

イ　神に対しては，神を欺いたり自分を偽ったりすることのない心で向き合うことが大切であり，それを「清き明き心」と呼ぶ。

ウ　神に対しては，神が定めた善悪の基準に背くことのない，従順な心で接することが大切であり，それを「正直」と呼ぶ。

①　ア - 正　イ - 正　ウ - 誤　　　　②　ア - 正　イ - 誤　ウ - 正
③　ア - 正　イ - 誤　ウ - 誤　　　　④　ア - 誤　イ - 正　ウ - 正
⑤　ア - 誤　イ - 正　ウ - 誤　　　　⑥　ア - 誤　イ - 誤　ウ - 正

2【聖徳太子】　天寿国繍帳（てんじゅこくしゅうちょう）の銘文にみえる聖徳太子の仏教理解を表すものとされる言葉として正しいものを，次の①～④のうちから一つ選べ。　　　　　(15 追)

①　山川草木　悉皆成仏　　　　②　色即是空　空即是色
③　世間虚仮　唯仏是真　　　　④　一切衆生　悉有仏性

3【最澄と空海】　天台宗の最澄と，真言宗の空海の思想について述べた文章として正しいものを，次の①～④のうちから一つ選べ。　　　　　(13 追)

①　最澄は，すべての生命あるものは生まれながらに仏であるとした。一方，空海は，人は真言を唱えることで，宇宙の真理そのものである大日如来の境地に至り，成仏できると説いた。

②　最澄は，仏になれるかどうかは人の資質により差異があるとした。一方，空海は，人の本性は生まれながらに宇宙の本質である大日如来の一部であるから，資質に関係なく成仏できると説いた。

③　最澄は，人の資質に差異はなく，自らの仏性を自覚して修行すれば，等しく成仏できると説いた。一方，空海は，人は密教の修行をすれば大日如来と一体化し，この身このままで成仏できると説いた。

④　最澄は，仏になれるかどうかは人の資質により差異があるとした。一方，空海は，手に印を結び，口に真言を唱え，心に仏を憶（おも）いながら死に至るならば，必ず成仏できると説いた。

4【親鸞・道元・日蓮】　次のア～ウは，法然と同時代に仏教に新たな展開をもたらした人物たちの思想の説明である。その正誤の組合せとして正しいものを，下の①～⑧のうちから一つ選べ。　　　　　(15 本)

ア　親鸞は，阿弥陀仏の誓願を深く信じて念仏を称えよと説いた。彼の弟子の伝えによれば，これを実践できず，自力で悟ろうとする悪人こそ，救われるべき対象である。この教えは，悪人正機と呼ばれる。

イ　道元は，ただひたすら坐禅するべきことを説いた。彼によれば，身心を尽くして静かに坐りぬく修行こそが，悟りという目的に達するための，最善の手段である。この教えは，修証一等と呼ばれる。

ウ　日蓮は，「南無妙法蓮華経」という七字の題目を唱えよと説いた。彼によれば，『法華経』こそが釈迦による究極の教えであり，唱題は，その功徳のすべてにあずかることを可能にする

行である。

①　ア正　イ正　ウ正　　　　②　ア正　イ正　ウ誤
③　ア正　イ誤　ウ正　　　　④　ア正　イ誤　ウ誤
⑤　ア誤　イ正　ウ正　　　　⑥　ア誤　イ正　ウ誤
⑦　ア誤　イ誤　ウ正　　　　⑧　ア誤　イ誤　ウ誤

5【鎌倉時代の僧】　鎌倉時代に活躍した僧の説明として正しいものを，次の①～④のうちから一つ選べ。　　　　　(11 追)

①　法然は，念仏弾圧を受けて越後国へ流罪となり，その地で妻帯し非僧非俗の自覚に立って自らの仏道を実践した。

②　日蓮は，自らを『法華経』に登場する菩薩になぞらえ，念仏の力によって万人が救済される仏国土の実現に生涯を尽くした。

③　末法思想を否定した道元は，ひたすら坐禅に打ち込むという修行こそがそのまま悟りであるとする修証一等を唱えた。

④　華厳宗を再興した明恵は，『摧邪輪』を著し，源信の観想念仏について，菩提心を否定するものだと厳しく批判した。

6【朱子学】　次のレポートは，江戸時代を担当した高校生Dがまとめたものの一部である。レポート中の　a　・　b　に入る語句や記述の組合せとして正しいものを，下の①～④のうちから一つ選べ。　　　　　(21 本)

> レポート
>
> 江戸時代に入ると，儒者たちは，現実的な人間関係を軽視するものとして仏教を盛んに批判し始めた。そうした儒者の一人であり，徳川家康ら徳川家の将軍に仕えた　a　は，「持敬」によって己の心を正すことを求めた儒学を講じ，　b　と説いた。一方，泰平の世が続き都市経済が発展するとともに，中世以来の厭世（えんせい）観とは異なる現世肯定の意識が町人の間に育まれていった。その過程で，武家社会と異なる様々な文化や思想が町人社会にも形成されていくこととなった。

①　a　林羅山
　　b　「理」を追求するのではなく，古代中国における言葉遣いを学び，当時の制度や風俗を踏まえて，儒学を学ぶべきである

②　a　林羅山
　　b　人間社会にも天地自然の秩序になぞらえられる身分秩序が存在し，それは法度や礼儀という形で具現化されている

③　a　荻生徂徠
　　b　「理」を追求するのではなく，古代中国における言葉遣いを学び，当時の制度や風俗を踏まえて，儒学を学ぶべきである

④　a　荻生徂徠
　　b　人間社会にも天地自然の秩序になぞらえられる身分秩序が存在し，それは法度や礼儀という形で具現化されている

7【儒学者】　日本の儒学者についての説明として最も適当なものを，次の①～④のうちから一つ選べ。　　　　　(18 追)

①　室鳩巣は，もと僧であったが，仏教を出世間の教えであると批判し，還俗して儒学者となった。彼は僧侶などの教養であった儒学を学問として独立させ，林羅山などを育成した。

② 山鹿素行は，はじめ儒学を学んだが，後に日本にふさわしい実践的な道徳として武士道を唱えた。彼の説いた武士道は，主君のために死ぬことを本質とする，伝統的な武士のあり方を継承したものであった。

③ 中江藤樹は，はじめ朱子学を学んだが，後に王陽明の思想に出会ってこれに共感し，日本陽明学の祖となった。彼は，人間には善悪を正しく知る良知がそなわっているとし，良知に基づく日常的な実践を説いた。

④ 荻生徂徠は，聖人のつくった礼楽刑政を重んじた。それゆえ，彼は赤穂浪士の討ち入りについて，浪士たちの示した藩主への忠義は幕府の法秩序に優先すると考え，浪士たちを義士として誉め称えた。

8 【荻生徂徠】 荻生徂徠についての説明として最も適当なものを，次の①〜④のうちから一つ選べ。　　　　　(09 本)

① 聖人の言葉に直接触れるために古代中国の言語を研究する必要を訴え，後の国学の方法論にも影響を与えた。

② 孔子以来，儒教が重要視する孝を，人倫のみならず万物の存在根拠とし，近江聖人と仰がれた。

③ 実践を重んじる立場から朱子学を批判し，直接孔子に学ぶことを説き，『聖教要録』を著した。

④ 『論語』『孟子』の原典に立ち返ることを訴え，真実無偽の心として誠の重要性を主張した。

9 【国学】 日本固有の精神を探究した国学者の説明として最も適当なものを，次の①〜④のうちから一つ選べ。　　(17 本)

① 契沖は，古典を原典に即して読解しようとする実証的な方法により，古代日本の精神を伝える古典として『万葉集』を研究し，その注釈書である『万葉代匠記』を著した。

② 荷田春満は，儒学・仏教・神道を通して己の理想的な心のあり方を究明する心学の方法を基にして，古代日本の心を伝える古典として『日本書紀』を実証的に研究した。

③ 本居宣長は，『源氏物語』の研究を通して，事物にふれて生じるありのままの感情を抑制する日本古来の精神を見いだし，儒学や仏教などの外来思想によって，その精神が失われたと考えた。

④ 平田篤胤は，『古事記』の研究を通して，身分の相違や差別のない日本古来の理想世界を見いだし，儒学や仏教などの外来思想によって理想世界が差別と搾取の世界へ転じたと批判した。

10 【福沢諭吉】 福沢諭吉が『学問のすゝめ』で，「信の世界に偽詐多し」と述べた理由を説明した次の文中の空欄　a ・ b に入る語句の組合せとして正しいものを，下の①〜④のうちから一つ選べ。　　　　　(12 本)

　 a の涵養と b の導入による文明化こそが近代日本の歩むべき道であるとみた彼は，神仏などへの「信」によって形成される依存的な体質が，真理を見失わせ，文明の進歩を妨げると考えたから。

① a 独立自尊　b 民本主義　　② a 東洋道徳　b 実学思想
③ a 忠孝心　b 人権論　　④ a 独立心　b 数理学

11 【キリスト教の受容】 次のア〜ウは，武士の家に生まれ，近代に入ってキリスト教を広めた思想家の説明であるが，それぞれ誰のことか。その組合せとして正しいものを，下の①〜⑧のう

ちから一つ選べ。　　　　　　　　　　　　(13 追)

ア 武士の家に生まれたが，脱藩して米国で受洗し，帰国後，キリスト教精神に基づく学校を創立した。キリスト教道徳に則った良心教育を重んじた結果，その門下から日本の社会福祉の草分けとなる人物が輩出した。

イ 「太平洋の架け橋」となることを志して，英文の著書を刊行した。そのなかで，西洋文明の精神的基盤であるキリスト教を日本人が受け容れる倫理的な素地として，武士道があると述べた。

ウ キリスト教と武士道の道徳心を結び付け，イエスを信ずることと日本を愛することは矛盾しないと述べたが，日露戦争に際しては，真の愛国心とは武器をもって戦うことではないと主張した。

① ア 新渡戸稲造　イ 植村正久　ウ 内村鑑三
② ア 新島襄　イ 内村鑑三　ウ 新渡戸稲造
③ ア 植村正久　イ 新渡戸稲造　ウ 新島襄
④ ア 内村鑑三　イ 新島襄　ウ 植村正久
⑤ ア 新島襄　イ 新渡戸稲造　ウ 内村鑑三
⑥ ア 新渡戸稲造　イ 内村鑑三　ウ 植村正久
⑦ ア 植村正久　イ 新島襄　ウ 新渡戸稲造
⑧ ア 内村鑑三　イ 植村正久　ウ 新島襄

12 【夏目漱石】 夏目漱石が晩年になって求めたとされる考え方として最も適当なものを，次の①〜④のうちから一つ選べ。

(11 本)

① 小さな自我に対するこだわりを捨て，自我を超えたより大いなるものに従って生きるという，東洋の伝統的な思想にみられる考え方

② むやみに自我を主張するのではなく，現実的な世俗社会の中で生きる自己をありのままに受け入れ，そこに安んじようとする考え方

③ 主観と客観とが未分化で，知・情・意も未分化な状態こそ，人格が真に実現されたあり方であり，そこに真の自我があるという考え方

④ 真の自我は，個人と社会との弁証法的な相互作用によって成立すべきであり，どちらか一方のみに片寄ることが悪だとする考え方

13 【日本の近代以降の思想家】 日本の近代以降の思想家の説明として最も適当なものを，次の①〜④のうちから一つ選べ。

(15 本)

① 西田幾多郎は，主観と客観を対立的に捉える哲学的立場を批判し，思索や反省以前の純粋経験を考究の出発点として，主観のみが確かであることを立証する『善の研究』を著した。

② 柳宗悦は，朝鮮陶磁器と出会ったことで，名のある芸術家が器や布などの日用品を作ることの素晴らしさに気づき，生活そのものを美的にすることを目指す民芸運動の推進者となった。

③ 柳田国男は，共同体に生きる無名の人々を常民と呼び，文字に残されない生活様式や祭り，伝承，あるいは祖霊信仰のなかから，彼らの思想を掘り起こそうとする民俗学を確立した。

④ 丸山真男は，新旧を問わず様々な考え方が雑居する日本の思想状況を批判し，文学や芸術に表現された直観を，哲学的思索によってつかみ直そうとする近代批評という分野を確立した。

⑥ 義務論と功利主義

共通テスト／センター試験出題頻度	年度	2023	2022	2021	2020	2019	2018	2017	2016	2015	2014	2013	2012
	出題	●	●	●					●	●	●	●	●

■STEP❶【基礎問題演習】

次の各文中の空欄に適語を入れよ。

1 【カント／義務論】

① カントによれば，無条件に善いものは（①）のみである。道徳の基準を，行為の端緒である動機に求めるカントの立場は（②）と呼ばれる。

② カントの三批判書のうち，「何をなすべきか」をテーマとした著作は（③）である。

③ カントは自然界の自然法則のように，人間の心にも人間が従うべき（④）があるとした。

④ カントは，真の道徳は，「もし〜ならば」という条件つきの（⑤）ではなく，いつでもだれでも妥当するような無条件な理性の命令である（⑥）に従うべきであるとした。

⑤ 定言命法について，「あなたの意志の主観的な行為の原則＝（⑦）が常に同時に普遍的に成り立つように行為せよ」と言いあらわされる。

⑥ カントは，人間自らの理性にしたがって道徳法則をうちたて，自らそれに従うことを（⑧）とよび，他のものに拘束されないからここに人間の（⑨）があるとした。

⑦ カントは，自己の内なる理性が自ら課した道徳法則に自発的に従う自立的な自由意志の主体で，人間の尊厳の根拠となるものを（⑩）とよんでいる。

⑧ カントの「汝の人格およびあらゆる人間性を（⑪）として取り扱い，決して単に（⑫）としてのみ扱ってはならない」ということばは人間の尊厳性を述べたものである。

⑨ カントは，人格を目的としても扱われる理想的な共同体を（⑬）と名づけた。これを国家間の関係にも当てはめ，『（⑭）』の中で，常備軍を廃止した諸国家の連合を構想した。

⑩ カントは，『実践理性批判』の末尾で，わが心を感嘆と畏敬の念で満たすものとして「わが上なる（⑮）と，わが内なる（⑯）」と述べている。

2 【ベンサムとミル／功利主義】

① （①）は，カントの動機主義に対して，結果の考慮を重視する（②）を提唱した。

② ベンサムは，幸福を，（③）を増す，あるいは苦痛を減らす行為を，よい行為であると同時に正しい行為であるとした。これを（④）という。

③ ベンサムの功利主義を表す言葉で，社会全体の利益は各人の利益の総和であるとするのは「（⑤）」である。

④ ベンサムは，快楽は「快楽の強さ・持続性・確実性・近接性・多算性・純粋性・範囲」という7つの基準で計る（⑥）が可能だという。ここから（⑦）功利主義と言われる。

⑤ ベンサムは，各人が利己的にならないようにするために四つの制裁を課したが，その中で最も重視したものは（⑧）制裁であった。

⑤ （⑨）は，快楽には質的な差があると主張し，精神的な快楽のほうが，身体的な快楽よりも質が高いとした。このような立場を（⑩）功利主義という。

⑥ J.S. ミルは「満足した豚よりも不満足な（⑪）である方がよく，満足した愚者よりも不満足な（⑫）であるほうがよい」と述べて，精神的な快楽の大切さを強調した。

⑦ J.S. ミルはベンサムの外的制裁に対し，他人への同情や共感にみる（⑬）を重視した。

⑧ ミルは「人にしてもらいたいと思うように他人のためにし，わが身を愛するように（⑭）を愛しなさい」という（⑮）は功利主義道徳の極致であると述べている。

⑨ J.S. ミルは，（⑯）の重要性も主張し，人の思想や行動を国家や社会が制限できるのは，その行動や思想が他人に危害を加える場合のみだとした。これを（⑰）という。

正　解
①善意志
②動機主義（動機説）
③『実践理性批判』
④道徳法則
⑤仮言命法
⑥定言命法
⑦格率
⑧自律
⑨自由
⑩人格
⑪目的
⑫手段
⑬目的の国
⑭永遠平和のために
⑮星空
⑯道徳法則
①ベンサム
②功利主義
③快楽
④功利性の原理
⑤最大多数の最大幸福
⑥快楽計算
⑦量的（功利主義）
⑧法律的（制裁）
⑨J.S. ミル
⑩質的（功利主義）
⑪人間
⑫ソクラテス
⑬内的制裁
⑭隣人
⑮イエスの黄金律
⑯自由
⑰他者危害の原則

次の各文の正誤を判別し，誤りについては正しく訂正しなさい。

1 【カント／義務論】

① カントによれば「意志の格率は，普遍的立法の原理と一致するものでなければならない」という。　　　　　　　　　　　　　　　　　　　　　　　　　　　　　　　　　(95追)

② カントによれば「人格のうちなる人間性は，つねに目的として取り扱われるべきでない」という。　　　　　　　　　　　　　　　　　　　　　　　　　　　　　　　　　　　(95追)

③ カントは「各人が最大多数の最大幸福という目的によって他者と結びつくような共同体が理想である」としている。　　　　　　　　　　　　　　　　　　　　　　　　　　　(92追)

④ カントは，「私は何を知るか」をモットーとして，懐疑の精神をもって謙虚に自己吟味を行う。　　　　　　　　　　　　　　　　　　　　　　　　　　　　　　　　　　　　(07本)

⑤ カントは，他人の幸福や不幸に対して人間が自然にもつ，共感・同情という道徳感情に従うべきことを説いた。　　　　　　　　　　　　　　　　　　　　　　　　　　　(07本)

⑥ カントは，人格には絶対的な価値があるのだから，自分と他人の人格を目的として尊重すべきだとした。　　　　　　　　　　　　　　　　　　　　　　　　　　　　　　(07本)

⑦ カントによれば，「自律」は，神が与えた道徳法則に自ら従うことが重要であり，このことが人格の尊厳とも結び付く。　　　　　　　　　　　　　　　　　　　　　　(12本)

⑧ カントによれば，「自律」は，理性が自ら立てた法則に従うことが重要で，このことが人間の自由とも結び付く。　　　　　　　　　　　　　　　　　　　　　　　　(12本)

⑨ カントは，「責務を果たす目的は，人々の幸福の具体的な増大にあるから，道徳的に重視すべきは行為の動機よりも結果である」と説いた。　　　　　　　　　　　　(08本)

⑩ カントは，「人間は，自由となるべく運命づけられている存在であり，自由でないことを選択することはできない。このように自由という刑に処せられている人間は，逃れようもなく孤独である」と言った。

⑪ カントは，「人間は，純粋に善をなそうとする善意志をもつ。人間の道徳的な行為は，よい結果がもたらされたかによって評価されるべきではなく，善意志が動機になっているかで評価されるべきである」と言った。

2 【ベンサムとミル／功利主義】

① アダム・スミスは，利己心から発する自由な利益追求を容認するが，それは「公平な観察者」の共感が得られる範囲内でなければならないとした。　　　　　　　　(15追)

② ベンサムは「社会全体の利益を配慮することが，結局は，個人の幸福となるよう，絶えず「見えざる手」によって導かれている」とした。　　　　　　　　　　　　(99本)

③ ベンサムは「社会は諸個人の単なる総和であるから，個々人の幸福が，結局は，社会全体の幸福につながっている」とした。　　　　　　　　　　　　　　　　　(99本)

④ 快楽と苦痛こそ人間を支配するものだと考えたベンサムは，個々人の感じる快楽の量を合算して社会全体の幸福の総量を求める場合に，各人は誰もが等しく一人として数えられなくてはならないと主張した。　　　　　　　　　　　　　　　　　　　　　　　　(01本)

⑤ 善悪の基準を人間の快楽と苦痛におきながらも，その快楽に質的な違いのあることを認めたベンサムは，人間には自分自身の幸福だけでなく，関係者全員の幸福をも等しく願う側面があることを指摘した。　　　　　　　　　　　　　　　　　　　　　　　　(01本)

⑥ J.S.ミルは，「満足した豚より不満足な人間である方がよく，満足した愚か者より不満なソクラテスである方がよい」と言っている。　　　　　　　　　　　　　　(98追)

⑦ ミルは，他者に危害を加えず，かつ家族の承認も得られることを行う限り，人は何を行うのも自由であり，その行為に反する強制や拘束などを誰も行ってはならないとする他者危害原則を主張した。　　　　　　　　　　　　　　　　　　　　　　　　　　(16追)

⑧ ミルは，各自の自己決定権を主張する一方，幸福の最大化を目指す功利主義の立場から，将来的な不利益や不幸につながると推測される行動を取る者に対しては，他者が積極的に強制や干渉を行うべきだと主張した。　　　　　　　　　　　　　　　　　　　(16追)

①○ 定言命法を表す。格率は個人の主観的な行動基準。

②× カントの人格主義。人格は目的。

③× 最大多数の最大幸福は功利主義の理想で相容れない。

④× モンテーニュ。『随想録（「ク・セ・ジュ」）』の内容。

⑤× アダム＝スミス。『道徳感情論』の内容。

⑥○

⑦× 「神が与えた法則」に従うのなら，他律になる。

⑧○ 実践理性が立てる。他のものに拘束されないから自由。

⑨× 最大多数の最大幸福の，功利主義を唱えたベンサムの内容。

⑩× 実存主義者のサルトルの思想。

⑪○ カントは結果ではなく動機を善の基準とした。

①○ 「公平な観察者」とは，良心のこと。

②× 「見えざる手」から，アダム＝スミス。

③○ 「最大多数の最大幸福」。

④○ 「自然は人類を快楽および苦痛という二人の支配者のもとにおいてきた」「各人は一人として数えられるべき」だ。量的に計算可能である（快楽計算）。

⑤× 快楽に質的な違いを認めたのはJ.S.ミルである。

⑥○

⑦× ミルは他者危害の原則を提唱した。その要件に，「家族の承認」は含まれない。

⑧× たとえ不利益や不幸を生むと推測されてもそれはその人間の自由な判断の結果なので，他人が干渉することは許されない。

共通テスト・センター試験過去問　次の各設問に答えよ。

1 【功利主義】 功利主義を唱えた思想家の説明として最も適当なものを、次の①〜④のうちから一つ選べ。　（17 追）

① ベンサムは、快を幸福として苦痛を不幸としたうえで、その快苦を数量化し、社会全体の幸福の最大化を目指そうとしたが、最終的には快楽計算は不可能であると考えた。

② ベンサムによれば、個々人は利己的に振る舞いがちであり、利己的振る舞いを社会全体の幸福に一致させるためには、政治的制裁などの外的な強制力が必要である。

③ ミルは、快に質的差異があることを認めたが、人間には感性的な快を求める傾向性があるので、万人に等しく分配されている良識によって自らを律することが大切であると考えた。

④ ミルによれば、人間は精神的に成長するものであり、自らの良心の呼び声によって、頽落した世人から本来的な自己に立ち返り、利他的に振る舞うようになる。

2 【J.S. ミル】 J.S. ミルの考え方として最も適当なものを、次の①〜④のうちから一つ選べ。　（07 追）

① 人間は誰でも、何らかの形で「尊厳の感覚」をもっている。したがって、「満足した豚であるより、不満足な人間であるほうがよく、満足した馬鹿であるより不満足なソクラテスである方がよい」。

② 各個人は、社会の利益ではなく自分の利益を追求する。しかし、各個人の「利益を追求していくと、かれは、自然に、というよりもむしろ必然的に、その社会にとっていちばん有利なような資本の使い方を選ぶ結果になる」。

③ 「自然は人類を苦痛と快楽という、二人の主権者の支配のもとにおいてきた。」このように考える目的は、「理性と法律の手段によって、幸福の構造を生み出す」ことにある。

④ 「われわれが無制限に善と認めうるものとしては、この世界の内にも外にも、ただ善なる意志しか考えられない」。「善なる意志は、人間が幸福であるに値するためにも、不可欠な条件をなしている」。

3 【カントの道徳論】 カントの道徳思想についての説明として適当でないものを、次の①〜④のうちから一つ選べ。　（19 追）

① 道徳的な行為とは、単に結果として義務にかなっているだけではなく、純粋に義務に従おうとする動機に基づく行為のことである。

② 道徳的な行為とは、すべての人々にとっての目標である幸福を、社会のできるだけ多くの人々に、結果としてもたらす行為のことである。

③ 各人は、自分の行為の原則（格率）が誰にとっても通用する原則であるかどうかを絶えず吟味しながら、行為しなければならない。

④ 各人は、人々が互いの人格を尊重し合う理想の共同体を目指すべきであり、この共同体は、目的の国（王国）と呼ばれる。

4 【カントの人間観】 カントの人間観の説明として最も適当なものを、次の①〜④のうちから一つ選べ。　（17 追）

① 人間は、自由となるべく運命づけられている存在であり、自由でないことを選択することはできない。このように自由という刑に処せられている人間は、逃れようもなく孤独である。

② 人間は、単に内省によって自己を捉えるのではない。人間は、現実の世界に働きかけて自己の理想を世界のうちに表現し、矛盾を克服しながら自己を外化していく存在である。

③ 人間は、自己の利益を追求して経済競争を行う。しかし、この利己的な人間同士の競争は、共感に媒介されることで、おのずと社会全体に利益をもたらすことになる。

④ 人間は、純粋に善をなそうとする善意志をもつ。人間の道徳的な行為は、よい結果がもたらされたかによって評価されるべきではなく、善意志が動機になっているかで評価されるべきである。

5 【自律】 カントはその道徳思想において「自律」を強調したが、この概念についての説明として最も適当なものを、次の①〜④のうちから一つ選べ。　（12 本）

① 適切な欲望を自分で選ぶことが重要であり、このことが人間の自由とも結び付く。

② 神が与えた道徳法則に自ら従うことが重要であり、このことが人格の尊厳とも結び付く。

③ 理性が自ら立てた法則に従うことが重要で、このことが人間の自由とも結び付く。

④ 構想力が自ら生み出した法則に従うことが重要で、このことが人格の尊厳とも結び付く。

6 【カントの自由】 次の文章は、自由を論じたカントの思想についてある生徒が調べて作成した読書ノートの一部である。カントの思想を踏まえて、読書ノート中の ┌ a ┐・┌ b ┐ に入る記述の組合せとして最も適当なものを、後の①〜④のうちから一つ選べ。　（23 本）

> 読書ノート
> カントは、自由を、┌ a ┐ ことだと考えた。この自由についての考え方は、私が考えていた自由の理解とは大きく異なるものだと感じた。私はこれまで「眠くなったら、眠気に逆らわずに寝る」というようなことが自由だと思っていたが、カントによれば、それは自由ではない。むしろカントは、┌ a ┐ 自由な人格に尊厳の根拠を見いだしている。そして、┌ b ┐ 理想の道徳的共同体を目的の王国とした。

① a 感覚や知覚からなる経験から推論する
　 b 各人が各々の欲求の充足を人格の目的として最大限追求しながら、誰もがその目的を実現できる

② a 欲望から独立して自分を規定する
　 b 各人がお互いの自由を尊重して、自分だけに妥当する主観的な行動原理を目的として行動できる

③ a 自らが立法した道徳法則に自発的に従う
　 b 各人が全ての人格を決して単に手段としてのみ扱うのではなく、常に同時に目的として尊重し合う

④ a 自然の必然的法則に従う
　 b 各人が公共の利益を目的として目指す普遍的な意志に基づき、徳と幸福とが調和した最高善を目指す

7 生命倫理（環境倫理）

共通テスト/ センター試験 出題頻度	年度	2023	2022	2021	2020	2019	2018	2017	2016	2015	2014	2013	2012
	出題		●	●		●			●	●			●

STEP❶【基礎問題演習】

次の各文中の空欄に適語を入れよ。

1【医療技術の進歩とその問題】

1 現代の生殖補助医療には，人工授精や試験管ベビーに代表される（①），代理出産などがある。一方そこには親子関係の複雑化や（②）権利を認めるべきかどうかが議論がある。

2 夫婦の受精卵を代理母の子宮に入れる（③）に遺伝的なつながりがないが，夫の精子と代理母の卵子を使った受精卵から出産する（④）には遺伝的なつながりがある。

3 現代医学では出生前診断や受精卵から異常等を診断する（⑤）等が行われることがある。

4 遺伝子操作技術の進展で，親が希望する遺伝子を組み込んだ「（⑥）」を生み出すことも可能である。こうした状況には，「（⑦）」につながる恐れがある。

5 人間発生に関する技術では，無性的生殖によって生じた遺伝的に同一の個体である（⑧）や遺伝的に異なった細胞組織からなる一個体の（⑨）の作製を可能にした。

6 人間が一生の間に必要とする，全遺伝情報を備えた1セットのDNAの全体を（⑩）という。2003年に解読を完了した。

7 ES細胞は受精卵の余剰胚で作製されるので，人間になる可能性のある細胞を破壊する倫理的問題があるが，人間の体細胞から作製される（⑪）はそのような問題がない。

2【生命倫理の問題】

1 （①）の立場では，生命の価値は絶対で，自己決定権より生命の価値を重視する。（②）では，生命・生活の質を重視し，患者の自己決定権を尊重する。

2 終末期医療（③）においては，治療（キュア）から（④）に重点を移し，自然な死をもたらす医療が重視されることも多い。

3 生前遺言＝（⑤）に基づいて，生命維持装置などによる延命措置を拒否する死を（⑥）といい，安楽死と区別する。

4 家父長的・保護者的な権威に基づいて，医療の専門家が患者の治療や投薬を一方的に配慮するような態度のことを（⑦）という。

5 治療や投薬などについて医師から十分な説明を受けたのち，自分の意志で治療・投薬に同意することを意味し，パターナリズムに対抗する患者側の権利のことを（⑧）という。

6 1997年に成立した（⑨）法により，臓器移植のために臓器を摘出する場合に限り，（⑩）が人間の死と規定された。

7 臓器移植に際して，臓器や器官を提供する人を（⑪），受ける人をレシピエントという。

8 1994年の国際人口開発会議（カイロ）で，（⑫）として，人工妊娠中絶が認められた。

3【環境倫理の問題】

1 （①）という環境倫理の論点は，地球は宇宙を旅する宇宙船のようなものだとする。

2 （②）という環境倫理の論点は，未来の人間の権利のために現在世代の人間が義務を負うべきであるとする，哲学者（③）が提唱する考え方である。

3 1992年の国連環境開発会議の基本理念である（④）は，世代間倫理に通じる。

4 （⑤）という環境倫理の論点は，人間以外の動物にも生存権があるとする考え方である。

5 （⑥）は『動物の解放』で，快苦を感じる動物にも権利が認められるべきだとした。

6 環境倫理学の父とよばれる（⑦）は，土地にまで倫理原則を拡張すべきとして，人間と生態系全体の調和を図る「（⑧）」を提唱した。

正　解
①体外受精
②出自を知る
③ホストマザー
④サロゲートマザー
⑤着床前診断
⑥デザイナー-チャイルド
⑦生命の選別
⑧クローン
⑨キメラ
⑩ヒトゲノム
⑪iPS細胞（人工多能性幹細胞）
①生命の尊厳（SOL）
②生命の質（QOL）
③ターミナルケア
④看護（ケア）
⑤リヴィング-ウィル
⑥尊厳死
⑦パターナリズム
⑧インフォームド-コンセント
⑨臓器移植（法）
⑩脳死
⑪ドナー
⑫リプロダクティヴ-ライツ
①地球全体主義
②世代間倫理
③ヨナス
④持続可能な開発
⑤自然の生存権
⑥ピーター＝シンガー
⑦レオポルド
⑧土地倫理

次の各文の正誤を判別し，誤りについては正しく訂正しなさい。

❶【医療技術の進歩とその問題】 ❷【生命倫理の問題】

① 遺伝情報の解読により，将来かかりうる病気が予測できると期待されているが，就職や保険加入の際の新たな差別の恐れや，プライバシーの権利の保護をめぐる問題も生じている。
(02 追)

② 体外受精などの生殖技術の登場によって，不妊を治療の対象とみる捉え方が広まってきたが，同時に，この技術によって家族のあり方に今後根本的な変化が起きる可能性が生まれている。
(02 追)

③ 高度な先端医療の発達によって，生命を技術的な手段で延長することが可能になり，生命の質や患者の意思を重視する従来の考え方から，患者の延命を第一とする考え方への変化が生じてきている。
(02 追)

④ 医療技術が高度化・複雑化した結果，医療処置を効率的に進めるためには，患者は専門家の判断を信頼し，あらかじめその医療行為の選択について担当医に全面的に委任しておくことが，近年ますます求められるようになっている。
(01 追)

⑤ 出生前診断によって，障害を持って生まれてくる可能性が高い胎児を選択的に中絶することは技術的に可能になったが，その際に産む側が行う中絶という選択に対して，「障害児の生まれてくる権利を侵害しているではないか」という批判もある。
(01 追)

⑥ インフォームド・コンセントとは，深刻な病気であることを医師が家族にのみ告知し，患者にはストレスや不安を抱かせないで，治療に全力を尽くすことである。
(04 本)

⑦ インフォームド・コンセントとは，患者が医師から症状や治療の内容について十分な説明を受け，それを理解した上で，治療方針を自ら選ぶことである。
(04 本)

⑧ 脳死とは，心臓の拍動が停止するとともに，脳幹を含む全脳の機能が不可逆的に停止した状態のことである。
(06 本)

⑨ 脳死とは，脳幹を含む全脳の機能が不可逆的に停止した状態のことである。
(06 本)

⑩ 出生前診断によって，男女の判別や産み分けはまだできないが，胎児の障害の有無を知ることが部分的に可能になった。しかし，出生前診断が命の選別や新しい優生学につながるのではないかという批判もある。
(12 本)

❸【環境倫理の問題】

① 「自然観察グループを中心とした人々が，アマミノクロウサギなどの野生生物を原告として自然環境保全のための訴訟を起こした」のは自然の生存権を認める立場である。
(01 本)

② レイチェル・カーソンは，その著書『沈黙の春』において，地球温暖化やオゾン層破壊を原因として生じる生態系の破壊について警鐘を鳴らした。
(04 本)

③ 地球温暖化問題においては，現在の討議や民主的決定手続に参加できない未来世代が，現在の世代から深刻な環境危機を押しつけられる恐れがある。
(04 本)

④ 「地球規模で考え，地域から行動しよう」： 環境問題に関しては，その関連や重要性を地球規模で考えるとともに，ゴミの排出やエネルギー消費の削減など，各人の身近な事柄から行動を始めるべきである。
(03 本)

⑤ 「持続可能な開発」：これまでは経済成長のために環境を犠牲にして開発が進められてきたが，さらなる環境破壊は開発の継続をも不可能にするので，今後の開発は環境を保全するという条件下で行わなければならない。
(03 本)

⑥ 「世代間倫理」：環境破壊や資源問題などは長期間にわたって影響を及ぼすので，子や孫ばかりでなく，決して出会うことのない，はるか後の世代の人間に対しても，私たちは責任を負っている。
(03 本)

⑦ 「宇宙船地球号」：地球も宇宙船と同様，閉鎖システムであるから，宇宙船で発生する廃棄物が高度の科学技術によって船内で完全に処理されているように，地球環境問題も科学技術のさらなる発達によって解決されうる。
(03 本)

１ ２ 正解とヒント
①○
②○ ホストマザーやサロゲートマザーの問題（遺伝上の親子関係やつながり）や出自を知る権利の問題も発生する。
③× 逆。QOLを重視し，自己決定権を重視する方向に展開している。パターナリズムは後退している。
④× パターナリズムの傾向が変化している。
⑤○ さらにデザイナーベビーの問題を含めて，命の選別につながる危険性がある。
⑥× 「説明と同意」と訳される。医師から説明を受け，治療方針を自ら選択すること。
⑦○
⑧× 心停止は三兆候説（心停止・呼吸停止・瞳孔散大）
⑨○
⑩× 出生前診断で，性別を判定することができる。

３ 正解とヒント
①○ アマミノクロウサギ訴訟として裁判が行われている。
②× ＤＤＴ等の農薬による被害を指摘している。
③○ 世代間倫理

④○ Think globally, Act locally

⑤○

⑥○ 哲学者ヨナスが提唱した考え方。
⑦× 閉鎖システムであるから，地球という宇宙船の中では相互に依存しているとする地球全体主義をさす。

共通テスト・センター試験過去問　次の各設問に答えよ。

1 【生命倫理に関する法整備】　生命倫理に関する日本の法整備の説明として最も適当なものを，次の①～④のうちから一つ選べ。 (18 試)

① 身体は自分に固有なものであるから，本人の意思が確認できなければ，死後であっても移植のために臓器を摘出することは許されていない。

② 身体は自分に固有なものであるにもかかわらず，臓器の提供者といえども臓器の提供先について意思を表明しておくことはできない。

③ 身体がもたらす苦痛から逃れるために，医師による致死薬の投与など直接死に至らしめる処置を受ける権利は法制化されていない。

④ 身体の衰えた部分や損傷した部分の機能を回復させるために，幹細胞を用いた再生医療の技術を用いることは認められていない。

2 【日本の現状】　生命倫理をめぐる日本の現状についての記述として最も適当なものを，次の①～④のうちから一つ選べ。 (15 追)

① リヴィング・ウィルとは，死の迎え方についての希望や意思を生前に表明する文書である。リヴィング・ウィルに基づいて，致死薬の投与などにより患者を直接死に導く安楽死が合法的に行われるようになった。

② 出生前診断とは，障害や遺伝病の有無などを受精卵や胎児の段階において診断する技術である。この技術の利用は，命の選別につながりかねず，病気や障害をもつ人への差別を助長しかねないとの懸念が示されている。

③ パターナリズムとは，人は自分の生命や身体の扱いについて自分で決定することができるという原則である。この原則に基づいて，医療の現場では，患者の同意を得たうえで治療を行うことが重視されるようになった。

④ 脳死とは，全脳が不可逆的に機能を停止した状態である。脳死は，心臓死と同様に死とみなされ，患者本人が臓器提供を承諾しているかどうかにかかわらず，誰もがその判定の対象とされている。

3 【再生医療】　再生医療についての説明として適当でないものを，次の①～④のうちから一つ選べ。 (18 追)

① ES細胞やiPS細胞などの研究が進むにつれて，様々な細胞に分化する可能性をもつ細胞を人工的に作り出せるようになってきた。その結果，従来は作ることが難しかった臓器などの再生への可能性が開けてきた。

② ES細胞を作るには，受精卵や初期胚が必要である。それに伴う問題として，人間の生命の萌芽であるとされる受精卵や初期胚を実験に使ったり，医療資源として使ったりすることの是非が議論されている。

③ iPS細胞を作るには，脳死状態に陥ったドナーによって提供された臓器が必要である。それに伴って，そもそも人の死とは何なのか，身体や臓器は誰のものなのか，などを改めて考え直す必要性が高まってきた。

④ ES細胞やiPS細胞などの研究が進むにつれて，それらは生殖細胞にも分化し得ることが分かってきた。その結果，生殖細胞を人工的に作ったり，それらを受精させたりしてもよいのか，という問題が生じている。

4 【生命倫理をめぐる現状】　生命倫理をめぐる日本の現状に関する記述として適当でないものを，次の①～④のうちから一つ選べ。 (17 現追)

① 出生前診断は，生まれてくる子の情報を得ることを目的として行われるが，生命の選別につながるという指摘もある。

② 現在，クローン技術の研究が進められているが，ヒトのクローン胚の作成は，法律によって規制されている。

③ 代理母による出産が行われると，生まれた子の親権や養育権をめぐって争いが起きうるが，現状では，出産した人が法律上の母親になる。

④ iPS細胞（人工多能性幹細胞）は，その作成にあたってヒトの受精卵などの胚を壊す点で，倫理的な問題をめぐる議論がある。

5 【患者の意思】　次のア～ウは，生命倫理における生命の尊厳や患者の意思の尊重に関わる考え方についての説明である。その内容として正しいものの組合せとして最も適当なものを，後の①～⑦のうちから一つ選べ。 (23 追)

ア SOLは，生命が絶対的な価値と尊厳を有するという立場と関連し，終末期医療において，患者の回復の見込みがなくても生命を維持する治療を行う根拠と見なされている。

イ パターナリズムは，患者が十分な説明を受けて，理解した上で治療の方針や方法に同意することを指し，患者の知る権利や，生命や身体に関する自己決定権を尊重する立場を背景とする。

ウ QOLは，望ましい生き方や生命の質を重視する立場と関連し，終末期医療の治療選択の場面では，患者の意思を尊重する根拠となり得るが，質が低いとされる生命の軽視につながるという批判もある。

① ア　　　② イ　　　③ ウ　　　④ アとイ
⑤ アとウ　　⑥ イとウ　　⑦ アとウとイ

6 【環境問題】　環境に関わる問題や思想についての記述として最も適当なものを，次の①～④のうちから一つ選べ。 (18 本)

① 人間中心主義を見直し，自然にもそれ自体の価値を認めようという考え方から，自然の生存権が主張されるようになった。

② 20世紀半ば以降に生じた急激な地球温暖化は，フロンガスなどによるオゾン層の破壊を主たる原因としている。

③ 有限な環境で自由な利益追求を認めると全員の損害になるので，その予防のために自由を制限すべきだとする，予防原則の考え方が登場した。

④ 原子力エネルギーの利用によって発生する放射性物質は，酸性雨を引き起こす主たる原因である。

8 近代的人間像

共通テスト／センター試験出題頻度	年度	2023	2022	2021	2020	2019	2018	2017	2016	2015	2014	2013	2012
	出題	●	●	●		●	●	●	●	●	●	●	●

STEP ❶【基礎問題演習】

次の各文中の空欄に適語を入れよ。

1【ルネサンスと宗教改革】

	正　解

1 ルネサンスは 14 世紀から 15 世紀にかけて，北イタリアを中心に起こったが，その語は（①）を意味し，（②）の古典文化を規範としている。

2 ルネサンスの運動の先駆者は，『神曲』を著した（③）で，ペトラルカやボッカチオらの文学者は，生き方の理想を古典に見出し，人間尊重の（④）の精神を表現した。

3 ヒューマニズムは，（⑤）と訳され，代表的なヒューマニストとして『新約聖書』をギリシャ語原典から文献学的に研究した（⑥）を挙げることができる。

4 （⑦）は『人間の尊厳について』において，人間は自分の持つ（⑧）によって自己のあり方を決められる存在であり，そこに人間の尊厳があると主張した。

5 「モナ - リザ」や「最後の晩餐」で知られる（⑨）は，解剖学や機械工学などの実証的な学問研究を行い，その知見を絵画や彫刻に生かした。「（⑩）」と呼ばれた。

6 ボッティチェリは「春」を描き，（⑪）は「ダヴィデ」などの彫刻，「最後の審判」などの絵画でその才能を発揮し，（⑫）は聖母子像や「アテネの学堂」を描いた。

7 1517 年，（⑬）は，ローマ教皇庁の贖宥状販売への批判をふくむ「（⑭）」を公表した。その主張は，印刷術の広まりもあってヨーロッパ各地に賛同者を増やした。

8 ルターは，聖書のドイツ語訳を完成し，人間の救いは（⑮）により〈信仰義認論〉，信仰の真理の基準は（⑯）にあると主張した。

9 （⑰）は，救済はすべて神の意志によってあらかじめ決められているとし（⑱），人間は社会の中で勤勉に働くことで自分の救いを確信することができると説いた。

10 カルヴァンは，ルターと同じく人間の職業を神からの（⑲）ととらえ，人間はその社会生活を通じて神の意志を実現していくとした〈職業召命観〉。

11 ドイツの社会学者（⑳）は，プロテスタンティズムの倫理が世俗化の過程で資本主義の精神につながったと説いた。

正　解
①復興・再生
②ギリシャ・ローマ
③ダンテ
④ヒューマニズム
⑤人文主義
⑥エラスムス
⑦ピコ゠デッラ゠ミランドラ
⑧自由意志
⑨レオナルド゠ダ゠ヴィンチ
⑩万能人・（普遍人）
⑪ミケランジェロ
⑫ラファエロ
⑬ルター
⑭ 95 カ条の論題
⑮信仰のみ
⑯聖書のみ
⑰カルヴァン
⑱予定説
⑲召命
⑳マックス゠ウェーバー

2【近代科学の成立と経験論と合理論】

1 中世では，アリストテレスの（①）やプトレマイオスの天動説が受け入れられていた。

2 コペルニクスは，天体観測に基づいて（②）を唱え，（③）は『天文対話』で地動説を主張し，ケプラーは惑星の運動が楕円軌道であることを示した。

3 （④）は万有引力を発見し，主著『プリンキピア』で，絶対時空間の概念に基づいた力学的法則によって動く自然像を構築し，（機械論的自然観）の礎となった。

4 イギリスの（⑤）は，アリストテレスの哲学を批判し，人知の拡大を図る目的で『ノヴム・オルガヌム（新機関）』を著した。

5 ベーコンは，正確な知識を得るのに妨げとなる偏見を（⑥）と呼び，「（⑦）（人間という種族が持つ偏見）」をはじめ 4 つをあげた。

6 ベーコンのイドラには，「（⑧）（自分の狭い体験に基づく偏見）」，「（⑨）（ことばの不適切な使用による偏見）」，「（⑩）（権威の盲信による偏見）」が含まれる。

7 ベーコンは，観察と実験を重んじ，個別的な事例から一歩一歩進んで，最後に普遍的法則を見出していく方法である（⑪）の意義を強調し，「（⑫）」と唱えた。

8 合理論の立場に立つフランスのデカルトは，著書『（⑬）』において，「（⑭）はこの世で最

正　解
①目的論的自然観
②地動説
③ガリレオ゠ガリレイ
④ニュートン
⑤ベーコン
⑥イドラ
⑦種族のイドラ
⑧洞窟のイドラ
⑨市場のイドラ
⑩劇場のイドラ
⑪帰納法
⑫知は力なり
⑬方法序説
⑭良識

も公平に分配されている」と述べ，理性の正しい使用が肝要だと説いた。

⑨ デカルトは，絶対確実な知に至るために，あらゆるものを徹底的に疑い（⑮），疑っている自分の存在だけは疑いえないという境地に達し，「（⑯）」と表現した。

⑩ デカルトの思考方法は一般原理から個々の事実を導き出す（⑰）と呼ばれる方法である。

⑪ デカルトは，考える精神を一つの実体とし，空間に延長する物体をもう一つの実体として，互いに独立したものとする（⑱）を展開した。

⑫ モラリストの（⑲）は『エセー（随想録）』の中で，「Que sais-je（私は何を知っているか）？」と問い，懐疑的精神に基づき，謙虚になることを説いた。

⑬ パスカルは，著書『パンセ』の中で，「幾何学的精神」と「（⑳）」の違いを指摘し，「人間は（㉑）である」として，人間は自己の弱さを知るがゆえに偉大であると述べた。

⑮方法的懐疑

⑯我思う，ゆえに我あり（コギト・エルゴ・スム）

⑰演繹法

⑱物心二元論（心身二元論）

⑲モンテーニュ

⑳繊細の精神

㉑考える葦

STEP❷【正誤問題演習】

次の各文の正誤を判別し，誤りについては正しく訂正しなさい。

① 【ルネサンスと宗教改革】

① ピコ・デラ・ミランドラは「人間は，神の前では平等であり，誰もが聖書をよりどころとする信仰のみによって義とされる」という点に人間の尊厳の根拠を見た。　　　　（97 本）

② ピコ・デラ・ミランドラは「人間は，自然界の中では最も弱い存在であるが，自分のその弱さを知っている」という点に人間の尊厳の根拠を見た。　　　　（97 本）

③ レオナルド・ダ・ヴィンチは，解剖学などを踏まえた絵画制作を通じ，人間や世界の新たな表現法を提示した。　　　　（16 本）

④ ボッカチオは，快楽を求める人々の姿を描いた『カンツォニエーレ』を著し，人間解放の精神を表現した。　　　　（16 本）

⑤ ルターは，主著『神学大全』において，僧侶の腐敗を鋭く批判し，教会のもつ既存の権威や権力に対して抵抗しなければならないと主張した。　　　　（16 追）

⑥ カルヴァンは，神の栄光を実現するために，神から与えられた神聖な義務としての職業に勤勉に励むべきであると主張した。　　　　（16 追）

⑦ ウェーバーは，神の栄光を増すために世俗内で禁欲的な生活を送り，それを救いの証にしようとするプロテスタンティズムの倫理が，勤労精神の一因になったと述べた。　　　　（98 追）

② 【近代科学と経験論と合理論】

① コペルニクスは，古代ギリシアの宇宙観を批判し，地球を中心とする天文学説を唱えた。

② ベーコンの種族のイドラは，民族や人種についての誤解から生まれる。　　　　（97 追）

③ ベーコンの市場のイドラは，貧富の差による立場の違いから生まれる。　　　　（97 追）

④ 人間の精神は，何も文字が記されていない白紙のようなものなので，知識の材料となる観念は経験によって獲得される。　　　　（02 本）

⑤ 人間の精神は，生活に役立つ知識を獲得するために，先入観を排除して自然を観察する必要がある。　　　　（02 本）

⑥ ベーコンは，中世のスコラ哲学にかわる新しい学問を模索し，普遍的原理から出発して自然現象を数学的に説明する方法を提唱した。　　　　（01 追）

⑦ デカルトは，感覚はしばしば私たちを欺くが，数学的な知識は感覚を超えたものであるから，疑わなくてもよいとした。　　　　（15 追）

⑧ デカルトによれば，精神は，思考を属性とする実体であり，延長を属性とする物体である身体から明確に区別されるものである。　　　　（09 本）

⑨ デカルトのいう，明晰とは，事物が疑いようもなくはっきりと認識されることであり，判明とは，事物が他のものから紛れもなく区別されることである。　　　　（12 追）

⑩ モンテーニュは「一切のことを疑ったうえでもなお疑い得ないのは，そのように疑っている自我が存在していることであり，この自我の存在が哲学の基本原理」だとした。　　　　（11 本）

⑪ デカルトは，知識の正しい獲得法として，実験や観察に基づいた個々の経験的事実から一般的な法則を導く帰納法を提唱した。　　　　（17 本）

① 正解とヒント

①× ルターの信仰義認論・聖書中心主義の内容。

②× パスカルの「考える葦」。自由意志に根拠を見ている。

③○ 多方面に才能を発揮し，普遍人（万能人）といわれた。

④× 『カンツォニエーレ』ではなく，『デカメロン』。

⑤○ 『神学大全』の著者は，トマス゠アクィナス。ルターは『キリスト者の自由』

⑥○

⑦○ 『プロテスタンティズムの倫理と資本主義の精神』の内容。

② 正解とヒント

①× 地球を中心とするのはギリシャ以来の天動説。

②× 人間が生来持つ偏見。

③× ことばの不適切な使用。

④× ロックの白紙説（タブラ・ラサ）。

⑤○ 「知識と力は合一する」

⑥× 経験的事実から一般的な法則を導く帰納法。

⑦× 方法的懐疑のすえ，疑えないものは「疑っている自分」だけであった。すべてを疑った。

⑧○ 物心二元論

⑨○ これも方法的懐疑から導かれる。

⑩× デカルト「われ思うゆえにわれあり」

⑪× デカルトではなくベーコン。デカルトは演繹法。

共通テスト・センター試験過去問　次の各設問に答えよ。

1 【ルネサンス】　ルネサンス期に活躍した人物についての説明として最も適当なものを、次の①～④のうちから一つ選べ。

(18 追)

① 壁画「最後の晩餐」などで知られるミケランジェロは、絵画や音楽といった分野だけでなく、医学や力学などの自然科学の分野でも業績を残し、万能人（普遍人）として活躍した。

② ダンテは、『神曲』のなかで、人間が神の愛によって祝福された存在であることを強調し、人間の魂を、欲望や罪、苦悩などとは無縁の美しいものとして描き出した。

③ ボッティチェリは、『デカメロン』のなかで、自由奔放に快楽を追い求める男女の性愛を生き生きと描き出すことで、人間の感情や欲望の解放を表現しようとした。

④ 壁画「アテネの学堂」でラファエロは、イデア論で知られるプラトンが天を指し、現実世界を重視したアリストテレスが地を示す姿を描くなど、古代哲学を象徴的に表現した。

2 【宗教改革】　ルネサンス期以降、キリスト教をめぐって生じた様々な運動や立場についての説明として最も適当なものを、次の①～④のうちから一つ選べ。

(20 本)

① 教会中心のあり方を見直し、古典文化の復興を通じて自由な「人間性（フマニタス）」の回復を追求した運動は、ヒューマニズムと呼ばれる。

② 人間の自由意志に基づく善行の実践を推奨し、従来の教会の教義に「抗議（プロテスト）」したルターの立場は、プロテスタンティズムと呼ばれる。

③ 時代や地域によって変わることのない「普遍的（カトリック）」な教義の確立を目指したカルヴァンの立場は、カトリシズムと呼ばれる。

④ イグナティウス・デ・ロヨラの主導の下、信仰を「浄化する（ピューリファイ）」ことを目指した人々の運動は、ピューリタニズムと呼ばれる。

3 【近代自然科学】　新たに獲得された自然科学的知識に関する説明として最も適当なものを、次の①～④のうちから一つ選べ。

(12 追)

① ケプラーは、古代ギリシア以来の宇宙観を批判し、地球を中心に天体が回っているとする天文学説を唱えた。

② ベーコンは、中世のスコラ哲学に代わる新しい学問を模索し、普遍的原理から出発して自然現象を数学的に説明する方法を提唱した。

③ ガリレイは、望遠鏡による天体観測を行うとともに、落下の実験などに基づいて物体運動の理論を展開し、近代科学の基礎を築いた。

④ コペルニクスは、天体運動の観測に基づき、惑星が楕円軌道を描いて運動することを発見し、それらの運動から万有引力の法則を導いた。

4 【イドラ説】　ベーコンが批判した四つのイドラの記述として最も適当なものを、次の①～④のうちから一つ選べ。　(10 本)

① 種族のイドラ：人間は、正確な感覚や精神を具えているが、

個人的な性格の偏りや思い込みによって、事物の本性を取り違える可能性があるということ

② 洞窟のイドラ：人間は、種に特有の感覚や精神の歪みを免れ得ないため、人間独自の偏見に囚われて、たやすく事物の本性を誤認してしまうということ

③ 市場のイドラ：人間は、他者との交流の中で人が発した言葉を簡単には信頼しないため、しばしば真実を見失い、不適切な偏見を抱きやすいということ

④ 劇場のイドラ：人間は、芝居等を真実だと思い込むように、伝統や権威を盲信して、誤った学説や主張を無批判的に受け入れてしまいがちだということ

5 【演繹法】　論理を展開する方法の一つに演繹法がある。正しい演繹的な推論として最も適当なものを、次の①～④のうちから一つ選べ。　(20 追)

① 雨が降れば、自宅の中庭は必ず濡れる。今日起きたら、自宅の中庭が濡れていた。よって、朝方、雨が降っていたのだろう。

② 今日は雨が降っており、自宅の中庭が濡れている。先週も先月も雨が降ったときはそうだった。よって、雨が降れば、自宅の中庭は濡れるのだ。

③ 雨が降れば、自宅の中庭は必ず濡れる。今日は雨が降っている。よって、今日、自宅の中庭は濡れているはずだ。

④ 雨が降れば、自宅の中庭は必ず濡れる。今日は雨が降っていない。よって、今日、自宅の中庭は乾いているはずだ。

6 【デカルト】　デカルトの哲学について述べた次の文章を読み、　a ～ c に入れる語句の組合せとして正しいものを、下の①～⑧のうちから一つ選べ。　(16 追)

『方法序説』の冒頭で「 a はこの世で最もよく配分されている」と述べたデカルトは、誰もがそれを正しく用いることによって、真に確実な知識を得ることができると考えた。彼は、すべてを疑った結果、疑い得ない真理として、「私は考える、ゆえに私はある」という命題に到達した。この原理を確実なものとして、そこからデカルトは他の真理を論証して導き出そうとした。このような論証の方法は b と呼ばれる。

デカルトは、さらに考察を進め、精神が明晰判明に認識するものとして、物体の存在も認めたが、精神の本質が考える働きであるのに対し、物体の本質は c だとした。彼によれば、身体は自ら考えることはないため、物体にほかならない。

① a 良識　b 帰納法　c 質料
② a 良識　b 帰納法　c 延長
③ a 良識　b 演繹法　c 質料
④ a 良識　b 演繹法　c 延長
⑤ a 悟性　b 帰納法　c 質料
⑥ a 悟性　b 帰納法　c 延長
⑦ a 悟性　b 演繹法　c 質料
⑧ a 悟性　b 演繹法　c 延長

⑨ 国家社会と人間性

共通テスト／ センター試験 出題頻度	年度	2023	2022	2021	2020	2019	2018	2017	2016	2015	2014	2013	2012
	出題		●	●		●		●	●	●	●	●	

■STEP❶【基礎問題演習】■

次の各文中の空欄に適語を入れよ。

1 【ヘーゲル】と【マルクス】

	正　解

1　ヘーゲルのいう（⓪）は，世界史の中で世界精神として働き，自らの理念である（②）を，実際の世界のうちに実現していく。

2　ヘーゲルによれば，さまざまな物事は，＜正・反・合＞の三つの契機からなる（③）にしたがって発展する。正・反の対立を止揚（アウフヘーベン）して，より高次の合が現れる。

3　（④）とは，人間の自由が実現される共同体で，家族，市民社会，国家と展開していく。

4　ヘーゲルは「市民社会は（⑤）であり，人倫の喪失態である」が，「国家は家族と市民社会を統一した共同体で，国家こそ（⑥）である」と説いた。

5　元来は自己の作り出したものが自己から離れて対立することを（⑦）という。マルクスは，（労働生産物），（労働），（⑧），（他の人間）の四つからの（⑦）を挙げた。

6　マルクスは「これまでの歴史は（⑨）の歴史である」とし，歴史的発展の原動力をみた。

7　マルクスによると，政治的・法律的関係や社会的意識（（⑩）という）は，物質的生産力と人びとの生産関係の総体である生産様式（（⑪）という）によって制約されている。

8　生産力が増大するにつれて固定的な生産関係に緊張が生じ，生産様式に矛盾が生じて歴史を動かす。マルクスのこの歴史観を（⑫）という。

9　サン・シモン，フーリエ，オーウェンらの社会主義を（⑬）という。

正解
- ⓪絶対精神
- ②自由
- ③弁証法
- ④人倫
- ⑤欲望の体系
- ⑥人倫の完成態
- ⑦疎外
- ⑧類的存在
- ⑨階級闘争
- ⑩上部構造
- ⑪下部構造
- ⑫唯物史観
- ⑬空想的社会主義

2 【実存主義】

1　キルケゴールは，ヘーゲル哲学を批判し，「私がそれのために生き，そして死にたいと思うような（⓪）」を求め，「（②）が真理である」と主張した。

2　キルケゴールは，人間が不安と（③）を通して真実の自己すなわち実存に到達する過程を（④）という三段階で示した。

3　ニーチェは，キリスト教が社会的弱者に同情することを教えたことにあり，強者への（⑤）（怨恨）に満ちた（⑥）となり，ニヒリズムに至ったとみる。

4　ニーチェは「（⑦）」と宣言し，既成道徳を破壊してあらゆる価値の転倒をめざし，（⑧）によって新しい価値を創造する超人とならなければならないと主張した。

5　ニーチェは，すべてが繰り返されるという（⑨）の事実を受け入れ，それを運命として愛する（運命愛）ことを述べた。

6　ヤスパースは，人間は死・苦悩・闘争・罪などの（⑩）に直面し，自己の有限性を自覚し，自己を超える（⑪）の存在を感じとることで実存に達する，という。

7　ハイデガーは，人間を（⑫）と呼び，人間は世界のうちに投げこまれ（被投性），さまざまな道具との連関の中で（⑬）として生きている，という。また，没個性的な，誰でもよい誰かとして日常に埋没している，人間の非本来的なあり方を（⑭）と呼んで批判し，自らが（⑮）であることを自覚することで，実存を回復すると考えた。

8　サルトルは「（⑯）」と主張する。実存が先にあり，後に自らが何者であるかを定めるが，自由のゆえに自分自身に責任を負わなければならない。これを「（⑰）」といった。

9　サルトルは，積極的な社会参加，すなわち（⑱）を主張している

10　サルトルの協力者であった（⑲）は，「人は女に生まれるのではない。女になるのだ」と主張し，のちの（⑳）思想に大きな影響を与えた。

正解
- ⓪理念（イデー）
- ②主体性
- ③絶望
- ④美的実存・倫理的実存・
　宗教的実存
- ⑤ルサンチマン
- ⑥奴隷道徳
- ⑦神は死んだ
- ⑧力への意志
- ⑨永劫回帰
- ⑩限界状況
- ⑪超越者
- ⑫現存在
- ⑬世界内存在
- ⑭世人（ダス・マン）
- ⑮死へと関わる存在
- ⑯実存は本質に先立つ
- ⑰自由の刑に処せられる
- ⑱アンガージュマン
- ⑲ボーヴォワール
- ⑳フェミニズム

次の各文の正誤を判別し，誤りについては正しく訂正しなさい。

❶【ヘーゲル】と【マルクス】

① ヘーゲルは「多様な個性の発展は，社会が不断に進歩していくためにも重要であるから，個人の自由に対する社会的制約は，他者に危害が及ぶ場合に限られる」とした。 (03 本)

② ヘーゲルは「世界の歴史とは，精神が人間の活動を媒介として，自らの本質である自由を自覚し実現していく必然的な進歩の過程である」という。 (03 本)

③ 家族と市民社会を総合し，欲望の体系である市民社会を克服するのが国家であり，そこにおいて共同体の普遍性と個人の個別性が保持される。 (02 本)

④ ヘーゲルの弁証法は「矛盾を単なる誤りとするのではなく，すべての存在や認識は，対立や矛盾を通してより高次なものへと展開していく，とする思考法」である。 (15 追)

⑤ マルクスは「生産手段をもたない労働者は，自分の労働力を売って生活するしかなく，労働の成果も資本家のものとなるなか，労働が苦役になっている」という。 (13 本)

⑥ マルクスは「法律・政治・道徳・宗教などは，社会の経済的構造と無関係に存在する」とした。 (88 本)

⑦ マルクスは「生産力の発展は，真の人間的生活のための物質的基礎を形成する」とした。 (88 本)

⑧ マルクスは「これまでのあらゆる社会の歴史は，階級闘争の歴史である」とした。 (88 本)

❷【実存主義】

① ニーチェは「永劫回帰という運命を受け入れ，自らの人生の価値を新しく創造しようとする超人としてのあり方」をめざす。 (97 追)

② ニーチェは「神は死んだ。なぜならわれわれが神を殺したからだ。」という。 (90 本)

③ キルケゴールは「主体的真理を求めて，絶望を繰り返しながら，自らの罪深さに対するおののきの内に，単独者として神の前に立って生きる」ことをめざす。 (97 追)

④ キルケゴールは「死に至る病とは，死への存在としての人間の本来性を自覚せず，他者と代替可能な自己のままに生きることだ」と指摘した。 (00 追)

⑤ 他者との争いや死など，人間が必ず挫折に見舞われる状況を直視して，これを「限界状況」として把握した現代の哲学者ハイデガーである。

⑥ ヤスパースは，ともに本来の自己をめざす者同士の実存的交わりを「愛しながらの戦い」と呼び，これを無神論的実存主義の原則とした。

⑦ ハイデガーは「良心は，人間が死，苦，争い，罪といった状況から逃避し，自己を喪失するのを妨げる。人間は良心を介して超越者を感ずるが，良心は超越者の声ではなく，自己自身の声である」とした。 (02 追)

⑧ ハイデガーは「良心の呼び声は本来的な自己の声である。死への不安から逃れ，日常の世界に埋没し，平面的で画一的な存在になった人間に対して，良心は本来的な自己というものに気づかせる」とした。 (02 追)

⑨ サルトルは「実存が本質に先立つような存在，それが人間である」とした。 (91 追)

⑩ サルトルは「人間はどこまでも自由な存在であると考え，どんな行動についても，自分の選び取ったこととして，人類全体に対して，その責任を負わねばならない」とした。(03 追)

⑪ キルケゴールは「人間は自由な存在である。だが，自由に自分の生き方を決められるということは，その選択の責任がすべて自分にかかることを意味する。人間のこのあり方は「自由の刑に処せられている」」とした。 (18 追)

⑫ ハイデガーは「人間は，不断に自己自身を超克しようとする意志によって，新たな価値を創造し，ニヒリズムを克服することができる」とした。 (12 本)

⑬ フランスのボーヴォワールは，「歴史の始まりにおいて女性は太陽のような存在であった。本物の人間であった。ところが，今，女性は月のような存在である。他人に依存して生き，他からの光によって輝く，病人のごとき青白い顔をした月のような存在である。」 (05 本)

①× 他者危害の原則は，J. S. ミルの考え方。

②○ 絶対精神の自己展開。自由の実現。

③○ 人倫。家族・市民社会・国家と弁証法的に展開する。

④○ 正→反→合という段階を繰り返して，高次な次元に至る。

⑤○ 労働力の商品化。社会主義は生産手段の社会化をめざす。

⑥× 唯物史観。下部構造（経済）に上部構造が規定される。

⑦○ 生産力と生産関係が下部構造を構成する。

⑧○ 『共産党宣言』の表現。

①○ 運命愛と力への意志で価値を創造する超人。

②○ 『ツァラトゥストラはかく語りき』

③○ 単独者は宗教的実存の段階

④× 死への存在はハイデガーの用語。ダス・マン（世人）の内容。

⑤× 「限界状況」はヤスパースのとらえ方。

⑥× 実存的交わりは正しいが，無神論的実存主義がまちがい。

⑦× 「死・苦・争い・罪」はヤスパースの「限界状況」のこと。

⑧○ 日常世界に埋没するのがダス・マン（ひと）であり，「死へと関わる存在」の自覚が必要。

⑨○ 自由ゆえに自己に責任。

⑩○ 人類全体への責任から，アンガジュマン（社会参加）

⑪× サルトル。責任の重さに対して，「自由の刑に処せられている」

⑫× ニーチェの「力への意志」のこと。

⑬× 平塚らいてうのことば。

共通テスト・センター試験過去問　次の各設問に答えよ。

1【ヘーゲルの弁証法】　ヘーゲルの弁証法の説明として最も適当なものを，次の①～④のうちから一つ選べ。　　（15追）

① 事象や行為の意味を，主観的な意識を超えた社会的・文化的なシステムとしての構造に注目することによって，解明しようとする思考法。

② 哲学的な問題を，何よりも言語と関わっているものと捉え，言語の働きとその限界の分析によって，解決しようとする思考法。

③ 矛盾を単なる誤りとするのではなく，すべての存在や認識は，対立や矛盾を通してより高次なものへと展開していく，とする思考法。

④ 真理の判定基準は，認識と実在との一致に求められるのではなく，生きるうえでの課題の解決へと行動を導く点にある，とする思考法。

2【マルクス】　次の文章の a ～ c に入れる語句の組合せとして正しいものを，下の①～⑧のうちから一つ選べ。

（17追）

　マルクスによれば，人間の歴史の基礎を成すのは生産活動である。生産活動が土台となり，そのうえに人間の精神的な活動が成り立つ。土台としての生産活動は，生産関係と a とから成り，生産関係は固定化される傾向にあるのに対して， a は絶えず増大する傾向にあるため，両者の間で矛盾が生じる。それによって， b が激化し，社会変動や社会革命につながる。マルクスは，資本主義の進展によって労働の疎外が甚だしくなる状況において，全世界の労働者が団結して革命を起こし，最終的に c の体制へと移行すると主張した。

① a 労働力　b 万人の万人に対する闘争　c 社会民主主義
② a 労働力　b 万人の万人に対する闘争　c 共産主義
③ a 労働力　b 階級闘争　　　　　　　　c 社会民主主義
④ a 労働力　b 階級闘争　　　　　　　　c 共産主義
⑤ a 生産力　b 万人の万人に対する闘争　c 社会民主主義
⑥ a 生産力　b 万人の万人に対する闘争　c 共産主義
⑦ a 生産力　b 階級闘争　　　　　　　　c 社会民主主義
⑧ a 生産力　b 階級闘争　　　　　　　　c 共産主義

3【キルケゴール】　次のア～ウは，キルケゴールの思想を説明した記述である。その正誤の組合せとして正しいものを，下の①～⑥のうちから一つ選べ。　　（18追）

ア ヨーロッパの人々が，生きる意味や目的を失ってしまったのは，キリスト教道徳に原因があり，そのキリスト教道徳は弱者が強者に対して抱く「ルサンチマン」に基づいている。

イ 人は倫理的に生きようとすると，欲望を「あれも，これも」満たす生き方にとどまることはできず，自らの生き方について「あれか，これか」の決断を迫られざるを得ない。

ウ 人間は自由な存在である。だが，自由に自分の生き方を決められるということは，その選択の責任がすべて自分にかかることを意味する。人間のこのあり方は「自由の刑に処せられている」と表現される。

① ア正 イ正 ウ誤　　② ア正 イ誤 ウ正
③ ア正 イ誤 ウ誤　　④ ア誤 イ正 ウ正
⑤ ア誤 イ正 ウ誤　　⑥ ア誤 イ誤 ウ正

4【20世紀の思想家】　次のア～エの中で，20世紀の思想家が唱え始めた主張として正しいものはどれか。当てはまるものをすべて選び，その組合せとして最も適当なものを，後の①～④のうちから一つ選べ。　　（22公倫試）

ア 人間は原罪を負っているため，人間の救済は自らの自由意志によってではなく，神の無償の愛である恩寵による。

イ 人間は世界の中に投げ込まれ，死へと向かう存在であるが，その死と向き合うことで，本来の自己に立ち返る。

ウ 人間の悲劇は，偏見や独断によって生じるから，「私は何を知るか」という反省を謙虚に繰り返さねばならない。

エ 人間は死，苦悩，争い，罪責といった限界状況にぶつかって挫折するが，それを通して永遠の超越者に出会う。

① イ　　② アとウ　　③ イとエ　　④ アとウとエ

5【ヘーゲルの人倫】　ヘーゲルの人倫についての説明として最も適当なものを，次の①～④のうちから一つ選べ。　　（18本）

① 欲望の体系である市民社会のもとでは，自立した個人が自己の利益を自由に追求する経済活動が営まれるなかで，内面的な道徳も育まれるために，人倫の完成がもたらされる。

② 人間にとって客観的で外面的な規範である法と，主観的で内面的な規範である道徳は，対立する段階を経て，最終的には，法と道徳を共に活かす人倫のうちに総合される。

③ 国家によって定められる法は，人間の内面的な道徳と対立し，自立した個人の自由を妨げるものなので，国家のもとで人々が法の秩序に従うときには，人倫の喪失態が生じる。

④ 夫婦や親子など，自然な愛情によって結び付いた関係である家族のもとでは，国家や法の秩序のもとで失われた個人の自由と道徳が回復され，人倫の完成がもたらされる。

6【ハイデガー】　ハイデガーの思想についての説明として最も適当なものを，次の①～④のうちから一つ選べ。　　（18追）

① 西洋文明は，存在するものを科学的に対象化したり技術的に支配したりすることに没頭し，あらゆる存在するものの根源にある存在を忘れ去ってしまうという，存在忘却に陥っている。

② 文明の進歩を約束すると思われていた理性は，外的自然のみならず人間の感情などの内的自然をも支配するものであり，人間の目的達成の道具にすぎないため，今や新たな野蛮を生み出している。

③ 従来の西洋哲学は，すべての存在するものを自己に同化しようとする全体性の立場に固執しており，それゆえ自己の理解を超え出ていく他者の他者性を抹殺している。

④ 西洋社会の人々よりも知的に劣っていると思われていた未開社会の人々の思考には，文明社会の科学的思考に劣らず，構造的な規則が含まれており，西洋文明だけを特権視することはできない。

共通テスト／センター試験 出題頻度	年度	2023	2022	2021	2020	2019	2018	2017	2016	2015	2014	2013	2012
	出題	●	●	●		●	●	●		●	●		

■STEP❶【基礎問題演習】

次の各文中の空欄に適語を入れよ。

1 【プラグマティズム】【フランクフルト学派】【構造主義】

1 19世紀後半のアメリカで誕生したプラグマティズムの創始者は（①）である。

2 （②）は，思想の真偽は有用性によって定まるという，実用主義の思想を説いた。

3 デューイは，日常の中で問題を解決し，習慣を改善する知性を（③）として重視した。

4 知識や知性は生活における問題を解決する道具とみるデューイの考え方を（④）という。

5 フランクフルト学派の（⑤）と（⑥）は，『啓蒙の弁証法』のなかで，理性による啓蒙が逆に人間を抑圧し疎外するものとなった状況を明らかにした。

6 『啓蒙の弁証法』では，ナチズムが発生した理由を，理性が（⑦）になってしまったからだと主張した。そこで，目的や合理性を批判的に吟味する（⑧）を重視した。

7 フランクフルト学派の第二世代の（⑨）は，公共性を取りもどすには，自由な討議が欠かせず，（⑩）を働かせ，当事者双方の了解をめざす（⑪）が必要であるとする。

8 （⑫）は，個々の事象の意味は，それらを体系づける構造から理解できるとする思想である。文化人類学者（⑬）が，構造言語学の知見をヒントに構造の解明を試みた。

9 スイスの（⑭）は，（構造言語学）を創始し，社会制度としての言語（ラング）と，実際に話されている言語（パロール）の相互依存関係において機能していると考えた。

10 レヴィ＝ストロースは，未開民族の思想を（⑮）と呼んで尊重し，ヨーロッパにみられる（⑯）（エスノセントリズム）を批判した。

11 フランスの哲学者（⑰）は，18世紀以降，権力は理性と（⑱）を区別し，（⑱）や病気などを隔離・抑圧し，権力に従順な主体を作り出す，規格化する権力になったとした。

2 【他者の尊重と20世紀のヒューマニスト】

1 アーレントによると，近代以降，労働が重視されるにつれて（①）の領域が減少し，大衆社会の中で埋没し，（②）の台頭を許してしまったという。

2 アーレントは，（③）は生命維持のための食糧を作り，仕事は生活のための道具等を作り出し，（④）は人びとと共同体を形成して公共性の領域をつくるとした。

3 『全体性と無限』を書いた（⑤）は，他者は根本的に「私」とは同じであり得ないという（⑥）の視点から，近代哲学を批判し，他者の苦痛に責任を取ることを求めた。

4 レヴィナスによれば，他者はそのまなざしである「（⑦）」として現れる。

5 （⑧）は，アフリカで医療活動を続け，「わたしたちは，生きようとする生命に囲まれた，生きようとする生命である」という，（⑨）を理念とした一生を送った。

6 インド生まれのガンディーは，「（⑩）（真理の把持）」という独自の理念に基づき，（⑪）（非暴力）と不服従の抵抗運動を組織する。

7 ノーベル平和賞を受賞した（⑫）は，「死を待つ人の家」「孤児の家」「平和の村」などを創設した。「愛の反対は（⑬）」という言葉を残している。

3 【アメリカの政治哲学】

1 1950年代後半，アメリカでは，人種差別を解消しようとする（①）がさかんになり，（②）らの活動を経て，公民権法が成立した。

2 『正義論』を書いた（③）によれば，社会を形成する以前の（④）を前提とする。そこでは人びとは無知のヴェールを被っていて，自分が何者であるかを知らない。

正　解
①パース
②ジェームズ
③創造的知性
④道具主義
⑤ホルクハイマー
⑥アドルノ（⑤⑥は順不同）
⑦道具的理性
⑧批判的理性
⑨ハーバーマス
⑩対話的理性
⑪コミュニケーション的行為
⑫構造主義
⑬レヴィ＝ストロース
⑭ソシュール
⑮野生の思考
⑯自文化中心主義
⑰フーコー
⑱狂気

①公共性
②全体主義
③労働
④活動
⑤レヴィナス
⑥他性
⑦顔
⑧シュヴァイツァー
⑨生命への畏敬
⑩サティヤーグラハ
⑪アヒンサー
⑫マザー＝テレサ
⑬無関心

①公民権運動
②キング牧師
③ロールズ

③ ロールズの正義論の第一原理は，最大限の平等な諸自由の保障である。第二原理は，ⅰ公正な（⑤），ⅱ社会でもっとも不遇な成員に最大の便益を資する（⑥）である。

④ ロールズの考え方は，（⑦）と呼ばれ，公正としての正義の実現を求めたものといえる。

⑤ ノージックは，ロールズの格差原理を否定し，所有権は侵害されてはならない権利だとし，国家は「（⑧）」であるべきだと主張する。

⑥ ノージックの立場は，個人の自由を最大限に尊重すべきだとする，（⑨）といわれる。

⑦ 個人よりも先に共同体がある，あるいは共同体を離れて個人はないと考える立場を，（（⑩）（共同体主義））といい，代表者に（⑪）やサンデルがいる。

⑧ （⑫）は，ロールズの主張を批判し，「（正に対する善の優越）」こそが真理だと説く。

⑨ インドの（⑬）は，ロールズの考え方は，自由であるためには不十分だと批判し，いわば人がみずから選ぶことのできるケイパビリティ（潜在能力）の平等を主張した。

STEP❷【正誤問題演習】

次の各文の正誤を判別し，誤りについては正しく訂正しなさい。

1 【プラグマティズム～フランクフルト学派～構造主義～】

① プラグマティズムとは，行為や行動を意味するギリシャ語を語源としているが，その方法は思弁的であり，実生活とは隔絶した思想である。　　　　　　　　　　　　　　（04 追）

② デューイによれば，道具を用いて環境を改善していく人間にとって，自らの知性もまた，個別の問題を解決して社会を進歩させるための道具である。　　　　　　　　　　　（13 本）

③ フランクフルト学派は，自然を支配する道具と化してしまった理性が，もともと目指されているはずの人間の自由をかえって失わせたと考えた。　　　　　　　　　　　　（98 追）

④ ハーバーマスは，自分の共同体の枠を超えて，すべての他者との対等で強制なき合意を目指す高邁の精神を共生の基礎とする。　　　　　　　　　　　　　　　　　　　　（17 追）

⑤ レヴィ゠ストロースは西洋における科学技術文明の絶対化を批判し，「野生の思考」と科学的思考の間に優劣はないと主張した。　　　　　　　　　　　　　　　　　　　　（15 本）

⑥ フーコーによれば，近代的理性は，非理性に対立するものとして現れて，狂気・不道徳・病気などをすべて，自らの他者あるいは異質なものとして社会から排除し監禁した。（04 本）

⑦ アーレントは，「公共性の領域は，人々が言葉を通じて関わり合う「活動」によって担われる」とした。　　　　　　　　　　　　　　　　　　　　　　　　　　　　　（16 追）

⑧ アーレントは，「汝（なんじ）殺すなかれと呼びかける他者の苦痛に責任をもつとき，人間は倫理的主体となる」という。　　　　　　　　　　　　　　　　　　　　　　（07 追）

⑨ ラッセルは，人間ばかりでなく，あらゆる生物の生命を守り敬うことが善であると唱え，アフリカに渡って医療とキリスト教の伝道に携わった。　　　　　　　　　　　　　（03 追）

2 【アメリカの政治哲学】

① ロールズは「人間の不平等は財産の私有によって生じたものである。したがって，人間同士の自由で平等な関係は，人々の私利私欲を排除した一般意志に各人が自発的に従うことによって，はじめて実現される」と考えた。　　　　　　　　　　　　　　　　　（01 本）

② ロールズは「全員に等しい機会が与えられた公正な競争であっても，社会的格差が生じることはある。もしそうした競争が社会の中で最も恵まれない人々の暮らし向きを改善しないならば，社会的格差は是正されなければならない」と考えた。　　　　　　　　　（01 本）

③ ノージックは，個人が社会のあり方を自由に選択できるとするリベラリズムを批判し，人間はあくまで共同体のなかで育まれてきた共通善を身に付けて生きるべきだとした。（17 追）

④ ロールズは「格差の是正には，生きる環境や能力が異なる人々に同じ財を配分するのではなく，基本的な潜在能力の平等を保障することが必要だ」と考えた。　　　　　　（11 追）

⑤ ガンディーは，人種差別に抵抗して，非暴力の思想に基づく運動を展開し，黒人が公民権を得て白人と平等に暮らせる社会を求めた。　　　　　　　　　　　　　　　　　（18 本）

⑥ サンデルは，自由競争によって生じる所得や地位の不平等は，社会の最も不遇な人々の境遇の改善につながる限りで認められるとする格差原理を主張して，公正としての正義を構想した。　　　　　　　　　　　　　　　　　　　　　　　　　　　　　　　　　（17 本）

1 正解とヒント

① ✕　思弁的ではなく，真偽は実生活での有用性にある。

② 〇　道具主義

③ 〇　「批判的理論」といわれ，「道具的理性」を批判した。

④ ✕　高邁の精神はデカルト。正しくは「対話的理性」

⑤ 〇　文化相対主義。エスノセントリズムを批判。

⑥ 〇　権力に従順な主体を作り出す規格化する権力。

⑦ 〇　「活動」が衰退すれば多様性が失われ，全体主義を生みだすと説いた。

⑧ ✕　レヴィナス。他性・「顔」→他者の苦痛への責任を説く。

⑨ ✕　シュヴァイツァー。「生命への畏敬」

2 正解とヒント

① ✕　一般意志による社会契約はルソー。

② 〇　公正な機会均等のうえで，なお格差がある場合の「格差原理」をさす。

③ ✕　ノージックは私有財産制と市場経済を最大限尊重するリバタリアニズム。共同体を重視するのはコミュニタリアニズム。

④ ✕　潜在能力の平等はアマルティア゠センの考え方。

⑤ ✕　キング牧師が，黒人解放運動の指導者。

⑥ ✕　ロールズの内容。サンデルはコミュニタリアニズム。

共通テスト・センター試験過去問　次の各設問に答えよ。

1 【ホルクハイマーとアドルノ】　ホルクハイマーやアドルノは近代的な理性をどのように考えたか。その説明として最も適当なものを，次の①〜④のうちから一つ選べ。　　　　（08 本）

① 理性は，自然を客体化し，技術的に支配することを可能にする能力として，手段的・道具的なものである。

② 理性は，物事を正しく判断し，真と偽とを見分ける良識として，すべての人間に等しく与えられている。

③ 理性は，真の実在を捉えることができる人間の魂の一部分として，気概と欲望という他の二部分を統御する。

④ 理性は，人と人とが対等の立場で自由に話し合い，合意を形成することができる能力として，対話的なものである。

2 【ハーバーマス】　ハーバーマスの考え方の説明として最も適当なものを，次の①〜④のうちから一つ選べ。　（09 本・改）

① 他者の権利を侵害しない限り，私たちの自由は平等に尊重されるべきである。ただし，自由競争によって生じる不平等については，社会において恵まれない立場にある者たちの生活を改善する限りで許される。

② 人は，互いに合意に至ることを可能にするような理性をもっている。したがって，そのような理性を対等な立場が保障されたうえで使用するならば，万人が同意することができる社会のルールを発見できる。

③ 人は，互いの自由や財産を権利として尊重するべきだというルールを理解できる理性をもっている。そして各人の自由や財産をより確実に保障するために，合意のもとに政府を設立する。

④ 自己利益だけでなく，万人に共通する利益が第一に考えられるべきだという一般意志が存在する。それを強制するルールに基づく社会を築けば，個人の権利と自由は保障される。

3 【アーレントとロールズ】　人間の自由をめぐる思想として最も適当なものを，次の①〜④のうちから一つ選べ。　（22 追）

① アーレントによれば，人間には，生命維持のために働いたりする能力とは別に，他者と言葉を交わすことを通して公共的な空間に参加する能力があり，この能力を発揮することが自由な活動である。

② アーレントは，社会の中で有利な立場にいる人であっても，仮想的な社会契約の段階では，最も不遇な境遇に置かれることを想像して，基本的な自由を万人に等しく保証するようなルールを採択するはずだと主張した。

③ ロールズによれば，社会の基本原則にとって最も重要な条件は基本的自由であり，万人に基本的自由が保証されていれば，競争によって格差が生じたとしても，是正する必要はない。

④ ロールズは，自由を獲得した近代人には，自分のことを自ら決定する責任の重さとそれに伴う不安に耐えかねて，むしろ権威に自発的に従属するようになる傾向があると指摘した。

4 【レヴィナス】　他者についてのレヴィナスの思想の説明として最も適当なものを，次の①〜④のうちから一つ選べ。（23 本）

① 他者は，顔を持たない無個性な存在であり，根本的に私と区別が付かないものとして，私と出会う。

② 他者と私とは，対等なものとして顔を合わせ，お互いを自己同一的な人格として承認し合う関係である。

③ 他者とは，根本的に理解を超えた異質なものとして，彼方から私をまなざす顔において，訴え掛けてくるものである。

④ 他者に出会うためには，私自身が，生きるための労働の領域から出て，活動の主体として公共空間に自らの顔を現して発言しなければならない。

5 【社会のあり方】　より良い社会のあり方の探求に関する記述として最も適当なものを，次の①〜④のうちから一つ選べ。

（16 現本）

① J．ロールズは，恵まれない人々の状況が改善されるという条件のもとでのみ，生まれつき恵まれた人々がその利益を得ることが許容されるという考え方を示した。

② J．S．ミルは，人は自由であるためにその行動に責任があり，個人として生きることは同時に「社会参加（アンガジュマン）」を意味するものであると考えた。

③ T．ホッブズは，幸福は計算可能であり，「最大多数の最大幸福」を立法などの基準にするべきとした。

④ M．ホルクハイマーは，福祉が目指す方向として，潜在能力が確保される平等を重視した。

6 【社会】　社会の仕組みや構造を論じた思想家の説明として最も適当なものを，次の①〜④のうちから一つ選べ。　　　（23 本）

① マッキンタイアによると，現代の資本主義社会においては，本来は自由に生成して秩序を創造し直していくはずの無意識的な欲望の流れを，法や道徳が機械の部品のように作用して制御する構造がある。

② ボードリヤールによると，脱工業化が進展した現代の社会においては，モノがその有用さにおいて使用されるよりも，他者との差異を示すための記号として消費される構造がある。

③ デューイは，狂気を理性から区別して排除していった近代社会の成立をたどり直す中で，学校や職場での教育や規律が人々の自発的な服従を促す，不可視な権力の構造を明らかにした。

④ ソシュールは，無意識的に作られた構造が人間の思考を規定しているという言語学の知見に学び，南米諸部族の親族関係や神話の分析を通じて，未開社会を基礎付ける複雑な思考の構造を明らかにした。

7 【労働について】　次のア〜ウはそれぞれA〜Cのどれを表したものか。その組合せとして正しいものを，下の①〜⑥のうちから一つ選べ。　　　　　　　　　　　　（18 追）

ア 営利目的の労働を賤しいこととする中世までの考え方に反対し，職業は神が与えたものであって，働いて利益を得ることは正当だと主張した。

イ 近代資本主義が生んだ，労働者の酷使などの問題に対し，議会活動を通じて，社会保障制度の整備による労働者の福祉の改善を主張した。

ウ 個人には労働で得た財産を所有する権利があるので，国家が社会福祉制度のために個人の財産を強制的に奪うことは認められないと主張した。

A　カルヴィニズム　　　　B　リバタリアニズム
C　社会民主主義

① ア—A　イ—B　ウ—C　　② ア—A　イ—C　ウ—B
③ ア—B　イ—A　ウ—C　　④ ア—B　イ—C　ウ—A
⑤ ア—C　イ—A　ウ—B　　⑥ ア—C　イ—B　ウ—A

MEMO

MEMO

MEMO

▶政治・経済教材研究協議会

代表　長者久保 雅仁

完全MASTER 政経 ➕公共 問題集 ◆**大学入学共通テスト**◆ 改訂版

2024 年 7 月 15 日　第 1 刷発行

編 著 者　　政治・経済教材研究協議会
発 行 者　　野村　久一郎
印 刷 所　　広研印刷株式会社　**定価**　カバーに表示

発 行 所　　**株式会社　清水書院**

〒102-0072　東京都千代田区飯田橋 3 - 11 - 6

☎ (03) 5213 - 7151　(代)

振替　00130 - 3 - 5283

ISBN978-4-389-21921-5

完全MASTER

政経 +公共 問題集

◆ 大学入学 共通テスト ◆

改訂版

解答・解説編

政治・経済教材研究協議会

清水書院

第I章 現代政治のしくみと日本

① 政治と法 →問題pp.12〜13

STEP ❸-1【人間はポリス的動物である】 正解は③
①：誤。利益をめぐる闘争は避けられないという記述は，社会契約説のホッブズを想起させる記述であるので不適当である。
②：誤。アリストテレスは，ポリスの中で対立を調整し共通の利益を実現していくこと，すなわち政治力が必要であると述べているので，政治権力は必要とされないという記述は不適当である。
③：正。アリストテレスは，人間はポリスから離れて生きることはできず，人間が本来持っている自然の性質であり，ポリスの中で人間形成がなされると述べているので適当である。
④：誤。国家の役割は警察活動に限定されるという考え方は，夜警国家観に基づくので不適当である。

STEP ❸-2【主権】 正解は⑥
APPROACH🔍 主権には，三つの用法があり，(1) 国家権力（統治権）そのもの，(2) 国家権力の最高独立性，(3) 国政における最高意思決定権の意味がある。
A－「国家の統治権」とは，立法権・行政権・司法権がおよぶ国家権力そのものを意味するので，ウの主権が及ぶ範囲が正解。
B－「国家権力の最高・独立性」とは，国家が対外的に独立することを意味するので，イの加盟国の主権平等が正解。
C－「国家の政治のあり方を最終的に決定する最高の権力」なので，国民主権をさすアの「主権の存する日本国民の総意」が正解。

STEP ❸-3【近代国家①】 正解は②
①：正。国家の三要素とは，国民と主権と領域（領土・領空・領海）であるので正しい。
②：誤。法の種類は人間の理性に基づく普遍的な自然法と，人為的に制定された実定法に分かれる。実定法は文書によらない慣習法や判例法などの不文法と，文書による成文法（制定法）にわかれる。不文法も成文法（制定法）も法的な効力をもつので，効力を有するのは制定法に限られるという記述は誤りである。
③：正。各国が軍隊を独占的にもち，使用する権利は認められているので正しい。
④：正。道徳や慣習といった社会規範は，社会集団に共生する人々から間接的に強制されることはあるが，基本的には強制力をもたない。一方，法は国家による強制力をもつので正しい。

STEP ❸-4【近代国家②】 正解は④
ア－国家の役割を，国防，司法，治安の維持に限定するとあるので，夜警国家が入る。夜警国家観に基づく自由放任政策では，失業や所得格差といった社会問題が拡大し，政府による経済政策や社会保障制度の整備が必要になり，福祉国家観が登場する。
イ－本文中では政府の権限拡大が必要になることもあるが，しかしと，逆説でつないでいる。また，直後の文で「政府をいかに私たちがコントロールするのか」ともあるので，「人々に対する国家の介入を制約する仕組み」が正解となる。

STEP ❸-5【国連海洋法条約】 正解は④
①：誤。国連海洋法条約では，公海においてはいかなる国も主権を主張することができないので，航行の自由は認められる。
②：誤。国連海洋法条約では，「沿岸国の200海里までの海底とその下」を大陸棚と定義しているが，国連の大陸棚限界委員会の審査で，地形・地質的につながっていると認められた場合は，200海里を超えて大陸棚を設定することができるとされている。
③：誤。領海は沿岸国の基線から測定して12海里までなので，3海里は不適当である。
④：正。排他的経済水域は，基線から200海里までの領海の外側に設定される海域で，沿岸国に天然資源を開発する権利が認められるので，正しい。

STEP ❸-6【支配の正当性（正統性）】 正解は⑥
マックス＝ウェーバーは，政治権力の正当性として伝統的支配，カリスマ的支配，合法的支配の3類型に分類した。
ア－典型例として官僚制とあるので，「制定された規則」が入る。よってアの類型は合法的支配である。
イ－典型例として家父長制とあるので，オには「昔から存在する秩序」が入る。イの類型は伝統的支配である。
ウ－呪術的能力，啓示や英雄性とあるので，「この人のもつ天与の資質」が入る。よってウの類型はカリスマ的支配である。

STEP ❸-7【法の役割】 正解は②
「社会秩序を維持するために国家が設定した社会規範」としての法を，国家が直接に強制しているものが正解となる。
①：誤。消費者は，事業者から提供された情報を活用して，事業者と結ぶ契約内容を理解するよう努める義務があるので，消費者契約法の内容である。消費者契約法は私人間の契約に適用されるので，国家が直接に強制していないので不適当である。
②：正。他人の財産を盗んだ者に対しては，懲役や罰金の刑罰が科され，とあるので刑法の規定である。刑法は不法行為に対して国家が直接に強制するので，適当である。
③：誤。SNSを運営する事業者の会員規約とあるので，私人間の規約であり法律ではない。また，国家が直接に強制していないので不適当である。
④：誤。ある学校の部活動の決まりとあるので，一定の集団内におけるルールであり，法律ではない。また，国家が直接に強制もしていないので不適当である。

STEP ❸-8【法の分類】 正解は①
ア－私人間の関係を規律するとあるので「民法」が入る。刑法は犯罪と刑罰について規定した法律であり，不適当である。
イ－公法は国家と私人との関係を規律する法律であり，私法は私人相互の関係について定めた法律である。「私人間の関係を規律する（ ア＝民法 ）」と明記しているので，「私法」が入る。
ウ－不当な勧誘による契約の取り消し権など，契約時に事業者に不適切な行為があった場合に契約の取り消しができることを定めているのは2000年に制定された消費者契約法である。

STEP ❸-9【社会法】 正解は③
国内法は，公法と社会法と私法に分類される。
①：誤。刑事裁判における手続について定めた法律は刑事訴訟法である。刑事訴訟法は，公法に分類される。
②：誤。予算と財政の基本について定めた法律は財政法である。財政法は，公法に分類されるので不適当である。
③：正。最低賃金について定めた法律は最低賃金法である。最低賃金法は，社会法の中の労働法に分類される。
④：誤。婚姻の条件について定めた法律は民法である。民法は，私法に分類される。

STEP ❸-10【NGO①】　正解は①

ア－「良心の囚人」の救援活動と人権擁護活動とあるので，Aのアム
　　ネスティ・インターナショナルである。

イ－科学者で構成され，核兵器の廃絶を目的とした活動とあるの
　　で，Bのパグウォッシュ会議である。1955年の核廃絶と原子力
　　の平和利用を訴えたラッセル・アインシュタイン宣言に賛同し
　　た科学者22名により1957年に第1回会議が開催された。会議は
　　現在も開催されている。

ウ－武力紛争の被害者救護のため，医療活動などの人道援助活動を
　　行うとあるので，Cの赤十字国際委員会である。1863年に創設
　　され，本部はスイスのジュネーブにある。

STEP ❸-11【NGO②】　正解は③

①：誤。ＩＬＯ（国際労働機関）は，労働条件の国際的な改善を目
　　的として1919年にベルサイユ条約によって国際連盟の機関とし
　　て発足した。現在は国際連合の専門機関の一つである。

②：誤。ＦＡＯ（国連食糧農業機関）は，食糧増産と農民の生活水
　　準改善などを目的として，1945年に国際連合の専門機関として
　　設立された。

③：正。ＷＨＯ（世界保健機関）は世界の人々の健康増進のため
　　に，1948年に国連の専門機関として設立された。感染症の撲滅
　　や保健制度の強化に取り組んだ。エボラ出血熱やコロナウイル
　　スの感染拡大時に，感染防止の中心的な役割を果たした。

④：誤。ＵＮＥＳＣＯ（国連教育科学文化機関）は，教育・科学・
　　文化を通して，世界の平和と安全を図るために，1946年に国際
　　連合の専門機関として設立された。

APPROACH 🔍 法については⑤基本的人権－自由権・平等
　　　　　　権の問題も参照のこと。

25【財産権と公共の福祉】　公序良俗
26【私人間における人権保障】　私的自治の原則

STEP ❸-12【現行の民法の規定】　正解は②

ア：正。未成年者取消権（STEP1-2-10参照）の問題。成年年齢に
　　達すると親権の対象とはならなくなる。

イ：正。未成年者取消権の問題。未成年者が保護者の同意を得ずに
　　締結した契約は取り消すことができる。

ウ：誤。「公の秩序又は善良の風俗に反する法律行為は，無効とす
　　る（民法第90条）」（STEP.1－2－08参照）。

② 民主政治のあゆみと基本原理
→問題pp.17〜19

STEP ❸-1【主権の概念】　正解は①

①：正。ボーダンは，主著『国家論』において，主権の概念を提唱
　　したことで知られている。

②：誤。モンテスキューは，主著『法の精神』において，権力分立
　　論を展開した。

③：誤。ルソーは，主著『社会契約論』において，間接民主制を批
　　判した。

④：誤。ケネーは，主著『経済表』において，重農主義を展開し
　　た。

STEP ❸-2【民主政治の思想】　正解は②

①：誤。ホッブズは，主著『リバイアサン』のなかで，人間は自然
　　状態においては，「万人の万人に対する闘争」（戦争状態）が起
　　きるので，自然権を国家（主権者）に委譲するとして，主権者
　　の絶対的権力を認めた。

②：正。この権利を抵抗権・革命権という。

③：誤。人民主権の社会契約論を唱えてフランス革命に影響を与え
　　たのはルソーである。ルソーは独立革命を目撃している。

④：誤。リンカンの言葉は間接民主制を否定したものではない。ル
　　ソーは，主著『社会契約論』のなかで，社会契約によって人間
　　が国家をつくった後も，その社会全体の利益をめざす全人民の
　　一般意思による統治を唱えた。

STEP ❸-3【ロックの自然権思想】　正解は④

①：誤。自然状態とは，社会契約説の前提として想定される概念
　　で，社会や国家が成立する以前をいう。「万人の万人に対する
　　闘争」はホッブズの主著『リバイアサン』で主張された。

②：誤。自然権とは，人間が自然状態において持っている権利。こ
　　の文はほぼ，絶対主義を支えた王権神授説である。

③：誤。アリストテレスの主張した「人間はポリス的（政治的・社
　　会的）動物である」の内容である。

④：正。ロックの主著『統治二論』（『市民政府二論』）の内容であ
　　る。

STEP ❸-4【近代国家観】　正解は⑤

APPROACH 🔍 A『社会契約論』はルソー。B『国富論』
　　　　　　はアダム＝スミス。C『リバイアサン』は
　　ホッブズの主著。

STEP ❸-5【法の支配①】　正解は④

①：誤。中国の諸子百家の法家の思想。信賞必罰を重んじ，秦の始
　　皇帝が採用した。

②：誤。正反対の「人の支配」の説明。

③：誤。ドイツに典型的に見られた法による行政を重視する「法治
　　主義」の説明。

④：正。「法の支配」とは，「人の支配（国王や権力者）」を排し，
　　すべての統治権力を法で拘束するという考え方。

STEP ❸-6【法の支配②】　正解は①

①：正。17世紀に，権利請願の起草者コークは，「国王も神と法の
　　もとにあるべきだ」というブラクトンの言葉を引いて，法の支
　　配を主張した。

②：誤。ボーダンは16世紀フランスの政治思想家であり，主著に
　　『国家論』がある。主権の概念を初めて用い，主権は最高の国
　　家権力であり，恒久的権力であるとし，神や自然法以外，いか
　　なる制限も受けないとした。彼のいう国家は君主の統治する国
　　家であった。権力分立論は，ロック（二権分立）やモンテスキ
　　ュー（三権分立）が主張した。

③：誤。マグナ-カルタ（1215年）は，封建貴族が国王に承認させ
　　たものである。王権の制限や法と政治の原則の確認を行った点
　　において，法の支配の出発点になった文書である。

④：誤。英米の法の支配は，人権の保障（自然法）を重視して，法
　　の内容をみているのに対し，ドイツの法治主義は法の内容より
　　も，法律の定める形式や手続きの適合性が重視され，「悪法も
　　法なり」となり，人権無視や専制化につながる恐れがある。図
　　参照。現在では，両者は同様の意味で用いられることが多い。

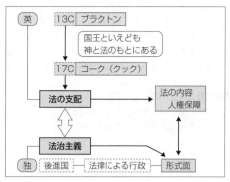

↑ **法の支配と法治主義**

1922年）の主著であり、「地方自治は民主主義の最良の学校」であると説いた。ロックは立法権（議会）を最高の権力とし、君主に属する執行権・同盟権を抑制すると説いた。直接民制を説いたのはルソー。

②：誤。モンテスキューではなくルソー。ルソーは『社会契約論』のなかで、イギリスの代表制（間接民主制）を批判し、直接民主制を主張した。モンテスキューは、『法の精神』のなかで、三権分立を説いた。

③：正。タウン-ミーティングは、アメリカの植民地時代における自治体（タウン）の住民総会。北東部のニューイングランドに発達した全市民参加の直接民主制で、今日でも一部の都市で行われている。

④：誤。草の根の民主主義は1930年代半ばアメリカ共和党大会で取り上げられ、民衆の支持を得た。民衆の日常生活や底辺のすみずみまでゆきわたる民主主義をいう。

■STEP ❸-11【権力分立】 正解は②

APPROACH 🔍 イギリスの思想家ロックは、立法権を持つ議会が、執行権と同盟権を持つ国王に優位するという、議会優位の権力分立論を展開した。

①：誤。立法権・執行権（行政権）・裁判権（司法権）の三権分立を主張したのは、フランスの思想家モンテスキュー。

②：正。ロックは議会のもつ立法権と君主がもつ執政権・同盟権の二権分立論を主張した。

③：誤。①と同じ。

④：誤。裁判所の違憲立法審査権は、アメリカにおいて独自に発展したものであり、モンテスキューが主張したわけではない。

■STEP ❸-12【憲法・宣言】 正解は④

APPROACH 🔍 ア：経済的自由の制約と生存権を定めた**ワイマール憲法**第151条の文言。

イ：生来の権利としての自然権の明文化である。**アメリカ独立宣言**の有名な一節。

ウ：センター試験では頻出の資料。権力分立の重要性を宣言した**フランス人権宣言**第16条の文言。

1215年	マグナ・カルタ（英）	諸侯が国王の権限を制限
1628	権利請願（英）	議会による王権の制限　エドワード・コーク起草
1689	権利章典（英）	議会による王権の制限、言論の自由、請願権等を規定
1776	バージニア権利章典（米）	自由権を明文化した世界初の憲法典
1776	独立宣言（米）	人権、人民主権、権力分立、革命権等を規定
1789	フランス人権宣言（仏）	自由・平等・博愛に基づく自由権的基本権の集大成
1919	ワイマール憲法（独）	社会権（生存権）を規定した最初の憲法
1948	世界人権宣言（世界）	人権の国際的保障、世界の人々の共通の基準を宣言
1966	国際人権規約（世界）	世界人権宣言の条約化法的拘束力を持たせる

↑ **おもな人権宣言のあゆみ**

■STEP ❸-13【議会制の思想】 正解は①

①：正。コーク（クック）が13世紀の法律家ブラクトンの言葉を引用し、法の支配を主張したことは有名。その後、歴史的に議会優位の法の支配の原則が確立し、国王も議会を無視できなくなった。

②：誤。ロックは、立法権と執行権・同盟権の二権分立を主張し、立法権の優位を説いた。三権分立の提唱者はモンテスキューである。STEP.3-**16**を参照。

■STEP ❸-7【各国の権力分立】 正解は③

①：正。大日本帝国憲法は欽定憲法であり、外見的立憲主義という性格を持っていた。神聖不可侵の天皇が国の政治を最終的に決定する権限を持っており、三権分立は形式的なものであった。

②：正。かつてイギリスの最高裁判所的機関は上院（貴族院）が担っていた。しかし、2009年に最高裁判所が新設され、権力分立が進んだ（上院の法律貴族12人は現在でも最高裁判所の裁判官を務めているが、議員との兼職は禁止されている）。ただし、今日でも裁判所は違憲審査権は持たない。

③：誤。厳格な三権分立型のアメリカ大統領は、議会への法案提出権は持っておらず、そのかわり、教書制度がある。議会を通過した法律案の成立には、大統領の署名が必要であるため、大統領には法案拒否権がある。ただし、差し戻された法案は上下両院が各3分の2の多数で再可決すれば法案は成立する。これをオーバーライドという。

④：正。旧ソ連の政治体制は、民主集中制という考え方に基づく。全人民の代表から構成される最高ソビエトが立法・行政・司法のすべての国家権力を持った。

■STEP ❸-8【政府組織の基本原理】 正解は④

①：正。国民主権の原理であり、フランス人権宣言（1789年）の第3条などに示されている民主主義の基本原理である。

②：正。革命権（抵抗権）思想であり、バージニア権利典（1776年）やアメリカ独立宣言（1776年）などに示されている。

③：正。モンテスキューの三権分立の理論。フランス人権宣言やアメリカ合衆国憲法（1787年）などをはじめ、現代憲法の基本的指針となっている。

④：誤。プロレタリアートの独裁。20世紀に起きた、プロレタリアート（無産階級）を中心とした革命後、共産主義社会（社会主義国）において、階級社会が消滅するまでの過渡的な体制をいう。プロレタリアートの執権とも呼ばれる。

■STEP ❸-9【憲法典原理】 正解は④

APPROACH 🔍 解法にむけてまず、B－ウ、C－アは容易に判断できることから、A－イとなる。Aはフランス人権宣言（1789年）第16条において、基本的人権の保障と権力分立の規定が近代の立憲主義の憲法の手本とされ、憲法こそが国家の基礎法とされる。Bは、イギリスは成文化された憲法を持たない不文憲法の国家であるが、憲法の意味の用法としては、ウとなる。Cは国家を統治するための法であることから、アとなる。

■STEP ❸-10【直接民主制】 正解は③

①：誤。『近代民主政治』はイギリスの政治学者ブライス（1838～

③：誤。ボーダンは主権概念を明らかにし，主権の対内的・対外的な絶対性を強調し，それを有する国王の絶対的優位を擁護した。議会の優位ではない。

④：誤。一般意志（思）を説いたルソーは，主権は人民にあるとし，間接民主制を否定した。

STEP ③-14【社会契約説】 正解は④

①：誤。政府と人民の関係に「愛情」による関係はみられない。なお，政府（王）と人民の支配関係を神と人間の関係としてとらえたのは，イギリスの政治思想家フィルマーらによる王権神授説（帝王神権説）の立場である。

②：誤。ホッブズは『リヴァイアサン』において，自然状態は「万人の万人に対する闘争」であるから，社会契約によって主権者（国王）に自然権を譲渡し，強力な主権者が支配する国家の設立を説いた。

③：誤。社会契約説では国家や社会の成立を「人為的な」ものと説明する。国家を「人為的な産物」ではないとするのは社会契約とは反する。

④：正。ロックは『統治二論』において，人民の信託と，その任務を果たさない政府に対する人民の抵抗権・革命権を主張した。

STEP ③-15【フランス人権宣言】 正解は③

①：誤。社会権の一つ。20世紀的基本権。

②：誤。社会権の一つ。20世紀的基本権。

③：正。フランス人権宣言第２条では，自然権を「自由，財産所有，安全，および圧制に対する抵抗である」としている。

④：誤。フランス人権宣には，投票権の規定はない。

STEP ③-16【人民主権】 正解は④

A：イ，B：ウ，C：ア

ア－フランス人権宣言。「主権の淵源は…国民にある」，第16条「権力の分立〜」は有名かつ頻出。

イ－日本国憲法の前文。権威，権力，福利の部分はリンカーンの「人民の，人民による，人民のための」という表現と対比させておこう。

ウ－アメリカ独立宣言。これも基本資料であり，とくに「幸福の追求」の権利が入っている部分に留意したい。

　いずれも基本的な資料であり，出題頻度も高いので覚えておく必要がある。共通テストでは，資料を読み取った上で，複数の条件の判別をさせる傾向がある。

STEP ③-17【民主主義】 試行テストの問題 正解は①

APPROACH 🔍 a〜dの生徒の主張の読み取りと，資料の読解を組み合わせる形式。知識レベルも高くはないが，正解率はおよそ55％と高くなかった。

　資料：「主権は譲渡されえない。主権は代表されえない」「イギリスの人民は自らを自由だと考えているが，…自由なのは，議会の議員を選挙するあいだだけ」からルソーの『社会契約論』とわかる。ここで，間接民主制の否定，直接民主制を導き出せれば，ほぼ正解にいたる。

　一方，生徒の主張は，a：直接民主制が民主主義，b：間接民主制が民主主義，c：全員に近い人の賛成によるのが民主主義，d：過半数の賛成によるのが民主主義，という内容である。

　ルソーの直接民主制から，aの考え方と結びつく。

STEP ③-18【権力分立論】 正解は②

　本文の「およそ権力を有する人間がそれを濫用しがちなことは万代不易の経験である」から，モンテスキューの『法の精神』の内容であることがわかる。

①：誤。革命権の重要性を説いているのはロックであるし，モンテスキューはそこまでは言及していない。

②：正。本文四段落目で，立法権力と執行権力が，裁判権力と立法

権力・執行権力が分離されていなければ自由は存在しないと明言しているので，権力の分立により自由が保護されるという記述は正しい。

③：誤。本文三段落目，四段落目で，権力を持つものは濫用しがちだと述べているので，権力を濫用するのではなくという記述は不適当である。

④：誤。人民から自然権を譲渡された絶対的な存在という記述はない。ホッブズの主張を想起させるような記述となっている。

STEP ③-19【政治文書総合】 正解は⑤

A－フランス人権宣言第２条である。「自然権の保全」を目的とする。→イに該当する。

B－ワイマール憲法である。「人たるに値する生存を保障する」，つまり社会権を明記したもの。→該当する空欄はない。

C－エドワード・コークが引用した法の支配についての有名な表現「王は…神と法の下には立たなければならない」。→ア。

③ 世界の政治体制 →問題pp.21〜22

STEP ③-1【英米の政治制度】 正解は③

APPROACH 🔍 議院内閣制では，行政権者である首相は，議会によって選ばれ，首相および内閣は議会で不信任案が可決されれば，内閣の総辞職か議会の解散で対応する。責任内閣制ともいう。

　大統領制は，行政府の長としての大統領を国民の選挙で選び，他の国家権力に対して独立性を持たせるしくみ。行政のトップを国民が直接選ぶという意味で，選ばれた議員から行政府が組織される議院内閣制と対比される。

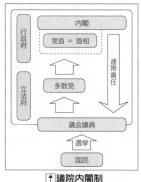

↑議院内閣制

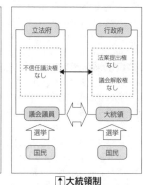

↑大統領制

①：誤。イギリスでは，選挙で選ばれる下院が優越（1911・49年に制定された議会法による）するが，小選挙区制を採用している。

②：誤。イギリスでは，かつては最高法院は上院（貴族院）に置かれていた（常任上訴担当委員会）。また，裁判所に違憲立法審査権はない。現在では，上院から独立した最高裁判所がある。

③：正。「2 民主政治の基本原理」のSTEP.3-7の解説を参照。

④：誤。アメリカ大統領は，任期４年２期までとされ，三選は憲法で禁止されている。

STEP ③-2【各国の政治体制】 正解は⑤

a－正。衆議院と参議院の議員ともに国民の直接選挙により選出される。法律案の議決，予算案の議決，条約の承認，内閣総理大臣の指名において衆議院の優越がある。法律案については，参議院で否決された場合，衆議院で出席議員の3分の2以上の多数での再可決が必要となる。

b－誤。アメリカでは，連邦議会の上院は任期6年，定数100名で各州から2名ずつ選出される。下院は，任期2年で各州から人口比例で選出される。法案の議決に関しては両院は対等である。しかし，高級官吏の任命と条約の承認については上院のみに与えられている。一方，下院は予算の先議権がある。

c－正。イギリスでは，上院（貴族院）は世襲貴族や聖職者などで構成され，政治的な実権はほとんどない。下院（庶民院）は国民からの直接選挙によって選出されるので，下院優位の原則が確立されている。下院の任期は5年で小選挙区選挙によって選出される。イギリスでは2011年に議会任期固定法が成立し，解散は内閣不信任案が可決されたとき，下院が自主解散決議案を可決したとき，5年の定期的な総選挙のときの3つに制限された。

STEP ❸-3【さまざまな政治】　正解は①

①：正。李承晩，朴正煕と開発独裁の体制が続いた。

②：誤。イギリスの議院内閣制の成立は18世紀前半。

③：誤。有権者による直接選挙であり，議会で選出されるのではない。

④：誤。行政は「国務院」であり，立法が正しい。

STEP ❸-4【世界の議会】　正解は①

①：正。1993年の細川護熙内閣や，1994年の村山富市内閣などの例がある。

②：誤。アメリカの大統領制は，厳格な三権分立を採用しているため，議員（立法府）と大統領（行政府）との兼任はできない。ただし，副大統領は上院議長を兼ねる。

③：誤。イギリスは，労働党と保守党の二大政党制といわれ，単独で政権を担ってきた。しかし，2010年の下院議員選挙の結果，第三の政党である自由民主党が躍進し，どの政党も過半数の議席を獲得することができなかったため（ハング-パーラメント＝宙づりの議会），保守・自由民主党による連立政権が形成された。現在は保守党の単独政権である。

④：誤。ドイツでは，多党制であるため連立政権が多い。第一党と第二党による「大連立」となるケースもあった。

STEP ❸-5【米英の二院制】　正解は②

A－アメリカ連邦議会の上院（元老院）を説明したもの。定数は100名で任期は6年，2年ごとに3分の1ずつ改選される。

B－イギリス議会の上院（貴族院）の説明。定数・任期とも不定で，国王によって任命される。

C－イギリス議会の下院（庶民院）の説明文。定数は650名で任期は5年。なお，アメリカの下院（代議員）には解散がない。定数は435名で任期は2年。

STEP ❸-6【その他の政治体制】　正解は②

①：正。レーニンの死後，スターリンが政権の座に就き，多くの政敵を粛清し独裁体制をつくった。

②：誤。ヒトラーは合法的な選挙によって政権を獲得している。なおクーデターを起こしているが，失敗に終わっている。

③：正。戦時体制下の日本は，大政翼賛会のもとに国民の統制が行われ，政党や労働組合は解散させられた。

④：正。インドネシアのスカルノ大統領，韓国の朴大統領，フィリピンのマルコス大統領などがあげられる。こうした独裁政治を開発独裁という。

STEP ❸-7【立法府と行政府の関係】　正解は①

①：誤。アメリカの大統領は，国民の選挙によって独自に選出されるため，議会・裁判所との関係において厳格な三権分立が確立しているとされている。大統領は下院の解散権を有していない。

②：正。イギリスは議院内閣制を採用している。下院は18歳以上の国民の普通選挙で選出される。下院の多数党の党首が国王によって首相として任命される。

③：正。フランスは半大統領制ともいわれることがある。国民の直接選挙で選出される大統領が首相を任命する。首相は議会に出席し議会に対して責任を負う一方で，政府に対しては国民議会が不信任決議の権限を持つために大統領のもとに議院内閣制が存在する形式となっている。

④：正。ドイツは議院内閣制に分類されることが多い。大統領は基本的に直接の統治権を有さない。連邦議会（下院）で選出される首相の権限が強い。

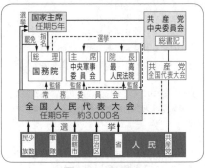

↑中国の政治制度

STEP ❸-8【各国の政治体制】　正解は③

①：誤。アメリカは連邦国家であり，大統領制である。したがってC。州の権限が強く，州の代表である上院に高官任命承認等の権限が与えられる。

②：誤。イギリス自体は単一国家であり，典型的な議院内閣制である。したがってD。「イギリス連邦」という場合，それは国家が集まった国家連合であり，連邦国家ではない。

③：正。フランスは単一国家である。また国民が直接選挙で選ぶ強大な権限のある大統領と議会が選出する首相・内閣が併置される。この制度を半大統領制という。

④：誤。ロシアは，地域（州・地方・連邦市）と民族（共和国・自治州など）の構成主体による連邦国家である。議会が選出する首相・内閣と，国民が直接選挙で選ぶ大統領が併存する半大統領制。したがってB。

STEP ❸-9【各国の政治状況】　試行テスト　正解は⑥

APPROACH 🔍　国際比較の資料を読み取る技能が要求される。難しい資料の読解ではないが，正解率21％と低かった。資料の＜読解・思考＞の力が問われる傾向は強い。

a－誤。＜すべての＞ユーロ導入国とは，フランス・ドイツをさす。＜いずれの国＞だから，政府企業等職員数が一か国でも超えれば誤となる。イギリス36.1を読み取れればよい。イギリスはEUに加盟（2019年時点）しているが，通貨はポンドである。

b－正。ここで＜すべての＞核保有国とはフランス・イギリス・アメリカ，核兵器を保有しない国とはドイツ・日本をさす。人口千人当たりの軍人・国防職員の数が多い順に並べると，アメリカ6.7→フランス4.1→イギリス3.2→ドイツ2.9→日本2.1となり，フランス・イギリス・アメリカ3か国はすべてドイツ・日本を上回っている。

c－正。連邦制をとる国はアメリカ・ドイツであり，連邦制をとらない国は，フランス・イギリス・日本である。人口千人当たりの地方政府職員の数が多い順に並べると，アメリカ51.0→ドイツ46.5→フランス41.6→日本26.6→イギリス24.8となり，連邦制をとるすべての国は，連邦制とらない＜いずれの＞国よりも多くなる。

▌STEP ❸-10【政治体制の特徴】　正解は③

a－イ。「公的異議申立ては中程度だが，選挙権は多くの人に認められていない」ことから，選挙権は財産や地位のある人だけがもつ制限選挙だと想定できる。チャーチスト運動はイギリスでの普通選挙権獲得の運動であるが，イギリスで男女普通選挙権の獲得は20世紀に入ってからである。この時期は，選挙権が多くの人に認められていないのでaがイギリスであるとわかる。

b－ア。公的異議申立てが自由で，選挙権も多くの人に認められているのがbである。日本国憲法15条で普通選挙を保障し，同法16条で請願権も認められている。どちらの割合も高いbが日本であるとわかる。

c－ウ。選挙権は多くの人に認められているが，公的異議申立ての自由度が低いのがcである。1936年のスターリン憲法以降，制限選挙制が改められ普通選挙制が実施された。少なくとも19世紀のイギリスよりは選挙権は多くの人に認められていることが想像できる。また，一党独裁制で表現の自由が大きく制限されていたことも考えれば，cがゴルバチョフ以前のソ連である。

❹ 憲法と国民主権 →問題pp.25〜26

▌STEP ❸-1【日本の平等権の歴史】　正解は③

①：正。身分制度は廃止されたが，実質的な平等の課題は残された。

②：正。華族とは，明治憲法下の貴族制度で1884年の華族令公布により特権的身分となった。華族は皇族議員などとともに，貴族院を形成した。

③：誤。1925年に改正された衆議院議員選挙法を指す。納税資格制限を撤廃し，25歳以上の男性に普通選挙権を，30歳以上の男性に被選挙権を与えた。

④：正。日本国憲法は，「栄誉，勲章その他の栄典の授与は，いかなる特権も伴わない」（第14条3項）と規定する。栄典は名誉を表彰する趣旨で与えられる文化勲章や国民栄誉賞など。

▌STEP ❸-2【憲法の比較】　正解は④

①：正。日本国憲法第1条参照。総攬とは，大日本帝国憲法下で，天皇が大権を持ち，あらゆる権力を一身におさめること。

②：正。臣民の権利は，明治憲法下の国民の権利のことで，「法律ノ範囲内ニ於テ」認めるという法律の留保（法律による制限がある）がついていた。

③：正。帝国議会は，公選（制限選挙）による議員からなる衆議院と，非公選で解散もない貴族院とからなった。

④：誤。明治憲法には，地方自治の規定はなかった。

▌STEP ❸-3【憲法改正前の改革】　正解は②

①：誤。農業基本法は，1961年に制定された。

②：正。衆議院議員選挙法が1945年に改正され，男・女による普通選挙が実現した。

③：誤。国民健康保険法が1958年に全面改正，1959年には国民年金法が制定され，1961年には，国民皆保険・国民皆年金の制度が実現した。

④：誤。労働基準法は，1947年に制定された。

▌STEP ❸-4【日本国憲法の成立過程】　正解は④

①：正。1945年10月，幣原喜重郎内閣によって憲法問題調査委員会が設置された。松本烝治国務大臣を委員長とし，ここで提出された憲法改正案が松本案である。松本案をGHQは認めず，マッカーサー三原則に基づく憲法草案を作成し，日本政府に示した。これが日本国憲法の基礎となった。

②：正。GHQ案はその後日本政府との交渉を経て，憲法改正草案

としてまとめられ，第90回帝国議会に提出された。

③：正。1946年4月10日，20歳以上の男女による初の普通選挙（衆議院議員選挙）が実施された。そこで選ばれた議員による議会で日本国憲法の政府案は審議され，同年11月3日に公布された。

④：誤。政府案は1946年6月から審議され，国民主権の明文化や，生存権（第25条）・国家賠償請求権（第17条）・刑事補償請求権（第40条）の新設など重要な修正が行われて可決された。

▌STEP ❸-5【日本国憲法の制定過程】　正解は④。

①：誤。「法律の範囲内」という法律の留保は明治憲法の規定。日本国憲法は，「侵すことのできない永久の権利」と規定している。

②：誤。日本国憲法は民定憲法ではあるが，選択肢の「君主が国民に授ける」憲法は，欽定憲法といわれる。

③：誤。松本案はGHQに否定され，マッカーサー三原則に基づくGHQ案を原型とする。

④：正。さらに責任は内閣が負う。

▌STEP ❸-6【天皇】　正解は②

①：誤。明治憲法下での統帥権は，天皇の大権事項に属し，議会や内閣から独立して行うことが建前とされた。

②：正。1935年に，天皇機関説を唱えた美濃部達吉は，帝国議会で批判を受けると，著書は発禁処分となり，貴族院議員を辞職せざるを得なくなった。

③：誤。皇位は世襲のものであって男系男子に継承されることを明文で定めているのは，皇室典範である。

④：誤。日本国憲法第6条では，内閣総理大臣の任命は，内閣の助言と承認による天皇の国事行為である。憲法は天皇が拒否できることを定めていない。

▌STEP ❸-7【国民主権の原理①】　正解は③

①：正。憲法改正には国民投票に基づく国民の承認を必要とする。

②：正。国会議員は国民による直接選挙により選出。

③：誤。憲法第66条2項の規定だが，これは文民統制（シビリアン-コントロール）のことであり，軍隊の独走を防ぐことを目的とする。国民主権の原理を直接示すものではない。

④：正。憲法第15条1項の規定だが，これは全体の奉仕者である公務員の選定（任命と選挙）権が主権者たる国民にあることを示している。

▌STEP ❸-8【国民主権の原理②】　正解は④

①：誤。憲法改正の国民投票がある。憲法第96条

②：誤。住民投票には，個別の法律は必要ない。まず，直接請求権がある。さらには，住民投票条例を制定して実施することもできるが，この場合，その結果は法的拘束力を持たない。

③：誤。戸別訪問は選挙違反，禁止されている。ウェブサイト等の利用など，インターネット選挙運動解禁緩和（及び公職選挙法改正）が行われているが，戸別訪問は認められていない。

④：正。日本国憲法第79条2項

▌STEP ❸-9【日本国憲法の統治】　正解は④

①：正。憲法第6条1項には「天皇は，国会の指名に基づいて，内閣総理大臣を任命する」と規定されている。

②：正。憲法第6条2項には「天皇は，内閣の指名に基づいて，最高裁判所の長たる裁判官を任命する」とある。

③：正。憲法第76条3項には「すべて裁判官は，その良心に従ひ独立してその職権を行ひ，この憲法及び法律にのみ拘束される」とある。

④：誤。国会が行うのは，国務大臣ではなく裁判官の弾劾裁判。国務大臣の任免権は内閣総理大臣の権限である（憲法第68条）。

STEP ❸-10【憲法の最高法規性】　正解は①

APPROACH 🔍 憲法の最高法規性とは、憲法が法体系の頂点にあることを示す。

①：正。憲法第98条の最高法規性に関する規定。

②：誤。「地方自治の本旨」と憲法の最高法規性とは直接の関連はない。なお、地方自治の本旨の内容は、団体自治と住民自治の二つである。

③：誤。法律の効力の発生についての規定（憲法第74条）であり、憲法の最高法規性とは関係ない。

④：誤。天皇の国事行為とは、内閣の責任のもとに、天皇が国家の各機関が決定したことに儀礼的・形式的に参加する行為（憲法第3条）を指し、憲法の最高法規性とは関係ない。

STEP ❸-11【法律事項】　正解は③

①：正。「天皇は法律の定めるところにより」（日本国憲法第4条2項）、国事行為を委任することができる。

②：正。両議院の議員の定数は、「法律でこれを定める」（憲法第43条2項）と規定されている。

③：誤。閣議の定足数は、憲法が定める法律事項ではない。閣議決定・閣議了解・閣議報告は全員一致が慣例となっている。

④：正。最高裁判所の裁判官は「法律の定める年齢に達した時に退官する」（憲法第79条5項）。また、下級裁判所の裁判官は「法律の定める年齢に達した時には退官する」（憲法第80条1項）。

STEP ❸-12【憲法改正手続き①】　正解は④。

憲法改正の手順は、以下のようになる。

C－国会議員が改正案を国会に提出→

A－各議院の総議員の3分の2以上の賛成で憲法改正を発議する→

D－国民投票での過半数の賛成で憲法改正を承認→

B－天皇が国民の名で憲法改正を公布する。

STEP ❸-13【憲法改正手続き②】　正解は②

①：誤。日本国憲法第96条1項では「この憲法の改正は、各議院の総議員の3分の2以上の賛成で、国会がこれを発議」とある。国会とは衆議院と参議院の両議院で構成されるので、衆参各議院が単独で発議することはできない。

②：正。日本国憲法第96条1項では「特別の国民投票又は国会の定める選挙の際行はれる投票において、その過半数の賛成を必要とする」と定められている。国民投票法では、有効投票総数（賛成投票数と反対投票数の合計数）の2分の1を超えた場合に国民の承認があったものとみる。

③：誤。国会法ではなく国民投票法である。国民投票法では、投票年齢については満18歳以上と定めている。2014年に改正され、一定の期間は満20歳以上と付則がついていたが、一定期間が経過した2018年6月からは満18歳以上となった。

④：誤。内閣総理大臣という部分を「天皇」に置き換えると正しい文章となる。

STEP ❸-14【憲法の民主制の手続き】　正解は③

①：誤。国民投票は、憲法改正（第96条）に限られている。

②：誤。国民に法律の制定・改廃の直接請求権はない。地方自治法には、条例の制定・改廃（イニシアティブ）について、直接請求権がある。

③：正。憲法第15条3・4項に「成年者による普通選挙」「投票の秘密」の規定がある。

④：誤。日本では、選挙権は国民の権利であるが、国民の義務としていないため棄権した者に刑罰が科されることはない。

STEP ❸-15【基本的人権の保障】　正解は①

①：正。憲法第16条に請願権（平穏に請願する権利）の規定がある。この権利は未成年者のほか、外国人や法人にも適用される。

②：誤。未成年者も自らが訴訟当事者となった場合、違憲審査を請求できる。

③：誤。日本の違憲立法審査権は、すべての裁判所が持つが、具体的な訴訟事件を通して審査・判断する。これを付随的違憲審査制という。これに対して、憲法裁判所が訴えに基づいて具体的な事件にかかわりなく、一般的・抽象的に違憲判断を行うしくみを抽象的違憲審査制と呼ぶ。

④：誤。「すべて裁判官は、その良心に従ひ独立してその職権を行ひ、この憲法及び法律にのみ拘束される」（憲法第76条3項）ので、上級裁判所の判決にも拘束されない。これを裁判官の独立または職権行使の独立という。

STEP ❸-16【新旧憲法の人権保障】　正解は①

①：正。学問の自由は、日本国憲法第23条に明文で規定される。

②：誤。憲法に明文で規定されてはいない。ただし、犯罪被害者が公判に参加することは刑事訴訟法により認められている。

③：誤。明治憲法では表現の自由について、「法律ノ範囲内ニ於テ」という留保（制限）をつけて規定していた。実際、治安維持法などによって表現の自由は弾圧された。

④：誤。明治憲法には社会権の規定はない。社会権は1919年のワイマール憲法以降に明文で規定されており、明治憲法は19世紀（1889年）に発布されたものである。

STEP ❸-17【民主政治にかかわる制度】　正解は②

①：誤。憲法第96条で「その過半数の賛成を必要とする」と定められている。

②：正。憲法第15条4項に、「すべて選挙における投票の秘密は、これを侵してはならない」とある。

③：誤。国民審査は、参議院議員通常選挙の際には行われない。

④：誤。憲法第67条1項には「内閣総理大臣は、国会議員の中から国会の議決で、これを指名する」と定められているので、憲法改正が必要となる。

STEP ❸-18【新旧憲法の比較】　正解は①

①：誤。明治憲法下の貴族院議員は、選挙によらない皇族や華族、勅任議員で構成された。しかし、衆議院とほぼ同等の権限を持っていた。

②：正。明治憲法下で、統帥権（軍隊の指揮・命令権）は独立していた。天皇は議会や内閣から独立して統帥権を行使できた。

③：正。明治憲法下では、国の政治のあり方を最終的に決定する権限である主権は天皇にあった。いわゆる天皇主権である。

④：正。明治憲法下では、臣民（国民）の権利は法律の範囲内のみで認められる法律の留保がついていた。これは法律の定めがあれば、人権の制限も可能とする考え方であった。

STEP ❸-19【統治制度】　正解は⑤。

A－日本国憲法のみ。日本国憲法第1条の規定である。大日本帝国憲法では天皇は神聖不可侵の存在であり、かつ統治者としての大権（統帥大権を含む）を有するとされた。

B－日本国憲法と大日本帝国憲法の両者。日本国憲法第43条に規定がある。また、大日本帝国憲法にも衆議院は公選された議員で組織するという規定があった。

C－日本国憲法のみ。日本国憲法の第5章の中に内閣に関する規定がある。大日本帝国憲法に内閣に関する規定が存在しなかった。

大日本帝国（明治）憲法		発布　1889年　施行　1890年		
模範	ドイツ・プロイセン憲法	人権	法律の留保 学問の自由　の規定なし 思想良心の自由　の規定なし 平等権　の規定なし 社会権　の規定なし	
形式	欽定憲法			
主権	天皇主権			
天皇	神聖不可侵 統治権の総攬 天皇大権…統帥権・ 緊急勅令		↕ 信教の自由　の規定あり 法律の範囲内で言論・ 印行・結社の自由　の規定あり	
戦争 軍隊	天皇→陸海軍の統帥権 臣民→兵役の義務	その他	地方自治　の規定なし 違憲審査権なし　の規定なし	

5 基本的人権—平等権・自由権

→問題pp.30～33

▌STEP ③-1【平等】　正解は④

設問の前者「すべての人々を一律，画一的に取り扱うことを意味する」考え方は，機会の平等である。一方，後者の「積極的な機会の提供を通じて，社会的な格差を是正しようとする」考え方は結果の平等である。

①②③：誤。性別に関係なく一律に賃金，合否，定年を決定する機会の平等である。

④：正；「女性を優先的に採用」して積極的に差別を是正しようとする結果の平等。ポジティブ・アクション（アファーマティブ・アクション）である。

▌STEP ③-2【人権と公共の福祉】　正解は②

①：誤。大日本帝国憲法では，臣民の権利は法律の範囲内とされ，法律の定めがあれば，人権の制限もできるとされた（法律の留保）。

②：正。日本国憲法では，職業選択の自由（第22条）と財産権（第29条）は公共の福祉による制限が明記されている。

③：誤。フランス人権宣言は1789年に成立。一方，ワイマール憲法は1919年にドイツで成立し，社会権（生存権）を明記した憲法である。

④：誤。ナチス政権では，全体主義の下，基本的人権は抑圧された。

▌STEP ③-3【法の下の平等についての最高裁判所の見解】　正解は①

①：正。一票の格差，不均衡は立法裁量の範囲を超えており，衆議院議員選挙では2度，違憲の判決が出ている。

②：誤。法律が一定の目的で規制している場合，それよりも厳しい規制を行う上乗せ条例などの例があり，合理的理由があれば法の下の平等には違反しない。

③：誤。累進課税制度は，税の応能負担（能力に応じて負担する）と垂直的公平（所得のより多い人がより多くの税を納める）を実現したものであり，法の下の平等に違反しない。

④：誤。最高裁は1973年，刑法第200条の尊属殺重罰規定について違憲判決を出した。

▌STEP ③-4【男女平等】　正解は②

①：正。憲法第24条は，婚姻は両性の合意のみに基づいて成立し，個人の尊厳と両性の本質的平等を定めて家族生活・家族関係に関する差別を禁止する規定を設けている。旧来の家制度は否定され，男女両性間の肉体的・生理的差異は存在するが，人間の尊厳，人格として価値に相違はないという立場を明確にしている。

②：誤。日本では，夫婦別姓を認めるための民法改正の動きが以前からある（1996年法制審議会は選択的夫婦別姓の導入などを打

ち出した）が，国民の間で賛否両論があり，また国会の調整も難航し，法律改正には至っていない。したがって，別姓を望む人々は婚姻届を提出しない事実婚や，通称としての旧姓使用を行っている。

③：正。男女共同参画社会基本法に基づき，政府は男女共同参画基本計画を策定し，2020年までに，指導的地位における女性の割合を少なくとも30％になるよう，各分野の取組を推進し，ポジティブ・アクションに取り組むことを奨励した。

④：正。男女雇用機会均等法は1997年の法改正で，それまで努力義務であった平等処遇が禁止規定に強化された。是正勧告に従わない企業を公表したり，セクシュアル－ハラスメント防止義務を事業主に課すなどの改正が行われた。

▌STEP ③-5【国民の責務】　正解は②

①：誤。自然環境の維持および保全は新しい人権としての環境権の内容であり，日本国憲法には明文の規定はない。

②：正。第12条では「この憲法が国民に保障する自由及び権利は，国民の不断の努力によって，これを保持しなければならない」としている。

③：誤。第27条に「勤労の権利を有し」と規定し，第28条で「団結する権利」を保障しているが，「団結する義務」は明記していない。

④：誤。第26条に「教育を受ける権利」は明記しているが，「普通教育を受ける義務」ではなく，保護する子女に普通教育を受けさせる義務が正しい。

▌STEP ③-6【日本における基本的人権】　正解は③

①：正。外国人登録法を改正し，1999年には指紋押捺制度自体を全廃した。

②：正。2000年に「人権教育及び人権啓発の推進に関する法律」が施行されている。

③：誤。1999年に男女共同参画社会基本法が制定されたが，審議会委員の男女同数化は義務づけてはいない。審議会メンバーの一定割合以上を同一の性・人種などに独占させない制度をクォータ制という。

④：正。労働基準法第4条には，「男女同一賃金の原則」の規定がある。

▌STEP ③-7【基本的人権の区別】　正解は④

ア—宗教団体を作る自由は，信教の自由（第20条）として保障される個人の権利であり，宗教団体の自治は，その宗教団体の権利である。Cと結びつく。

イ—国家（公権力）が信教の自由を侵害した場合，国に対し法律の定めるところにより，損害賠償を求めることができる（憲法第17条の国家賠償請求権）。Aと結びつく。

ウ—信仰の自由は信教の自由の内容であり，精神的自由権の一つである。この精神的自由には，内心（内面）の自由と外部表明の自由とがある。Bと結びつく。

▌STEP ③-8【個人の自由と平等】　正解は④

APPROACH　問題文は，憲法に基づく民主主義の重要な点は「個人の自由と平等の保障」だとする主張。

①：誤。「国家権力をなるべく強くする」と，「個人の自由と平等」の保障とは矛盾する。

②：誤。地方議会の多数決の決定に対し，地域住民の反対運動を認めることは，「個人の自由」を認めることである。

③：誤。基本的人権の否定につながるような多数決による決定を制約することは，個人の尊重の観点から許容される。

④：正。違憲法令審査は，国会の多数決により成立した法律に対しても，裁判所自らの判断で行われる。

▌STEP ❸-9【各国憲法の自由権】 正解は⑤

A−個人が外部に向けて行う表現の自由（憲法第21条）のうち，集会の自由にかかわる事例。多数の人が一定の目的を持って同一の場所に集合する自由が集会の自由である。公安条例などで規制される場合もある。ウと結びつく。

B−思想・良心の自由（憲法第19条）にかかわる事例。個人が持つ内面的価値観や道徳的規範に関しては，公権力が干渉・規制してはならない。この事例は，良心的兵役拒否を意味し，国連や欧米諸国でも人権として認知されている。アと結びつく。

C−表現の自由（憲法第21条）のうち，言論の自由にかかわる事例。言論の自由を，自分の思想を形成し，発表する自由であると考えれば，言葉や文字を用いなくても言論の自由に含まれる。イと結びつく。

▌STEP ❸-10【精神の自由①】 正解は④

①：誤。環境権について述べた文。環境権は憲法第13条の幸福追求権と第25条の生存権を根拠にしている。新しい人権といわれ，精神的自由権には分類されない。

②：誤。「経済の自由（経済的自由権）」のなかの，財産権の不可侵（憲法第29条）の記述である。

③：誤。「人身の自由（身体的自由権）」のなかの弁護人依頼権（憲法第34・37条）について述べたものである。

④：正。「精神の自由」のなかの結社の自由（憲法第21条）について述べたものである。

▌STEP ❸-11【日本における自由権】 正解は④

①：誤。違憲とはしていない。三菱樹脂事件において最高裁判所は，思想・良心の自由が保障される一方，企業にも営業の自由が認められているとして，審理を高等裁判所に差し戻した。

②：誤。憲法第22条は経済活動の自由を認めているが，「公共の福祉に反しない限り」と明記している。

③：誤。津地鎮祭訴訟で最高裁判所は，「違憲」ではなく「合憲」の判断をした。その後，最高裁は，「愛媛県玉串料訴訟」および「北海道砂川政教分離訴訟」では違憲判決を下している。

④：正。表現の自由は，憲法第21条で保障されているが，「公共の福祉」による制約が課されている。

▌STEP ❸-12【政教分離の原則】 正解は①

①：正。津地鎮祭訴訟は，1965年，三重県津市が，市立体育館の起工式に地鎮祭を公費で行ったことが政教分離の原則に反するとして起こされた訴訟。1977年，最高裁は合憲判決を出した。なお，同様に政教分離が問われた愛媛玉串料訴訟では，1997年に最高裁で違憲判決が出された。

②：誤。免田事件は，強盗殺人事件で死刑判決を受けた死刑囚に対して，再審の結果1983年に初の無罪判決が下された冤罪事件である。

③：誤。堀木訴訟は，1970年に児童扶養手当と障害福祉年金の併給禁止は法の下の平等と生存権などに反するとして起こされた訴訟。1982年，最高裁で原告が敗訴。第一審後の法改正で，併給が認められるようになった。なお，現在は，公的年金額が児童扶養手当額より低い場合に，その差額分の児童扶養手当が受給できる。

④：誤。三菱樹脂事件は，試用期間中の労働者が大学時代の学生運動歴などを入社試験時に申告しなかったことを理由に本採用を拒否されたことは，思想・信条の自由（憲法第19条）などに反するとして起こされた訴訟である。

▌STEP ❸-13【表現の自由①】 正解は⑤

A−『宴のあと』事件では，表現の自由とプライバシーの権利が争われた。1964年，東京地裁はプライバシー権を認めた。ウと結びつく。

B−外務省公電漏洩事件（1972年）では，国家機密保持と取材・報道の自由が争われた。最高裁は，記者の取材行為の不当性を理由に有罪の判決を下した。アと結びつく。

C−『チャタレイ夫人の恋人』事件は，表現の自由と公共の福祉（わいせつ文書取り締まり）が争点となった事件。この小説の翻訳者と出版社社長がわいせつ物頒布等の罪（刑法第175条）で，有罪となった。イと結びつく。

▌STEP ❸-14【表現の自由と通信の秘密】 正解は④

①：誤。『チャタレイ夫人の恋人』事件では，わいせつ文書の規制について，公共の福祉の観点から合憲と判断し，翻訳者と出版社社長に有罪判決が下された。

②：誤。令状は必要である。2016年には対象とする犯罪の範囲が拡大された。

③：誤。最高裁が初めて小説の出版差止めを認定した事件である。

④：正。特定秘密保護法は2013年に成立。「防衛・外交・スパイ活動防止・テロ防止」の4つの分野で行政機関の長が特定秘密と指定した情報を漏洩すると，最高10年の懲役が科される。

▌STEP ❸-15【検閲の禁止】 正解は③

【APPROACH】　検閲とは国家などの公権力が，表現物（出版物など）の内容を外部へ発表前に審査し，ふさわしくないものと判断した場合に発表を禁止する行為をいう。

①②④：検閲にあたる。

③：地方議会の審査行為の範囲内であり，検閲にはあたらない（公権力内部の規制）。

▌STEP ❸-16【人身の自由】 正解は④

①：誤。現行犯の場合，私人も含めて誰でも令状なしに逮捕することができる。

②：誤。憲法第37条などに弁護人依頼権が規定されている。

③：誤。憲法第40条で刑事補償請求権として，無罪判決を条件に「国にその補償を求めることができる」と規定している。

④：正。一事不再理の原則という。確定した同一事件について，同一の罪状で重ねて裁判を行ってはならないという憲法第39条前段後半の規定である。

▌STEP ❸-17【罪刑法定主義】 正解は③

①：誤。憲法第73条第6号で「政令には，特にその法律の委任がある場合を除いては，罰則を設けることができない」とある。

②：誤。憲法第31条に規定がある。刑事裁判の手続きは刑事訴訟法による。政令によるものではない。

③：正。遡及処罰の禁止（憲法第39条）にあたる内容。

④：誤。条例も法律の範囲内で，罰則を設けることができる。実際に，空き缶やタバコなどのポイ捨てに罰則を設けている地方自治体は多い。

▌STEP ❸-18【国家からの自由】 正解は④

①：誤。請求権の一つである（憲法第16条）。

②：誤。参政権の一つである（憲法第15条）。

③：誤。法の下の平等として憲法第14条で保障されている。

④：正。国家からの自由とは，国家から不当な干渉を受けることがない権利のことであるので，自由権の内容となる。したがって，自由権のなかでも人身（身体）の自由にあたる黙秘権が，「国家からの自由」にあたる。

▌STEP ❸-19【刑事手続き】 正解は③

①：誤。「取り調べの可視化」は現状では義務化されていない。

②：誤。憲法第38条で禁止。強要された自白は，証拠として認められない。

③：正。2010年の刑事訴訟法の改正により，「殺人罪」のうち，最高刑の上限が死刑であるものについて，時効が廃止された。

④：誤。現行犯の場合には令状は必要ない。

STEP ③-20【経済の自由①】　正解は①

①：正。憲法第29条3項で「私有財産は，正当な補償の下に，これを公共のために用ひることができる」と規定している。

②：誤。奴隷的拘束や苦役からの自由は，人身の自由（身体的自由権）である。

③：誤。営業の自由は憲法上の明文規定はないが，第22条の「職業選択の自由」に含まれると解されている。

④：誤。ほかに人身の自由（身体的自由権）があり，あわせて三種類。

STEP ③-21【経済の自由②】　正解は①

①：正。日本国憲法第29条2項は「財産権の内容は，公共の福祉に適合するやうに，法律でこれを定める」と規定している。

②：誤。日本国憲法第29条3項に「私有財産は，正当な補償の下に，これを公共のために用ひることができる」と明記されている。

③：誤。プログラム規定説とは，「憲法25条「生存権」の規定は，国民に対して直接具体的な権利を付与したものではない」という学説のこと。

④：誤。日本国憲法第22条1項の「職業選択の自由」には，「営業の自由」が含まれると解釈されている。

STEP ③-22【基本的人権の相互対立】　正解は③

①：正。報道の自由とプライバシーの権利の対立である。

②：正。信教の自由と生命・身体保護との対立である。

③：誤。公務員が職務上知り得た秘密を漏らしてはならない義務（守秘義務）を負うことは，公務員の表現の自由の侵害にはあたらないとされる。権利や自由の相互対立が存在しない。

④：正。経済活動の自由と財産権の不可侵の対立である。

STEP ③-23【基本的人権の類型】　正解は⑥

APPROACH 🔍　思考力の練習のためにこの部分に掲載した。

ア—選挙権は，議会の代表を選出する権利である→C。

イ—国家賠償請求権（憲法第17条）は，公務員の不法行為による損害に，国家に対して賠償という積極的な行為を求める権利→B。

ウ—信教の自由（同第20条）は，どんな宗教を信仰しても国家から干渉されず，また特定の宗教の信仰を押しつけられない権利→A。

STEP ③-24【政教分離の原則】　正解は⑥

ア—誤。最高裁判所は津地鎮祭訴訟において，地鎮祭は世俗的・慣習的なものであり，宗教的活動に該当しないと判断している。

イ—正。最高裁判所は愛媛玉ぐし料訴訟において，公費で玉ぐし料を支出することは社会的儀礼の一つとは考えにくく，目的・効果基準の面からみて宗教的活動に該当するとして違憲と判断している。

ウ—正。最高裁判所は空知太神社訴訟において，北海道砂川市の無償提供行為は，公の財産の利用提供にあたり，宗教団体に対する特権の付与にあたるとして違憲と判断している。

STEP ③-25【財産権と公共の福祉】　正解は①

ア—日本国憲法第29条第2項に「財産権の内容は，公共の福祉に適合するやうに，法律でこれを定める」とあるので，「公共の福祉」が入る。また，公序良俗は民法第90条で「公の秩序又は善良の風俗に反する事項を目的とする法律行為は，無効とする」と規定されている。

イ—メモによれば，「(a) 倒壊等著しく保安上危険となるおそれのある状態，(b) 著しく衛生上有害となるおそれのある状態」にある特定空家等は，建築物を取り除くよう助言や指導，勧告，命令をすることができる。①と④の「周辺住民の生命や身

体に対する危険がある場合」が該当する。しかし，②と⑤の「景観を損なっている場合」は，(c) の記述に該当し，③と⑥の「土地の有効利用」は，(d) の記述に該当し，取り除くことができない。

■日本国憲法が規定する基本的人権

平等権	法の下の平等（14条）両性の本質的平等（24条）選挙権の平等（44条）	尊属殺重罰規定・議員定数不均衡訴訟
自由権	精神の自由	思想・良心の自由（19条）信教の自由（20条）→政教分離の原則集会・結社・表現の自由（21条）検閲の禁止・通信の秘密（21条）学問の自由（23条）	三菱樹脂訴訟津地鎮祭訴訟愛媛玉ぐし料訴訟チャタレイ事件家永訴訟東大ポポロ事件
	人身の自由	奴隷的拘束・苦役の禁止（18条）法定手続きの保障（31条）不法に逮捕されない自由（34条）不法に抑留・拘禁されない自由（34条）拷問・残虐刑の禁止（36条）自白強要の禁止（38条）	→罪刑法定主義→令状主義
	経済の自由	居住・移転・職業選択の自由（22条）財産権の不可侵（29条）	薬事法距離制限訴訟共有林分割制限訴訟
社会権	生存権（25条）教育を受ける権利（26条）勤労の権利と労働三権（27・28条）	朝日訴訟・堀木訴訟家永訴訟→労働基本権
請求権	請願権（16条）国家賠償請求権（17条）裁判請求権（32・37）条刑事補償請求権（40条）	多摩川水害訴訟郵便法損害賠償制限訴訟→冤罪事件の補償
参政権	選挙権・公務員の選定罷免権（15条）被選挙権（43・44条）地方公共団体の長・議員の選挙（93条）最高裁判所裁判官の国民審査（79条）特別法制定のための住民投票（95条）憲法改正のための国民投票（96条）	在外投票制限違憲訴訟

STEP ③-26【私人間における人権保障】　正解は④

判決文は三菱樹脂訴訟であり，これに気づけば解答しやすい。

ア—資料1に，憲法14条法の下の平等，19条思想良心の自由の規定は，もっぱら国または公共団体と個人との関係を規律するものであり，「私人相互の関係を直接規律する」ものではないと言っている。資料2では，アに「私」を入れれば，私的支配関係は直接規律されないので，「個人の基本的な自由や平等に対する具体的な侵害またはおそれ」があり，社会的許容限度を超える場合に限り，是正が可能だということになる。

イ—私的自治とは，個人間で法律上の関係を結ぶ場合，個人の自由意思に基づいてのみ決定することができる民法の原則をいう。資料2のイは民法1条，90条に関連する語句が入る必要があるので，私的自治が入る。団体自治は，地方自治の本旨の一つで国から独立した統治組織が設置されるという意味なので，合致しない。

STEP ③-27【身体の自由】　正解は　①

①：誤。憲法第33条で「権限を有する司法官憲が発し」とある。司法官憲は，裁判官を指すとされている。

②：正。憲法第38条の規定。

③：正。憲法第31条の「法定手続きの保障」のこと。

④：正。憲法第39条の「遡及処罰の禁止」のこと。

STEP ③-28【刑事裁判】　正解は①

APPROACH 🔍　①〜④の内容は，いずれも日本の刑事司法上の大原則である。

①：誤。日本には「推定無罪」という原則があり，裁判で有罪が確

定するまでは，被告人は無罪と推定される。刑事裁判では，検察官が犯罪の証明を行う。

②：正。一事不再理の原則（憲法第３９条）。確定した同一事件について，同一罪状で裁判してはならない。なお，憲法第３９条後段にはには二重処罰の禁止が規定されている。これは同じ行為を別の罪として処罰することを禁止することで，一事不再理とは区別される。両者を合わせて「二重の危険の禁止」という場合がある。

③：正。「疑わしきは被告人の利益に」という原則。検察官が被告人の犯罪事実を証明できなければ，無罪となる。被告人は自らの無実を証明する必要はなく，裁判で自ら無罪であるという説明をする義務もない。犯罪事実が，法廷に提出された証拠だけでは確信できないときは，被告人に有利な方向で判断しなければならない。これを，「疑わしきは被告人の利益に」の原則という。

④：正。遡及処罰の禁止（事後法の禁止：憲法第３９条前段）として規定されている。ある行為が行われたときにそのことに関する法律がなかった場合，事後に制定した法律でその行為を罰してはならない。

⑥ 基本的人権─社会権〜新しい人権
→問題pp.36〜38

STEP ③-1【福祉国家と人権】　正解は②
①：誤。最高裁は朝日訴訟や堀木訴訟などで，憲法第25条の生存権は具体的権利ではなく，国の努力目標を定めたもの（プログラム規定説）とした。生活保護は生活保護法を根拠に行われる。

②：正。憲法第26条２項には「義務教育は，これを無償とする」とある。無償とは授業料不徴収の意味であるが，義務教育用の教科書は別途法律により無償で配布されている。

③：誤。憲法第27条は，勤労の権利と義務を定める。強制的な徴用は，憲法第18条により違憲である。

④：誤。憲法第28条の規定にもかかわらず，公務員の争議行為（団体行動権）は一律禁止されている。警察・消防職員などは，団結権や団体交渉権も禁止されている。

STEP ③-2【生存権訴訟】　正解は④
①：誤。堀木訴訟ではなく，朝日訴訟の内容である。堀木訴訟は障害福祉年金と児童扶養手当の併給禁止規定を争点とした裁判である。ここでもプログラム規定説が採用された。

②：誤。堀木訴訟でもプログラム規定説がとられた。

③：誤。立法府の裁量に委ねられた。

④：正。裁判ではプログラム規定説を採用し，生存権（憲法第25条）は個人の具体的な権利ではなく，国の政策目標を定めたものであるとした。原告は敗訴するが，これを契機に社会保障制度が充実した。

STEP ③-3【社会権の保障】　正解は④
A－憲法第27条では勤労権について規定している。その実現のため，国は公共職業安定所（ハローワーク）を設置して，求職者を支援している。イと結びつく。

B－憲法第25条では生存権について規定している。すべての国民は，健康で文化的な最低限度の生活を営む権利を有するため，国は生活困窮者に対して公費を財源に生活保護法に基づく扶助を行っている。ウと結びつく。

C－憲法第28条では団結権について規定している。これは労働者が労働条件の改善を要求して労働組合を組織する権利。労働組合の結成や運営などの労働三権の行使に対する使用者の干渉や妨

害行為を不当労働行為として禁止している。アと結びつく。

STEP ③-4【参政権】　正解は①
①：正。憲法第93条２項で，地方自治体の長や議員は，住民による直接選挙が保障されている。

②：誤。国政選挙でも地方選挙でも在日外国人には参政権は認められていない。ただし，最高裁の判決では，定住外国人に地方参政権を与えることを憲法は禁じてはいないとしている。なお，永住資格とは，法務大臣が在留資格を有する外国人に与える永住許可である。帰化とは異なり，外国人登録などの手続きは必要である。

③：誤。参議院の被選挙権は，満30歳以上である。

④：誤。国民投票によるものではない。条約の批准は国会の承認により内閣が行う。

STEP ③-5【プライバシーの権利】　正解は②
①：正。『宴のあと』事件は，元外相が，彼をモデルとした小説（『宴のあと』）を執筆した三島由紀夫に対して，その小説によってプライバシーを侵害されたとして訴えた事件。1964年，東京地裁はこれを認め，損害賠償を命じた。

②：誤。自己情報コントロール権（近年）と私生活をみだりに公開されない権利（従来）との順番が逆になっている。

③：正。憲法第21条２項の後段に規定されている。

④：正。個人情報保護法のこと。2003年に制定された個人情報保護法は，民間の個人情報取り扱い事業者に義務を課し，違反者に勧告や命令を出し，命令違反者には懲役や罰金を科する。表現の自由や報道の自由に配慮して，報道機関などには罰則が適用されず，努力義務が課されるにとどまる。

STEP ③-6【新しい人権①】　正解は③
①：誤。憲法第16条の請願権に規定された人権。

②：誤。憲法第22条の職業選択の自由に規定された人権。

③：正。個人情報の保護はプライバシーの権利を基に主張できる。プライバシーの権利は，憲法第13条の幸福追求権が根拠。

④：誤。憲法第21条の表現（言論）の自由に規定された人権。

STEP ③-7【新しい人権②】　正解は⑤
A－「知る権利」とは，国民が行政に対して情報公開を求める権利→ウ。

B－「プライバシーの権利」とは，私生活・私事をみだりに公開されない権利→ア。

ア－自己の情報のコントロールは，積極的に自己に関する情報をコントロールする権利で，自己のプライバシーを他者に侵害させないこと。→プライバシー権。

イ－「宗教的信念に基づいて，輸血を拒否する」は，自己決定権にあたる。（判例あり）

ウ－国に情報公開を求める→知る権利

STEP ③-8【個人情報保護】　正解は①
①：正。自分の個人情報の開示・訂正・削除は，自らの情報をコントロールすることができるプライバシーの権利を根拠に企業に対して主張できる。2003年に制定された個人情報保護法は，行政機関だけでなく，民間事業者なども対象とし，個人情報の適切な扱いを求めることとなった。（プライバシー権と同じく私人間にも適用される。）

②：誤。本人の同意がないのに個人情報を第三者に譲渡することは，プライバシーの侵害となる。

③：誤。顧客の同意があれば，利用することができる。

④：誤。国などの行政機関に対しても，請求することができる。プライバシー＝自己情報のコントロールと考える。

STEP ③-9【自己決定権】　正解は①
①：正。自己決定権とは，国家の干渉，介入を受けずに自分につい

ての私的事項を自分で決定する権利である。

②：誤。憲法に明文の規定はない。

③：誤。この権利は社会権の内容。自己決定権は憲法第13条を根拠に主張される新しい人権である。

④：誤。国民固有の権利とすれば、自己決定権は外国人には保障されなくなる。

STEP ❸-10【日本の権利保障】 正解は④

①：誤。行政機関である特許庁が特許権などの知的財産権の付与を行う。

②：誤。四大公害裁判をはじめ、公害被害者の損害賠償請求は認められる例が多い。最高裁が環境権を認めていないことは事実である。

③：誤。情報公開法は、行政機関の有する情報の国民への公開をはかることを目的とした法律である。

④：正。憲法第17条の規定。

STEP ❸-11【外国人の権利保障】 正解は③

①：日本国憲法第15条の「公務員を選定し、及びこれを罷免することは、国民固有の権利である」などを理由に、外国人の参政権は認められていない。

②：指紋押捺制度は2000年に廃止。

③：最高裁は1978年に外国人の政治活動の自由が争点となった訴訟で判決をくだしている。

④：国民年金や国民健康保険、雇用保険などの社会保障制度が実施されている。

STEP ❸-12【人権に関する条約】 正解は①

①：正。国連総会で1948年に採択された。法的拘束力をもたなかったため、批准国を法的に拘束する国際人権規約を、1966年に採択した。

②：誤。日本は1979年に批准したが、A規約中の「公務員の争議権保障」など3点は留保した。

③：誤。日本は国籍法を父系主義から父母両系主義に改正して1985年に女性差別撤廃条約を批准した。

④：誤。子どもの権利条約は、子ども（児童）を18歳未満と定義している。日本は1994年に批准した。

STEP ❸-13【日本未批准の人権条約】 正解 ①・④

日本が未批准なのは、①のジェノサイド禁止条約、④の死刑廃止議定書（死刑廃止条約）である。

①：正。日本未批准。理由は、ジェノサイド発生時、締約国には軍事的介入の義務が発生するが、日本国憲法第9条の規定により武力行使ができないから。

②：誤。難民の地位に関する条約…1981年に批准。この批准によって、在日外国人の国民年金加入への道が開かれた。

③：誤。子どもの権利条約…日本は1994年に批准。

④：正。死刑廃止条約は、国内に犯罪抑止や犯罪被害者の立場から死刑制度存続派が多数いて、意見がまとまっていないため。

⑤：誤。人種差別撤廃条約…日本は1995年に批准。

STEP ❸-14【マイノリティの権利】 正解は②

①：正。差別的な「北海道旧土人保護法」にかわって、1997年に制定されたアイヌ文化振興法はアイヌ民族が先住民族であることを法律に明記したが、アイヌの人々が求めた先住民族としての権利についての規定は盛り込まれなかった。

②：誤。障害者雇用促進法は一定の割合で障害者を雇用することを義務づけている。現在の法定雇用率は民間企業では雇用労働者の2.0%であり、国・地方公共団体では2.3%である。

③：正。部落差別の解消を目的に1961年に同和対策審議会が設置され、その答申に基づき部落差別の解消と対象地域の生活環境改善を目的に1969年に同和対策事業特別措置法が制定された。

④：正。南アフリカ共和国における反アパルトヘイト運動の弾圧事件を契機に1965年に国連総会で採択されたのが、人種差別撤廃条約である。1969年に発効している。日本は1995年に批准。

STEP ❸-15【自由と平等】 試行テスト 正解は⑥

自由と平等について書かれた文章を読み、考察する問題。正解率79%と高く難しくはないが、資料の分量が多い。今回の試行テスト全体を通して、読み取る資料の分量の多さが目立ち、読み取りのスピードも要求される。対策と練習が必要。

知識としては、自由権（19世紀的基本権）から社会権（20世紀的基本権）へ考え方の変化の理解が要求される。それはXからYへの変化、そして同時にアとイの以下の特徴と連動する。

ア：その自由な活動を保障

イ：弱者に対して国家が手厚い保護を与える

次に「政策や取組み」の読み取りだが、わかりやすい選択肢であり、平易である。イの「弱者」＝bの「一定の金額に満たない者」とすればよい。他の選択肢は自由な活動のための個人の特性（a：高等学校卒業の資格をもつ者、c：国際性を有する帰国子女、d：優れた能力をもつ学生）である。

STEP ❸-16【国民の自由や権利】 正解は③

①：誤。政党を結成することは、政党助成法ではなく日本国憲法第21条の集会・結社・表現の自由によって保障されている。

②：誤。インターネット上で友人と自由に政治的な意見を交わし合うことは、日本国憲法第21条の集会・結社・表現の自由によって保障されている。なお、アクセス権とはマスメディアに対して、反論するために意見広告など自己の意見の発表の場を要求する権利である。

③：正。被選挙権は、選挙に立候補するなど「選挙される権利」であり、参政権の一つであるとされている。

④：誤。日本国憲法第21条②で「検閲の禁止」が規定されているので、検閲によって表現の自由を侵害することは禁止されている。

STEP ❸-17【憲法25条判例】 正解は②

ア－資料文の最後の部分で、「具体的にどのような立法措置を講ずるかの選択決定」を問題にし、結論として「裁判所が審査判断するのに適しない」している。つまり、立法府の「広い裁量に委ねられている」と読み取れるのでa。プログラム規定説をとる判決文である。

イ－リード文でYはアとは違う考え方もあると言ってる。つまり、立法府の裁量を尊重する立場とは異なる内容が入る。「裁判所が審査判断する」司法が踏み込んで審査する内容が入るのでd。

STEP ❸-18【日本国憲法が保障する基本的人権】 正解は③

ア－表現の自由は自由権。自由権にあたる選択肢は財産権。

イ－教育を受ける権利は社会権にあたる。選択肢では生存権。

ウ－裁判を受ける権利は請求権にあたる。選択肢で請求権にあたるのは国家賠償請求権。請求権は他に、裁判を受ける権利（第32条）・国家賠償請求権（損害賠償請求権）（第17条）・刑事補償請求権（第40条）、加えて請願権（第16条）がある。

STEP ❸-19【アクセス権】 正解は③

ア－「集団的かつ過剰な取材活動」から「メディア・スクラム」。メディア・スクラムは、被害者や容疑者や関係者に多数の取材陣が押し寄せ、過熱した報道が行われること。

イ－「マスメディアに求める」から「アクセス権」。アクセス権は、マスメディアに対して個人が意見発表の場を提供することを求める権利のこと。

「メディア・リテラシー」とは、新聞やテレビなどの内容をきちんと読みとり、マスメディアの情報を正確に読み取り、その本質や影響を理解し、使いこなす能力のこと。

「リコール権」とは、地方自治において、一定数以上の有権

者の要求で議会の解散や首長等の解職を請求すること。

7 平和主義と安全保障 →問題pp.41〜42

STEP 3-1【平和主義】 正解は②

①：正。第9条1項にある。
②：誤。明文規定がない。政府解釈に基づく。
③：正。第9条2項にある。
④：正。前文第2段落の末尾にある。
⑤：正。第66条2項にある。

STEP 3-2【自衛隊の司法判断】 正解は②

①：正。恵庭事件は1962年，北海道にある自衛隊演習場の騒音に悩む近隣の酪農家が，自衛隊が事前連絡の約束を破ったことに反発し，通信回線を切断した事件。
②：誤。砂川事件は1957年，東京都にある米軍立川基地の拡張に反対するデモ隊が，基地内に侵入した事件。争点は自衛隊ではなく，日米安全保障条約についてである。
③：正。長沼ナイキ基地訴訟は1969年，北海道にある自衛隊基地建設のため農林大臣が建設地の保安林指定を解除したことをめぐる訴訟。
④：正。百里基地訴訟は，茨城県にある自衛隊基地予定地の用地売買のトラブルをめぐり，国と土地所有者がおこした訴訟。その前提として自衛隊の合憲性が問われたものである。

STEP 3-3【自衛隊】 正解は③

①：誤。百里基地訴訟は，自衛隊の合憲性について争われた事例であるが，最高裁は，本件に関して私法上の行為であるため，自衛隊への憲法判断を回避した。最高裁が自衛隊の合憲・違憲について判断したことはない。
②：誤。自衛隊のイラクへの派遣は，2003年に制定されたイラク復興支援特別措置法に基づくものである。
③：正。この場合のガイドライン関連法は，1999年に成立した周辺事態法などである。周辺事態法では，日本の周辺で武力紛争などが発生した際に，自衛隊がアメリカ軍の後方支援を行うこととしていた。＜現在は，法改正されている＞
④：誤。自衛隊の最高指揮監督権は，自衛隊法第7条により，一貫して内閣総理大臣にある。

STEP 3-4【日本の安全保障①】 正解は④

①：誤。自衛隊の創設は1954年。一方，新安保約の締結は1960年である。
②：誤。日本は在日米軍の駐留経費を負担している。日本の負担は，基地用地の借上げ費用（土地代）だけではなく，住宅経費や光熱費など（いわゆる「思いやり予算」）まで負担している
③：誤。国の一般会計予算に占める防衛関係費の割合は，5パーセントを上回っている（約9％，2023年）。
④：正。1972年，田中内閣の統一見解。

STEP 3-5【安全保障のための法制度①】正解は④。

日本の防衛に関する法制の内容を問う問題。

ア－Cの有事関連7法についての記述。日本への武力攻撃を想定した国民の保護について定めた「国民保護法」などが含まれている。
イ－Aの新安保約条約の内容で，第5条に定める，日本の施政下の領域における日米どちらかへの武力攻撃に対する「共同防衛」について定めている。
ウ－Bの新ガイドラインの内容で，日米安全保障体制の下での役割分担（とくに，周辺事態に出動するアメリカ軍への支援内容）について定めたものとなっている。なお，2015年に重要影響事態安全確保法に変更され，アメリカ軍以外の外国軍隊にも支援

等が可能になった。

STEP 3-6【日米安全保障条約①】 正解は①

①：誤。砂川事件では，東京地裁のいわゆる伊達判決で，在日米軍が憲法第9条に禁ずる戦力にあたり違憲の判断を下したが，最高裁は，統治行為論を根拠に憲法判断を回避している。
②：正。1951年に締結した日米安全保障条約を，新安保約条約として改定しようとした際に，日米共同防衛を義務づけることなどに対して，1960年，激しい反対闘争が起こった。
③：正。現行の日米安全保障条約第5条は，日本領域内で日米いずれかが攻撃を受けたときに，両国が共同して対処する共同防衛義務を定めている。
④：正。1970年代に，アメリカ政府が日本の応分の負担を求めるようになると，1978年に米軍の駐留経費を肩代わりすることにしたが，当時の防衛庁長官の発言から，このことを「思いやり予算」と呼ぶようになった。

STEP 3-7【日米安全保障条約②】 正解は③

③：誤。1960（昭和35）年に締結された現在の日米安全保障条約は，「日本国の施政の下にある領域における」日米いずれか一方に対する武力攻撃が起きた場合に，共同対処することを定めている。日本国外では適用されないので誤り。

APPROACH 🔍 アメリカのトランプ前大統領が「米軍は日本を守るために戦うが，日本の自衛隊は米国を守らなくていいのは不公平だ」と発言したのはまさにこの点である。

2015年の安保法制の制定と日米防衛協力ガイドライン改定により，米軍の支援が可能になっている。

STEP 3-8【安全保障のための法制度②】 正解は①

①：正。PKO協力法が成立したのは1992年。
②：誤。湾岸戦争後に日米安全保障条約が改正されたという事実はない。
③：誤。防衛省設置法は，イラク戦争以後の2006年に制定。
④：誤。PKO協力法制定により，1992年にすでに自衛隊はカンボジアに派遣されていた。それ以前の1991年にも，自衛隊法に基づきペルシャ湾に派遣されている。

STEP 3-9【PKOへの参加】 正解は①。

①：正。PKOへの自衛隊の参加については，その根拠として1992年に成立したPKO協力法によってである。カンボジア暫定統治機構に初めて派遣された。
②：誤。テロ対策特別措置法の制定は2001年。この法は，同時多発テロ後，アメリカがアフガニスタンで行った対テロ戦争の後方支援を定めたもの。インド洋に自衛艦が派遣され，給油活動を行った。PKOではない。
③：誤。イラク復興支援特別措置法成立は2003年。イラクの戦後復興のために自衛隊派遣を可能にした時限立法。この活動はPKOではない。
④：誤。海賊対処法制定は2009年。ソマリア沖の海賊行為への対処のために海上自衛隊を派遣。これはPKOではない。

STEP 3-10【自衛隊の海外派遣】 正解は④

順にカンボジア・モザンビーク・アフガニスタンが入る。

APPROACH 🔍 自衛隊の海外派遣については，問題頁の一覧表（災害派遣・輸送業務・難民支援・緊急援助隊等を含まず）で確認できます。

STEP 3-11【日本の安全保障②】 正解は④

①：誤。武器輸出を可能とする政府方針へと変わった。
②：誤。自衛隊の最高指揮監督権は，内閣総理大臣が有している。
③：誤。存立が脅かされ，明白な危険がある場合には，集団的自衛権に基づいて武力を行使できるようになった。

④：正。

┃STEP ❸-12【日本の安全保障③】　正解は④

①：誤。重要影響事態法は2015年に安全保障関連法の一つとして，周辺事態法を改正した法律。自衛隊の活動範囲が日本周辺地域のみから地理的制約がなくなり，米軍等への後方支援が可能となった。

②：誤。2015年に任務遂行のための武器使用を認め，駆け付け警護ができるようになった。南スーダンミッションから適用された。

③：誤。武器輸出三原則は，1967年佐藤内閣が表明し，武器輸出は原則禁止とされた。しかし，2014年安倍内閣が閣議決定で，防衛装備移転三原則に基づき防衛装備の海外移転の管理を行うこととした。

④：正。日本では文民である内閣総理大臣が自衛隊の最高指揮監督権をもっている（文民統制）。そして，内閣総理大臣を議長として，安全保障や外交の重要事項を審議する機関として，2013年に国家安全保障会議が設立された。

┃STEP ❸-13【日本の外交三原則】　正解は②

日本外交の三原則とは，「西側」＝「自由主義国」との協調（④），国連中心主義（③），「アジアの一員」としての立場（①）のことである。②の唯一の被爆国として，核抑止体制を主導することは，日本外交の三原則には含まれない。

┃STEP ❸-14【日本の取組】　正解は①

A－1992年９月〜1993年９月にカンボジアに派遣。1992年にPKO（国連平和維持活動）協力法が成立し，同法に基づいて自衛隊がはじめて海外派遣された。

B－1999年に周辺事態法は成立した。「日本周辺地域における，日本の平和と安全に重大な影響を与える事態」とされる「周辺事態」への対処を定めた法律である。なお，2015年に重要影響事態法が成立し，周辺事態の考え方は，「そのまま放置すれば日本への直接武力攻撃に至る恐れがあるなど，日本の平和と安全に重要な影響を与える事態」とされる「重要影響事態」の考え方に代わった。

C－2014年に「武器輸出三原則」が「防衛装備移転三原則」に改定された。

古いものから年代順に並べるとA→B→Cとなる。

1992年　国連平和維持活動等協力法
　　　　　　国連カンボジア暫定統治機構(UNTAC)へ派遣
　　　　　　（それ以前にも，自衛隊法に基づきペルシャ湾へ
　　　　　　機雷除去のため派遣）
2001年　同法改正
　　　　　　国連平和維持軍（PKF）の本隊業務への参加
　　　　　　可能に

　　┌─ 日本のPKO参加５原則 ──────────┐
　　│ ①停戦合意
　　│ ②相手国の受け入れ同意
　　│ ③中立・公平
　　│ ④身体・生命防御に限定した武器使用
　　│ ⑤独自判断による撤退
　　└────────────────────────┘

2001年　テロ対策特別措置法
　　　　　　自衛隊の後方支援
　　　　　　インド洋での補給活動
2003年　イラク復興支援特別措置法
　　　　　　治安不安定なイラクへの派遣

2003年	武力攻撃事態法
	有事法制関連３法の一つ
2004年	国民保護法
	有事法制関連７法の一つ
2008年	新テロ対策特別措置法
	自衛隊の活動を給油・給水に限定
2009年	海賊対処法
	ソマリア沖に出没する海賊対策
2015年	国際平和支援法
	国連決議に基づく外国軍等への協力支援
	有事法制改正
	事態対処法
	存立危機事態で３要件を満たせば
	集団的自衛権行使可能
	国家安全保障会議設置法
	存立危機事態への対処を追加
	改正自衛隊法・米軍等行動関連措置法・海上輸
	送規制法・特定公共施設利用法・捕虜取扱い法
	ガイドライン関連法改正
	重要影響事態法（周辺事態安全確保法から）
	米軍以外の外国軍隊にも支援

⬆ 拡大する自衛隊の活動範囲

1946年	憲法制定時の吉田内閣	自衛権の発動としての戦争も交戦権も放棄
1952年	吉田内閣の統一見解	「戦力」とは，近代戦遂行能力
1954年	自衛隊への政府見解	自衛隊は戦力にあたらない
1972年	田中内閣の統一見解	自衛のための必要最小限度の実力

⬆ 憲法第９条に対する政府見解の推移

---

⑧ 日本の政治機構　→問題pp.46〜50

＜ 国　会 ＞

┃STEP ❸-1【国会の権限】　正解は⑤

①：誤。内閣総理大臣を任命するのは天皇。

②：誤。条約を締結するのは内閣であり，承認権を国会が持つ。

③：誤。最高裁判所裁判官は内閣が任命する。長官は内閣の指名に基づいて天皇が任命する。

④：誤。国会は憲法改正の発議を行う。改正にはその後国民投票にかけて過半数の賛成を必要とする。

⑤：正。訴追は，国会の両院の議員各10名からなる裁判官訴追委員会が行う。裁判官弾劾裁判所は，訴追委員を兼任しない両院の議員各７名で構成される。

┃STEP ❸-2【国会の種類】　正解は②

A－特別会は，衆議院解散後の総選挙から30日以内に召集され，内閣総理大臣が指名される。よってア。

B－参議院の緊急集会は，衆議院の解散中の緊急事態発生時に，内閣の要求により開かれる。よってウ。

C－臨時会は常会以外に必要があって開かれる。よってイ。なお，解散ではなく，衆議院議員の任期満了による総選挙後の国会は臨時会である。

┃STEP ❸-3【国会審議】　正解は①

①：正。国会審議活性化法（1999年制定）によって，イギリスにならって党首討論制度（クエスチョン・タイム）が，2001年１月

から開始された。

②：誤。すべての委員会審議に出席する義務はない。案件により，また委員会の求めに応じて出席する。

③：誤。「影の内閣」はイギリスで発展した制度。国会法による義務づけはない。

④：誤。政府委員制度（大臣に代わり官僚が答弁する制度）は2000年から廃止された。ただし，参考人として官僚を委員会に出席させることはできる。

■ STEP ❸-4 【法律の制定・公布】　正解は②

①：誤。法律案は衆議院・参議院のどちらが先でもよい。衆議院に先に提出しなければならないのは予算案である。衆議院の優越によって予算の先議権が認められている。

②：正。日本国憲法第7条にある天皇の国事行為の一つに，法律の公布がある。国事行為には内閣の助言と承認が必要である。

③：誤。衆参で異なる議決をした場合，法律案は成立しない。両院協議会を開いてもよいがそこで成案が得られた場合でも，直ちに法律とはならない。また異なる議決をした場合，衆議院で出席議員の3分の2以上の多数で再議決すれば成立する。

④：誤。地方特別法は，住民投票で過半数を得なければならない（憲法第95条）。議会の同意ではない。

■ STEP ❸-5 【立法過程】　正解は③

①：正。議員提出法案は，予算を伴わない場合は衆議院では20人以上，参議院は10人以上の賛成が必要であり正しい。予算を伴う場合は衆議院では50人以上，参議院は20人以上の賛成が必要であるが，受験生には馴染みがうすい。

②：正。日本の国会は，委員会の審議に重点が置かれており委員会中心主義となっている。委員会での審議を経て，本会議で審議しその後に採決となるので正しい。国会議員は必ずいずれかの常任委員会に所属しなければならない。

③：誤。衆議院の優越に関する問題。参議院が議決せず，否決したとみなす（みなし否決）日数は，法律案は60日，予算の議決と条約承認は30日，内閣総理大臣の指名は10日である。しかし法律案の議決は，衆議院で出席議員の3分の2以上で再可決が必要であり，「衆議院の議決が国会の議決となる」は不適当。

④：正。可決された法律は，主任の国務大臣が署名し，内閣総理大臣が連署することが必要である。

■ STEP ❸-6 【衆議院の解散】　正解は④

APPROACH 🔍　衆議院の解散の日から40日以内に衆議院議員総選挙が行われ，選挙の日から30日以内に特別会が召集され，内閣は総辞職し，新しい内閣総理大臣が指名される。

①：正。憲法第7条（天皇の国事行為）に基づくので，7条解散という。

②：正。7条解散により，任意に解散できる。

③：正。解散による総選挙の日から30日以内に特別国会を召集しなければならない。

④：誤。国に緊急の必要があるときは，内閣は参議院の緊急集会を求めることができると，憲法第54条2項に規定されている。

■ STEP ❸-7 【国会の意思決定】　正解は①

①：正。憲法第58条2項。

②：誤。国会が発議した憲法改正案承認の国民投票は，投票総数の過半数の賛成を要する（同第96条1項）。

③：誤。「過半数」（憲法第69条・第56条2項）。

④：誤。「過半数」（同第73条3号・第56条2項）。なお，衆議院と参議院の議決が異なり，両院協議会を開いても意見が一致しないときは衆議院の議決が国会の議決となる（同第61条）。

■ STEP ❸-8 【国会議員の地位】　正解は④

①：正。不逮捕特権のこと。国会の閉会中は逮捕される。任期中ではない。また会期中でも，現行犯や議院の許諾があれば逮捕される。

②：正。免責特権のことである。

③：正。歳費特権のことである。

④：誤。議員の除名は各議院が出席議員の3分の2以上で行う。弾劾裁判所は，職務怠慢や信用失墜のあった裁判官を罷免する裁判であり，国会議員ではない（憲法第64条）。なお，両議院の議員各7人で組織する。

■ STEP ❸-9 【衆議院の優越①】　正解は③

①：誤。発議は各議院で「総議員の3分の2以上の賛成」が必要である。また発議の後，国民投票が必要である。通常の法律より厳しい改正手続きを定めた憲法を硬性憲法という。

②：誤。国政調査権は，各議院が独自にもつ権限で，衆議院の優越はない。「証人の出頭，記録の提出」を求めることができるが，係争中の裁判にかかわるものはその対象とすることができない。1949年の浦和事件で司法権の独立との兼ね合いが問題になった。

③：正。「衆議院で可決し，参議院でこれと異なつた議決をした法律案は，衆議院で出席議員の3分の2以上の多数で再び可決したときは，法律となる」（憲法第59条2項）と定められている。下図参照。

④：誤。議院規則は議院の内部事項についての規律。各議院の自律権の一つ。

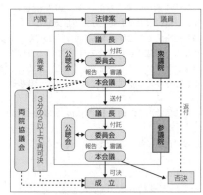

⬆ **法律の制定過程**　法律案の提出は参議院を先にしてもよい。

■ STEP ❸-10 【衆議院の優越②】　正解は③

①：誤。国会の議決となるには，衆議院で3分の2以上での再可決が必要である。

②：誤。再可決は不要。両院協議会でも成案が得られない場合，衆議院の議決が国会の議決となる。そのほか，条約承認や総理大臣指名についても，衆議院の優越がある。

③：正。内閣不信任の決議権は，衆議院のみ。参議院には問責決議はあるが，法的拘束力はない。

④：誤。条約の先議権はない。先議権は予算のみ。条約の承認は，予算の議決手続きを準用する。

16

STEP ③-11【国会審議と権限】　正解は①

①：正。憲法第69条の規定。

②：誤。すべての法案審議に義務づけられているのではない。国会法で公聴会の開催が義務づけられているのは,「予算案と憲法改正案」である。

③：誤。弾劾裁判は「国務大臣」ではなく,罷免の訴追を受けた「裁判官」（同64条）である。

④：誤。国会の憲法審査会は,憲法改正原案,憲法改正の発議,国民投票に関する法律案などを審査するために設置され機関である。

STEP ③-12【国会の権限】　正解は③

①：誤。憲法第73条3号は内閣の条約の締結に関し,「事前に,時宜によつては事後に,国会の承認を経ることを必要とする」としている。

②：誤。憲法第73条6号は「憲法及び法律の規定を実施するために,政令を制定すること」を規定している。

③：正。憲法第96条に憲法改正の手続きを明記している。「各議院の総議員の3分の2以上の賛成で,国会が,これを発議し,国民に提案して…投票において,その過半数の賛成を必要とする」と規定している。

④：誤。憲法第6条は内閣の指名に基づき,天皇が最高裁判所長官を任命するとしている。

STEP ③-13【国会の監視機能】　正解は①

①：正。国政調査権という。憲法第62条に規定されている。そのための法律として議院証言法（議院における証人の宣誓及び証言等に関する法律）などがある。衆議院・参議院それぞれに国政調査権が認められている。

②：誤。弾劾裁判所は国務大臣ではなく,罷免の訴追を受けた裁判官を裁判するために設置される。憲法第64・78条や裁判官弾劾法に基づく。

③：誤。会計検査院が毎年検査した後で,内閣が次の年度に,その検査報告とともに国会に提出する。憲法第90条の規定に基づく。

④：誤。三権分立の原則から考えても,国会または議院にこうした権限はない。最高裁長官は内閣の指名に基づいて天皇が任命し（憲法第6条）,それ以外の裁判官は内閣が任命する（同79条）。

	議員の任期	議員定数	被選挙権	解散
衆議院	4年 ただし解散の場合,期間満了前に終了（憲法第45条）	総定数465名 比例代表選出（拘束名簿）11区176名 小選挙区選出289区289名	25歳以上	あり
参議院	6年 ただし3年ごとに半数を改選（憲法第46条）	総定数248名 比例代表選出（非拘束名簿）1区100名 選挙区選出45区148名	30歳以上	なし

↑両議院の組織

STEP ③-14【予算】　正解は⑥

ア－内閣。日本国憲法第73条5号より,予算は内閣が国会に提出する。各省庁が財務省に予算要求をし,財務省が予算原案を内示し,内閣が予算案を閣議決定し,内閣が国会に提出する。

イ－補正予算。暫定予算は,年度が始まるまでに本予算の審議が長引くなどで成立していないときに,とりあえず最小限度で組む予算。補正予算は,日本国憲法第87条の予備費でも対応できな

いような事態の時,追加で組む予算。3月27日に予算（当初予算）が成立しているので,当初予算と暫定予算ではない。補正予算が入る。

STEP ③-15【国会についての日本国憲法の規定】　正解は③

①：誤。国務大臣の任命・訴追の権限があるのは,国会ではなく,内閣総理大臣である（憲法第68条1項,第75条）。

②：誤。大赦や特赦などの恩赦の決定は内閣に権限がある。認証は天皇の国事行為である。（憲法第7条の6及び第73条の7）

③：正。日本国憲法第60条2項に,予算について両院協議会を開いても意見が一致しない場合は,衆議院の議決を国会の議決とするとある。

④：誤。下級裁判所の裁判官の任命権は内閣にあると規定されている（憲法第80条1項）。

STEP ③-16【衆議院と参議院】　正解は②

ア－議員の任期が短く（4年）,解散もあるという生徒Xの発言より,衆議院であることがわかる。

イ－予算の議決や条約の承認,内閣総理大臣の指名について,両議院の議決が一致しない場合には,一定条件の下に衆議院の議決を国会の議決とする（「衆議院の優越」）。法律案は衆議院での再議決が必要。

ウ－憲法改正の承認は,憲法第96条で,各議院の総議員の3分の2以上の賛成で国会が発議し国民に提案してその承認を経なければならないとする規定がある。ここに「衆議院の優越」はない。

STEP ③-17【国会の意思決定②】　正解は②

①：誤。総議員の3分の2以上の賛成を要する。

②：正。61条は「前条第二項の規定を準用する」,つまり「両議院の協議会を開いても意見が一致しないとき,又は参議院が三十日以内に,議決しないときは,衆議院の議決を国会の議決とする」が適用される。

③：誤。出席議員の3分の2以上の賛成を要する。

④：誤。出席議員の3分の2以上の賛成を要する。ここが条約の承認との相違点である。

＜　内　閣　＞

STEP ③-18【議院内閣制】　正解は②

①：正。憲法第66条3項の規定。

②：誤。これは内閣について,文民統制（シビリアン-コントロール）を徹底する趣旨で規定したものであり,議院内閣制とは直接関係ない。文民とは,職業軍人の経歴を持たない者,現職自衛官以外の者を指す。

③：正。憲法第63条の規定。

④：正。憲法第69条の規定。

STEP ③-19【内閣の権限①】　正解は③

①：正。政令の制定は憲法第73条6号に規定。

②：正。下級裁判所の裁判官の任命は,憲法第80条1項に規定された内閣の権限である。

③：誤。国政調査権は,内閣ではなく衆参各議院に与えられた権限。憲法第62条に規定されている。

④：正。外交関係の処理は憲法第73条2号に規定。

STEP ③-20【内閣の権限②】　正解は④

①：誤。両議院で可決した法案は法律となる。再議を求める権限はない。

②：誤。最高裁判所長官は,内閣が指名し,天皇が任命する。憲法第6条,天皇の国事行為。

③：誤。憲法改正の公布は天皇の国事行為である。憲法第7条及び憲法第96条2項。

④：正。日本国憲法第72条。

STEP ❸-21【内閣制度】　正解は②

①：正。日本国憲法第68条1項の規定。なお，イギリスでは全員国会議員，アメリカでは議員以外で構成する。

②：誤。内閣官房は現在も存続しており，「内閣官房に代えて」は誤り。内閣官房とは，内閣の補助機関であるとともに，内閣の首長たる内閣総理大臣を直接に補佐・支援する機関である。

③：正。日本国憲法第70条の規定に基づく。そして新しく内閣総理大臣を指名する。

④：正。内閣法第4条に規定されている。

STEP ❸-22【外交にかかわる規定】　正解は①

①：正。条約締結は内閣の権限（憲法第73条）。ただし，国会の承認を必要とする。

②：誤。外国の大使・公使の接受は，天皇の国事行為である（憲法第7条）。

③：誤。外交関係を処理する権限を有するのは「国会」ではなく「内閣」である（憲法第73条）。

④：誤。条約締結を承認する権限は「最高裁判所」ではなく「国会」にある（憲法第73条）。

STEP ❸-23【中央省庁の再編】　正解は④

①：誤。従来の政務次官のポストが廃止され，副大臣と政務官ポストが新設された。

②：誤。行政委員会（公取委や中労委）は民主的・効率的運営のために行政機関から独立している必要がある。行政委員会の独立性は弱められてはいない。

③：誤。経済財政諮問会議は内閣総理大臣のリーダーシップを発揮するために，首相直属機関として内閣府に設置された。財務省ではない。

④：正。内閣府は12の省庁よりも上位に置かれ，行政各部の統一のための企画立案，調整を担う。金融庁所管事項担当，沖縄・北方対策担当などの特命担当大臣が置かれ，経済財政諮問会議，男女共同参画会議，中央防災会議などが設置されている。

STEP ❸-24【内閣総理大臣と国務大臣】　正解は①

①：正。憲法第67条は「内閣総理大臣は，国会議員の中から国会の議決で，これを指名する」としている。よって，首相公選など国民の直接選挙を実施するには憲法改正の手続きを要する。

②：誤。憲法第66条は，内閣総理大臣は文民でなければならないと規定している。なおかつ，自衛隊法第7条は自衛隊の最高指揮監督権は内閣総理大臣が持つと規定している。

③：誤。憲法第63条は「内閣総理大臣その他の国務大臣は，両議院の一に議席を有すると有しないとにかかはらず，何時でも議案について発言するため議院に出席することができる」と規定している。

④：誤。憲法第68条に国務大臣の過半数は国会議員から選出するとあり，国会議員以外の国務大臣もある。選挙に落選した国務大臣が辞職する規定はない。

STEP ❸-25【国家公務員】　正解は④

①：誤。**人事院**は，現在も廃止されていない。一般職公務員の職階・任免・給与その他，職員に関する人事行政や職員採用試験などの事務を取り扱う行政機関。一方，内閣人事局は，2014年に内閣法にもとづき内閣官房に設置された機関で，従来省庁ごとに行ってきた次官や局長などの幹部人事を，首相や官房長官の主導で一元管理することを目的としている。

②：誤。政府委員制度は，1999年に国会審議活性化法により廃止された。

③：誤。国家公務員が利害関係のある営利企業に退職後に再就職することを「天下り」という。各省庁の職員による斡旋は，国家公務員法で禁止されている。

④：正。国家公務員倫理法は，2000年に制定された，公務員の信頼確保のため，国家公務員に適用される倫理基準を定めた法律。

STEP ❸-26【内閣の運営】　正解は⑦

ア－閣議は全会一致による議決が慣行となっている。内閣法で「内閣は，行政権の行使について，全国民を代表する議員からなる国会に対し連帯して責任を負う」と定められていることから。

イ－「内閣の首長」が正しい。内閣法第2条に，「内閣は，国会の指名に基づいて任命された首長たる内閣総理大臣及び（中略）国務大臣をもって，これを組織する。」と明示されている。「同輩中の首席」は明治憲法の規定。

ウ－憲法第74条に「すべて主任の国務大臣が署名し，内閣総理大臣が連署することを必要とする」とある。

<　裁判所　>

STEP ❸-27【特別裁判所】　正解は②

①：誤。下級裁判所。「少年」審判も扱う。通常裁判所の系列である。

②：正。日本国憲法は，特別裁判所の設置を禁止している。大日本帝国憲法下では，皇室裁判所のほかに軍法会議や行政裁判所が設置されていた。

③：誤。特許に代表される知的財産に関する訴訟を扱う。東京高等裁判所の支部という扱い。

④：誤。下級裁判所。通常の司法事件の第一審の裁判所である。

STEP ❸-28【日本の裁判制度】　正解は①

①：正。日本国憲法第37条3項に「刑事被告人は，いかなる場合にも，資格を有する弁護人を依頼することができる」と規定されている。

②：誤。陪審制は戦前の一時期に短期間だが実施されたことがある。間違いやすいので要注意。

③：誤。死刑判決から再審無罪となったものは以下の通り。
免田事件（1948年発生，再審無罪判決は1983年）
財田川事件（1950年発生,再審無罪判決は1984年）
島田事件（1954年発生，再審無罪判決は1989年）
松山事件（1955年発生，再審無罪判決は1984年）

④：誤。例えば国家賠償は国を被告とする。

STEP ❸-29【日本の司法制度】　正解は⑤

A－「裁判の公開」は，裁判そのものを国民の監視下におくことを目的としているので，ウの「公正な裁判」を実現するものである。
　　なお憲法第82条1項で，「裁判の対審及び判決は，公開法廷でこれを行ふ」とし，政治犯罪，出版に関する犯罪，また国民の権利が問題となっている事件の対審は，常に公開しなければならない（同条2項）と規定している。

B－「裁判官の身分保障」は，裁判官に対して不当な圧力がかからないことを保障するものであり，裁判官の独立を守り，アの「司法権の独立」を確保するものである。

C－「三審制」は，第一審や第二審に不服がある場合に上訴（控訴・上告）することができる制度であり，イの「慎重な審理」が適当である。

STEP ❸-30【裁判官や裁判制度】　正解は④

①：誤。最高裁判所の長たる裁判官は，内閣の指名に基づき，天皇が任命する（憲法第6条）。

②：誤。最高裁判所の裁判官は，国民審査で過半数が罷免を可とした場合，心身の故障のために職務を執ることができないと裁判で決定された場合，弾劾裁判で罷免の判決を受けた場合に解職される。

③：誤。裁判の判決は常に公開だが，対審については，裁判官が全員一致で決定した場合には非公開にできる。ただし，政治犯

罪，出版に関する犯罪，国民の権利が問題となる事件の対審は，常に公開しなければならない（同第82条）。

④：正。刑事訴訟法が改正され，生命・身体や自由に関する重大事件の刑事裁判において，2008年から被害者参加制度が実施されている。

APPROACH 🔍 裁判官の身分保障…裁判官が罷免されるケースとして以下のものがある。

1）心身の故障による罷免
2）弾劾裁判
3）最高裁判所裁判官の国民審査

STEP 3-31【裁判官】 正解は④

①：誤。最高裁判所の長官は，内閣が指名する。「国会」ではない。

②：誤。長官以外の最高裁判所の裁判官は，内閣が任命する。長官は天皇が任命する。

③：誤。弾劾裁判所は国会に設置される。最高裁判所ではない。

④：正。最高裁判所の裁判官については，国民審査の制度がある。任命後初めて行われる衆議院議員総選挙の際に実施され，投票者の多数が裁判官の罷免を可とする場合には，その裁判官は罷免される（日本国憲法第79条）。

STEP 3-32【陪審制と参審制】 正解は①

APPROACH 🔍 **参審制**はドイツ・フランスなどで行われている制度で，一般市民のなかから選出される参審員と職業裁判官とが合議体を構成して裁判する。**陪審制**は，アメリカ・イギリスなどで行われている。一般市民から選出された陪審員が，事実認定や有罪・無罪の評決などを行う。刑罰の種類と量刑は裁判官が決める。日本では戦前に事実認定に限定して一時この制度が実施された。日本の**裁判員制度**は参審制の一種とされ，重大な刑事事件の第一審について，原則として裁判官3人と有権者のなかから選ばれた裁判員6人が合議体を構成し，有罪・無罪の判断や量刑を決める。重大な刑事事件とは，殺人・**強盗致死傷・傷害致死・危険運転致死・現住建造物等放火・身の代金目的誘拐・覚せい剤取締法違反**などである。

①：誤。候補者は一般市民（有権者）のなかから選ばれる。

②：正。陪審制とともに，市民の司法参加の一形態。

③：正。評決は原則12人からなる陪審員の全員一致が必要。

④：正。大陪審（起訴陪審）と小陪審（公判陪審）とがある。

STEP 3-33【裁判員制度】 正解は②

ア－重大な刑事事件。裁判員制度は，死刑や無期懲役などに相当する重大な刑事事件の第一審が対象。軽微な刑事事件や，民事事件は対象とはならない。

イ－事件ごと。裁判員候補者名簿への登録は年ごとになるが，裁判員は事件ごとに裁判員候補者名簿の中から，くじで選ばれる。

ウ－任務終了後も。裁判員としての役割は，判決の宣告により終了するが，審理終了後も守秘義務は継続される。評議での意見の内容や関係者のプライバシーなどは話してはいけない。

STEP 3-34【違憲立法審査権①】 正解は①

APPROACH 🔍 違憲判断の方法としては，法律の規定そのものを違憲無効とする**法令違憲**と，その規定の事件への適用を違憲とする**適用違憲**とがある。なお，最高裁が違憲判決を出した裁判には以下のものがある。**尊属殺人重罰規定訴訟**（1973年），**薬事法距離制限訴訟**（1975年），**衆議院議員定数訴訟**（1976・85年），**郵便法損害賠償免除訴訟**（2002年），**在外日本人選挙権制限訴訟**（2005年），**婚外子国籍訴訟**（2008年），**空知太神社訴訟**（2010年）など。最高裁での違憲判決は，最近少しずつ増えてはいるが，全体としては少ない。

①：正。森林法の共有林分割制限規定と財産権の保障が争点となった。違憲判決後，法改正。

②：誤。信教の自由や政教分離が争点となったが，最高裁は合憲と判断。

③：誤。思想・良心の自由が争点となったが，違憲判決は出ていない。

④：誤。最高裁で違憲判決が出されたが，争点は経済的自由権ではなく，信教の自由や政教分離。

STEP 3-35【違憲立法審査権②】 正解は③

①：誤。憲法にはこのような規定はない。

②：誤。憲法にはこのような規定はない。条例は法律と同様に違憲審査権の対象である。

③：正。苫米地事件の判決（1960年）の内容であり，1952年の吉田内閣が行った憲法第69条ではなく，第7条に基づく解散の違憲性が争点となった。最高裁は統治行為論をとり，高度に政治的な内容については裁判所は審査できないとした。

④：誤。最高裁は，具体的な事件についてのみ違憲審査権を認めている。憲法裁判所型（ドイツやフランス）と異なり，抽象的な事件については裁判で争うことはできない。また，下級裁判所にも違憲審査権はある。

STEP 3-36【違憲立法審査権③】 正解は②

①：正。衆議院選挙の「1票の格差」の問題。1976年と1985年に違憲判決が出ている。

②：誤。参議院議員の被選挙権年齢を30歳，衆議院議員の被選挙権年齢を25歳にしていることに，違憲判断が示されたことはない。

③：正。婚外子の法定相続分（嫡出子の相続分の2分の1とする規定）は，2013年に違憲判決が出され民法が改正された。

④：正。2008年に違憲判決が出され国籍法が改正された。

STEP 3-37【国民審査】 正解は③

①：正。参議院議員通常選挙の際には行われないことに注意。

②：正。国民審査は罷免の意思を問う制度であるから×印のない投票は，罷免の意思がないものとみなされる。そのこともあって過去にこの制度で罷免された裁判官はいない。

③：誤。有権者ではなく，有効投票者の過半数の場合（つまり，×印が無印の数を上回った場合）に罷免される。

④：正。公務員の選定・罷免権は，憲法第15条1項に規定。

STEP 3-38【刑事裁判①】 正解は④

①：正。大津事件は，日露関係の悪化を恐れた政府による圧力から司法権の独立を守った事件。大審院長児島惟謙による担当判事への督励。

②：正。ロッキード事件（1976年）は，元首相田中角栄などが逮捕された贈収賄事件で，田中首相は一審・二審とも有罪となったが，1993年田中首相の死去により公訴棄却となった。

③：正。財田川事件は，再審請求によって無罪判決が出た裁判（1984年）である。死刑判決から再審無罪となったケースはSTEP.3-28の解説を参照。

④：誤。恵庭事件は，自衛隊をめぐる裁判の一つであるが，第一審では憲法判断を回避し，かつ控訴されなかったので判決は確定している。なお，統治行為論とは，高度に政治的な国家行為の憲法判断については，司法審査の対象外とするものである。日本国憲法第9条関係では，長沼ナイキ基地訴訟や砂川事件がある。

STEP 3-39【司法制度改革】 正解は①

①：正。日本司法支援センター（法テラス）は司法制度改革の一環として2006年に設立された。

②：誤。裁判員が裁判官とともに事実認定・有罪無罪の決定・量刑の決定まで加わる。

③：誤。弁護士などの法曹人口の「拡大・増加」を図るため。

④：誤。「起訴」ではなく，検察官が「不起訴」にしたことを審査

する。

①：正。検察審査会とは，選挙権を有する国民からくじで選ばれた11人の検察審査員が，検察官の行った被疑者の不起訴処分の良し悪しを審査するもの。検察審査会で起訴相当の議決したものを，検察官が再度不起訴にした場合，もう一度審査を行い，11人のうち8人以上が「不起訴不当」と判断した場合，強制的に起訴を行うことになっている。

②：正。国民審査で，最高裁判所の裁判官が罷免された例はない。

③：正。令和元年（2019年）6月より改正刑事訴訟法第301条の2において，裁判員裁判対象事件及び検察官独自捜査事件の取調べ時の録音や録画が義務付けられた。

④：誤。死刑判決を受けた人が再審により無罪とされた例に「免田事件」「財田川事件」「松山事件」「島田事件」がある。

| STEP ❸-41【少年法】 正解は ⑥

ア－少年法に基づく事件の審理は，家庭裁判所が行う。＜家庭裁判所は，家庭事件の審理や調停，少年の福祉を害する成人の刑事事件も担当する＞

イ－16歳以上の少年が，故意に被害者を死亡させる（殺人事件）など悪質なものは，検察官に送致し，起訴する。これを「逆送」（検察官に送り返すという意味）とよぶ。逆送の後，検察官は地方裁判所に起訴する。

ウ－18歳以上の少年を「特定少年」といい，少年法を適用する。2022年4月1日より民法が改正されて成年年齢が18歳となったが，同時に少年法も改正されて，18・19歳の者が罪を犯した場合には，責任ある立場に応じた取扱いとすることになり，17歳以下の少年とは別に，資料にあるような扱いがなされる。

| STEP ❸-42【司法権の独立】 正解は ②

「司法権の独立を保障する制度に当てはまる記述」との記載がある。司法権（裁判所）への干渉を排除する内容が正答となるので，②の「行政機関による裁判官の懲戒」が正解。他の選択肢の記述内容に間違いはないが，「司法権の独立」の内容ではない。

①：「再審制度」の内容。STEP. 3-40④の解説に再審無罪の事例をまとめている。

③：「裁判の公開」の原則。裁判官が全員一致した場合には非公開にできる。しかし「政治犯罪，出版に関する犯罪又は基本的人権が問題となっている事件の対審」は必ず公開である。

④：罪刑法定主義からくる「遡及処罰の禁止」の原則のこと。

| STEP ❸-43【刑事裁判②】 正解は ④

①：誤。代用刑事施設（または代用監獄）＜具体的には警察署の留置場＞は廃止されず，捜査中の被疑者については，その活用が一般的になっている。

②：誤。裁判員制度は控訴審（第二審）では導入されていない。重大な刑事事件の第一審のみである。

③：誤。少年法第24条3項に，家庭裁判所は少年院送致ができる，と記載している。2007年の改正では，送致年齢をおおむね12歳以上という基準を設けた。

④：正。憲法第40条において，無罪判決を受けたときは，国にその補償を求めることができるとされている。

❾ 行政の民主化と世論 →問題pp.53～55

| STEP ❸-1【行政国家】 正解は②

①：誤。行政国家出現の背景には，福祉・積極国家観がある。行政が市場に介入することに不信感があるならば，夜警・消極国家観の立場にとどまるべきである。

②：正。委任立法とは，行政府が立法府から権限の委任を受けて立法行為を行うこと。国会では大綱を定めるだけにとどめ，具体的・個別的運用やその細則の規定を，各行政機関の専門行政官に委任するケースが増えている。

③：誤。これは行政国家ではなく，夜警国家のこと。

④：誤。行政国家では官僚組織が肥大化し，「大きな政府」になる。

| STEP ❸-2【行政国家化】 正解は①

①：正。委任立法とは，原則のみを法律で規定し，詳細は官僚の判断に委ねられるもので，行政の裁量権が拡大することになる。

②：誤。逆に，行政裁量が拡大する。

③：誤。議員定数の不均衡と行政権の拡大は無関係。

④：誤。行政権の拡大とは無関係。

※行政権の拡大の特徴

・行政国家：行政権が立法権や司法権に優位する国家

・内閣提出法案が多く，議員立法が少ない

・委任立法の増加：法律では大綱のみを定め，細目は行政（政令・省令）に委任する

・補助金行政：巨額の補助金交付による統制

| STEP ❸-3【官僚機構】 正解は③

①：正。首相公選制は，内閣総理大臣を国民の直接選挙で選ぶ制度。現行の議院内閣制のもとでは，憲法改正が必要。

②：正。国政調査権は憲法第62条に規定。衆参両院が持つ権限で，行政各部をチェックすることができる。

③：誤。テクノクラートは専門知識を持つ高級官僚のこと。俗に「キャリア組」ともいう。彼らが国会審議に加わる政府委員制度は，1999年の国会審議活性化法によって廃止された。

④：正。オンブズマン制度についてはSTEP. 3-8の解説を参照。

　＊キャリア組：国家公務員Ⅰ種試験に合格し，中央省庁に採用された職員の俗称（現在は，国家公務員採用総合職試験とあらためられている）

　※天下り：退職した公務員が，政府関係機関（独立行政法人など）や勤務した官庁と関連する民間企業へ再就職すること。国家公務員法では，離職前5年間に在職していた職務と密接に関連する営利企業には，2年間就職を禁止している。独立行政法人などへの天下りを繰り返し，その都度退職金を得る「わたり」現象が問題視されている。

| STEP ❸-4【官僚制】 正解は③

APPROACH　官僚制の特徴には，秩序だった階層構造を持つ形式主義，組織ごとに職務内容や権限が限定されているセクショナリズム，さまざまな申請・決定などを文書で行う文書主義，職務の専門性などがある。

①：正。縦割り行政で，横の連携が不十分。

②：正。秘密主義は官僚制の弊害である。

③：誤。形式主義とは，定められた書類への記入などの手続き自体が目的化することを意味するが，官僚の天下りとは関係がない。

④：正。法律万能主義は官僚制の特徴。

| STEP ❸-5【大衆操作】 正解は②

①：誤。全体主義を推進したのであって，克服ではない。アーリア至上主義，ゲルマン民族の優越を説き，民族や国家の利益を優先した。

②：正。ドイツのナチス党は，ヒトラーの指導の下で急成長し，ヒ

トラーによる独裁政権を樹立した。重要なのは，問題文あるように，ヒトラーが1933年に選挙によって合法的に政権を獲得したことである。大衆民主主義の危険性として指摘される。

③：誤。ヒトラーが宣伝省を設けて，扇動したことは有名だが，テレビの時代ではない。

④：誤。ヒトラーは1945年5月のベルリン陥落を前に自殺している。

▍STEP ❸-6【公的企業などの民営化】 正解は④

①：正。道路関係四公団とは日本道路公団・本州四国連絡架橋公団・首都高速道路公団・阪神高速道路公団のこと。2005年に民営化された。

②：正。1955年に特殊法人として設立された日本住宅公団は，幾度かの組織変更を経て現在は独立行政法人の都市再生機構（UR）となった。

③：正。日本郵政公社は，2005年の郵政民営化法で2007年から民営化された。

④：誤。日本放送協会（NHK）は特殊法人の一つ。税金でも広告収入でもなく，受信料で支えられる公共放送である。

▍STEP ❸-7【構造改革】 正解は④

①：誤。1985年に，日本電信電話公社がNTTに，日本専売公社がJTに，それぞれ民営化されたが，日本道路公団が民営化されたのは，2005年の小泉内閣のときである。

②：誤。特定地域に国家戦略特区を設けて，規制緩和を推進したのは，2013年の安倍内閣のときである。

③：誤。2007年の郵政民営化は，郵便貯金と簡易保険の業務ほか，郵便業務も民営化された。

④：正。構造改革特区は，2002年の小泉内閣が打ち出したもので，地方自治体を対象として設けられた。さまざまな分野での規制緩和によって，地域活性化がめざされた。

▍STEP ❸-8【オンブズマン】 正解は④

APPROACH オンブズマン制度は，スウェーデンで発達した行政監察官制度のこと（1809年成立）。国民や住民の立場から行政などの監察を行う職で，オンブズパーソンともいう。

①：誤。国のレベルでは置かれていない。

②：誤。会計検査院の検査官は公務員であり，オンブズマンではない。

③：誤。そのような事実はない。

④：正。1990年に導入された神奈川県川崎市の市民オンブズマンや，東京都中野区の福祉オンブズマンの例がよく知られている。

▍STEP ❸-9【マスメディアと世論①】 正解は②

①：正。かつてナチスが宣伝省をつくって，世論操作・情報操作を行った事実がある。

②：誤。こうした法的義務はない。

③：正。世論調査の絶対視は危険。同じ質問に対して各社の調査結果が異なっていることに注意が必要。

④：正。報道の自由など表現の自由は，自由権的基本権のうち精神的自由権に属するもので，国民の知る権利の基礎ともなる。

▍STEP ❸-10【マスメディアと世論②】 正解は④

①：正。マスメディアの多様性を示したもの。

②：正。国民の側は，多様なメディアを批判的に使いこなすメディア-リテラシーが必要。

③：正。これをアナウンスメント効果という。

④：誤。日本では，第二次世界大戦前においては内務省，戦後占領期にはGHQ（連合国軍総司令部）による検閲が行われた。

※メディア-リテラシー〔media literacy〕 リテラシーとは本

来，読み書きの能力をさす。国民が多様なメディアを立体的に読み取り，活用する能力のこと。

▍STEP ❸-11【世論の反映】 正解は③

①：正。圧力団体（利益集団）は，特定の利害関心に基づく特殊利益の実現を目的とする。政権獲得はめざさない点で政党と異なる。

②：正。世論は政治に対して大きな影響力をもっており，マスメディアの世論調査は，政治に反映される。

③：誤。族議員とは，特定の分野に精通し，関係の深い官庁などに働きかけ，政策決定などに影響力を持つ議員をいう。なお，国民の意見は世論といわれ，政治には大きく反映される。

④：正。大衆運動は，運動を通して生活者の意思を政治に反映させようとする。公害や基地問題や地域開発などの問題でみられる。

▍STEP ❸-12【天下り】 正解は①

①：誤。天下りは，公務員が退職後に在職中の職務と関係のある企業や団体に再就職することなので，官僚の退職時期を遅らせることはない。さらに定年前の退職が増えるので，若手官僚の昇進の機会は増える。STEP.3-3※を参照。

②：正。③：正。④：正。②癒着も，③受け入れ企業の従業員の勤労意欲の低下もたびたび指摘されているし，④これを渡り問題といい，批判の対象となっている。

▍STEP ❸-13【NPOとボランティア】 正解は②

①：正。1998年にNPOに法人格を与え，その活動の促進をめざしてNPO法が制定された。

②：誤。NPO（非営利組織）は営利を目的とせず，社会に有用なサービスを提供する組織で，運営に必要な職員の有給での雇用は非営利性と矛盾せず，禁止もされていない。

③：正。在宅介護サービスなど，福祉分野で活動するNPOも増加している。

④：正。1995年の阪神・淡路大震災の際，ボランティア元年ともいわれたように，多くボランティア活動が注目された。

▍STEP ❸-14【行政改革】 正解は④

①：誤。行政の許認可権が廃止された事実はない。

②：誤。幹部人事を一元化する組織は内閣人事局。

③：誤。独立行政法人は平成10年の中央省庁再編の際にできた組織である。

④：正。内閣府は，2001年の省庁改編の際に，総理府や経済企画庁などを統合して新設された。

▍STEP ❸-15【行政の統制】 試行テスト 正解は④

APPROACH 行政を統制する方法について，行政内部からか，行政外部からか，法制度に基づくものか，法制度に基づかないかいう基準で4分類し，国の具体例を示したうえで，地方自治体の具体例として（X）〜（Z）を選ばせる。正解率31.7%と低かった。分類基準から丁寧に判断していけば難しくはない。

まずABCDについて，表1より判断する。

行政内部か外部か…Dの「同僚」は行政内部であり，人事院も同じく判断できる。逆にCの圧力団体は外部であり，国勢調査は国民全員，悉皆調査となる。Cが外部，Dが内部と判断できる。

法制度か否かは，Bが「同僚」だから法制度ではないと判断できる。Aは法制度となる。

XYZの選択肢＜監査委員　行政訴訟　新聞報道＞を判断する。まず，法制度でないのは新聞報道のみだから，Y。かつそれは行政の外部。監査委員は行政内部，行政訴訟は外部と容易に判断できる。Xは行政訴訟，Zは監査委員と判断できる。よって答えは④。

21

STEP ③-16【行政委員会】 正解は③

①：誤。労働委員会は公益を代表する委員，労働者を代表する委員，使用者を代表する委員の三者がそれぞれ同数により構成される。斡旋，調停及び仲裁といった労働争議の調整や不当労働行為事件の審査を行う。

②：誤。行政委員会には，規則を制定する準立法的機能や，訴訟の判断をする準司法的機能を有するものが多い。

③：正。人事院は，国家公務員に対する労働基本権の制約の代償措置として，給与等勤務条件の改定等を国会および内閣に勧告する。

④：誤。行政委員会は，行政運営における公正を保つこと，中立性を確保すること，行政の民主化を実現すること，専門的知識の要請に対応することを目的に，行政の長から独立して，行政事務の管理・執行を行う機関である。

STEP ③-17【行政活動と公務員】 正解は④

①：正。1999年国会審議活性化法が制定され，2001年に政務次官と政府委員制度が廃止され，副大臣・大臣政務官制度が導入された。

②：正。中央労働委員会は国の行政委員会であり，準立法的機能や準司法的機能を持つ。戦後アメリカの制度にならって導入。他に，国家公安委員会，公正取引委員会，人事院などがある。

③：正。請願権として，憲法第16条に「何人も公務員の罷免に関し平穏に請願する権利を有する」と規定されている。

④：誤。国家公務員の給与は，人事院の勧告に基づく。人事院は争議権の禁止の代償措置として設置されている。

STEP ③-18【国民と政治】 正解は①

①：正。利益集団は，政党や政府などに圧力をかけて利益を追求する。政党と違い政権獲得を目指さない。

②：誤。「第四の権力」とは，新聞やテレビといったマスメディアのこと。世論の形成に影響を与える。

③：誤。「多数者支配型」ではなく「合意形成型」。「多数者支配型」は多数決を重視し多数派の意図する方向に進もうとする。

④：誤。大衆迎合的な政策を掲げるのは，「直接民主制」ではなく「ポピュリズム」。

STEP ③-19【市民運動と住民運動】 正解は③

①：正。世論と市民運動の高まりから，とくに1970年の国会は公害国会とも呼ばれ，公害対策基本法の改正をはじめ，一連の立法がなされた。1971年には環境庁（現：環境省）が誕生した。

②：正。沖縄県で，1995年の米兵の暴行事件を機とした住民運動から住民投票がなされ，賛成が多数となり，国政が動いている。

③：誤。岐阜県御嵩町では産業廃棄物処分場建設の賛否を問う住民投票が行われた。反対票が8割を超え，建設が中止された。基本的に条例に基づく住民投票の結果に法的拘束力はない。

④：正。法的拘束力を持つ住民投票は例がない。徳島県徳島市が吉野川可動堰建設について2000年に住民投票を行っている（建設反対が多数だった）が，これは法的拘束力を持たない。

STEP ③-20【公正取引委員会】 正解は③

ア：「公正取引委員会」は，独占禁止法を運用することを目的に，内閣から独立して設けられた委員会である。委員長と4人の委員は学識経験者から任命され，委員の任期は5年で合議制をとる機関である。

イ：資料にある独占禁止法第29条2項の文面を見ると，「内閣総理大臣が，両議院の同意を得て，これを任命する。」とあるので，両議院による同意を要件としつつ内閣総理大臣に任命権があることがわかる。

STEP ③-21【行政にかかわる法律】 正解は ②

①：誤。オンブズマン制度は，国政レベルでは設けられていない。

導入している地方公共団体はある。住民の立場から行政などの監察を行う制度。

②：正。1999年に成立した国会審議活性化法において，第8条より第12条まで副大臣の設置に関わる内容が明文化されている。

③：誤。国家公務員倫理法は，平成12年（2000年）に施行。

④：誤。国家公務員制度改革基本法は，平成20年（2008年）に施行。

STEP ③-22【マスメディアと政治】 正解は②

ア：フェイスブックやツイッターなどは，「ソーシャルメディア」または「ソーシャル・ネットワーキング・サービス（SNS）」と呼ばれる。「マニフェスト」は選挙の際に政党が掲げる政権公約のこと。

イ：「政治に対する無力感」ととあるので，「政治的無関心」（「アパシー」）が該当する。「大衆民主主義」（「マス・デモクラシー」）は，普通選挙の実現によって大衆の政治参加が可能になった民主主義の一形態。「教養と財産」のある市民に限定された近代と対比される。

⑩ 政党と選挙 →問題pp.58～61

＜選挙＞

STEP ③-1【日本の選挙制度①】 正解は③

①：誤。戸別訪問は買収などにつながるとして，公職選挙法で禁止。

②：誤。重複立候補が認められているのは衆議院総選挙のみ。重複立候補者は，小選挙区の政党公認候補者で，比例代表名簿にも名前が登載された者。

③：正。衆議院では1996年の総選挙から小選挙区比例代表並立制が採用されたが，それ以前の選挙は中選挙区制のもとで行われてきた。

④：誤。現在でも一票の格差はなくなっていない。それをめぐる裁判も継続している。

STEP ③-2【日本の選挙制度②】 正解は①

①：誤。公職選挙法第138条では，有権者に対する候補者の戸別訪問は禁止されている。

②：正。1997年の公職選挙法の改正により，投票時間の延長が行われた。また2003年の法改正で期日前投票が導入された。

③：正。この重複立候補で名簿順位が同じ場合は惜敗率（小選挙区での落選者の得票数÷当選者の得票数×100〔％〕）で当落が決する。

④：正。非拘束名簿式比例代表制では名簿に順位がなく，政党名または候補者名を記入して投票する。

STEP ③-3【日本の選挙制度③】 正解は④

①：誤。衆議院小選挙区で落選した重複立候補者は，惜敗率と呼ばれる得票比率を基準にして比例区での当落が決まる。

②：誤。地方議会の有権者の年齢は公職選挙法第9条で，立候補者の年齢は同法第10条で，全国一律に定められている。

③：誤。参議院の比例代表選挙では，2001年から，候補者に順位をつけない非拘束名簿式比例代表制が採用されている。

④：正。2005年，最高裁判所は，国政選挙における選挙区選挙への投票権を在外邦人に認めない公職選挙法の規定が，憲法に違反すると判断した。なお，地方選挙や最高裁判所の裁判官の国民審査は対象外。

STEP ③-4【小選挙区制】 正解は②

①：誤。小選挙区制は二大政党制をもたらしやすい。

②：正。議席に反映されない死票が多く出る。小選挙区制は少数党

に不利とされる。

③：誤。同士討ちの問題が生じるのは大選挙区制。

④：誤。小選挙区では政党が候補者数を絞る結果，選択の範囲が狭くなる。また政党主導の選挙となり，選挙民は候補者の人格，識見を判断しにくくなる。

STEP ❸-5 【選挙運動の規制】 正解は②

①：正。事前運動の禁止。選挙運動は公示（届出）から投票日前日までに限定される。

②：誤。2015年の公職選挙法改正では選挙権年齢が18歳以上に引き下げられるなど大幅な変更が加わったが，戸別訪問については，買収と結びつきやすいなどの理由からまだ解禁されていない。

③：正。連座制は1994年の公職選挙法改正で強化された。

④：正。文書図画配布の制限。なお，2013年の公職選挙法改正でインターネットを利用した選挙（投票ではない）が認められるようになった。

STEP ❸-6 【選挙の原則】 正解は②

①：正。選挙への不当な干渉を防ぎ，選挙の公正を確保するための原則。

②：誤。小選挙区制の当選者は1人なので，落選候補者への投票はすべて死票となる。その結果，各政党の得票率と議席占有率との差が大きくなりやすい。

③：正。記述のとおり。逆に納税額等で選挙権を制限する場合を制限選挙という。

④：正。当選者が1人の小選挙区制は大政党に有利で，二大政党化しやすい。一方，比例代表制では小政党にも議席獲得のチャンスがあり，結果として多党制が生じやすくなる。

STEP ❸-7 【得票数と議席数】 正解は②

小選挙区制を想定したもの。一覧の〇印が当選となり，獲得議席数は，A党が3議席（Ⅰ・Ⅲ・Ⅳ），B党が1議席（Ⅴ），C党が1議席（Ⅱ）であり，議席を獲得できなかった政党はない。得票数はB党，C党のほうがあるが，議席数はA党のほうが多い。

選挙区	得票数			計
	A党	B党	C党	
Ⅰ	⟨40⟩	35	25	100
Ⅱ	10	30	⟨60⟩	100
Ⅲ	⟨40⟩	30	30	100
Ⅳ	⟨45⟩	40	15	100
Ⅴ	10	⟨50⟩	40	100
計	145	185	170	500
議席	3	1	1	

①：誤。A党が過半数の3議席。

②：正。

③：誤。得票数の合計が最も多いB党は1議席であり，獲得議席数は最も少ない。

④：誤。得票数の合計が最も少ないA党は3議席で獲得議席数は最も多い。

STEP ❸-8 【両院の選挙制度】 正解は④

①：誤。衆議院の選挙区は小選挙区で289名であり，都道府県単位ではない。都道府県単位を採用しているのは，参議院の選挙区選挙である。

②：誤。衆議院の拘束名簿式比例代表選挙は，政党名を記入する。政党名または候補者名のいずれかを記すのは，参議院の非拘束名簿式比例代表選挙である。

③：誤。参議院の選挙では，重複立候補はできない。重複立候補できるのは衆議院の選挙区選挙。

④：正。参議院の比例代表選挙の選挙区は一つであるが，衆議院の場合には全国を11のブロックに分けて，比例代表選挙を行う。

STEP ❸-9 【選挙制度】 正解は③

①：誤。比例代表制は小選挙区制に比べて，死票を生みにくい。

②：誤。拘束名簿式比例代表制は政党単位での選挙となるから，政党に属さない者が議席を獲得することはできない。

③：正。小選挙区制は，得票が最上位であった1名のみが当選する制度であるから，第2位以下の候補者への投票はすべて死票となる。したがって，大選挙区制に比べて，小選挙区制は死票を生みやすい制度である。

④：誤。例えば，議員の総定数100名の場合，小選挙区制で選挙をすれば選挙区は100となるが，1選挙区あたりの定数が5の大選挙区制で実施すれば選挙区は20となる。このように，小選挙区のほうが選挙区の数は多くなる。

＜政党＞

STEP ❸-10 【利益集団（圧力団体）】 正解は①

①：正。利益集団（圧力団体）は政権の獲得を目標とするものではなく，自らの利益の実現をめざして運動を行う。また政府・政党などに圧力をかける。代表的な利益集団には，日本経団連などの経営者団体，連合などの労働団体，日本医師会などの職能団体などがある。

②：誤。政権の獲得を目的として活動する集団は政党。

③：誤。ロビイスト（lobbyist），ロビー活動はアメリカ合衆国で発達した制度で，ロビイストは司法省に登録され，活動している。日本には，登録制度はない。

④：誤。利益誘導政治は批判されている。政官財の癒着を招きやすい。

STEP ❸-11 【政党①】 正解は⑤

APPROACH 🔍　政党の初期の形態は，有力者・名望家である議員が議会運営のためにつくった名望家政党である。次いで普通選挙の採用，選挙民の激増とともに，議会外に多数の党員を持つ**大衆政党**が登場した。後に，特定の支持者層ではなく選挙民全体の支持を得るような政策をとる**包括政党**が出現するようになった。B，C，Aの順に登場してきたことになる。ドイツの政治学者マックス＝ウェーバーは，政党の発達過程に則し，貴族政党・名望家政党・大衆政党の三段階に分類している。

STEP ❸-12 【政党②】 正解は②

①：誤。無党派層とは，特定の支持政党を持たない有権者のこと。政党公認候補に投票しないわけではないし，選挙のたびに支持政党や投票する候補者をかえる可能性がある。

②：正。明治憲法下の大正デモクラシー期の原敬内閣（1918年成立）が本格的な政党内閣の始まりとされる。昭和初期には，政友会と民政党を中心に政権交代を重ねた。軍部の台頭で弱体化し，1940年の大政翼賛会創立により政党自体が消滅した。

③：誤。議院における議員の投票行動を政党が拘束することを党議拘束という。日本では一般的に行われている。党議拘束は政党の内部規律の問題であり，法律では禁止されていない。

④：誤。自由民主党は自由党と日本民主党が合併（保守合同）して1955年に結党された。第二次世界大戦後初の総選挙は1946年であり，そのときには存在しない。自由民主党の一党優位の成立は1955年であり，55年体制という言葉が生まれている。

STEP ❸-13 【野 党】 正解は①

①：正。日本でも，政権獲得以前の民主党が，イギリスと同様に「ネクストキャビネット」を組織していた。

②：誤。アメリカでは，大統領には連邦議会に対する法案提出権や

解散権はない。

③：誤。内閣提出法案（閣法）が多く，その成立率も高い。野党提出法案の成立は非常に難しいといえる。

④：誤。1993年6月，宮沢喜一内閣のとき，与党である自民党議員の離脱などにより，野党提出の不信任案が可決された。その結果，同年の衆議院総選挙で自民党が単独過半数割れし，8党派による非自民連立政権が成立した。

STEP ③-14【55年体制】 正解は③

①：誤。社会党は1955年に左右両派が再統一し，結成された。同年，保守合同で成立した自民党とともに55年体制を形成した。しかし，勢力比率が後者が1に対して前者はその2分の1程度であったため，「1と2分の1政党制」ともいわれた。

②：誤。「民主党」ではなく「民主社会党」（後に民社党）。55年体制は自民党と社会党を中心とする「1と2分の1政党制」であった。

③：正。1993年の総選挙で自民党は結党以来初めて下野したが，議席数では第一党だった。

④：誤。消費税率の引き上げを行ったのは1997年の橋本龍太郎政権。55年体制崩壊直後に成立したのは1993年の細川護熙政権。

STEP ③-15【連立政権①】 正解は④

APPROACH🔍 日本共産党だけは，どの連立政権の枠組みにも参加していない。公明党や社民党は，自民党などとの連立政権の枠組みに加わった。

STEP ③-16【連立政権②】 正解は④

①：誤。55年体制は，自由民主党と日本共産党を除いた8党派の連立政権（日本新党首班の細川連立政権）が1993年に誕生したことにより崩壊した。しかし，この8党派のなかに自由党という政党は含まれていない。

②：誤。名望家政党は，制限選挙制度のもとで典型的にみられる形態であり，「連立政権によって生まれる」わけではない。

③：誤。アメリカは二大政党制であり，共和党か民主党のいずれかによる単独政権が続いている。

④：正。比例代表制は，少数派の政党も議席を獲得できる可能性が比較的大きい選挙制度であるから，多党制になりやすい。そのため，議席の過半数を制する政党が出現しづらく，連立政権を生み出しやすい。

STEP ③-17【族議員】 正解は②

①：誤。派閥は政党内部で特定の利害・思想などで結びついた集団で，自民党では政権争いや政策決定に派閥の影響がみられる。

②：正。族議員とは，特定の省庁や業界と強い結びつきを持ち，その分野の政策決定に影響力を持つ議員をいう。族議員・官僚・業界の癒着と利益誘導が批判されている。

③：誤。許認可行政は，行政機関が各種の許可や認可の権限を持ち，その権限の行使によって政策が遂行されていることをいう。

④：誤。選挙区への地域的利益誘導は，族議員でなくても無視できない。族議員は業界団体の利益を重視する。

STEP ③-18【政界再編期の政治】 正解は④

①：誤。無党派層から支持を受けた無党派知事が登場したのは2000年代以降。「官僚による地方自治体の支配が強化された」という記述も正確ではない。ただし，官僚出身の知事は少なくない。

②：誤。「派閥が解消された」事実はない。

③：誤。保守合同が行われたのは1955年（日本民主党と自由党）。55年体制形成の契機となった。

④：正。日本新党は1992年に結成。新生党は1993年に結成。翌1994年，これらの政党が集まって新進党が結成（その後解党）。

<総合>

STEP ③-19【日本の制度】 正解は①

①：誤。複数の小選挙区に立候補することは認められていない。小選挙区と比例区の重複立候補は可能である。

②③④：正。選挙と政党の総復習のつもりで，確認しておきたい。

STEP ③-20【政治参加】 正解は③

①：誤。そもそも日本国憲法に政党に関する規定がない。したがって，党議拘束に関する規定もない。

②：誤。公職選挙法は，事前運動を禁じている。

③：正。政治資金規正法が禁止しているのは企業や団体から政治家個人への献金のみである。

④：誤。2013年の参議院議員選挙から解禁された。

STEP ③-21【無党派率】 正解は③

①：誤。55年体制は1993年の細川護熙内閣により終了。無党派率が50%を上回ったのは1997年頃。

②：誤。細川内閣が成立する衆議院議員選挙は1993年で，それ以前は投票率が70%を超えていた。

③：正。国政選挙の投票率が初めて50%を下回った1995年は，「自社さ」連立と言われ，日本社会党の村山富市が内閣総理大臣。

④：誤。民主党の結党は1998年。無党派率が初めて40%を上回った1993年当時はまだ存在していない。

STEP ③-22【選挙と政策】 正解は④

まず，二つの図を構成している政党を確認しよう。

図a（第44回衆議院議員総選挙）では自由民主党が300議席に迫る過半数を占めている。

図b（第45回衆議院議員総選挙）では民主党が300議席を越えて過半数を占めている。

図bの総選挙で政権交代が起こったことが読み取れる。戦後の日本では，1955年の「55年体制」成立後，政権交代は3度ある。

(1) 1993年の第40回総選挙。自由民主党政権から非自民連立の細川政権に変わった。まだ民主党は結党されていない。

(2) 2008年に民主党が総選挙で勝利して政権交代を果たした。

(3) 2012年の第46回総選挙で民主党が惨敗し，再び自由民主党が政権を取り返した。

図bは，図を構成する政党名から，まさに二度目の政権交代があった2008年の総選挙と考えられる。　→ウの細川内閣は1993年第40回であり，不適当。

図aは，民主党への政権交代前の，自由民主党の小泉内閣が郵政民営化を争点に大勝した総選挙と判断できる。小泉内閣後に安倍内閣（第一次），福田内閣，麻生内閣と続き次の総選挙で惨敗し，民主党政権が誕生する。　→イの小泉純一郎内閣は適当。

図a，図bともに「連立政権」が成立している。自由民主党政権では公明党と連立を組み，民主党政権では社会民主党や国民新党と連立を組んでいた。　→アは適当。

以上から，アとイが適当で正解は④となる。

STEP ③-23【近年の政治動向】 正解は①

①：誤。2018年に候補者男女均等法が公布・施行されたが男女の候補者数を均等になることを目指す。理念を掲げている法律であり，罰則規定はない。

②：正。障害者雇用促進法により一定規模以上の民間企業の法定雇用率は2.2%，行政機関の法定雇用率は2.5%と規定された。しかし2018年に国や地方の行政機関で水増し問題が発覚し，2018年に国家公務員障害者選考試験の募集が始まった。

③：正。2018年の公職選挙法の改正により，参議院議員選挙の選挙区の定数が142名から148名に増加した。参議院の選挙区は長い間，都道府県単位で行われてきたが，2016年の選挙から徳島県と高知県，鳥取県と島根県で都道府県をこえた「合区」が成立

した。2019年の選挙から，比例代表の一部に拘束名簿式の「特定枠」を導入した。「合区」で立候補できない県の候補者を救済する措置である。

④：正。ふるさと納税は，2008年にはじまった制度である。返礼品が高額になるなど自治体間での競争が過熱気味になった。そこで，2019年の地方税法改正により，ふるさと納税の返礼品は地場産品で，かつ寄付額の3割以下と規制した。従わない自治体は，ふるさと納税の対象外となる。

┃STEP ❸-24【小選挙区制と比例代表制】 正解は ③

下表より，小選挙区制での各党の獲得議席は，A：3（ア・ウ・エ），B：2（イ・オ），C：0である。同じく比例代表制では，総獲得票数はA：B：C＝200：200：100となり，ドント式で計算すると，A：2，B：2，C：1となる。

①：正。小選挙区制ではA党が3議席で過半数を占めるが，総獲得票数による制度ではA党，B党ともに2議席になり，過半数を占める政党はなくなる。

②：正。C党は総獲得票数による制度では1議席獲得する。

③：誤。B党は両制度とも2議席で，変わらない。

④：正。C党は小選挙区制では議席0だったが，総獲得票数による制度では1議席を獲得する。

■小選挙区制　　　　　　　　■比例代表制（ドント式）

選挙区	得票数 A	B	C	計		得票数 A	B	C	計
ア	45	35	20	100	①	200	200	100	500
イ	35	50	15	100	②	100	100	50	
ウ	45	40	15	100	③	66	66	33	
エ	50	15	35	100	④	50	50	25	
オ	25	60	15	100	⑤	40	40	20	
計	200	200	100	500					
当選数	3	2	0	5		2	2	1	5

┃STEP ❸-25【小選挙区比例代表並立制】

正解　(1)で①を選択の場合　(2)は④
**　　　(1)で②を選択の場合　(2)は③**

次の表のような選挙制度の特徴を確認して解答したい。

小選挙区	得票率の差が議席数に拡大されやすい←死票が多い 二大政党制を導き政権交代が円滑　　→イ 少数政党が議席を得にくい　　　　　→エ 国民の意見を二分しやすい／ 選挙費用がかからない／ゲリマンダーの危険性
比例区	得票率が議席数に反映されやすい　←連立政権に 政党の乱立（小党分立）：政権不安定　→ウ 多様な民意が議席に反映　　　　　　→ア 国民の多様な意見を反映しやすい 選挙費用がかかる

ア：多様な民意が議席に反映→比例区　←小党分立
イ：二大政党制を導き→小選挙区　←死票が多い
ウ：政党の乱立：政権不安定→比例区
エ：少数政党が議席を得にくい→小選挙区

┃STEP ❸-26【政治資金】 正解は①

①：正。政党助成法（1994年制定）により，国民の税金を政党交付金として政党に交付している。交付要件は，＜所属国会議員が5人以上＞または＜所属国会議員が1名以上かつ直近の国政選挙の得票率が2％以上＞のいずれかである。

②：誤。政治資金規正法は，政治団体の収支及び資産等を記載した政治資金収支報告書の提出を義務づけている。報告書の未提出や虚偽記載は処罰される。

③：誤。政治家個人への企業や労働組合からの政治献金は禁止されている（政治資金規正法）。

④：誤。連座制という。選挙運動の責任者や出納責任者などが刑に処された場合，候補者の当選は無効となる。無効となった者は，その選挙区から5年間は立候補できない。

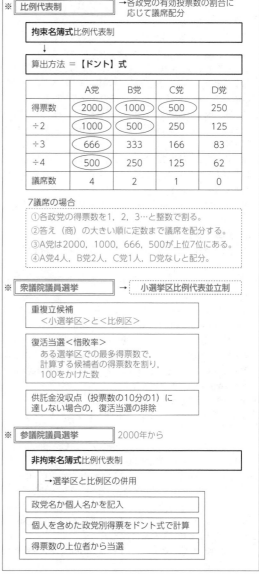

↑比例代表制

⓫ 地方自治 →問題pp.64～67

┃STEP ❸-1【地方自治】 正解は①

①：正。憲法第92条に「地方公共団体の組織及び運営に関する事項は，地方自治の本旨に基いて，法律でこれを定める」と規定されている。地方自治の本旨には，団体自治と住民自治の2つの側面がある。

②：誤。大日本帝国憲法には，地方自治に関する規定がなかった。

③：誤。地方自治の本旨には，団体自治と住民自治という二つの意味がある。団体自治とは，国とはある程度独立して地方公共団体や地方政府などの自治機関が置かれること。住民が自らの意思で地域を担う住民自治との違いに注意。

④：誤。三割自治は，地方自治体の財源や権限が全体の３割程度しかないなど，財源や権限面で自主性が損なわれている実態を指した言葉である。

STEP ❸-2【日本の地方自治制度①】　正解は②

①：誤。首長の解職請求（リコール）は，原則として有権者の３分の１以上の署名によって成立する。しかし，直ちに失職するのではなく，その後住民投票にかけ過半数の同意があれば失職する。

②：正。現在の地方自治制度においては議会には長に対する不信任議決権があり，長には拒否権（再議権）・解散権がある。議会は議員の３分の２以上が出席しその４分の３以上の同意により，長への不信任議決ができる。長は不信任の通知を受けた日から10日以内に議会を解散できる。解散されない場合，長は失職する。

③：誤。住民投票には憲法に基づく特別法の住民投票や地方自治法に基づくリコール請求の住民投票がある。これらは条例の制定を要しない。

④：誤。事務の監査請求は首長に対してではなく，監査委員に対して行う。

STEP ❸-3【地方分権】　正解は④

①：誤。直接請求の一つとして，条例の制定や改廃の請求が認められている。

②：誤。地方議会は，首長に対する不信任決議権を持つ。STEP. 3-2 の解説を参照。

③：誤。行政委員会は首長から相対的に独立した機関であるから，「首長に従属した機関」という記述は不適当。

④：正。地方自治法において，各種の直接請求が認められている。そのうち，首長の解職請求は，有権者の原則３分の１以上の署名をもって選挙管理委員会に請求され，その後の住民投票により過半数の同意があれば失職する。

STEP ❸-4【地方自治は民主主義の学校】　正解は②

APPROACH🔍 イギリスの政治学者ジェームズ＝ブライスは，著書『近代民主政治』で「地方自治は民主主義の最良の学校であり，その成功の最良の保証人である」と述べ，地方行政への住民参加は「共同の問題に関する共同の利益および公共的義務ならびに個人的義務の自覚を市民に植えつけ，これを的確公正に処理しようとする関心を持たせるのに有効である」と説明している。

ブライスに先立ち，フランスの政治学者トクヴィル（1805〜59年）も地方自治の重要性を指摘している。

①：誤。「中央政府をモデル」とせず，地方の独自性を重視することが必要である。

②：正。地方自治は民主政治の担い手を育てる意義を持つ。

③：誤。地方自治体の事務処理能力の拡大を意味する語ではない。

④：誤。ブライスのいう「学校」は比喩であり，実際の学校教育について述べたものではない。

STEP ❸-5【地方分権改革】　正解は②

①：誤。地方分権一括法では「所得税を引き下げ，住民税率を引き上げた」事実はない。これを行ったのは小泉純一郎内閣による「三位一体の改革」において。

②：正。地方分権一括法の中心的な内容。

③：誤。地方債発行に対する国の関与は弱められた。

④：誤。地方自治体の超過負担がなくなった事実はない。

STEP ❸-6【日本の地方自治】　正解は②

①：誤。地方分権一括法により，機関委任事務が廃止され，自治事務と法定受託事務とに再編された。

②：正。憲法第95条に規定がある。「その地方公共団体の住民の投票においてその過半数の同意を得なければ，国会は，これを制定することができない」と定めている。広島平和記念都市建設法制定に適用された。

③：誤。地方裁判所は，地方自治体の機関ではなく，下級裁判所の１つで国の機関である。日本国憲法第76条「最高裁判所及び法律の定めるところにより設置する下級裁判所に属する」とある。

④：誤。住民投票条例に基づく投票結果に法的拘束力は無い。条例は法律の範囲内でのみ制定できる（憲法第94条）。

STEP ❸-7【国と地方自治体との関係】　正解は④

①：誤。国庫支出金は自主財源ではない。国庫から地方自治体に使途を指定して支給される補助金であり，依存財源である。

②：誤。地方交付金「増額」ではなく「減額」した。一方で地方に一定の税源を移譲している。

③：誤。北海道夕張市は，2007年に財政再建団体に指定され，2009年の地方財政健全化法の施行を受けて財政再生団体となっている。

④：正。機関委任事務はなくなり，地方自治体の事務は自治事務と法定受託事務になった。

STEP ❸-8【直接請求制度】　正解は①

①：正。下表参照。

②：誤。「議員の過半数の同意」はいらない。監査請求には，事務の監査請求（地方自治法第75条）と住民監査請求（同法第242条）との二種類があるので注意。後者は有権者の署名は必要なく，１人でも請求できる。

③：誤。住民投票ではなく，首長が議会にかけ，決定される。

④：誤。「議会に付議」ではなく，この場合は住民投票での過半数同意で決める。

請求の種類	必要署名数	請求先	取扱い
条例の制定・改廃請求	有権者の50分の１以上	地方公共団体の長	長が議会にかけ，その結果を公表
事務の監査請求	有権者の50分の１以上	監査委員	監査結果を公表し，議会・長などに報告
議会の解散請求	有権者の原則３分の１以上	選挙管理委員会	有権者の投票に付し，過半数の同意があれば解散
議員・長の解職請求	有権者の原則３分の１以上	選挙管理委員会	有権者の投票に付し，過半数の同意があれば職を失う
副知事・副市町村長などの解職請求	有権者の原則３分の１以上	地方公共団体の長	議会にかけ，３分の２以上の出席，その４分の３以上の同意で失職
住民投票レファレンダム	国が一地方公共団体にのみ適用する特別法の制定・改廃を行うとき　住民の過半数の賛成が必要		

⬆ 直接請求制度

STEP ❸-9【住民投票①】　正解は①

①：誤。公共工事の是非に関する住民投票を禁止する法律はない。

②：正。地方議会議員の解職手続きは，地方自治法第80条などに規定されている。

③：正。憲法第95条に「一の地方公共団体のみに適用される特別法は，法律の定めるところにより，その地方公共団体の住民の投票においてその過半数の同意を得なければ，国会は，これを制定することができない」と規定されている。

④：正。地方自治体が制定した独自の条例に基づく住民投票の結果は，法的拘束力を持たない。こうした住民投票は，諮問型住民投票とも呼ばれる。

STEP ③-10【日本の地方自治制度②】 正解は④

①：誤。首長は議会の議決に異議がある場合は，再議権（拒否権）を行使できる。ただし，議会の再議の結果，出席議員の3分の2以上の同意によって再可決したときは，その議決は確定する。

②：誤。住民投票条例に基づく住民投票は公職選挙法の適用を受けないため，その投票資格は地方自治体の裁量で自由に定めることができる。永住外国人に投票権を与えたり，18歳未満（2016年6月以前は20歳未満の者）の者に投票権を与えたりする事例もある。

③：誤。事務の監査請求は，有権者の50分の1以上の署名を集めて，首長ではなく監査委員に対して請求する。

④：正。情報公開法の公布は1999年だが，それに先だって，1982年に山形県金山町が地方自治体として初めて情報公開条例を制定した。STEP. 3 - 16の④を参照。

STEP ③-11【地方自治体の自主財源】 正解は③

①：正。地方税の税率引き上げは，自主財源の拡大につながる。

②：正。税源の移譲は，自主財源の拡充につながる。

③：誤。地方交付税は国からの依存財源である。国の予算区分では，地方交付税交付金という。

④：正。地方債の起債について，かつては総務大臣または知事の許可を必要としたが，現在では事前協議制（報告のみで済む）に移行している。

STEP ③-12【地方財政】 正解は③

①：誤。許可制から協議制に移行した。STEP. 3 - 11④解説。

②：誤。「7割以上」は誤り，「3割程度」であり，依存財源に頼っている。

③：正。使途は指定されない。STEP. 3 - 14参照。

④：誤。小泉内閣の三位一体の改革は，地方財政の自主性のため国庫支出金の総額は「削減」された。

STEP ③-13【戦後の地方自治体をめぐる動き】 正解は①

A－地方分権一括法が成立したのは1999年。

B－平成の大合併のことである。1999～2010の期間。

C－知事の直接選挙は，1947年の日本国憲法と地方自治法施行後。

D－全国的な革新自治体の増加は1960年代から1970年代。公害対策や福祉の充実が叫ばれた。よってC→D→A→Bの順番となる。

STEP ③-14【地方交付税】 正解は②

①：誤。地方交付税は，国が地方自治体に対して交付するものであり，「国に交付する」は誤り。

②：正。地方交付税は地方公共団体間の財源の格差をなくすために国税の一定割合を自治体に交付するものである。使途の定めのない一般財源であり，行政を一定水準に実施するために交付される。

③：誤。あくまで国から地方自治体に交付するものである。地方自治体同士で交付し合うものではない。

④：誤。上記の解説のとおり，地方交付税は使途の定めのない一般財源であり，「使途を特定し交付する」ものではない。使途を特定したものは，国庫支出金（いわゆる補助金）である。

STEP ③-15【地方自治と地方財政】 試行テスト 正解は⑦

APPROACH　資料1，資料2，資料3の読解を組み合わせる形式。それぞれの資料について，都道府県（道府県）と市町村の二択をする。正解率14.3%と極めて低く，確率上の期待値に近い値になっている。難易度は高くないが，教科書レベルの知識とそれを活用して判断する力をつける必

要がある。税の特徴や地方行政サービスの特質などにも注目したい。

資料1：地方自治法（抜粋）。（X）・（Y）に都道府県か市町村を入れる。地方自治法自体知らなくても，「5（Y）は，（X）を包括する広域の地方公共団体として」の部分を読み取れれば容易に判別できる。都道府県はY。

資料2：都道府県・市町村の部門別の職員数（地方公共団体定員管理調査結果から）の資料である。A・Bに都道府県か市町村を入れる。福祉関係，教育部門，警察，消防と大きな差がある。どの部門をとっても業務の棲み分けがあって判断できるが，例えば警察と消防の棲み分けを考えれば，広域の警察，地域密着の消防として判断できる。都道府県はB。

資料3：道府県税・市町村税の収入額の状況（地方財政白書から）の資料である。ア・イには道府県か市町村を入れる。ここで税金の基礎知識を活用すれば良い。

1）消費税は，10%の場合，国税部分7.8%と地方税部分2.2%になり，国に納付された後で2.2%分が47都道府県に分配される。地方消費税。

2）事業税は地方税法に基づき，法人または個人の行う一定の事業に対して，道府県が課す税金である。

3）固定資産税は，土地や家屋などの所有者がその固定資産の価格をもとに算定された税額を市町村に納める税金である。地方消費税・事業税・固定資産税のいずれかの納付先を知っていれば判断できる。道府県はア。

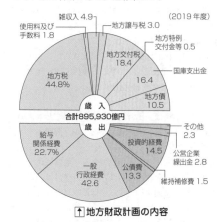

↑地方財政計画の内容

STEP ③-16【国の立法に先行した条例】 正解は①

①：誤。製造物責任法（PL法）は，1994年に制定された法で，製品の欠陥による被害や損害を企業の責任として問うことを可能にした法である。条例では制定されていない。

②：正。環境影響評価（環境アセスメント）は，1976年に神奈川県川崎市が条例を制定した。環境影響評価法（環境アセスメント法）は1997年制定。

③：正。個人情報保護（プライバシー保護）は，1984年に福岡県春日市が条例を制定した。個人情報保護法は2003年制定。

④：正。情報公開は，1982年に山形県金山町が条例を制定した。情報公開法は1999年制定。

STEP ③-17【地方自治の歴史】 正解は①

順番はC→B→A→D。

A－1950年代の昭和の大合併，2000年代の平成の大合併などがあるが，「地方分権改革」「行財政の効率化」から，1999年の市町村合併特例法の改正，地方分権一括法の成立があった2000年代のことだと考える。

B－「公害」で住民運動が活発になったとある。したがって公害が

明らかになってきた1960年代と考える。1970年の国会が公害国会と言われたことから，公害が明らかになったのはその前，と考えてもよい。なお，革新系首長の代表例は1963年横浜市長の飛鳥田一雄，1967年の第6回統一地方選挙の美濃部亮吉である。

C－地方自治法が制定され，「住民が知事を選挙で直接選出できる」とあるから，中央による任命制であった明治憲法から変わった，日本国憲法の施行直後と考える。

D－大都市地域特別区設置法の成立は2012年。大阪維新の会が中心となり，府と市の二重行政の無駄を省くべく大阪都構想の是非を問うた投票が，2015年と2020年に行われたが，二度とも反対が賛成をわずかに上回った。

STEP ❸-18【地方分権改革】 正解は③

ア－地方分権一括法（1999年）に基づいて，国と地方の関係が上下・主従関係から対等・協力関係へと改められた。以前に存在した機関委任事務は，強制力がかなり高く，「上下・主従」の関係となっていた。

イ－地方分権一括法（1999年）に基づき，機関委任事務が廃止され，自治事務と法定受託事務に統合された。都市計画の決定は，病院や薬局の開設許可，介護保険サービスなどと並んで，地方自治体が独自に行う自治事務に再編された。一方，法定受託事務には，国政選挙や旅券交付，国道の管理などがある。

ウ－国地方係争処理委員会は，普通地方公共団体に対する国の関与に関して不服のある地方公共団体からの審査の申出を受け，当該国の関与について審査を行う機関である。大阪府泉佐野市が，ふるさと納税制度において総務省が泉佐野市を不指定としたことを不服として，申し出をしている。

STEP ❸-19【地方財政】 正解は③

①：誤。2003年自治体財政健全化法で定義された。2010年の夕張市が該当したのが2023年現在で唯一の事例。旧・地方財政再建促進特別措置法では財政再建団体と定義され，多くの事例がある。

②：誤。ふるさと納税は，出身地の自治体でなくともよい。この制度は所得税と住民税に控除適用があるが，消費税での軽減税率などは適用されない。

③：正。所得税，法人税ともに国税である。他に酒税，消費税，地方法人税の一定割合が当てられる。地方交付税は国が使途を指定しない。国が使途を指定するのは国庫支出金である。

④：誤。地方債については，かつては許可制だったが，2006年から国との事前協議制となり，国の関与が縮小された。

STEP ❸-20【三位一体の改革】 正解は②

①補助金削減，③国から地方自治体への税源移譲，④地方交付税の見直しが，小泉内閣の「三位一体の改革」である。②地方債発行への国の関与は含まれない。なお地方債発行については，2006年から許認可制を廃し，国との事前協議制となった。

STEP ❸-21【地方選挙】 正解は②

ア－資料a。会話文1行目「議員のなり手が不足」は，立候補者が少なく，無投票が増えていることを指す。さらに，9～10行目に「都道府県（●）や町村（■）の議会議員選挙では，市議会議員選挙（▲）と比べると無投票当選の割合が高い」とある。両方とも，資料aと一致する。

イ－資料b。14～15行目「議会に対する住民の関心が低下」，16～17行目「投票率の変化」から，グラフの数値が低下傾向にある資料b。

ウ－政治的無関心。秘密投票は選挙原則の一つで，誰が誰に投票したか分からないようにすること。

エ－「選挙権を行使しやすくするための制度」は期日前投票。パブリックコメントは，政策を策定していく中で，広く意見や情報

を求める制度。国レベルで行政手続法によるものがある他に，各自治体が定めるものもある。

STEP ❸-22【地方自治の本旨】 正解は⑧

ア－空欄補充の主語は団体自治なので，地方の政治は中央政府から独立して行うという文意に合致する選択肢は「分権」となる。

イ－文中に，，「政治が住民の意思に基づいて」行われなければならないとあるので，住民が最終意思決定権である主権を有するという「民主主義」が文意に合致する。

ウ－文中に，国の地方に対する「関与を法律で限定する」とあり，地方自治体の独立性を高めることになるので「団体自治」が入る。

STEP ❸-23【地方自治体の組織と運営】 正解は①

①：正。住民が直接選ぶこの制度を二元代表制という。憲法第93条で，「地方公共団体の長，その議会の議員…は，その地方公共団体の住民が，直接これを選挙する」と定めている。

②：誤。公職選挙法第10条で地方自治体の議会の議員の被選挙権は，日本国民で満25歳以上の者であると定めている。

③：誤。解職の直接請求は，リコールと呼ばれる。イニシアティブは，条例の制定・改廃の請求が行えるという制度である。

④：誤。副知事・副市町村長の解職請求の請求先は，地方自治体の長（知事・市町村長）であり，選挙管理委員会ではない。

第2章　現代経済のしくみと日本

⑫ 経済とはなにか →問題pp.70～71

STEP ❸-1【機会費用①】 正解は④

APPROACH　「機会費用」とは，選ばなかった行動の中で，得られたであろう最大の便益のこと。似た概念の「トレードオフ」は，一方を選択すれば，もう片方を失う関係性のこと。また，企業が生産活動を行う時の原材料費等を指す「私的費用」に対し，公害対策費等を含めた費用を「社会的費用」という。

9時間かかっていたのが6時間となり，節約できた時間の3時間でアルバイトをすると，時給1000円×3時間＝3000円を稼げる。

STEP ❸-2【機会費用②】 正解は③

この問題で最大利益となる選択肢は，「アルバイトで1800円の給与を得ること」。「1500円の料金を支払ってカラオケで遊ぶ」と，その利益の差は，1800－（－1500）＝3300円となる。

STEP ❸-3【経済学説と経済政策】 正解は④

ア－フリードマンは裁量的な財政政策を，タイミングがずれることにより逆効果であることなどから批判し，一定のルールに基づいた貨幣供給を行う金融政策（k％ルール）のみが有効であると主張した。よってb。

イ－当時，イギリスなどに比べ経済発展が遅れていたドイツのリストは，国家が発展していく段階で自国の未発達の産業（幼稚産業）を守るためには，保護貿易が必要であると主張した。よってc。

ウ－ケインズは，不況時に民間企業や国民による貨幣支出を伴う需要である有効需要の拡大は期待できないため，国家による財政出動が必要であると唱えた。よってa。

STEP ❸-4【小さな政府と大きな政府】 正解は④

「ア」政府から「イ」政府への転換－「市場への国家の介入が…強まっていった」ことから，介入を強めるのが大きな政府なので，ア「小さな」政府からイ「大きな」政府への転換，である。

「ウ」紙幣は，現在の日本でもみられる「エ」紙幣－現在の日本で発行されているのは，不換紙幣なので，ウ「兌換」紙幣で，エ「不換」紙幣，である。

第二次世界大戦後は「オ」貿易－保護貿易の一種であるブロック経済の反省から，固定為替相場制と金ドル本位制を軸とするブレトンウッズ協定が1944年7月に結ばれ，IMF-GATT体制と言われる自由貿易体制を確立していく。文には第二次世界大戦「後」とあるが，協定の締結自体は第二次世界大戦「中」である。

▌STEP ❸-5【費用対効果】 正解は⑧

APPROACH 🔍 「ア」が分母，「イ」が分子なので，イ÷ア＝効率性。支出した費用に対し，どれだけの経済的効果かを出したいので，アー費用，イー経済的利益，である。何となく，数値が大きい経済的効果の方を分母にする受験生がいるが，例えば信用創造が最初の何倍もの預金額を生み出すように，一定の費用を支出すると波及効果により，何倍もの経済的効果が生まれることを知っていれば，ここで出す効率性は1より大きくなることを不自然だと考えなくなる。

a－誤。加工業対策の効率性は，
　　地域A…4.4÷2.0＝2.2，地域B…5.0÷2.0＝2.5，地域B＞地域A。
b－誤。小売業対策の効率性は，
　　地域A…4.6÷2.0＝2.3，地域B…4.0÷2.0＝2.0，地域A＞地域B。
　　cとdを判断するのは，4つを比べる。
1．地域AもBも加工業対策…（4.4＋5.0）÷（2.0＋2.0）＝2.35
2．地域AもBも小売業対策…（4.6＋4.0）÷（2.0＋2.0）＝2.15
3．選択肢cの組み合わせ
　　地域A加工業，地域B小売業対策
　　　…（4.4＋4.0）÷（2.0＋2.0）＝2.1
4．選択肢dの組み合わせ
　　地域A小売業，地域B加工業対策
　　　…（4.6＋5.0）÷（2.0＋2.0）＝2.4

よって，4．の選択肢dの組み合わせの効率性が最も高い。

計算が煩雑そうだが，分母がすべて同じなので，最も分子が大きくなる組み合わせを探せばすぐ計算は終わる。最近の，計算が必要な資料問題では，その計算が簡単に済むような配慮があることがほとんどなので，その仕掛けに早く気付くと，時間が短縮できる。

▌STEP ❸-6【機会費用③】 正解は①

ア：空欄の直後に「他の用途に利用できない」とある。これは，あることを得るためには，あることを失うという意味の「トレード・オフ」の考え。「ポリシー・ミックス」は，複数の政策を組み合わせて実行すること。

イ：メモの2つ目より，利益の順番は，駐車場＞公園＞宅地。最も利益の大きい駐車場に利用すると，メモの1つ目より，選ばなかった中で最大の利益をもたらすはずのものは，「公園」。

⓭ 経済主体と企業活動 →問題pp.74～76

▌STEP ❸-1【株式会社①】 正解は①

①：誤。出資の最低額が1円以上で設立できる。2006年施行の会社法で大きく変わった。

②：正。企業が設備投資などの事業資金を調達するために発行する債券である社債を発行できる。株式は自己資本だが，こちらは他人資本である。

③：正。農業に参入できる法人には大きく二つあり，農業協同組合法が定める法人形態の農事組合法人と，会社法が定める法人形態である株式会社，合同会社，合資会社，合名会社が参加できる。

④：正。所有と経営の分離，または資本と経営の分離という。

▌STEP ❸-2【株式会社②】 正解は④

①：誤。持株会社は第二次世界大戦後の財閥解体に伴い，独占禁止法により禁じられていたが，1997年の改正で解禁された。

②：誤。株式会社設立時の最低資本金額制度は，2006年施行の新会社法で撤廃された。厳密には最低資本金が1円という額に定められたわけではなく，最低資本金は額が指定されておらず，結果として最低単位の1円となる。

③：誤。コーポレート・ガバナンス（企業統治）とは株主などが会社の外から企業活動のあり方をチェックすることである。特に，規制緩和が叫ばれ，外国資本も入ってくるようになった近年では，以前よりも株主側からの要求が強くなっている。企業の利潤を内部留保や次の設備投資に回すだけでなく，配当金として株主に還元する割合を以前より増やすことを要求し，時には企業に対して株主代表訴訟を起こすことに現れている。これらは，株主の権限の「制約」ではなく，むしろ「拡大」と言える。

④：正。利潤は内部留保（＝企業が生み出した利益から税金や配当，役員報酬などの社外流出分を差し引き，社内に蓄積された部分）として一部が企業に残される。企業はこの資金を，内部金融（＝自己金融，企業が経営活動に必要な資金を企業内部で調達すること）として投資資金に利用し，拡大再生産を行ったり，リスクに備えて貯めておいたりする。

▌STEP ❸-3【株式会社③】 正解は②

①：誤。株式会社は有限責任社員のみで構成される。株式会社での有限責任社員とは，株主のことである。無限責任社員のみで構成されているのは，合名会社。

②：正。最高議決機関は取締役会ではない。

③：誤。一人一票ではなく，原則として株式1株につき1個の議決権を有する（会社法第308条1項）。また，一定数の株式を1単元と定め，1単元の株式につき1個の議決権が付与される単元株制度も導入されている。

④：誤。日常の経営の主な決定を行うのは監査役ではなく，取締役である。

▌STEP ❸-4【株式会社④】 正解は④

①：正。多数の人から，株式市場を通じて資金を集められる。

②：正。資金を提供する人が，より多数の人になればなるほど，それらの人が全員経営にあたることは現実的ではなく，まして経営の専門家であるとは限らないため，このような現象が生じやすくなる。

③：正。株式は，返済する義務はない自己資本である。

④：誤。報酬（給与）は従業員が，配当は株主が受け取る。

▌STEP ❸-5【会社企業①】 正解は②

APPROACH 🔍 無限責任とは，会社が倒産したときなどに，会社の債権者に対して負債総額の全額を支払う責任を負うこと。この無限責任を負う者（無限責任社員）を認めている会社形態は，**合名会社**と**合資会社**の2つだが，「合資会社」は無限責任社員と有限責任社員の併存。有限責任を負う者だけで構成される会社形態は，**株式会社**（特例有限会社を含む）と**合同会社**。なお，「社員」とは，一般的な従業員ではなく，会社設立時の出資者である。

A－誤。株式会社だけではなく合同会社もある。

B－正。合名会社で正しい。

C－誤。合同会社ではなく合資会社である。

▌STEP ❸-6【会社企業②】 正解は②

①：誤。独立行政法人は公企業に分類され，国立印刷局など。

②：正。合同会社は，2006年施行の会社法で新たに設けられた会社

形態で，有限責任社員のみで構成される。

③：誤。他人資本とは，返済の必要がある資本のこと。株式発行により株主から調達した資本は，返済の必要がない自己資本である。他人資本である社債と混同しやすい。

④：誤。コーポレート・ガバナンスとは，本文と逆に株主などが経営者の行う企業活動のあり方を監視・チェックすることで，業務の監督のみを行う社外取締役を登用し，業務の執行を行う執行役を設け，監督と執行の役割を分離することなどがある。

STEP ❸-7【会社企業③】　正解は④

①：誤。「有限会社」ではなく「合同会社」。なお，有限会社は会社法施行（2006年）に伴って廃止され，新たに有限会社を設立することはできないが，既存の有限会社の存続は可能である。

②：誤。「株主」による「企業の経営者」の監視がコーポレート・ガバナンスである。

③：誤。日本銀行は法律で定められた認可法人で，その出資額は政府が55％，その他（民間）が45％となっている。

④：正。芸術や文化への支援活動（交響楽団の支援，企業スポーツ参入等）をメセナという。一方，企業による慈善事業や社会貢献活動（チャリティー活動やボランティア活動等）をフィランソロピーという。企業の社会的責任（CSR）の一つとして重視されている。企業が企業外に対して果たす役割という意味では，コンプライアンス（法令や社会規範を遵守すること）やアカウンタビリティ（国民や消費者に対して，自らの行動の内容や結果の説明を行う責任）も重要視される。

STEP ❸-8【企業行動】　正解は④

①：誤。貸出金利が上昇すると，返済の負担が重くなるため，銀行から設備投資のために融資を受けることを控える。

②：誤。売り上げの減少により，利潤や内部留保が減ると，設備投資を控える。

③：誤。在庫を抱えることは，商品が売れないため，負債を抱えるのと同義になり，設備投資に回す資金が減る。

④：正。株価の売却により，自己資本が増えるため，設備投資を増やすことができる。

STEP ❸-9【費用と利潤】　正解は①

①：正。企業内部に蓄えられた利潤は内部留保と呼ばれる自己資本であり，機械設備への投資や自社ビル建設などの原資となる。

②：誤。雇用者報酬ではなく，分配国民所得の企業所得。雇用者報酬は，労働者に分配される賃金などである。

③：誤。企業の利潤は，生産活動で得られた収入から，賃金や原材料などの費用（生産費，コスト）を引いたもの。

④：誤。出資金ではなく配当金。

STEP ❸-10【経済主体①】　正解は④

A・B—正文。それぞれ経済主体としての家計・企業の説明である。

C—誤文。国債を中央銀行が直接引き受けることは原則として禁止されている。すなわち，公債は市中消化されなければならない。これを市中消化の原則という。

STEP ❸-11【経済主体②】　正解は⑤

矢印の左右又は上下同士が，それぞれ支払いとその対価の関係になっていることに気づくと，特定しやすい。

A—家計は政府から社会保険料給付や公共サービスの対価として，企業は補助金や公共サービスの対価として，租税・社会保険料を納付する。

B—家計が企業から対価として配当・利子を受け取っているので，渡すものは銀行預金や株式や社債の購入のおカネである資本。

C—Aの租税・社会保険料の対価として，家計や企業が政府から受け取るものを考えると，道路や公園などの社会資本である。

STEP ❸-12【経済主体③】　正解は④

X，Yの1回目の発言時点では，作図の方向性はあいまいだが，需要側＝消費者，供給側＝企業，であることは決まった。

Xの2回目の発言で，「需要側からの汚染物質の問題は省いて」とあるので，消費者側に汚染物質がある図は除外できる。よって，①と③は除外。さらに，「供給側への政府の対策を作図」なので，②は除外。よって④。

STEP ❸-13【家計】　正解は①

①：誤。現在の高い物価で消費するより，将来の安い物価で買おうとする。

②：正。貯蓄性向が強い場合は，必ずしも当てはまらないが，一般には消費支出を増加させようとする傾向がある。

③：正。資産効果と言い，例えば株式や不動産などの資産を保有している人が，それらの資産価値の上下に伴い，消費を上下させる傾向があることが知られている。

④：正。金利が上昇すると，消費するより貯蓄で利益を得ようとする。

STEP ❸-14【家計と企業】　正解は①

①：正。家計は，保有する株式や不動産などの資産の価格が上昇すると消費額を増やす傾向にあり，これを資産効果という。

②：誤。企業は，銀行の貸出金利が低下すると，利息返済の負担が小さくなるので，設備投資を増加する傾向にある。

③：誤。日本における支出構造は，食料費が26.6％，保健医療費が5.1％となっているので，食料費の方が多くなっている（2022年）。なお，家計の消費支出に占める食費の割合のことをエンゲル係数という。また，家計所得から所得税や社会保険料などを差し引いた残りを可処分所得という。個人についてだけでなく，一国の経済全体についても用いられる。

④：誤。日本における中小企業従業者割合は68.8％，大企業従業者割合は31.2％であるため（2016年），全従業者数の約3分の2を中小企業が占めている。

STEP ❸-15【企業と社会①】　正解は①

APPROACH　社会的企業とは，利潤の追求だけでなく，社会課題の解決をめざす企業で，ソーシャルビジネスともいう。あわせて，投資家側の態度として，環境（Environment）・社会（Social）・ガバナンス（Governance）を配慮した企業に投資する「ESG投資」も知っておこう。

A—「公共性の高い課題を収益が得られる事業にする」から，社会的企業。

B—「法令遵守に加えて，環境保全活動の支援…」から，企業の社会的責任（CSR）。

「内部統制」とは，企業が掲げる経営目標を達成するために，全従業員が守るべきルールや仕組みのことを指す。

STEP ❸-16【企業と社会②】　正解は④

ア—インターンシップ（就業体験）を提供することは，大学の卒業生の思い描く仕事内容やそのやりがいと企業との間の「雇用のミスマッチを防ぐ取組み」といえる。よってb。

イ—障がい者就労支援施設の運営は，社会的弱者やそうでない人が同じように生活できる社会をつくるという「ノーマライゼーションの考え方を実行に移す取組み」といえる。よってd。

なお，cの「トレーサビリティ」とは，生産から加工，流通の履歴を記録・管理し，QRコードなどで追跡や把握ができるようにする仕組みのことである。

STEP ❸-17【企業と社会③】　正解は③

①：誤。企業が行う慈善的な寄付活動は「コンプライアンス」ではなく「フィランソロピー」。

②：誤。開発途上国の一次産品などを適正・公正な価格で販売する

取り組みは、「マイクロクレジット」ではなく「フェアトレード」。製品に認証マークなどが付いている。

③：正。通称NPO法。法人になると、税制の優遇措置などを受けられる。

④：誤。専門家の派遣事業は「有償資金協力」ではなく無償資金協力のうちの、「技術協力」に分類される。

■ STEP ❸-18【企業と責任】 正解は②

①：誤。PPP（Polluter-Pays Principle：汚染者負担原則）についての記述である。EPRとは、拡大生産者責任（Extended Producer Responsibility）の略称で、製品に対する生産者の責任を製品の消費後の段階まで拡大させるという考え方である。

②：正。M&Aは、Mergers（合併）and Acquisitions（買収）の略である。

③：誤。ISO14000についての記述である。SRIとは、社会的責任投資（Socially Responsible Investment）の略称で、投資基準として、環境、人権、そのほか様々な社会問題への経営の取り組みも考慮に入れる投資手法である。環境（Environment）・社会（Social）・ガバナンス（Governance）を考慮した企業に投資するＥＳＧ投資という言葉もある。

④：誤。ストックオプションについての記述である。R&Dとは企業の研究開発活動（Research and Development）のこと。

■ STEP ❸-19【NPO①】 正解は③

①：誤。認定NPO法人になるメリットの一つは、税制上の優遇措置を受けられること。任意なので不要ならば認定NPO法人にはならない。

②：誤。行政とNPO法人の協働事業は、多数存在する。

③：正。NPO法人が所定の手続きを経て国税庁長官の認定を受けると認定NPO法人となり、税の優遇措置の対象となる。

④：誤。NPO法人となり法人格を持つと、寄付を受け取れる。NPO法人の収入源は他に、会員からの会費、助成金や補助金等がある。

■ STEP ❸-20【NPO②】 正解は②

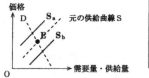 NPO法人設立の要件として、営利活動、宗教活動や政治活動、特定の公職の候補者や政党を支持・推薦・反対する、国定の個人や法人の利益のための事業、などをしてはいけない。

①：誤。特定非営利活動法人（特定NPO法人）は、特定政党の支持を目的として設立することはできない。

②：正。前問19の②と同様。

③：誤。10人以上いる民間の組織でも、要件を満たして資格さえ取得できれば活動可能。

④：誤。民法ではなく、特定非営利活動促進法。

■ STEP ❸-21【日本における企業】 正解は③

①：誤。「リストラクチャリング」ではなく「コーポレートガバナンス」。リストラクチャリングとは、解雇の意味で使われることが多いが、元々は企業が収益構造の改善を図るために事業を再構築することを意味する。

②：誤。利潤の株主への分配率が上昇すると、内部留保へ回す分が減るので、配分率は「上昇」ではなく「下降」する。

③：正。コロナ禍で家に居ることが多くなったため、家の中でも快適に過ごすための消費行動が「巣ごもり需要」である。感染を避けるため、ネット通販や各種のフードデリバリーサービスへの需要が増えたことが代表例である。

④：誤。会社法の制定で、株式会社設立のための最低資本金額は「引き上げられた」のではなく、1円に「引き下げられた」

■ STEP ❸-22【日本における企業②】 正解は①

①：誤。最低資本金額の設定は会社法の改正で廃止され、資本金1

円でも株式会社を設立できるようになった。

②③④：正。

⑭ 市場経済の機能と限界

→問題pp.79～82

■ STEP ❸-1【価格機構①】 正解は④

均衡点Bの位置に「供給」曲線が移動するには、「右」か「下」に移動（シフト）すればよい。

①：誤。消費者 ＝ 需要者。需要曲線が右へ。

②：誤。消費者の人気＝需要増＝需要曲線が右へ。

③：誤。税率の上昇＝生産費の上昇＝供給曲線が左へ。

④：正。技術向上＝同価格でより多く生産＝供給曲線が右へ。または、技術向上＝同数量で安く生産＝供給曲線が下へ。

■ STEP ❸-2【価格機構②】 正解は③

 元の需要・供給曲線を点線で表したのが下図左である。災害の影響を考えると、供給曲線は、供給量が減少すれば左方向に移動し、価格が上がれば上方に移動する（同時もある）ので、どちらでもＳからＳａに移動したと考えられる。

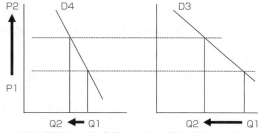

①：誤。ポイントの付与は、需要者側の所得を増やすのと同じなので、需要曲線Dが上方にシフトする。

②：誤。宣伝は、需要の増加を促し、①と同じ動きとなる。

③：正。助成金の支給で、生産費が減少し上図右のようになる。

④：誤。生産者に課徴金を課すことは、生産費の増加と同じなので、供給曲線は上方へシフトし、均衡価格は上昇する。

■ STEP ❸-3【価格機構③】 正解は③

 縦軸を賃金率、横軸を労働時間としているので、問題文の前半「ある一定水準の賃金率までは、賃金率の上昇とともに労働時間を増やしたい」は正比例（右上がり）のグラフ、後半「賃金率が上昇すると労働時間を減らし」は反比例（右下がり）のグラフと考えることができる。

■ STEP ❸-4【価格機構④】 試行テスト 正解は④

X：需要が増える＝同じ価格なら欲しい数量が増える→図1だとDからD2へ右にシフト。

Y：傾きの異なる二つの需要曲線で、同じだけ価格が上がったとき、解説図に示したとおり左のグラフではQ2←Q1の変化量が小さく、右グラフは大きい。価格上昇に対して需要量の変化が少ない方が必需品の傾向が強く、需要量の変化が大きい方は代替品がある場合やぜいたく品と考えられる。

価格変化に対する需要変化の大小を価格弾力性と言い，D4の方が弾力性は小さい。

STEP❸-5 【価格機構⑤】　正解は③

APPROACH🔍 「国際価格と国内価格は1個当たり500円」とある。

これは，国際価格が国内価格より高い時は，輸出をして利潤を得るために，国内の賃金を上げて人を雇うなど製造コストが上がり，結果的に国際価格と同じ値段になる事を表している。これにより，左図のような供給曲線となる。元の値より高くなったので，国内需要量は需要曲線と供給曲線の交点から250個，国外需要＝輸出量は，700個－250個＝450個。輸出額は500円×450個＝225000円で，図中網掛けの面積部分となる。

STEP❸-6 【価格機構⑥】　正解は③

APPROACH🔍 需要・供給曲線が図示されていないので，一般的な需要・供給曲線を描くなどして考えることになる。その際は，需要曲線が移動するのか，供給曲線が移動するのかと，移動方向を考える。

①：誤。野菜が不作となるということは，供給量が減り，「供給曲線」が左方へ移動する。

②：誤。間接税の増税により，消費者が買う以前に価格に転嫁されるため，その分「供給曲線」は上方へ移動する。

③：正。帰省客が増えたことは，需要の増加なので，「需要曲線」が上方（右方）へ移動する。

④：誤。産油国の減産により原油の供給量が減り，「供給曲線」が左方へ移動する。

STEP❸-7 【価格機構⑦】　正解は②

APPROACH🔍 労働を供給するのは労働者側，需要するのは雇用者（企業）側である。現象それぞれが起きると，アは供給曲線が左でイは右，ウは需要曲線が左でエは右へ，と移動する。

①：誤。現象アで供給曲線が左へ，現象ウで需要曲線も左に移動すると，縦軸側の賃金は必ず低下する。

②：正。現象アで供給曲線は左へ，現象エで需要曲線は右に移動すると，縦軸側の賃金は必ず上昇する。

③：誤。現象イで供給曲線が右へ，現象ウで需要曲線を左に移動すると，縦軸側の賃金は必ず低下する。

④：誤。現象イで供給曲線が右へ，現象エで需要曲線を右に移動すると，現象エの移動が少ない場合などは，縦軸側の賃金は必ず低下するとはいえない。

STEP❸-8 【価格機構⑧】　正解は①

「生産者は，当初，賃金の安い児童を多く雇用」が，実線部で示された元の供給曲線である。その後，「生産者は児童を雇用せず，より高い賃金（説明図の矢印幅の分）を支払うようになった」ことから，賃金の上昇がおこり，生産費の上昇を招く。結果，供給曲線は左にスライドする。「他の条件は一定」で需要曲線は変動しないので，新たな均衡点に向かって移動する矢印はAとなる。

STEP❸-9 【価格機構⑨】　正解は③

均衡価格＝平均的生産費＋平均的利潤である。原材料費が上昇すると，平均的生産費も上昇し，均衡価格における利潤は減少する。すると，その価格で供給しようとする生産者＝生産量も減少するため，供給曲線は左に移動する。一方，リンゴジュースの人気が低下

すると，その価格でも欲しいと思う人や量＝需要量も減少するため，需要曲線は左に移動する。以上より，供給曲線と需要曲線がともに左移動した結果，新たな均衡点はウの領域に位置することになる。

STEP❸-10 【市場の失敗①】　正解は③

APPROACH🔍 「市場の失敗」とは価格機構・価格の自動調節作用などが十分に機能していない現象であり，1）**外部経済・外部不経済**　2）**公共財・公共サービス**　3）**情報の非対称性**　4）**不完全競争による独占・寡占**などが挙げられる。なお，3）情報の非対称性とは，売り手と買い手が持つ情報の質や量が異なることで，売買する際に有利不利が起きて価格機構が十分機能しない場合である。

①：正。外部不経済（市場の外部から市場へ，マイナスの作用をもたらす）の典型例。公害も典型例。

②：正。「残る1社のみが価格を…決定」というような価格は独占価格。この市場は不完全競争であり，市場原理が作用せず，市場の失敗といえる。

③：誤。生産の効率化により，単位当たりの生産価格が下がり，供給曲線が右（下）へスライドした結果，アイスクリームの均衡価格が下落する。価格機構が機能している状態の結果である。

④：正。利用者から料金を徴収しにくいために市場原理が働かない。料金を払わなくても利用することをフリーライダー（ただ乗り）という。市場の失敗の例であり，このような場合に，公共財や公共サービスといった形での供給となる場合がある。灯台は，対価を支払わない行為を排除できない非排除性と，複数の消費者が同じサービスを受けられる非競合性の両方を備えているといえる。

STEP❸-11 【市場の失敗②】　正解は③

①：誤。市場原理。需要増→価格の上昇。

②：誤。競争原理。価格競争が起きて利潤が減った。

③：正。環境汚染は外部不経済の典型例。

④：誤。その企業の株の需要減（供給増）→株価下落。

STEP❸-12 【市場の失敗③】　正解は②

ア－「事業者が一社」は独占，「事業者が少数」は寡占。

イ－「買い手が売り手に聞かない限りわからない…」は売り手が情報を独占している状態なので，情報の非対称性。

ウ－工場が作っているモノを売買している市場とは関係なく「交通渋滞」というマイナスの効果が発生しているので，これは外部不経済。

エ－「外灯を点灯すること」は，玄関先や庭を明るくすることが元々の目的だが，それにより「犯罪の発生件数が減少」というプラス効果が発生しているので，これは外部経済。

STEP❸-13 【市場の失敗④】　正解は②

①：正。特許法，実用新案法，商標法，などがある。

②：誤。後半は独占禁止法の内容だが，前半部は全くその趣旨に反している。

③：正。災害対策基本法，建築基準法などがある。

④：正。環境基本法，大気汚染防止法などがある。

STEP❸-14 【寡占・独占①】　正解は④

①：正。管理価格は，プライス・リーダー（価格先導企業）が設定した価格に他企業が追随することで形成される。

②：正。管理価格には下方硬直性があるため，たとえ生産コストが低下しても，企業は利潤の確保を優先して価格競争をしなくなる。これは，寡占市場だからこそ可能である。

③：正。市場占有率（シェア）を上げるために，価格以外の広告・アフターサービス・デザイン等で競争することを非価格競争という。

④：誤。「同一産業内での企業合併」で形成される独占体は，トラ

ストである。カルテルとは，同一産業内の企業が互いの独立を保ったまま販売価格や販売数量などで協定を結ぶことであり，独占禁止法に反する行為である。

STEP ❸-15【寡占・独占②】　正解は①

①：正。市場の企業数が少なくなると，管理価格などにより，価格の下方硬直が起きやすくなる。

②：誤。デザイン・品質・広告など，価格以外の面での競争（非価格競争）が激しくなる。

③：誤。「トラスト」ではなく「カルテル」。

④：誤。規模の利益（スケール・メリット）は，事業規模が大きくなればなるほど，その効果が大きくなるため，企業合併も促進され，市場の独占化や寡占化がより強まる。

STEP ❸-16【独占禁止法】　正解は②

①：誤。公正取引委員会は廃止されていない。

②：正。金融ビッグバンの一環として，独占禁止法の1997年改正により，持株会社が解禁された。

③：誤。2000年代には，日本でもライブドアなどによる敵対的TOB（株式公開買い付け）が行なわれるなど，M&Aの件数は急増した。

④：誤。六大企業集団は，持株会社が禁止されていた時代に，企業集団内の株式相互持ち合いにより形成された。2000年代後半以降は，この形態が薄れつつある。

STEP ❸-17【独占・寡占のメリット】　正解は④

A─公共財には，多くの人が同時に利用できて共通の利益を受けられ（非競合性），費用負担しない他者を排除できない（非排除性）という特色がある。これは，「費用を負担しなかった他者」＝フリーライダー（ただ乗り）を発生させる。

B─「自ら生み出した知識などを一定の範囲内で独占的に利用することや，これを利用する他者から対価を受け取る」権利は，著作物や特許に見られるもので，知的所有権と呼ばれる。

STEP ❸-18【非競合性と非排除性①】　正解は①

①：正。非競合性とは，他の人々が消費を減らすことなく，複数の人々が同時に消費できるものであり，国防・治安などの行政サービスや道路・橋・公園などがある。

②：誤。需要が減少しても価格が下がらないことは，寡占市場での管理価格である。

③：誤。対価を支払わない人によっても消費されるものとは，非排除性を表している。

④：誤。生産を拡大すればするほど，単位当たりの生産費用が低下することは，規模の経済である。

STEP ❸-19【非競合性と非排除性②】　正解は⑤

A─ケーブルテレビの有料チャンネルは，同じサービスを複数の利用者が同時に利用できる。これは非競合性をもつと言える。また，料金を支払う人だけが利用できるサービスで，支払わないと利用できない。これは非排除性をもたないと言える。よって，イ。

B─小さな池にいる魚は，その数に有限性を持つ。これは非競合性をもたないと言える。また，対価を支払わずにだれでも釣りができる。これは，非排除性をもつと言える。よって，ウ。

C─岬の灯台は，同じサービスを複数の利用者が同時に利用できる。これは非競合性をもつと言える。また，対価を支払わずにだれもが便益を享受できる。これは非排除性をもつと言える。よって，ア。

STEP ❸-20【情報の非対称性】　正解は②

（APPROACH🔍）二つの経済主体間で，取引対象の財・サービスの情報に差があることを「**情報の非対称性**」という。中古車市場において，買手より売手の方が中古車

の来歴について詳しいことにより，悪質な財ばかりが流通する市場（レモン市場）となる。

①：誤。"強引"に勧誘するということは，その行為自体が品質に問題がある。これが，強引でない場合は，情報の非対称姓の問題とはならない。

②：正。典型的な例。

③：誤。もし，一般的な旅行者には，旅行先の情報がまったく入ってこないような地域へ行くつもりで，なおかつ，旅行会社だけが被災情報や予測を事前につかんでいれば，情報が非対称といえる。

④：誤。誤操作による購入は，非対称性の問題とはいえない。

STEP ❸-21【外部不経済】　正解は④

①②③：誤。市場を通じて価格，取引量に変動を与えている。

④：正。市場取引の外側で生じた公害であり，外部不経済の典型。外部不経済とは，市場を通さず，個人や企業に悪影響及ぼすことをいう。

STEP ❸-22【外部経済】　正解は④

①②③：正。市場を通じずに価格，取引量にプラスの効果を与えているので，すべて外部経済の例である。

④：誤。市場機構のはたらきによる，価格の値下がりである。

STEP ❸-23【非価格競争①】　正解は②

（APPROACH🔍）「**非価格競争**」とは，価格以外の要素で販売競争をすること。例として，広告宣伝，アフターサービスやデザインの差別化，品質や機能の向上などが挙げられる。価格が変わらないことではないので，意味を取り違えないこと。

①：誤。生産量の割当ては，供給の制限による価格上昇を狙ったものである。

②：正。価格以外での競争はこれだけ。

③：誤。通常の価格機構による競争である。

④：誤。価格を市場で決めないことを非価格競争とは言わない。需要・供給曲線だと，供給が水平となる。

STEP ❸-24【非価格競争②】　正解は①

①：誤。利子率は，貸し借りするときの資金の価格ともいえる。他行よりも貸出利子率を下げて顧客を獲得しようとするのは，通常の価格競争である。

②：正。デザインによる非価格競争である。

③：正。試供品は無料で作れるわけではない。CMのように，その費用は商品の購入費へ転嫁されることになり，この配布は非価格競争である。

④：正。ISO認証の取得をすることにより，企業価値向上を期待し売り上げの向上につなげる目的がある。これも，非価格競争の一種である。

STEP ❸-25【シェア】　正解は②

（APPROACH🔍）ローレンツ曲線の読み方が分かっていれば，解きやすい。

①：正。45度線は，どの企業も売上高が等しいことを示している。

②：誤。45度線に近いほど，格差は小さいので，繊維工業の格差の方が小さい。

③：正。製造業全体の累積企業数割合が80％のとき，累積売上高割合は10％である。

④：正。大企業の売上高割合は，累積売上高割合の上方になる。売上高割合90％は，グラフの縦軸を見たとき上方100％から下方10％までの部分。そのときの横軸は95％以上である。

⑮ 経済体制と経済思想 →問題pp.85〜86

▌STEP ❸-1【アダム・スミス①】 正解は①

　資本主義の発展形態としては，16世紀の問屋制家内工業→16世紀半ば〜18世紀後半のマニュファクチュア（工場制手工業）→18世紀後半の産業革命期の機械制大工業への展開が，歴史的に示されている。よってAはマニュファクチュア，Bは機械制大工業である。

　アダム・スミスが，社会の各人は自己の利益を追求すれば，「見えざる手」に導かれるように，結果的には社会全体の利益を達成することになるという，価格調整機能について述べたのは，主著『諸国民の富』である。よってCは諸国民の富となる。なお，選択肢にある『経済原理』はイギリスの功利主義者J.S.ミルの著書で，人間は生産の法則を変えられないが，分配は人間の意思で変えることができるとして，公平な分配の実現を説いた。

▌STEP ❸-2【アダム・スミス②】 正解は①

① 正。『国富論（諸国民の富）』はアダム・スミスの主著であり，「見えざる手」に導かれて公共の利益を促進する市場の働きを重視した自由放任主義をとなえた。

② 誤。19世紀ドイツの国家社会主義者ラッサールが，自由放任経済を批判して表現したもの。

③ 誤。オーストリアの経済学者シュンペーターが『経済発展の理論』で示した考え方。

④ 誤。比較生産費説は，19世紀イギリスの古典派経済学に属するリカードの主張。

▌STEP ❸-3【アダム・スミス③】 正解は②

① 誤。利己心に基づき，自由に競争することが，全体としての富も最大化させると考えた。

② 正。各個人が自己の利益を追求すれば，あたかも「見えざる手」に導かれるように，結果として社会全体で適切な資源配分が達成されると考えた。

③ 誤。強制労働ではない。ペティ＝クラークの法則で知られるウィリアム・ペティが，人間の労働が価値を生み，労働が商品の価値を決めるという労働価値説を唱え，スミスもその考え方を受け継いだ。

④ 誤。マルクスの思想についての記述である。

▌STEP ❸-4【ケインズ①】 正解は②

① 誤。マルクスの主張。『資本論』第1巻の資本の蓄積過程分析での表現（STEP.3‐15【経済思想の歴史】アの解説参照）。

② 正。不況→倒産→失業→さらなる不況，の逆で，政府が公共事業で人を雇って給与を与えることで，就業→購買→景気の立ち直り，へと持っていく。経済にはこのような連鎖反応（波及効果）があり，政府が行う財政支出の額以上の費用効果を社会全体にもたらす。

③ 誤。マルサスが『人口論』のなかで述べた言葉。

④ 誤。アダム＝スミスの考え方。『諸国民の富』の冒頭で，ピンをつくる際，分業した場合と1人ですべての工程を行った場合との能率の違いという例で示している。

▌STEP ❸-5【ケインズ②】 正解は③

① 誤。マネタリズムを主張したのはアメリカの経済学者フリードマンで，政府は一定ルールに基づいた通貨供給のみが経済政策として効果があるとして，裁量的な財政政策を主張するケインズの有効需要政策を徹底的に批判した。

② 誤。ケインズは，労働市場に委ねていたのでは完全雇用は実現しないと考えた。

③ 正。ケインズは，政府による有効需要の創出によって完全雇用が実現されると主張した。

④ 誤。ケインズは，政府の役割を「市場の失敗」の克服に限定せ

ず，より積極的な介入による有効需要の創出が必要であると説いた。

▌STEP ❸-6【産業革命】 正解は③

① 誤。産業革命により産業が機械化されたことで，それまでの熟練男性労働者が不要となり，代わりに安価な労働力である児童や女性が大量に雇用された。

② 誤。ラッダイト運動は，失業した熟練労働者達による機械の打ちこわし運動。

③ 正。チャーティスト運動は，産業革命後の19世紀前半にイギリスの労働者が起こした普通選挙獲得運動である。

④ 誤。自給自足→問屋制家内工業→工場制手工業（マニュファクチュア）→工場制機械工業，の順番である。

▌STEP ❸-7【技術革新】 正解は②

① 誤。アダム・スミスは古典派経済学の創始者。自由放任の政策（レッセ-フェール）を唱えた。

② 正。シュンペーターは『経済発展の理論』において，資本主義経済を発展させる根本要因は，企業家によるイノベーションの遂行であるとした。

③ 誤。マルサス（古典派経済学）は主著『人口論』で，「人口は幾何級数的に増加するが食糧は算術級数的にしか増加しない」ために，貧困や悪徳が必然的に発生すると説いた。

④ 誤。リカード（古典派経済学）は，比較生産費説により，自由貿易の利益を説明した。

▌STEP ❸-8【経済学説①】 正解は①

A－ケインズは財政政策と金融政策両面を主張していた。これに対して，ここには出ていないが，フリードマンらマネタリストは，財政政策は，その効果が期待される時期と効果が出る時期のずれが大きいことなどから財政政策には否定的であり，裁量的ではない一定のルールによる金融政策の有効性を説いた。アと結びつく。

B－マルクスは資本主義を子細に分析し，その批判を通して社会主義への移行を主張した。資本家と労働者階級の対立などがキーワードとなる。イと結びつく。

C－リストは保護貿易を主張したドイツの経済学者。ただ，彼の主張は偏屈な保護主義の立場からではなく，自国の幼稚産業を守るという視点からのものである。自由貿易を主張したイギリスの経済学者リカードの立場と対比されることが多い。ウと結びつく。

▌STEP ❸-9【経済学説②】 正解は①

① 正。スミスの主張が小さな政府にあることを思い出そう。政府の役割が小さいということは，国民に求める「義務」も小さくなる。後半の「公共事業を行い公共機関を設立し維持する義務」が，ケインズと紛らわしい。しかし，ここの本来の文章は，「どのような個人または少数の個人にとっても，その設立と維持がけっして利益になりえないような，特定の公共事業と特定の公共機関を設立し維持する義務」であり，市場で供給されない財・サービスに政府の役割を限定したものである。省略しすぎて本来の意味がとりにくくなっているので，消去法になるかもしれない。

② 誤。「完全雇用」＝「非自発的失業（働く意思があるのに需要不足で機会がないための失業）が存在しない状態」，を解消するために有効需要政策を説いたのがケインズ。また，「富および所得の恣意にして不公平な分配」を緩和するのが財政政策の役割だったことを思い出しても，主に財政政策による景気刺激策を説いたケインズにたどり着ける。

③ 誤。「同じ」工業的発達の状態のときしか「自由競争」は有益に作用しない，ということは，その解決策として「差がある」

状態，すなわち工業化の進んだイギリスと遅れたドイツのケースを考えたリストが思い浮かぶ。

④：誤。「剰余価値説」は，労働者が提供した労働の価値よりも，生産した財の価値が多く，その「余剰」分の利益を「資本家が労働者から搾取」している，というマルクスの主張。

▐ STEP ❸-10 【経済学説③】　正解は⑥

A－各国が比較優位に立つ貿易品に労働力を集中して貿易したほうが，結果的に双方にとって利益となる，という「比較生産費説」を主張したのは，リカード。よって，オ。

B－イノベーション（技術革新）が経済を変動させるという理論を構築したのは，シュンペーター。よって，エ。

C－経済社会の発展につれて，第一次産業から第二次産業，第二次から第三次産業へと産業の比重が移っていくという法則を示したのは，クラーク。ペティの著作の内容をもとにしたため，ペティ＝クラークの法則ともいわれる。よって，ウ。

D－政府や第三者が全体を調整せずとも，個々人が利己的に利益の追求をすれば，それが全体の利益と合致するという主張を展開したのは，スミス。よって，ア。

残ったイのアマルティア＝セン（1933～）は，インド生まれの厚生経済学研究者。貧困の原因を，それまでの経済学とは異なり，市場の失敗に帰結するとしたことで有名となる。

▐ STEP ❸-11 【経済学説④】　正解は③

①：誤。アダム・スミスは『国富論』で重商主義を批判し，関税の撤廃を唱えた。

②：誤。ケネーは農民に負担を強いるフランス重商主義（コルベール主義）を批判し，穀物の輸出自由化などの自由放任主義（レッセ・セール）を唱えた重農主義者である。また，『経済表』で経済活動の循環を説明した。

③：正。リカードは『経済学および課税の原理』の中で，比較生産費説に基づいて自由貿易を主張した。

④：誤。リストはドイツの経済学者で保護貿易を主張した。

▐ STEP ❸-12 【経済学説⑤】　正解は⑥

A－マルクスは，資本主義の構造を分析し，資本家による労働者の搾取が利潤を生み出すメカニズムなどを説明した。よってウ。

B－ケインズは，購買力に裏付けられた需要である「有効需要」の不足が失業を生み出すので，政府が有効需要を創設することで完全雇用が達成できると主張した。よってエ。

C－重商主義とは，富＝金・銀，と考え，これらの流出を阻止するため，輸出を促進して輸入を制限する保護貿易的な主張。よってイ。

残るアの自由放任（レッセ・フェール）は，重農主義者などが盛んに使い始め，その後にアダム・スミスなども使用している。

▐ STEP ❸-13 【社会主義経済の変容①】　正解は①

APPROACH 🔍　現在も社会主義の立場をとる国は，医療分野で独自の路線をとるキューバなどがある。かつて社会主義国が多かった東欧諸国やソ連邦を構成していた各共和国，世界で二番目の社会主義国モンゴルなどは，ソ連崩壊とともに資本主義国へと移行した。

①：正。中国は「世界の工場」ともいわれた。現在は「世界の市場」へと変化した。経済発展の著しいBRICS（ブリックス）の中心国。

②：誤。コメコンは，1991年に解体。

③：誤。ドイモイはベトナム。「刷新」の意味。1986年に提唱された，市場経済の導入による経済改革をさす。北朝鮮も社会主義体制をとるが，ここでは「主体（チュチェ）思想」といって国家活動の全分野で自主・自立・自衛の革命路線を徹底することが推進されている。

④：誤。ソ連は1991年に解体してロシアを中心とする独立国家共同体となった。共産党一党支配も崩壊している。

▐ STEP ❸-14 【社会主義経済の変容②】　正解は②

①：誤。ドイモイとは，市場原理を取り入れる経済の開放政策のこと。1986年から実施された。憲法中でも市場原理の導入が明記されている。

②：正。1985年にソ連の共産党書記長に就任したゴルバチョフは，グラスノスチ（情報公開）とペレストロイカ（建て直し）をスローガンに経済の再建を図った。様々な情報や思想がソ連国内に入ることで政治の自由化が促進されたソ連は1991年に解体した。

③：誤。中国は1978年から鄧小平の打ち出した改革・開放政策を採り，1993年には憲法に社会主義市場経済を明記した。これにより市場経済が取り入れられ，株式会社も設立されている。

④：誤。ハンガリーやポーランドなど東欧の10か国は，2004年にEUに加盟している。ただし，この2国などは，通貨ユーロの使用までに至っていない。

▐ STEP ❸-15 【経済思想の歴史】　正解は②

ア－「資本家が労働者から搾取することのない社会の実現」は，マルクスの「資本主義→社会主義（→共産主義）」という歴史観（唯物史観）である。

　　商品経済の資本主義では，「生産手段を所有する資本家階級」は，生産手段（工場・機械・土地）に労働力を加えて商品生産をするが，生産手段を持たない労働者階級は，自らの労働力を商品として資本家に販売する以外に収入を得る方法がない（労働力の商品化）。こうして資本家と労働者の分化と対立が生まれ，搾取（労働力という商品の特殊性＜剰余価値（**STEP ❸-9** 【経済学説②】の④の解説＞から説明）が生まれる。

　　マルサスは，『人口論』で「食糧は算術級数的にしか増えないので，人口の幾何級数的な増加」に対処できず，貧困や悪徳が発生すると主張した。イギリス古典派経済学。

イ－「個人の自由な選択を重視し，政府による裁量的な政策をできる限り少なくする」は，「公共事業の増大や社会保障制度の拡充など，政府が経済へ積極的に介入する」ことへの批判である。ここで批判されているのはケインズ流の大きな政府である。1970年代のスタグフレーションの時期にケインズ経済学が行き詰まり，「政府の経済介入は効果がない」と主張したのがフリードマンなどマネタリストの経済学者だった。貨幣の役割を重視し，景気対策としては財政政策よりも金融政策を重視する。

　　ガルブレイスは，『ゆたかな社会』を著し，また現代経済の担い手が専門的な経営管理者層であることを明らかにした。

▐ STEP ❸-16 【経済と社会】正解は①

①：正。アマルティア・センはインド国籍の経済学者で，1998年にノーベル経済学賞を受けた。人間の潜在能力（ケイパビリティ）を一人一人が発揮できる状況にすることが経済発展を促し，貧困からの脱出につながると主張した。

②：誤。ロールズは，生産の効率を重視するのではなく，社会の富の分配が正義の理論に基づいて行われなければならないと主張した。

③：誤。マルチカルチュアリズム（マルチカルチュラリズム，多文化主義）は，民族は各自の文化と同様に，他民族の文化をも尊重すべきだという理念や立場で，カナダ政府やオーストラリア政府の立場として有名。異なる文化に属する人々を排除しようとする立場は，自文化中心主義（エスノセントリズム）と呼ばれる。

④：誤。「修正資本主義」ではなく，ケインズ的な政策の行き詰まりを批判し，再び小さな政府を主張する「新自由主義」。

⓰ 国民経済と景気変動 →問題pp.89〜91

▌STEP ❸-❶【GDPの計算①】 正解は④
B：GNP＝GDP＋海外からの純所得 ＝500＋20 ＝520 →ウ。
A：NNP＝GNP－固定資本減耗 ＝520－100 ＝420 →イ。
C：NI＝NNP－間接税＋補助金 ＝NNP－（間接税－補助金）
＝420－40 ＝380 →ア。

▌STEP ❸-❷【GDPの計算②】 正解は①
ア－国民純生産（NNP）
＝国民総生産（GNP）－固定資本減耗
イ－国内総生産（GDP）
＝国民総生産（GNP）－海外からの純所得

▌STEP ❸-❸【GDPの計算③】 正解は③
①：正。分配国民所得は，雇用者報酬（雇用者所得）と企業所得および財産所得で構成される。
②：正。支出国民所得は，投資（民間投資＋政府投資）と消費（民間消費＋政府消費）および経常海外余剰で構成される。なお，経常海外余剰＝（輸出＋海外からの所得）－（輸入＋海外への所得）
＝（輸出－輸入）＋（海外からの所得－海外への所得）
＝（純輸出）＋（海外からの純所得）
である。
③：誤。国民総所得（GNI）は，国内の総生産額から中間生産物額を差し引いたもの。なお，国民純生産（NNP）は，国民総生産（GNP）から固定資本減耗を差し引いたものである。
④：正。国民総所得（GNI）＝国民総生産（GNP）であり，分配面と生産面の違いだけで，額は同じとなる。

▌STEP ❸-❹【国民経済計算】 正解は①
①正：「一国における，ある時点の実物資産と対外純資産の合計」とは国富のこと。フローは消費や所得などにおいて一定期間の財・サービスや貨幣の流れをみるもので，代表的なものには，例えばGDPや国民所得（NI）などがある。
②誤：これは国内純生産（NDP）の説明。国民所得はさらに「間接税－補助金」を差し引く（価格表示で間接税の分だけ高くなっている額と補助金の分だけ安くなっている額を修正する）と計算できる。
③誤：グリーンGDPは，GDPから環境を悪化させないために追加的に必要な経費の推計額を差し引いたもの。
④誤：これは実質経済成長率の説明。

▌STEP ❸-❺【GDPの計算④】 正解は③
三面等価の原則よりGNE（国民総支出）＝GNP（国民総生産）
＝GNI（国民総所得）なので，①②は正しい。
海外からの純所得＝海外からの所得－海外に対する所得
＝27兆円－9兆円＝18兆円
GDP＝GNP－海外からの純所得＝534兆円－18兆円＝516兆円
GDP＝516兆円＜GNP＝534兆円 なので，③が誤り。
④総需要Y，民間最終消費支出C，政府最終消費支出G，貯蓄S＝総資本形成I，外需＝輸出－輸入＝X－M，とおくと，
総需要Y＝内需＋外需
＝C＋G＋I＋（X－M）＝292＋93＋123＋（92－84）
＝内需（508兆）＋外需（8兆）＝516兆円
内需（508兆）＜総需要（516兆），となり正しい。

▌STEP ❸-❻【国富①】 正解は①
APPROACH 国富の定義は，「**国内の非金融資産**（土地，建物，在庫，機械）」と，「**対外純資産**（海外の保有資産）」であり，国内の金融資産は含まない。よって国富はストックの概念だが，"マネーストック"という言い方に惑わされて，金融資産を国富に入れないこと。

②③④：正。機械・建物・森林は，所有者にかかわらず，有形固定資産として国富の計算に含まれる。

▌STEP ❸-❼【国富②】 正解は②
考え方は前問と同じ。国富の構成要素には株式などの金融資産は含まれない。株式の保有者によっては資産であっても，発行している企業にとっては負債となり，相殺される。

▌STEP ❸-❽【経済成長率】 正解は④
APPROACH 実質経済成長率（％）
＝100×（今年の実質GDP－前年の実質GDP）÷前年の実質GDP
実質GDP＝名目GDP×100÷GDPデフレーター
2000年の実質GDP＝500兆円×100/100＝500兆円
2001年の実質GDP＝504兆円×100/ 96＝525兆円
よって，実質経済成長率（％）
＝100×（525－500）÷500 ＝5％

▌STEP ❸-❾【物価】 正解は③
①：誤。物価が下落すると負債金額は実質的に増加するので，貸し手の損失にはならず，借り手の損失となる。
②：誤。物価が持続的に上昇すると，実質経済成長率は名目経済成長率よりも低い値となる。名目GDPが変わらずGDPデフレーターだけが上昇したと仮定して考えてみると分かりやすいだろう。
③：正。物価水準の持続的な上昇，すなわちインフレーションは市中の通貨残高（マネーストック）が過剰なときに起こる。日本銀行が売りオペレーションを実施するとマネーストックは減少するので，物価上昇が抑えられる。
④：誤。労働生産性の上昇＝財・サービスの数量供給の増加，賃金の増加＝貨幣の供給の増加，と考えてみる。例えば1年間で作り出した財・サービスの量が1割増えたのに対し，賃金が1割以上増えると，インフレーション＝物価の上昇となる。

▌STEP ❸-❿【所得格差①ローレンツ曲線】 正解は④
①：誤。不平等が大きくなるほど45度線から乖離するため，不平等の度合いは，Aの方が「小さい」。
②：誤。曲線Bを見ると，所得の低い方から80％の人々が「全体の所得の40％」を占めている。これは，所得の高い方から上位20％の人々が「全体の所得の60％」を占めていることを意味している。
③：誤。同じ割合で増えるのであれば，ローレンツ曲線の形状に変化はない。ためしに▲のマーカーで示されるBのグラフを数値化し，さらにその数値を同じ割合である50％増しにしてみると，曲線Bとほぼ同じ形であることが見て取れる。

氏名	所得	所得の累積	所得50％増	所得50％増の累積
Aさん	40	2％	60	2％
Bさん	80	7％	120	7％
Cさん	150	16％	225	16％
Dさん	400	40％	600	40％
Eさん	1000	100％	1500	100％

元の所得の累積の数値と，所得50％増し（1.5をかける）の累積の数値は変わらないことが分かる。もちろん，45度線の所得分布に近づくこともない。
④：正。所得の低い方から80％までの人々が全体の所得の60％を占めていることが，グラフからわかる。

▌STEP ❸-⓫【所得格差②ジニ係数】 正解は③
①：誤。「小さい」ではなく「大きい」。
②：誤。「縮小」ではなく「拡大」。

36

③：正。「改善の度合い」とは，当初所得のジニ係数と再分配所得のジニ係数との差のこと。この差が大きいほど，改善の度合いが大きいといえる。

④：誤。「大きい」ではなく「小さい」。1972年の当初所得0.354に対して2011年の再分配所得は0.379であり，前者の方が小さいことがわかる。

▌STEP ❸-12【物価の動き】 試行テスト正解は③

APPROACH 🔍 試行テストも，すべての問題が思考力を見る新傾向の問題というわけではない。従来型の問題だが，十分に判断力・思考力を必要とする。正解率39.4％は少し低いといわざるを得ないが，従来の学習で十分対処できる。

①：誤。総需要＜総供給，は超過供給なので値下がりにつながり，デフレ。

②：誤。労働生産性の上昇は，効率よい生産につながるので，生産コストを下げ，供給曲線を下げる。逆に，生産コストの上昇は供給曲線を上げる。前者が大きいと均衡点は下がり，デフレ。

③：正。細かく正確にいうと，インフレ期でも不況（のスタグフレーション期）では，返済の負担は減らない。しかしインフレ期が好況期であれば，収入の増加や貨幣価値の下落につながり，返済負担が減る。①②④が明らかに×で，③が△なので消去法でこれ。

④：誤。賃金が変わらず物価が上昇すると，購買できる数量は減る。

▌STEP ❸-13【景気循環】 正解は③

APPROACH 🔍 景気循環（景気変動）には，それを発見した学者の名前がついた，四つの代表的な波がある。各波の名称とともに，それが起こる原因や期間も理解する。なお，循環周期の長さには紹介する資料により多少の幅がある。

①：誤。コンドラチェフの波＝旧ソ連の経済学者コンドラチェフが発見。技術革新，技術や産業，エネルギーなどの大きな変革や交代によるとされ，約50年周期の波。

②：誤。クズネッツの波＝アメリカの経済学者クズネッツが発見。建て替えなどの建設需要の増減によるとされ，約20年周期の波。

③：正。ジュグラーの波＝フランスの経済学者ジュグラーが発見。企業の設備投資の増減によるとされ，約10年周期の波。主循環である。

④：誤。キチンの波＝アメリカの経済学者キチンが発見。企業の在庫変動の増減によるとされ，約40か月周期の波。

▌STEP ❸-14【景気変動の理由】 正解は②

①：誤。短期間の急激な物価上昇はインフレーション。そのスピードにより，クリーピング-インフレーション（忍びよるインフレ），ギャロッピング-インフレーション（駆け足のインフレ），ハイパー-インフレーション（超インフレ）などに分類される。政府は，クリーピング-インフレーションをめざす経済政策をとることが多い。デフレ-スパイラルは，デフレと不況が悪循環を繰り返し，好況に向かっていけない状態である。

②：正。インフレーションの要因のうち，(a)貨幣による要因は，貨幣の過剰供給によるものである。さらに，(b)モノによる要因（＝実物的要因）には，⑦需要側の要因であるデマンド-プル-インフレと，⑦供給側の要因であるコスト-プッシュ-インフレがある。⑦の要因は，デマンド（＝需要）の言葉どおり，供給量を超えた需要がある場合であり，品薄の状態がこれにあたる。⑦の要因はコスト（＝費用），つまり原料供給側の賃金や材料費などが上昇して起こる。

③：誤。景気停滞と物価の上昇が同時に起こるのがスタグフレーション。文中のように，景気が停滞して物価が下落するのは，デフレーションである。

④：誤。好況期には景気が上向き，後退期には景気が下向きになるので，合わせて考えてみると，これは景気の谷ではなく，山である（右上図参照）。

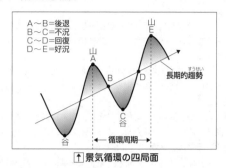

↑景気循環の四局面

▌STEP ❸-15【所得格差の是正】 試行テスト 正解は④

APPROACH 🔍 ジニ係数の出し方自体は知らなくても解ける。正解率69.1％。資料の読み取りと，それを活用して判断する力を見ることをねらいとしている。

資料1より，所得の再分配後には a 国は $0.3 \div 0.4 \times 100 = 75$ ％，β 国は $0.3 \div 0.5 \times 100 = 60$ ％なので，a 国は所得格差が25％，β 国は40％縮まっている事が読み取れる。

資料2では，資料2-1と資料2-2を比較する必要がある。その違いは800万円超の部分にある。資料2-2の方が，段階を細かくしてさらに税率も高くなっていることがわかる。所得格差を縮小して再分配を促進するためには，累進税率をより高所得者層に高く設定すればよいので，資料2-2となる。

▌STEP ❸-16【フィリップス曲線】正解は④

APPROACH 🔍 いわゆる「フィリップス曲線」で，物価上昇率（インフレ率，賃金上昇率と読み替えてもよい）と失業率の間に反比例（負の相関と考えてもよい）があることを示している。この曲線自体を知らなくても，既習知識で対応できる。ただ，前半部のグラフ読み取りと合わせて正誤を判断していく必要があるため，チェックすべき項目が多く，丁寧にやると時間がかかる。時間が無い時は，選択肢前半で「誤」と判断したら後半を読み飛ばし，次の選択肢を読むのもありだろう。

①：誤。前半部のグラフ読み取り部分は合っている。間接税の導入や税率の上昇により消費者物価が上昇する現象は，生産コストの上昇が消費者物価に転嫁されたためなので，「ディマンド・プル・インフレーション」ではなく「コスト・プッシュ・インフレーション」。

②：誤。前半部のグラフ読み取り部分は合っている。負の相関関係のうち，失業率が上がり物価が下がればデフレ，逆ならインフレなので，どちらもあてはまらない。スタグフレーションなら失業率とインフレ率が共に上昇する。

③：誤。2002年以降は，2000年代末のリーマン・ショックによる一時的な上昇を除けば，完全失業率は下降傾向を示す。景気後退と完全失業率の上昇は，デフレ時のごく普通の現象で，ハイパーインフレーションの定義ではない。

④：正。

37

⑰ 金融のしくみ →問題pp.94〜96

STEP ③-1 【金融の仕組み】 正解は③

①：誤。BIS（国際決済銀行）規制は，国際業務を行う銀行に対して，国際統一基準の自己資本比率を８％以上と規定している。国内業務を行う銀行に対しては，国内基準の４％以上を課している。

②：誤。ペイオフ制度は，金融機関が破たんした場合に，1,000万円＋その利息，を限度に預金保険機構から払い戻しをする仕組みである。

③：正。銀行による信用創造で創出される預金額は，支払準備率が小さいほど，貸出金額を増やすことができるので，信用創造総額も大きくなる。

④：誤。企業が社債の発行をすることは，金融機関を介さずに資金を調達することになるため，直接金融の方式に当たる。

STEP ③-2 【金融政策①】 正解は③

①：誤。「増加」ではなく「減少」。市中金融機関が企業へ貸出しできるのは，預金額から預金準備率分を除いた額だけである。

②：誤。「減少」ではなく「増加」。買いオペレーションとは，日本銀行が金融市場から国債などの有価証券を買入れて通貨を市場に放出すること。日本銀行は，世界的なITバブル景気が崩壊した2001年にゼロ金利政策を復活させ，さらに量的緩和政策を実施して，景気刺激策を実施した。

③：正。量的緩和とは，金利をゼロにしてしまうと，それ以下にできないので，別の方法で通貨量を増大させる方法である。具体的には，市中銀行が持つ日銀の当座預金口座（準備預金が入っている）の金額（＝量）を増やす。市中銀行は，この資金を使って貸し出し量を増やすはずなので，マネーストックが増えて景気刺激になる。

④：誤。日本銀行による公債引き受けは，財政法第5条で原則禁止されている。（国債の市中消化の原則）例外として，国会の議決を経た金額の範囲内であれば引き受けることができるが，これまでそのような議決はない。

STEP ③-3 【金融政策②】 正解は③

③：正。不況時には，資金供給量を増やすため，市中銀行が保有する国債を買い入れる「買いオペレーション」が行われる。

①②④：誤。それぞれの記述と逆の対応が適切である。④の場合：金利を引き下げる→お金が借りやすくなる→貸し出しが増える→マネーストックが増える＝不況期に行う政策

STEP ③-4 【貨幣①】 正解は③

①：誤。「価値貯蔵手段」が誤り。取引の仲立ちを行う通貨の機能は，交換手段。

②：誤。マネーストックは市中に流通している通貨量のこと。政府が保有する貨幣残高は含まない。

③：正。管理通貨制度の下で発行される通貨は不換紙幣のため，中央銀行が保有する金の量によって制限されない。金本位制の下では，通貨発行量は中央銀行が保有する金の量により制限を受ける。

④：誤。預金通貨とは普通預金や当座預金などを指し，その預金口座から財・サービスの対価が支払われる。なお，当座預金は，手形や小切手の発行で支払手段として用いられる。

STEP ③-5 【貨幣②】 正解は②

A−着物の生地の価値を金額で設定している→価値尺度でア。

B−資産を貨幣として保有する→価値貯蔵手段でウ。

支払い手段（交換手段）が残る。貨幣の三つの機能については，単語だけで終わらずに，具体的なイメージも持つこと。

STEP ③-6 【貨幣③】 正解は③

①：誤。タオルを貨幣に換え，その貨幣で傘を入手しているので，交換（流通）手段。

②：誤。資産の価値を日本円に換算して考えているので，価値尺度。

③：正。腐敗などにより変化しないのが，通貨の機能なので，価値貯蔵手段である。

④：誤。当座預金からの引落としにより債務を返済しているので，支払い手段。

STEP ③-7 【金融】 正解は①

①：正。この傾向は高度経済成長期には顕著であったが，バブル経済崩壊後は現金・預金の占める割合が低下し，株式や金融商品への投資の割合が増加してきている。

②：誤。逆。間接金融（銀行からの借入）から直接金融（株式や社債）への移行が進んでいる。

③：誤。ノンバンクは，預金業務を行うことができない消費者金融などの企業を指す。銀行から資金を借り入れ，消費者などに貸出業務を行っている。

④：誤。信用創造とは，企業が金融機関から借入れた資金を当座預金に入れることにより金融機関は新たな預金を受け入れたとみなされ，追加的な融資が可能になる仕組みのこと。

STEP ③-8 【金融政策③】 正解は②

①：誤。「売り」ではなく「買い」。国債を売ると，市中の通貨量（マネーストック）を吸い上げることになるので，マネーストックは減る。これは，景気過熱時やインフレ時の対策である。

②：正。外国為替市場で自国通貨を売ると，その通貨の供給量が増えるため，価値の低下となり，為替レートは下がる。

③：誤。「高め」ではなく「低め」。金融緩和とはマネーストックを増やすこと。企業や家計が資金を借りやすくなるよう政策金利は低めに誘導する。

④：誤。企業への貸出しを増やすためには銀行の信用創造額を増やす必要があるので，預金準備率を「引き下げる」。準備金が減った分を貸し出しに回せるので，貸し出しが増える。

STEP ③-9 【金融政策④】 正解は①

①：誤。「基準割引率および基準貸付利率」は従来の「公定歩合」であり，公開市場操作とは関係ない。この名称変更は日本銀行が2006年以降に行った。

②：正。「金融機関を除く経済主体」は，市中の家計や企業を意味する。通貨保有主体（金融機関・中央政府を除いた経済主体）が保有する通貨（現金通貨や預金通貨など）の残高。

③：正。信用創造とは，誰かが銀行に預け入れた預金が，貸し出しに回されることにより，次々と預金を増やし，最初の何倍にもなる仕組みである。

④：正。量的緩和は，市中に流通する通貨量を増やして景気を刺激する金融政策。日本でバブル崩壊後の不況が長引き，金利は下げられるだけ下げてしまったので，近年，次の手として通貨量そのものを増大させた。これが量的緩和政策である。具体的には，日本銀行が買いオペを実施することで通貨量を増大させる。

STEP ③-10 【金融政策⑤】 正解は③

ア−現在，金融政策として日本銀行は，公開市場操作を主な政策手段としている。金融機関に対して預金等の一定比率（預金準備率）以上の金額を日本銀行に預けさせてはいるが，その預金準備率は1991年以降変わっていない。

イ−ゼロ金利政策からさらに踏み込んだマイナス金利政策を，日本銀行は2016年に導入した。金融機関の当座預金がマイナスになるもので，国民の普通預金や企業の当座預金をマイナスにする

ものではない。

STEP ③-11【金融市場】 正解は③

①：正。デリバティブは旧来の金融商品から生まれた新しい形態の金融商品。ネットワークの普及などにより急速に拡大した。農産物の先物取引自体は旧来からあるが，為替レートなど金融商品の価値の変動を利用し，手持ち資金をはるかに超えた金額を動かすことも可能になっている。

②：正。ヘッジファンドは，さまざまな取引手法を駆使して利益を追求することを目的としたファンド。1997年のアジア通貨危機の一要因とされる。

③：誤。量的緩和政策とは，市中銀行が保有する日本銀行の当座預金残高量を拡大させることによる金融緩和政策。当座預金を増やしても利息がつかないため，市中銀行が利益を出すためには積極的に個人や企業へ貸付を行わざるを得ない。政策金利を低くすることに限界が来たために行った。

④：正。金融機関同士が呼ぶ（call）とすぐ近くで答えられる同士が短期で貸し借りする，というイメージからついた名称。特に，無担保で借り翌日返す場合の金利を「無担保コールレート翌日物（オーバーナイト物）」といい，これが政策金利となっている。限りなくゼロに近い状態である。

STEP ③-12【貨幣③】 試行テスト 正解は②

 従来型の問題。正解率が29.2%と低いが，知識を問う問題。①：**支払い手段**，③：**交換手段**，④：**価値尺度**，という判断は容易である。②の選択肢は複数の機能が考えられる。購買力を保つために株や社債を購入するのに貨幣を使用すれば支払い手段の側面もあるし，交換手段の側面もある。しかし，「株や社債への投資」もさらに「貯蓄」も購買力維持という方法であり，これは「**価値貯蔵手段**」にあたる。

STEP ③-13【信用創造①】 正解は③

APPROACH

信用創造＝本源的預金÷支払い準備率－本源的預金
　　　＝2000万円÷0.2－2000万円＝8000万円

信用創造額は，預金準備率20%で，次のようになる。
1．A銀行が，預金者から2000万円を預かる。
2．A銀行は，2000万円×0.2＝400万円を支払い準備金として残し，差額1600万円を貸し出す。
3．貸し出された1600万円は，支払い等でB銀行に預金される。
4．B銀行は，1600万円×0.2＝320万円を支払い準備金として残し，差額1280万円を貸し出す。

この過程を繰り返し，＜信用創造額＝本源的預金÷支払い準備率－本源的預金＞で計算される。

STEP ③-14【信用創造②】 正解は③

信用創造額＝本源的預金÷支払い準備率－本源的預金
　　　＝5,000万円÷0.1－5,000万円
　　　＝4億5,000万円

STEP ③-15【信用創造③】 正解は①

ア－A銀行はD社からの預金1000万円のうち300万円，すなわち30％を中央銀行に預けているので，30。

イ－「B銀行はA銀行と同様の行動を取り」預金700万円のうち30％にあたる210万円を中央銀行に預け，残りの490万円をF社に融資するので，490。

ウ－ここからは，図の数値ではなく，自分で考えて数値を入れてい

く。預金準備率が40％の場合，受け入れた預金額は，A銀行が1000万円，B銀行が600万円，C銀行が360万円で，合計1960万円となるので，1960。

STEP ③-16【金融②】 正解は①

①：正。バブル時代に融資した債権が回収不能の不良債権となり，破綻が相次いだ。

②：誤。ノンバンクは貸し付け業務だけを行い，預金業務などは行わない。消費者金融などが代表例。

③：誤。コール市場では翌日ものを中心に短期資金の貸し借りを行う。

④：誤。逆で，護送船団方式をやめた。

STEP ③-17【預金や貯蓄】 正解は④

①：正。貯蓄が銀行経由で融資される間接金融，株式や社債のような直接金融の源泉となる。

②：正。家計貯蓄率は家計の可処分所得に対する貯蓄の割合である。高齢になって貯蓄を切り崩して生活するケースも多く，家計貯蓄率は下がる。1975 年度の 23.1%をピークに低下の一途を辿っているが，2013年度にマイナスとなり問題視された。

③：正。1980年代から金融の自由化が進められ，金利の自由化だけではなく，**証券会社**等の業務乗り入れや外国為替業務の自由化等も実現している。

④：誤。「日本銀行」ではなく，「預金保険機構（1971年設立）」が預金保険金の給付として払い戻しを行う。いわゆる「ペイオフ」制度である。銀行が破綻した場合，1つの金融機関あたり元本1000万円とその利息を保護する。

STEP ③-18【実物資産と金融資産】 正解は②

①：誤。「在庫」の値が増え続けている。景気が減速するとモノが売れず在庫が増える。よって，「谷から山」ではなく「山から谷」。

②：正。「土地」の値が減少し続けている。資産効果とは，保有する資産の価値の上昇に伴って，消費も増える様子を指す。これに「逆」が付く効果なので，土地という資産が減ると，消費も減る様子を指すことだと推論できる。

③：誤。「マネーストック」の値は減少し続けている。これが金融政策の効果であると考えるならば，それは金融「緩和」ではなく金融「引き締め」の結果である。

④：誤。「国富」の値は減少し続けている。国富の中身は，非金融資産（実物資産）と対外純資産なので，「増加」ではなく「減少」である。

STEP ③-19【公開市場操作】 正解は①

APPROACH 金融「緩和」は，おもに不景気時に行われるもので，市場に出回るおカネを増やす金融政策。金融「引締」は，おもに好況時に行われるもので，その逆。また，マネタリーベースとは，中央銀行（日銀）による通貨の「発行」量であり，マネーストックは，市場での通貨の「流通」量である。日銀の金融緩和策が思ったほど景気浮揚の後押しになっていないという見方が広がる中での，背景説明をする問題になっている。

ア：買いオペにより，日銀が市中銀行から国債を買うと，対価として通貨が支払われるので「緩和」。

イ：日銀が「確実に」コントロールできるのは，厳密にいうと発行量のマネタリーベースのみであり，その結果としてマネーストックが増減することを「期待」する形になる。よって「マネーストック」。

STEP ③-20【金融政策⑥】 正解は②

①：誤。日銀保有の国債が増えている。これは，日銀が市中銀行から国債を購入する金融「緩和」政策の結果と考えられる。さら

39

に，日銀による国債の直接引き受けは，財政法第5条により，原則として禁止されている。

②：正。上記①の説明の通り。

③：誤。上記①の説明前半の通り，金融「緩和」政策であり，売却ではなく「購入」した結果である。

④：誤。上記①の説明後半の通り，直接引き受けは禁止。ただし，財政法第5条の後半に，「但し，特別の事由がある場合において，国会の議決を経た金額の範囲内では，この限りでない」とあるため，グラフだけで理由を断定するのは，本来難しいはずである。実際に日銀は，金融調節の結果として保有している国債のうち，償還期限が到来したものについては，財政法第5条ただし書きの規定に基づいて，国会の議決を経た金額の範囲内に限り国による借換えに応じているので，しっかり学習しているほど迷う可能性がある。

⑱ 財政のしくみ →問題pp.99〜101

STEP ❸-1【予算①】 正解は①

①：正。年金に関する経理などがこれにあたる。なお近年は，特別会計の整理・縮小が行われている。

②：誤。国会の承認は，日本政策金融公庫などの政府関係機関予算や財政投融資にも必要である。

③：誤。郵便貯金や年金の積立金は，かつては財政投融資の原資として大蔵省資金運用部に一括預託されて運用されていたが，2001年に廃止された。現在は，政府が国債の一種である財投債を発行して資金を調達し，財投機関に貸し付ける制度となっている。なお，財投機関自身も，財投機関債を発行して，自主的に資金を調達することができる。

④：誤。補正予算とは，年度当初予算の確定後に，その後の事情（突然の自然災害や経済情勢の変化など）で年度当初予算を変更するために編成される予算のこと。

STEP ❸-2【予算②】 正解は④

APPROACH 🔍 時代背景と景気変動などを関連させながら，考えていくことが必要である。

A－1960年には1.5%に過ぎなかったのが，その後に急増していることから，国債の償還金である国債費。国債は，1974年にオイルショック後のマイナス成長を受け，翌年から増加し，バブル崩壊後の90年代半ばから更に増加した。

B－増加傾向を示し，2010年には第1位となっていることから，高齢社会の進展に伴い増加してきた社会保障関係費。

C－当初はA〜Cの中で最も多かったが，減少傾向にある。これは，財政硬直化で支出増が困難な公共事業関係費。「その他」部分が減少していることから，財政の硬直化が進んでいることが見える。

STEP ❸-3【財政の機能①】 正解は①

①：誤。赤字国債の削減とは関係ない。ビルト・イン・スタビライザー（＝景気の自動安定装置）とは，累進課税制と社会保障支出によって自動的に景気を安定させる機能が財政活動にあるということ。例えば不況時に，低所得者が増えれば累進課税制により徴税割合も抑えられ，また社会保障制度も不況時に支出が増えるため，ある程度消費意欲を喚起することにつながる。

②：正。財政のもつ資源配分の適正化機能のこと。

③：正。フィスカル・ポリシーには，不況時には政府が財政支出を拡大することで景気を回復させ，景気過熱時には財政支出を抑制することで過熱を抑えるなど，景気を安定させる機能がある。ニューディール政策の有効需要政策がこれに該当する。

④：正。財政のもつ所得の再分配機能のこと。

STEP ❸-4【財政の機能②】 正解は⑤

イ－市場では供給されにくい，「消防」という公共サービスへの財政支出を示す写真なので，資源配分機能。

ウ－「累進課税制度」のグラフである。この制度は，所得が高い人からより多くの税を徴収し，社会保障や公共財・公共サービスの形で，経済格差を緩和することになるので，所得再分配機能。

STEP ❸-5【プライマリー・バランス①】 正解は②

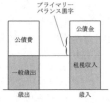

①：誤。公債依存度は（公債金）÷（歳入総額）×100で求められるので，1980年度は14÷43×100＝32.55…より，20%「以上」。

②：正。右図のように，基礎的財政収支（プライマリーバランス）の黒字とは，歳出から公債費を除いた一般歳出が租税収入で賄われている状態のこと。1990年度は公債費が14兆円，公債金が6兆円なので，8兆円の黒字である。

③：誤。2000年度は公債費が22兆円，公債金が33兆円なので，基礎的財政収支は11兆円の赤字である。

④：誤。2010年度の公債依存度は，44÷92×100＝47.82…より20%「以上」である。

STEP ❸-6【プライマリー・バランス②】 正解は④

APPROACH 🔍 基礎的財政収支（プライマリーバランス）の赤字は，「歳出から国債費を引いた額（＝一般歳出額）」と「歳入から国債収入を引いた額（＝租税収入）」との差である（右図参照）。よって，基礎的財政収支の赤字を縮小するには，租税収入を増やし→B，国債費を除く支出の金額を減らせばよい→イ。

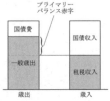

STEP ❸-7【プライマリー・バランス③】 正解は②

①：誤。両年度ともに，歳入の公債金＞歳出の国債費，なので，国債残高は「減少」ではなく「増加」。

②：正。歳入に占める公債金の割合が，2017年度は16／60×100＝約26.7%，2018年度は19／75×100＝約25.3%であり，国債依存度が低下している。

③：誤。2017年度は歳入44－歳出46＝-2で20億ドル（単位が10億ドルであることに注意）の赤字，2018年度は歳入56－歳出58＝-2で20億ドルの赤字。プライマリー・バランスの赤字額は同額なので「拡大していない」。

④：誤。表の中で間接税は酒税と消費税，直接税は法人税と所得税。直間比率は，2017年度は（10＋12）：（5＋17）＝1：1，2018年度は（13＋16）：（5＋22）＝29：27で，間接税の比率が「上昇」ではなく「下降」している。

STEP ❸-8【財政政策】 正解は④

①：誤。ポリシー・ミックスとは，政府の行う財政政策と日本銀行の行う金融政策を併用して，景気調整を行うことであり，税や公共支出の調整は財政政策である。

②：誤。財政の硬直化とは，歳出に占める国債の償還・利払い費用である国債費の割合が増加し，弾力的な財政運用が困難になっている状況のこと。

③：誤。政府は好景気のときには財政支出を減少させ，不景気のときには財政支出を増加させる。このように財政支出を裁量的に変化させることをフィスカル・ポリシーという。

④：正。好景気の時には裁量的か自動的かは問わず，増税すること

で可処分所得を減らし，景気の過熱を防ぐ。逆に不景気のとき
は減税により可処分所得を増加させ有効需要の創出をはかる。

■STEP ❸-9【税の公平性①】　正解は③

①：誤。課税の仕組みや徴税の手続をわかりやすくすることは，租
　　税の簡素の原則である。
②：誤。課税が個人や企業の経済活動に影響を与えにくくすること
　　は，租税の中立の原則である。
③：正。累進課税制度のように，所得の高い人ほど租税負担を大き
　　くするのは，垂直的公平の原則である。
④：誤。消費税のように，同じ経済状態の人に同等の負担を求める
　　ことは，水平的公平の原則である。

■STEP ❸-10【税の公平性②】　正解は③

①：誤。仮に，全国民の課税所得が同じだという仮定をしても，垂
　　直的公平ではなく，「水平的」公平の観点である。
②：誤。一般的に，経済の二重構造と言われるように，中小企業と
　　大企業の間では，生産性や賃金に格差がみられる。仮に，中小
　　企業の方が生産性や収益性，賃金などが低い場合，こちらに軽
　　減税率といって，特別に軽い税率を適用することは，「垂直的」
　　公平の観点から行うものである。また，大企業よりこれらの点
　　で優れている中小企業もあるので，この観点は的外れである。
③：正。前問9の③の解説に同じ。
④：誤。分離課税のことである。例えば，土地の売却などにより，
　　本来は低所得者なのに高額の所得を得た場合，総合課税にする
　　と税負担が大きくなりすぎる可能性があるため，このような制
　　度が適用される。これは「垂直的」観点からである。

■STEP ❸-11【税制と税収構造】　正解は①

①：誤。ビルト・イン・スタビライザーは安定装置のこと。累進課
　　税だと，好況時には，高所得者が増える。すると高い税率が適
　　用され，可処分所得の伸びがある程度緩和されるので，景気の
　　過熱防止となる。逆に不景気であれば，失業者などにも失業給
　　付をすることで有効需要を支え，景気の落ち込みを防止する。
②：正。付加価値税は日本では消費税と呼ばれる。垂直的公平と
　　は，所得水準の違いに応じて税負担を求めることで，累進税率
　　はこの考え方に基づく。
③：正。俗に，クロヨンやトーゴーサンピンなどと呼ばれる。
④：正。シャウプ勧告とは，アメリカの財政学者シャウプを団長と
　　する税制調査団が1949年と50年の2度，連合国軍最高司令官マッ
　　カーサーに提出した報告書。

■STEP ❸-12【小さな政府】　正解は③

①：正。金融緩和や社会保障費削減などのサッチャリズム，減税に
　　よる景気刺激のレーガノミクスとして有名。どちらも政府の役
　　割を削減している。
②：正。政府による企業への保護を小さくし，企業間の競争を促す
　　ことが政策の基本となる。
③：誤。日本で'99年に国の行政組織を縮小し，外部委託をはかる
　　ために国から独立させた機関が独立行政法人で，博物館や美術
　　館から始まった。モデルはサッチャー政権が'80年代後半に設
　　置したイギリスの外庁（エージェンシー）。'00年代からは国立
　　大学などへも拡張されてきた。ただし，機関の役職員には国家
　　公務員も含まれるため，完全な"民営化"とはいえない。日本
　　国有鉄道など3社は完全な"民営化"を80年代に遂げた。
④：正。官僚の天下りや，非効率などが指摘され，日本道路公団な
　　どの特殊法人が統廃合された。

■STEP ❸-13【付加価値税と消費税】　正解は②

　　付加価値税（イギリスでは Value Added Tax ＝ VAT）はヨ
ーロッパの国などで導入されているが，なじみのない人が多いため，
消費税と同じだと思って図を理解しようとすると混乱する。

付加価値，とは新たに生み出された価値，という意味で，売った
額から仕入れた額を引いた分，と考えられる。この引いた分だけに
課税するのが付加価値税であり，より多くもうけた者が，より多く
税を払うしくみとなる。具体的には，

例1：売価1000万円－仕入値300万円
　　　　＝付加価値700万円（もうけ700万円）
例2：売価1000万円－仕入値800万円
　　　　＝付加価値200万円（もうけ200万円）

例1の付加価値の方が大きい。よって，売価が同じでも，例1の業
者の方が多く税を払う。

①：正。付加価値＝出荷額1000円 － 仕入額0円＝1000円→付加価
　　値税額＝1000円×0.1（10%）＝100円
②：誤。付加価値＝卸売額1500円 － 仕入1000円＝ 500円→付
　　価値税額＝500円×0.1（10%）＝50円
③：正。文中にある「各事業者は，a.税抜き売上額にかかる税額か
　　ら b.税抜き仕入額にかかる税額を差し引いて，その差引税額
　　を最終的に課税当局に納付する」という定義のうち，b.が控除
　　額（税をある程度免除する額）に該当する。
　　・控除額b.＝1500円×0.1＝150円となる。
　　ちなみに，課税当局への納付額＝a.－b.。
　　　　＝（2500円×0.1）－（1500円×0.1）＝100円
④：正。消費者は，すべての付加価値の合計分の課税を支払う。
　　・付加価値の合計（単位は円）＝生産者の付加価値＋卸売業者
　　の付加価値＋小売業者の付加価値
　　　＝（1000－0）＋（1500－1000）＋（2500－1500）
　　　＝1000＋500＋1000＝2500
　　・課税額＝2500×0.1＝250円

■STEP ❸-14【財政の機能③】　正解は③

ア－公共財の供給は「所得の再分配」ではなく「資源配分の調整」
　　である。
イ－「フィスカル・ポリシー」は，失業対策や物価安定のために，
　　財政規模を意図的に操作する政策。「ビルト・イン・スタビラ
　　イザー」は，累進課税等によって，自動的に流通するマネーが
　　調整される。公共投資は，政府が意図的に行うものなので，
　　「フィスカル・ポリシー」である。

■STEP ❸-15【憲法と財政】　正解は①

ア－憲法第99条で，天皇又は摂政，国務大臣，国会議員，裁判官，
　　「その他の公務員」に，憲法尊重擁護義務が課されている。す
　　べての国民ではない。よって，a。
イ－憲法第30条には「国民は，法律の定めるところにより，納税の
　　義務を負ふ」とある。また，憲法第84条には「あらたに租税を
　　課し，又は現行の租税を変更するには，法律又は法律の定める
　　条件によることを必要とする。」とあり，租税法律主義の原則
　　が明記されている。よってc。

■STEP ❸-16【国債と地方債】　正解は③

①：誤。バブル景気は1987年に円高不況の対策としての低金利政策
　　頃から始まる。アジア通貨危機は1997年。聞かれているのは，
　　金額そのものではなく「増加額」であり，建設国債残高よりも
　　赤字国債残高の方が小さい。
②：誤。「構造改革」を掲げた小泉内閣は2001～2006年。この時期
　　の増加額は，赤字国債残高よりも建設国債残高の方が小さい。
③：正。平成不況の始まりはバブル景気が崩壊していく1990年代初
　　頭からなので，記述通り。
④：誤。2007年のサブプライム・ローン問題を端緒にした2008年の
　　リーマン・ショック，2009年末頃から明らかになり始めたギリ
　　シャの財政危機を発端にした2010年頃からのユーロ危機，と続
　　く2000年代後半からの一連の金融問題を世界金融危機と呼ぶ。

この時期，2000年代前半は減少傾向にあった地方債残高は，やや増加している。

⑲ 日本経済のあゆみ →問題pp.104〜107

STEP ❸-1 【戦後復興期①】　正解は①

APPROACH ①〜④すべての選択肢の「内容」に間違いはない。戦後の復興期に「該当しない時期」のものを選ぶもので，文章の間違い探しではない。

①：誤。GNPの倍増を図った所得倍増計画は，1960年に池田勇人内閣の時に閣議決定されており，高度経済成長期に入るきっかけであり，戦後復興期の記述としては誤り。

②：正。経済の民主化に係る政策で，持株会社の禁止や独占禁止法の施行などもセットである。なお，持株会社の設立は1997年に解禁されており，現在は設立可能である。

③：正。超均衡予算や，1ドル360円の固定為替レートの実施などである。

④：正。現在まで直接税による税収の方が多いが，消費税が3→5→8%と上がるたびに，直間比率の差は縮小傾向にある。

STEP ❸-2 【戦後復興期②】　正解は①

①：正。「戦後復興期」とは，1950年の朝鮮戦争での特需で安定恐慌を抜け出した時期あたりまで。この時期に石炭・鉄鋼・電力・肥料などの基幹産業に生産資源を配分する傾斜生産方式が行われた。

②：誤。農地改革は，寄生地主から農地を買収し，小作人に売却して自作農を創設した政策。他作物への転換などを図るようになったのは1961年の農業基本法などによる。

③：誤。マーシャル・プランは，欧州復興のためにアメリカが行った経済援助。日本が対象ではない。

④：誤。財閥解体を進めるために，持株会社の整理・解体・禁止や企業の分割などを行った。

STEP ❸-3 【戦後復興期③】　正解は①

APPROACH 単純に年号を暗記するのではなく，経済の民主化→傾斜生産方式と復金インフレ→インフレ収束の政策，という流れで内容を理解していれば難しくはない。

ア─戦後すぐに「経済の民主化」が行われる。内容は大きく三つで，財閥の解体，農地改革，労働の民主化，であり，労働組合法は三つ目の労働の民主化の一環として制定された労働三法の中で，最初に制定（1945年）された。

イ─経済復興のための傾斜生産方式は1947年に開始されたが，資金供給のために，日銀引き受けの復興債を原資とする復興金融金庫の融資が行われ，これが激しいインフレ（復金インフレ）を引き起こす。

ウ─激しいインフレを収束するため，1948年にGHQより経済安定9原則の指令が出された。

STEP ❸-4 【ベビーブーム①】　正解は③

第二次世界大戦直後の数年間に生まれた人々を，堺屋太一が1976年に連載した小説で「団塊の世代」と名付け，それが定着した。出生数は1949（昭和24）年に約270万人を記録したが，2019年は約87万人，2020年は約84万人，2021年年には約81万人，2022（令和4）年には約77万人となっている。この問題が出題されたときは，約2倍であったため，選択肢Bの数値は，変えてある。

STEP ❸-5 【ベビーブーム②】　正解は③

①，④は全く違う。

②：誤。ひのえうま（丙午）は1966（昭和41）年。十干十二支で60

年に1度あるが，この年に生まれた女性は気性が激しく夫を早死にさせる，との迷信があったため，出産を避けた。この世代は，受験などをはじめ，前後に比べて競争率が低い。

③：正。それまで戦争のためもうけることができなかった子どもが，平和になったことと，男性の戦地からの復員が進んだことなどで一斉に生まれたことが最大の要因である。ここで生まれた世代が，出産適齢期になり生まれたのが，1970年代前半頃の第二次ベビーブーム世代である。

STEP ❸-6 【高度経済成長期①】　正解は③

APPROACH サンフランシスコ平和条約の1952年発効で独立を回復した日本は，同年にブレトンウッズ協定へ加盟，さらに1955年にGATTへと加盟し，国際経済社会復帰と同時に高度経済成長の道を歩み始める。GATTに関しては，GATT加盟と，GATT11条国への移行の二つの時期と意義を混同しないこと。

その後，高度経済成長は池田勇人内閣による1960年の国民所得倍増計画で一層推進され，1964年には「先進国クラブ」と称されるOECDへの加盟が実現する。

以上の戦後日本経済史の大きな流れが理解できていれば，ア─1960年→B，イ─1955年→A，ウ─1964年→Cとわかる。

STEP ❸-7 【高度経済成長期②】　正解は②

①：誤。「神武景気」ではなく「いざなぎ景気」。神武景気は高度経済成長期の前半の最初期のもので，経済白書では「もはや戦後ではない」といわれた。いざなぎ景気は，高度経済成長期終盤の大型景気。

②：正。三種の神器とは，皇室に伝わる神器に例えたもので，白黒テレビ，電気洗濯機，電気冷蔵庫の三つを指す。一般庶民にとって，最初は高嶺の花であったが，所得水準の向上と旺盛な消費意欲に支えられ，急速に普及した。

③：誤。1964年，日本の経済成長に伴い，それまでは経常収支の赤字を理由に，外貨を海外に出さないような為替制限を行えるIMF14条国であったのが，自由貿易を担う責任ある国として，そのような為替の管理・制限ができないIMF8条国に移行した。

④：誤。「内陸地域」ではなく「臨海部」。複数の工場や工業地帯を連携させて生産するのがコンビナート。旧ソ連などでは，地下資源の採掘場所同士を鉄道で結んだコンビナートもあったが，鉄鉱石や石油など工業資源を主に海外からの船舶による輸入に頼る日本では，コンビナートは臨海部が中心である。

STEP ❸-8 【高度経済成長期③】　正解は④

①：正。景気拡大とともに，原材料の輸入も拡大し，そのための外貨が必要になるが，円安な為替レートに加えて高度経済成長期の前半には外貨準備が不足していたため，すぐにドル不足に陥り，政府は景気を引き締めて輸入を減少させざるを得ない「国際収支の天井」と呼ばれる現象が生じた。

②：正。1968年に西ドイツを抜き資本主義国2位になり，2010年に中国に抜かれるまで続いた。

③：正。池田内閣が国民所得倍増計画を発表した1960年から約6年で，実質国民総生産（GNP）が2倍になった。

④：誤。「不利」ではなく「有利」。ドッジ・ライン（1949年）の際に設定された1ドル＝360円の固定為替レートは，ニクソン・ショックおよびスミソニアン協定（ともに1971年）まで維持された。日本の経済力を前提とした1949年時の為替レートは，高度経済成長期には実質的な「円安」効果を発揮し，日本が輸出を増やすのに有利だった。

STEP ❸-9 【高度経済成長期④】　正解は②

①：誤。第三次産業の就業人口割合が60パーセントを超えたのは，2000（平成12）年国勢調査の時点であり，高度成長期前半で

は，まだ第一次産業の就業人口が一番多い。

②：正。高度経済成長期，日本では重厚長大産業の代表格である重化学工業が基幹産業となり経済発展を牽引した。

③：誤。電気機器は，三種の神器や３Ｃに象徴されるように，高度成長期は，まだ内需に支えられている。日米間の半導体や自動車摩擦は主に1980年代に起きた。

④：誤。戦後復興期の傾斜生産方式のことである。

STEP ③-10【高度経済成長期と公害】　正解は①

Ａ－環境基本法の制定は1993年。これにより公害対策基本法は廃止された。

Ｂ－環境省の設置は2001年。中央省庁再編により環境庁から改組されて発足した。

Ｃ－公害対策基本法の制定は1967年。公害問題の深刻化を受けて制定された。

Ｄ－循環型社会形成推進基本法の制定は2000年。廃棄物・リサイクル対策の基本法である。よって，Ｃ→Ａ→Ｄ→Ｂの順になる。

STEP ③-11【日本の好況と不況】　正解は②

①：誤。復興事業によるインフレ→抑制のためドッジ-ライン実施→デフレ（＝安定恐慌）と，インフレとデフレのバランスを日本だけではコントロールしきれないジレンマに陥っていた。この悪い均衡を破ったのは1950年の朝鮮戦争による特需であり，日本政府による国債発行ではない。この戦争後から1973年のオイル-ショック（第一次石油危機）ごろまでが高度経済成長期。

②：正。現在でこそメイド-イン-ジャパンは高品質の代名詞だが，高度経済成長期の前半（1960年代前半まで）までは，国際的にそれほど日本製品が評価されていない。そのため，景気がよくなると日本製品ではなく海外のモノを輸入するため外貨を使い，好景気のたびに国際収支は赤字となった。外貨流出を食い止め，赤字を解消するためには景気の上昇を止める手段として金融引き締め政策を行うので，また不況になる。本来，好況を伸ばしたいのに伸ばしきれない限界をたとえ，「国際収支の天井」という。

③：誤。戦後初のマイナス成長は第一次石油危機（1973）翌年の1974年。アジア通貨危機は1997年。

④：誤。いざなぎ景気（1965～1970年）；好況→ニクソン-ショック（1971年）；不況→田中角栄による日本列島改造論（1972年）；好況→変動為替相場制への移行とオイル-ショック（1973年）；不況，というサイクル。

STEP ③-12【高度成長の終焉】　正解は②

①：誤。財政法が例外的に発行を認める建設国債を1966年以降毎年発行し続けることで，いざなぎ景気と呼ばれる好景気を作りだした。

②：正。ドッジ-ラインの1949年実施に際し，**1ドル＝360円**の固定為替相場が設定された。その後，1952年のIMF加盟で平価の変動幅を一定（上下1％以内）に抑えることを正式に義務づけられたが，1971年のニクソン・ショックを受けて，各国とともにその義務を一時放棄した。

③④：誤。ニクソン・ショック以前の出来事。「もはや戦後ではない」は1956年で，その後日本は本格的な高度経済成長期へ突入した。また，日本の管理通貨制度移行は，世界各国が1929年の世界恐慌を機に管理通貨制度へ移行したことに伴うものである。

STEP ③-13【石油危機以降①】　正解は②

APPROACH 🔍　①～④まで，年代順に並んでいるので，それぞれの時期の転換点となる出来事とともに，理解したい。

①：正。1970年代初頭は，ニクソン-ショック（ドル-ショック）と

石油危機が日本経済を直撃した。第四次中東戦争と第一次石油危機は1973年だが，10月以降だったため，影響が出て実質経済成長率がマイナスとなったのは翌年の1974年である。

②：誤。第二次石油危機は，親米路線のイラン王朝から反欧米・イスラーム主義の宗教国家へかわったことに端を発する。欧米では第一次石油危機以上の経済的打撃を被ったところが多かった。日本では第一次石油危機のときに企業が省エネルギー・減量経営などの企業努力を行った結果，この危機を乗り切る体力を備えていたため，その後も安定成長を続けることができた。

③：正。二度の石油危機を乗り越えた日本は，内需が頭打ちとなったこともあり，集中豪雨的と非難されるほどの輸出攻勢に出る。これに対して欧米は，為替レート調整で円高に誘導し，日本企業の輸出に歯止めをかけるため，1985年にG5（米・英・独・仏・日）による会議をニューヨークのプラザホテルで行った。円高不況が懸念されたが，結局は強くなった円による投機が進み，バブル景気を生み出すことになる。1987年のG7（G5プラス伊・加）によるルーブル合意と混同しないこと。

④：正。バブル崩壊後の話である。1990年代を「失われた10年」と呼ぶこともある。

STEP ③-14【石油危機以降②】　正解は②

APPROACH 🔍　第一次石油危機（1973）後の不況，プラザ合意（1985）からバブル経済（'87頃～'89頃）とその崩壊（'90頃～'91頃）後の不況，のように出来事とその後の影響や対策を関連付けて考えられれば良い。

①：誤。1970年代後半から，労働組合の組織率は「上昇」傾向ではなく「下降」傾向に転じた。

②：正。第一次石油危機の影響で，1974に戦後初のマイナス成長となり，これに対応するために10年ぶりに「特例公債」が発行され，これ以降は，バブル期とその後の'89～'94年を除いて毎年発行されている。「建設公債」は，1966年以降，毎年発行されている。

③：誤。不良債権問題が深刻化する中で大手銀行にも経営破綻が広がったのは，「1980年代前半」ではなく，バブル崩壊後の「1990年代後半」である。

④：誤。1980年代前半には，円「安」・ドル「高」が進む中で対米貿易収支の「黒」字が拡大した。このドル高の状況を是正するためになされたのが，1985年のプラザ合意である。

STEP ③-15【バブル経済①】　正解は①

バブル経済は1980年代後半から，'90年代初頭。

①：誤。86年からの円高不況対応策として，日銀が低金利政策を行ったことがバブルの一因。それを知らなくとも，高金利政策は，景気過熱時に景気引き締めのために行うことを知っていればよい。

②：正。上記の低金利政策による余剰資金が，株式や土地の投機的購入に向けられた。

③：正。所有する株や土地といった資産の価格が上昇したことにより，売却益が期待できるため消費が増大。また，余剰資金は銀行預金となり，これが投資の拡大にもつながった。

④：正。87年に総合保養地整備法，通称リゾート法が制定され，リゾート開発に際して自治体・民間業者への金融・税制面などにおける優遇措置がとられたため，当時のスキーブームと相まって投資も増大した。バブル崩壊にともない，大半の施設は赤字経営となり，特に地方自治体では現在も負債が問題となっている。

STEP ③-16【バブル経済②】　正解は②

ウ－1985年のプラザ合意による円高の進行と輸出産業の不振による円高不況→

イー不況対策としての低金利政策により，預金に向かわなかった余剰資金が株式や不動産に集中→

オー株式や不動産の値上がりによる資産効果で消費や投資の拡大（バブル経済）→

エー金融引き締めによる不動産価格や株価の下落でバブル崩壊→

アー不良債権の増加，金融機関の貸し渋り

　1980年代後半から1990年代の日本経済史の流れを押さえておきたい。よって，ウ→イ→オ→エ→ア。

STEP ❸-17【バブル経済③】　正解は③
①：誤。消費税の導入は1989（平成元）年4月の年度当初から。湾岸戦争はそのあと。
②：誤。逆に，金融ビッグバンにより，金融機関への護送船団方式の指導は廃止された。
③：正。有効求人倍率は1倍を切り，雇用情勢は悪化した。
④：誤。地価の水準は2000年代に入ってからも，都市圏の一部を除いて全体的に下落傾向が続いた。

STEP ❸-18【バブル後①】　正解は③
①：正。1997年に山一證券，1998年に北海道拓殖銀行，日本長期信用銀行と金融機関の破綻が相次いだ。
②：正。かつては，法律の隙間と借り手側の無知を利用して，利息制限法の上限以上かつ出資法の上限以下の「グレーゾーン金利」を利息として請求する例が多かったが，貸金業法の2006年改正により，この行為に対して行政罰が課されるようになった。のちに，出資法の2010年改正で出資法の上限金利が20％に下げられたため，「グレーゾーン金利」は実質的に存在しなくなった。
③：誤。バブル期を通じ会社の設立に際して最低資本金制度はなかったが，1990年改正の旧商法で最低資本金制度が規定され，株式会社はそれまでの事実上35万円から引き上げられて資本金1000万円以上となった。一方，会社法が2006年に施行され，株式会社設立のための最低資本金額が撤廃され，資本金1円でも株式会社が設立できるようになった。「会社法」という部分で判断したい。
④：正。2002年2月〜2008年2月まで，戦後最長の73か月間に及ぶ好景気が記録されたが，「実感なき好景気」と呼ばれた。

STEP ❸-19【バブル後②】　正解は④
①：誤。通貨供給量は拡大させた。
②：誤。④の逆の記述。
③：誤。物価は下落した。
④：正。消費者の購買力の低下と，金融機関の貸し出し抑制（貸し渋り）による企業の倒産などで経済活動は停滞し，人々もより安い品を求めたため，物価の下落傾向が続いた。

STEP ❸-20【グローバル化】　正解は③
アー実は，外国為替及び外国貿易法（通称，外為法）は，かなり頻繁に改正されている（最新は2017年3月）。ここでの出題は，金融ビッグバン＝金融の自由化とからめての出題なので，為替業務の自由化のことだと推測できる。これに関する改正は1998年。この時の改正により，それまで「外国為替及び外国貿易管理法」という名称だったが，"管理"の2文字がなくなったことが，自由化の動きを象徴しているといえる。
イー日米包括経済協議開始はバブル崩壊後の1993年。1989-90年の日米構造協議と間違えないこと。
ウーODA大綱改定は2003年。よって，イーアーウとなる。

STEP ❸-21【金融危機】　正解は③
①：誤。固定相場制から変動相場制へ移行した。
②：誤。護送船団方式をやめた。
③：正。1997年のアジア通貨危機のことである。

④：誤。自由化の流れに逆行する記述である。

STEP ❸-22【高度経済成長後】　試行テスト　正解は②
APPROACH　高度経済成長後の金融環境の変化についての知識と理解を問う従来型の問題。正解率34.0％と低くなった。

アー「株式や土地への投資」からいわゆる「バブル」景気は，景気動向指数（CI）からみれば，1986年12月から1991年2月まで続いた。
イーサブプライムローンとは，米国の金融機関が信用力の低い人に向けて高金利で融資する住宅ローンのこと。2007年夏ごろから住宅価格が下落し始め，サブプライムローンが不良債権化した。2008年末にはリーマン・ブラザーズ倒産によるリーマン・ショックなどが引き起こされた。
ウー不良債権から「貸し渋り」が起こったのは，バブル崩壊後の1990年代半ばである。「失われた10年」とは，バブル崩壊の1991年3月から，小泉構造改革によって2002年1月を底とした景気回復（いざなみ景気）までをさす。

STEP ❸-23【物価の変化①】　正解は②
①：誤。1985年のプラザ合意後の円高不況期に，消費者物価指数の変動率が，企業物価指数の変動率を終始上回っている。
②：正。平成不況，「失われた10年」は，1991年3月から2002年1月。経済成長率も1998年と2001年にはマイナス成長を記録している。
③：誤。スミソニアン協定が締結されたのは1971年で，その年の消費者物価指数の変動率は6％ほどである。
④：誤。第二次石油危機がおこったのは1979年で，その翌年の1980年には，企業物価指数の変動率のみが10％を超え，消費者物価指数の変動率は10％を下回っている。

STEP ❸-24【物価の変化②】　正解は④
①：誤。間接税の導入や税率が上昇すると，製造費用（コスト）が上昇するので，「ディマンド・プル・インフレーション」ではなく「コスト・プッシュ・インフレーション」。
②：誤。完全失業率とインフレ率の間には，反比例の関係が見られ，これを描いたものをフィリップス曲線という。スタグフレーションとは，景気の後退とインフレ率の上昇が同時に進行する現象である。
③：誤。2002年以降は，リーマン・ショックによる一時的な上昇を除けば，完全失業率は下降傾向。ハイパーインフレーションとは，短期間のうちに大幅なインフレーションが生じることをいう。

STEP ❸-25【産業構造】　正解は③
A－「ペティ・クラークの法則」とは，経済発展に伴って高次の産業（第一次産業から第二次，第三次産業）に従事する人口の比率が高まるという内容→イ。
B－「経済のソフト化」とは，経済の取引の対象が，もの（ハード）から知識や情報（ソフト）に移っていくことを意味する→ア。
C－「六次産業化」とは，第一次産業である農林水産業が，生産物の加工（第二次産業）や販売（第三次産業）まで行うことを意味する→ウ。

STEP ❸-26【日本の産業構造①】　正解は③
①：誤。朝鮮戦争が起きた1950年代は，第一次産業の就業者数がまだ他より多く，5割近かった。
②：誤。生産拠点を海外に移し，現地生産したのは「第一次産業」ではなく，自動車などの「第二次産業」である。
③：正。中卒ですぐに集団就職なども見られ，安価で質の良い労働力は「金の卵」と呼ばれ，高度経済成長を支える要因となっ

た。

④：誤。この時期は経済のソフト化やIT化や経済のサービス化が進行し、第三次産業に従事する就業者の割合が上昇した。

┃STEP❸-27【日本の産業構造②】 正解は①

　高度経済成長期になると、日本の主力産業は繊維業から石油化学や鉄鋼などの「重厚長大」型産業に移り、石油危機までその傾向が続いた。その後、先端科学や情報サービスなどの「軽薄短小」型産業＝知識集約型産業へとシフトしていった。

┃STEP❸-28【日本の景気動向】 正解は②

①：誤。「狂乱物価」ではなく「バブル経済」。狂乱物価とは、第1次石油危機（1973年）後の1974年に起こった物価急上昇のこと。

②：正。その後、2000年代に入っても経済の低迷が続いたため、「失われた20年」とも呼ばれる。

③：誤。「毎年プラス」が誤り。1998〜99年は消費税率引上げなどの影響で、2008〜09年はリーマン・ショック後で、それぞれマイナスを記録している。

④：誤。「促進される傾向」が誤り。護送船団方式とは、第2次世界大戦後の日本で採られた、政府による規制などで銀行間の競争を抑制し、倒産を防ぐ政策のこと。

┃STEP❸-29【為替相場と戦後経済】 正解は③

①：誤。アジア通貨危機が始まった1997年の少し前に、円相場は1ドル100円を超える円高となっている。

②：誤。ルーブル合意は1987年。これ以上の円高・ドル安を抑制する合意である。実際に、このときのレートは1ドル約150円で、2001年のレートは1ドル約125円であるから、そこまで大きく円高が進行したとはいえない。

③：正。プラザ合意は1985年。この後、為替相場は円高ドル安へと急速に進んだ。

④：誤。ユーロの導入は1999年。2010年と比べると、円相場は1ドル約120円から約90円へと、30円ほどの円高が進行している程度である。

⑳ 労働問題と労働環境の変化

→問題pp.110〜112

┃STEP❸-1【ワーク・ライフバランス】 正解は②

①：誤。女性労働者の時間外・休日・深夜労働の規制は、1997年の労働基準法の改正によって原則的に撤廃された。

②：正。2007年の改正により、職場におけるセクシュアルハラスメント防止対策の措置が義務化された。

③：誤。育児・介護休業中の給与の支払いは、事業主には義務付けられていない。

④：誤。育児・介護休業法は、男性労働者にも適用される。

┃STEP❸-2【雇用環境】 正解は④

①：誤。有期雇用とは、働く期間が契約であらかじめ決まっている雇用。この契約社員は「正規雇用」ではなく「非正規雇用」である。

②：誤。独占禁止法は不公正な取引を禁止するために、1947年に制定された。ブラック企業は、もともと反社会的勢力と関係をもち違法行為が横行する企業を指したが、今では主に違法な過重労働やハラスメントが常態化した企業を指して用いられる。

③：誤。1989年に公務員らの労組を中心とした「総評」（日本労働組合総評議会）と、民間企業の労組を中心とした「同盟」（全日本労働総同盟）が合同する形で「連合」（日本労働組合総連合会）ができた。

④：正。ワークシェアリングは、たとえば、2人×8時間＝16時間という仕事量を、4人×4時間＝16時間というようにする。

┃STEP❸-3【労働問題】 正解は②

①：正。フルタイムで働いても、収入が生活保護費を下回ってしまう人もいて問題となっている。

②：誤。労働基準法は、不法就労状態の外国人労働者や非正規雇用者を含むすべての労働者に適用される。

③：正。過労死の中でも、過労による自殺については、従前は労災認定されていなかったが、2011年に認定基準が出されている。

④：正。労働組合を結成する権利（団結権）は、憲法第28条に規定された労働三権の1つであり、非正規雇用を含むすべての労働者に保障された権利である。ただし、現在、公務員は職種により労働三権の一部または全部に制約がある。

┃STEP❸-4【雇用環境の変化】 正解は②

ア－企業別組合。日本の大企業に多く見られる労働組合の形態で、終身雇用や年功序列賃金と合わせて日本型雇用慣行と呼ばれる。職業別組合は欧米などに多い形態である。

イ－裁量労働制。デザイナーや、記事の取材、研究・開発に携わる者など、固定的な労働時間になじまない職種に対して、実際の労働時間にかかわらず所定の労働時間分だけ働いたものとみなすもので、「みなし労働時間制」ともいわれる。フレックスタイム制とは、労働者が比較的自由に始業・就業時刻を決定できる制度のこと。

┃STEP❸-5【労働基準法】 正解は①

①：正。同法第36条による。原則として25％以上の割り増しとなる。

②：誤。同法89条に、使用者が作成し、行政官庁に届け出なければならない「就業規則」のなかに、退職手当の計算・支払い方法・時期は明記する必要がある、とされているが基準は書いていない。

③：誤。同法34条。6時間を超える場合は少なくとも45分、8時間を超える場合は少なくとも1時間を労働時間の途中に与えなければならない。

④：誤。同法第4条に、労働者が女性であることを理由に差別してはならないとある。

補足：その他の重要事項

24条：賃金は労働者に直接、通貨で、全額を、毎月1回以上、一定期日に支払わなければならない。

32条：労働時間は1日8時間、週40時間以内。

61条：満18歳未満を午後10時〜午前5時に使用してはならない。

なお、最低賃金は「最低賃金法」による。

┃STEP❸-6【労働組合法】 正解は③

①：誤。日本で多い企業内組合の形態。

②：誤。同法7条。正当な理由がなくて団体交渉を拒むのは不当労働行為とみなされる。

③：正。日本国憲法第28条で認められた労働三権であるが、権利の行使に際して不利にならないことを具体的に保障しているのが労働組合法である。

④：誤。刑事免責については同法第1条2項に定めがある。労働争議に関しての調整や申し立てについては、主に「労働関係調整法」による。

┃STEP❸-7【労働組合】 正解は④

a－正。正規、非正規の別なく、結成・参加ができる。

b－正。労働組合法第7条2で禁じている。

c－誤。労働組合法7条3では、使用者が労働組合の運営のための経費の支払いについて経理上の援助を与えることを、不当労働行為として禁止している。

｜STEP ❸-8【労働関連法規総合①】　正解は⑦

A－労働条件に関する法律は，労働基準法でウ。

B－労働組合に関する規定は，労働組合法でエ。

C－労働争議の解決に関しては，労働関係調整法でイ。

D－男女雇用機会均等法は，2006年の改正で事業主に対するセクハラ防止義務を明記したカ。

アの最低賃金法は，どういう手続きで最低賃金を定めるかが規定されている。なお，労働基準法も最低賃金法も，具体的な額を決めているわけではない。

オの男女共同参画社会基本法は1999年施行。男女雇用機会均等法が，雇用問題に限っているのに対し，この法律は，社会全体での取り組みを総合的に計画・推進しようとしているのが大きな違い。

｜STEP ❸-9【斡旋・調停・仲裁】　正解は②

①：誤。解決案の提示は義務づけられていない（下図参照）。

②：正。調停案は労使を拘束しない。

③：誤。原則として労使双方からの申請により開始されるが，労働協約に基づく場合は，一方の申請でも行う。

④：誤。公益委員のみからなる仲裁委員会が，仲裁裁定を作成する。仲裁裁定は，労働協約と同じ効力をもつ。

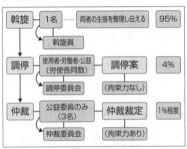

↑斡旋・調停・仲裁

｜STEP ❸-10【労働運動】　正解は③

①：誤。機械で生産するので，安価な労働力である女性や子どもが雇用された。

②：誤。ラッダイト運動を展開したのは熟練工。産業革命期のイギリスで，1811年に初めて起こった。まもなく政府により，弾圧された。

③：正。普通選挙権を要求したのがチャーティスト運動。普通選挙の前の段階が制限選挙。

④：誤。問屋制家内工業→工場制手工業（マニュファクチュア）→工場制機械工業の順である。

｜STEP ❸-11【女性の労働】　正解は④

①：誤。2014年も20％に届かず10％台である。

②：誤。1974年には「30％台」であったが，2014年には「40％台」になっている。

③：誤。「高くなっている」が正しい。2014年の25～29歳の労働力率はおよそ80％で，1994年の20～24歳の労働力率を上回っている。

④：正。

｜STEP ❸-12【過労死】　正解は③

①：誤。労働災害として認められるケースもある。

②：誤。以前は，死の直前の業務負担を主にみていたが，現在では半年以上の継続的な負担も労働災害認定の際に重視されるようになっている。

③：正。

④：誤。労働基準監督署に労災申請をし，そこで認められた場合に補償給付が受けられる。ただし，認定判断に不服がある場合に

は，裁判所に申し立てができる。

｜STEP ❸-13【労働者の権利】　正解は④

①：誤。正当な争議行為に対しては，刑事上，民事上の責任は問われない。

②：誤。公務員の地位の特殊性や職務の公共性などを理由として，争議行為の禁止は合憲と判断されている。

③：誤。一般公務員に団結権は認められているが，警察官や自衛隊員，消防職員には団結権を含め労働三権が認められていない。

④：正。緊急調整とは，労働関係調整法に規定されている調整行為で，内閣総理大臣が中央労働委員会の意見を聞いて発動を決定する。50日間はストが禁止される。

｜STEP ❸-14【雇用形態の変化①】　正解はウ-②，エ-④

APPROACH 近年の社会情勢と経済政策に加え，雇用調整の基本も理解し，総合的な思考力が必要である。

ア－2016年に減少から増加に転じているので，2012年末から始まったアベノミクスによる景気回復の影響と判断する。→①正規雇用者数。

イ－減少が続いている。→③年少人口。

ウ－2008年から2010年にかけてわずかに減少しているが，それ以外の期間では増加している。この時期にはサブプライムローン問題に端を発するリーマン・ショックによる不況が起きた。不況期には，雇用調整のため，正規雇用者よりも非正規雇用者の方が解雇されやすい。→非正規雇用者数。

エ－増加が続いている。→老年人口。

｜STEP ❸-15【雇用形態の変化②】　正解は①

まず表の内訳を特定すると，

A－最も数が少ない→失業者数。

B－数が中位で近年増加傾向にある→非正規雇用者数。

C－最も数が多いが減少傾向で，景気が回復している直近だけやや増加している→正規雇用者数。表の説明は①が正文である。

②「多い」ではなく「少ない」。

③「少ない」ではなく「多い」。

④「多い」ではなく「少ない」。

｜STEP ❸-16【雇用形態の変化③】　正解は⑥

A－誤。派遣労働者でも一定の条件を満たせば，年次有給休暇の権利を取得できる。労働基準法の第39条では，6か月以上勤務で8割以上の出勤で年次有給休暇が与えられるとあり，派遣でも同一派遣元で6か月以上勤務してればこれが適用されるし，派遣元企業は同じまま派遣先企業が変わった場合でも，有給休暇の残日数は引き継がれる。

B－正。2013年に労働契約法が改正され，同一の使用者（企業）との間で，有期労働契約が更新されて通算5年を超えたとき，労働者の申込みによって無期労働契約に転換されるルール（無期転換ルール）ができた。

C－正。最低賃金は，原則として事業場で働く常用・臨時・パート・アルバイトなど雇用形態や呼称の如何を問わず，すべての労働者とその使用者に適用される。

｜STEP ❸-17【雇用形態の変化④】　正解は①

男性は，正規雇用者が多いが，バブル経済崩壊後の1991年以降は非正規雇用者が増加してきた。よって，A―正規雇用，B―非正規雇用である。

女性も，かつては正規雇用者よりも非正規雇用者の方が多かったが，男性の正規雇用減少に伴って家計補助のために働きだす女性が増加しており，2000年代には非正規雇用者数が正規雇用者数を上回った。よって，C―正規雇用，D―非正規雇用である。

STEP ❸-18【雇用形態の変化⑤】　正解は④

①：誤。労働者派遣法の1999年改正で派遣対象が原則自由化され，さらに2004年改正で製造業への派遣が解禁されたため，派遣労働者は2000年代に入って急増した。その後，2008年のリーマン・ショック後に行われた「派遣切り」により，現在は減少に転じている。

②：誤。年功序列型賃金は終身雇用制とともに日本の伝統的労使関係であったが，近年は職務給や職能給など，何の仕事がどれ位できるかを重視した賃金体系に移行する企業が増えている。

③：誤。日本の労働組合の組織率は2009年に対前年比で若干増加したが，長期的には1949年の55.7%をピークに，ほぼ一貫して減少傾向である。

④：正。現在の日本の年間総実労働時間数は，アメリカやイギリスとはあまり変わらないか，もしくはアメリカの方が長いぐらいだが，ドイツやフランスに比べるとかなり長い。

STEP ❸-19【労働関連法規総合②】　正解は③。

A－労働基準法第6条では，「中間搾取」（いわゆるピンハネ）の禁止がある。産業界の要請もあり，労働者派遣法が1985年に制定，翌年に施行されたが，当初の適用対象業務は専門的知識を必要とする13業務に限定されていた。しかし，この業務は徐々に拡大・自由化されていった。→イ。

B－パートタイム労働法（2018年パートタイム・有期雇用労働法に改正）の内容。非正規雇用の増加に伴い，その保護のために制定・改正されている。→ア。

C－年金保険（基礎年金）の支給開始年齢が，段階的に引き上げられることに伴い，高齢者の安定的な雇用が求められるようになった。これにより，高年齢者雇用安定法が改正され，60歳定年が多かった雇用形態を改善すべく，定年の引上げ，定年制の廃止，定年後の継続雇用制度の導入の中からいずれかの措置をとることを事業主に義務づける義務としたほか，さらに70歳までの定年引上げについても努力義務とした。→ウ。

STEP ❸-20【労働関連法規総合③】　正解は①

①：正。1947年に公布され，2022年には改正されている。改正ポイントとして，求職者が安心し求職活動ができる環境整備，企業側とのマッチング機能の向上などがある。

②：誤。「労働者派遣法」ではなく「労働三法」が正しい。労働三法とは，労働基準法・労働組合法・労働関係調整法の3つであり，労働者派遣法はこれに含まれない。

③：誤。「人事院」ではなく「労働基準監督署」が正しい。人事院は，国家公務員の給与や人事行政の公平を保つための行政機関である。

④：誤。「不当労働行為」とは，使用者が労働者の団結権を侵害する行為のこと。この場合，労働者は「労働委員会」に訴える。「労働審判制度」とは，労働者と使用者との間の民事紛争（例えば，未払い賃金の支払いやセクハラによる損害賠償請求など）に関する解決案をあっせんして，解決を図る手続きのことである。

STEP ❸-21【労働関連法規総合④】　正解は③

①：誤。1999年に労働基準法の女子保護規定が撤廃され，女性の深夜業制限は原則として無くなった。

②：誤。1984年の国籍法改正で，父系主義から父母両系主義に改められている。

③：正。

④：誤。「男女共同参画社会基本法」ではなく，1991年制定の「育児・介護休業法」が正しい。

㉑ 社会保障 →問題pp.115〜117

STEP ❸-1【世界の社会保障①】　正解は①

①：正。それまででも，個々の国では社会保障に関する施策が行われてはきたが，この宣言で初めて全世界的な共通認識を持つきっかけとなった。

②：誤。「賦課方式」ではなく「積立方式」が正しい。賦課方式は，現役世代が老齢世代の年金給付を賄う方式である。

③：誤。「生活保護費」ではなく「年金保険」である。

④：誤。「ゆりかごから墓場まで」をスローガンに社会保障制度を整備したのはイギリス。あらゆる世代や職種など，幅広い層への社会保障を目指した。ビスマルクは「アメとムチ」の政策で，労働者に対して保護と弾圧の両面で対応した。

STEP ❸-2【世界の社会保障②】　正解は④

①：正。ニューディール政策の一環として，1935年に社会保障法を制定。これは，社会保障という言葉を初めて使用したもの。

②：正。1942年のベバリッジ報告のスローガン「ゆりかごから墓場まで」にあるとおり，あらゆる階層への社会保障の整備が推進された。

③：正。前問④の解説も参照。ビスマルクは，1878年に社会主義者鎮圧法を制定し，1883年の疾病保険法を皮切りに，1880年代に社会保険の関連法を次々と制定した。

④：誤。労働者災害補償保険法（労災保険法）は，1947年に労働基準法と共に制定された。日本初の社会保険は，1922年の健康保険法。

STEP ❸-3【日本の生活保護】　正解は②

①：誤。「国民年金法」ではなく「生活保護法」に基づいている。

②：正。「公費」＝租税によるものである。租税ではなく，「社会保険料」として給与明細にあるものの内容は4つあり，健康保険料，介護保険料，厚生年金保険料，雇用保険料，になる。

③：誤。逆で，生活保護の給付は「世帯単位」で適用される。

④：誤。生活保護には，生活，住宅，教育，生業，出産，葬祭，医療，介護の8つの扶助があり，「出産」を含む。内容を見ると，まさに「ゆりかごから墓場まで」の，基本的なライフステージをすべて含んでいることが見て取れる。

STEP ❸-4【日本の社会保障①】　正解は①

①：誤。「自然災害の被災者」ではなく「生活困窮者」。

②：正。日本の"社会保障"の四分野の一つが"社会保険"。その社会保険は，さらに「公的医療保険」「公的年金」「介護保険」「雇用保険」「労災保険」の5つに分けられる。この文は，労災保険についての記述である。なお，労災保険の保険料は，全額事業者が負担する。

③④：正。記述のとおり。

STEP ❸-5【日本の社会保障②】　正解は②

①：誤。「統合する」が誤り。日本には，75歳以上を対象とする後期高齢者医療制度を別にして，職域を統合する公的医療保険制度はまだない。国民健康保険は農業従事者や自営業者など被用者保険の対象外の人や，被用者保険退職者が加入する。

②：正。

③：誤。「厚生年金保険」ではなく「労災保険（労働者災害補償保険）」。厚生年金保険の保険料負担は労使折半である。

④：誤。国民年金法の1985年改正で国民年金を全国民共通の基礎年金とする制度に変わり，保険料は同一であり，支給額も各人の報酬と無関係に一定である。報酬に比例した額が支給されるのは，いわゆる「二階部分」にあたる厚生年金など。

STEP ❸-6【日本の社会保障③】　正解は①

①：正。なお，生活保護法で規定している保護の種類は，生活・教

育・住宅・医療・介護・出産・生業・葬祭の8種の扶助。

②：誤。制度により保険料負担や給付水準は異なる。

③：誤。2020年度の社会保障給付費は132兆2211億円だが，最大の割合を占めるのは年金部門で42.1％である。医療部門は32.3％。

④：誤。最大の割合を占めるのは，被保険者と事業主が拠出する社会保険料（全体の4割弱）である。次いで税金（公費負担）が占める（2020年度）。

STEP ❸-7【日本の社会保障④】 正解は②

①：正。2009年度に3分の1から2分の1に引き上げられた。

②：誤。「疾病保険法」ではなく，1961年の「国民健康保険法」の改正によって国民皆保険が実現した。疾病保険法はドイツのビスマルクによるもの。

③：正。地域保健法では，保健所は都道府県や市・特別区が設置主体で，行政機関色が強いのに対し，市町村が設置主体の市町村保健センターは，対人保健サービスを業務の基本としている。

④：正。生活保護制度の一つで，生活困窮者自立支援制度や生活困窮者自立支援法などがある。

STEP ❸-8【社会保障の財源構成】 正解は④

APPROACH 🔍 図（グラフ）→表の順で考えてみる。

Aは，「国庫その他の公費負担（＝租税による）」の割合が高い（45.8％）ことと，「被保険者拠出（＝保険の対象者＝本人）」の負担が小さい（12.6％）。これらは，個人ではなく国が最低限の面倒を見るべきだとするナショナルミニマムの考え方をする北欧型の特徴。よってイギリス。

次にB，Cが日本かドイツかの区別をするために，上の表（対GDP比）を見る。GDPに占める割合が高いのは，北欧型（スウェーデンなど）＞大陸型（フランス，ドイツなど）＞アメリカ型，の順であり，日本がアメリカ型に近いことからBがドイツでCを日本と判断する。イギリスは北欧型に近いと言われてきたが，1980年代サッチャー政権からの社会保障費の縮小により，今では日本と同等の水準である。また，年金割合が高いBを「高齢社会の日本」と即断しないようにも注意。

STEP ❸-9【国民負担率①】 正解は③

①：誤。資料1は，ある時点での異なる年齢対象である。経年変化を見たい場合は，同じ年齢区分の複数年で見る必要がある。

②：誤。増加ではなく，「減少傾向」にある。

③：正。日本が1.6（％）なので，1.6×2＝3.2以上の，イギリス，スウェーデン，ノルウェーが該当する。

④：誤。財源なので，資料4の負担グラフの内訳を見ると，「保険料」部分は，給与などから社会保険料として納められている分であり，これは国債などの借金ではない。ありえるのは，「公費」の部分だが，ここにどの程度の国債部分が含まれていて，その結果として，どのようなプライマリー・バランスになっているかは不明である。

STEP ❸-10【日本の公的医療保険制度】 正解は②

APPROACH 🔍 医療保険は大きく3種類あり，1．企業のサラリーマンや船員，公務員の入る「職域保険（被用者保険）」。2．農業や漁業従事者，自営業者，退職して職場の健康保険をやめた人，パートやアルバイトで職場の健康保険に加入していない人，が対象の「国民健康保険」。3．75歳以上の「後期高齢者医療制度」。特に，国民健康保険に「退職者」が含まれていることを知っておきたい。

a－正。退職者ではなくなると，国民健康保険ではなく被用者保険の対象者となる。

b－誤。定年を引き下げると，国民健康保険の対象者である退職者

が増えることになる。

c－正。被用者保険と国民健康保険の窓口負担が原則2～3割なのに対し，後期高齢者医療制度の窓口負担は原則1割なので，同じサービスを受けられるのであれば，負担が軽い後期高齢者制度の方を選択すると考えられる。よって，後期高齢者医療制度の対象年齢が引き下げられれば，こちらに人が増え，国民健康保険は減ると考えられる。

d－誤。自己負担率が引き下げにより軽くなると，後期高齢者医療制度への加入者が増える。

STEP ❸-11【国民負担率②】 正解は①

①：正。国民負担率の計算における社会保障負担とは，公的社会保険（医療保険・年金保険・介護保険・雇用保険）の保険料負担をさす。保険料負担とは，例えば医療保険であれば，病院に行って窓口で払うお金ではなく，普段から政府に支払っている負担部分を指す。

②：誤。公的保険の被保険者が支払うのは，保険料負担ではなく自己負担分。例えば，本来10万円かかる治療費を，3万円の自己負担で済んだという事は，7万円分が保険料から出ているという事。

③④：誤。民間保険会社に関する支出は，いずれも社会保障負担には含まれない。

STEP ❸-12【国民負担率③】 正解は⑥

APPROACH 🔍 単純に，全体の負担率が高いのを北欧型，と考えるとA・Bが逆になる。フランスは，手厚い保育システムなどを整備し，先進国ではかなり高い出生率を維持しているが，一方失業率は高い。ドイツはその逆で失業率は低いが，出生率は低い。双方とも，すべて万全なわけではない。

A－ドイツに似て社会保障負担率は高いものの，租税負担率は比較的抑えられている→フランス。

B－租税負担率が非常に高いのは北欧型→スウェーデン。

C－日本と似たタイプで，租税負担率が低く抑えられている→アメリカ。

STEP ❸-13【公的年金制度】 正解は③

①：正。国民年金保険料の納付率は，76.1％（2022年度）。非正規労働者の増加や年金制度への不信感などがその背景にある。

②：正。厚生年金は，民間企業の被雇用者を対象とする年金保険（2015年10月には，公務員を対象とする共済年金と一元化された）であり，基礎年金である国民年金に在職中の報酬に比例した給付金が支給される。

③：誤。年金の支給水準は，少子高齢化により財源の確保が難しくなってきており，2003年以降，段階的に引き下げられている。

④：正。2012年には，AIJ投資顧問会社によって，企業年金資産消失事件が起こった。

STEP ❸-14【公的年金制度②】 正解は⑤

ア－正。基礎年金の国庫負担割合を3分の1から2分の1に引き上げる改革は，2009年になされた。

イ－誤。公的年金の保険料を段階的に引き下げるような仕組みは導入されていない。

ウ－正。マクロ経済スライドは，年金の給付水準を自動的に調整する仕組み。ある程度以上の物価や賃金の上下に応じ，年金の給付水準も，上下させる。

STEP ❸-15【高齢社会】 正解は②

①：誤。75歳以上の後期高齢者で，基本1割（高額所得者は3割）は自己負担。

②：正。公的年金の加入者自体が国民の過半数いる。それを知らなくとも，65歳以上で受給資格があれば，わざわざ受給しないことは考えにくい。実際65歳以上での公的年金受給者は，政府統

計によると，90%台後半である。

③：誤。高齢化率が7%超で高齢「化」社会（日本では1970年ごろから），14%超で高齢社会（日本では1990年代半ばごろから），21%超で超高齢社会（日本では2007年ごろから），という。

④：誤。条件によって違うが，介護保険に基づき，老人保健福祉施設などのサービスを受けたとき，自己負担は原則1割。

STEP ❸-16【少子高齢化】 正解は①

②：誤。「高齢社会」から「超高齢社会」へと移行した。65歳以上の人口の割合（高齢化率）が21%超で超高齢社会（STEP.3-15③の解説参照）。日本の高齢化率は2022年時点で29.0%。

③：誤。2005年に**合計特殊出生率**が1.26と過去最低を記録した後，やや上昇したが，近年は低下傾向。

④：誤。「引き下げ」ではなく「引き上げ」が正しい。

STEP ❸-17【日本の社会保険】 正解は①

APPROACH🔍 社会保険とは疾病・失業・老齢などに備えて保険料を拠出し，事故が起きたときに給付を受けるもので，社会保障制度の中心をなす。**医療（健康）保険・雇用（失業）保険・労災（労働者災害補償）保険・年金保険・介護保険**の5部門がある。保険料は事業主・被保険者（労働者など）・国の三者で負担するが，労災保険のみ労働者の負担はない。

①：正。市町村には，東京都の特別区も含まれる。

②：誤。租税資金とは税金のこと。一部は国や地方公共団体が負担している（租税資金の投入）。

③：誤。事業主と被保険者が負担している。

④：誤。年金保険。生活保護は公的扶助であり，生活困窮者などに最低限度の生活を保障するため，国の責任で無償の経済給付を行う制度。

STEP ❸-18【セーフティ・ネットと社会保障】 正解は④

①：誤。事業所に対して強制適用となる。

②：誤。失業給付のためには，「失業中」「離職前の1年間に31日以上被保険者であったこと」「就職する意思があること」などの条件が必要。

③：誤。1994年の雇用保険法改正により，育児休業給付が支給される。2014年から休業前賃金の67%の金額が支払われる。

④：正。資産等の収入調査を**ミーンズ-テスト**という。調査の結果，生活保護基準を下回ると，その差額分が公費で支給される。

㉒ 農業，中小企業，消費者問題

STEP ❸-1【農業①】 正解は⑤

ア－コメの全面関税化がなされたのは，1999年である。

イ－農家に対する戸別所得補償制度は，民主党政権下の2010年に導入。2013年度より，経営所得安定対策に名称変更されている。

ウ－新食糧法（主要食糧の需給及び価格の安定に関する法律）が施行されたのは，1995年である。これにより食糧管理法は廃止され，政府によるコメの管理は緩和された。

したがって，ウ→ア→イの順である。

【食糧管理制度とコメ政策】

・1942～95年に実施した制度で，生産者米価（政府の買入れ価格）が，消費者米価（販売価格）より高い，「逆ざや」状態であったため，食糧管理特別会計の赤字と，生産過剰米が発生した。

・これら減らすべく，米の作付面積を削減し，米農家に転作を支援するための補助金を支払うことで生産量の調整を図る，減反政策（'60年代試験運用，1971～2017年）が実施された。

・ウルグアイラウンド（1986～1995年）では，最低輸入機会（ミニ

マム・アクセス）として，一定数量まで低い関税に抑える制度が導入され，政府がコメに適用をしている。

・1998年からコメの関税化が始まり，かなり高いが関税さえ払えば，通常の貿易品と同様，コメを自由に輸出できるようになった。

STEP ❸-2【農業②】 正解は①

①：正。地産地消とは，地域で生産された農産物を地域で消費する取組。

②：誤。「ミニマム・アクセス」ではなく「農業の多面的機能」が正しい。農業生産以外の，これらの役割に加えて地域文化の保全まで含めたものを農業や農村の役割と捉えたのが，食料・農業・農村基本法である。ミニマム・アクセスとは，決められた一定数量までは通常よりも低い関税での輸入機会を保証し，輸入促進をはかる制度。

③：誤。「1割程度」ではなく「1%程度」が正しい。

④：誤。「主業農家」ではなく「副業的農家」が正しい。

STEP ❸-3【農村の変化】 正解は②

A－グリーン・ツーリズムとは，農山漁村地域で自然・文化や人々との交流を楽しむ，滞在型の余暇活動のこと。ア。

B－スローフードはファストフードに対して提唱された考え方で，土地の伝統的な食文化や食材を見直す運動や，その食材自体をさす。料理・提供する生産者の保護や食育までも含む。ウ。

C－六次産業化とは，農林水産業（第一次産業）者自身が，その生産物の加工（第二次産業）から販売（第三次産業）までを一体化して手がけること。1次×2次×3次＝6次と捉える。→イ。

STEP ❸-4【中小企業①】 正解は②

①：誤。「資本装備率」ではなく「資本金の額や従業員数」とするのが正しい。→参照：中小企業の定義（中小企業基本法）

②：正。経済の二重構造 一国経済の中に近代的な産業と前近代的な産業が併存すること。中小企業と大企業が典型であり，様々な格差がある。

③：誤。逆であり，大企業との格差是正から，多様で活力ある成長発展へと転換された。

④：誤。「下回っている」ではなく「はるかに上回っている」が正しい。事業所数に占める中小企業の割合は約99%。

製造業	資本金3億円以下	または従業員300人以下
卸売業	資本金1億円以下	または従業員100人以下
小売業	資本金5000万円以下	または従業員50人以下
サービス業	資本金5000万円以下	または従業員100人以下

↑中小企業の定義（中小企業基本法）

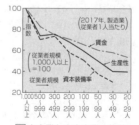

↑大企業と中小企業の格差

STEP ❸-5【中小企業②】 正解は②

①：正。産業の空洞化という現象。

②：誤。円安であれば，輸出には有利になるので，逆。地場産業とは，その地域の特性を生かした生産を行っている産業であり，他国との競争は起きにくい。

③：正。記述のとおり。

④：正。ニッチは「隙間」という意味。

STEP ❸-6 【消費者問題①】　正解は③

①：誤。食品安全委員会は内閣府の機関として2003年に設定されており，同年の食品安全基本法の制定による。消費者基本法（2004年制定（消費者保護基本法を改正））に基づくものではない。→参考：【食の安全】

②：誤。「撤廃」ではなく「導入」。総量規制とは，個人の借入総額が，原則，年収等の3分の1までに制限される仕組み。すでに，年収の3分の1を超える借入れがある場合，銀行やクレジットカードなどで新たな借入れはできない。

③：正。クーリングオフ制度が規定されている法律は特定商取引法。

④：誤。「国や地方公共団体の機関」の努力義務としている。グリーン購入法は2000年に制定された。

STEP ❸-7 【消費者問題②】　正解は②

A－「依存効果」とは，ガルブレイスの用いた概念で，消費が生産に依存する＜ex.作ったから売る＞ことを意味する。大衆消費社会では生産者の宣伝広告が消費行動に影響を及ぼす→ア。

B－「デモンストレーション効果」とは，他の消費者の消費行動の誇示が，自身の消費行動に影響する＜ex.お隣が買ったからウチも＞こと→ウ。

C－「消費者主権」とは，市場経済の前提条件，何をどれだけ買うか，その決定権は消費者に属しているという考え方→イ。

STEP ❸-8 【消費者問題③】　正解は②

①：誤。「特定商取引法」ではなく「製造物責任法（PL法）」。特定商取引法は，クーリングオフ制度などを規定した法律。

②：正。2006年に消費者契約法が改正され，内閣総理大臣が認定した消費者団体が，消費者に代わって訴訟を起こせるようになった。

③：誤。それまで，縦割りで対応していた問題を，横断的に一元化して対応するために，消費者庁は2009年に設置された。

④：誤。リコール制度とは，製品に欠陥があったときに，製造者や販売者が無料で製品の回収・修理を行う制度のこと。

STEP ❸-9 【消費者保護】　正解は③

①：誤。裁判所が新しい人権として認めた権利は「プライバシーの権利」だけである。三島由紀夫の小説『宴のあと』をめぐる1964年の東京地裁判決で初めて認められたものである。

②：誤。製造物責任法では，製造業者などが自ら製造・加工，または一定の表示をし，引き渡した製造物が対象となる。無過失責任を認める（製造業者に過失がなくても損害賠償）。なお，免責条件としては，製品を最初に開発したときにともなう危険の認定（開発危険の抗弁）や，10年の時効などがある。

③：正。消費者保護基本法は，総合的消費者保護行政を推進するために1968年に制定され，消費者保護のための国や企業の責務を規定していた。2004年に改正され，消費者基本法となった。消費者基本法は，消費者を「保護」の対象とするのではなく，「消費者の利益の擁護及び増進に関し，消費者の権利の尊重及びその自立の支援」などを基本理念として定めている。これにともない，それまでの「消費者保護会議」も「消費者政策会議」に改められた。

④：誤。国民生活センターは，消費者行政の一環として1970年に特殊法人として設置された。消費者問題に関する調査研究・苦情処理・商品テストなどの業務を行っている。現在は独立行政法人。都道府県など地方には，消費生活センターがある。なお，消費者被害救済制度としては，行政機関の仲介による苦情処理，私的な救済，消費者被害救済基金制度などがある。

参考：【食の安全】

① [遺伝子組み換え食品の販売]
・農水省は1996年に遺伝子組み換え作物7品目の安全性を承認。
・2001年から，大豆・トウモロコシなど5品目の表示を義務づけ。
・これまで，販売禁止の措置はしていない。
・改正JAS法…農畜産物の原産地表示義務化
　　　　　　　　…遺伝子組み換え食品表示義務化

② [消費者庁の設置]
・2009年に内閣府の外局として，消費者行政一元化のため設置。
・有識者で構成される消費者委員会が同庁を監視。

③ [農業への株式会社の参入]
・2000年の農地法改正で，株式会社の参入を承認。

④ [トレーサビリティ]
・トレーサビリティ：食の安全を確保するため，食品などがいつ，どのような経路で生産・流通・消費されたかの全履歴を明らかにする制度
・国産牛肉のトレーサビリティを確保するために，牛の個体識別のための制度を導入。
・2003年牛肉トレーサビリティ法

⑤ [BSE（狂牛病）問題]

⑥ [ポストハーベスト]
　（収穫後の農産物への薬剤散布）問題……禁止

㉓ 公害と地球環境問題

→問題pp.123～125

STEP ❸-1 【日本の環境保護①】　正解は④

以下のように流れを考えるとよい。

B－公害対策基本法の制定は1967年。高度経済成長期に公害問題が顕在化したことで制定された。

A－環境庁の発足は1971年。公害対策基本法には「経済調和条項」があり，公害対策が不徹底となった。そこで，1970年の公害国会で法改正が行われ，経済調和条項の削除と環境庁の設置が決まり，翌年に同庁が発足した。なお，環境庁は2001年の省庁改編で環境省となっている。

D－環境基本法は1993年。地球温暖化などの国際的な環境問題や都市公害に対応するため，公害対策基本法と自然環境保全法（1972年制定）を統合する形で制定された。

C－京都議定書批准は1997年。先進国の温室効果ガスの排出量削減目標を定めたもので，気候変動枠組み条約第3回締約国会議（地球温暖化防止京都会議）において採択された。

B（初の法律）→　A（法の補足）→　D（国際対応）→　C（温室効果ガス）。

STEP ❸-2 【日本の環境保護②】　正解は④

ア－循環型社会形成推進基本法は，2000年制定，2001年施行。循環型社会とは，ゴミを出さない社会としての物質循環の確保，出たゴミについては資源として再利用する，環境負荷の低減と規定されている。この法律に基づき，2003年には，循環型社会形成推進基本計画が策定された。関連法規として，容器包装リサイクル法・家電リサイクル法・食品リサイクル法・建設資材リサイクル法・グリーン購入法などがある。

イ−公害対策基本法は，1967年制定・施行。公害対策の憲法といわれた法律。公害の定義，事業者・国・地方公共団体の責務，環境基準などが明記され，日本の環境行政上重要な役割を果たしてきた。　1993年には環境基本法の制定に伴い統合廃止された。

ウ−環境影響評価法（環境アセスメント法）は1997年制定，99年施行。

▍STEP 3-3【日本の環境保護③】　正解は④

①：誤。最高裁判所は，1981年の大阪空港公害訴訟判決をはじめとする一連の環境裁判において，環境権を憲法が保障すべき「新しい人権」であるとは認めていない。

②：誤。大阪空港公害訴訟の控訴審判決で，裁判所は民法上の人格権に基づき，原告の求める事前差止めを認める判決を下した。また，道路公害訴訟では神戸地方裁判所と名古屋地方裁判所が，2000年に事前差止めを認める判決を下している。

③：誤。公害防止条例を制定した地方自治体は多数存在し，法律よりも厳しい基準を課す「上乗せ条例」の合憲性も確立している。東京都などがディーゼル車の通行を規制する条例を2003年に制定した。

④：正。環境アセスメント法は1997年に制定された。背景には，バブル期に流行したリゾート開発と自然破壊などがある。

▍STEP 3-4【公害対策】　正解は②

①：正。PPPは，公害を発生させた企業に公害防止費用と被害者救済費用の負担を義務づける原則。OECD（経済協力開発機構）の環境委員会が，国際ルールとして1972年に定めた。

②：誤。環境アセスメントとは，開発者に対して，その開発が自然・環境にどのような影響を与えるかを事前に調査・評価させること。

③：正。公害国会は1970年の国会で，公害対策基本法（1967年制定）からの調和条項削除などを含む一連の公害関係法が成立した。

④：正。都市公害とは，都市化の進行につれて発生する公害のこと。一方，企業の生産活動に伴って発生する公害を，産業公害という。

▍STEP 3-5【国際的な取組み①】　正解は②

①：誤。ブラジルのリオデジャネイロで1992年に開催された国連環境開発会議（「地球サミット」）で，温室効果ガスの安定化・削減に関する条約である気候変動枠組み条約が採択されたが，具体的な削減目標値は決定されなかった。

②：正。スウェーデンのストックホルムで1972年に開催された国連人間環境会議の決議を受けて，国連総会の補助機関であるUNEP（国連環境計画）が設置された。ケニアのナイロビに本部を置き，地球環境問題に対する調査・調整・啓発を行っている。

③：誤。国連環境開発会議は，1992年。1997年に京都で開催された同条約の第3回締約国会議（COP3）で，日本や欧州の先進国による温室効果ガスの削減目標値を定めた京都議定書が採択された。

④：誤。UNCTAD（国連貿易開発会議）は，資源ナショナリズムの高まりによる1962年の国連総会における「天然資源に対する恒久主権」の原則確認決議を受けて，南北問題を討議する国連総会の補助機関として1964年に設立された。国連環境開発会議で設立されたのは，CSD（持続可能な開発委員会）である。

▍STEP 3-6【国際的な取組み②】　正解は④

①：正。ラムサール条約は，湿地とその生態系の保護を目的として1971年に制定された。北海道の釧路湿原が最初だが，青森県では仏沼が対象となっている。

②：正。バーゼル条約は，有害廃棄物の越境移動を禁ずる目的で，国連環境計画（UNEP）を中心として1989年に採択された。

③：正。国連環境開発会議は，1992年にブラジルのリオデジャネイロで開催された。

④：誤。京都議定書は，先進国に対して温室効果ガスの排出量削減を義務づけた。しかし，途上国は対象外である（最大排出国の中国がこの議定書の対象外）ことなどから先進国からの反発が強まり，アメリカが離脱するなど，この議定書の効果が薄れた。そこで，これらの問題点を解決すべく2015年に，先進国だけでなく途上国も対象となる「パリ協定」が結ばれた。

▍STEP 3-7【国内外の環境保護】　正解は③

①：正。新薬の開発，食品，農業，化学やバイオ産業の発展のために，特殊な生物など（微生物・細菌なども含む）の利用は，必要不可欠となっている。そのような生物などの産地と，どう利益配分をするかは，いまだに国際的な課題の一つである。

②：正。【日本の環境保護②】ア参照。

③：誤。「バーゼル条約」ではなく，「ラムサール条約」が正しい。なお「バーゼル条約」とは，有害廃棄物の国境を越える移動等を規制する国際的な条約で，国連環境計画が1989年に採択した。

④：正。2【日本の環境保護②】ウ参照。

▍STEP 3-8【エネルギー資源】　正解は①

A−エネルギー源として石炭の割合が非常に多い→石炭を豊富に産出する中国。

B−原油の割合が非常に多い→石油を豊富に産出するアメリカ。シェールオイルの開発により，アメリカの産油量は増加傾向にあることも覚えておきたい。

C−原子力の割合が0である→東日本大震災以降，原発停止の日本。

D−原子力の割合が非常に多い→フランス。

▍STEP 3-9【国際的な取組み③】　正解は④

①：正。この宣言で，環境保護を人類の主要な課題として確認し環境問題に取り組む際の原則を明示した。

②：正。1990年を基準に，EUは-8%，アメリカは-7%，日本・カナダ-6%，ロシア±0%，などの削減数値目標が設定された。

③：正。地球サミットから20年で，通称リオ＋20。環境重視の先進国と経済成長優先の途上国との対立が深刻化した。成長と持続可能性の両立を目指す環境負荷の少ない経済を指す「グリーン経済」を提唱したが，結局，各国の自主的取り組みに任せることにとどまった。

④：誤。パリ協定では，締約国が温室効果ガス削減目標を設定することは義務づけられたが，目標の達成は義務づけられていない。

▍STEP 3-10【京都議定書】　正解は④

(APPROACH 🔍)　京都議定書の目標を達成するための措置を京都メカニズムという。具体的には，共同実施（JI），国際排出量取引（IET），クリーン開発メカニズム（CDM）の三つを指す。

①：正。1997年の気候変動枠組み条約第3回締約国会議（COP3）で採択。

②：正。1990年を基準に，日本は6％，アメリカ7％，EUは8％を削減目標とした。

③：正。排出権（排出量）取引のこと。

④：誤。アメリカの離脱にもかかわらず，2004年にロシアが批准したため，2005年に発効した。

▍STEP 3-11【国際的な取組み④】　正解は④

a−「持続可能な開発」がスローガンとなったのは，1992年にリオデジャネイロで開催された国連環境開発会議（地球サミット）。

b−「かけがえのない地球」がスローガンとなった国連人間環境会議は，1972年にストックホルムで開催された。

c−「持続可能な開発に関する世界首脳会議」は，2002年にヨハネ

スブルクで開催された。第2回地球サミットとも呼ばれる。
d－国連ミレニアム宣言を採択した第55回国連総会は2000年のことである。
　よって、b→a→d→cの順になる。

┃STEP ❸-12【国際的な取組み⑤】　正解は②

ア－1992年に採択されたのは、気候変動枠組み条約。
イ－1997年に採択されたのは、京都議定書。第3回気候変動枠組み条約締約国会議（COP3）で採択された。
ウ－2016年の時点で世界最大の二酸化炭素排出国は中国。
エ－中国に次いで多いのはアメリカ合衆国。
オ－1990年より排出量は大幅に減少したものの依然として多いのはEU。
カ－国単位でみると日本は世界第5位。

┃STEP ❸-13【排出権取引】　試行テスト　正解は③

🔍 **APPROACH**　情報を図式化し整理する技能を要する。排出権取引を含んだ、環境保全費用の判断問題。文書量、比較する資料数とも多く、正確な判断だけではなく、そのスピードも要求される。正解率68.5%だった。

解法：結局は、変数3つの大小問題である。比較可能になるように式を変形できるかがポイント。

　A社が物質α1単位を除去するのにかかる費用をαA、B社の場合を同様にαB、取引価格を同様にαEとすると、費用の大小関係はαA＜αE＜αBとなる。
　また、①～④のコストを、それぞれCost①～Cost④とおくと、次のようになる。

Cost①＝20αA＋50αB
Cost②＝70αB
Cost③＝40αA＋20αE＋30αB－20αE
　　　＝40αA＋30αB
Cost④＝20αE＋70αB－20αE
　　　＝70αB

　この大小関係を調べ、1番小さいものが正解である。
　Cost①とCost②・Cost④を比べるために、Cost②・Cost④を式変形させて比べてみると、

Cost①　　　＝20αA＋50αB
Cost②・④＝20αB＋50αB
50αBの費用は同じなので20αAと20αBを比べる。
20αA＜20αBなので、Cost①の方が小さい。
今度は、Cost①とCost③を比べるために、それぞれの式を変形させて比べてみると
Cost①＝20αA＋30αB＋20αB
Cost③＝20αA＋30αB＋20αA
となり、20αA＋30αBは同じなので、20αBと20αAを比べる。
20αA＜20αBなので、Cost③の方が小さい。
このことから、③が最も社会的費用が安いことがわかる。

┃STEP ❸-14【気候変動の倫理】　正解は⑤

ア：b。カーボンニュートラルの考え方。温室効果ガスの排出量から植林・森林管理などによる吸収量を差し引き、均衡させ、実質ゼロにするもの。
イ：c。固定価格買取制度は、福島第一原発事故を受けて2012年に導入された、再生可能エネルギーの利用促進を図る制度。dの原子力ではなく、cの再生可能エネルギーが該当する。
ウ：図e。両図を比較すると図eが太陽光の比率が大幅に伸びていることから、固定価格買取制度の影響と判断できる。

┃STEP ❸-15【気候変動の議論】　正解は④

●資料の下線部を整理すると、
　X：他者へ危害を許さない＜すべきではない＞とする考え方。

　Y：危害による被害を＜補償をすべきだ＞とする考え方。
ア：X）。温暖化による危害の可能性があるから化石燃料の使用を控える＝＜すべきではない＞→X）。
イ：X）。温室効果ガスを排出する畜産品の過剰な売買・利用をやめる＝利用＜すべきではない＞→X）。
ウ：Y）。海面上昇によって危険にさらされる人々に、支援資金を拠出する＝＜補償をすべきだ＞→Y）。

第3章　現代の国際政治・経済

㉔　国際社会と国際法
→問題pp.128～129

┃STEP ❸-1【主権国家①】　正解は③

①：正。1648年、ヨーロッパにおける三十年戦争終結後に開催された講和会議で締結されたのがウェストファリア条約。これ以降、近代国家社会が成立したとされている。
②：正。国連憲章第2条は、すべての加盟国の主権平等の原則を定めている。
③：誤。ここでいう国家の主権とは対外的なものであり、国家と、国政の最終決定権という意味の主権をもつ国民との関係について論じるのは誤り。また、市民革命は17～18世紀のことであり、時代としても違う。
④：正。国際法とは、二国間または多数国間の取り決め全般を指す。明文法もあれば慣習法もある。国際法とその締結・遵守のプロセスは、近代以降積み重ねられて確立したルールである。

┃STEP ❸-2【ウェストファリア条約】　正解は④

①：誤。ウェストファリア会議に前後する時期、ヨーロッパ各国で絶対王政が成立するようになった。また、絶対王政を打倒したフランス革命が1789年であるから、1648年のこの条約が「ヨーロッパ諸国における絶対君主制を否定」しているとは考えにくい。また、この時期議会制民主主義は（ヨーロッパ諸国で）成立していない。
②：誤。1950～60年代にアジアやアフリカの諸国が相次いで植民地支配から独立したことを考えれば、1648年のこの条約が「植民地主義の違法性を確認した」とは考えにくい。
③：誤。「ローマ教皇の権威を基礎とする」という記述は不適当。
④：正。ウェストファリア会議は、三十年戦争の講和会議。この条約で、神聖ローマ帝国皇帝の優位性が否定され、西欧の主権国家体制が始まった。

┃STEP ❸-3【戦争の違法化の試み】　正解は③

ア－集団安全保障。勢力均衡方式は、関係国と同盟関係を築いて軍事力の均衡で平和を維持しようとする。しかし軍事バランスが崩れると戦争が勃発することにもなった。それに対して、集団安全保障方式は、対立関係にある国も含めた全ての国で国際機構を組織し、武力による侵略を試みる国に集団で制裁を図り、戦争を抑止する方式である。国際連盟で初めて採用された。
イ－不戦条約。国際連盟成立後、1925年にロカルノ条約が、1928年に戦争放棄に関する条約である（パリ）不戦条約が結ばれた。この条約はケロッグ・ブリアン条約とも呼ばれる。国際人道法とは、1971年に国際赤十字委員会が初めて公式に提唱した国際法の分野名。「国際人道法」という名前の特定の条約があるわけではない。

┃STEP ❸-4【非政府組織（NGO）の活動】　正解は①

A－ア。イギリスで1961年に発足し、「良心の囚人」の救護活動や

死刑廃止運動などを展開している。

B－イ。ラッセル・アインシュタイン宣言（1955年）に賛同した科学者を中心に，核兵器廃絶を目的とした活動を今日まで続けている。

C－ウ。1863年発足のNGO。世界大戦で被災者救援活動を行い，ノーベル平和賞を受賞した。

STEP ❸-5【主権尊重の原則】 正解は④

①：誤。国際司法裁判所（ICJ）は関係当事国による付託（紛争当事国の同意）が必要である。

②：誤。IAEAには，核拡散防止条約で核兵器保有を認められた国への強制力はない。核兵器非保有国の原子力関連施設の核査察を行う。

③：誤。国連憲章第51条では，安保理が必要な措置をとるまでの間，自衛のための武力行使を認めている。

④：正。国連憲章第25条。自国の利益に反する場合でも，「安保理の決定を受諾し且つ履行することに同意する」とある。

STEP ❸-6【内政不干渉の原則】 正解は②

APPROACH PKO（国連平和維持活動）は，国連安保理決議に基づき，国連が武力紛争再発防止のために行う活動である。紛争当事者間の停戦合意や受け入れ同意が必要で，停戦監視や選挙監視などを行う。また，PKF（国連平和維持軍）は各国軍隊などで構成し，活動は本体業務（兵力引き離し・武装解除等監視など）と後方支援業務（輸送など）とに分けられる。

①：誤。安保理の決定は拘束力があり，受け入れの拒否はできない。

②：正。国連平和維持軍（PKF）はPKOに含まれるので受け入れ同意が必要。

③：誤。政権がかわっても批准した条約は守らなければならない。

④：誤。安保理の決議は拘束力があり，無視は許されない。

STEP ❸-7【条 約】 正解は④

①：誤。条約を締結する権限は行政府（内閣）にある。立法府はそれを承認する権限を持つ。

②：誤。条約の不履行に対する国連の制裁はない。

③：誤。国家間の合意を明文化したものは名称のいかんにかかわらず条約である。憲章，協定，規約，宣言，議定書といった文書も含まれる。

④：正。成文化されていない国際慣習法は，条約のかたちで明文化される傾向にある。

STEP ❸-8【国際人権規約】 正解は②

①：誤。世界人権宣言を基礎として国際人権規約が採択されている。

②：正。規約には締約国には法的拘束力がある。

③：誤。国際人権規約には社会権を中心としたA規約と自由権を中心としたB規約と3つの選択議定書で構成されている。よって，参政権ではなく社会権である。

④：誤。日本はA規約については地方公営企業職員のスト権，祝祭日の給与保障の2点について留保，3つの選択議定書については批准していないので留保を付すことなくは誤りである。

STEP ❸-9【海洋法】 正解は④

①：誤。公海自由の原則により，航行の自由が認められている。

②：誤。海底の地形・地質が一定条件を満たせば200海里の外側に大陸棚の限界を設定できる。

③：誤。「3海里」ではなく「12海里」が正しい。

④：正。排他的経済水域（EEZ）〈沿岸国の基線から200海里〉では，漁業や海底資源に支配権が及ぶ。

STEP ❸-10【国際裁判所】 正解は③

①：誤。2010年，オーストラリアが南極海における捕鯨に関して日本を提訴し，係争国となった。2014年に日本の敗訴が決定した。

②：誤。日本は2007年に国際刑事裁判所（ICC）に加盟した。□ STEP3-11の **APPROACH** 参照。

③：正。国際司法裁判所は強制的管轄権をもたない。当事国双方が同意しない限り裁判は行われない。

④：誤。国際刑事裁判所は個人を裁く裁判所である。

STEP ❸-11【国際刑事裁判所】 正解は①

APPROACH 2002年に国際刑事裁判所（ICC）の設立条約（ローマ規程）が発効し，日本も2007年に批准した。国際刑事裁判所が扱う犯罪は，（1）ジェノサイド（集団殺害罪），（2）非戦闘員への攻撃などの戦争犯罪，（3）奴隷化や拷問等の人道に対する罪，などである。国際司法裁判所（ICJ）とは異なり，個人の犯罪を追及することができる。裁判所はハーグに設置。

①：誤。日本は2007年に加盟した。

②：正。アメリカ，ロシア，中国などは未加盟。

③：正。アプローチ（1）の集団殺害罪にあたる。

④：正。アプローチ（2）の戦争犯罪にあたる。

STEP ❸-12【勢力均衡】 正解は②

①：誤。これは集団安全保障のこと。国際連合がとるのがこの方式。「違反国に対しては共同で制裁を加える」という部分に注意。

②：正。バランス－オブ－パワー，つまり力関係（軍事力のバランス）を重視し，同盟政策によって自国の安全を維持する。

③：誤。権力分立のような考え方だが，これは実際に存在しない。

④：誤。核抑止の考え方。超大国の力が突出して「勢力均衡」とはならない。超大国の単一行動主義（ユニラテラリズム）も招きかねない。

STEP ❸-13【集団安全保障】 正解は②

APPROACH 集団安全保障は，多数国間の取り決めで侵略行為や戦争を防止するためのしくみ。かつての国際連盟や現在の国際連合のような機関が採用した。集団安全保障は，言葉が似ている「集団的自衛権」とはまったく異なる概念であることに注意。

①：正。軍事制裁はあくまでも最終手段。

②：誤。勢力均衡（バランス-オブ-パワー）の考え方。

③：正。国際連盟や国際連合などのこと。

④：正。国連憲章第33条は平和的解決の義務を定めている。集団安全保障は，戦争その他の武力行使を各国互いに禁止しあうことを前提とする。

STEP ❸-14【主権国家体制】 正解は②

①：正。三十年戦争を終結させたのが，ウェストファリア条約である。主権国家を構成単位とする近代国際社会成立の指標とされている。

②：誤。領空は領土と領海（沿岸から12海里）の上空である。排他的経済水域は，領海の外側にあり，基線から200海里までの範囲をいう。

③：正。国際連盟や国際連合のとる平和維持方式が集団安全保障体制である。国際平和の維持・確立のため，対立関係にある国家を含めた多数の国が条約によって結びつき，相互に戦争を禁止し，紛争を平和的に処理しようとするものである。

④：正。国際法には形成の過程から国際社会の慣習を各国が法として認めた慣習国際法と，条約などの文書による約束である成文国際法に分けられる。

┃STEP ③-15【国際裁判制度】 正解は②

APPROACH 強制する措置がとれなくても，判決自体がもつ意味や価値，効果に相当する内容が答。

A－国際裁判所の判決を外交交渉での自らの主張の正当性の根拠とする→正。

B－集団殺害（ジェノサイド）や戦争犯罪に関する個人の責任を対象とするのは国際刑事裁判所，国際司法裁判所ではない→誤。

C－国際司法裁判所の判決によって，国際法のルールの明確化や法の支配の強化→正。

D－安全保障理事会が判決内容を強制的に執行することない→誤。

25 国際連合と国際協力

→問題pp.132〜135

┃STEP ③-1【国際連盟】 正解は④

①：正。総会や理事会の議決は全会一致制だったことが欠陥の一つとされる。

②：正。逆にいうと，軍事的制裁ができなかったということであり，国際連盟失敗の大きな要因とされる。

③：正。それまでの勢力均衡方式に対して，集団安全保障方式を採用した。国際連合もこの方式である。この方式はすべての国の加盟により有効性が増すが，米ソの未加盟は大きな欠陥。

④：誤。アメリカは，モンロー主義により，国際連盟には加盟しなかった。ソ連は後に除名された。

┃STEP ③-2【国際連盟の失敗】 正解は⑥

APPROACH ①〜⑤のすべてが適当。センター試験では，こうしたタイプの出題は見かけなくなったが，私大の入試では時々ある。消去法では対応できず，一つひとつの設問をていねいに吟味したい。

①：正。上院の反対（孤立外交主義）により参加できなかった。孤立外交主義は第5代米大統領の名にちなんでモンロー主義とも呼ばれる。

②：正。ソ連は遅れて加盟し，さらにフィンランド侵攻により除名された。

③：正。第二次世界大戦にいたる経緯として理解する。日独伊は国際連盟から脱退し，1940年に三国同盟を結んだ。

④：正。経済制裁が主であり，制裁手段の不備（軍事的制裁の欠如）は，大きな欠陥だった。

⑤：正。議決における全会一致制の採用も欠陥の一つである。

┃STEP ③-3【国際連合の組織】 正解は③

①：正。冷戦の進行とともに安保理が機能マヒに陥り，集団安全保障は機能しなくなった。

②：正。国際連合憲章前文には，国際の平和及び安全の維持とともに社会的進歩と生活水準の向上の促進が，国際連合設立の目的としてあげている。

③：誤。信託統治理事会は，1994年のパラオの独立により信託統治地域がすべて独立し，活動停止状態に入った。

④：正。世界保健機関（WHO）は，感染症の撲滅などの保健衛生問題に取り組む専門機関であり，国際開発協会（IDA）は，開発資金を供与する専門機関である。経済社会理事会と提携関係にある点も記憶しておきたい。

┃STEP ③-4【国際連合の制度】 正解は①

①：誤。安全保障理事会の表決は手続き事項においては，15か国のうち9か国の賛成によって決定される。その他の事項については5常任理事国を含む9か国の賛成を必要としている。いわゆる拒否権に該当する。

②：正。経済社会理事会は経済・社会・文化・教育・保健に関する国際的諸問題について調査・研究をするとともに専門機関と連携をはかる。

③：正。国連事務局の最高責任者が事務総長であり，安全保障理事会の勧告に基づき総会が任命する。

④：正。安全保障理事会の非常任理事国（10か国）は総会で選出され，任期は2年で，5か国ずつが交互に改選される。地理的配分の原則があり，日本はこれまで11回当選している。

┃STEP ③-5【議決のルール】 正解は③

①：誤。すべての理事国ではなく，5常任理事国が拒否権を行使できる。ただし，常任理事国だけで議決はできない。「すべての常任理事国を含む9理事国の賛成」を必要とするので，少なくとも非常任理事国4か国が賛成しなければ議決できない。

②：誤。過半数ではなく，9理事国以上の賛成により議決を行う。

③：正。全加盟国は1国1票の投票権を持つ。重要事項は，出席かつ投票する加盟国の3分の2の多数で可決。その他の事項は，過半数の賛成で成立する。

④：誤。安全保障理事会の常任理事国は，総会では拒否権を持たない。

┃STEP ③-6【安保理の表決】 正解は⑥

A－成立せず。実質事項で常任理事国のうちの1か国が拒否権を行使したことになるため。

B－成立する。手続事項であるため拒否権は行使できない。安保理を構成する15か国中の10か国が賛成（9理事国以上）であるから，決議は成立する。

C－成立する。常任理事国をすべて含む9か国が賛成しているため，決議は成立する。

┃STEP ③-7【国連憲章①】 正解は③

①：誤。国連憲章は，武力の行使はもちろん，武力による威嚇も慎まなければならないことを規定している。

②：誤。国連憲章は，個別的自衛権の行使のみならず，集団的自衛権の行使も認めている。

③：正。国連憲章第43条に定めがある。ただし，第43条の国連軍はいまだ成立していない。湾岸戦争時の多国籍軍は国連軍ではなく，各加盟国の指揮下で活動している。

④：誤。安全保障理事会は，非軍事的措置では不十分なときに軍事的措置をとることもできる。

┃STEP ③-8【国連憲章②】 正解は②

①：誤。そのような規定はない。むしろ逆に大国以外から選ばれる傾向がある。

②：正。よく出題される典型問題。PKOは国連憲章に規定されてはいない。第6章と第7章の間の活動として「6章半の活動」といわれる。

③：誤。自衛権は否定されない。

④：誤。対立国と軍事的均衡を保つという記述は勢力均衡方式である。集団安全保障方式ではない。

┃STEP ③-9【安全保障理事会】 正解は②

①：正。拒否権は5常任理事国に与えられ，手続き事項以外の実質事項の決定には5常任理事国を含む9理事国以上の賛成が必要である。

②：誤。国連憲章第42条には「安全保障理事会は，…国際の平和及び安全の維持又は回復に必要な空軍，海軍又は陸軍の行動をとることができる」と定められており，事前に総会の承認を得る必要はない。

③：正。この規定は国連憲章第25条にある。

④：正。安保理は，平和の破壊や侵略行為の存在を決定し，平和と安全を回復するため，制裁措置（非軍事的措置と，それが不十

分なときは軍事的措置）をとることができる。

▌STEP ❸-10【「平和のための結集」決議】　正解は①

①：正。拒否権行使による安保理の機能まひを回避し，平和維持のための集団的措置をとる権限を総会に与えることで，総会の権限強化をはかった。

②：誤。ソ連が侵略行為によって除名されたのは1939年の国際連盟の総会での出来事で，キューバ危機の際ではない。

③：誤。こうした事実はない。国連憲章で予定されていた国連軍（ＵＮＦ）は，実際には組織されることはなかった。朝鮮戦争の際の米軍は「国連軍」の名を持つが，各加盟国との間に特別協定が結ばれておらず，国連事務総長の指揮下にもなかったので，正規の国連軍ではない。

④：誤。ＳＴＡＲＴ（戦略兵器削減条約）は，米ロの二国間条約である。カンボジアは関係ない。国連憲章のような条約を多数国間条約という。

▌STEP ❸-11【戦争の違法化】　正解は②

Ａ－ア，Ｂ－ウ，Ｃ－イ。

Ａ－国際連盟規約は，国際連盟の加盟国，目的，機関などを規定した取り決めで，前文と26か条からなり，連盟の憲法ともいうべき性格をもつ。集団安全保障を採用した。1919年にベルサイユ条約の一部として調印された。アと関係している。

Ｂ－不戦条約は，戦争放棄を定めた条約である。1928年に締結されたケロッグ・ブリアン協定がそれである。ウと関係している。

Ｃ－国際連合憲章は，その第7章に，「平和に対する脅威，平和の破壊及び侵略行為に関する行動」の規定があり，加盟国と特別協定を結んで国連軍を創設することが規定されている。しかし，いまだ特別協定は結ばれていない。したがって国連軍はない。イと関係している。

▌STEP ❸-12【国際平和への役割】　正解は②

①：誤。常任理事国は「5か国」である。

②：正。安保理の非常任理事国は10か国で，任期2年で，毎年半数を改選する。

③：誤。集団的自衛権の行使は「認められている」。

④：誤。国連の平和維持活動，及び国連平和維持軍は，国連憲章に明文化された規定はない。

▌STEP ❸-13【平和と安全への取り組み】　正解は④

①：誤。「すべての理事国」が誤り。「すべての常任理事国の同意を含む9理事国の賛成」でよい。

②：誤。国連憲章第51条は，武力攻撃を受けた場合に，安保理が必要な措置をとるまでの間，個別的又は集団的自衛権を行使してもよいとしている。

③：誤。平和維持軍への要員提供は義務ではなく，任意である。なお，平和維持活動（ＰＫＯ）は国連憲章に規定のない活動で，「6章半の活動」と呼ばれる。

④：正。本来の国連軍とは，国連憲章に基づき，加盟国が安保理と特別協定を締結して提供する兵力のこと。この特別協定は，締結されたことがない。

▌STEP ❸-14【ＰＫＯ（平和維持活動）】　正解は①

①：正。ＰＫＯ協力法は1992（平成4）年に成立。国連の平和維持活動に協力する目的で自衛隊の海外派遣が可能になり，最初にカンボジアに派遣され，さらに東ティモールなどにも派遣された。

②：誤。自衛隊のＰＫＯ参加の法的根拠は，日米安全保障条約ではなくＰＫＯ協力法である。

③：誤。自衛隊がソマリアに派遣されたことはない。

④：誤。ボスニア・ヘルツェゴビナに派遣されたことはない。

▌STEP ❸-15【国際機関の活動】　正解は⑦

ア－正。ＷＨＯ（世界保健機関）は，国際連合の経済社会理事会と連携して活動を行う専門機関である。保健について指示を与え，調整を行う。新型コロナウイルスなど感染症が流行すると，病原体を特定し，診断基準を定め，警戒水準を各国に知らせる。

イ－正。ＵＮＩＣＥＦ（国連児童基金）は国連総会によって設立された機関である。子どもたちの権利擁護のために，教育や医療，食料などの支援を行う。

ウ－正。ＵＮＨＣＲ（国連難民高等弁務官事務所）は国連総会によって1951年に設立された機関である。難民の出身国への帰還を手助けしたり，庇護国や第三国への定住を支援したりする。1991年から10年間，緒方貞子が高等弁務官を務めた。

▌STEP ❸-16【国連改革】　正解は④

①：正。国連は，活動分野の拡大が進む一方で，加盟国の分担金滞納によって深刻な財政状況となっている。

②：正。安全保障理事会では，5常任理事国（アメリカ・イギリス・フランス・ロシア・中国）が拒否権を持っている。

③：正。近年，国連の各機関では組織の肥大化や非効率化がみられ，とともに財政状況悪化の一因となっている。

④：誤。加重投票制とは，投票者の貢献度などによって票の価値に差をつけること。国連憲章第18条1項には「総会の各構成国は，1個の投票権を有する」と定め，加重投票制は用いていない。

▌STEP ❸-17【国連分担金】　正解は③

国連分担金の分担率は，総会で3年ごとに各国の国民総所得（ＧＮＩ）を基準に決定。

①：誤　Ａはアメリカ

②：誤　Ｂは中国。2016年度以降分担率が上がった。

③：正　Ｃは日本。中国に次いで3番目に多い分担率である。

④：誤　Ｄはフランス。

▌STEP ❸-18【国連の目的】　試行テスト　正解は②

　センター試験と同形式で，正解率80.4％からみても基本的な問題といえる。作題のねらいに「主権国家体制を前提とした」と明記するその特徴から考察すれば正解は得られる。

①：正。国連憲章第1条1項「国際の平和及び安全を維持すること………」の内容である。

②：誤。「自由・安全・正義の領域」とは，欧州連合域内での安全，権利と自由な移動を確保するために構築される諸政策のこと。その内容を知っていなくても，主権国家体制を前提とした国連という視点から誤文と判断できよう。

③：正。国連憲章第1条3項の冒頭部分。

④：正。国連憲章第1条3項の冒頭に続く部分。この第1条3項の達成のために組織された国連人権委員会が，世界人権宣言（1948年）と国際人権規約（1966年）を完成させていくことになる。

▌STEP ❸-19【国際機関】　正解は②

①：誤。個人通報制度というが，国際人権規約の選択議定書を批准していなければ，通報を検討することはできない。日本は3つの議定書は批准していない。

②：正。人権理事会は国連総会の下部機関として2006年に発足した。国連の人権問題への対処を強化するため，これまで経済社会理事会の下部機関であった「人権委員会」を格上げする形で設立したもの。「国連総会は（2022年4月），ウクライナでの「重大かつ組織的な人権侵害」を理由に，人権理事会での理事国としてのロシアの資格停止を決議した。時事問題として捉えたい。

③：誤。ＩＬＯ（国際労働機関）は労働条件の改善や社会保障の推進

を目的として1919年に設立された。政府代表と労働者代表と使用者代表で構成されるので，二者構成という記述は誤り。

④：誤。安全保障理事会は，常任理事国をアメリカ・イギリス・フランス・ロシア・中国と固定しているので，国連分担金上位5か国という記述は誤り。なお，国連分担金は，多い順にアメリカ・中国・日本・ドイツ・イギリス（2022〜2024年）となっているが，日本とドイツは常任理事国ではない。

■STEP ❸-20【国連加盟国がとる行動】 正解は③

APPROACH🔍 国連憲章の規定では，「安全保障理事会は，国際の平和及び安全の維持又は回復に必要な空軍，海軍又は陸軍の行動をとることができる（第42条）」とし，「加盟国は，安全保障理事会の要請に基づき，**特別協定**に従って，国際の平和及び安全の維持に必要な兵力，援助及び便宜を安全保障理事会に利用させることを約束する（第43条）」とする（ただし**特別協定**は成立していない）。また「加盟国に対して武力攻撃が発生した場合には，安全保障理事会が国際の平和及び安全の維持に必要な措置をとるまでの間，個別的又は集団的自衛の固有の権利を害するものではない（第51条）」としている。

③：誤。A国の行動は，国連安保理によって侵略行為と決議されているので，A国の武力行使にB国が参加すること自体，国連加盟国がとる行動ではない。

①：正。第51条の規定により，個別的自衛権として認められる。

②：正。第51条の規定により，集団的自衛権として認められる。

④：正。第43条の規定により，国連による軍事的な強制措置となる。

■STEP ❸-21【国連憲章違反行為】 正解は②

APPROACH🔍 STEP3-20【国連加盟国がとる行動】のapproachを参照。

①：国連憲章に違反しない。個別的自衛権の行使とみなされる。

②：国連憲章に違反。直接武力攻撃を受けていないD国が，A国と同盟関係にあるB国に武力攻撃をすることは，集団的自衛権の行使とは認められない。

③：国連憲章に違反しない。国連憲章第42条の非軍事的措置となる。

④：国連憲章に違反しない。国連憲章第41条の軍事的措置となる。

■STEP ❸-22【平和をめざした思想】 正解は⑤

ア 『永久平和のために』の著者はカント→b。
　aのグロティウスの著書は，『戦争と平和の法』『海洋自由論』。

イ 安全保障理事会の表決のうち，「すべての常任理事国を含む，9か国以上の理事国の賛成を必要とする」のは実質事項。しかし（　イ　）は9か国以上の理事国だけの賛成で成立するので，cの手続事項となる。

ウ 国連安全保障理事会が常任理事国の拒否権で機能不全に陥った場合の方法が「平和のための結集決議」であり，朝鮮戦争の際に発動され，国連緊急総会を通じて勧告を行った。eの内容。
　fに関しては，自国への武力攻撃がない場合に，個別的自衛権の発動は不適当である。

■STEP ❸-23【安保理決議のモデル】 正解は④。

①：A，Bは「決議を速やかに採択することが最重要」という立場なので，修正決議案に賛成すると考えられる。「経済的にダメージを与える策で進めるべき」という立場のC，Dも賛成する一方，反対はG，H，N，Oにとどまり，修正決議案は採択されると思われる。

②：非常任理事国のN，OやG，Hが反対のままでも，常任理事国を含む他の11理事国は賛成に回り，修正決議案は採択されると思われる。

③：G，Hに加え，N，Oも反対に回るので，K，L，Mが保留の

立場では，常任理事国を含む9理事国の賛成投票は得られず，修正決議案は採択されない。

■STEP ❸-24【武力の行使と国連憲章】 正解は③

①④：誤。国連憲章は第2条第4項で「すべての加盟国は…武力による威嚇又は武力行使を…慎まなければならない」としている。

②：誤。加盟国への武力行使があった場合，国連憲章は個別的自衛権や集団的自衛権を固有の権利として認めている（国連憲章第7章第51条の自衛権の規定）。

③：正。武力行使について，国連憲章において認められているのは，安全保障理事会が必要な措置を取るまでの自衛を目的とした武力行使のみである。停戦の決定後は，武力行使を停止しなければならない。

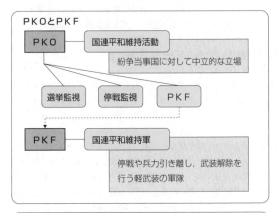

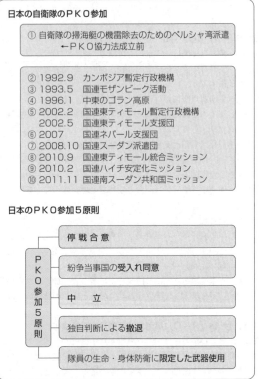

▌STEP ❸-1【冷戦①】 正解は④

①：正。その後，1989年に東欧の社会主義政権が次々と崩壊し，東欧革命といわれた。

②：正。チャーチルは1946年，「北はバルト海のシュテッチンから，南はアドリア海のトリエステに至るまで，鉄のカーテンがおろされている」と皮肉をこめて述べた。

③：正。トルーマン-ドクトリンは「封じ込め政策」ともいわれる。同じ1947年のマーシャル-プランとともに，冷戦開始の契機となった。

④：誤。1949年に東西ドイツが分裂したが，ベルリンの壁が構築されたのは1961年である。1989年に壁が開放，そして1991年に東西ドイツは統一された。1948〜49年の事件はベルリン封鎖という。両者を混同しないこと。

▌STEP ❸-2【冷戦②】 正解は③

①：正。東西どちらの陣営にも属さない非同盟諸国。

②：正。東西両陣営の軍事同盟を指す。

③：誤。1947年にマーシャル米国務長官が発表した，第二次世界大戦後のヨーロッパの復興をはかるためのプラン。東側諸国は参加せず，冷戦構造を反映するものとなった。

④：正。緊張緩和の取り組みの動きを指す。ただし，軍縮というより，軍備管理の側面が強かった。

▌STEP ❸-3【米ソ対立】 正解は④

①：誤。ニクソンのソ連訪問はない。1955年には米・英・ソ・仏の首脳によるジュネーブ四巨頭会談が開かれている。

②：誤。ベルリンの壁構築後，ベルリンにおける米ソの軍事衝突は起きていない。ベルリン封鎖（1948年）と混同しないこと。

③：誤。ベトナム戦争ではアメリカが撤退した後で1976年に南北ベトナムの統一が実現した。

④：正。レーガンは強いアメリカをめざし，その政策の一つとしてSDI（別名：スターウォーズ計画）を打ち出した。

▌STEP ❸-4【朝鮮戦争とベトナム戦争】 正解は①

①：誤。トルーマン-ドクトリンは1947年，朝鮮戦争の勃発は1950年である。トルーマン-ドクトリンは社会主義勢力の封じ込めを目的とした。

②：正。南ベトナムを支援するため，1964年の「トンキン湾事件」を口実にして，翌65年から本格的に軍事介入（北爆）を始めた。

③：正。朝鮮戦争が日本に及ぼした影響は二つの面から把握したい。政治的には，警察予備隊が組織され，保安隊に改組され，自衛隊へとつながる。経済的には朝鮮特需をもたらし，日本の高度経済成長につながる。

④：正。いわゆる「双子の赤字」をもたらし，1971年のニクソン-ショック（ドル-ショック）につながった。

▌STEP ❸-5【紛争の未然防止】 正解は④

①：正。アジア・太平洋地域における安全保障に関する対話と協議を行う組織。1994年に発足した。

②：正。欧州における戦車や火砲などの兵器の削減を定めた条約。

③：正。1975年，ヘルシンキで開催。アメリカ・旧ソ連を含め欧州35か国が参加した。現在では，57か国からなる常設機関である欧州安全保障協力機構（OSCE）に発展している。

④：誤。SDIは1983年にレーガン大統領が提唱した，ソ連からの核ミサイルを迎撃しようとした戦略防衛構想。スターウォーズ計画とも呼ばれ，軍拡につながる。

▌STEP ❸-6【デタント（緊張緩和）】 正解は②

①：正。四巨頭とはアイゼンハワー米大統領，イーデン英首相，フォール仏首相，ブルガーニン・ソ連首相である。

②：誤。ホットライン（米ソ直通回線）の設置は，キューバ危機後である。ベルリン封鎖は，分割占領されたドイツで1948〜49年，米・英・仏の3国による通貨改革に抗議して，ソ連が西ベルリンへの交通を遮断した事件。西側3国は，西ベルリンに生活物資を空輸して危機を切り抜けた。

③：正。多極化と呼ばれる現象。フランスのNATO軍事機構からの離脱と中ソ対立が典型的な事例とされる。

④：正。CSCEは1995年にOSCE（欧州安全保障協力機構）となった。

▌STEP ❸-7【民主化】 正解は①

①：誤。チェコスロバキアで起きた「プラハの春」といわれる自由化の動きは1968年のこと。ソ連などによる武力介入で，この改革はつぶされた。

②：正。「連帯」の議長を務めたワレサは，後に同国の大統領に就任した。

③：正。国内改革を進めた結果，ソ連そのものが解体した。ペレストロイカは「建て直し」の意，グラスノスチは情報公開のこと。対外的には「新思考外交」を推進した。

④：正。1989年にホーネッカーが退陣。「ベルリンの壁」の開放にもつながった。

▌STEP ❸-8【非同盟諸国】 正解は②

🔍 **APPROACH** 非同盟諸国首脳会議は，西側・東側いずれにも属さず，非同盟・中立をつらぬき，反植民地主義・平和共存をめざす国の首脳が集った会議。

①：誤。開発援助委員会（DAC）は経済協力開発機構（OECD）の下部組織で1961年に設立された。ネルー首相の尽力ではない。

②：正。非同盟運動の指導者はユーゴスラビアのチトー大統領である。そして1961年に，第1回非同盟諸国首脳会議が，ベオグラードで開かれている。

③：誤。コメコンは，東欧社会主義諸国の経済協力開発機構で，1949年に発足した（1991年に解散）。

④：誤。キューバ危機における，米ソの行動への非難決議はない。

▌STEP ❸-9【第二次世界大戦後の条約】 正解は②

①：正。NPTは，1968年に調印され，核兵器の拡散を防止する条約。

②：誤。「冷戦終結宣言」が1989年。国際人権規約は，1966年に国連総会で採択され，世界人権宣言（1948年採択）を条約化して，法的拘束力を持たせたもの。

③：正。1994年に発効した国連海洋法条約によって，排他的経済水域200海里が設定された。

④：正。生物多様性条約は1992年の地球サミット（国連環境開発会議）において調印された条約。生物多様性保全のため，保護地域を指定し管理を行うことなどが求められている。

▌STEP ❸-10【冷戦終結前後①】 正解は②

①：誤。フルシチョフではなく，ゴルバチョフ。

②：正。1989年のベルリンの壁開放，マルタ会談，一連の東欧の民主化などが続き，1991年にはソ連が崩壊する。

③：誤。湾岸戦争時の多国籍軍は，国連憲章に定められた国連軍ではない。

④：誤。CIS（独立国家共同体）は旧ソ連を構成していた11の共和国（後に12か国）で成立している。

▌STEP ❸-11【冷戦後の世界】 正解は③

①：正。サイバー・テロとは，コンピュータ-ネットワークを利用

して行われる破壊活動で，コンピュータ-ウィルスの発信やデータの書き換えや破壊，サーバや通信回線をパンクさせて停止に追い込むなど広範で24時間いつでも被害を与えることができる。

②：正。1990年代にアメリカのハンチントンが提唱した「文明の衝突」という考え方。国際政治の衝突は，文明間の対立が主要因になるというもの。

③：誤。冷戦後であり，アメリカとロシアの勢力拡大争い自体が誤り。アフリカがその舞台となった事実はない。

④：正。自国の利益や都合を優先させていく国の例として単独行動主義をとるアメリカの例を考えればよい。アメリカは，温室効果ガスの削減目標値を定めた京都議定書からの離脱を表明した。

┃STEP ❸-12【冷戦終結前後②】 正解は③

①：正。1989年ベルリンの壁崩壊が冷戦終結の象徴となり，1990年ドイツ統一と続いていく。

②：正。1989年12月マルタ島で，ブッシュ（父）米大統領とゴルバチョフソ連共産党書記長による。

③：誤。ハンガリー動乱は1956年にハンガリーで生じた反ソ暴動。冷戦の最中のこと。チェコ事件と並び多極化の事例の一つ。ソ連が鎮圧した。

④：正。1991年の政変からソ連共産党解体，ソ連邦の解体と続き，ＣＩＳを形成していくことになる。

┃STEP ❸-13【国際紛争への対応】 正解は②

①：誤。常設の国連軍はこれまで一度も設置されたことはない。

②：正。多国籍軍は国連憲章に基づく国連軍ではなく，安全保障理事会の決議を受けて，各国が任意に提供した軍隊から組織されている。1991年の湾岸戦争の際も，この多国籍軍が容認された。

③：誤。こうした事実はない。ただし，EU諸国のなかには，1999年にコソボ紛争に介入（ＮＡＴＯによる空爆）し，空爆に加わった国はある。

④：誤。ＡＳＥＡＮが独自で平和維持活動を行った事実はない。ただし，世界遺産・プレアビヒア寺院の隣接地の領有権をめぐるタイとカンボジアの国境紛争（2011年）で，ＡＳＥＡＮの合意に基づきインドネシア軍民合同監視団の派遣が検討された。こ
れはＰＫＯに似た形態である。

┃STEP ❸-14【地域紛争①】 正解は④

①：誤。冷戦後，バルカンではボスニア-ヘルツェゴビナやコソボでの紛争，中央アジアではアゼルバイジャンやグルジアなどでの紛争が続発した。

②：誤。北アイルランド紛争は，カトリックとプロテスタントの宗教対立。1998年に和平合意が成立。

③：誤。域外の諸大国とはアメリカが中心。依然として関与を停止していない。

④：正。カシミール問題とはインドとパキスタンの紛争。現在でも未解決。インドとパキスタンは核保有国である。

┃STEP ❸-15【地域紛争②】 正解は①

①：誤。1979年のアフガニスタン侵攻は，ソ連が侵攻して全土を制圧したことをいい，イラン・中国は関係がない。1989年にソ連は撤兵したが，その後も内戦が続いている。

②：正。1947年以来，二次にわたる武力衝突があり（印パ戦争），現在も解決していない。

③：正。イラクがクウェートに侵攻したことが原因。

④：正。スエズ戦争のこと。第二次中東戦争ともいう。エジプトのスエズ運河国有化に対して，英・仏・イスラエルが攻撃した。

┃STEP ❸-16【地域紛争③】 正解は⑥

A－ルワンダ内戦。ルワンダは，1962年にベルギーより独立。1990年代に多数派のフツ族と少数派のツチ族の対立が激化し内戦状態となった。大規模な虐殺事件が起き，多くの難民が発生した。→ウ

B－チェチェン紛争。1991年，ロシア連邦の北カフカス地方に位置するチェチェン共和国の独立運動に際し，これを認めない政府軍が対立し，内戦となった。2004年に政府軍は終結宣言を出したが，独立要求はおさまっていない。→イ

C－カシミール問題。インドとパキスタンは，カシミールの帰属をめぐって対立しており，過去に戦闘を繰り広げた経緯がある。また1998年には相次いで核実験を行った。→ア

┃STEP ❸-17【地域協力機構】 正解は③

①：正。OSCEへの改組は1995年である。

②：正。1951年に発足。

③：誤。ＡＲＦ（ＡＳＥＡＮ地域フォーラム）は，ASEAN10か国に加えて，日本・中国・アメリカ合衆国など26か国と欧州連合が加わり，アジア・太平洋地域の政治や安全保障を議題にのせる。

④：正。ＯＡＵ（アフリカ統一機構）が2002年に発展改組。

┃STEP ❸-18【同時多発テロ以降】 正解は①

①：正。同時多発テロの首謀者とされたアルカイーダの引き渡しに応じないタリバン政権に武力攻撃した。

②：誤。戦略防衛構想（ＳＤＩ）（スターウォーズ計画）は，レーガン大統領が1983年に発表。

③：誤。マーシャル・プランは，第二次世界大戦後のヨーロッパの経済の復興・支援計画。1947年。

④：誤。弾道弾迎撃ミサイル（ＡＢＭ）制限条約は，デタント（緊張緩和）が進んだ1972年に締結。2001年にアメリカが破棄を表明した。

┃STEP ❸-19【アメリカの対外政策】 正解は④

①：誤。「鉄のカーテン」演説を行ったのはイギリスのチャーチルである。1946年に東西両陣営の境界に設けられたソ連側の厳しい封鎖線に対して表現された。

②：誤。地下以外での核実験を禁止する部分的実験禁止条約（ＰＴＢＴ）は1963年，アメリカ・イギリス・ソ連の３か国がモスクワで調印し，同年に発効している。

③：誤。1991年，クウェートに侵攻して占領を続けるイラク軍に対して，アメリカを中心とする29か国からなる多国籍軍との間で湾岸戦争が展開され，多国籍軍の一方的な勝利で終わった。

④：正。2009年のオバマ大統領による核なき世界をめざす「プラハ演説」は有名であり，ノーベル平和賞の受賞理由になった。

┃STEP ❸-20【戦後の国際政治】 正解は②

①：正。1947年に，トルーマン大統領によるギリシャ，トルコへの軍事的・経済的な援助は，マーシャル・プランとともに冷戦を象徴。

②：誤。警察予備隊は，1950年の朝鮮戦争を契機に創設された。その後，保安隊，自衛隊へと変遷していく。日米安全保障条約に基づくものではない。

③：正。1956年のソ連共産党大会においてフルシチョフが，この考え方を提起した。

④：正。バンドン会議は1955年に，欧米諸国の植民地支配から独立したアジア・アフリカ地域の29か国が集まり，平和10原則を発表した。

┃STEP ❸-21【冷戦終結後】 試行テスト 正解は③

APPROACH センター試験と同形式で，正解率57.9%だった。

①：正。2003年米英中心の軍による空襲「イラクの自由作戦」を開始。湾岸戦争1991年，同時多発テロは2001年。

②：正。安保理がPKO国連ソマリア活動のため，アメリカ中心の多国籍軍を派遣したのは1992年。

③：誤。1962年のキューバ危機。偵察飛行で核ミサイル基地の建設を発見したアメリカは，ケネディ大統領がキューバの海上封鎖（隔離）を発表した。

④：正。コソボ紛争で，NATO軍による空爆が行われたのは，1999年である。

▌STEP ❸-22【NATOの変容】　正解は④

①：正。フランスは1966年にNATOを脱退したが，2009年に復帰した。

②：正。NATOは冷戦終結後，コソボ紛争におけるセルビア側への空爆など，域外でも作戦を実施するようになった。

③：正。1999年にはチェコ，ハンガリーやポーランド，2004年にはバルト3国を含む7カ国が加わるなど，東方拡大を続けている

④：誤。アメリカ・カナダの2カ国はNATOに加盟をしているが，オーストラリアなどの太平洋諸国が加盟した事実はない。

▌STEP ❸-23【政治と経済の動き】　正解は②

A〜D＜国際経済の動き＞

A－1976年に変動相場制を正式承認したキングストン合意。（エ）

B－1985年にドル高を是正したG5によるプラザ合意。（ウ）

C－1995年にWTO（世界貿易機関）の発足となる。（ア）

D－1997年にタイの通貨危機に端を発したアジア通貨危機。（イ）

ⅰ〜ⅲ＜国際政治の動き＞

ⅰ：1979年ソ連のアフガニスタン侵攻。（ク）

ⅱ：1989年マルタ島における冷戦終結宣言のマルタ会談。（キ）
Bのプラザ合意後に冷戦体制が崩壊する。

ⅲ：1996年国連によるCTBT（包括的核実験禁止条約）の採択。（カ）
2015年アメリカとキューバの国交回復に合意。（ケ）

Cは（ア），ⅱは（キ）の組み合わせの選択となる。

▌STEP ❸-24【国際安全保障】　正解は①

APPROACH🔍　時事問題・ウクライナ情勢につながる流れとしても整理しておきたい内容。

ア－ロシアが2014年に編入したのはクリミア半島。
バルト三国（エストニア，ラトビア，リトアニア）の併合は，第2次世界大戦中の1940年，ソ連によるもの。1991年に再びバルト三国は独立。3か国とも北大西洋条約機構（NATO），欧州連合（EU）へ加盟。

イ－イスラム過激派組織ISが台頭したのは，イラクやシリア。
ルワンダの内戦は，フツ族とツチ族の間の民族対立に起因する。

▌STEP ❸-25【独立問題】　正解は②

②：正。チェチェン紛争は，米ソ冷戦終結（1989年）をきっかけに，チェチェン共和国が1991年に当時のソビエト連邦からの独立を宣言し，二度の大規模な武力衝突が起きたもの。

①：誤。北アイルランド独立運動では，イギリスの支配下の北アイルランドで，カトリック系の過激派IRA（北アイルランド共和国軍）のテロ活動が1960年代から行われてきた。1998年に和平案が成立し，テロ活動も沈静化した。

③：誤。バスク独立運動は，スペイン北部のバスク地方が独立を求めたもの。スペイン内戦以後，「反フランコ政権」「反独裁政権」を掲げた1950年代から活発化している。

④：誤。キプロス紛争とは，1960年のイギリスからの独立後に勃発した，南部のギリシャ系住民と北部のトルコ系住民の対立。現在トルコによる実効支配が続いている。

▌STEP ❸-26【地域紛争】　正解は①

①：誤。タリバン政権は，イラクではなくアフガニスタン。2001年9月11日（9.11事件）の同時多発テロ後，アメリカはテロ組織アルカイダとその支援国に対する攻撃を宣言し，10月にはアフガニスタンを攻撃し，イスラム原理主義武装勢力のタリバン政権を崩壊させた。

②：正。ルワンダでは，1990年から反政府ゲリラ（ツチ人）と政府軍（フツ人）の内戦状態にあり，1994年以降激化した。国連の平和維持部隊が展開されたが，大量虐殺を防ぐことができなかった。→2000年以降については次の27③の解説参照。

③：正。旧ユーゴスラビア解体後，ボスニア・ヘルツェゴビナ内のセルビア人とクロアティア人，ムスリム（イスラム教徒）の間で民族紛争が繰り広げられ，1992年に独立が宣言されたが，内戦は激化し，ムスリムへの人道問題が発生した。

④：正。ソマリア沖合のアデン湾では海賊行為が多発し，タンカーや貨物船が襲撃された。日本も2009年に海賊対処法を制定し，自衛隊を派遣できるようにした。

▌STEP ❸-27【内戦】　正解は②

①：誤。6つの共和国に分裂した（クロアチア，スロベニア，セルビア，ボスニア・ヘルツェゴビナ，モンテネグロ，マケドニア）。

②：正。スーダンの南部は，2011年に南スーダン共和国としてスーダンから分離独立した。国境紛争や政権をめぐる内戦により，独立後も政情不安定ではあるが，独立は事実である。

③：誤。ルワンダでは1994年のルワンダ虐殺の後しばらくは政情不安であったが，2000年にカガメ大統領（ツチ族）が就任し，開発独裁の手法で経済成長を遂げ，政情は落ち着いている。

④：誤。「インドネシア」から独立。「マレーシア」ではない。

▌STEP ❸-28【紛争の解決】　正解は①

ア－人道的介入。地域紛争や民族紛争における深刻な人権侵害に対処するという資料文から。内政不干渉の原則の例外として軍事力を行使して干渉することになる。一方「封じ込め政策」は，1947年にアメリカのトルーマン大統領が掲げたもので，共産主義の拡大を抑えるために共産主義国を封じ込めるもの。人権問題ではない。実際にはギリシャ等への軍事援助が行われた。

イ－平和構築。資料文の和解・復興・整備等の表現からも判断できる。むしろ，「新思考外交」が，1985年にソ連のゴルバチョフ書記長が掲げた新たな外交理念で，東西冷戦を終結させた考え方だという知識があれば容易に解答できる。

▌STEP ❸-29【冷戦期の国際関係】　正解は④

A－1979年　ソ連のアフガニスタン侵攻

B－1962年　キューバ危機

C－1955年　ジュネーブ四巨頭会談

D－1975年　CSCE（全欧安全保障協力会議）の発足

したがって，C→B→D→Aの順になる。

▌STEP ❸-30【国際情勢と政治課題】　正解は②

APPROACH🔍　設問の出来事の発生年がわかれば，読み取り自体は平易。

②：正。ルーブル合意は1987年。プラザ合意（1985年）から円高に向かい，バブル経済に入っていく時期である。

①：誤。ニクソン・ショックは1971年。1973年の調査では，一番重要な事柄を「福祉の向上」と回答した者が「経済の発展」と回答した者よりも多い。高度成長の終わりに向かう時期。

③：誤。ベルリンの壁崩壊は1989年。「友好の促進」という回答はどの時点でも最も少ない。「経済の発展」という回答が多い。

④：誤。アメリカ同時多発テロ事件は2001年。2003年の調査では，「秩序の維持」という回答が「福祉の向上」を上回る。

▌STEP 3-1【核軍縮①】　正解は③

①：正。1968年に佐藤栄作内閣が表明し，1971年の国会決議で確立した。このうち「持ち込ませず」については，形骸化が指摘されている。

②：正。そのほか，(1) 環境と開発の両立，(2) 発展途上国の軍事支出などの動向に注意，(3) 民主化の促進などへの注意。

③：誤。安保理の拒否権は，米・英・仏・ロ・中の５常任理事国に与えられている。核保有国に対して与えられているのではない。

④：正。IAEAは1957年，原子力の平和利用と軍事転用阻止を目的に設立された。国連の関連機関の一つで，本部はウィーンにある。

▌STEP 3-2【核兵器に関する条約①】　正解は④

①：正。1987年，レーガン米大統領とゴルバチョフソ連共産党書記長が調印した。初の核兵器削減条約である。

②：正。爆発をともなわない未臨界（臨界前）実験は禁止していない。

③：正。トラテロルコ条約（1967年），ラロトンガ条約（1985年），バンコク条約（1995年）である。その他，アフリカのペリンダバ条約（1996年）や中央アジアのセミパラティンスク（セメイ）条約（2006年），南極条約（1959年）がある。

④：誤。核兵器の非保有国が新たに核兵器を持つことを禁止した条約。1968年のこの条約の成立時に調印しているイギリスを考えれば誤文と判断できる。

▌STEP 3-3【核兵器】　正解は②

①：正。核拡散防止条約（NPT）では，国際原子力機関（IAEA）と協定を結び，核兵器非保有国の原子力施設の査察を実施している。

②：誤。パキスタンはインドに対抗して1998年に地下核実験を行い，核保有を表明している。

③：正。部分的核実験禁止条約（PTBT）は大気圏内外と水中の核実験を禁止している。地下を除く。

④：正。バンコク条約（東南アジア非核兵器地帯条約）が1997年に発効している。

▌STEP 3-4【軍縮と軍備管理】　正解は①

①：正。クラスター爆弾禁止条約はオスロ条約とも呼ばれ，2008年に調印されて2010年に発効された。これが最も新しい条約である。

②：誤。対人地雷全面禁止条約はオタワ条約とも呼ばれ，1997年に採択され，1999年に発効した。

③：誤。化学兵器禁止条約は，1992年に採択され1997年に発効した。

④：誤。NPTは，1968年に調印され，1970年に発効した。

▌STEP 3-5【民族・宗教紛争】　正解は①

①：正。1947年にイギリスから独立したインドとパキスタンは，カシミール地方の帰属をめぐって二度にわたり武力衝突を繰り返してきた（印パ戦争）。その背景にはヒンズー（ヒンドゥ）教徒とイスラーム教徒との宗教対立がある。現在も解決していない。

②：誤。1950年に始まった朝鮮戦争は，冷戦を背景とした，同じ民族である韓国と北朝鮮の対立。

③：誤。フォークランド（マルビナス）紛争は1982年に勃発。イギリスとアルゼンチンの領有権争い。

④：誤。湾岸戦争は，1990年にイラクがクウェートに侵攻したこと（湾岸危機）に端を発し，アメリカを中心とした多国籍軍が1991年にイラクへの攻撃を始めたもの。

▌STEP 3-6【民族紛争と難民】　正解は③

ア－「隣国に軍事併合され，…住民投票の結果，2002年に独立…」という記述から，Bの東ティモール。

イ－「1979年の大国による侵攻…2001年の国際的介入…」から，Aのアフガニスタン。「1979年の大国による侵攻」はソ連のアフガニスタン侵攻のこと。

ウ－「多数派と少数派との対立…内戦…大量虐殺…難民が流出…」から，Cのルワンダと判断する。多数派と少数派の対立とは，少数民族であるツチ族と，多数民族のフツ族との対立のことである。

▌STEP 3-7【民族紛争①】　正解は②

ア－A。「多民族が暮らす連邦」すなわち旧ユーゴスラビア連邦の解体過程で建国されたセルビア共和国のコソボ自治州で起こった独立運動において，アルバニア系住民を迫害した。つまりA：コソボ紛争である。

イ－C。「ロシア南部のカフカス」「ロシアが独立を認めず」という記述から，C：チェチェン紛争の記述であるとわかる。

ウ－B。まず「インティファーダ」からパレスチナ人の抵抗運動だとわかる。「国家建設をめぐる」とは，第2次世界大戦後，ユダヤ民族がパレスチナにイスラエルを建国したこと。それに対してアラブ民族が抵抗し，第1次中東戦争が勃発し，以来，4次にわたる戦争が起こっている。つまりB：パレスチナ問題。

▌STEP 3-8【民族紛争②】　正解は④

①：誤。冷戦終結後，世界では様々な民族紛争が起き，スロヴェニア，クロアチア，コソボや南スーダンなど分離独立を宣言している。

②：誤。民族紛争では国家による救済活動が難しい場面も多く，国境なき医師団などのNGOが活躍する場面が多い。

③：誤。1998年に集団殺害罪，人道に対する罪，戦争犯罪など重大犯罪を行った個人を裁くために，国際刑事裁判所（ICC）が設立されている。

④：正。PKOは，安保理の決定に基づいて，加盟国が自発的に人員を提供するものであり，義務ではない。

▌STEP 3-9【発展途上国による取組み】　正解は①

①：正。

②：誤。トラテロルコ条約は中南米地域での非核地帯条約である。

③：誤。DACは国連ではなく，OECD（経済協力開発機構）の下部組織である。

④：誤。ペリンダバ条約はアフリカ地域での非核地帯条約である。

▌STEP 3-10【難民問題①】　正解は②

$\boxed{\text{APPROACH} \; \mathbb{Q}}$　難民条約は難民を「人種・宗教・国籍・政治的意見などを理由に迫害されるおそれがあるため」と定義し，戦争や政治的・民族的・宗教的理由で国外に逃れた人々を指す。

①：正。日本の緒方貞子さんが2000年末まで高等弁務官を務めた。

②：誤。「生活苦などの経済的理由で母国を離れた人々」を経済難民といい，条約上の難民とはみなされない。戦争や政治的・民族的・宗教的理由で国外に逃れた人々を指す。STEP.3-11の①の解説参照。

③：正。国境なき医師団（MSF）などNGO（非政府組織）が難民救済に果たす役割は大きい。

④：正。入管法と略称する。最初はポツダム政令の一つとして成立。1981年の難民条約加入にあわせて改正され，現在の名称となった。

▌STEP 3-11【難民問題②】　正解は④

①：誤。難民条約では，経済難民は難民としていないため，保護の対象にならない。

②：誤。国内避難民は，国を出ることなく避難生活をしている人々であり，自国外におり，自国の保護を受けることのできない難民とは区別されている。

③：誤。難民条約の成立は1951年で，冷戦終結後ではない。

④：正。迫害されるおそれのある国に難民を送還してはならないとする，いわゆるノン・ルフールマンの原則は，難民条約第33条に規定されている。

STEP ❸-12【民族自決】 正解は③

APPROACH 民族自決とは，各民族は他国からの干渉を受けず，政治的なことがらに関して自己の判断で決定できることを指す。

①：誤。ルーズベルト（ローズベルト）ではなく，アメリカのウィルソン大統領が主張した。

②：誤。国際人権規約A規約の第1条に，「すべての人民は，自決の権利を有する」とある。

③：正。アメリカのウィルソン大統領によって唱えられた民族自決主義という考え方は，ベルサイユ条約に盛り込まれた。PLO（パレスチナ解放機構）などが国際会議に参加したり，国連でオブザーバーとしての地位を認められている。

④：誤。武力による民族紛争はなくなっていない。

STEP ❸-13【植民地支配からの独立】 正解は④

①：誤。京都会議は，地球温暖化防止会議で，1997年に京都で開かれた。京都議定書を議決した。

②：誤。1945年に国際連合設立のために開かれたのが，サンフランシスコ会議。

③：誤。1957年にカナダのパグウォッシュで開かれた科学と国際問題に関する会議がパグウォッシュ会議。

④：正。インドのネルー，中国の周恩来による平和5原則を受け，1955年にインドネシアのバンドンで開かれたA・A会議（アジア・アフリカ会議，バンドン会議）で採択されたのが「平和10原則」。

STEP ❸-14【パレスチナ問題①】 正解は②

APPROACH パレスチナ問題の詳細を地図と関連付ける出題であり，難易度が高い。時事的内容として「ゴラン高原」「ガザ地区」「ヨルダン川西岸地区」という地区名と合わせて記憶しておきたい。

ア－「PKO（国連平和維持活動）に，自衛隊が派遣された」から「ゴラン高原」と判断…シリア西部→A。

イ－「イスラエル人の入植者が撤退」1993年パレスチナ暫定自治協定による。しかし，イスラエルの占領支配への抵抗が強く，インティファーダのルーツも1987年のこの地区の衝突が発端である。「ガザ地区」と判断→C。

ウ－「イスラエルが…分離壁を構築した」から「ヨルダン川西岸地区」との境界に建設している壁と判断。2004年に国際司法裁判所が撤去を勧告したが，継続している。→B。

STEP ❸-15【パレスチナ問題②】 正解は④

APPROACH <時事問題> 1993年のイスラエルとパレスチナ解放機構（PLO）との間でのオスロ合意の内容がメインテーマ。アメリカのクリントン大統領の仲介で「パレスチナ自治政府によるガザ地区及びヨルダン川西岸の暫定統治」が成立した。しかし，イスラエル政府はヨルダン川西岸に「分離壁」の建設を進め，対立が続いていた。2023年パレスチナ側の「ハマス」<ガザ地区を実効支配する武装組織>によるテロと人質事件から，イスラエルによるガザ地区での地上戦に発展し，多数の犠牲者が出ている。

ア－オスロ合意。「イスラエルとパレスチナ解放機構との間」で成立した事柄から判断。プラザ合意は1985年，先進5か国（G5）

のドル高是正に関する合意。

イ－ヨルダン川西岸。「パレスチナ人による暫定統治」からオスロ合意の内容として，「ガザ地区」と「ヨルダン川西岸」。ゴラン高原はイスラエルとシリアで領有をめぐる紛争地域。

ウ－イスラエル政府。「分離壁」はイスラエル側が建設した。

STEP ❸-16【人間の安全保障】 正解は③

APPROACH 「人間の安全保障」は国連開発計画（UNDP）が提唱した概念であり，従来の軍事力に頼った安全保障ではなく，人間の生命や教育や衛生や人権を大切にしようとする考え方をさす。

①：誤。「ユニバーサルデザイン」とは，年齢，性別，文化の違い，障害の有無によらず，誰もが使いやすい設計・デザインのこと。

②：誤。文民統制，すなわち職業軍人でない文民が軍隊の最高指揮権を持つこと。軍隊であり，従来の「国家の安全保障」にもつながる。

③：正。直前の「一人ひとりが幸福と尊厳を持って生存する権利を追求する」という表現から「人間の安全保障」とわかる。

④：誤。「平和五原則」は1954年に，中国の周恩来とインドのネルーの間で合意された文書。「領土保全および主権の相互不可侵・相互不侵略・内政不干渉・平等互恵・平和的共存」の5項目。翌1955年にはアジア＝アフリカ会議で平和10原則が採択された。

STEP ❸-17【難民問題③】 正解は⑧

ア－難民の認定率の読み取り問題。54.9％と最も高いのは，bのカナダ。

イ－カナダの採用している政策名を選ばせる設問。2つの用語の理解で容易に正解できる。多様な人種や民族が共に暮らす国家を建設してきたことも踏まえて，dのマルチカルチュラリズム（多文化共生主義）を選ぶ。cのユニラテラリズムが，2000年以降にアメリカがとった対外的な単独行動主義をさすことを知っていれば，カナダの政策と難民受け入れの両面から選択できない。

ウ－難民に対して迫害の危険がある領域への退去強制を禁止しているノン・ルフールマンの原則の説明となることから，f「帰国後に迫害される恐れのある申請者を自国から送還してはならない」を選択する。eは「経済難民」についての言及。

STEP ❸-18【NGOの活動】 正解 ⑥

ア－新戦略兵器削減条約は，2010年にオバマ米大統領とメドベージェフ・ロシア大統領の間で締結された，ICBM（大陸間弾道ミサイル）の配備数を制限する条約。NGOの関わりは指摘できない。

イ－クラスター爆弾禁止条約（オスロ条約）は，クラスター爆弾の被害の撲滅に向けて，ノルウェーをはじめNGOが協力して条約を成立させた。2008年12月にオスロで調印されたことから，オスロ条約と呼ばれている。

ウ－対人地雷全面禁止条約（オタワ条約）は，地雷禁止国際キャンペーン（ICBL）などのNGOの活動を背景に，1997年にオタワで締結された条約で，オタワ条約と呼ばれている。

STEP ❸-19【内戦】 正解は①

①：正。4つの事例の中に，「難民や国内避難民が発生」「民族浄化が発生」「民兵による虐殺」とある。共通するのは当事国内での人道危機と判断できる。

②：誤。「4シリア内戦」の例では，アサド政権と反政府勢力の紛争が継続している。複数の外国勢力が関与して複雑化している。化学兵器の使用による犠牲者の発生や大量の難民の流出など，人道危機は顕著である。

③：誤。「1ソマリア内戦」でも，2012年にソマリア連邦共和国が

成立したが，政情不安定で紛争終結とはいえない。シリアもダルフールも該当する。1992年に安保理がＰＫＯの実行を決定し，クリントン大統領はアメリカ軍参加を決定し，アメリカ兵を主力とする多国籍軍がソマリアに派遣されたが，失敗している。この経験から，国連は多国籍軍派遣に慎重になり，後にルワンダにおける大虐殺を傍観することになった。無政府状態からソマリアの「海賊」が暗躍し，対処のために2011年から自衛隊が派遣された。国内避難民（難民条約で保護対象）も発生し，人道危機にあった。

④：誤。「２コソボ紛争」だけは分離独立を果たしている。しかしセルビアは独立を認めていない状態。1990年代に旧ユーゴスラビアのコソボで，多数派アルバニア系住民と少数派セルビア系住民の民族をめぐる対立から起こった「民族浄化（エスニッククレンジング）」＜殺戮や性暴力など＞は人道危機。

STEP ❸-20 【核兵器に関する条約②】　正解は①

①：誤。部分的核実験禁止条約（PTBT）の正式名称は「大気圏内・宇宙空間および水中における核実験禁止条約」であり，地下核実験は禁止されていない。

②：正。包括的核実験禁止条約（CTBT）は，「あらゆる空間における核爆発を伴う核実験を禁止する条約」で，1996年に国連総会で採択された。しかしインドとパキスタンが未署名のまま核実験を強行し，アメリカも未批准で，発効していない。

③：正。核拡散防止条約（NPT）は，アメリカ・ロシア・イギリス・フランス・中国の５か国を核兵器国と定め，それ以外の国への核兵器拡散を防止する条約。この条約に加盟する非核保有国は国際原子力機関（IAEA）による核査察を受ける。

④：正。第一次戦略兵器削減条約（START Ⅰ）は冷戦終結後の1991年に，米ソ（米露）両国で，配備する核弾頭数を6000，運搬手段を1600に削減することなどを定めた条約である。

㉘ 国際経済のしくみ →問題pp.150〜153

STEP ❸-1 【国際収支①】　正解は①

①：正。自国の通貨高を是正するには，市場の自国通貨の流通量を増やせばよい。そのためには自国の通貨を市場に売り，外貨を買うので，外貨準備高は増加する。

②：誤。「通貨高」→「通貨安」あるいは「輸出」→「輸入」とするのが正しい。自国通貨が高いと外貨を安く入手できるので，結果として外国製品を安く買うことができる。それで輸入が促進される。

③：誤。「通貨安」ではなく「通貨高」が正しい。貿易収支が黒字ということは，自国通貨への需要が高まるので，自国の通貨高となる。

④：誤。「通貨安」ではなく「通貨高」が正しい。自国への資本流入により，外貨によって自国の通貨が買われることになる。それで資本流入が流出を上回るということは，自国通貨買いが売りを上回ることになるから，自国通貨高になる。

STEP ❸-2 【国際収支②】　正解は①

経常収支は，貿易収支・サービス収支・第1次所得収支・第2次所得収支で構成される。

①：正。旅行や輸送によって生じる収支は，「サービス収支」に含まれる。

②：誤。非居住者に支払われる雇用者報酬は，対価を伴う収支である，「第1次所得収支」に含まれる。

③：誤。消費財の無償援助は，対価を伴わない収支である，「第2次所得収支」に含まれる。

④：誤。直接投資は「金融収支」に含まれるので，そもそも経常収支ではない。

STEP ❸-3 【国際収支③】　正解は③

ア−現地旅行会社主催の観光バスツアーに参加して，消費をしている→Ⅱの国外消費。

イ−日本の運輸会社が現地支店を設けサービスを提供している→Ⅲの商業拠点設置。

ウ−日本人ピアノ奏者が現地を訪れコンサートを開き，サービスを提供している→Ⅳの人の移動。

STEP ❸-4 【国際収支④】　正解　③

[解法1]

A国に入ってくるものを＋，出ていくものを−と考え，図中の項目をそれぞれの収支に分類すると，

貿易・サービス収支…貿易収支→電気機器の輸入代金−35億ドル，サービス収支→特許使用料＋25億ドル，小計−10億ドル。

第一次所得収支…株式の配当→＋40億ドル，国債の利子→＋10億ドル，小計＋50億ドル。

第二次所得収支…医薬品のための無償資金援助→−5億ドル，外国人労働者による家族への送金→−10億ドル，小計−15億ドル。

[解法2]

①〜⑧の選択肢の，それぞれ小計を出すと，①−65，②−30，③25，④60，⑤−30，⑥5，⑦60，⑧95，となる。A国に入るお金を＋，出るお金を−，として図の上から単純に合計すると，

$$40 - 5 + 25 - 10 + 10 - 35 = 25$$

となり，③。国際収支分類を知らなくても，答えは出せる。

STEP ❸-5 【国際収支⑤】　正解は②

A−2012年に赤字に転じている。これは，東日本大震災に伴う原子力発電所の停止による化石燃料輸入の増加で赤字となった，貿易収支。

B−年々黒字が拡大していることから，第一次所得収支。

C−年々赤字幅が縮小していることから，コロナ禍前までインバウンドにより増えていたサービス収支。その後，2019年に今の統計を取り始めた1996年以降で初めて黒字となったが，コロナ禍で再び赤字となった。

STEP ❸-6 【国際収支⑥】　正解は⑤

ア−正。計算が面倒だが，千の位から上で計算してみよう。
Aの経常収支＝58−39＋143−13＝149，比率＝143÷149
Bの経常収支＝11−10＋214−20＝195，比率＝214÷195
Cの経常収支＝160−65＋66−11＝150，比率＝66÷150
分子＞分母がBだけなので，Bが一番大きい。

イ−誤。アと同様，簡易的に貿易・サービス収支額を計算すると，
Aの貿易・サービス収支＝58−39
Bの貿易・サービス収支＝11−10
Cの貿易・サービス収支＝160−65
よって，B→A→Cの順になる。

ウ−正。日本の貿易収支は減少傾向にあり，近年は貿易赤字の傾向である。反対に増えているのは，海外投資から得た利子や配当などの第一次所得収支である。よって，C→A→Bの順。

STEP ❸-7 【比較生産費説】　正解　①

食糧は10単位，機械製品は11単位で表示されているので，これをそれぞれ1単位の生産に必要な労働者数に直すと，次のようになる。

	食糧1単位	機械製品1単位
A国	140÷10=14人	165÷11=15人
B国	120÷10=12人	110÷11=10人

①：正。機械製品1単位の生産を取りやめたとき，A国は機械製品15人が食糧へ移動するので，15÷14≒1.07単位分が増える。B国は10人が食糧へ移動するので，10÷12≒0.83単位分増える。増加分は，A国＞B国。

②：誤。①と同様に考えると，A国は約0.9単位，B国は約1.2単位であり，A国＜B国。

③・④：誤。A国が食糧の生産に特化し，B国が機械製品の生産に特化すると，両国全体で，食糧の生産量と機械製品の生産量がともに増加する。よって両方とも誤文。B国は食糧も機械製品もA国より効率よく生産できる（絶対優位にある）が，A国が，国内で比較したときにより効率よく生産できる（比較優位にある）食糧の生産に，B国が機械製品の生産に特化すれば，両国で見たときに生産量は増加している。

▌STEP ❸-8【比較生産費説②】 正解は④

B国では繊維製品1トンの生産に必要な労働投入量（人）は200である。その対価として半導体を8,000個輸入するとしよう。同じ個数をB国内で生産するとすれば必要な労働投入量（人）は200であるから，このとき「等価交換」となっていることがわかる。一方で半導体を1万個輸入するとすれば必要な労働投入量（人）は250であり，「200」のものを輸出した結果「250」だけ輸入できることになる。すなわち，半導体を8,000個以上輸入すれば本来「お得」，つまりB国は貿易による利益を常に得られることがわかる。

①：誤。A国内では半導体1.5万個と繊維製品1トンとの価格が等しくなる。

②：誤。B国内では半導体1万個と繊維製品1.25トンの価格が等しくなる。

③：誤。A国では繊維製品1トンの生産に必要な労働投入量（人）は120である。その対価として半導体を8,000個輸入するとして，同じ個数をA国内で生産するのに必要な労働投入量（人）は64である。つまり，「120」輸出して「64」だけ輸入しているから「損」をしていることになる。

④：正。

▌STEP ❸-9【比較生産費説③】 正解は③

①：誤。労働生産性についての問。労働生産性とは，労働者一人当たりでどれだけの生産量（や生産額）を生み出せるか，という効率性のこと。例えばA国の小麦は6人で1単位だが，B国は1人で1単位生産できる。少ない人数で，同じ単位数の生産ができる＝効率が良い＝生産性が高い。

②：誤。「労働者一人当たりの生産可能な量」は，A国では小麦も鉄も同じである。さらに，B国では小麦の方が鉄よりも多い。

③：正。「A国が，小麦1単位の減産」をするので，小麦1単位の生産に必要な6人が鉄を作るために移動する。その結果，

	小麦	鉄
A国	6人（1単位）	6人（1単位）

↓

	小麦	鉄
A国	0人（無し）	12人（2単位）

となる。鉄は1単位から2単位に増産されているので，増産分は1単位。

その増産分1単位の鉄を小麦と交換すれば，「鉄1単位⇔小麦2単位」の交換なので，小麦は2単位輸入できる。これは，前より1単位

分小麦が増えている。

④：誤。「B国が，鉄1単位の減産」をするので，鉄1単位の生産に必要な4人が小麦を作るために移動する。その結果，

	小麦	鉄
B国	1人（1単位）	4人（1単位）

↓

	小麦	鉄
B国	5人（5単位）	0人（無し）

となる。小麦は1単位から5単位に増産されているので，増産分は4単位。

その増産分4単位の小麦を鉄と交換すれば，「鉄1単位⇔小麦2単位」の交換なので，鉄は2単位輸入できる。これは，前より1単位分鉄が増えている。

▌STEP ❸-10【比較生産費説④】 正解は④

リード文の定義より，一定時間における労働生産性は，

労働生産性＝財の生産量÷労働者数 …式1

と考えられる。a国は200人を2財に分けているので，100人ずつ各財に労働者がおり，b国は180人を同様に90人ずついる。

式1より，a国では

1＝α財の生産量÷100，より，α財の生産量＝100

3＝β財の生産量÷100，より，β財の生産量＝300

同様に，b国では

6＝α財の生産量÷90，より，α財の生産量＝540

3＝β財の生産量÷90，より，β財の生産量＝270

特化前の両国全体での生産量は，

α財：100＋540＝640

β財：300＋270＝570

これらを用いて，①～④と比較していく。

①③：誤。両国全体の生産量は，

a国がα財特化：1×200＝200，640→200で440減少。

b国がβ財特化：3×180＝540，570→540で30減少。

②④：同様に，

a国がβ財特化：3×200＝600，570→600で30増加。

b国がα特化：6×180＝1080，640→1080で440増加。

▌STEP ❸-11【比較生産費説⑤】（機会費用1）】 正解は④

APPROACH 🔍 機会費用の概念が分かると，簡単に解ける。

機会費用は，ある産物を1単位増産するときに失われる，他の産物の単位数と考えられる。

自国で衣料品を1単位増産するときに失われる食料品の単位数は，30/40＝0.75 が失われる。これが「衣料品」の機会費用。

外国での衣料品の機会費用は，X/100。

機会費用が少ない＝損失が少ない＝効率が良い，なので，

0.75＜X/100 なら，つまりX＞75なら自国は衣料品に特化し，

0.75＞X/100 なら，つまりX＜75なら自国は食料品に特化。

▌STEP ❸-12【比較生産費説⑥】（機会費用2）】

問1の正解は ①1/2，②4/3，③A

機会費用は，ある産物を1単位増産するときに失われる，他の産物の単位数。

A国の毛織物は，1単位10人必要なので，これをワインから人員を振り向けると考えると，

A国の毛織物の機会費用＝10/20＝1/2，

B国も同様に考えるのだが，「ワイン製造に30人にしかいないのに，どうやって40人を投入するのか？」と思う人がいる。この場合のワイン30人というのは，「ワイン1単位に30人必要」という意味で，ワインを作っている人は1000人とか2000人とか，もっとた

くさんいる。よって，

B国の毛織物の機会費用＝40/30＝4/3。

機会費用が少なくて済む，ということは，損失が少ない＝効率が良い，ということであり，機会費用が多い＝効率が悪い，ということなので，A国1/2 ＜ B国4/3，と少ないA国の方が優位。

問2の正解は　④2，⑤4/3，⑥D

問1では，すべて数値が異なったが，問2では，チーズ産業でどちらも1単位20人の例。考え方は問1と同様。

問3の正解は　⑦1，⑧5/3，⑨E

これは，E国内でどちらの産業も1単位20人の例。

㉙ 国際収支と為替 →問題pp.155〜159

┃STEP ❸-1【国際通貨体制①】 正解は④

①：正。1929年の世界恐慌の影響を乗り切るため，輸出に有利なように自国通貨を安く誘導する為替の切り下げや，ブロック経済が拡大した。

②：正。金1オンス＝35ドル，1ドル＝360円のレートである。

③：正。介入したベトナム戦争の泥沼化や，西ドイツ・日本などの経済復興により相対的に経済力が低下し，ドルの信用低下につながったことをドル危機といい，後のニクソン・ショックにつながる。

④：誤。スミソニアン協定ではなく「ルーブル合意」。スミソニアン協定は，固定為替相場を維持すべく，今までよりもドル安にすることを合意した協定であり，ドル安是正ではない。ルーブル合意は，プラザ合意の後，行き過ぎてしまった円高ドル安に歯止めをかけるためのものである。

┃STEP ❸-2【国際通貨体制②】 正解は①

①：正。ブレトンウッズ体制ではドルが基軸通貨とされ，IMF加盟各国は自国通貨の対ドル平価を維持する固定為替相場制を義務づけられていた。

②：誤。旧・国際収支定義における資本収支とは現・国際収支定義では資本移転等収支と金融収支の一部に該当する。主要な部分は海外投資部分の収支であり，経済状態に応じて増減するため，一定ではない。

③：誤。1971年，ニクソン・ショック後にIMFで結ばれたスミソニアン協定は，日本円や西ドイツマルクの切り上げなどで固定相場制を維持しようとしたが，各国は1973年に固定相場制を放棄し，変動為替相場制へ移行した。IMFが変動相場制を正式採用したのは，1976年のキングストン協定である。

④：誤。変動為替相場制でも，完全に市場だけに任せる国はなく，各国独自に介入し，時にはG5などが協調介入する管理フロート制をとっている。

┃STEP ❸-3【国際通貨体制③】 正解は①

①：正。1945年のブレトンウッズ協定で成立した体制は，金1オンス＝35ドルとし，さらにそのドルを各国通貨と固定相場で結び付け，その交換比率を平価とする制度である。

②：誤。スミソニアン協定は1971年にニクソン・ショックで各国が一時変動相場制に移行するのを，元に戻すため，同年に締結された。競争力が強くなった円やマルクを切り上げ，相対的にドルを切り下げるなどの平価調整を行って固定相場制の維持をしようとしたが，各国は間もなく変動相場制に移行したため破綻した。

③：誤。1976年のキングストン合意では，固定相場制ではなく，変動相場制を追認した。

④：誤。変動相場制では，金と各国通貨の比率を決めるのではな

く，需給に応じて各国通貨同士の交換比率が決まる。

┃STEP ❸-4【IMF】 正解は②

①：誤。GATT（現WTO）の役割である。

②：正。IMFは，経常収支が悪化した加盟国に対して短期の資金融資を行い，為替政策の監視を行っている。

③：誤。現在は，金ドル本位制を採っていないのはもちろんだが，IMF発足当初でも，金との交換はアメリカのドルだけがその役目を背負っていた。

④：誤。代表例はFTA（自由貿易協定）だが，GATT（WTO）の基本原則である無差別の例外である。

┃STEP ❸-5【IBRD】 正解は②

①：誤。第二次世界大戦後の各国の経済面での復興を援助するために設立された。

②：正。IMF-GATT体制ともいう。

③：誤。1946年に業務を開始し，翌1947年からは国連の専門機関となっている。

④：誤。第二次世界大戦によって荒廃した，ヨーロッパなど戦災国を中心に復興資金を援助するために設立されたが，これらが復興を果たした現在は，主に発展途上国への援助が業務の中心。

┃STEP ❸-6【国際貿易体制】 正解は②

A－関税及び貿易に関する一般協定（GATT）が発効したのは，1948年である。

B－GATTが世界貿易機関（WTO）へと移行したのは1995年である。

C－ケネディ・ラウンドは1967年妥結。その後，東京，ウルグアイと続く。

D－ドーハ・ラウンドはWTOになってからの貿易交渉で2001年開始だが交渉は難航している。

したがって，A→C→B→Dという順になる。

┃STEP ❸-7【国際金融】 正解は③

A－イ。ニクソン・ショック（1971年）によるIMF体制の動揺を受けて，同年のスミソニアン合意で各国通貨のドル平価切上げが行われ，固定相場制の維持が図られた。しかし，先進諸国が1973年から変動相場制に移行したため，変動相場制はキングストン合意（1976年）で追加的に承認された。

B－ア。ドル高是正のためニューヨークのプラザホテルでG5財務相会議が行われ，協調介入によりドル安に誘導することが決まった（1985年）。G5は，アメリカ，イギリス，日本，フランス，西ドイツで構成された。

C－ウ。第2次大戦末期の1944年にアメリカのブレトンウッズで開催された連合国通貨金融会議でIMF（国際通貨基金）とIBRD（国際復興開発銀行）の設立が決定され，IMFはアメリカが金とドルとの交換を約束することを前提に，ドルを基軸通貨とする固定相場制を採用した。

┃STEP ❸-8【ニクソン・ショック】 正解は②

①：誤。財政法が例外的に発行を認める建設国債は1966年以降毎年発行し続けている。ニクソン・ショックは1971年。

②：正。ドッジラインの1949年実施に際し，1ドル＝ 360円の固定為替相場が設定された。その後，1952年のIMF加盟で平価の変動幅を一定（上下1％以内）に抑えることを正式に義務づけられたが，1971年のニクソン・ショックを受けて，各国とともにその義務を一時放棄した。

③：誤。経済白書の「もはや戦後ではない」は1956年。

④：誤。日本の管理通貨制度移行は，世界各国が1929年の世界恐慌を契機に移行したのと同じ時期。ニクソン・ショック後に採用されたのは，「変動為替相場制」。混同しないこと。

STEP ❸-9【GATT・WTO】 正解は④

①：誤。二国間ではなく多国間での交渉が原則。多角的貿易交渉＝GATT（新多角的貿易交渉＝WTO）をラウンドという。

②：誤。知的所有権の交渉はウルグアイラウンドである。

③：誤。ケネディ・ラウンド（1964〜67年）が先。

④：正。ウルグアイ・ラウンドでWTO設立に合意し，その後WTOとして初めて開かれたのがドーハ・ラウンドである。

STEP ❸-10【自由貿易原則】 正解は①

①：正。「セーフガード」とはWTO（世界貿易機関）の協定により認められている緊急輸入制限措置のこと。特定品目の急激な輸入増加が競合する国内産業に深刻なダメージを与えることが懸念されるときに，例外的に発動できる。関税の引き上げや輸入数量制限といった方法がとられる。

②：誤。「安全（セーフ）」基準を設けて輸入を「制限（ガード）」するわけではない。

③：誤。不当廉売（ダンピング）への対抗措置自体は認められている。

④：誤。代表的な自由貿易の障壁には，数量制限と関税がある。ある品目が貿易対象となったときは，数量制限→関税化→関税撤廃，という段階を踏むことも多い。

STEP ❸-11【IMF・GATT】 正解は①

①：正。日本がフィリピンやインドネシアと締結した経済連携協定（EPA）には，看護や医療分野の外国人労働者の受け入れが入っており，看護師試験受験者が来ている。

②：誤。日本は，交渉開始当初はアメリカと同様にTPP交渉への参加を見合わせていた。農業分野の自由化を巡り農業関係団体の強い反対があったためであるが，自民党の安倍政権が2013年に交渉参加を正式表明した。

③：誤。廃止されていない。発展途上国が債務返済困難になったとき，IMFは緊急融資を行い，返済の繰り延べ（リスケジューリング）に応じることができる。その際は，コンディショナリティーという，緊縮財政を始めとした各種条件が課される。1997年のアジア通貨危機の際には，韓国やインドネシアなどに課されている。

④：誤。「東京」ではなく，「ウルグアイ」ラウンドである。

STEP ❸-12【為替相場上昇の要因】 正解は①

🔍 **APPROACH** 円への需要が高まるか，ドルへの需要が減ればよい。

①：正。日本からアメリカへの輸出が増加すると，日本への支払いのため，ドルを売って円を買うようになり，円高となる。

②：誤。ドル金利の上昇は，ドルへの需要が増えると起こる。

③：誤。円を売るのは，円の供給を増やす行為。

④：誤。ドルを買う行為なので，ドルへの需要が増える。

STEP ❸-13【為替相場と売上げ】 正解は④

2億ユーロについて，それぞれ円に換算する。

1ユーロ＝131円のとき，2億×131円＝262億円。

1ユーロ＝111円のとき，2億×111円＝222億円。

262億円−222億円→40億円の減少。

STEP ❸-14【購買力平価説①】 正解は②

当初の物価指数のとき，例えばハンバーガーは，アメリカでは1ドル，日本では100円である。変化後はアメリカでは2ドル，日本では150円である。それぞれがハンバーガー一つであるから，2ドル＝150円ということになる。そこでそれぞれの両辺を2で割ると1ドル＝75円になる。「ビッグマックレート」という名称で実際に各国のレートが計算されている。

STEP ❸-15【購買力平価説②】 正解は①

当初日本では1台9万円，アメリカでは1台900ドル

→1台＝900ドル＝9万円→1ドル＝100円

価格変化で，日本では8万円，アメリカでは1,000ドル

→1台＝1,000ドル＝8万円→1ドル＝80円

∴1ドル＝100円 から 1ドル＝80円 に円高ドル安となる

STEP ❸-16【多角的貿易交渉】 正解は④

🔍 **APPROACH** 主なラウンドと内容は，次のとおり。

(1)ケネディ・ラウンド（1964〜67年）
関税一括引き下げ（平均35％）など。

(2)東京ラウンド（1973〜79年）
関税一括引き下げ，非関税障壁の軽減など。

(3)ウルグアイ・ラウンド（1986〜94年）
サービス貿易拡大，知的財産権保護，コメなど農産物の市場開放など。

WTOにかわって，2001年にドーハ・ラウンド（ドーハ開発アジェンダ）が行われた。

①：誤。上記のように，ケネディ・ラウンドではなく，東京ラウンドでの合意。

②：誤。この方式は，それ以前のケネディ・ラウンドで採用されている。

③：誤。二国間の自由貿易協定（FTA）ではなく，GATTでは多国間の貿易交渉（多角的貿易交渉）が原則である。また，ハイテク関連分野は交渉外。

④：正。著作権や保険・運輸といった，直接はかたちがないモノ（＝サービス）の輸出入が増大してきたことで，検討が必要になった。

STEP ❸-17【ウルグアイ・ラウンド】 正解は④

①②③：正。いわゆる「財」ではないものの貿易が増加し，発展途上国の中には，著作権をはじめとした知的財産権を軽んじる国も出てきた。また，農業は，気候風土の強い影響を受け，それぞれの国で異なった条件に適応しながら営まれるものだけに，工業製品と同様には扱えず，政治的にも各種の配慮が必要なものだった。しかし，このラウンドから，配慮を望む日・欧と，それをこじあけたいアメリカ・太平洋諸国との間で話し合いが始まった。

④：誤。GATTが初めて非関税障壁の問題に取り組んだのは，1973〜79年の東京ラウンドでのこと。このとき，非関税障壁の軽減・撤廃を進めることが決定された。

STEP ❸-18【WTO（世界貿易機関）】 正解は④

①：誤。「二国間交渉を行うために」が誤り。GATTから引き継いだ貿易の原則は「自由・無差別・多角」であり，多角的交渉の原則に反する。

②：誤。ブレトンウッズ協定は1944年。これに基づきIMFとIBRD（国際復興開発銀行）が設立された。

③：誤。中国は，2001年11月にカタールのWTO閣僚会合で加盟が承認された。

④：正。セーフガードは緊急輸入制限措置。輸入による国内産業の被害が大きい場合，輸入国で行われる。世界貿易機関（WTO）の「セーフガードに関する協定」でも例外的措置として認められている。日本は，中国産のネギ・生シイタケ・イグサについて暫定発動したことがある。

STEP ❸-19【国際的な資本移動】 正解は④

①：正。メキシコは第2次石油危機（1979年）後の1982年に，累積債務でデフォルト（債務不履行）に陥った。

②：正。サブプライムローンとは，貧困層向けの住宅ローンのこと。住宅バブルを背景に拡大し続けたが，住宅バブルが崩壊す

ると担保である住宅価格の値下がりによってローンを返済できない人が続出し，サブプライムローンの多くが不良債権化した。

③：正。国債の利回りは，国債が額面より安く売買されると高騰する。ギリシャ財政危機では，ギリシャ国債の売りが急増して国債価格が低下し，国債利回りが高騰してギリシャ政府の負債返済負担が重くなって，財政危機が一層深刻化した。なお，国債の利回りの知識は高校の学習範囲を超えている。

④：誤。「高騰」ではなく「暴落」。

┃STEP ❸-20 【国際経済】

APPROACH🔍 試行テストの第4問（大問の最後，AとBがある）で，次のSTEP.3-20-1とSTEP.3-20-2は連動する。

┃STEP ❸-20-1 試行テスト　正解は①

APPROACH🔍 「国際金融の動向を理解する上で重要な制度及び国際経済機関の役割について考察する」内容で，思考力・判断力を問おうとしたと言っている。正解率43.0%とやや低めに出ている。

ア－自己資本比率＝100×自己資本÷リスク資産，となり，これが一定％以上であることが求められる。リスク資産の部分に該当するのは，ヘッジファンドなどが扱っている証券類である。

イ－ペイオフのこと。BIS規制とは違う。

ウ－IMF下でキングストン合意により，ドルの代わりに国際流動性を担保するものとして金融システムの安定を目指して作られた制度。

エ－IMFではなく，GATT・WTOの原則の例外措置。

┃STEP ❸-20-2 試行テスト　正解は③

APPROACH🔍 「示された資料を基に，国際資本移動に影響を及ぼす様々な要因について考察する」内容で，思考力・判断力を問おうとしたと言っている。正解率41.2%とやや低めに出ている。

「協調的」な金融政策のイメージは，各国が通貨レートを固定させるよう努力する固定為替相場制。「自立的」な金融政策（独立的，とも表される）を行うと，通貨が強い国と弱い国の差が明確になり，国際資本移動が起こりやすくなる。

⇒これが「国際金融のトリレンマ」という命題であり，①為替相場の安定，②金融政策の独立性（自立的な金融政策），③自由な資本移動，の三つを同時には達成できず，どれかはあきらめなければいけない，というもの。

資料・文章読解力の要素が大きくなっている。国家間の規制撤廃と（X）が並列→協調的はない。「資本が流出する国の通貨の為替市場は下落」という段階で，それは変動相場制で（Y）。

┃STEP ❸-20-3 試行テスト　正解は④

APPROACH🔍 「為替相場の変動を示した資料を読み取る技能」を問う問題としている。正解率47.1%は決して高くない。「プラザ合意から円高不況，金融緩和，バブル」という流れの基礎知識，基本的学習ができていれば，正解は得られる。

X，Y：1985年のプラザ合意での円高が，1986年の円高不況となり，対策のために低金利政策によるマネーストックの増大を狙った金融緩和政策が採られた。

Z：円高でドルを買い，円安でドルを売れば利益が得られる。例えば1$＝80円のときに1$を買い，1$＝120円のときに戻すと，差し引き40円の利益。

┃STEP ❸-21 【地域経済統合】　正解は④

ア－700－500＝200円

イ－700－600＝100円

ウ－200－100＝100円

┃STEP ❸-22 【国際貿易】　正解は⑤

ア－B。FTA（自由貿易協定）を締結した国の間では関税が撤廃され，互いに0％となる。

イ－C。特恵関税が認められた国からの輸入に対する関税は，免除されるか，他国よりも低率に設定される。

ウ－A。最恵国待遇が適用された国の輸入関税は，輸入先国によらず同一商品に対しては最も低い国に合わせた，同じ税率となる。

┃STEP ❸-23 【為替のしくみ】　正解は⑥

APPROACH🔍 「L/C（Letter of Credit；信用状）」は輸入者（買手）の取引銀行が輸出者（売手）宛てに発行する書類のこと。輸出者が信用状条件に基づく書類を提示することで，銀行が輸入者に代わり，輸出者に対して代金の支払いを保証する確約書となる。「為替手形」とは，手形の振出人（手形の作成者）が支払人（手形の支払者）に依頼し，受取人（支払いを受け取る者）に対して支払人による支払いをおこなってもらうための書類。

A－輸入業者から乙銀行へ，そして甲銀行から輸出業者に流れているから，お金の流れ，すなわち自国通貨である→ウ。

B－商品とは別に，輸出業者から甲銀行，乙銀行を経て，輸入業者へと流れているから，為替手形・船積み書類である→イ。

C－輸出業者に対して，輸入国の銀行から送られていることから，支払いを確約する信用状である→ア。輸出業者はこの信用状を自国の銀行に持っていき，自国通貨で代金を受け取る。

┃STEP ❸-24 【為替変動】　正解は③

①：誤。輸出増は，輸出する側の国の通貨が高くなる。イギリスが輸出側なので，ポンド高となる。

②：誤。①と同様に考えると，ウォン安となる。

③：正。ある国の通貨が高くなると，他国からの輸入品が，安く買える。ドル高なので，韓国からの輸入品のアメリカでの価格（ドル建て価格）が下落する。

④：誤。③と同様に考えると，ポンド高なので，韓国からの輸入品のイギリスでの価格（ポンド建て価格）が下落する。

┃STEP ❸-25 【為替変動と世界①】　正解は①

①：正。現代のドルが代表例である。

②：誤。固定為替相場制ではなく，「変動為替相場制」。この変動差益を狙って，ヘッジファンドが投機的売買を行うことがある。

③：誤。世界銀行（IBRD）ではなく「国際通貨基金（IMF）」。韓国などに緊急支援を行ったが，経済立て直しのために，コンディショナリティといわれる厳しい条件を，相手国に要求する。

④：誤。文章前半のヘッジファンドの行動によってアジア通貨危機がより深刻な事態となったため，抑制ではなく「助長」されたと言える。

┃STEP ❸-26 【為替変動と世界②】　正解は③

①：誤。日米包括経済協議は1993〜2001年。

②：誤。日米構造協議は1989〜1990年。

③：正。1985年のプラザ合意により，為替を円高ドル安に誘導することが取り決められた。グラフの縦軸は，上方向が円高，下方向が円安。

④：誤。1987年に，それ以上の円高ドル安に歯止めをかけるルーブル合意がなされたが，ドル安は続いた。

┃STEP ❸-27 【為替変動と日本】正解は②

①③：1985年のプラザ合意でG5がドル高是正のため外国為替市場に協調介入した結果，円高になり，輸出依存型であった日本は一時的に円高不況に陥った。すると，この円高を回避するため生産拠点を海外に移す企業が増加し，海外への直接投資が増加

した。④記述のとおり。

STEP ③-28【日本農業と貿易ルール】正解は③

①：誤。日本は1970年から減反政策を実施したが、食生活の西洋化などによるコメ余りなどが原因であり、WTOの農業協定は関係ない。

②：誤。「農地法」が改正され、農地の所有・賃貸権・売買に対する規制が緩和された。

③：正。日本はGATTのウルグアイ・ラウンドでコメの自由化を迫られ、ミニマム・アクセス（最低輸入量）の輸入をせまられる形でコメ市場の部分開放に踏み切った。なお、1999年からはコメの輸入も関税化されている。

④：誤。1995年施行の「新食糧法」により、従来の食糧管理法が廃止されて米価にも市場原理が導入され、政府の食糧価格に対するコントロールは弱められた。

STEP ③-29【為替変動と中央銀行】正解は②

風に逆らう介入は、「それまでの動きを反転」とあるので、グラフの「傾き」がプラスからマイナス、もしくはその逆を意味する。よって、図アかイ。

風に乗る介入は、「それまでの動きを促進」とあるので、グラフの「傾き」がプラスならより傾きがプラス、もしくはその逆を意味する。よって、図ウかエ。

問題文は「円売り・米ドル買い」が「風に逆らう」こと、とある。円売りをするときは、円高のときであり、円売りにより円安へ誘導するということを意味する。図は、縦軸の上に行くほど円安なので円高傾向から円安へ傾向へと逆転しているのは、イ。

㉚ 国際経済機関の役割

STEP ③-1【EUへの道①】正解は②

APPROACH ①から④が歴史的に古い順に並んでいる。流れに沿った理解が重要。

①：正。ECSCでは、基幹産業である石炭と鉄鋼の再建がめざされた。シューマン仏外相の提唱（シューマン−プラン）に基づく。

②：誤。EECでは、関税同盟（域内関税撤廃と域外共通関税の設定）を整備。撤廃ではなく、逆に導入である。

③：正。ECでは、非関税障壁が撤廃された。

④：正。EUでは、共通の金融・財政政策が導入された。

STEP ③-2【地域統合と共通通貨】正解は②

A−欧州経済共同体（EEC）の発足…1958年
欧州石炭鉄鋼共同体（ECSC）1952年、欧州原子力共同体（EURATOM）1958年が統合されてヨーロッパ共同体（EC）1967年が成立し、1992年のマーストリヒト条約により欧州連合（EU）1993年が成立する。→D

B−欧州中央銀行（ECB）の設立…1998年。共通通貨ユーロの準備のために設立される。

C−ユーロ流通…2002年。B：ECB設立によってまず1999年1月に非現金取引が開始され、2002年の一般流通につながる。

D−欧州連合（EU）発足…1993年
EECの発足1958年→EU発足1993年→ECBの設立1998年→ユーロ流通が2002年……A→D→B→Cの順になるので、Bが正解となる。

STEP ③-3【政治統合】正解は③

①：誤。アムステルダム条約は1999年発効。マーストリヒト条約を改訂し、東欧へのEU拡大を前提に、多数決導入や多段階統

合への道筋をつけた。

②：誤。マーストリヒト条約は1993年に発効したEU創設のための基本条約。共通通貨ユーロや欧州中央銀行（ECB）の創設等の内容が含まれる。

③：正。リスボン条約は2009年発効。欧州理事会議長（通称、EU大統領）や外務・安全保障政策上級代表（通称、EU外相）を置くことにより共通の外交と安全保障政策に向けて大きく前進した。

④：誤。ローマ条約は1958年発効。これでEEC（ヨーロッパ経済共同体）が設立した。

STEP ③-4【地域経済貿易①】正解は④

近年では、日本から見て対米貿易収支は黒字、対中貿易収支は赤字である。このことから、グラフ中のA−アメリカ、B−中国とわかる。次に選択文だが、

ア−「この国で発生した経済危機」は、2008年のリーマン・ショックのことと考えてアメリカ。

イ−「実質GDP成長率は2012年に8パーセントを下回り」であるが、実質経済成長率8%は、日本の高度成長期並みの数値である。アメリカはもはやそれほどの伸びはなく、中国であることが分かる。

STEP ③-5【地域経済貿易②】正解は⑥

加盟国数から判断すれば容易な問題であるが、グラフの内容から地域の特徴を読み取れるようにもしておきたい。

ア−加盟が5か国なので、MERCOSUR（南米南部共同市場）。特にブラジルが、小麦・大豆・食肉などの農産物、鉄鉱石・石油などの原料・燃料が豊富である。

イ−加盟が10か国なのでASEAN（東南アジア諸国連合）10。

ウ−加盟が28か国なのでEU（ヨーロッパ連合）。輸出額は最大。イ〜エは、輸出内訳の構成が似ているが、ウの原燃料が少ないことから、EUと分かる。

エ−加盟が3か国なのでNAFTA（北米自由貿易協定）。

STEP ③-6【地域比較】正解は⑥

ア−AFTAの加盟国は10にのぼる→C。インドネシア、マレーシア、フィリピン、シンガポール、タイ、ブルネイ、ラオス、ベトナム、ミャンマー、カンボジアである。

イ−MERCOSUR加盟国は5か国→B。ブラジル、アルゼンチン、ウルグアイ、パラグアイ/ボリビア、ベネズエラである。なお、パラグアイは2013年時点で参加権を停止されているが現在も加盟国扱いで、ボリビアは2012年に署名して各国議会の批准を待っている。

ウ−NAFTA加盟国は、アメリカ、カナダ、メキシコの3か国→A。現在はUSMCAと再編された。

STEP ③-7【ASEAN】正解は④

①：誤。シンガポールはASEAN発足時からのメンバー。

②：誤。タイはASEAN発足時からのメンバー。

③：誤。フィリピンはASEAN発足時からのメンバー。

④：正。ASEAN（東南アジア諸国連合）は、冷戦の時代に社会主義に対抗する経済協力組織として発足した。冷戦の終結とともに、社会主義国であるベトナムが1995年に加盟した。

STEP ③-8【EU②】試行テスト 正解は⑧

APPROACH 試行テストで、EUに関わる出来事の前後の関係を判断する問題。知識で解答できる。正解率51.1%だった。

ア−EU脱退を決めたのは2016年。キャメロン首相（保守党）が、6月23日国民投票を実施。残留支持が約48%、離脱支持が約52%だった。

イ−ギリシャの財政危機の表面化は2010年。1月12日、欧州委員会

の発表からギリシャの財政状況の悪化が表面化。ギリシャ国債の暴落，株価の下落が続き，4月23日にはギリシャが金融支援を要請した。

ウ－ユーロの一般流通は2002年1月1日。なお，1999年1月に参加国間で銀行取引など非現金取引が開始されている。

エ－ＥＣＢの設立は1998年6月1日。これは，ユーロ導入の準備として設立されているので，ウの前。域内の金融政策の策定・実施，ユーロの発行・管理，為替操作（外国為替オペレーション）等を担う。

STEP ③-9【地域経済統合①】　正解は②

①：正。日本は，FTA協定をシンガポール，メキシコ，マレーシア，フィリピンなどと結んでいる。

②：誤。NAFTAはアメリカとカナダとの自由貿易協定（1989年発足）に，メキシコが参加して1994年に発効した。

③：正。EUは，2004年に旧社会主義の東ヨーロッパ諸国（チェコ，スロヴァキア，ハンガリーなど10か国）が加盟し，2007年にはブルガリアとルーマニアが加盟して東欧諸国に拡大していった。

④：正。ASEAN（東南アジア諸国連合）域内の自由貿易協定がAFTAである。

STEP ③-10【経済統合】　正解は②

①：誤。FTA（自由貿易協定）は特定の国や地域の間で，貿易に対する規制をなくし経済活動を活性化させるために締結する協定のことである。この要素を含みつつ，投資や知的財産権などにまで分野を広げた協定はEPA（経済連携協定）である。

②：正。EEC（欧州経済共同体）は1957年のローマ条約に基づき，翌58年に結成された。ヨーロッパ共同市場ともいう。関税同盟を設立することが目的とされ，域内関税と域内輸入制限を撤廃し，域外共通関税を設定するものであった。

③：誤。1980年代のEC（欧州共同体）では，域内の自由貿易に関する制度が不十分との認識から単一欧州議定書を1987年に発効させた。これはモノに限らず，サービス・カネの移動についても自由化する内容であった。

④：誤。マーストリヒト条約は1992年に調印されたEU（欧州連合）を創設する条約で，翌年発効した。固定相場制の維持ではなく，欧州中央銀行（ECB）の設立と通貨統合の実現が合意された。

STEP ③-11【地域協力】　正解は①

①：正。ARF（ASEAN地域フォーラム）は1994年から開始されたアジア太平洋地域における政治・安全保障分野を対象とする全域的なフォーラムである。ASEAN（東南アジア諸国連合）を中核としており，現在は26か国とEUが参加している。

②：誤。APEC（アジア太平洋経済協力）には，環太平洋の21の国や地域が参加している。中南米ではメキシコ，チリ，ペルーが参加している。

③：誤。リスボン条約はEU憲法条約がフランスとオランダの国民投票で批准が承認されず発効にはいたらなかったため，2007年にポルトガルのリスボンで調印され，2009年には発効している。

④：誤。ASEAN＋3とは，ASEANに日本・中国・韓国の3か国を加えたものである。

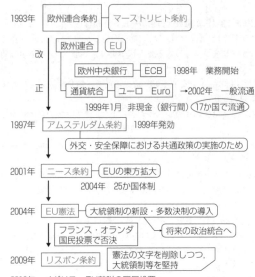

STEP ③-12【地域経済貿易③】　正解は⑥

A－協定国相手の貿易が圧倒的に多い。また，その協定国相手の貿易が2001年から2011年で飛躍的に伸びた要因は，2002年のユーロの流通開始や2004年以降のEUへの東欧諸国多数加盟と考えられるので，ドイツ。

B－貿易額が自体が圧倒的に大きいことから，アメリカ。

C－日本。対中国貿易の額が2001年から2011年でかなり増加しているのも特色である。

STEP ③-13【EU③】　正解は①

①：誤。2000年代に加盟した東欧諸国などで，ユーロ未導入国は多い。

②：正。本会議はストラスブール（フランス），一部の本会議・委員会及び事務局支部がブリュッセル（ベルギー），事務局本部はルクセンブルク，さらに欧州中央銀行はフランクフルト（ドイツ），というように機能を分散している。

③：正。東欧からも加盟している。

④：正。この共通外交・安全保障政策を担うのは欧州連合外務・安全保障政策上級代表である。

STEP ③-14【国際組織と役割】　正解は③，④

①：正。ＡＵは55の加盟国からなる。ＥＵをモデルとしてアフリカの一層高度な政治的・経済的統合の実現及び紛争の予防解決への取組強化のため発足した地域統合体である。相互監視のため「平和安全保障委員会」があり，平和維持活動が可能なことが特徴。

②：正。主な目標は，開発途上国や経済移行国が開発，貧困削減，世界経済への統合のための原動力として貿易と投資を利用できるようにすることである。

③：誤。太平洋周辺の，アメリカ，ロシア，中国，日本，など，政治上の対立が多い国も幅広く加盟している。

④：誤。OPECは，資源ナショナリズムの考え方をもとに，メジャーから原油に関する決定権を取り戻すのが大きな目的。

⑤：正。政府開発援助の一環として，開発途上国へ派遣などを行っている。

⑥：正。原型は，ドミノ理論により東南アジアに共産主義化が連鎖反応することを防止するための組織として出発した，政治的組織であったが，経済的側面が強くなっている。

STEP ③-15 【地域経済統合②】 正解は⑤

　北米自由貿易協定（NAFTA）はアメリカ合衆国，カナダ，メキシコの間で結ばれた経済協定で，域内の貿易は原則自由だが，域外共通関税の設定は行っていない。欧州連合（EU）は，域内貿易については自由化し，域外との貿易については共通関税を設定する，いわゆる「関税同盟」を結んでいる。

STEP ③-16 【地域経済統合③】 正解は④

　先進国クラブという俗称を付けられたOECDは，基本的に資本主義の中先進国が加盟している。冷戦終結後の90年代からは，元社会主義国であった東欧諸国も加盟し始めた。中国，インドはキー・パートナー国とされているが，加盟はしていない。ロシアは，クリミア問題などがあり，加盟申請しているが手続きが中止されている。

STEP ③-17 【地域経済統合④】 正解は①

まずは，日本語の名称と意味をきちんと理解すること。

①：正。APEC（エイペック，アジア太平洋経済協力）にはすべて加盟している。

②：誤。MERCOSUR（メルコスール，南米南部共同市場）には，南米大陸の国が加盟。

③：誤。OECD（オーイーシーディー，経済協力開発機構）は前問16を参照。

④：誤。OPEC（オペック，石油輸出国機構）には，西アジアから北アフリカ諸国が多く参加し，その他南米で一部加盟国があるだけ。

STEP ③-18 【地域経済統合⑤】 正解は④

①：誤。ノルウェーは，エネルギーが自給できるなど，経済的にある程度自立性が強く，欧州連合（EU）に加盟していない。

②：誤。北米自由貿易協定（NAFTA）に加盟していたのは，アメリカ，カナダ，メキシコの3か国である。キューバは加盟していない。なお，北米自由貿易協定（NAFTA）は2020年7月に「アメリカ・メキシコ・カナダ協定（USMCA）」に変更された。

③：誤。ペルーは，アジア太平洋経済協力会議（APEC）に参加している。

④：正。ASEAN10に，この3カ国が加わり，＋3と表現される。1997年のアジア通貨危機をきっかけに，これらの国々で，首脳・外相・財務大臣と中央銀行総裁などが会談するようになった。

STEP ③-19 【地域経済統合⑥】 正解は②

①：正。1998年設置。本部はドイツのフランクフルト。

②：誤。「ASEAN地域フォーラム（ARF）」ではなく，「ASEAN自由貿易地域（AFTA）」が正しい。ASEAN地域フォーラム（ARF）は，アジア・太平洋地域の政治や安全保障を対象とした対話のフォーラムである。

③：正。日本は遅れて加盟，アメリカは離脱。

④：正。域内の関税は，下げる条件として，域内のモノを一定の割合以上使わなければならない（例えば，自動車では原産地比率が75%など）。域外共通関税は設定している。

㉛ グローバル化と国際経済
→問題pp.167～168

STEP ③-1 【発展途上国の経済①】 正解は③

①：誤。OECD（経済協力開発機構）は1961年に設立された，資本主義諸国間の経済協力機関である。38か国で構成されている。加盟国経済の安定成長，国際貿易の安定的発展，発展途上国の援助促進などを目的としている。先進国クラブともいわれ，日本は1964年に加盟した。

②：誤。BRICsは2000年代以降，比較的高い経済成長を続けるブラジル・ロシア・インド・中国（現在は南アフリカを加え，BRICSが一般的）の頭文字をとって，命名された。これらの諸国で自由貿易協定を締結した事実はない。

③：正。UNCTAD（国連貿易開発会議）は1964年に先進国と発展途上国間で南北問題の対策を検討するために設置された国連の機関である。

④：誤。NIEsは新興工業経済地域とも呼ばれる。急激な工業化を進めた韓国・台湾・香港・シンガポールのアジアNIEsは典型である。経済特区は1979年以降，中国が外国の資本や技術の導入を目的に設けた地域のことである。

STEP ③-2 【発展途上国の経済②】 正解は①

①：誤。DACはOECD（経済協力開発機構）の下部組織で，国連の経済社会理事会とは無関係。なおOECDは，発展途上国への経済援助を行うことで資本主義経済の安定・発展と世界貿易の拡大をめざす組織で，国連の下部組織ではない。

②：正。資源ナショナリズムの発動により1973年に発生した第1次石油危機の後，1974年の国連資源特別総会で「NIEO（新国際経済秩序）の樹立に関する宣言」が採択された。

③：正。UNCTADは国連総会の補助機関で，南北問題の協議を行うため1964年に設立された。

④：正。UNDPは国連総会の補助機関として1965年に設立され，発展途上国への技術協力と開発のための資金援助を行っている。

STEP ③-3 【発展途上国の経済③】 正解は②

①：誤。戦後の貿易自由化で生じたのは，発展途上国の輸出品である一次産品価格よりも先進国の輸出品である工業製品価格の方が高くなる，交易条件の悪化である。

②：正。1980年代には世界的景気停滞と米国の高金利政策の影響を受けて「累積債務問題」が表面化し，メキシコが1982年にデフォルト（債務不履行）を宣言した。

③：誤。OECDは，発展途上国への経済協力による資本主義経済の安定と発展と世界貿易の拡大をめざす組織である。マーシャルプランの受入れ機関として設立されたOEEC（欧州経済協力開発機構）が1961年に改組され，誕生した。

④：誤。国連資源特別総会は1974年に開催され，資源ナショナリズムを背景とする1973年の第1次オイルショックを受けて，天然資源に対する資源保有国の恒久主権などを内容とする新国際経済秩序（NIEO）樹立宣言を採択し，資源ナショナリズムを肯定した。

STEP ③-4 【国家間格差】 正解は④

①：誤。資源ナショナリズムを主張したのは，「先進国」ではなくアラブ諸国などの「資源保有国」である。

②：誤。「南南問題」ではなく「南北問題」が正しい。

③：誤。借款だけだとそうなるが，贈与もあるので誤り。日本の贈与比率は低いといわれてきたが，近年では徐々に高くなっている。また，贈与の中でも技術協力の分野の比率では，DAC諸国の中でもトップレベルの高さである。

④：正。フェアトレードとは，特に発展途上国の農産物などの生産者に対して，正当な価格で貿易取引を行うことで，先進国の消費者ともども持続可能な関係を構築しようという取り組みである。

STEP ③-5 【BRICS】 正解は③

　BRICSは，ブラジル（B），ロシア（R），インド（I），中国（C），南アフリカ（S）の5か国の国名から，それぞれの頭文字を取って付けられた名称である。

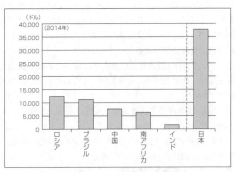

↑BRICS各国の一人あたり国民総所得

STEP ❸-6 【発展途上国の経済④】 正解は①

①：誤。「特恵関税制度の撤廃」ではなく,「援助よりも貿易を」が
スローガンとして掲げられた。プレビッシュ報告とは,南北問
題を討議する場として設立された国連貿易開発会議
(UNCTAD)の第1回総会(1964年)で,事務局長プレビッ
シュが提出した報告書のこと。特恵関税制度は途上国からの輸入
品に対しては関税を安くする取り組みであり,途上国の貿易を
促進するものである。

②：正。フェアトレードは欧米で始まり,日本でもコーヒーやチョ
コレートなどの商品にその認証ラベルを付けるなど,徐々に広
がりを見せている。

③：正。「ミレニアム開発目標(MDGs)」は,2000年にニューヨー
クで開催された国連ミレニアム・サミットで採択された国連ミ
レニアム宣言を基に翌2001年にまとめられた。現在は2015年に
定められた「持続可能な開発目標(SDGs)」に受け継がれてい
る。

④：正。マイクロクレジットを始めたのはバングラデシュのグラミ
ン銀行で,同銀行総裁ムハマド=ユヌスが2006年にノーベル平
和賞を受賞した。

STEP ❸-7 【発展途上国の経済⑤】 正解は④

①：誤。このような事実はない。

②：誤。アジアNIESの高度な経済発展で,後発開発途上国との経
済格差はさらに広がった。また,南南問題での豊かな発展途上
国にはNIESだけでなく産油国なども入っている。

③：誤。1964年のプレビッシュ報告では,自由貿易の確立そのもの
よりも,発展途上国への配慮の実施要求を行った。内容は,一
次産品の価格安定化や特恵関税の実施要求である。

④：正。累積債務問題とは,中所得国で,累積した金利負担などに
よって対外債務の返済が困難になった問題のことで,ブラジル
やメキシコ,アルゼンチンで1980年代に発生した。

STEP ❸-8 【国際協力】 正解は②

①：誤。「国連経済社会理事会」ではなく「国連資源特別総会」
(1974年)。

②：正。この内容の名古屋議定書は2010年の第10回生物多様性条約
締約国会議(COP10)で採択され,2014年に発効した。背景
には,先進国の製薬会社がアマゾンなどで見つけてきた動植物
や微生物などの効能を新薬に応用して利益を出していることな
どがある。

③：誤。日本のODA援助額は1991～2000年には世界第1位であった
が,21世紀に入り順位を下げている。2022年度は第3位であっ
た。

④：誤。「ODA大綱」(2003年改定)に代わり,「開発協力大綱」
は,第2次安倍内閣により2015年2月に閣議決定されている。こ
の中で,災害救助活動など非軍事分野に限り,他国軍に対する

活動支援を容認した。

STEP ❸-9 【発展途上国】 正解は③

①：正。発展途上国の人口増加率は,「人口爆発」と形容されるほ
どである。

②：正。先進国のほうがけた違いに多い。

③：誤。発展途上国のなかには,新興工業経済地域(NIES)とは
別に,後発発展途上国(LDC)と呼ばれる国がある。経済発
展に取り残された国々であり,南南問題と呼ばれる問題が発生
している。

④：正。1970～80年代に産油国やNIES諸国などと後発発展途上国
との間で格差が広がった。

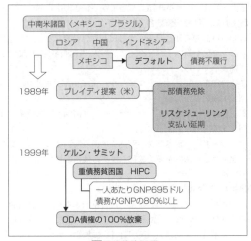

↑累積債務問題

STEP ❸-10 【国際機関による協力】 正解は①

①：正。1964年,UNCTAD(国連貿易開発会議)第1回会議の事
務局長報告(プレビッシュ報告)は,発展途上国に特恵関税を
認めることと,一次産品の価格安定化を求める内容であった。

②：誤。原油価格の協定を行っているのはOECDではなく,OPEC
(石油輸出国機構)。

③：誤。WTO(世界貿易機関)は,自由貿易の促進を目的とした
国際機関。発展途上国への経済開発の融資を行っているのは
IBRD(国際復興開発銀行)を中心とした世界銀行グループ。

④：誤。UNICEF(国連児童基金)は,児童労働の撤廃などをめざ
す活動を行っている。

STEP ❸-11 【日本のODA】 正解は④

①：誤。多国間援助の例としてユニセフなど国連の機関を通じた援
助があり,日本はこれらを通じた援助も実施している。

②：誤。低利だが,返済義務を伴う有償の資金援助(円借款)を多
く実施している。

③：誤。経済成長の低下に伴い,海外援助に対する国民の目が厳し
くなり,2000年代からODAは絞られる傾向にある。ODAの対
GNI比は2021年に0.34%,2022年に0.39%。

④：正。1991年から2000年まで10年連続で世界第一位を記録してい
る。2022年はDACメンバー中で15位。

STEP ❸-12 【世界のODA】 正解は③

2016年のデータなので,日本がODAを絞り,アメリカ,ドイツ,
イギリスなどが額を増やしている時期であることを知っているこ
とが前提となる。

A－グラント・エレメントは,援助条件の穏やかさを示す指標。贈
与なら100%となり,高い貸付金利や短い返済期間など条件が
厳しいほど数値が低下する。日本は無償援助が少なく有償援助
が多いと批判されることもあるが,政府の方針として無償援助

をして終了ではなく，有償援助により返済義務を課すことで，開発途上国側の開発に対する主体性（オーナーシップ）を高め，自助努力を促す効果を期待している。そのため，ごく低利に設定している。

B－実績総額が極めて多いが，対国民総所得（GNI）比は低い。よってアメリカ。

C－対国民総所得（GNI）比が国際目標の0.7％を達成し，かつ実績総額はイギリスを上回っている。よってEU内で経済が好調なドイツ。

D－実績総額でフランスを上回っているが，対国民総所得（GNI）比は低い水準なので，フランス以上の経済大国。よって日本。

STEP ❸-13【経済格差①】　正解　③

①：誤。モノカルチャー経済は特定の品目の生産や輸出に頼る経済体制を言うが，一般的にその品目は農作物や資源であり，「少数の工業製品」は誤り。

②：誤。人間開発指数は，平均寿命，教育水準，所得水準の指標を用いるため，「失業率」は誤り。

③：正。ミレニアム開発目標は2015年までを期限としており，2016年からSDGsに引き継がれた。目標期限は2030年である。

④：誤。「デフレーション」ではなく，正しくは「累積債務」である。累積債務がかさむと，デフォルト（債務不履行）に陥る危険性が高まる。

STEP ❸-14【経済格差②】　正解　②

①：誤。日本は8.2倍であるが，ノルウェーは4.2倍であり，「最も小さい」は誤り。

②：正。アメリカは14.7倍であり最も大きい。

③：誤。チリの所得上位2階級の所得シェアの合計は76.1パーセントであり，「80パーセント以上を占めている」は誤り。

④：誤。ノルウェーの所得下位3階級の所得シェアの合計は42.7パーセントであり，「60パーセント以上を占めている」は誤り。

STEP ❸-15【国際協力②】　正解　②

①：誤。新国際経済秩序樹立宣言（NIEO）が採択されたのは，国連資源特別総会であるため，「国連環境開発会議（地球サミット）」は誤り。

②：正。人間の基本的ニーズ（BHN）は，衣食住や教育，医療など，生きる上で必要なものへの欲求のことである。

③：誤。1990年代はODA大国と呼ばれ，世界第1位であったため，「2位」は誤り。

④：誤。開発援助委員会（DAC）は「経済協力開発機構（OECD）」の下部組織であり，「国際通貨基金（IMF）の下部機関」は誤り。

㉜ 国際社会における日本
→問題pp.171〜172

STEP ❸-1【日本経済の国際化】　正解は③

①：誤。多国籍企業のうち，日本のGDPを上回る企業は存在しない。ただし，デンマークなど先進国のGDP以上の売上高をもつ企業は存在する。

②：誤。タイの大洪水は，自動車や家電の日本企業の部品工場に大きな被害を与え，部品供給が滞り，日本国内での工場の操業に多大な影響を与えた。

③：正。日米構造協議で大規模小売店舗法が非関税障壁の1つとして問題になり，同法は2000年に廃止され，大規模小売店舗立地法が制定されて，大型店の立地が促進された。

④：誤。不法就労の外国人には，雇用保険は適用されない。労災保

険は適用される。

STEP ❸-2【日本企業の海外展開】　正解は④

①：正。サプライチェーンの構築により，中国をはじめとしたアジア圏の貿易が拡大した。

②：正。この結果，産業の空洞化が懸念されるようになった。

③：正。円高の影響による価格上昇を防ぐことと，現地の労働者の雇用による貿易摩擦の軽減などのメリットがある。

④：誤。低付加価値製品の生産拠点を，「西アジア」ではなく，タイやカンボジアのような人件費がより安価な東南アジアの国々に移転させる動きが強まった。

STEP ❸-3【貿易摩擦①】　正解は②

①：正。④の選択肢「独占禁止法の改正」にもつながる。カメラフィルムなどの分野において，海外製品が日本で普及しにくい理由の一つが，品質や価格よりも，「系列店」として長く付き合うことを目的とした商習慣そのものにあるとされた。

②：誤。日米構造協議でアメリカが要求したのは，財政赤字の縮小ではなく公共投資の拡大。

③：正。この時の意図は，国内製品の需要を拡大させる，ということではなく，海外製品に対する日本国内の需要を拡大させる，という意味である。

④：正。①の「系列取引の見直し」を厳格に適用するためにも，談合の廃止など独占禁止法の強化が必要となった。

STEP ❸-4【貿易摩擦②】　正解は③

①：正。まずはGATTのウルグアイ・ラウンドでコメの最低輸入量（ミニマム－アクセス）を政府が輸入することから始まり，農産物の関税化につながり，1999年にはコメの関税化による市場開放が始まった。

②：正。系列取引の見直しなどが求められた。日本の流通機構において，小売店が，単純な仕入れ値の安さや商品の優秀さよりも，昔からのなじみのある取引先からの仕入れを優先させるなどの商慣行が問題となった。

③：誤。自動車に限らず，それまでも貿易摩擦が起きるたびに繊維・鉄鋼・カラーテレビなどで自主規制をしてきたが，WTOの設立で撤廃されている。アメリカ側の1988年のスーパー301条の成立にみる強硬姿勢も背景にあり，一方でかつて日本が貿易摩擦を起こした対米輸出品目が韓国や中国などに移行している事情もある。

④：正。1988年に日米農産物交渉で3年後の自由化が決定し，1991年に実施された。

STEP ❸-5【経済のグローバル化】　正解は③

ア－外国為替及び外国貿易法（通称，外為法）は，かなり頻繁に改正されている。ここでは，金融ビッグバン＝金融の自由化とからめて，為替業務の自由化をさし，この改正は1998年である。この改正により，それまで「外国為替及び外国貿易管理法」という名称だったが，"管理"の2文字がなくなったことが，自由化の動きを象徴しているといえる。

イ－日米包括経済協議開始はバブル崩壊後の1993年。1989-90年の日米構造協議と間違えないこと。

ウ－ODA大綱改定は2003年。

よって，イ－ア－ウとなる。

> ODA（政府開発援助）に関する方針がODA大綱であり，以下のような流れになる。
> ・日米貿易摩擦が1980年代末以降顕著になり，日米構造協議や日米経済包括協議が開催された。
> ・そのなかで日本経済の閉鎖制が問題視され，規制緩和が求められ，経済のグローバル化に対応するためにも日本版金融ビ

・ッグバンが行なわれた。
・この経済のグローバル化の流れに加えて，日本の財政状況もより苦しい状態となったため，ODA大綱の見直しと改定が行なわれた。

STEP ③-6 【日本の政策】　正解は②

①：誤。「WTO（世界貿易機関）」ではなく「TPP（環太平洋経済連携協定）」。

②：正。日本は地域的貿易協定に消極的であったが，2002年にシンガポールと初めてFTA（自由貿易協定）を締結し，その後協定締結国を増やしている。

③：誤。プラザ合意は，ドル高の是正を目的とする協調介入の決定である。1985年のG5によるもので，その結果，円高になり，日本は一時的に円高不況（1986年）に陥ったので，前後関係が違う。

④：誤。「大規模な金融破綻やアジア通貨危機」（1997〜98年）ではなく，「ITバブル崩壊後の不況」（2001年）に対応してとられたのが，量的緩和政策。その後，リーマン・ショック（2008年）への対応が量的・質的金融緩和政策とインフレ・ターゲットの設定となった。

STEP ③-7 【日本の国際協力①】　正解は①

①：正。APEC（アジア太平洋経済協力会議）はこの地域の持続的発展に向けた協力の枠組みで，日本は1989年設立当初からのメンバーである。

②：誤。DAC（開発援助委員会）は，OECD（経済協力開発機構）に置かれている下部機関である。

③：誤。青年海外協力隊は，自衛隊ではなく，外務省所管の独立行政法人国際協力機構（JICA）が行っている海外ボランティアである。

④：誤。現在まで国連軍は組織されたことがない。自衛隊は，PKO協力法に基づいて国連平和維持活動に協力を行っている。

STEP ③-8 【日本の国際協力②】　正解は③

①：正。ラオスやカンボジアなど東南アジアをはじめとした賠償請求権を放棄した国々に，経済協力を行った。

②：正。日本の開発協力大綱の基本方針の中で，「自助努力支援と日本の経験と知見を踏まえた対話・協働による自立的発展に向けた協力」がうたわれている。

③：誤。1992年に制定されたPKO協力法は，国連平和維持活動のほか，国連やその他の国際機関等が行う人道的な国際救援活動への参加が目的であり，二国間援助が目的ではない。

④：正。②にもある開発協力大綱の基本方針の中で，「人間の安全保障の推進」がうたわれている。

STEP ③-9 【日本のODA①】　正解は④

①：誤。技術協力も含まれる。発展途上国が自力で経済発展をはかるためには，その基礎となる技術協力は欠かせない。

②：誤。円借款も含まれる。借款とは，国家・政府間の資金貸借。これを円で行うのが円借款である。

③：誤。アフリカやアジア向けのものが多い。

④：正。国連は，先進国が2015年までにGNI比0.7％以上の金額のODAを拠出することを目標としたミレニアム開発目標（MDGs）を定めているが，2014年の日本の実績は0.19％，総額で約93億ドルにとどまっている。

STEP ③-10 【日本のODA②】　正解　④

①：誤。国連開発計画（UNDP），国連児童基金（UNICEF）などの国連専門機関への拠出や世界銀行などを通じた援助も行っている。発展途上国（アジアが多い）への二国間援助もある。

②：誤。日本は，有償援助（借款）の比率の方が高い。

③：誤。日本は長年0.2％台。DAC（開発援助委員会）は，対GNI比0.7％以上を支出目標とした。

④：正。日本のODAは，1989年に世界第一位となり，その後1991年〜2000年の10年間世界第一位であった（JICAより）。2001年から低下している。

STEP ③-11 【日本の外交】　正解は②

①：誤。日華平和条約は1952年に中華民国（台湾国民党政権）との間で締結された平和条約。中華人民共和国と国交を回復は，1972年の日中共同声明で実現した。同時に，中華人民共和国を中国の唯一の合法政府と承認したために，日華平和条約は失効している。

②：正。1965年，日韓基本条約により国交正常化した。

③：誤。国連の常任理事国は米・英・仏・ロ・中の5か国。非常任理事国には度々選出されてはいる。また，「国際連盟」では理事国であった。

④：誤。国連の分担金の比率が最も高いのは「アメリカ合衆国」である。日本の分担率はアメリカに次いで2番目だが，アメリカの半分以下である。なお，各国の分担率は経済水準や支払い能力に基づいて算出される。

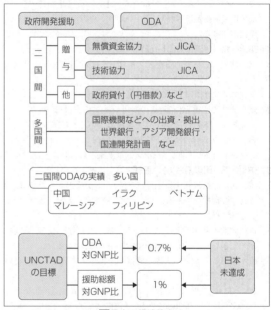

↑日本の経済協力

ティ，人道支援・災害救援など様々な分野での実践的な協力を推進することを掲げている。

```
┌─────────────────────────────────────────┐
│  ODA大綱（1992年閣議決定）                │
│  ①開発と環境の両立                       │
│  ②軍事的用途への使用回避                 │
│  ③受入国の大量破壊兵器製造等への注意     │
│  ④受入国の民主化促進，人権保障状況注意   │
└─────────────────────────────────────────┘
                    ⬇
┌─────────────────────────────────────────┐
│  新ODA大綱（2003年閣議決定）             │
│  ①従来のODA大綱4原則堅持                 │
│  ②国益重視                               │
│  ③「人間の安全保障」の重視               │
│  ④国際的諸機関やNGOと連携                │
├─────────────────────────────────────────┤
│  人間の安全保障…人間一人ひとりの生命や   │
│          人権を大切にする考え方           │
└─────────────────────────────────────────┘
                    ⬇
┌─────────────────────────────────────────┐
│  開発協力大綱（2015年閣議決定）          │
│  ●ODA大綱から名称変更                    │
│  ●受入国の軍関係者による，非軍事目的の   │
│   活動への協力を，個別具体的に検討する   │
└─────────────────────────────────────────┘
```

⬆日本のODA政策の変遷

▌STEP ❸-12【日本外交の三原則】 正解は②

①：正。アジアの一員としての立場。

②：誤。核抑止体制の主導は外交方針に含まれていない。

③：正。国連中心主義。

④：正。自由主義諸国との協調。

▌STEP ❸-13【開発協力大綱】 正解は③

①：誤。ユニバーサルデザインとはすべての人にとって使いやすいデザインのこと。障がい者か健常者かの別なく。

②：誤。シビリアン・コントロールは（「文民統制」）のこと。文民である政府や議会が，軍隊を統制し，暴走を防ぐこと。

③：正。一人ひとりの生活の安全の保障を目的とする，人間の安全保障が該当する。資料に「一人ひとりが幸福と尊厳を持って生存する権利を追求する」とあり，さらに脆弱な立場に置かれやすい「子ども，女性，障害者，高齢者，難民・国内避難民，少数民族・先住民族等に焦点」とある。

④：誤。平和五原則とは，中国の周恩来とインドのネルーとの間で，1954年に合意した平和原則のこと。＜領土主権の尊重，相互不可侵，内政不干渉，互恵平等，平和共存＞からなる。

▌STEP ❸-14【日本のODA③】 正解は①

増額しているところがアフリカ，減額しているところが東南アジアか東アジア。この中で，中国へのODAは，急速な中国の経済発展とともにその規模を縮小させていっているので，クが中国を含んでいる東アジア。なお，40年以上にわたり中国へ供与してきたODAが，2018年に審査委託の終了，2021年度で継続していたものもすべて終了した。

▌STEP ❸-15【近年の日本外交】

正解は，A.インド，B.一帯一路，C.クアッド（QUAD）。

「自由で開かれたインド太平洋」は，2016年に安倍晋三首相がケニアでの演説で提唱した。成長著しいアジアと潜在力溢れるアフリカを結ぶ地域にかけて，経済のみならず，安全保障上の連携をもにらんだ構想。これは，この地域の海洋進出が著しい中国で習近平が提唱した，「一帯一路」構想に対抗する意味が大きい。自由や民主主義，法の支配といった基本的価値を共有する4カ国で，質の高いインフラ，海洋安全保障，テロ対策，サイバーセキュリ

Ⅱ　総合・資料, 時事問題演習 編

第❶章　総合・資料問題演習

→問題pp.174〜179

総・資①【国　連】　正解は⑤

　2013年26億610万ドルと2019年28億4900万ドルの国連の通常予算の各国分担率である。分担率は，GNIを基礎として22％〜0.001％の間で算出されるが，単純ではない。2013年から2015年の間の各国の分担率は下表のようになる。

アメリカ	日本	ドイツ	フランス	イギリス	中国	ロシア
22.000%	10.833%	7.141%	5.593%	5.179%	5.148%	2.44%
1位	2位	3位	4位	5位	6位	11位

　安全保障理事会の常任理事国は，アメリカ，フランス，イギリス，中国，ロシアの5か国だから，A国，D国，E国，F国，G国の組合せとなる。アメリカが1位，日本が2位というのが要である。なお，中国とロシアの間は，イタリア，カナダ，スペイン，ブラジルの順になるが，日本やドイツと同様に常任理事国ではない。

　それが，2019年には次のように変じた。

アメリカ	日本	ドイツ	フランス	イギリス	中国	ロシア
22.000%	8.564%	6.090%	4.427%	4.567%	12.005%	2.405%
1位	3位	4位	6位	5位	2位	11位

総・資②【市場経済】　正解は②

　新しい均衡点は，価格P_1数量Q_1の交点に形成される。その価格における，国内生産者の供給曲線の数量はQ_2なので，国内生産量はQ_2となる。また，需要量はQ_1なので，その差額のQ_1-Q_2が輸入量となる。

総・資③【環境問題】　正解は④

①：誤。エネルギー転換部門の二酸化炭素の直接の排出量は，電気・熱配分前では41％だが，電気・熱配分後には8％と減少している。

②：誤。運輸の二酸化炭素の排出量は，16％から17％に微増している。

③：誤。産業の二酸化炭素の排出量は，27％から33％に増加している。

④：正。家庭の二酸化炭素の直接の排出量は，電気・熱配分前では4％だが，電気・熱配分後には15％と増加している。

総・資④【財　政】　正解は①

①：正。特別会計とは，特別の資金，特別な事業のために，一般会計から分離されて編成される予算である。純計で200兆円前後の規模となる。

②：誤。政府関係機関予算とは国際協力銀行，日本政策投資銀行，沖縄振興開発金融公庫などの予算であり，国会承認が必要である。

③：誤。2001年，郵貯の大半は国債などの国内債券で運用されている。企業への貸付は行っていない。

④：誤。補正予算とは，予算決定後の追加や，変更のための予算のことである。会計年度中に作成される。

総・資⑤【地方財政】　正解は②

　2016年度，地方自治体の財源101兆4598億円は，以下のように分類される。

自主財源	一般財源	地方税	38.8%
		使用料・手数料など	2.2%
依存財源		地方交付税	17.0%
		地方譲与税	2.3%
	特定財源	国庫支出金	15.5%
		地方債	10.2%

総務省　平成30年版『地方財政の状況』（平成28年度決算）
＊その他財源として13.9％ある。

　地方税は，住民税や固定資産税などであり，自主財源の中核である。

　地方交付税は，国税3税などから，自治体の状況に即して配分されるものである。1997年の消費税5％引き上げ時に地方消費税が導入され，消費税の一部は交付税の財源となるようになった。

　国庫支出金は，国庫負担金，国庫補助金，国庫委託金などに分類される。依存財源，特定財源の中核である。

　地方債は，2006年度に，それまでの許可制に加えて事前協議制，2012年度からは届出制が導入された。協議制の場合，都道府県と指定都市は総務大臣と，市町村は都道府県知事と協議するが，起債には一定の条件を満たさなければならない。

総・資⑥【付加価値税】　正解は②

　設問に示されているように，卸売業者が課税当局に納付する税額を算定する際に控除できる付加価値税額は，生産者が納付した税額に等しい。したがって80円から100円になる。

総・資⑦【為替相場】　正解は②

　国債の大量発行は，遊休資金を吸収するため金利の上昇要因となり，為替相場の上昇要因となる。ただし，長期的には為替相場の下落要因となる。

総・資⑧【景気変動】　正解は③

平成20年＝2008年である。2008（平成20）年度に企業物価が急上昇している。2009年度には，GDPデフレーターこそプラスに転じたが，企業物価，消費者物価とともにマイナスとなり，デフレ状態となった。

総・資⑨ **【金　融】　正解は③**

①：誤。直接金融は，株式，社債，CPなどの証券により，間接金融は銀行の預貯金を通じて資金調達する。日本企業は，間接金融の割合が高い。

②：誤。他人資本とは「借り入れ」と「債券」である。2001年末時点，アメリカの企業は日本の企業よりも他人資本の割合が低い。（日49％＞米24％）

③：正。自己資本とは「株式・出資金」である。日本企業の2001年末時点と2018年末時点とで比較した場合，自己資本の割合が高まっている。（01年30％＜18年54.1％）

④：誤。間接金融とは「借り入れ」である。アメリカ企業の2001年末時点と2018年末時点とで比較した場合，間接金融の割合が低くなっている。（01年14％＞18年6.1％）

総・資⑩ **【貿易体制】　正解は②**

①：誤。GATTは，金融には関与しない。

③：誤。1990年代以降，WTO交渉の停滞によって地域主義が拡大した。日本政府は，FTA（自由貿易協定）やEPA（経済連携協定）の締結拡大で対応するようになった。

④：誤。2001年，中国がWTOに加盟した。その後，2012年にロシアも加盟した。中国とロシアの加盟順序が逆。

総・資⑪ **正解は⑤**

ⓐ〈考えられること〉

フィリップス曲線は，失業率が下がると賃金が上昇するという関係を表す曲線である。サミュエルソンはこれを物価上昇にまで結びつけた。2012年から2019年にかけて失業率が低下しているので，賃金，物価は上昇すると考えられる。ウが適切である。

ⓑ〈実際に起こったこと〉

A：正。2012年末に，民主党からの第二次安倍内閣への政権交代があり，翌13年1月の所信表明演説で「3本の矢」を柱とするアベノミクスが掲げられた。「3本の矢」とは（1）「大胆な金融政策」（2）「機動的な財政政策」（3）「投資を喚起する成長戦略」である。

B：誤。アベノミクスの「3本の矢」のひとつの大胆な金融政策は，日銀総裁に就任した黒田東彦総裁によって進められた。デフレ解決のためとして，

2年で2％の物価上昇率目標が掲げられた。日銀の供給通貨（マネタリーベース）を倍増させる政策がとられたが，2％の物価上昇率達成はできなかった。

C：誤。2012年から2019年にかけて，賃金は名目，実質共に停滞して個人消費が縮小した。そのため，物価のデフレ基調も続いた。低賃金の非正規雇用の割合が労働者の4割前後を占めるようになったことが原因である。フィリップス曲線は雇用の質を反映しない。

D：誤。2015年，アベノミクスの第2ステージとして，「新3本の矢」が掲げられた。（1）「希望を生み出す強い経済」（2）「夢を紡ぐ子育て支援」（3）「安心につながる社会保障」である。少子高齢化を打開するとされたが，具体的な政策としては，年金受給年齢の引き上げなどが提案されるにとどまっている。規制緩和による成長戦略は「3本の矢」の「投資を喚起する成長戦略」に含まれると考えられる。

したがって，⑤ⓐウ－ⓑAの組合せが正しい。

総・資⑫ **【少子高齢化】　正解は③**

①：誤。14歳以下人口は1960年代に減少している。増加に転じるのは1970年代の第二次ベビーブーム以降のことである。

②：誤。2005年から2050年にかけて，高齢化率が2倍近くに高まると推計されている。

③：正。高度経済成長期から，夫婦出生児数の減少とともに，晩婚化，未婚率の上昇などが起きていたと考えられる。

④：誤。減少の主な理由は，少子高齢化の進行によって，死亡数が出生数を上回ったことにある。2005年から人口減少の局面に入った。

第❷章　時事問題演習

→問題pp.180～185

時事① **【幸福追求権】　正解は①**

②：誤。幸福追求は，公共の福祉に反しない限り尊重される。安寧秩序は，明治憲法の法律の留保のための表現である。

③：誤。判例により，プライバシー権が確立されているが，環境権は未確立である。

④：誤。法務省は人権擁護法の制定と，外局としての人権委員会の設置を検討しているが，人権侵害の懸念から反対が強く，まだ実現していない。内局としての人権擁護局は存在する。

時事② 【国　会】　正解は③

①：正。日本国憲法第51条。

②：正。不信任決議→10日以内に総辞職または解散（日本国憲法第69条）→解散の場合40日以内に総選挙→選挙日から30日以内に特別国会召集（日本国憲法第54条１項）。

③：誤。両議院の定足数は総議員の３分の１以上（日本国憲法第56条１項）。

④：正。日本国憲法第59条１項。

時事③ 【憲法改正】　正解は②

憲法改正の手続きは，憲法審査会もしくは国会議員による原案提出→審査会審議→国会発議→国民投票による国民の承認→天皇公布，の順に進められる。

国民投票法の定めにより，原案は，憲法審査会と，衆議院100人以上，参議院50人以上の議員の賛成を得て所属院に提出する。

憲法審査会の審議後，両院の本会議において総議員の３分の２以上の賛成で発議する。国民投票は，発議後60日〜180日の間の日を定めて行われる。

時事④ 【政　党】　正解は②

1990年代の政治資金規正法の改正で，企業や労働組合などの団体から政治家個人に献金することが禁止されたが，団体から政党への献金は禁止されていない。

時事⑤ 【裁　判】　正解は②

①：誤。津地鎮祭訴訟には合憲判決がでている。

②：正。愛媛県の靖国神社への玉串料の公費支出は行政措置であり，違憲判決が確定している。行政措置に対する違憲判決である。

③：誤。三菱樹脂事件には合憲判決がでている。

④：誤。衆議院の議員定数不均衡問題には２度の違憲判決がでているが，争われたのは公職選挙法であり，行政措置に対するものではない。

⑤：誤。教科書検定制度を問う家永訴訟で最高裁の違憲判決は出ていない。

時事⑥ 【直接民主制】　正解は③

①：正。憲法第95条の定める住民投票には，立法を左右する拘束力がある。

②：正。地方自治法が規定する，住民の直接請求権に基づく住民投票には，法的拘束力がある。

③：誤。条例に基づく住民投票に，法的拘束はない。

④：正。2012年に成立した大都市地域特別区設置法は，住民投票の結果を特別区設置の要件としており，投票率に関係なく法的拘束力がある。2015年の「大阪都構想」の賛否を問う住民投票は，大都市地域特別区設置法に基づいて実施された。

時事⑦ 【日米安保体制】　正解は④

2015年に10本の法律を一括改正する「平和安全法制」が制定され，2016年３月に施行され，自衛権行使の要件は緩和された。重要影響事態は，「日本の平和と安全のために放置できない事態」，存立危機事態は，「日本に対する武力攻撃がなくとも存立が脅かされる事態」と説明され，自衛隊活動開始の根拠となる。

時事⑧ 【国連とNGO】　正解は②

①：誤。現代は，国家を単位に国際社会を形成しているが，企業やNGOなどの役割が大きくなってきている。中には，経済社会理事会などの会合に参加する協議資格を認められたNGOやボランティア団体がある。

③：誤。国連も，市民団体の協力を重視しているが，国際社会は依然として国家単位である。ただ，生物多様性条約のように，国の連携に加えて，情報収集や保護活動などの部面において市民の参加を織り込んだ条約が締結されている。

④：誤。国連憲章は，第１条３項で，人権や基本的自由を尊重するための国際協力の達成を国際連合の目的としている。ジャパン-プラットフォーム（JPF）は，難民発生時・自然災害時の国際人道支援を行う。1999年のコソボ難民の支援活動を契機に設立され，日本経団連・外務省が支援し，NGOの33団体が加盟している。

時事⑨ 【核問題】　正解は②

フランスは1992年にNPT，1996年にCTBTを批准した。中国は1992年にNPTを批准したが，CTBTは批准していない。アメリカは1968年にNPTを批准したがCTBTは批准せず，核兵器の削減には消極的である。1998年には，インド・パキスタンが核兵器を保有するようになったが，アメリカは2008年に米印原子力協定を結んでインドの核保有を追認した。仏・中が容認している事実はない。イランは2002年以降，核開発の疑いで欧米の牽制，制裁を受けている。ミサイル開発を進め，ロケット打ち上げにも成功している。

時事⑩ 【民族問題】　正解は③

スコットランドの独立を否定する投票結果の後，住民投票はスペインのカタルーニャ州で非公式に行われただけである。しかし，イギリス下院総選挙で独立を求めるスコットランド国民党（SNP）が2015年下院選挙で第３党となるなど，自治，独立を求める動きは根強い。

時事⑪ 【公　害】　正解は②

②：誤。1967年に制定された公害対策基本法は，1993

年の環境基本法の制定，施行で廃止された。

③：正。大阪空港や名古屋新幹線に関する環境権訴訟において，原告に一定の補償が為されたものの具体的権利は認められなかった。新幹線訴訟は上告中に和解している。

④：正。死者，行方不明約2万人の被害が生じただけでなく，福島第一原子力発電所の炉心溶融によって，放射性物質が広く国内に拡散して大量の避難者が発生した。菅内閣は原子力緊急事態を宣言して対応に努めたが，有効な手だてはなく，混乱が続いた。

[時事⑫] 【独 占】 正解は③

多国籍企業は，アジアNIEsの工業発展に寄与し，中国の経済特区に関与したが，南北問題を解決したとはいえない。国家・地域間の格差はむしろ拡大した。

[時事⑬] 【企 業】 正解は①

①：正。創造的破壊とは，古いものを破壊し新しいものを生み出すことである。

②：誤。2005年制定，翌2006年施行の会社法により，新しく設立できる会社企業は，株式会社・合同会社・合資会社・合名会社の4種類である。

③：誤。会社法により，株式会社の最低資本金の規制はなくなった。資本金1円でも設立が可能である。合同会社も同様であり，合名，合資会社は資本金制度がない。

④：誤。企業が，業務遂行に際して，社会的存在であることを自覚して行動する自主的な対応をCSR（企業の社会的責任）という。従業員，地域住民，株主などを利害関係者として重視する。フィランソロピーやメセナに類似するが，直接的な関連はない。投資規準としてCSRを採用することをSRI（社会的責任投資）という。

[時事⑭] 【雇用問題】 正解は④

①：正。労働者派遣法（1986年制定）では，人材派遣会社と派遣労働者との間で「労働契約」を行うことが定められている。また，不安定な派遣労働の在り方が固定化しないように，同法第40条2では一定の期間を超えて派遣労働者を受け入れてはならないと定められていて，同一の事業所において派遣労働者を受け入れられるのは原則として3年までと制限されている。

②：正。ワーキングプアとは，フルタイムで働いているにも関わらず，生活するのに十分な収入を得られない労働者のことをいう。「働く貧困層」と呼ばれることもある。

③：正。2000年代後半から非正規雇用（パートタイマーなど）の割合は，雇用者全体の3割を超えている。特に男性よりも女性の方が多く，15～64歳の非正規雇用比率では，男性が約20%弱なのに対して，女性は約50%となっている。

④：誤。仕事量と労働時間を調整して，雇用 人数を増やすことは「ワークシェアリング」であり，「ワーク・ライフ・バランス」ではない。「ワーク・ライフ・バランス」とは，仕事と生活の調和を意味するもので，労働者個人々々の，仕事だけではない豊かな生活を目指すものとされている。

[時事⑮] 【社会保障】 正解は④

A－イ B－エ C－ア D－ウ

社会福祉の費用は原則として政府が支出するが，2006年に施行された障害者自立支援法では，障がい者福祉サービスの原則1割の費用徴収を制度化した。

[時事⑯] 【中小企業】 正解は③

①：誤。中小企業基本法は，1999年の改定後，労働者数ならびに資本金の額が一定以下の企業を中小企業と定義している。

②：誤。2012年，中小企業は，わが国の事業所数全体の99.7%，従業者数の69.7%を占める。（2014年版「中小企業白書」）

④：誤。新たな技術を開発して未開拓の分野を切り開こうとするベンチャー・ビジネスを手がけたり，大企業が見落としていた隙間を埋めるニッチ産業に活路を見出す会社がある。

[時事⑰] 【消費者問題】 正解は①

①：正。契約は申込し合意すれば口頭でも成立し，当事者に債権債務関係が生じる。

②：誤。クーリングオフは，訪問販売など店舗以外の場所での販売で，商品・サービスが特定商取引法の指定するものである場合に限って適用される。自動車は対象外として指定されている。

③：誤。商品に欠陥があることをAもBも知っていた場合には，欠陥を含めて契約をしているのであり，Bが商品の引き渡し後に支払うべき代金は10万円となる。

④：誤。Aの妻は第三者であり，AとBの契約に介入できない。裁判所も合法的な民事契約に介入することはできない。

[時事⑱] 【世界経済】 正解は①

②：誤。多国籍企業は，進出先の政府の法律の適用を受ける。

③：誤。主要国首脳会議（G8サミット）は，日本・

アメリカ・イギリス・ドイツ・フランス・イタリア・カナダ・ロシアの8か国が政治・経済問題全般に関して意見交換をする場である。ただし，2014年のウクライナ問題でロシアが除外され，G7サミットに戻った。G7は，7か国の財務相・中央銀行総裁会議であり，経済政策の協調を図る会議として限定的に用いられる。近年は中国などの新興国を加えたG20（20か国・地域）に拡大した会合も開かれている。

④：誤。1964年に設置されたUNCTAD（国連貿易開発会議）第1回会議で提出されたプレビッシュ報告は，発展途上国に対する特恵関税（途上国からの輸入製品に対する関税優遇措置）や一次産品の輸入拡大などが，貧困問題の解決に寄与すると提言している。

時事⑲【国際金融】　正解は③

①：誤。ブレトンウッズ協定，スミソニアン協定は固定相場制を原則とした。キングストン合意によって変動相場制への移行が追認された。

②：誤。IMFとIBRDは，1990年代のアジア通貨危機に際し，その経済構造の変革などを指示して直接関与し，アジア諸国の経済危機を深刻化させた。

③：正。ADBは，日本が出資割合トップのアジア太平洋地域途上国向け金融機関である。1965年に開業し，67か国・地域が加盟する。

④：誤。英仏独露豪印など57か国が参加を表明したが，日米両国とEUなどは参加していない。2019年時点の参加国数は100か国・地域である。

時事⑳【情報化社会】　正解は③

ア：誤。知的財産権とは，著作権，特許権，意匠権，商標権などの，創造的な活動によって創造された知的財産を守る権利をいう。選択肢にある「インターネットにつながる自由」は「知る権利」があてはまっているといえる。

イ：正。2001年に制定されたプロバイダ責任制限法で，誹謗中傷や虚偽情報により権利を侵害された者が，インターネット接続事業者（プロバイダ）に対して発信者情報の開示を請求できると定められている。同法は2022年に改正され，開示請求の手続きの簡略化が図られている。

ウ：正。2021年，デジタル社会の形成に向けた行政事務を，迅速かつ重点的に推進するため，デジタル庁が発足した。

エ：誤。「一定の期間であれば無条件で契約の申し込みを撤回したり契約を解除したりできる」という

のはクーリングオフ制度のことである。この制度では「訪問販売」などが対象とされるが，「インターネットを用いた通信販売」は対象外である。よってアとエを誤りとする③が正解である。

Ⅲ　公共の扉 編

第1章　公共的な空間をつくる私たち

 青年期の心理と課題

→問題pp.188〜189

STEP ❸-1【青年期の自立】　正解は③
①：誤。近代以前では，通過儀礼（イニシエーション）が済むと子どもは大人となり，間に青年期はなかったとされる。
②：誤。大人になるためには通過儀礼が必要だった。
③：正。精神的離乳ともいう。ホリングワースによる。
④：誤。「どちらの世界にも帰属しない状態」を指すのはレヴィンが唱えた「マージナル＝マン」である。

STEP ❸-2【マズロー①】　正解は①
マズローの欲求階層説は5段階にわかれており，下から生理的欲求→安全の欲求→愛情と所属の欲求→承認（自尊）の欲求→自己実現の欲求となり，低次から高次へと欲求が生じることを説いた。
ア−正。愛情と所属の欲求→承認（自尊）の欲求。
イ−正。生理的欲求〜承認（自尊）の欲求が欠乏の欲求であり，自己実現の欲求が成長欲求である。
ともに正しいので，①が正解となる。

STEP ❸-3【自立した人格】　正解は⑤
ア−「自分の価値が分からなくなり，社会から孤立しているように感じてしまう」とあるので，アイデンティティの挫折の内容であり，C「エリクソンが述べた自我同一性の拡散」にあたる。
イ−就業体験（インターンシップ）をし，「打ち込める仕事をじっくり探すことが大切だと」気づいたとあるので，現実的な認識と解決のための技能である。A「オルポートが挙げた，成熟した人格の特徴」にあたる。
ウ−「自分の働きぶりを上司や同僚から認めてもらいたいと思うようになった」とあるのは，自尊（承認）の欲求であるので，B「マズローの理論における欲求の階層構造」である。

STEP ❸-4【マズロー②】　正解は②
マズローは欲求を5段階の階層で説明している。ただし，より高いレベルの欲求が出現するのは，必ずしも，それより下位の欲求が十分に満たされたからであるとは限らない。
①：誤。愛情と所属の欲求から自尊の欲求へと，階層順に低次の欲求から高次の欲求となっているので誤り。
②：正。「寝食の時間を惜しんで」と，生理的欲求が満たされていないこと。
③：誤。どちらも自己実現の欲求であり，並列の欲求なので誤り。
④：誤。自尊の欲求から自己実現の欲求へと，階層順に低次の欲求から高次の欲求となっているので誤り。

STEP ❸-5【コールバーグ】　正解は③
コールバーグは，道徳性は幼児期から思春期，青年期を通じて3水準6段階を経て発達すると考えた。10〜16歳の「慣習的水準」の第3段階は，他者の期待を裏切るのは悪いことで，期待に応えるのは良いことだと考える段階である。
①：適当。7〜10歳の「前慣習的水準」の第1段階は，罰を受けないようにする段階である。
②：適当。7〜10歳の「前慣習的水準」の第2段階は，それが自分

のメリットになるという理由で道徳にしたがう段階である。
③：不適。「欲しいものを買ってもらえる」のは第2段階の「自分自身の利害関心を満たす」こと。
④：適当。10〜16歳の「慣習的水準」の第4段階は，法や秩序を守ることを重視する段階である。

STEP ❸-6【防衛機制】　正解は④
①：誤。「回避」ではなく「代償（補償）」。
②：誤。理屈づけは「投射」ではなく「合理化」。投射とは，自分の欠点を相手に転嫁すること。
③：誤。「逃避」ではなく「抑圧」。逃避とは，問題を解決しようとせず，空想や病気などの形で回避しようとすること。
④：正。

STEP ❸-7【フロイト】　正解は①
ア−誤。エス（イド）の内容。なお，フロイトは，快楽を求める本能的衝動をリビドーとよぶ。
イ−正。超自我（スーパーエゴ）は，幼児期のしつけにより備わり，欲望に動かされる自我（エゴ）を監督して抑制する。
ウ−誤。自我の内容。エス（イド）は，リビドーのエネルギーを蓄えた無意識の領域である。
エ−正。エスには，リビドーの源泉である生の欲動「エロス」と死の欲動「タナトス」が蓄えられる。
オ−正。自我は，超自我からの要求とエスからの要求を受け取り，それらの調整を行っている。

STEP ❸-8【葛藤】　正解は⑤
ア−「〜断りたい」は回避と，「〜不審がられそう」も回避であり，「回避−回避の葛藤」なので，Bである。
イ−「第一志望の学部がある」は「接近」で，「親が反対する」は「回避」，さらに「第一志望の学部がない」は「回避」，地元にあるため親は反対しないのは「接近」であり，「接近・接近−回避・回避の葛藤」なので，Dである。
ウ−「〜安定した会社」は「接近」で，「もともと入りたかった劇団」も「接近」であり，「接近−接近の葛藤」なので，Aである。
エ−「憧れの先輩がいる〜入部しよう」は「接近」，「とても厳しく時間も長い」は「回避」となるので，「接近−回避の葛藤」であり，Cである。

❷ ギリシャ思想 →問題pp.192〜193

STEP ❸-1【タレス】　正解は②
自然哲学者は，それまでの神話による解釈を避け，合理的な解釈を試み，万物の根源（アルケー）について思考を巡らせた。
①：誤。ヘラクレイトスの内容。「万物は流転する」，「同じ川に入りかつ入らない」と述べて，現象の変化に注目した。
②：正。タレスは，自然哲学の祖とも言われる。万物の根源（アルケー）を水とした。
③：誤。「数的秩序の調和（ハルモニア）」は，ピュタゴラスの内容である。
④：誤。「土・水・火・空気」の四つの元素の結合と離散を主張したのはエンペドクレスである。

STEP ❸-2【自然哲学】　正解は⑤
ア−根源（アルケー）を水と考えたのは哲学の祖と言われるタレス。ヘラクレイトスは「万物は流転する」と言い，アルケーを火と考えた
イ−原子（アトム）をアルケーとしたのは，古代の原子説の提唱者デモクリトス。ピュタゴラスは数的秩序を万物の根源と考え

た。

ウ・火，空気，水，土を万物の構成要素だと考えたのはエンペドク
レス。アナクシマンドロスはアルケーを「ト・アペイロン（限
定されないもの）」だとした。

STEP ❸-3【プロタゴラス】 正解は③

①：誤。世界理性，情念を抑える（アパティア），禁欲主義からス
トア派の考え方とわかる。

②：誤。「無知の知」はいうまでもなくソクラテス。

③：正。ソフィストの一人であるプロタゴラスは「人間は万物の尺
度である」と唱え，絶対的な真理を否定した。ここでの「人
間」は「個人」の意味で解釈する。

④：誤。数，調和（ハルモニア…音楽にも通じる），オルフェウス
教団を形成したピュタゴラス。

STEP ❸-4【ソクラテス①】 正解は④

ソクラテスは，神託事件を契機に「無知の知」を自覚し，対話
（問答法）によって魂を善くし（魂への配慮），「善く生きること」
の大切さをアテネの人々に勧めたが，有力者の反感を買って，死刑
判決を受け，刑死した。

①：誤文。神託事件と言われる内容。問答によって真理そのものを
説くのではなく，「自分はただ知らない（無知の知）」ことを自
覚した。

②：誤文。「アテネ追放」ではなく，死刑判決を受けて，毒杯を仰
いだ。徳は知であり，知行合一につながる。

③：誤文。「アカデメイア」はプラトンが創設した学校。ソクラテ
スは学校を創設してない。

④：正文。デルフォイ神殿の標語は「汝自らを知れ」。彼は対話に
よって，「徳とは何か」についての探究（知ること）に努めた。

STEP ❸-5【ソクラテス②】 正解は①

①：正。問答法は自ら知を「産む」のではなく，無知を自覚させて
手助けをするので，母の職にちなんで助産術とも呼ばれた。

②：誤。真理の相対性（相対主義：プロタゴラスが典型）を説いた
のはソフィストであり，逆にソクラテスは真理の普遍性を説い
た。

③：誤。逆に「知徳合一」から「知行合一」につながる。ソクラテ
スは，何が徳であるかを知れば，当然正しい行為ができるとし
た。実践から徳が理解されるのではない。

④：誤。無知の自覚（無知の知）は知の探究の出発点。「よりよく
生きる」というソクラテスの立場でもわかるように，それは死
ぬまで探究し続けるものである。善美の知は「誰でも〜獲得で
きる」ものではない。ソクラテスは無知の自覚の立場から死ぬ
まで真理を追求し続けたのである。

STEP ❸-6【プラトン①】 正解は②

①：誤。イデアは個物に内在するのではなく，イデア界にあるイデ
アの模倣が個物だとプラトンは考えた。「個物に内在する」と
したのは，弟子のアリストテレス。

②：正。プラトンの言うイデアは，知性（理性）によってのみ捉え
られる，永遠かつ普遍的な存在であり，イデア界にある。

③：誤。イデアは個物に内在しない。また，イデアを捉えることが
できるのは知性のみである。

④：誤。「感覚は知性の指導のもとにそれを捉えることができる」
のではなく，知性のみがとらえることができる。

STEP ❸-7【プラトン②】 正解は②

①：誤。「人間の魂は死後に肉体から解放されて」が誤り。②の想
起説による。理想を求める愛として，エロースは重要。

②：正。プラトンのイデアは，理性で捉えられる完全な性質をもっ
たものである。かつてイデア界に住んでいた人間はそのイデア
を見ていて，「肉体という牢獄」に囚われるこの世ではエロー

スの力によってイデアを想起することで把握できるとした（想
起説：アナムネーシス）。

③：誤。国家は大きな個人とみる。個々人の魂の正義と国家全体の
正義は調和が必要。知恵・勇気・節制の徳が調和（ハルモニア）
して，正義の徳が形成される。国家においては，知恵の徳のあ
る統治者，正義の徳の防衛者，節制の徳の生産者が調和して国
家の正規が実現すると考えた。〈魂の三分説，哲人政治論〉

④：誤。理性，気概，欲望が互いに抑制し合うのではなく，理性
〈知恵の徳へ〉が気概〈勇気の徳へ〉と欲望〈節制の徳へ〉を
導くことで，正義の徳が成立する。〈魂の三分説，哲人政治論，
四元徳：知恵・勇気・節制・正義〉

STEP ❸-8【アリストテレス①】 正解は④

①：誤。善のイデアはイデアの中のイデア。善の相対性が誤り。相
対主義（真理は個々人の感じ方・経験等にり変化する）は，プ
ロタゴラスに代表されるソフィストのとらえ方である。

②：誤。「唯一の原理は…質料」が誤り。アリストテレスは個々の
事物に内在する本質である形相と素材にあたる質料の二つの関
係で事物の成り立ちを説明しようとした。

③：誤。現実態と可能態の関係が逆。形相が可能態として質料のう
ちにある状態から，完成した具体的な姿として現実態に移行す
る過程と考えた。アリストテレスは事物の様相を固定的に捉え
ず，変化・発展の視点で捉えている。

④：正。イデア界という現象を超えた世界を想定したプラトンを批
判し，アリストテレスは，個々の事物の中に本質があるとし
た。つまり，本質である形相（エイドス）は，素材にあたる質
料（ヒュレー）と結びついて，個々の事物に内在すると考え
た。現実主義（プラトンの理想主義に対して）といわれる。

STEP ❸-9【アリストテレス②】 正解は④

アリストテレスは幸福を人間にとっての最高善と捉えており，実
践の反復の中で習性的徳（倫理的徳）が知性的徳に導かれて獲得さ
れることで実現されると考えた。

①：誤。「隠れて生きる」と述べたのはアリストテレスの後の時代
（ヘレニズム）のエピクロスである。魂の平安（アタラクシア）
のにより少ない快楽にも喜びを見いだし，「黒パンと水さえあ
れば，ゼウスと幸福を競ってみせる」と言ったとされる。

②：誤。幸福を「魂に調和と秩序をもたらす音楽や数学」に求めた
のはピュタゴラスである。プラトンとの類似性もよく出題され
るので，整理しておきたい。

③：誤。「自らの運命を心静かに受け入れること」というのはヘレ
ニズム時代のストア派が主張したアパテイアの境地のことであ
る。宇宙の理…世界理性…自然法の源流とされる。

④：正。アリストテレスは幸福を「行為のうちに実現しうる最高の
善」と考えている。「よい習慣づけ」とは習性的徳を指し，中
庸の徳（メソテース）で示され，多すぎても少なすぎてもいけ
ない。倫理的徳は習慣づけで身に付くものとされる。

STEP ❸-10【知恵について】 正解は①

a－どちらも代表的なソフィスト。ゴルギアスは人間は何ものをも
知り得ないと説いた（懐疑論）。「人間は万物の尺度」はプロタ
ゴラスのことばとして有名。しかし，この場合の人間は「個々
人」と解釈し，相対主義の立場を示す。ソクラテスは，真理の
普遍性を求めた。

b－プラトンの四元徳〈知恵・勇気・節制・正義〉の理解を問う問
題。魂の三分説と国家論につなげて整理しておくこと。寛容を
訴えたのはモンテーニュやヴォルテール。

c－『ニコマコス倫理学』で，アリストテレスは知性的徳と習性的
徳とを区別し，知性的徳のなかに思慮（フロネーシス）となら
んで観想（テオーリア）を含めた。習性的徳は，行為の反復に

よって身に付き，中庸（メソテース）として成り立つ。

‖STEP ❸-11【資料問題】 正解は②

a－資料1に「欲張ることを善きこととして本来追求するもの」とある。そこから「人間の欲求」の重視と判断できる。

b－資料2に「他人の不利益によって自分の利益を増すことは自然に反する」とある。そこから，「他人の不利益」を「他者を犠牲にした」，「自分の利益を増す」を「自己の利益」に置き換えればよい。

c－ストア派が自然法思想の源流の一つであることを知っていれば容易。「自然に反する」や「自然に最も即している」という表現から「自然法」を導き出すことは可能。功利主義は，ベンサムやミルの功利の原理（快楽・幸福）という視点から考えれば不適当だと判断できる。

‖STEP ❸-12【根源の探究】 正解は③

①：誤。ヘラクレイトスは不変ではなく，「万物は流転する」と説いた。

②：誤。変化の根底にはロゴスの働き，調和があるとしていた。万物の根源の火も，火→空気→水→土→火と循環するとみた。

③：正。ピュタゴラス（ピタゴラス）はアルケーを数の秩序と考えた。

④：誤。無秩序ではなく，数の秩序が調和すると考えた。

❸ 一神教の教え →問題pp.196〜197

‖STEP ❸-1【律法】 正解は③

①：正。イスラエル人は，神から授かった律法に従えばカナンの地をはじめ，祝福を与えられるという契約を結んだとされている。律法を破ればヤハウェは怒りと裁きの神となる。

②：正。「唯一神への信仰」に代表される神との関わりに関する条文（1〜4）と，「殺してはならない」に代表される人間同士の関わりに関する条文（5〜10）に分かれている。

③：誤。「エジプトに移り住む」は誤りである。モーセはエジプトにいるイスラエル人を率いてパレスチナに脱出する際（出エジプト）にシナイ山上で神から律法を与えられている。

④：正。ユダヤ教では，イスラエル人は神に選ばれた特別な民族としている。これを選民思想という。よって民族宗教である。

‖STEP ❸-2【ユダヤ教】 正解は①

①：正。ユダヤ教は，律法主義（厳格に律法を遵守する一派もあり）やメシア（救済者）思想が特徴。ヘブライ語のメシアは，ギリシャ語でキリスト。なおユダヤ教はイエスをメシアとは認めない。

②：誤。ユダヤ教はユダヤ人を選ばれた民とする（選民思想（民族宗教の枠内））ため「民族や国家を超えた信仰共同体」は形成できない。世界宗教にはならない。

③：誤。父と子と精霊の三位一体説はキリスト教。コンスタンティノープル公会議（381年）で公認。アウグスティヌスの『告白』にも明記されている。

④：誤。イスラーム教の特徴。ムハンマドは最大にして最後の預言者とされる。たとえばシャリーアは，クルアーンやムハンマドの言動などを法源としたイスラム教の法律である。

‖STEP ❸-3【旧約聖書】 正解は①

①：誤。ユダヤ教では，ヤハウェはイスラエル人（ユダヤ人）と契約を結んでいる（旧約という）。したがって「人類全体への平等な愛」という記述は誤り。

②：正。①と同じ『創世記』や『出エジプト記』についての記述だが，「ヘブライ人（ユダヤ人）の」と明示している。

③：正。「選民思想」に見られるイスラエル（ユダヤ）の民族宗教の性格をもつ。キリスト教は『旧約』『新約』の両者を聖典とするが，ユダヤ教は『旧約』のみである。

④：正。神ヤハウェとイスラエルの民との契約である。キリスト教では，イエスによる新たな契約，すなわち新約が結ばれたと考えられている。『新約聖書』はイエスの言行が中心となる。

‖STEP ❸-4【イエスの教え】 正解は①

イエスは律法を単に形式的に遵守することを批判し，律法の精神を理解することを重視する，律法の内面化によって律法を完成させたと言われている。

①：正。黄金律と呼ばれる，キリスト教道徳を代表する教えの内容である。

②：誤。イエスはパリサイ（ファリサイ）派にみられるような形式的な律法の遵守を批判している。

③：誤。「敵を愛し，迫害する者のために祈りなさい」は旧約聖書ではなく，イエスの言葉である。キリスト教は愛の宗教と呼ばれる。愛の教えは旧約聖書では強調されていない。

④：誤。「安息日を忠実に守り」が誤り。イエスは「安息日は人のために定められた。人が安息日のためにあるのではない」という。病人がいたり火事があれば働くべきだと考える。

‖STEP ❸-5【イエスの言行】 正解は③

①：正。弱い立場の人や被差別者とともに生きようとする姿こそ，イエスの特徴である。

②：正。黄金律「何事でも人々からしてほしいと望むことは，人々にもそのとおりにしなさい」（『マタイによる福音書』7.12）である。その前段階に「求めよ，そうすれば，与えられるであろう」（『マタイによる福音書』7.7）という言葉もある。

③：誤。「十字架の贖いを信じる」とあるが，イエスの十字架の死を贖罪と捉えるのは，イエスの死後の話である。パウロによる十字架の意味づけにみられる。

④：正。「無償の愛」とは神の愛（アガペー）のこと。放蕩息子のたとえは，『ルカによる福音書』（15.12-32）にある，放蕩の末に身を持ちくずした息子を，父が無条件に許したというたとえ話。

‖STEP ❸-6【新約聖書①】 正解は②

①：誤。キリスト教では『旧約聖書』も聖典と位置付けている。「完全に否定されている」は誤り。逆にユダヤ教は『旧約』のみ。

②：正。イエスの十字架上の死は人類の罪を贖ったとされる贖罪論に関する記述である。パウロの「ローマ人への手紙」に原罪論とともに典型的に記されている。

③：誤。神の国の到来が近づいているとは言う（マタイ，マルコ，ルカ等）が，地上の国との戦いの終結は告げていない。

④：誤。エロースはプラトンが主張した愛である。イエスは神の無償の愛と隣人愛を説いた。

‖STEP ❸-7【新約聖書②】 正解は①

①：正。福音とは神からの喜ばしい知らせの意。福音書は，新約聖書にあるイエスの言行録。マタイ，マルコ，ルカ，ヨハネが記した四つの福音書が正典とされる。

②：誤。エロスは古代ギリシアのプラトンが説いたもの。人間の魂がイデアにあこがれること。「アガペー」の原義は「完全なるものの不完全なものに対する愛」＝「神の愛」である。

③：誤。新約聖書の原典はギリシャ語で書かれた。

④：誤。モーセの十戒は，『旧約聖書』の「出エジプト記」に記載されている。

‖STEP ❸-8【イスラーム教①】 正解は④

①：誤。最後の審判の日に人間を裁くのは神だけ。ムハンマドはあ

くまでも預言者であり，「神の代理人」などはあり得ない。

②：誤。イスラーム教で徹底して偶像崇拝が禁止されるので，「神の像に向かって礼拝」はあり得ない。一日五回，メッカの方角を向いて礼拝を行う。モスクの中にはメッカの方向を示す切れ込み（ミフラーブ）があるだけである。

③：誤。ムハンマドは，「最大にして最後の預言者」とされるので，「ムハンマド以降も預言者を遣わす」はあり得ない。

④：正。神はアッラーだけである。ムハンマドは最大の預言者ではあっても，神格化されることはない。

STEP ③-9【イスラーム教②】　正解は③

①：誤。クルアーンはアラビア語で記されている。音読に重点が置かれ，礼拝では必ず詠唱される。

②：誤。礼拝（サラート）はエルサレムではなく，カーバ神殿のあるメッカの方角に向かって行われる。

③：正。五行は他に信仰告白（シャハーダ）・礼拝（サラート）・断食（サウム）・巡礼（ハッジ）がある。

④：誤。「啓典の民」とは，イスラーム教徒から見たユダヤ教徒・キリスト教徒のこと。同じ啓典（聖書，クルアーン）を元に成立するので，改宗を迫る（強制改宗）ことがない。

STEP ③-10【アッラー】　正解は③

①：正。豚肉食やアルコールの禁止に代表されるように『コーラン』では生活に関する規定が存在している。

②：正。ムスリムの信仰の柱である，六信の天使がそれである。

③：誤。イスラームは，ユダヤ教徒とキリスト教徒を同一の唯一神を持つ，「啓典の民」とする。そのため，『旧約聖書』と『新約聖書』は，同一の神からの啓示の書と捉えられている。

④：正。民族や人種は関係なく，平等にムスリムとなることができる。民族の枠を超えて世界宗教となる。

STEP ③-11【クルアーン】　正解は①

①：正。クルアーン（コーラン）はイスラーム教の教典。預言者ムハンマドを介して神の言葉を語らせたものといわれる。

②：誤。ここでいう預言とは神から受けた啓示を言葉にしたものであり，未来を予知して語られる予言ではない。

③：誤。ムハンマドがメッカ郊外のヒラー山の洞窟で瞑想していた時，大天使ジブリール（ガブリエル）があらわれ，神から託された第一の啓示を与えたとされる。

④：誤。ムハンマド自身は文盲であり，啓示はムハンマドと信徒たちの暗記によって記憶され，口伝えで伝承された。

STEP ③-12【資料問題】　正解は①

①：正。資料に「他の民を嘲笑させてはならない」とある。貧者を救済することは，五行の「喜捨」が該当する。

②：誤。エルサレムではなく，メッカに向かって，1日5回の礼拝を行う。

③：誤。資料に「憶測をできるだけ避けよ」とあり，想像力を駆使して，人を評価すべきではないとされる。

④：誤。イスラームでは偶像崇拝を禁止しているため，ムハンマドの「肖像画」は不適当である。

STEP ③-13【ユダヤ教・キリスト教・イスラーム】　正解は⑥

ア－誤。「神を愛し，隣人を愛せ」というイエスの言葉は『新約聖書』に記述がある。しかし，その愛が「罪を贖う」ことになるという結びつきはない。人類の「(原)罪」をイエスが贖ったという贖罪説を打ち出したのはパウロである。

イ－正。いわゆる「律法主義」と恩恵やイスラエル人が神に選ばれたとする「選民思想」についての記述。

ウ－誤。イスラーム教では，聖職者という身分（キリスト教の神父に当たる）は存在しない。なお，シャリーアは信仰上の掟であると同時に，現実の社会生活を規定する法でもある。これがイ

スラーム教信仰圏独自の性格を形成している。

④ 東洋の宗教と思想　→問題pp.200〜201

STEP ③-1【古代インドの思想】　正解は③

①：誤。ウパニシャッド哲学は，梵我一如を目指した。つまりアートマンを捨てるのではなく，ブラフマンとの一体を理想とした。

②：誤。六師外道は，バラモンや聖典ヴェーダの権威を否定した自由思想家のことだが，バラモン側から批判したのではない。仏教側が自由思想家としてまとめた呼称である。

③：正。生前の業（カルマ）によって生まれ変わる輪廻転生（サンサーラ）の考え方である。餓鬼・畜生・地獄などを転生すると考えた。

④：誤。バラモン教は，多様な自然神を崇拝する多神教。「唯一なる神」が誤り。

STEP ③-2【四法印】　正解は①

「四法印」は，ブッダの，「一切皆苦」「諸行無常」「諸法無我」「涅槃寂静」の教えをさす。「縁起の法」を基礎にすえている。

①：正。諸法無我は，すべての存在は互いに関わり合い永遠不変の実体はもっていないという意味。一切皆苦は，この世のすべてのものは苦であり，自分の思うようにならないという意味。

②：誤。諸行無常はすべてのものが変転することで，「苦行にも意味はない」とは言っていない。

③：誤。煩悩が苦しみの原因という教えは，「集諦」の内容。一切皆苦は，①の選択肢の通り。

④：誤。「涅槃寂静」について，「聖典に定められた様々な祭祀の執行を通して解脱に至るべき」とするのが誤り。

STEP ③-3【慈悲】　正解は④

①：誤。対象は人間のみでない。生きとし生けるものへの愛の実践。

②：誤。「親子や兄弟」の愛は儒教でいう「孝悌」をさす。

③：誤。慈悲は上座部と大乗の区別はなく，仏教の根本的要素として重視される。

④：正。与楽抜苦の実践。

STEP ③-4【四諦】　正解は④

四諦とは，四つの真理のこと。

①：誤。苦諦は，人生は苦であるという現実を述べているだけ。「心の平安」の内容は入らない。

②：誤。集諦は，苦の原因は法に対する無明や我執，愛欲や渇愛などの煩悩だという真理。「他者に功徳を施す」ことではない。

③：誤。煩悩の原因に言及する集諦を受け，心や行いを変えれば煩悩は消え，悟りの境地に至ることが可能だということ。具体的な方法は道諦になる。

④：正。両極端を避けることを中道といい，具体的には八正道の実践をさす。八正道は，正見（正しい見解），正命（正しい生活），正思（正しい考え方），正精進（正しい努力），正語（正しい言葉），正念（正しい思念），正業（正しい行為），正定（正しい精神統一）をさす。

STEP ③-5【人生の苦の問題】　正解は④

①：誤。四諦は煩悩ではない。ブッダが説いた悟りに至るための四つの真理をさす。

②：誤。「自己の固有の本質が不変」という記述は，ブッダの諸法無我に反する。あらゆる存在は固定的な実体はないと説いた。

③：誤。ブッダは，無明（真理に暗いこと）が苦の根本原因であるとした。苦の原因を業とするのは不適切。

④：正。ブッダの縁起説では，全てのものは相互に依存し合ってお

り，それ自体として存在することはなく，因果の関係がある。苦からの解放にはその原因を断ち切る必要があるとした。

STEP ❸-6 【大乗仏教①】　正解は③
①—誤。自ら「小乗」と名乗ってはいない。大乗仏教が上座部を批判的に呼んだ呼称。
②—誤。他者の救済を第一とするが，出家・在家を問わない。
③—正。「あらゆる事象には固定不変の本体がない」とするのは空の思想（ナーガールジュナ）である。
④—誤。「南伝仏教」は上座部（小乗）仏教のこと。大乗仏教は中国から朝鮮半島を経て日本に伝わる「北伝仏教」である。

STEP ❸-7 【大乗仏教②】　正解は①
①—正。菩薩は，「悟りを求める人」の意味で，仏になろうと誓い，修行に励むものである。また大乗仏教においては，自分の悟り（自利）だけでなく，他者の救済（利他）も重視する。
②—誤。「悟りを開いて真理に目覚めた者」は，ブッダのことを指しているが，後段は全くの誤り。
③—誤。悟りを開く前の修行時代のブッダのことも菩薩と呼ぶ。この問題は，「大乗仏教における菩薩」であり，当てはまらない。
④—誤。「自己の悟りを求めて厳しい修行を完成した聖者」は上座部仏教の阿羅漢を指している。菩薩は人間としてのありようを示すもので，「次に生まれ変わった時には仏に」というような条件はない。

STEP ❸-8 【諸子百家】　正解は④
ア—荀子。各人が社会規範を守るよう礼を身につけるべきだという。法治主義（法家の立場）ではない。性悪説の思想を展開した（孟子の性善説と対比）。
イ—孟子。易姓革命の思想の記述。孟子は徳に基づいた王道政治を説き，覇道を否定した。武力をもって追放するのは放伐。退位は禅譲。
ウ—孔子。君子の徳による政治である，徳治政治の思想。孔子は北辰（北極星）が中心にいて動かず，他の星々が回るようなものだとした。
エ—韓非子。信賞必罰などの法治主義の思想，法家。後に秦の始皇帝の政策に反映された（李斯が登用された）。

STEP ❸-9 【論語】　正解は①
①：誤。老子の（『老子道徳経』）の言葉である。「大道廃れて仁義あり」という有名な言葉の後に続くのが①文章。理想とする「無為自然」の考え方が逆説的な表現で説かれている。
②—正。『論語』〈学而〉「口先だけうまく，顔つきを飾る者には，真の仁者はいない」ほどの意味。
③—正。『論語』〈為政〉「温故知新」「先人の知識や知恵を学んでこそ，新しいこともわかる」ほどの意味。
④—正。『論語』〈学而〉「孝悌（親を敬い，兄に従う：家族の愛）こそ仁徳の基礎である」ほどの意味。

STEP ❸-10 【孔子の礼】　正解は⑥
a —他者への愛は，孔子が最高の徳と考える「仁」である。「恕」は，その愛の具体的な内容で，他者を思いやること。
b —自分を欺かないことは，「忠」と呼ばれる。他人に対する「恕」と自分に対する「忠」が対となる。「信」は，まごころをもって人を欺かないこと。
c —「仁」に裏打ちされた「礼」を備えた理想的人物像が君子である。真人は荘子の説いた理想的人間像で，天地自然と一体化し，すべてをありのまま受け入れる境地に達した人間をさす。

STEP ❸-11 【老子の道】　正解は④
①：正。老子の説く「道（タオ）」は，万物がそこから生まれ，そこに帰る根源のこと。「万物の母としての根本原理」
②：正。名付けようがないため「無」という。

③：正。「無為自然」のこと。「無為而無不為」すなわち「為す無くして而も為さざる無し」という。
④：誤。「道徳規範としての「礼」を必然的に規定するもの」は，朱子学の理法・原理，さらに道徳法則としてあらわれる「理」に相当する。老子は「礼」などの道徳を語ってはいない。

STEP ❸-12 【孔子と老子】　正解は①
①—正。孔子は，仁や礼などの徳目を説き，人の生き方や倫理を考察し，政治秩序を取り戻すことを理想とした。老子は，道を形而上の領域で考察した上で，作為的なものではないと批判し，無為自然つまり自然に任せることが道に通じるとした。
②—誤。前半の孔子部分は朱子学の「理」の内容，後半の老子部分は朱子学を批判した陽明学の「心即理」についての記述。
③—誤。一切の差別なく平等に愛する〈兼愛という〉ことを説いて孔子を孝悌を批判したのは，老子ではなく墨子。
④—誤。性悪説の立場から礼治主義を説いたのは儒家の荀子で，法による信賞必罰の政策論を展開したのは法家の韓非子である。

STEP ❸-13 【中国の思想家】　正解は①
ア—老子。「上善は水のごとし」と「柔弱謙下」の内容である。
イ—孔子。「克己（自己のわがままを抑え）復礼（規範である礼に従う）」のこと。韓非子は法家の思想家で，法治主義を唱えた。
ウ—朱子。理気二元論の立場から，ものごとの「理」を把握し，「意識を集中」させ，「敬」を「つつしみ」と解する。つまり，朱子の「居敬窮理」のことである。王陽明は朱子を批判し，知識の実践性を重視した。

STEP ❸-14 【韓非子】　正解は③
①—誤。老子の小国寡民。
②—誤。孟子の王道政治。
③—正。韓非子は法家。法治主義の思想を展開した。
④—誤。朱子の格物致知。

⑤ 日本の宗教と思想 →問題pp.204〜205

STEP ❸-1 【古代の心情】　正解は⑤
ア—誤。真心とは，本居宣長が唱えた「生まれつきたるままの心」としての自然な心情のこと。「道理」によるものではない。
イ—正。包み隠しのない，水底まで透けて見えるような，明朗な心を「清き明き心（清明心）」と呼んだ。
ウ—誤。古代の心情の純粋性がポイントであり，「正直」とは人を欺かない純粋な心情のこと。「善悪の基準」によるものではない。

STEP ❸-2 【聖徳太子】　正解は③
①—誤。すべてのものに仏性があるという思想。④とほぼ同じ内容。
②—誤。『般若心経』の「空」の思想を表す部分。
③—正。聖徳太子の深い仏教理解を示す言葉。憲法十七条には「篤く三宝を敬へ」「共に是れ凡夫のみ」等の言葉がみられる。
④—誤。①とほぼ同じ内容の大乗仏教の思想。最澄がこの考えを説き，鎌倉仏教（法然・親鸞・道元・日蓮ら）に影響を与えた。

STEP ❸-3 【最澄と空海】　正解は③
①—誤。最澄の「生まれながらに仏」は誤り。空海では「真言を唱えることで」の部分は，三密の行（「身密・手に諸尊の印契（印相）を結ぶ」，「口密・口に真言を読誦する」，「意密・意（こころ）に曼荼羅の諸尊を観想する」）による。
②—誤。最澄の一乗思想から「資質により差異がある」が誤り。
③—正。最澄を開祖とする天台宗は，法華経を中心教典とし，すべての人が修行をすれば成仏することができる素質を持っている（一切衆生悉有仏性）という一乗思想の立場をとった。一方，

空海を開祖とする真言宗は，密教の修業を通して，宇宙の根源である大日如来と一体化し，即身成仏できると考えた。

④：誤。「最澄は…差異があるとした」が誤り。空海では「死に至るなら」が誤り。

STEP ❸-4【親鸞・道元・日蓮】 正解は⑦

ア－誤。すべてを弥陀のはからとし，少しの自力も排除するのが親鸞の「絶対他力」である。法然の多念（多く念仏を唱える）と対比される。悪人正機説の善人とは自力で悟ろうとする人，悪人は自己の罪深さに絶望し，弥陀の本願にすがる人をさす。

イ－誤。修証一等とは，修行と悟りとが一つのものであるという思想。「悟るために坐禅する」のではなく，坐禅することが悟りの表れとなり，只管打坐（ただひたすら坐ること）を求める。

ウ－正。日蓮の法華経至上主義についての記述。法華経重視の流れは聖徳太子～最澄～日蓮とつながる。

STEP ❸-5【鎌倉時代の僧】 正解は③

①：誤。〈越後流罪，妻帯，非僧非俗〉は法然ではなく，弟子で浄土真宗の開祖親鸞である。なお法然は，土佐に流されている。

②：誤。日蓮宗（法華宗）の開祖の日蓮は，「南無妙法蓮華経」と題目をとなえる「唱題」によって，現世における仏国土の建設を目指した。「念仏」は浄土宗などの方法である。

③：正。曹洞宗の開祖の道元は，末法思想を否定し，人はみな自力で悟りを得る力（仏性）をもつとした。「修証一等」は修（坐禅の修行）と証（悟り）を一体のものとする。

④：誤。明恵が『摧邪輪』を著し，菩提心を軽視する邪見だと批判したのは「法然の専修念仏の主張」。

STEP ❸-6【朱子学】 正解は②

a－徳川家康に仕え，儒学を講じ，「持敬」を求めたことから，朱子学者の林羅山と判断する。荻生徂徠は，古文辞学を唱え，五代将軍の徳川綱吉に仕えた。

b－林羅山の「上下定分の理」は身分秩序を天地自然の秩序になぞらえる（天は高く地は低い…人にもまた君あり尊く）。選択肢②と④が該当する。逆に①と③の「古代中国における言葉遣いを学ぶ」のが古文辞学であり，荻生徂徠となる。

STEP ❸-7【儒学者】 正解は③

①：誤。藤原惺窩の説明内容。室鳩巣は木下順庵門下（新井白石は同窓）で，8代将軍吉宗に仕えた。林羅山が幕府に仕えた。

②：誤。山本常朝が著した『葉隠』（「死ぬことと見つけたり」）の内容説明。山鹿素行が説いた〈士道〉は，治者としての意識〈農工商三民の道徳的指導者〉を重視した。

③：正。中江藤樹は日本陽明学の祖。後に陽明学に転じていることに注意。門人には熊沢蕃山がいる。

④：誤。逆の内容。荻生徂徠は幕府の秩序を重んじ，赤穂浪士討ち入りは，法秩序を乱す不義にあたると考え，浪士たちへの厳罰を主張した。徂徠は「経世済民，治国安天下の道」を探究した。

STEP ❸-8【荻生徂徠】 正解は①

①：正。江戸中期の儒学者・荻生徂徠は道徳論を中心とした日本の儒学に疑問を持ち，政策論（経世済民，安天下の道）探求するため，古文辞（中国古代の言語）を研究した。本居宣長の国学への影響は大きい。

②：誤。孝と近江聖人から，陽明学者の中江藤樹とわかる。

③：誤。『聖教要録』を著したのは山鹿素行である。士道を説いた。

④：誤。真実無偽の心である「誠」を重んじたのは伊藤仁斎。

STEP ❸-9【国学】 正解は①

①：正。契沖は真言宗の僧侶であったが，『万葉集』を実証的に研究し，その注釈書である『万葉代匠記』を著した国学の先駆者である。

②：誤。荷田春満は国学者で，『日本書紀』研究の基礎を築いた。儒学・仏教・神道を通して己の理想的な心のあり方を究明する心学は石田梅岩の学問である。

③：誤。本居宣長の言う「もののあはれ」を知るとは，ありのままの感情を尊重すること。「感情を抑制」するのは，宣長が批判した儒教の特徴である。

④：誤。平田篤胤は『古事記』等に「大和心」を見出し，純粋に日本古代の神道に復する復古神道を唱えた人物である。しかし，「差別と搾取の世界」は篤胤とは関係ない。

STEP ❸-10【福沢諭吉】 正解は④

①：誤。独立自尊は主張したが，民本主義は吉野作造。

②：誤。実学は主張したが，東洋道徳は「神仏への信」につながる。佐久間象山の「東洋道徳，西洋芸術」が西洋文化受容の姿勢。

③：誤。忠孝は儒教道徳，②の東洋道徳と同列。国民道徳，教育勅語につながる考え方。

④：正。福沢諭吉は，「東洋になきものは，有形に於いて数理学と，無形に於いて独立心（『福翁自伝』）」と言っている。

STEP ❸-11【キリスト教の受容】 正解は⑤

ア－新島襄。アメリカに渡り，宣教師の任命を受けて帰国。同志社英学校（現，同志社大学）の設立に尽力した。社会事業家とは留岡幸助，山室軍平，石井十次ら。

イ－新渡戸稲造。英文の書『Bushido: The Soul of Japan（武士道）』を著し，日本の武士道精神にはキリスト教との融合の素地があると唱えた。「太平洋の架け橋」たらんとし，国際連盟の事務局次長をつとめた。

ウ－内村鑑三。「武士道の台木に接木せられたキリスト教」と形容し，両者に共通の道徳的精神を見出した。「2つのJ」（イエスと日本）に生涯を捧げた。また日露戦争には「非戦論」を唱えた。

STEP ❸-12【夏目漱石】 正解は①

①：正。夏目漱石晩年の「則天去私」という東洋的な境地のこと。自我に固執せず自然のあるがままに身をゆだねるに達した。

②：誤。森鷗外が唱えた諦めの概念「諦念（レジグナチオン）」である。心の安定を図るため，自己の置かれた立場を見つめて受け入れる。

③：誤。人間の根本は主客未分の純粋経験にあるとした西田幾多郎の『善の研究』での捉え方。

④：誤。人間を間柄的な存在とした和辻哲郎の主張。『人間の学としての倫理学』の中での捉え方。

STEP ❸-13【日本の近代以降の思想家】 正解は③

①：誤。「主観のみが確かである」が誤り。西田幾多郎は純粋経験は主客未分の状態であると主張した。

②：誤。柳宗悦の民芸運動は，無名の職人の手仕事による雑器に美を見出した。決して芸術家などを推奨してはいない。

③：正。柳田国男の民俗学は無名の「常民」を対象とする

④：誤。「様々な考え方が雑居する日本の思想状況を批判」し，近代批評という分野を確立したのは小林秀雄。丸山真男は政治学者で，戦後民主主義の指導者の一人。

第2章　公共的な空間における人間

⑥ 義務論と功利主義　→問題p.208

┃STEP ③-1┃【功利主義】　正解は②

①：誤。快楽計算は不可能であると考えたのはJ.S.ミルである。ミルは快楽の数量ではなく質を重視した。

②：正。

③：誤。ミルは外的制裁に対する内的制裁（良心の満足）を強調したが、「万人に等しく分配されている良識」はデカルトの思想。

④：誤。「良心の呼び声」「世人（ダス・マン）」は実存主義哲学者ハイデガーの思想の説明（ただしハイデガーは「利他的に振る舞う」とは言っていない）。

┃STEP ③-2┃【J.S.ミル】　正解は①

①：正。J.S.ミルは、ベンサムとは異なって快楽には質的な差があると考え、ベンサムの量的功利主義を批判し、質的功利主義を主張した。彼によれば、人間の尊厳や品位にかなった精神的な快楽のほうが、感覚的で身体的な快楽よりも質が高いとされた。

②：誤。アダム＝スミスが『諸国民の富（国富論）』で述べた、自由放任のもとで、個々人の利己的利益追求が、神の「見えざる手」に導かれて社会全体の利益拡大と社会秩序の形成に貢献し、自然と最適な状態になるという主張。功利主義に関連して、アダム＝スミスの考え方や思想について触れられることが多いので注意する。

③：誤。苦痛と快楽を取り上げたベンサムの功利性の原理に関する主張。

④：誤。「善なる意志」という言葉からカントの思想。

┃STEP ③-3┃【カントの道徳論】　正解は②

①：正。カントの道徳思想は動機を重視する立場。結果によって評価されるのではない。

②：誤。功利主義の「最大多数の最大幸福」の内容。功利主義は結果を重視する。

③：正。「自分の行為の原則（格率）が誰にとっても通用する原則であるかどうか」とは定言命法についての記述。

④：正。カントがめざす、すべての人間が相手の人格を手段ではなく目的として扱う理想の社会。

┃STEP ③-4┃【カントの人間観】　正解は④

①：誤。「自由という刑に処せられている」というのはサルトルの思想。

②：誤。「矛盾を克服しながら自己を外化していく」というのは、正・反・合の三つの契機からなるヘーゲルの弁証法の考え方。

③：誤。「共感に媒介され」利己的な人間同士の競争が社会全体の利益をもたらすというのは、『道徳感情論』のなかでアダム＝スミスが示した考え方。

④：正。カントは、道徳の基準を行為の端緒である動機に求め、人間がなすべきことを義務として行おうとする動機としての善意志による道徳的行為を重視した。

┃STEP ③-5┃【自律】　正解は③

①：誤。カントは「欲望」から出た行為については、道徳的に見えても道徳的価値を認めなかった。

②：誤。「神が与えた道徳法則」が不適当。カントは、実践理性によって自ら打ち立てた道徳法則に自ら従う「自律」に人間の尊厳を見出した。

③：正。カントの道徳法則は、「実践理性」が自ら立てた道徳法則に自発的に従うことが自律であり、その行為だけに「自由」があるとした。

④：誤。「構想力が自ら生み出した」が不適当。カントの認識論のとらえ方。実践理性が正しい。

┃STEP ③-6┃【カントの自由】　正解は③

カントは、人間は自然法則に支配されることなく、自分で道徳法則を立て、それに従って行為するという意志の自律に自由があると考えた（a．②・③適当）。そのような行為の主体を、尊厳を持つ人格として捉え、手段として用いられることがあってはならないと主張した（b．③適当）。

a．①不適。カントによれば、自由は経験によって捉えることはできない。

　④不適。現象界は因果関係（自然法則）によって必然的に支配されているが、人間は自然の必然的法則から独立して道徳法則を立てるところに自由がある。

b．①不適。カントは、人間は欲求に流される傾向性を持つが、欲求の充足を追求する行為には道徳的価値を認めなかった。

　②不適。カントによれば、「自分だけに妥当する主観的な行動原則」が、いつでも、誰にでもあてはまるような普遍的なものになるように行為しなければならない。

　④不適。前半は一般意志に自己の権利を委ねるという社会契約説を説いたルソー、後半はアリストテレスについての内容。

⑦ 生命倫理と環境倫理　→問題p.211

┃STEP ③-1┃【生命倫理に関する法整備】　正解は③

生命倫理に関する日本の法整備についての知識を問う問題。

①：誤。2009年の臓器移植法改正により臓器移植が可能になった。本人の意思が確認できない場合、家族の同意が必要。

②：誤。臓器移植法が2009年に改正され、書面によって親族への優先的提供の意思表示ができるようになった。

③：正。「医師による致死薬の投与など直接死に至らしめる処置」すなわち（安楽死）は、日本では法的に認められていない。

④：誤。「再生医療等の安全性の確保に関する法律」などの法律が制定され、臨床実験が行われている。

┃STEP ③-2┃【日本の現状】　正解は②

①：誤。日本では現在、積極的安楽死は認められていない。リヴィング・ウィルは「生前の意思」ともいわれ、患者が将来自分の意向を表明できなくなった場合のために、延命治療に関する自分の意向を表明したもの。安楽死の合法化ではない。

②：正。人の遺伝情報（ヒトゲノム）の解析がすすみ、遺伝子診断によって特定の病気の診断が可能になった。また医学の進歩により、出生前に胎児の異常の有無等も診断できるようになった。一方、生命の選別や差別への懸念があるのも事実である。

③：誤。パターナリズムとは、医師が専門的知識を持つ権威者として患者に指示的・干渉的に接する傾向のこと。選択文にある「自分で決定」「患者の同意」は、むしろインフォームド・コンセントの原則に近い。

④：誤。臓器移植法で、臓器を提供する場合に限って、脳死を人の死とすることが認められている。「誰もがその判定の対象とされる」ことはない。臓器提供に関する患者の意思表示が必要。

┃STEP ③-3┃【再生医療】　正解は③

①：正。多能性幹細胞（ES細胞，iPS細胞）の研究や利用について、再生医療の大きな可能性として示されている。

②：正。ES細胞は、ヒトの受精卵が分裂し、分化を繰り返して胎児になるまでの間の胚（胚盤胞）の内側にある細胞を取り出し

て作る。そこに生命倫理かかわる問題点が指摘されている。

③：誤。臓器移植に関する説明であり，再生医療の説明としては不適当。脳死やドナーといった臓器移植に関する表現に注意。また，iPS細胞は患者本人の体細胞から培養できるので，臓器提供は不要。

④：正。ES細胞やiPS細胞の研究から，それらが様々な組織や臓器の細胞に分化する能力と増殖する能力を持つことが明らかとなり，生殖細胞を人工的に作り出すことの問題点が指摘された。

STEP ③-4【生命倫理をめぐる現状】　正解は④

①：正。遺伝子異常の情報を得て，人工妊娠中絶を行うケースも見られる。一定の法整備を求める意見もある。

②：正。2012年の「ヒトに関するクローン技術等の規制に関する法律」により，クローン人間の作製は禁止された。

③：正。第三者の女性に妊娠・出産をしてもらう場合，一般に代理母という。日本では代理母についての法規定はないが，日本産科婦人科学会は2003年に代理母を認めないという見解を示した。また，最高裁は1962年に「分娩（出産）した者が法律上の母」という判決を出している。親権をめぐるトラブルの可能性はある。

④：誤。これはES細胞の記述である。ES細胞は受精卵の中の胚から作るため，受精卵を壊すという倫理的な問題がある。

STEP ③-5【患者の意思】　正解は⑤

ア−正。SOLとはSanctity of Life（生命の尊厳）の略で，QOLとは対立概念になる考え方。

イ−誤。パターナリズム（paternalism）は，医療の現場では，医師がよかれと思って患者の望まない治療を行うようなこと。この文章はインフォームド・コンセントの説明であり，対極にある自己決定権を尊重する立場といえる。

ウ−正。QOLとはQuality of life（生活の質）の略で，本人の自己決定権に基づく考え方。

STEP ③-6【環境問題】　正解は①

①：正。環境倫理では生態系や自然にも生存権を認める。環境倫理学の論点は他に，地球全体主義，世代間倫理がある。

②：誤。地球温暖化の原因は，二酸化炭素やフロンガスなどの温室効果ガスである。オゾン層の破壊は，地表に届く紫外線量を増加させ，皮膚がんや白内障の増加をもたらす。

③：誤。「全員のために自由を制限すべき」だとするのはハーディンが唱えた「共有地（コモンズ）の悲劇」の内容。なお，予防原則は，地球サミットで唱えられた原則で，環境に甚大な影響をもたらす場合，規制措置を行うことができるとするもの。

④：誤。酸性雨の原因は，硫黄酸化物（SOx）や窒素酸化物（NOx）などである。

第3章　公共的な空間における基本的原理

⑧ 近代的人間像 →問題p.214

STEP ③-1【ルネサンス】　正解は④

①：誤。万能人（普遍人）の典型レオナルド＝ダ＝ヴィンチの説明。ミケランジェロは「最後の審判」や「ダヴィデ像」などで知られる。

②：誤。『神曲』はダンテ自身が地獄界，煉獄界，天国界をめぐる構成。「地獄篇」では人間の罪深さを追真的に描き出している。

③：誤。「デカメロン」はボッカチオの作品。ボッティチェリは画

家で，「春」や「ヴィーナスの誕生」などが有名。

④：正。ラファエロの「アテネの学堂」。なおプラトンのモデルは，レオナルド＝ダ＝ヴィンチである。

STEP ③-2【宗教改革】　正解は①

①：正。ルネサンス期は，古代ギリシア・ローマの文化の再生を企図し，人間中心の「人間性の回復」を目指した。ヒューマニズム（人文主義）と言われている。

②：誤。ルターは人間の自由意志を真っ向から否定した。

③：誤。カルヴァンはカトリックの立場ではなく，プロテスタント教会の指導者として，予定説を提唱した。

④：誤。ピューリタニズムは，カルヴァン主義による徹底的な宗教改革を求め，聖書に基づく禁欲的生活をめざした立場。ロヨラは反宗教改革，イエズス会の創立者の一人。

STEP ③-3【近代自然科学】　正解は③

①：誤。天動説の記述。ケプラーは，太陽中心説を唱えている。

②：誤。演繹法の内容。ベーコンは，感覚的経験を知識の源泉とし，一般法則を導く帰納法を提唱した。

③：正。ガリレオ＝ガリレイは，天体望遠鏡による観測から地動説を提唱し，宗教裁判にかけられた。落体の法則や振り子の等時性でも知られる。

④：誤。コペルニクスは地動説。惑星の運動法則はケプラー，万有引力の法則はニュートン。

STEP ③-4【イドラ説】　正解は④

①：誤。洞窟のイドラの説明。種族のイドラは，人類という種族に共通の性質に由来する見間違いや錯覚など。

②：誤。種族のイドラの説明。洞窟のイドラとは，個人の体験や性格など，個人的立場にとらわれることから生じる偏見のこと。

③：誤。市場のイドラとは，言葉の不適切な使用に由来する偏見や先入観のこと。人間関係の信頼に由来するものではない。

④：正。イドラとは，ベーコンが，正確な実験・観察をするために排除すべき人間の内面にひそむ先入観や偏見をさしたもの。

STEP ③-5【演繹法】　正解は③

①：誤。逆の関係「庭が濡れる」から「雨が降った」とは限らない。

②：誤。今日・先週・先月の事例から法則性を見いだす帰納法。

③：正。演繹法とは，普遍的な命題から理性的な推理によって特殊な真理を導く方法である。代表的なものに三段論法があり，例えば，「AがBとすれば（大前提），BがCのとき（小前提），AはCである（結論）」というような論法である。③の文章を「A…雨が降る，B…中庭が（必ず）濡れる，C…今日」とすれば，「A＝B，C＝A∴C＝B」となる。

④：誤。裏の関係「雨が降らない」場合の証明はできない。

STEP ③-6【デカルト】　正解は④

a−良識。デカルトの言う良識（ボン-サンス）とは理性のこと。彼は，良識は万人に等しく与えられていると主張し，この理性への信頼が哲学的探求の基盤にあり，大陸合理論の祖とされた。悟性はカント哲学の用語で，感性が捉えた素材を整理し，概念を形成するはたらきのこと。

b−演繹法。明晰・判明な一般法則や原理から，個々の事例を推論する思考法である。帰納法は，これとは逆に，個々の事例を集めて一般法則を導く思考法で，哲学者ベーコンらにより主張された。

c−延長。デカルトは物心二元論（心身二元論）を説き，精神（心）と物質（身体）を厳密に区別した。精神の本質を考えることとしたのに対し，物体の本質は空間的な広がりをもつ延長であるとした。質料とは，アリストテレス哲学における事物の素材にあたるもの。

②：誤。道具的理性が野蛮を生み出すと指摘したのは，フランクフルト学派のホルクハイマーやアドルノである。『啓蒙の弁証法』

③：誤。ホロコーストを生き延びた経験から他者の他者性を中心に据える思索を展開したレヴィナス。デカルトの「我」と対置。

④：誤。未開社会の「野生の思考」にある構造を探究し，文化相対主義を唱えたのは人類学者のレヴィ＝ストロース。

⑨ 国家社会と人間性 →問題p.217

STEP ❸-❶ 【ヘーゲルの弁証法】 正解は③

①：誤。レヴィ＝ストロースの構造主義の説明である。

②：誤。ウィトゲンシュタインの分析哲学の説明である。「語りえない」ものは「沈黙しなければならない」と主張した。

③：正。ヘーゲルは，すべての存在は「定立（正）」→「反定立（反）」→「総合（合）」を繰り返して，より高次な次元に至るとした。

④：誤。デューイのプラグマティズムの説明。知識は問題解決のための道具であるとする道具主義の考え方。

STEP ❸-❷ 【マルクス】 正解は⑧

a－マルクスのいう生産関係とは生産手段の所有関係（資本主義では，資本家と労働者の関係）。生産力とは財貨を生み出す手段や技術のこと。労働力は生産力の中に含まれる。生産力の発展性と生産関係の固定化の矛盾が変革の鍵となる。

b－「万人の万人に対する闘争」はホッブズ（社会契約説）が自然状態をとらえたことば。

c－プロレタリアート（「万国の労働者よ団結せよ」は『共産党宣言』の表現）による革命により，社会主義体制を経て共産主義をめざす。社会民主主義は，暴力革命を否定し，議会制民主主義の中で社会主義を実現させようとする。ベルンシュタインが代表。

STEP ❸-❸ 【キルケゴール】 正解は⑤

ア－誤。ニーチェの思想を説明した記述である。「ルサンチマン」は「怨恨・憎悪・嫉妬」の意味で，キリスト教道徳はそこから生まれた奴隷道徳であるとした。

イ－正。キルケゴールの主著は『あれか，これか』。実存の三段階の倫理的実存の内容。

ウ－誤。サルトルの思想を説明した記述である。自由に対する責任の厳しさから「自由の刑」と表現した。

STEP ❸-❹ 【20世紀の思想家】 正解は③

ア－誤。アウグスティヌス（4世紀）の主張。パウロ以来の原罪説と恩寵（神の無償の愛）は20世紀の主張ではない。

イ－正。ハイデガーの主張。ダス・マンとして気晴らしと時間潰しに陥る頽落した存在に対して，「死へと向かう存在」の自覚が本来的自己への契機であるとした。

ウ－誤。モンテーニュ（17世紀のモラリスト）の主張。ク・セ・ジュ「私は何を知るか」は中心概念。

エ－正。ヤスパース（ドイツの実存主義）の主張。限界状況下で「実存的まじわり」や「超越者との出会い」によって，人は実存に目覚めると主張した。

STEP ❸-❺ 【ヘーゲルの人倫】 正解は②

①：誤。市民社会は欲望の体系であり，人倫の喪失態である。人倫は国家の段階で完成される。

②：正。ヘーゲルによれば法と道徳が，弁証法的に止揚（アウフヘーベン）されて人倫の段階に達する。人倫は家族→市民社会→国家と発展していく。

③：誤。国家が人倫の最高段階であり，法は内面の道徳と一致し，人々の自由は損なわれない。「人倫の喪失態」は市民社会の段階を指す。

④：誤。家族の段階は成員の結び付きは強いが，個々の自由と独立性は失われやすい。

STEP ❸-❻ 【ハイデガー】 正解は①

①：正。「存在忘却」からハイデガーとわかる。彼は「存在とは何

⑩ 公共・他者・公正 →問題p.220

STEP ❸-❶ 【ホルクハイマーとアドルノ】 正解は①

①：正。道具的理性という。支配する対象が，いつしか人間となっていった。『啓蒙の弁証法』における主張。

②：誤。デカルトのボン・サンス（良識）の説明。「良識はすべての人に公平に与えられている」

③：誤。古代ギリシャのプラトンの魂の三分説における理性の説明。

④：誤。ハーバーマス（フランクフルト学派）の「対話的理性」。

STEP ❸-❷ 【ハーバーマス】 正解は②

①：誤。ロールズの『正義論』の考え方。第一原理の最大限の自由の保障と第二原理のうちの格差原理（最も恵まれない人の利益を保障すること）を記している。

②：正。ハーバーマスは，フランクフルト学派の社会学者。人と人とのコミュニケーション的行為による対話的理性の必要性を説き，合意の形成を重要視した。

③：誤。イギリスのロックの社会契約説。自然権の保障と信託の内容。なお，信託への背信行為には抵抗権を保障する。

④：誤。「一般意志」はフランスのルソーの社会契約論の概念。公共の福祉を求める意志で，全体意志と対比する。

STEP ❸-❸ 【アーレントとロールズ】 正解は①

①：正。労働や仕事とは異なり，「他者と言葉を交わすことを通して公共的な空間に参加する能力」が「活動」であり，ここに公共性が形成される。

②：誤。「最も不遇な境遇」を改善すべきだとする考え方は，ロールズの「格差原理」。

③：誤。②と対比。自由競争によって生じた結果としての格差は是正すべきだとした（『格差原理』）。

④：誤。権威に従属する傾向を「権威主義的性格」として指摘したのはフロム（およびアドルノ）。

STEP ❸-❹ 【レヴィナス】 正解は③

①：誤。「顔を持たない」「私と区別が付かない」はレヴィナスとはまったく逆のとらえ方。

②：誤。他者と私が対等なものとしているのが誤り。自己同一的な人格として承認し合う関係はヘーゲルのとらえ方。

③：正。レヴィナスは他者は根本的に「私」とは同じであり得ないという他性の視点から，デカルト以来の近代哲学を批判した。他者は自己とは根本的に異質で，他者はそのまなざしである「顔」として現れる。

④：誤。アーレントの説。労働・仕事・活動に分け，活動を通して形成される公共性を重視した。

STEP ❸-❺ 【社会のあり方】 正解は①

①：正。ロールズはアメリカの政治哲学者。「公正としての正義」のあり方を論じた。

②：誤。自由に対する責任，社会への責任という点から「社会参加（アンガジュマン）」を主張したのは，フランスのサルトル。

③：誤。「最大多数の最大幸福」はイギリス功利主義のベンサムに

よるスローガン。

④：誤。センが提唱する「潜在能力（ケイパビリティ）」は生き方の選択肢の幅のこと。センはアジア初のノーベル経済学賞を受賞したインド生まれの経済学者。

STEP ③-6【社会】正解は②

①：誤。マッキンタイアはコミュニタリアニズム（共同体主義）の政治哲学者。人間を，「欲望する機械」と捉え，現代の資本主義社会の分析を試みたのは，フランスのドゥルーズ。

②：正。ボードリヤールはフランスの社会学者。現代の消費社会では，商品は他者との差異（差別化）を示す記号として消費されていると説いた。

③：誤。理性によって狂気が排除されてきた点に注目したのは構造主義のフーコー。デューイは道具主義や創造的知性という概念で知られるプラグマティズムの大成者。

④：誤。フランスの構造主義の人類学者レヴィ＝ストロースについての説明。「構造が人間の思考を規定しているという言語学」がソシュールの構造言語学。レヴィ＝ストロースに影響を与えた。

STEP ③-7【労働について】正解は②

ア－カルヴァンは予定説と職業召命説を唱えて，労働とそれに伴う利益を正当化し，資本主義の精神につながる（ウェーバー）。

イ－ドイツのベルンシュタインは，マルクス主義のプロレタリアート革命を否定し，議会制度を通じて労働者の権利拡大を目指す社会民主主義を標榜した。

ウ－ノージックに代表されるリバタリアニズムは現代思想における正義論の立場の一つで，自由至上主義とも訳され，私有財産制と市場経済を重視，個人の自由は最大限保障されなくてはならず，個人の財産を奪うことは許されず，「最小国家」を目指す。